THE

WORKS

OF THE

RIGHT REVEREND FATHER IN GOD,

JOHN COSIN,

LORD BISHOP OF DURHAM.

NOW FIRST COLLECTED.

VOLUME THE FOURTH.
MISCELLANEOUS WORKS.

WIPF & STOCK · Eugene, Oregon

Wipf and Stock Publishers
199 W 8th Ave, Suite 3
Eugene, OR 97401

The Works of the Right Reverend Father in God, John Cosin, Lord Bishop of Durham. vol. IV
Miscellaneous Works
By Cosin, John
ISBN 13: 978-1-60608-139-6
Publication date 3/9/2009
Previously published by John Henry Parker, 1851

EDITOR'S PREFACE.

THIS volume contains, besides the History of Transubstantiation, a collection of letters and papers, of more or less theological interest, several of which are now published for the first time.

It may not be undesirable here to give a brief account of the preservation and collection of these works, of the little that is known of their several histories, and of the occasions on which they were written.

I. The History of Transubstantiation was originally composed in the year 1656, i. e. nineteen years before its first publication in 1675, when Cosin was residing at Paris during the troubles of the Rebellion. Dr. Durel's preface to the work, as published, contains some interesting particulars of its history, which are confirmed and explained by the letter of Gilbert Talbot to Cosin, requesting him to write on the subject, and Cosin's reply. These letters are now first printed, pp. 6, 7, from Bp. Cosin's MSS. at Durham: and from them it appears that the work originated in the attempts of Jesuits, and others of the Roman communion, to make proselytes among the loyalists who attended Charles II. in his court abroad, and particularly to subvert the king himself.

At first the treatise was circulated only in MS. Two of these MS. copies have been found, and collated with the printed text. One of these is preserved at Chester, in the chapter library, having on it some marginal notes and corrections by another hand in red chalk. Another copy is now deposited in Bishop Cosin's library at Durham: it was in the possession of Dr. Van Mildert, and was afterwards presented by the present Bishop of Durham to the library of the University. This copy contains notes and suggested alterations in red chalk, like the Chester MS., apparently made by some friend: several of these have been noticed in this edition, as written "*rubricâ in MS. Dunelm.*" They exhibit the view taken by another mind than the writer's, and also shew that Bp. Cosin, having these suggestions made, did not, at least in many instances, adopt them: see particularly pp. 15, 17. The writing is so difficult to identify, from the cursory way in which the chalk marks are made, that the editor cannot venture any opinion as to the person whose hand it is. This copy also contains corrections by Cosin, as if for the press; but yet differs, in some respects considerably, from the work as ultimately printed. The variations have been noticed in the present edition, as in several instances they indicate, in an interesting way, the modifications of the writer's views, and the care with which a work, originally put together in little more than two months, was finally prepared for publication. See particularly pp. 16, 30, 49, 79, 105, 127, &c. It may have been this MS., from which Basire's mistake originated, who (Dead Man's Real Speech[a], p. 67.) mentions a *second* part of this history "unprinted, but ready for the press;" which is clearly an error. No second part exists: the treatise is complete as published; and it is hardly conceivable that Cosin should, so short a time before his death[b], have given his consent to the publication of a part only of his book, if at the same time he had a second portion ready for the press.

At the commencement of the Durham MS. is found a rough draught, in Cosin's own hand, of the following imperfect

[a] [The full title of this work is, "The Dead Man's Real Speech; a Funeral Sermon, preached on Hebr. xi. 4, upon the 29th day of April, 1672; together with a brief of the life, dignities, benefactions, principal actions and sufferings, and of the death of the said Lord Bishop of Durham; published (upon earnest request) by Isaac Basire, D.D., Chaplain in ordinary to his Majesty, and Archdeacon of Northumberland;" Lond. 1673.]

[b] [A few months only. (See Durell's preface, pp. 7, 8.) Cosin died at his house in Pall Mall, Jan. 15, 1672; but the History of Transubstantiation was not out before 1675.]

"PROŒMIUM.

DICENDORUM METHODUS ET SCOPUS.

PROPOSITUM mihi est in hoc opere, tanquam in vivâ tabulâ, delineare et quid hoc sæculo docetur, et quid ante hoc sæculum edoctum fuit, de, sacratis symbolis et præsentiâ Christi Domini et Servatoris nostri in Sacramento Eucharistiæ, quam in Sui commemorationem morti vicinus instituit. Atque equidem haud nullum operæ pretium me facturum existimavi, neque rem ingratam veritatis et antiquitatis studiosis præstiturum, si post veterem, veram, et primam de hoc augustissimo Sacramento fidem sanctis semel traditam[1], atque a nobis non minus religiose quam a priscis patribus retentam, novam deinde transubstantiationis doctrinam sæculis sequioribus a quibusdam tantum audacis ingenii hominibus introductam, et tandem a papâ Romanâ, ejusque in synodo Tridentinâ assecis receptam et confirmatam, historicâ magis quam polemicâ dissertatione ob oculos ponerem; simulque ostenderem hanc unam priori sæculo scindendi a regno papali, si nullæ fuissent aliæ, ut erant permultæ, plusquam satis causarum dedisse. Ita enim fore ratus sum, ut et memet ipsum in fide et doctrinâ sane confirmarem, neque nullos, si quibus forte opus esset, erudirem. I. Exordiar autem primum ab ipsâ Sacrâ Scripturâ, quæ, cum in hoc, tum in alio quovis articulo totius nostræ Fidei, præcipuum atque adeo unicum fundamentum est: adducam deinde in medium consentientes utriusque partis Protestantium confessiones, quæ cœtus Ecclesiæ Catholicæ reformatos a non-reformatis discriminant, quæque non alicujus hominis privati arbitrio, sed publicâ omnium voce et auctoritate, de hoc eodem argumento conscriptæ sunt. II. Cui consonam per omnia fidem doctrinamque e [confessionibus] utriusque partis, &c., exhibebo. III. Sejungam postea oppositam eorum doctrinam, qui a pontificis Romani aulæ synodique quam dixi Tridentinæ decretis pendent. IV. Porro adducam in medium veteris Ecclesiæ traditionem, quæ S. Scripturis subnixa ex antiquorum patrum genuinis, et quæ in dubium vocari nequeant scriptis, per mille et amplius annos certe [habitis] liquido constare poterit. V. Apponam succedentium ætatum placita, seu potius quorundam tantum curiosorum et scholasticorum inventa, quæ tamen, aliis ab aliis dissidentibus, ab universo Romanæ Ecclesiæ corpore nondum in Fidem Christianam recepta et approbata fuere, donec tandem novæ fidei professio, ex ultimi papalis concilii posteriore sæculo celebrati decretis conflata, a Pio quarto P. R. omnibus ejusdem Ecclesiæ assecis, sub æternæ salutis jacturâ, inaudito prorsus exemplo obtrusa et imposita est. VI. Interea vero papa Romanus Ecclesiam Universalem non facit, et concilium ejus Trid. paucorum erat Roma-

[1] [S. Jud. v. 3.]

norum, quibus reliqui tum Latinorum tum Græcorum consensum suum nequaquam præbuerunt:—id, quod ultimo loco ostensum ibo.

Ex dicendis autem judicet[c] æquus et bonus lector (nam hic hujus historicæ scriptionis scopus est) utri potius novatores jure meritoque." . . . . .
[Cætera desunt.]

Another short preface also to this treatise has been met with, (Smith's MSS[d]. xiii. 20,) which, though its author is not named, deserves to be inserted at this place:

"DE Transubstantiationis Papalis Historiâ, non ita pridem a vere Reverendo Præsule, D.D. Joh. Cosino, Episcopo Dunelmensi, Latine conscriptâ.

Huc et animum præjudicio vacuum, et pugillares tecum, lector erudite, adfer; ut verum a falso clarius dignosces, reponasque in usum scitu dignissima. Hic enim invenies, quæ admirére simul et intelligas; etiam quæ nec intellecta tutissime credas:—magnum scilicet illud S.S. Eucharistiæ mysterium, ab omni symbolorum asystasi solide vindicatum: ab insanis, et, tam ipsis Divini oraculi effatis, quam rationis sensuumque nostrorum criteriis, palam repugnantibus, Transubstantiatorum figmentis plane repurgatum; primævæ simplicitati suæ ex integro restitutum; eoque tandem saniori etiam philosophiæ placide reconciliatum. Adhuc magis: ipsum invenies p. m. auctorem judicium tuum ex atrâ errorum caligine, in clarissimam salutiferæ lucem veritatis, docte, candide, pie manuducentem; imo, trahentem: idque per Verbi Domini genuina interpretamenta, per fidissima venerandæ antiquitatis monumenta, per ubique consona patrum suffragia, per incorrupte nobis traditam S.S. Ecclesiæ Catholicæ Fidem, per unanimas reformatorum confessiones, per ipsorum denique sensuum testimonia indubitanda. Sequere igitur; et Christianismo, reformatis, Ecclesiæ Anglicanæ, patriæ, tibimet ipsi, de tanto lumine, ubi par est, congratulare.

October 8, 1674."

II. Luke de Beaulieu's translation of the History of Transubstantiation having been published, apparently with some degree of authority, in 1676, the year after the publication

---

[c] [Some interlineations occur at this place, but they are illegible.]

[d] These MSS. so often referred to in the course of this volume, were collected by Dr. *Thomas* Smith, author of the "*Vitæ quorundam Eruditissimorum Virorum*," containing biographical accounts of Abp. Ushur, Bp. Cosin, and several others. At Smith's death they fell into the hands of Tho. Hearne, and are now in the Bodleian Library. The transcripts of several of Bishop Cosin's papers, found among these MSS., were obtained by Dr. Thomas Smith, through Dr. *John* Smith, sometime prebendary of Durham.

of the original *Latin*, it has been deemed advisable to reprint it here in smaller type.

III. The papers which next follow are on the Validity of the Ordination of Priests in the Church of England, and have not before been printed. They comprise, 1. A portion of a letter addressed by Cosin to Dr. Morley, preserved among the Barlow MSS. in the library of Queen's College, Oxford, (ccxix. 9, fol. 189.) in which Cosin gives a particular account of his controversy with Father Robinson, Prior of the English Benedictines at Paris, who, in an attempt to draw over to the Church of Rome an English lady of Queen Henrietta Maria's court, then held in Paris, had been urging objections against the form of our English ordinations; and, 2. A series of Cosin's letters and papers, written in the course of this controversy, in review of the Prior's objections, of which copies have been preserved among the Smith MSS. in the Bodleian Library, and some in Cosin's own hand among the Barlow MSS. (ubi supr.) at Queen's College. It would appear from a letter still extant, (see p. 242, note b,) that Cosin had himself some thoughts of preparing these papers for the press. The controversy with F. Robinson took place shortly after Cosin's arrival in France, in the summer of 1645.

IV. The next paper treats of the question of Communion in one kind only. It purports to be Cosin's answer to a letter sent by a Romanist to a lady of the English communion, and is now printed for the first time from the Smith MSS.

V. Cosin's Letter to the Countess of Peterborough, on the points of agreement and difference between the Churches of England and Rome, is well known. It was first published in the Appendix to the Controversial Letters between Dr. Hickes and a Popish Priest, Paper iv., and has been usually reprinted at the end of Bishop Bull's treatise on the Corruptions of the Church of Rome.

VI. The State of us who adhere to the Church of England, is a short paper on the same subject as the preceding, originally published at the end of Basire's Dead Man's Real Speech.

VII. The *Regni Angliæ Religio Catholica* is a treatise of

the more interest, as having been written at the request of Hyde, about the year 1652, to give foreign Christians a just view of the doctrine and discipline of the Church of England, as constituted by authority. It was first published with Cosin's life in the *Vitæ*[e] of Dr. Thomas Smith, who in his preface gives some particulars respecting the MS. from which he printed, and which appears to have been the identical transcript which Clarendon had received from Cosin. In the year 1729 another edition of the *Religio* was sent out, by William Wekett, from an original MS. then at Durham. Into the body of the treatise, in this edition, the *Politeia* of Dr. Richard Cosin, Dean of Arches, *temp.* Elizabeth, was inserted, in a slightly enlarged and corrected form: but how far it was ever intended by Cosin himself to incorporate these tables, which had been already long before published by their author, into a treatise of his own, must, at the least, be considered very doubtful. It has, accordingly, been thought best to print the treatise from the text of Smith; taking notice, however, of the various readings of Wekett's edition, and also of a MS., corrected in minute, generally grammatical, points by Bishop Barlow, now preserved with his MSS. at Queen's College, (ccxix. 22, p. 408.) There is also a MS. copy of the treatise among Dr. Smith's MSS. in the Bodleian Library, corresponding with the text as printed by him.

VIII. The next paper is one of greater interest than length, giving the details of a discussion, in which Cosin had found himself engaged, touching the supremacy and head of the Church. His views on this subject, it seems, had been misrepresented, as though he entertained opinions inconsistent with due deference to his sovereign. The paper is now first printed from a copy among the Harleian MSS. in the Brit. Mus.

IX. The correspondence between Lord Clarendon, then Sir Edward Hyde, and Cosin, on the collation of Bishops, written in the year 1655, relates to the plans then agitated among the loyal members of the English Church, during the

---

[e] See the Vitæ quorundam eruditissimorum et illustrium virorum, &c., scriptore Thomâ Smitho, S. Theol. Doctore et Ecclesiæ Anglicanæ Presbytero, Lond. 1707, in vit. Joan. Cosini, p. 31, et seq.

exile of Charles II., for filling up the vacant sees in England, lest the episcopal succession should be ultimately lost to the Church of England through the deaths of all its Bishops. The letters, together with the form of collation, have been printed from the Appendix to the Clarendon State Papers.

X. The Articles of Inquiry exhibited to the ninth prebendary (Sancroft) in the year 1668, together with the Injunctions to the Dean and Chapter of Durham, which follow them, are now first printed from the Tanner MSS. in the Bodleian Library.

XI. The three Queries proposed by the Bp. of Durham to the clergy of his diocese, respecting the abrogation of the penal laws, are printed from the Smith MSS.

XII. The two letters which next follow are addressed to Dr. Richard Watson, and were originally published with his Deduction. They relate chiefly to the question, whether or not it was absolutely unlawful for members of the English Church to communicate with the foreign Protestants during their almost compulsory residence abroad. There is a paragraph, in the second letter, expressive of Cosin's opinion on the questionable authority of the metrical Psalms, which occasioned their publication by Watson.

XIII. Cosin's answer to a charge made against him by Fuller was originally published in the Appendix to Heylin's *Examen.* It is a document of much historical interest.

XIV. The letter to Cordel, about communicating with the French Calvinists, was first published by Bp. Fleetwood amongst his Tracts on Lay-Baptism. There is a transcript of it among the Smith MSS., and another MS. copy in the Bodleian Library superscribed in Lord Clarendon's handwriting, also a third preserved among the Barlow MSS. (cclxxx. 18, fol. 141,) which have been collated with the printed text.

XV. Four letters from Cosin to Gunning, preceded by a portion of a letter from Gunning to Cosin, follow. The first three of Cosin's letters are valuable as relating to the Scholastical History of the Canon of Holy Scripture, which work Cosin appears to have undertaken in consequence of a suggestion of Gunning's. These letters supply a sort of appendix to the work on the Canon: they contain an answer to objections made by Gunning in a letter addressed by him to Cosin. A copy of the first part, and apparently almost the whole, of the letter is preserved in Bp. Barlow's collection of MSS. in Queen's College, (ccxviii. 9, f. 329.) It is now printed, as a necessary introduction to the replies which follow. Cosin's fourth letter to Gunning is on another subject, viz. in vindication, or rather in qualification, of his views on the validity of presbyterian ordination, as expressed in a letter written some time previously, apparently that to Mr. Cordel, to some expressions in which Gunning and others had taken exception. These four letters of Cosin's were found in the Baker collection of MSS. in the Brit. Mus.

XVI. The next letter is addressed to Dr. Collins, on the Sabbath. It relates to a controversy, of which the reader may find a tolerably full account in Bishop Francis White's treatise on the Sabbath Day. This letter was first printed in 1723, in the *Bibliotheca Literaria*. There is a copy of it in MS. in the Smith collection, which has been collated with the copy as printed[f].

XVII. The letter to Mr. Wood, on the subject of fasting on Sundays, was discovered in a volume of MS. letters, &c., in Bp. Cosin's library at Durham.

XVIII. The letter to Hyde, on the subject of the Duchess of Richmond's illness, &c., is reprinted from the third volume of the Clarendon State Papers.

XIX. Cosin's account of his conference with the Archbishop of Trapezond was printed at the end of Nichols's additional notes on the book of Common Prayer. The original paper was bound up in one of Cosin's interleaved Prayerbooks at Durham, and so printed, with the notes contained there, by Nichols. It has been collated with the printed text for this edition.

XX. The curious account of the conference between Spa-

---

[f] After this volume had passed through the press, another MS. work of Cosin's on the Lord's Day, entitled "Determinatio habita Cantabrigiis in magnis Comitiis, A.D. 1640. Dies Dominicus est immutabilis," came to the knowledge of the editor. It is proposed to print it in an appendix to the next volume of his works; which will contain his Notes on the Book of Common Prayer.

lato and Overall was published in Gutch's *Collectanea Curiosa*, out of which it is now reprinted. The editor has not found the MS. used by Mr. Gutch.

XXI. The letter to Morton, Cosin's predecessor in the see of Durham, in connection with the Memorial which follows it, is a document of great interest. In it Cosin gives an account of his employment whilst in exile, and in particular of his controversies in defence of the Church of England with the Sorbonists, Oratorians, Jesuits, and others. The primary object, however, of this letter was to request the assistance of Bishop Morton in procuring transcripts of passages out of Cochlæus's epistle, as published before the fourth council of Lateran in the first edition of Crabb's *Concilia*, and alleged by Morton himself in his Catholike Appeale for Protestants, and also of a passage out of the *Historia Minor* of Matthew Paris, for whose words Cosin had relied upon the authority of Archbishop Parker's *Antiquit. Eccles. Brit.*, in producing them to certain doctors of the Sorbonne in support of his arguments against the authority of the so called canons of the same fourth council of Lateran. This letter was printed, in 1730, in the Present State of the Republic of Letters, having been communicated to that publication, together with the following Memorial, by Des Maizeaux. A MS. of it is found among the Birch MSS. in the Brit. Mus., which has been collated.

XXII. The Memorial against the Fourth Council of Lateran itself has not been found in *MS.* by the present editor. It is here reprinted from the Present State of the Republic of Letters, to which it was sent by Des Maizeaux.

XXIII. The letter to Blondel relates to the same subject as the foregoing memorial and the preceding letter to Morton, in connection with which it is accordingly printed. It was found among the Cosin MSS. at Durham.

XXIV. The letter to Casaubon, which next follows, is preserved among the Burney MSS. in the Brit. Mus.

XXV. The next paper is a letter to Grotius, printed among the *Epistolæ Ecclesiasticæ* of the Remonstrant Divines, ed. Amstel. 1684.

XXVI. Cosin's Argument on the Dissolution of Marriage follows next, in which is contained the substance of the speeches delivered by him as Bishop of Durham in the House of Lords on the bill to enable Lord Rosse to marry again, on being divorced from his former wife on the ground of adultery, A.D. 1669, 70. It was originally printed as a pamphlet without date or printer's name; but no doubt can be entertained of its genuineness, from the kind of learning it exhibits, and the style of its composition. Cosin was one of two bishops who voted for the bill.

XXVII. The form of prayer to be used during the prevalence of the plague is a fragment found in a volume of MSS. at Durham.

XXVIII. The Articles of Inquiry exhibited at Cosin's first Episcopal Visitation, A.D. 1662, appeared originally as a distinct publication, having been printed, the same year in which they were exhibited, by T. Garthwait, London.

XXIX., XXX. The volume closes with Cosin's Confession of his own Faith, which was first printed out of his will by Basire, to whom we are also indebted for the translation. It was printed afterwards by Dr. Thomas Smith in his *Vitæ*.

Cosin appears to have left behind him several other theological fragments and minor pieces, which have as yet escaped the researches of the present editor. Among the compositions of Cosin that are missing, we may regret in particular the loss of his Form for the Consecration of Churches, Chapels, and Churchyards, prepared for the Convocation of 1661, and to which reference is made in the second memorandum, placed before the account of the conference between Spalato and Overall, at p. 469 of this volume. The only remaining papers, beyond those which are here published, known still to exist, are such as relate either to transactions of private business, or to a few historical and personal incidents more or less valuable as materials for the future compiler of Cosin's life. Among the latter may be reckoned several letters to Sancroft and others, preserved in the Harleian MSS., 2783, &c., &c.

The letters and papers which have been selected for publication in this volume, are such, and such only, as appeared to be of theological interest or value.

It remains for the editor to express his thanks to the authorities connected with the Chapter and University libraries at Durham, the Chapter library at Chester, the library at the British Museum, and (in Oxford) the Bodleian, and Queen's College libraries, &c. &c.; and also to some private friends: from whose kindness he has at the same time received great facilities in his search after Cosin's MSS., with permission to make use of them, and much obliging assistance and information in the preparation of his work.

J. SANSOM.

Oxford,
July 1, 1851.

ERRATUM.

Page 121, note r.—" Engelb. Archiep. Trevir. apud *Goldasti Imper.*, tom. i."—Dele [Nescio, &c. . . . . .] lege [Epist. Engilb. Trevir. contra Hildebrandum Papam, ap. Jo. Georg. *Eccardi*, Corp. Hist. Medii Ævi, tom. ii. col. 170.—En verus pontifex, et verus sacerdos, qui dubitat si illud quod sumitur in Dominicâ Mensâ sit verum Corpus et Sanguis Christi. Nihil certe ita est impium et nefarium, nihil ita est detestabile et execrabile, quod ipse non curet, dum alios contra regem armet, dum alios bellum, quod ipse omnibus intendit, excitet.]

CONTENTS.

	PAGE
1. Historia Transubstantiationis Papalis	1
2. Luke de Beaulieu's translation of the History of Transubstantiation .	147
3. On the validity of the ordination of Priests in the Church of England.	
a. Letter to Dr. Morley	241
b. Form of ordaining Priests in the Church of England	251
c. Form in the Roman Church	252
d. Occasion of the controversy	253
e. First Letter to Prior Robinson	254
f. Second Letter	258
g. Second Letter, as re-written, and sent to the Prior upon receipt of his reply to the first letter .	266
h. View of F. P.'s Answer to the first paper	277
4. Letters about communicating in one kind.	
a. Letter from a Roman Catholic to a lady of the English Communion	319
b. Cosin's Answer to this letter	321
5. Letter to the Countess of Peterborough concerning agreements and differences in the chief points of religion betwixt the Church of Rome and the Church of England .	332
6. The State of us who adhere to the Church of England	337
7. Regni Angliæ Religio Catholica, &c.	339
8. Paper touching the Supremacy, and Head of the Church	371
9. Papers concerning the collation of Bishops.	
a. Letter from Hyde to Cosin	374
b. Cosin's reply to Hyde	375
c. Form of Collation	378
10. Articles and Injunctions.	
a. Articles of Inquiry exhibited to the ninth Prebendary	380
b. Injunctiones et Monita, &c.	381
11. Queries to the Clergy of the diocese of Durham	384
12. Letters to Dr. Watson.	
a. First Letter	385
b. Second Letter	387
13. Answer to Fuller.	
a. Fuller's charge	390
b. Cosin's answer	391
14. Letter to Mr. Cordel	401

		PAGE
15. Correspondence with Gunning.		
a. Letter from Gunning to Cosin	. . .	410
b. Cosin's first Letter to Gunning	. . .	419
c. ——— second Letter	. . .	421
d. ——— third Letter	. . .	447
e. ——— fourth Letter	. . .	448
16. Letter to Dr. Collins .	. . .	451
17. Letter to Mr. Wood .	. . .	462
18. Letter to Hyde	. . .	464
19. Account of Conference with the Archbishop of Trapezond	.	466
20. Account of Conference between Spalato and Overall .	.	469
21. Letter to Bishop Morton	. . .	472
22. Memorial against the Council of Lateran .	. .	477
23. Letter to Blondel	. . .	482
24. Letter to Casaubon .	. . .	484
25. Letter to Grotius	. . .	487
26. Argument on Dissolution of Marriage	. .	489
27. Prayer to be used during the Plague	. .	503
28. Visitation Articles, A.D. 1662 .	. .	505
29. Confession of Faith, in Latin .	. .	521
30. Basire's translation of the same .	. .	525

HISTORIA
Tranſubſtantiationis
PAPALIS;

CUI

Præmittitur, atque opponitur,
Tùm S. Scripturæ, tùm Veterum Patrum,
& Reformatarum Eccleſiarum,

Doctrina CATHOLICA

DE

Sacris Symbolis & Præſentiâ Chriſti in
Sacramento Euchariſtiæ.

---

*Hanc autem Diſquiſitionem Hiſtoricam antè An-
nos* XIX *Scribebat, & demùm inſtanti multorum
rogatu excudi permiſit paulo ante Obitum,*
JOH. *EPISCOPUS* DUNELMENSIS.

LONDINI,

Typis *Tho. Roycroft.* Apud *Hen.* Brome Bibliopo-
lam, ad inſigne *Tormenti Bellici,* prope Portam
Occidentalem ædis Sancti *Pauli.*

MDCLXXV.

SERENISSIMO

POTENTISSIMOQUE

MONARCHÆ,

CAROLO II.

MAGNÆ *BRITANNIÆ*,

FR. ET *HIBERNIÆ*

REGI,

FIDEI DEFENSORI.

PRÆFATIO.

Annus jam agitur undevigesimus, ex quo hanc dissertationem historicam adornavit Reverendus admodum in Christo Pater Johannes Cosinus, cum Lutetiæ Parisiorum, (grassante tum in Angliâ immani sceleratorum hominum rebellione,) Regis Ecclesiæque causâ exularet. In ea enim civitate uti commoraretur, jusserat rex serenissimus Carolus II., cum, relictâ Galliâ (ob pactum nuper fœdus a Gallorum Rege cum Anglis perduellibus) in Germaniam se conferret, eâdem ipsi demandatâ provinciâ, quam a beato Carolo I., supra mortalium omnium laudes principe, prius acceperat, nempe, ut in sacello regio sacra perageret, Anglisque exulibus, tum familiæ regiæ, tum aliis, quotquot ea tempestate Parisiis degebant, in reformatâ religione, quam profitetur Ecclesia Anglicana, continendis confirmandisque operam navaret.

Hujus autem dissertationis scribendæ hæc fuit occasio. Cum rex serenissimus Coloniæ Agrippinæ consedisset, atque invisisset celsissimum quendam sacri imperii principem pontificium, non procul ab ea civitate tum agentem, a quo perquam honorifice invitatus fuerat; accidit (quod fieri solet inter homines diversam religionem profitentes) ut de quibusdam Fidei Christianæ capitibus, quæ inter protestantes et pontificios controvertuntur, quidam ex Jesuitarum societate cum viris illis generosis atque nobilibus, (quos individuos, rebus etiam durissimis, fortunæ comites et in constanti Reformatæ Religionis professione imitatores habuit,) sermones miscerent; et Ecclesiam Anglicanam hæreseως ream peragere conarentur, maxime ob fidem, quam de sanctissimo Eucharistiæ sacramento profitetur;—Eam enim, nullam realem, sed imaginariam nescio quam Corporis et Sanguinis Christi præsentiam, tantum admittere;—Ecclesiæ Romanæ vero fidem eandem omnino esse, quam per omnia sæcula constanter tenuit Catholica Christi Ecclesia de hoc augustissimo mysterio; scilicet, totam substantiam panis et vini in Corporis et Sanguinis Christi Domini substantiam converti, quæ quidem conversio, a concilio Tridentino, recte Transubstantiatio dicta sit. Hæc, et alia ad eandem rem spectantia, coram ipsâ regiâ majestate et celsissimo illo principe apud quem tum agebat, a Jesuitis haud secus dicebantur, ac si apud omnes rerum (maxime vero antiquitatis ecclesiasticæ) peritos liquidissime constarent.

Noverat rex serenissimus a Jesuitis Ecclesiæ Anglicanæ turpissime imponi, neque id ignorabant viri illi primarii qui tum regiam majestatem comitabantur; nec dubitabant quin vana essent, et a vero aliena, quæ iidem homines jactitabant de Transubstantiatione Romanâ. Verum, cum celsissimo illi principi visum fuisset, librum manuscriptum de eodem argumento (in quo aiebat ea omnia ex probatis auctoribus confirmari) viris illustribus legendum præbere; censuerunt illi rem totam cum reverendo Cosino communicandam, obnixe rogantes ut Ecclesiam Anglicanam ab eâ calumniâ vindicaret; et, quæ sit illius, de verâ et reali præsentiâ Christi in sancto Eucharistiæ sacramento, sententia, disertis verbis declarare. Statim itaque, arrepto calamo, vir præstantissimus atque ad omne bonum opus (maxime vero ubi causa Ecclesiæ Dei agebatur) semper paratissimus hancce dissertationem conscripsit[a], quam viri

---

[a] [Vid. Epistolas duas, una cum Hist. Trans. Papal. MS. ap. D. Joh. Cosini Biblioth. Dunelm. compactas, quæ sic exscriptæ leguntur; videlicet:

"To my worthy friend Dr. Cousins in the Palais Royal at Paris.

Cologne, June 8, 1655.

Sir,
In the last entertainment our Master had with the Duke of Newbourg, a dispute arose about the real presence, wherein the D. was taught to argue to be able to convert his Duchess: (which he did.) I undertook the argument with him, which broke off undecided betwixt us. He hath since sent me a paper, the theme whereof is this: 'Corpus et Sanguis Christi sunt realiter in Eucharistia, &c.' He quoteth divers sayings out of the Greek and Latin Fathers in each of the first eight ages, to favour the opinion of Transubstantiation, and thence draweth the conclusion of that doctrine, alleging many heretics censured and condemned for dissenting.

The paper is too long: otherwise I would send you a copy of it. But this is the scope and substance, to which he provoketh my answer in writing. I have hitherto excused it for want of books: but, to deal truly with you, I dare not adventure upon that main point without help; and Dr. Earles will not meddle in controversy.

Therefore I desire you to send me a short state of the question in Latin, to shew how far the primitive Church believed it, and when and how the Romanists stretched it with the absurdities of their opinion, and the foul consequences of adoring the Sacrament,— an answer to all those ordinary expres-

illustres serenissimi principis scripto opponerent, et (si videretur) illius celsitudini, par pari referentes, exhiberent.

At, quanquam viri illi nobilissimi, aliique a quibus perlectum est hoc opusculum, sæpius hortati sunt, ut illud publici juris faceret, id tamen ab eo, nisi paucos menses ante obitum impetrare non valuerunt. Nam, cum in privatos amicorum usus tantum illud exarasset, operæ pretium satis amplum ipsi videbatur, quod iis non fuisset prorsus inutile. Sed, cum jam recruduisset ante aliquot annos de Præsentia Christi in Sanctissimo Eucharistiæ Sacramento controversia, atque etiamnum inter viros celeberrimos, reverendum Claudium, Parisiensium reformatorum pastorem, et Arnaldum doctorem Sorbonicum, scriptis publicis utrinque cum magnâ eruditionis atque eloquentiæ laude agitetur, aliique (ut fit) horum exemplo excitati, de eodem argumento dissertationes varias edidissent; amicorum plurimorum (tum eorum qui tractatum hunc olim legerant, tum aliorum qui de eo tantum audiverant) flagitationibus assiduis victus tandem

sions of the Fathers, and the positive opinion of our Church in the point.

Percy Church will convey your answer to me, which will for ever oblige

Your most humble servant,
Gilb. Talbot.

———

Responsio.

Paris, Sept. 27, 1655.

Sir,

It is now about a month, since I made an end of what I had to say in answer to all your *quæsita* for explanation. And I think I have given a full account, both of the state of the question between the Romanists and us concerning the real presence of Christ in the Sacrament, and of the positive sentence of our own Church in the point. Whereunto I have added the agreement of other reformed Churches with us, and our common assent to the doctrine of the ancient Fathers, who were never any patrons of Transubstantiation.

I have likewise given both general and particular answers to all those ordinary expressions of the Fathers which the Romanists plead against us, and think to make some advantage of them for themselves. I have proceeded historically through the whole matter of Transubstantiation: (for in controversies of this nature, whether we or the papists be the true Catholics, it is the only, and best, and the most satisfactory way so to do :) and I trust I have said enough to satisfy all the objections and allegations, that either the Duke of Newburg or any of his tutors have to bring against us.

Neither have I omitted the time and place, where this new opinion of theirs began, the absurdities and fatal consequences that followed it, the oppositions and disputations of learned men against it, the altercations that they had among themselves about it, and the mean account that was made of it, till of very late time a few men at Trent, and the Pope at Rome, advanced it to an article of their faith.

If herein I may have done any service to our own Church, or given you that content which was desired and expected from me, I shall account the time that I have spent about it well bestowed, and rest, Sir,

Your very humble servant,
J. C.

You should have had this original sooner, but that I have stayed about a month to get it copied."]

cessit; eoque facilius, ut eorum monitis obsequeretur, adductus est, quod sibi videretur errorem, quem perpetuo errat clarissimus doctor Sorbonicus, toto hocce opusculo quamquam tam diu ante scripto evidentissime confutasse. Quæcunque enim, de reali seu verâ præsentia Corporis ac Sanguinis Christi Domini in Eucharistiâ, apud antiquos patres legere est, ea ad Transubstantiationem Romanam statim adaptat; et sibi de adversario egregie triumphasse, et Reformatorum causam jugulasse videtur; quanquam immane quantum distant illa duo,—realis seu vera Christi præsentia in sanctâ Cœnâ, et panis vinique Eucharistici transubstantiatio in Corpus et Sanguinem Domini. Ista enim portentum est, quod nec Sacra Scriptura docet, nec fides potest credere, nec recta ratio capere, nec sensus admittere, quodque apud primævæ antiquitatis scriptores nusquam reperias; illa vero, tum Scripturæ Sacræ consona est, tum Christianæ Fidei analogiæ congrua, et rectæ rationi accommoda, (ut ut corporeis sensibus non percipiatur, quia spiritualis est;) ac denique unanimi sanctorum patrum consensu passim docetur.

Nec contra facit, quod de pane et vino S. Eucharistiæ, quasi de ipso Corpore, ipsoque Sanguine Domini, quandoque loquantur; usitatâ scilicet (ubi de Sacramentis sermo fit) phraseologiâ, quâ rei significatæ nomen ipsi signo tribuitur. Nam iidem ipsi sancti patres eundem panem et vinum Eucharisticum, typos, symbola, signa, figuram Corporis et Sanguinis Christi passim vocare solent; unde liquet eos nobiscum, non cum Transubstantiatoribus, sentire. Possumus enim, incolumi nostrâ de sacramento Eucharistiæ sententiâ, prioribus illis uti loquutibus, quas sibi favere pontificii arbitrantur, (modo eas, uti par est, sacramentaliter intelligamus:) posterioribus vero uti nemo potest, quin eo ipso, quod iis utitur, figmentum Transubstantiationis evertat; quandoquidem ista duo,—panem in Corpus Christi transubstantiari, et esse simul typum, symbolum, signum, figuram Corporis Christi,—sint prorsus ἀσύστατα. Nam res, quæ desiit esse, alterius rei, nedum sui ipsius, typus, symbolum, signum, aut figura, esse nequit. Sed ista in ipso opere fusius habentur.

Expectet jam forte lector, ut de præstantissimo historicæ hujus dissertationis auctore nonnulla saltem hîc addantur, postquam de illius scribendæ, atque in vulgus mittendæ, occasione dictum est. Verum aggredienti tanta surget dicendorum seges, (si vel attingantur singula, quæ de viro magno memoratu digna sunt,) ut nequeant, absque magnâ tum ipsius, tum lectoris injuriâ, præfationis angustiis concludi. Sed id, Deo dante, alio loco præstabitur.

Unum, tamen, lectorem non nescire velim :—virum hunc eruditissimum, atque (uti jam liquet) reformatæ religioni addictissimum, in iis, vel in primis, fuisse, quos Puritani, ante turbatam Angliam, defectionis ad pontificios accusabant: quo nomine gravia multa ab iis passus, ut graviora vitaret, in exilium ire coactus est. In eâ tamen calumniâ pergebant homines maledicentissimi, eo ipso tempore, quo vir optimus hanc dissertationem scribebat adversus Transubstantiationem. Vale.

[Joh. Durel.]

ELENCHUS

CAPITUM HUJUS LIBRI.

Præfatio de occasione scribendæ hujus dissertationis.

CAPUT I.

In quo : I. Realis, id est, vera et non imaginaria, Christi præsentia, in Sacramento Eucharistiæ, e S. Scripturis adstruitur. II. et III. Quod tamen Transubstantiatoribus haud favet, quum non crasse aut carnaliter, sed mystice et Sacramentaliter, intelligendum sit. IV. Sacramentorum natura et ratio. V. Mediantibus elementis panis et vini, Ipse Christus spiritualiter et mystice a fidelibus manducatur. VI. Præsentia et manducatio spiritualis non tollit rei veritatem, sive substantiam. VII. Modus præsentiæ imperscrutabilis, nec temere definiendus.

CAPUT II.

I. II. III. et seqq. Protestantium omnium consensus de reali, id est, verâ[a] præsentiâ Christi in Eucharistiâ, manifeste constat, tam ex variis Ecclesiæ Anglicanæ libris publicâ auctoritate editis, ut et ex virorum in eâdem Ecclesiâ probatissimorum et celeberrimorum scriptis, quam ex aliis reformatarum Ecclesiarum publicis confessionibus.

CAPUT III.

I. Quid per τὸ 'Christum spiritualiter præsentem esse in Eucharistiâ' intelligant Romanenses. II. Quid per illud ipsum Bernardus intellexerit. III. Quid per id intelligant Protestantium Ecclesiæ. IV. Fides præsentiam Christi non facit, sed præsupponit. V. Unio Corporis Christi cum symbolo panis sacramentalis est.

CAPUT IV.

I. De transmutatione panis et vini in Corpus et Sanguinem Domini, quæ pontificiis Transubstantiatio dicitur. II. De omnipotentiâ Dei. III. De accidentibus panis. IV. Sacramentalis unio signi et signati. V.

[a] Sed non carnali.

et VI. Status controversiæ tam negative, quam affirmative, declaratur. VII. Concilii Tridentini definitio. Bulla Pii IV. Papæ, et forma juramenti ab eodem Papâ præscripti. Decretale Innocentii III. Jesuitarum dictata. VIII. Portentum ingens, Transubstantiatio.

CAPUT V.

Transubstantiationem, nec secundum vocem aut nomen, nec secundum rem aut sententiam, in S. Scripturis aut antiquis Ecclesiæ doctoribus haberi, imo, cum eisdem pugnare, ostenditur; atque, adeo, de fide non esse.

CAPUT VI.

I. II. III. et seqq. In quibus, veteris Ecclesiæ doctrinam et praxin cum doctrinâ de Transubstantiatione pugnare, fusius ostenditur; atque ad objectiones pontificiorum ex antiquitate frustra quæsitas respondetur.

CAPUT VII.

De scriptoribus sæculi undecimi, et sequentis; e quibus clarissime deducitur historia Transubstantiationis papalis. I. Papæ istorum temporum quales fuerunt. II. Infelix sæculum, quo scindebantur theologi circa rem Eucharisticam. III. Fulberti sententia. IV. Quam sequitur ejus discipulus Berengarius, cui alii contradicunt. V. VI. Berengarii doctrina defensa. VII. Leonis noni rugitus contra Berengarium. VIII. Victoris II. synodus Turonensis, quæ Berengarium, tanquam recte sentientem, dimisit. IX. Nicolaus II. Papa novam indicit synodum contra Berengarium: cui iniqua atque stupenda recantatio injuncta est. X. Glossæ ordinariæ censura de istâ, Berengario præscriptâ, recantatione XI. Quam per vim, et metu mortis, sibi extortam fuisse dixit. Lanfrancus et Guitmundus contra eum scribunt. XII. Hildebrandus Papa, et ejus concilium Rom., ad quod Bereng. iterum vocatus est, et frustra condemnatus. XIII. S. Bernardi doctrina approbata. XIV. Ruperti sententia. XV. P. Lomb. de transubstantiato pane nihil definire potuit, et de accidentibus panis sine subjecto miserabiliter philosophatur. XVI. Otho Frisingensis, et ejus coætanei, panem et vinum in Eucharistiâ vera manere fatentur. XVII. P. Blesensis et S. Eduensis notantur; qui primi omnium Transubstantiationis vocabulum usurpârunt. XVIII. Sæculum XIII., in quo Innocentius III. Papa decretum suum de Transubstantiatis pane et vino in Corpus et Sanguinem Domini publicavit. XIX. et XX. Innocentii III. mira arrogantia. Synodus Lateranensis de hoc articulo nihil decrevit. XXI. Ejusdem Innocentii crudelitas, qui per carnificinas, et vivicomburia, novam fidei suæ doctrinam stabilire voluit. XXII. Gersonis dictum de Romanâ illius temporis Ecclesiâ. Multa figmenta e Transubstantiatione orta. Quæstiones portentosæ et inextricabiles. XXIII. Monachorum novi ordines, et scholastici. XXIV. Eorum altercationes et disputationes abominandæ. XXV. Sacramentum indignissime tractatum ab eis, qui illud in proprium Corpus Christi transubstantiatum crediderunt. XXVI. et XXVII. Holkot, Aquinas, Albertus Magnus, et alii scholastici, quamvis pro Transubstantiatoribus aliquando non faciant, omnia tamen ad Papæ Romani judicium referunt. XXVIII. Synodus Constantiensis, quæ poculum Laïcis abstulit. XXIX. Card. Cameracensis Transubstantiationem ex S. Literis probari posse negat. XXX. Synodus Florentina et Eugenii IV. Instructio Armeniorum notantur. XXXI. Anathema papale in synodo Tridentinâ nulli formidandum. Conclusio operis.

CAPUT I.

I. REALIS, ID EST, VERA ET NON IMAGINARIA, CHRISTI PRÆSENTIA IN SA-
CRAMENTO EUCHARISTIÆ E S. SCRIPTURIS ADSTRUITUR. II. ET III. QUOD
TAMEN TRANSUBSTANTIATORIBUS HAUD FAVET, QUUM NON CRASSE AUT
CARNALITER, SED MYSTICE, SPIRITUALITER, ET SACRAMENTALITER, INTEL-
LIGENDUM SIT. IV. SACRAMENTORUM NATURA, ET RATIO. V. MEDIAN-
TIBUS ELEMENTIS PANIS ET VINI, IPSE CHRISTUS SPIRITUALITER ET
MYSTICE A FIDELIBUS MANDUCATUR. VI. PRÆSENTIA, ET MANDUCATIO
SPIRITUALIS, NON TOLLIT REI VERITATEM SIVE SUBSTANTIAM. VII. MODUS
PRÆSENTIÆ IMPERSCRUTABILIS, NEC TEMERE DEFINIENDUS.

I. Quæ a Christo Domino in solenni hujus augustissimi Sa- C A P.
cramenti institutione, ad perpetuam Sui commemorationem, ——I.——
prolata sunt verba; nempe, "Hoc est Corpus Meum, quod pro Mat. xxvi.
vobis traditur:"—"Hic est Sanguis Meus, qui pro vobis effun- 26.
ditur in remissionem peccatorum;"—omnino infallibilia, atque 19.
verissima esse, universa per orbem terrarum sancta confitetur
Ecclesia. Si quis autem contrarium affirmaverit, aut veraci-
tatem[1] Christi indubium vocare ausus fuerit, dictisve Ejus [1] [aut po-
fidem derogârit, nec iis adsensum suum præbuerit, (nisi per tentiam, ap. MS.
figmentum et nudam figuram expositis et detortis,) illum[a] in Dunelm. rubricâ adscript.]

[a] Ut alicubi scripsit G. Calixtus, in eruditis. suis exercitationibus. [Vid. Georgii Calixti Disput. de calice Dominico omnibus ad sanctam Eucharistiæ communionem admissis porrigendo; ad calc. Georgii Cassandri Dialog. de communione sub utraque specie; ed. 4to. Helmest. 1642, p. 81.—Diabolus omnem movit lapidem, ut sanctissimum et venerabile hoc mysterium vel violaret plane vel mutilaret. Primum per eos tentavit, qui Corpus et Sanguinem Christi auferre, et nuda signa relinquere, voluerunt.—Vid. etiam G. Calixti Annotat. et Animadvers. in Confessionem Reformatorum Thorunii in Colloquio ann. 1645. Sept. 13. oblatam, &c. ed. 4to. Wolferbyti, 1655. cap. De S. Eucharist. § 38. pp. 68—70.—Nos itaque simplicibus Christi Redemptoris nostri verbis simplici fide inhæreamus, per- suasi Illum non aliter quam disposuit pronuntiâsse, neque aliter disposuisse quam pronuntiavit: atque ita nobismet ipsis recte consulemus, et triste ac perniciosum schisma, quod Protestantium Ecclesias divellit, componemus. . . . . . . Unde Chemnitius: 'Fundamentum præsentiæ Corporis Christi in Cœnâ Lutherus monuit non esse collocandum in disputatione de ubiquitate, sed in veritate verborum institutionis.' Idem rectissime: 'Nos præsentiam istam, quia testimonium habemus Verbi Dei, simpliciter credimus: de modo vero præsentiæ, quia Verbo Dei revelatus non est, judicamus non esse disputandum.'—Vid. etiam pp. 38—41, 51; et passim.]—Et, ante eum, Mart. Chemnitius in Exam. Conc. Trid. [Vid. lib. de Eucharistiæ Sacramento, par. ii. p. 65. (ed. Francof. 1596.)—Simpliciter vero et aperte

CAP. I.

Ecclesiis nostris nec tolerare, nec excusare, vel possumus, vel debemus. Quicquid enim Sacra nos docet Scriptura, id nobis verum ac indubitatum esse oportet. Verum igitur nec minus indubium esse fatendum est, quod dixit Christus, "Caro Mea vere est cibus, et Sanguis Meus est potus;" quæ, juxta B. Paulum, per panem et poculum nobis communicantur: eundem enim "panem" "communionem Corporis Christi," itidemque "poculum" "Sanguinis Ejus communionem," appellavit.

John vi. 55.

1 Cor. x. 16.

II. Ex quibus B. Apostoli verbis manifeste constat, quod panis et poculum (quæ hujus S. Eucharistiæ symbola dicuntur) nequaquam substantialiter transmutata, aut penitus sublata, vel destructa sint; sed in hunc finem, per verba Christi, solenniter consecrata, ut communicationi Corporis et Sanguinis Sui certissime inserviant.

III. Atque hinc itidem liquet, locutionem tam Christi, quam Apostoli, sacramentaliter et mystice intelligendam esse, neque crassam aliquam aut carnalem Corporis Sanguinisque præsentiam ex eorum verbis posse adstrui.

IV. Et, licet vox ipsa Sacramenti in S.S. nusquam de Eucharistiâ usurpetur, Ecclesia tamen Christi, a primis inde seculis, hoc nomine S. Eucharistiam insignivit, et præsentiam Corporis ac Sanguinis Domini mysticam et sacramentalem semper appellare consuevit. Sacramentalis autem locutio nomen rei signatæ ipsi etiam signo [b] non incommode tribuit: [c] sacramentorum enim natura, et usitata de ipsis

profiteor, me amplecti et probare illarum Ecclesiarum sententiam, quæ agnoscunt et docent veram et substantialem præsentiam Corporis et Sanguinis Christi in Cœnâ, in eo sensu quem verba Cœnæ simplici, propria, usitata, et genuina sua significatione, præbent.
...... Hæc pauca vero ideo hoc loco annotare volui, ut ostenderem meam confessionem conjunctam esse cum illis Ecclesiis, quæ a Sacramentariorum opinionibus alienæ sunt, et sententiam de vera et substantiali præsentia Corporis et Sanguinis Christi in Cœna, juxta simplicem et genuinam verborum institutionis proprietatem, amplectuntur et profitentur.] Atque in Locis Theologicis. [Vid. par. iii. lib. de Cœnâ Domini, p. 166. (ed. Witebergæ, 1610.)—Quia enim de Eo, quod in usu sacræ Cœnæ cum pane et vino adest, exhibetur, et sumitur, Christus pronuntiat: 'Hoc est Corpus Meum:' 'Hic est Sanguis Meus;' vera igitur et substantialis præsentia Corporis et Sanguinis Christi, in actione Cœnæ quæ juxta institutionem in his terris celebratur, verbis illis traditur et asseveratur. Et improbandi sunt, qui per quoscunque tropos verbis illis sententiam affingunt, vel de signo, vel efficaciâ Corporis absentis; aut qui aliam præsentiam fingunt, quam sicut verba sonant. Et hoc est unum κριτήριον.]

[b] Exod. xii. 11. (Agnus iste) "est Pascha Jehovæ." Exod. xii. 21. "Jugulate" (Agnum) ipsum "Pascha" Jehovæ. 1 Cor. x. 3.... "Eandem escam spiritualem." 1 Cor. x. 4..... "Petra illa erat Christus."

[c] [Conf. MS. Dunelm., in quo hæc verba interposita sunt:—"Et,

loquendi ratio, postulare videtur, ut symbolis non solum rerum nomina, sed et earum proprietates, imo effecta, tribuantur. Atque hanc ob causam panis ille communio Corporis Christi, tam perspicue (prout antea dicebamus) quam apposite, ab Apostolo appellatur. CAP. I.

V. Hoc quoque planum est, non tam fuisse Christo propositum docere, quid elementa panis et vini sint naturâ atque substantiâ suâ, quam quid in hoc mysterio sint significatione, usu, et officio; quum non tantum[d] per hæc elementa Corpus et Sanguis Domini aptissime repræsententur, sed etiam iis mediantibus Ipse Christus, ex Ipsius instituto, verissime omnibus exhibeatur, et a fidelibus sacramentaliter sive mystice manducetur: unde fit, quod et " Nos in Illo, et Ille in nobis vere sit, et maneat." S. Joh. vi. 56.

VI. Atque hæc est spiritualis illa (non minus tamen vera, et indubia, quam si corporalis esset) Christi Carnis manducatio, non quidem simpliciter, quatenus caro est absque omni alio respectu; (sic enim nec præbetur nobis, nec prodest:)

quum per subjectum hujus enunciationis nihil aliud quam verus panis quem in manus suas acceperat et fregerat Christus, per attributum vero nihil nisi verum et naturale Corpus Christi quod pro nobis traditum est et crucifixum, intelligi debeat, neutrobi quidem tropus locum habet. Interim, quum panis et Corpus Christi ita sint disparata, ut alterum de altero nulla ratione prædicari queat proprie et essentialiter, (quod itidem omnes utrinque confitemur,) omnino necesse est, ut ejusdem enunciationis copula mystice et sacramentaliter intelligatur.

Proinde Eucharistiam et præsentiam quam diximus mysterium et sacramentum Ecclesia semper habuit et appellavit, quemadmodum adhuc alia religionis nostræ mysteria usurpat. Hujus rei necessitatem evincit, primo aliorum Sacræ Scripturæ locorum collatio, (S. Joh. vi. 63; 1 Cor. x. 16,) in quibus res eadem verbis minime controversis proponitur; deinde, generalis sacramentorum natura, atque usitata de ipsis dictionis ratio, qua symbolis vel nomina vel proprietates, vel effecta rerum tribuuntur. (Exod. xii. 11, 12; Lev. iv. 3; Hosea iv. 8; Rom. vi. 4; Col. ii. 12.) Atque hanc ob causam," &c.]

[d] [Vid. locum in MS. Dunelm., ubi verba sic se habent: ".... quum non tantum repræsentant, sed et simul exhibent rem significatam, adeo ut juxta mandatum Christi a fidelibus accepta, atque hausta, id efficiant, quod et nos in Illo, et Ille in nobis sit. Hoc enim respectu corde credimus, et ore confitemur, elementa illa esse Corpus et Sanguinem Christi: illud, qua crucifixum et mortuum: hunc, qua pro nobis effusum: non simpliciter qua Corpus et Sanguinem. Sic enim nec præbentur nobis, nec prosunt; quia non aliter nobis in hoc sacratissimo cœnæ mysterio proponuntur, quam qua pro mundi vita tradita sunt: quod tum adjecta verba, tum fractionis et effusionis ritus, declarant. Quamvis autem Corpus Christi sursum in cœlis sit, *non deorsum in terris*[1]: (unde illud 'sursum corda' in Ecclesia universa a bricâ deprimis usque sæculis usitatum:) non tamen propterea a Cœna Sua abest Christus, quandoquidem præsentia non partis sive Corporis solius est, sed totius Personæ. Et, quum Corpus, qua crucifixum et mortuum, non amplius sit in rerum natura, perperam statuitur præsens in sacramento, qua tale sive corporaliter. Spirituali vero, et divina, mystica, et sacramentali præsentia, nemo non est contentus; nisi qui fastidito Spiritu et Divinitate nihil præter carnem sapit, et cui denique quod spiritualia est perinde est ac si nihil esset."] [1][Hæc ru- 'sursum corda' sunt leta verba.]

sed quatenus crucifixa, et pro mundi vitâ tradita[e] erat. Spiritualis enim Carnis Christi manducatio, per quam, operante Spiritu Sancto, animæ fidelium, non ventres, pascuntur, veritatem et substantiam rei nequaquam tollit. Quod nemo unquam diffitebitur, nisi qui, fastidito Spiritu et operatione divina, nihil præter carnem sapit, et cui, quod spirituale et sacramentale est, perinde est ac si nihil esset.

VII. Modum vero præsentiæ Corporis Sanguinisque Domini in S. Eucharistia nos, qui protestantes sumus, et ad normam priscæ ac Catholicæ Ecclesiæ reformati, anxie non scrutamur; sed (quod fecit prima et purissima Dei Ecclesia) eum sapientiæ et potentiæ Domini committimus, Ejusque verbis acquiescimus, et assensum vera ac indubia fide præbemus. Idem si fecissent olim[f], aut nunc facerent transubstantiatores pontificii, neque modum præsentiæ, nuper ab eis excogitatum, tanquam articulum fidei[g] omnibus salvandis absolute et simpliciter necessarium, sub diro anathemate determinâssent, minus profecto rixarum, plus pacis et concordiæ, in Ecclesia Dei hodie haberemus.

CAPUT II.

I. II. III. ET SEQQ. PROTESTANTIUM OMNIUM CONSENSUS DE REALI, ID 'EST, VERA [1], PRÆSENTIA CHRISTI IN EUCHARISTIA MANIFESTE CONSTAT, TAM EX VARIIS ECCLESIÆ ANGLICANÆ LIBRIS PUBLICA AUTORITATE EDITIS, UT ET EX VIRORUM IN EADEM ECCLESIA PROBATISSIMORUM ET CELEBERRIMORUM SCRIPTIS, QUAM EX ALIIS REFORMATARUM ECCLESIARUM PUBLICIS CONFESSIONIBUS.

[1] Sed non carnali.

I. De reali igitur, (id est, vera et non imaginaria,) præsentia Corporis et Sanguinis Christi in Eucharistia, Protestantium Ecclesiæ nullæ dubitant; neque locus relinquitur, ut quisquam de earum communi confessione aliquid mali sus-

[e] "Corpus, quod pro vobis traditur: Sanguis, qui pro vobis effunditur."— Ut supra, num. I.

[f] [Sed sequiora demum tempora ad determinandum præsentiæ modum (descenderunt?,) a qua tamen determinatione priora et meliora sæcula (abstinuerunt?).—Not. *rubr.* in MS. Dunelm.]

[g] In Conc. Trid. [Vid. Sess. xiii. can. 1, 2, 6; ap. Labbe, tom. xiv. col. 808.]

picetur, quasi a Fide Catholica, hâc in parte, vel tantillum discederent. CAP. II.

II. Facile enim est, consensum scriptorum et ecclesiarum reformatarum producere; quo clarissime omnibus (quibus quidem mens vel oculus non laborat) ostendi potest, illos omnes istius veritatis tenacissimos esse, atque a prisca et Catholica Fide nullatenus recessisse.

III. Ordiar ab Ecclesia Anglicana; ubi qui in sacris constituti sunt, omnes lata lege tenentur, [h]" Ne quid unquam doceant, ... quod a populo religiose ...... credi velint, nisi quod consentaneum sit doctrinæ Veteris aut Novi Testamenti, quodque ex illa ipsa doctrinâ catholici patres et veteres episcopi collegerint...... Qui secus fecerit, et contraria doctrina populum turbaverit, excommunicandus est [excommunicabitur."] Docet igitur [i], in sacramento Eucharistiæ, " Corpus Christi dari, accipi, et manducari; ...... atque adeo, rite .... sumentibus, panem (consecratum et) fractum esse communicationem Corporis Christi; similiter et poculum benedictum esse communi[cati]onem Sanguinis Christi:—impios autem, et indigne ad tantæ rei sacramentum accedentes, illud sibi ad judicium manducare, et condemnationem bibere, quia efficiuntur rei ejusdem Corporis et Sanguinis Domini." Orat etiam, in solenni ante benedictionem elementorum prece, in hunc ferme modum:—[j]" Concede, quæsumus, misericors Domine, ut sic edamus Carnem Filii Tui dilecti Jesu Christi, et bibamus Ejus Sanguinem, ut nostra corpora, peccatis inquinata, munda fiant perceptione sacratissimi Corporis Illius, et nostræ animæ laventur pretioso Ipsius Sanguine, atque ut perpetuo habitemus in Eo, et Ipse in nobis; Amen." Sacerdos autem, sive presbyter, panem et vinum benedicens seu consecrans, sic ait: [k]" Exaudi nos, quæsumus, misericors Pater, et concede, ut nos, sumentes has tuas creaturas, panem et vinum, juxta sacrosanctam institutionem Filii

Ecclesiæ Anglicanæ Confessio.

---

[h] In libro canonum pnblicâ auctoritate edit. ann. 1571. cap. De Concionatoribus. [Vid. lib. quorundam canonum disciplinæ Ecclesiæ Anglicanæ; ed. 4to. Lond. 1571. pp. 19, 20.]

[i] Articuli Religionis Christianæ, in quos consensum est ab Episc., &c., in legitimâ et sanctâ synodo Ecclesiæ Anglicanæ ann. 1562, cap. 28, et 29, et publicis regni legibus stabiliti. [Vid. Corp. et Syntagm. Confessionum, &c. p. 105.—Et conf. Liturg. Angl., Ord. Sacr. Communion., Exhortat.]

[j] In Ordine Sacræ Communionis, regni legibus confirmato; [ap. Liturg. Eccl. Anglicanæ.]

[k] Ibidem.

CAP. II. Tui Servatoris nostri Jesu Christi, in memoriam Ejus mortis et passionis, participes simus sanctissimi Corporis et Sanguinis Ejus; Qui, eâdem nocte quâ tradebatur, accepit panem, et gratias agens fregit, ac dedit discipulis Suis, dicens, Accipite, comedite: Hoc est Corpus Meum, quod pro vobis datur: hoc facite in commemorationem Mei. Similiter, postquam cœnatum est, accepit calicem, et gratias agens dedit illis, dicens, Bibite ex hoc omnes; hic enim est Sanguis Meus Novi Testamenti, qui pro vobis et pro multis effunditur in remissionem peccatorum: hoc facite, quotiescunque biberitis, in commemorationem Mei." Idem minister populo, in genua provoluto, Eucharistiam tradens, quum exhibet panem, dicit: [1] "Corpus Domini nostri Jesu Christi, quod pro te traditum est, conservet corpus tuum et animam tuam in vitam æternam." Similiter poculum exhibens ait: "Sanguis Domini nostri Jesu Christi, qui pro te effusus est, conservet," &c. Deinde, post communionem, subjungit gratiarum actionem, et precem,—"Quod nos, qui hæc sacrosancta mysteria rite percepimus, pascere dignetur Deus spirituali cibo pretiosissimi Corporis et Sanguinis Christi," &c.; unâ cum hymno, 'Gloria in excelsis Deo,' &c. Quin et in communi ejusdem Ecclesiæ nostræ Catechismo, publica auctoritate edito, atque omnibus præscripto, ad interrogationem de interna parte hujus sacramenti respondetur, [m] "Quod sit Corpus et Sanguis Christi; quæ a fidelibus vere et re ipsâ (sive realiter) in S. Cœna Domini recipiuntur." Et in Apologia pro eadem Ecclesia, quam præstantissimus præsul Joh. Juellus, episcopus Sarisburiensis[n], publicavit, [o]diserte pronuntiatur, "in S. Cœna credentibus vere exhiberi Corpus et Sanguinem Domini, Carnem Filii Dei vivificantem animas nostras, cibum superne venientem, immortalitatis alimoniam, gratiam, veritatem, vitam; eamque communionem esse Corporis et Sanguinis Christi, ... ut nos in Illo maneamus, et Ille in nobis;

Ad hæc verba, presbyter panem in manus suas accipit.

Ad hæc verba, similiter calicem accipit.

---

[1] Ibidem.
[m] Catechismus, una cum Liturgiâ editus.
[n] [Nostrorum omnium (*manu Cosini emendat.* Reformatæ Ecclesiæ Anglicanæ) nomine.—MS. Dunelm.]
[o] Apologia Ecclesiæ Anglicanæ.

[Vid. Joan. Juelli Op. Theol., ed. Comelin. 1600. tom. i., Apol. p. 8.— Nec dubitamus etiam cum iisdem (patribus catholicis) dicere, esse illa visibilia quædam verba *signacula justitiæ, symbola gratiæ*: diserteque pronuntiamus, in Cœnâ credentibus, &c.]

...... utque pro certissimo habeamus, id esse animis nos- CAP.
tris alendis Corpus et Sanguinem Christi, quod alendis cor- II.
poribus est panis et vinum."

IV. Paulo ante hanc conscriptam Apologiam, prodierat 'Diallacticon' celeberrimi viri Johannis Poineti, episcopi Wintoniensis, ' de veritate, naturâ, atque substantiâ Corporis et Sanguinis Christi in Eucharistiâ;'—quod non alio consilio edidit, quam ut fidem et doctrinam Ecclesiæ Anglicanæ illustraret. Et primo ostendit, [p] Eucharistiam non solum figuram esse Corporis Domini, sed etiam ipsam " veritatem,"—" naturam, atque substantiam,"—in se comprehendere; idcirco, " nec has voces *naturæ* et *substantiæ* fugiendas esse; vete-

[p] [Vid. Diallact. viri boni et literati de veritate, natura, atque substantia, Corporis et Sanguinis Christi in Eucharistia; ed. 4to. *Lond.* 1688. pp., 3, 13. 14, 23, 33, 49, 72; item, ed. 8vo, s. l. 1576. pp. 8, 24, 25, 37, 38, 52, 73, 74, 107.—Primum ostendam veritatem Corporis Christi in Eucharistia dari fidelibus, nec has voces, *naturam* atque *substantiam*, fugiendas esse: sed veteres, de hoc sacramento disserentes, ita locutos fuisse. . . .

Possum et alia multa loca in medium afferri ex Patribus sumpta, quæ cum supra recitatis conveniunt; ex quibus omnibus facile possumus videre, quæ fuerit eorum omnium, quantum attinet ad hanc partem divisionis nostræ, sententia, nimirum Eucharistiam non solum figuram esse Dominici Corporis, sed etiam veritatem ejusdem, naturam, atque substantiam, in se comprehendere; nam his vocibus, et earum conjugatis, vere, naturaliter, et substantialiter, sæpe usos eos esse, nemini dubium esse potest, qui eorum scripta legere velit. . . . .

Deinde, utrum voces illæ, veritas, natura, substantia, communi more in hoc negotio debeant intelligi, an peculiari, et sacramentis magis accommodata, ratione: breviter, utrum homonymia vocum istarum aliqua subsit, an non. Neque enim observandum est solum, quibus verbis olim patres locuti sunt, sed quid etiam sibi volebant ita loquentes. . . . .

Ubi de Corpore Christi proprie dicto loquitur Augustinus, negat simpliciter hic adesse, et recusat talem præsentiam Corporis: quum vero loquitur de Sacramento, vere quidem adesse Corpus asserit, et veram præsentiam Corporis, non autem proprie, sed, quemadmodum ipse nos admonet, secundum majestatem, secundum ineffabilem et invisibilem gratiam; qua de re mox plenius dicemus. Satis igitur constat, aliter intelligendum Christi Corpus in sacramento, aliter quod in aliquo loco cœli esse necessarium est, propter veri Corporis, ut ipse ait, modum. . . . . Sic enim scribit (Cyrillus) libro iv. in Joannem, capite 14. . . . Perspicis, quia sine fide quærentibus mysterii modum nequaquam explanavit: credentibus autem non quærentibus exposuit. . . . .

Cum igitur communis ratio sit et natura Carnis Christi cum carne reliquorum hominum, ut ait Lombardus, talis autem caro, ut asserit Aquinas, in sacramento non cadit, conficitur ipsorum testimonio hæc duo carnis genera multum discrepare. Quod ut magis appareat, et memoria reponatur, non inutile fore putavi, ex his quæ supra memoravimus, διάκρισιν quandam per collationem conjungere.

Corpus Christi *proprium* habet formam humani corporis naturalem: Corpus *mysticum* non habet. &c. . . . . . In hac igitur operis hujus tertia parte, volui ostendere, et fecisse me puto, quo modo Christus Dominus noster præsens esse credendus est in Cœnæ sacræ administratione, juxta communem et consentientem veterum patrum interpretationem. Primum docui, de Christi Carne edenda, spiritualem ab illis intelligentiam requiri, et carnalem omnem cogitationem abnegari; &c.—Et passim.]

CAP. II.

res enim, de hoc sacramento disserentes, ita loquutos fuisse." Secundo quærit, "an voces illæ, *veritas, natura,* et *substantia,* communi more in hoc mysterio a veteribus intelligebantur, an peculiari et sacramentis magis accommodata ratione?—Neque enim observandum esse solum, quibus verbis olim patres usi sint, sed quid istis significare ac docere voluerint." Et, licet discrimen ipse cum patribus agnoscat, inter Corpus Christi formam humani corporis naturalem habens, et quod in sacramento est Corpus mysticum, maluit tamen discrimen illud 'ad *modum* præsentiæ et exhibitionis, quam ad ipsam *rem subjectam,* hoc est, Corpus Christi verum [q],' accommodari; quum certissimum sit, non aliud Corpus in sacramento fidelibus dari, nisi quod a Christo pro fidelium salute in mortem traditum fuit. Tertio denique, "spiritualem hic intelligentiam (juxta communem et consentientem veterum patrum interpretationem) requiri," statuit, " et carnalem omnem cogitationem excludi."

V. Poineto successerunt in eâdem sede Wintoniensi reverendissimi D.D. T. Bilsonus et L. Andreas, utrique viri undequaque doctissimi, et antiquæ Fidei episcopi; qui, scriptis suis in lucem editis, doctrinam et fidem Ecclesiæ Anglicanæ, cum Sacræ Scripturæ, tum veterum patrum theologiæ, consonam per omnia clarissime demonstrârunt. Et, quod ad hoc mysterium attinet, agit quidem *ille* [r] in Responsione ad

[q] [In MS. Dunelm. '*verum*' manu priori, '*proprium ac naturale*' posteriori, ab ipso Cosino scriptum est.]

[r] T. *Bilsoni* Resp. ad Apol.Card. Alani, lib. 4. [Vid. " The true difference between Christian subjection and unchristian rebellion, by Thomas Bilson, Warden of Winchester;" ed. 8vo. Lond. 1586. par. iv. p. 546.—Philander. Yet by this place (Dionys. Eccl. Hierarch., cap. 3.) you see, Christ is covered with the forms of bread and wine, as with garments; and that is word for word our opinion.— Theophilus. Add συμβολικῶς *figuratively,* as your author doth. . . . For we confess that Christ worketh in us, and presenteth Himself unto us, in these mysteries, as it were in certain veils and coverings, which mystically by way of signification and spiritual operation contain and clothe His grace and truth.—

Vid. etiam p. 625.—Theoph. . . . There shall need no long discourse to prove, that these Catholic fathers teach in the Lord's Supper a *spiritual* kind of eating the flesh of Christ by faith and understanding, as *we* do. . . . . (p. 626.) Theoph. . . . . . Next, you confess that the mortal and sinful bodies of men may not be substantially *nourished* with the glorious and immortal Flesh of Christ : and *eating* is altogether in vain, (even of the Flesh of Christ Itself,) without *nourishing :* and all the fathers, with one consent, teach this to be the end of eating the Flesh of Christ, that we should be thereby *nourished* to life eternal. Why then strive you for a corporal *eating*, where yourselves dare not defend any corporal *nourishing ?* Why distract you eating from nourishing, by referring them, one to the body, and the other to the soul, which the fathers always joined and applied to one and the selfsame part of man. . . . .

Apologiam Cardinalis Alani; *hic* vero[s] in Responsione ad Apologiam Cardinalis Bellarmini; ubi verba reperiuntur lectu apprime digna, quæ subjicio:—"Dixit Christus, 'Hoc est Corpus Meum,' [non, *Hoc modo* hoc est Corpus Meum:'] nobis autem vobiscum de *objecto* convenit, de *modo* lis omnis est.......... Fide firmâ tenemus, quod (Corpus Christi) *sit:*.......... de *modo,* quo fiat ut sit, ... nullibi (in Evangelio) verbum est; et, quia verbum nullum, merito a Fide procul ablegamus: inter scita scholæ fortasse, inter Fidei articulos non ponimus. Quod dixisse olim fertur Durandus, neutiquam nobis displicet: 'Verbum audimus, motum sentimus, modum nescimus, præsentiam credimus:'—præsentiam credimus (nec minus quam vos) *veram.* De modo præsentiæ nihil temere definimus;—addo, nec anxie inquirimus; non magis quam, in Baptismo nostro, quomodo nos abluat Sanguis Christi; non magis quam, in Christi Incarnatione, quomodo naturæ Divinæ humana [in eandem hypostasin] uniatur. Inter mysteria ducimus: et quidem ipsa Eucharistia mysterium est; cujus 'quod reliquum est debet igne absumi;' id est, (ut eleganter inprimis patres,) fide adorari, non ratione discuti."

C A P.
II.

[Gen. xii. 10.]

VI. Similia habent Is. Casaubonus[t], in epistola nomine

Rursus, p. 630.—Theoph......
... For, as we doubt not, that Christ is always present on the Table, in *truth, grace, virtue,* and *effect,* if we open the eyes of our *faith* to behold Him, and [the] mouth of our *spirits* to receive Him: so the *local* and corporal hiding of His human substance under the shews of bread and wine was never taught by any Catholic father, or council.

Rursus, p. 631.—Theoph. God forbid we should deny that the Flesh and Blood of Christ are truly present, and truly received of the faithful, at the Lord's Table. It is the doctrine that we teach others, and comfort ourselves with.]

[s] L. *And.* Resp. ad Apolog. Card. Bellarm., c. i. p. 11. [ed. 8vo. Lond. 1610.—Nam, (quod Cardinalem non latet, nisi volentem et ultro,) dixit Christus, 'Hoc est Corpus Meum:' non, 'Hoc modo hoc est Corpus Meum.' Nobis autem vobiscum de objecto convenit: de modo lis omnis est. De 'Hoc est,' fide firmâ tenemus quod sit: de 'hoc modo est,' (nempe, transubstantiato in Corpus pane,) de modo quo fiat, ut sit *per,* sive *in,* sive *con,* sive *sub,* sive *trans,* nullum inibi verbum est. Et, quia verbum nullum, merito a fide ablegamus procul: inter scita scholæ fortasse; inter Fidei articulos non ponimus. Quod dixisse olim fertur Durandus, (Neand. Synops. Chron., p. 203,) neutiquam nobis displicet: 'Verbum audimus, motum sentimus, modum nescimus, præsentiam credimus.' Præsentiam (inquam) credimus, nec minus quam vos, veram. De modo præsentiæ nil temere definimus: addo, Nec anxie inquirimus; non magis quam, in Baptismo nostro, quomodo abluat nos Sanguis Christi: non magis quam, in Christi Incarnatione, quomodo naturæ Divinæ humana in eandem hypostasin uniatur. Inter mysteria ducimus, (et quidem mysterium est Eucharistia ipsa,) cujus quod reliquum est debet igne absumi; id est, ut eleganter imprimis Patres, fide adorari, non ratione discuti.]

[t] Casaub. Ep. ad Card. Perron.

CAP. serenissimi regis Jacobi scripta ad Card. Perronium; et
II. Hookerus[u], Polit. Eccles., lib. v.; Joh. episcopus Roffensis[x],
de Potestate Papæ; R. Montacutius[y], episcopus Norwicensis,

[Vid. Is. Casaub. Ep. 838, ed. Roterodam. 1709. tom. i. pp. 499—501.—
Ut redeamus in lineam, quatuor ἐν-στάσεις contra Liturgiam Ecclesiæ Anglicanæ allatæ sunt istæ:
1. In sacrosanctâ Eucharistiâ *realem* Christi præsentiam non credit. . . .
Hâc piâ moderatione si Rex et Ecclesia Anglicana in sacrosancto Eucharistiæ mysterio utuntur, quæ, obsecro, invidia est? Legimus in Evangeliis, Dominum nostrum, cum hoc sacramentum instituebat, panem sumpsisse et dixisse: 'Hoc est Corpus Meum:' *quomodo* panis Corpus Suum esset, ne verbulo quidem uno explicuisse Christum legimus. Quod legit Ecclesia Anglicana, hoc pie credit: quod non legit, pari pietate non inquirit. Mysterium istud magnum esse, humano ingenio incomprehensibile, ac multo magis inenarrabile, fatetur et docet: de efficacia Illius sentit quam augustissime! . . . .
Istud (transubstantiationis dogma) non est rei *veritatem* pie credere, sed importunâ curiositate *modum* decernere; quod Rex cum Ecclesia sua nunquam est facturus, nunquam probaturus. . . .
Hæc fides Regis, hæc fides Ecclesiæ Anglicanæ: quæ, (ut brevi compendio rem omnem complectar,) in Cœna Domini, realiter participem se fieri credit Corporis et Sanguinis Christi, ut patres Græci dicunt, et quod Bellarminus ipse fatetur, *spiritualiter*. Per *fidem* enim Christum apprehendunt et manducant; creduntque nullum aliud manducationis genus ad salutem utile esse posse. Quod et omnes vestri semper fassi sunt.]

[u] Hook. [Eccl. Polit.] lib. v. § 67. [Of the Sacrament of the Body and Blood of Christ.—Works, ed. fol. Lond. 1723. pp. 237—239.—
The grace, which we have by the Holy Eucharist, doth not begin, but continue life. . . . .
As long as the days of our warfare last, during the time that we are both subject to diminution and capable of augmentation in grace, the words of our Lord and Saviour Christ will remain forcible: 'Except ye eat the Flesh of the Son of man, and drink His Blood, ye have no life in you.' Life being therefore proposed unto all men as their end, they which by Baptism have laid the foundation, and attained the first beginning of a new life, have here their nourishment and food prescribed for continuance of life in them. Such as will live the life of God, must eat the Flesh and drink the Blood of the Son of man: because this is a part of that diet, which if we want we cannot live. . . . .
Shall I wish that men would more give themselves to meditate with silence *what* we have by the sacrament, and less to dispute of the *manner* how? . . .
They (the disciples) had learned before, that His Flesh and Blood are the true cause of eternal life: that this they are, not by the bare force of their own substance, but through the dignity and worth of His Person, which offered them up by way of sacrifice for the life of the whole world, and doth make them still effectual thereunto: finally, that to us they are life in particular, by being particularly received.]'

[x] Episc. Roff. de Pot. Papæ, præf. ad lect. [scil. Joan. Buckeridg. lib. de Potestate Papæ in rebus temporal. &c., adv. Card. Bellarm., ed. Lond. 1614. ¡Ad Lectorem.—Bernardi sententia est, 'Quod videlicet usque hodie eadem Caro nobis, sed *spiritualiter*, utique *non carnaliter*, exhibetur.' Huic consona est per omnia doctrina Ecclesiæ Anglicanæ; quæ Corpus et Sanguinem Christi in Cœna Domini vere et realiter exhiberi, et fide recipi, asserit; *modum* autem *spiritualem* (et proinde ineffabilem et incognitum) tradit. —Et passim.]

[y] Montacutius, in Antidiatrib. xiii. [Vid. Rich. Mont. Antidiatrib. ad priorem partem Diatribarum J. Cæs. Bulengeri, adv. Exercitat. Is. Casauboni; ed. Officin. Hulsian. 1625. p. 143.— 'Caro Mea vere cibus est,' &c.—Scriptura ita loquitur; nec negat, vel abit aliorsum exercitator: vel si uspiam abierit ab istis verbis, quod non facile credo, nos tamen scias omnes et singulos ultis verbis mordicus adhærere.... Christi dictum credimus: obviis ulnis amplectimur, et pectoribus. Non dixit: *Hoc modo* hoc est Corpus Meum; sive *trans*, sive *sub*, sive *con*. Novum est dogma, et nuper natum, &c.]

in Antidiatribis contra Bulingerum; Jacobus[z] primas Armachanus, in Resp. ad Jesuit. Hibernum; Franciscus[a] epi-

[z] Jacob. Armach. in respons. ad Jes. Hib., cap. De Reali Præsentia. [Vid. 'Answer to a Challenge made by a Jesuit in Ireland; &c. by James Ussher, Archbishop of Armagh, and Primate of Ireland,' § 3. ed. 4to. London, 1631. pp. 45, 47, 61.—How far the real presence of the Body of Christ in the sacrament is allowed or disallowed by us, I have at large declared in another place. The sum is this: that, in the receiving of the blessed sacrament, we are to distinguish between the outward and the inward action of the communicant. In the outward, with our bodily mouth, we receive really the visible elements of bread and wine: in the inward, we do by faith really receive the Body and Blood of our Lord; that is to say, we are truly and indeed made partakers of Christ crucified to the spiritual strengthening of our inward man.... We willingly indeed do acknowledge, that that which is *inwardly presented* in the Lord's Supper, and spiritually received by the soul of the faithful, is *that very thing* which is treated of in the sixth of [S.] John: but we deny that it was our Saviour's intention, in this place, to speak of that which is *externally* delivered in the sacrament, and orally received by the communicant.— Vid. etiam Ussher's *Sermon preached before the Commons' House of Parliament*, Feb. 18. 1620.(2nd. ed. 4to. Lond. 1631.) pp. 13, 16, 18, 19.—We are in the first place to consider, that a sacrament, taken in its full extent, comprehendeth two things in it; that which is *outward* and visible, which the Schools call properly *sacramentum*, (in a more strict acception of the word;) and that which is *inward* and invisible, which they term *rem sacramenti*, (the principal thing exhibited in the sacrament.) Thus, in the Lord's Supper, the *outward* thing, which we see with our eyes, is *bread and wine;* the *inward* thing, which we apprehend by faith, is the *Body and Blood of Christ*. In the *outward* part of this mystical action, which reacheth to that which is *sacramentum* only, we receive this Body and Blood but *sacramentally:* in the *inward*, which containeth REM, the *thing itself*, in it, we receive them *really*. And consequently the presence of these, in the *one*, is *relative* and *symbolical;* in the *other, real* and *substantial*...... The bread and wine are not changed in *substance* from being the same with that which is served at ordinary tables: but, in respect of the sacred *use* whereunto they are consecrated, such a change is made, that now they differ as much from common bread and wine, as heaven from earth. Neither are they to be accounted barely *significative*, but truly *exhibitive* also, of those heavenly things whereto they have relation: as being appointed by God to be a means of conveying the same unto us, and putting us in actual possession thereof... Now observe that, such as our *hungering* is, such is our *eating*. But every one will confess, that the *hunger* here spoken of, is *not corporal*, but *spiritual*. Why then should any man dream here of a *corporal eating?* ...... If the manner of this conjunction were carnal and corporal, it would be indeed necessary that the things conjoined should be admitted to be in the same place: but, it being altogether spiritual and supernatural, no local presence, no physical nor mathematical continuity or contiguity is any way requisite thereunto; &c.]

[a] [Vid. 'Reply to the Jesuit Fisher's answer to certain questions propounded by His Most Gracious Majesty King James, by Francis White, &c., Dean of Carlisle,' quæst. xii. Concerning the Doctrine of the Real Presence, (ed. fol. Lond. 1624.) pp. 178, 179.—Answer. The most learned Jesuits themselves acknowledge, that Protestants believe the *real presence* of Christ's Body and Blood in the Holy Eucharist; and our divines deliver their faith concerning the sacrament in this manner: [vid. Bilsoni Chr. Subject. par. iv. p. 631, ut supr. citat. p. 23.] "God forbid we should deny, that the Flesh and Blood of Christ are truly present, and truly received of the faithful, at the Lord's Table: it is the doctrine we teach others, and comfort ourselves with." The difference between papals and us is, not concerning the *object*, or matter received in and by the sacrament, but touching the *manner* of presence, and the manner of receiving, &c.—Item: quæst. xix. Concerning Transubstantiation, pp. 390, 391, 395.—Concerning the sacred Eucharist, he ('His Sacred Majesty,' K.

CAP. scopus Eliensis, et Guliel. Laudus[b] archiep. Cantuar., Resp.
II. ad Fischerum; Joh. Overallius[c] episcopus Norwicensis; aliique quam plurimi: qui a Fide priscâ et catholicorum patrum doctrinâ, in Ecclesiâ Anglicanâ magnâ religione receptâ, atque publicis regni legibus[d] confirmatâ, nequaquam discesserunt.

James) firmly believeth, that, in the holy use thereof, the very Body and Blood of Christ are truly, really, and effectually, presented and communicated to all faithful and worthy receivers. But the Romish doctrine of Transubstantiation . . . . . he cannot believe, until demonstration be made, that this faith is taught by God's express word, and was anciently believed by the true Catholic Church. . . . . . When the *substance* of a point is revealed, and the distinct and particular *manner* concealed, it is sufficient to believe the *former*, without searching into the *latter*. And not only some protestants, but the fathers also, and some learned pontificians, deliver thus much concerning the sacred Eucharist. . . .
Real presence is taken *two* ways: First, for a true and effectual presence of the Body and Blood of Christ, so as man, receiving the *external signs* by his natural parts, receiveth also the *thing signified and presented* by the action of his spiritual faculty, to wit, by an operative *faith*. . . . .
His most excellent majesty, and all his orthodoxal people, believe real presence according to the *first* acceptation, &c.]
[b] [Vid. 'Relation of the Conference between William Laud, &c., ... and Mr. Fisher the Jesuit, by the command of King James, &c.; with an answer to such exceptions, as A. C. takes against it,' &c.; ed. fol. Lond. 1639. pp. 292, 294.—Fourthly, whereas he imposes upon the protestants *the denial or doubting of the true and real presence of Christ in the Eucharist*, he is a great deal more bold, than true, in that also. For understand them right, and they certainly neither deny nor doubt it. For, as for the Lutherans, (as they are commonly called,) their very opinion of *consubstantiation* makes it known to the world, that they neither deny nor doubt of His true and real presence there: and they are Protestants. And, for the Calvinists, if they might be rightly understood, they also maintain a most true and real presence, though they cannot permit their judgment to be transubstantiated: and they are Protestants too. . . . .
And, for the *Church of England*, nothing is more plain, than that it believes and teaches the true and real presence of Christ in the Eucharist, unless A. C. can make a *Body* NO *Body*, and *Blood* NO *Blood*, (as perhaps he can by *transubstantiation*,) as well as *bread* NO *bread*, and *wine* NO *wine*: and the Church of England is Protestant too. So Protestants of all sorts maintain a *true* and *real* presence of Christ in the Eucharist, &c.]
[c] In MS. brevi edendo. [Quid sit hoc MS. latet. Nihil ad rem inventum est apud " Bp. Overall's Convocation Book, 1690." Inter notas autem suas manuscriptas in libro Precum Communium, A.D. 1619, Cosinus scripserat: 'The Body and Blood of Christ, which are verily and indeed taken,' &c. . . . . . Maldonate, De Sacr., p. 143, after a long examination of the matter, concludes thus at last with us all, so the words be not taken *exclusivè*, as the Puritans will take them: 'Corpus Christi sumitur a nobis sacramentaliter, spiritualiter, et realiter, sed non corporaliter.' And so I have heard my Lord Overall preach it an hundred times.—Vid. Gul. Nichol. Comm. in lib. Precum Communium, Addit. Not. p. 60, ed. Lond. 1710.]
[d] Stat. 1°. Eliz. cap. 1°. [ann. Dom. 1558.—ap. Statutes at large, ed. 4to. Lond. 1786. tom. ii. p. 501.—An act to restore to the Crown the ancient Jurisdiction over the Estate Ecclesiastical and Spiritual, and abolishing all foreign Powers repugnant to the same.—Vid. etiam cap. 2. p. 506.—An act for the uniformity of Common Prayer and Service in the Church, and administration of the Sacraments.]—Et 8°. Eliz. cap. 1°. [Ibid. ubi supr. p. 558. —An act declaring the making and consecrating of the Archbishops and Bishops of this realm to be good, lawful, and perfect.]—Et 13°. Eliz. cap. 1°. &c. [Vid. cap. 2. p. 572.—An act against the bringing in, and putting in execution,

VII. His autem non immerito annumerandus est celeberrimus antistes Marcus Antonius de Dominis[e], archiepiscopus Spalatensis, vir in S. Scripturis et antiquorum patrum monumentis versatissimus; qui, relicta Italiâ (ubi tuto aut quieto esse ei non licuit) hortatu sapientissimi viri, et intimi ejus amici, Pauli Veneti, ad patrocinium serenissimi regis Jacobi, et Ecclesiam Anglicanam, velut ad tutissimum portum et asylum, sese contulit; eique Ecclesiæ fideliter in omnibus religionis articulis adhæsit. Sed, quum a rigidis quibusdam hominibus, passim et acriter contra ejus vitam ac mores injuste declamantibus, fatigatus, atque multis quotidie injuriis et conviciis lacessitus esset, tandem ad suos in Italiam, sub salvo conductu, redire statuit. Antequam vero abiret,—interrogatus a rege[f], per commissarios quosdam episcopos, quid de religione et Ecclesiâ Anglicanâ (cui se per tot annos addixerat) pronuntiare ac dicere vellet, quum ad pontificem et Romanam curiam pervenisset,—mox, sumpto calamo, manu propriâ scripsit quæ sequuntur, et hic lectu digna sunt; viz., "Ego profitebor coram ipso papâ, etiam cum discrimine vitæ meæ, Ecclesiam Anglicanam esse veram et orthodoxam Ecclesiam Christi." Et, quod promisit, præstitit. Quamvis enim, subito post ejus decessum ab Angliâ, prodiit libellus sub ementito illius nomine[g], Belgicis typis excusus; quo libri titulo multi boni viri, et quidem inter Anglos, decepti, contra eum tanquam apostatam et "alterum Ecebolium[h]" scripserunt; tamen, quum Romam ipse pervenerit, (ubi in ædes papæ Gregorii XV., olim ipsius condiscipuli, humanissime exceptus fuit,) adduci nunquam potuit, per Jesuitas

---

of Bulls, Writings, or Instruments, and other superstitious things, from the See of Rome.—Vid. etiam cap. 12. p. 586.—An act for the Ministers of the Church to be of sound Religion.]

[e] [In MS. Dunelm. nomen tantum "Ant. de Dominis" in margine manu Cosini scriptum est: hæc autem quæ sequuntur desunt.]

[f] [Vid. De pace religionis M. Ant. de Dominis Spalatens. Archiepisc. Epistolam ad venerabilem virum Jos. Hallum, Archipresbyterum Vigorn., in qua sui etiam ex Anglia proximi discessus Author rationem reddit. Quæsita quoque regia sibi discessuro facta, suasque ad ea responsiones refert; et ab ipso Hallo increpationes acceptas rejicit; (dat. Londini, ex domo Savoyensi, die 1. Mart. stylo vet. a Nativitate 1622.) ed. Ves. Sequan. 1666, p. 57.—Sanus orthodoxusque, sive inter pontificios, sive inter vos, semper fui, sum, et (Deo me non deserente) semper ero.]

[g] [Scil. Marc. Ant. de Dominis sui reditus ex Angliâ concilium exponit. 4to. Dilingæ, 1623.]

[h] [Vid. librum cui titulus est 'Alter Eubolius M. Ant. de Dominis, pluribus Dominis inservire doctus,' (per Jos. Hall, tunc episc. Vigorn.) 4to. Lond. 1624.—Et Conf. Socrat. Scholast. Hist. Eccl., lib. iii. cap. 13. ed. Cant. 1720. p. 188.]

et alios ad eum confluentes, vel ut Tridentinorum nuperis de fide dogmatibus subscriberet, vel orthodoxos, quos in Angliâ atque Germaniâ ediderat libros, revocaret, vel denique ut Anglicanæ Ecclesiæ (in cujus defensione constanter ad extremum usque halitum perstitit) nuntium remitteret. Quinimo[i], statim post Gregorii mortem, a Jesuitis et inquisitoribus raptus est in carcerem intra castrum S. Angeli, ubi male tractatus, et inediâ fere consumptus, lethalem morbum contraxit, et intra paucos dies, non sine suspicione veneni, diem suum supremum obiit. Postridie vero mortui cadaver, ex inquisitorum sententiâ, infami flammâ ad stipitem publice combustum fuit; non aliam ob causam, quam quod idem archiepiscopus Ecclesiæ Anglicanæ fidem ejurare, et nuperis quibusdam synodi Tridentinæ decretis, pro Fide Catholicâ habendis ac recipiendis, subscribere minime voluerit. Atque hæc, quæ forsan non adeo multis innotescunt, in hunc locum, datâ occasione, eo inserenda duxi, ut inde clarius ostenderem reverendissimum hunc antistitem, de universâ Dei Ecclesia optime meritum, inter Anglicanæ Ecclesiæ scriptores (uti antea dicere cœperamus) merito recenseri.

Audiamus igitur, quid ille, quum esset in Angliâ, ubi libros suos de Rep. Eccl. typis ac auspiciis regiis excudit, (lib. v. cap. vi. Num. 20) scripserit et docuerit[k].—"Per mille profecto annos" (ait) "Ecclesia Sancta Catholica, sobriâ divinorum mysteriorum cognitione contenta, et pie credidit, et tuto docuit, in Eucharistiâ legitime consecratâ fideles Corpus et Sanguinem Christi agnoscere, et recipere, ac manducare; atque in eo [illo] sacro pane, sacroque vino, Corpus et Sanguinem Christi [mirabiliter] exhiberi; *modum* vero particularem, quo Christi Corpus et Sanguis in sacris hisce

---

[i] [Vid. "A relation sent from Rome, of the process, sentence, and execution done upon the body, picture, and books, of Marcus Antonius de Dominis, archbishop of Spalato, after his death;" ap. 'first collection of Lord Somers's Tracts;' ed. 4to. Lond. 1748. vol. iv. p. 575.—Vid. etiam Fuller's Church-History of Britain, Book x. p. 98. ed. fol. Lond. 1655.]

[k] [Marc. Anton. de Dominis, de Republ. Ecclesiasticâ, lib. v. cap. vi. § 20; ed. Lond. 1620. tom. ii. pp. 79,

80.—Secunda difficultas principalis: An per consecrationem Eucharistiæ realiter et substantialiter mutetur panis in Corpus, et vinum in Sanguinem Christi. . . . . Per mille profecto annos, &c. . . . Utinam perniciosa curiositas ad inquirendum ipsum *modum* non accessisset, et nostra materialitas Corpus illud et Sanguinem materialiter non intellexisset, sed spiritualiter, juxta illud Christi documentum.]

mysteriis, sive [et] sacramentis, exhibetur, pie, humiliter, et religiose, ignorare voluit. Rem ipsam et *effectum* læta tenebat; a *modo* inquirendo humilis et devota abstinebat." Item: (num. 73[1].) "Vere [enim,] imo verissime, in Eucharistiâ exhibetur [ipsum] verum et reale Corpus Christi; —sed spiritualiter, non corporaliter: [sed ut antitypum, dixit postea (Cyrillus,) id est, figuratum, et repræsentatum, efficaciter tamen, per panem," &c.] Rursus: (num. 169[m].) "Ipsam veram naturam Christi Carnis, realem et substantialem, in sacrâ communione nos recipere, omnes Evangelio credentes fatebuntur, non dubito.". . . . "Dicimus omnes" Corpus Christi "adesse, quoad rem et *naturam;*"—"quoad *modum* vero (h. e. carnaliter et corporaliter) Christum adesse negamus, pariter cum Bernardo, et omnibus patribus." Et (in Append. ad Ambrosium, num. 7[n].) "Scio et admitto, cum pane, manente pane, nobis verum et reale Christi Corpus exhiberi, non tamen corporaliter: in re consentio, a [in] *modo* dissentio. Itaque, etiamsi [terminus ultimus mutationis aquæ in baptismo sit gratia in animâ et dona spiritualia,] ultimus [vero] terminus mutationis panis sit secum adducere in animas digne communicantium ipsum verum Christi Corpus, quod est substantia (sacramenti:) non tamen sequitur, ipsum panem amittere suam substantiam, et induere substantiam Corporis Christi," &c. Hæc, et alia multa huc facientia, et religioni tam Ecclesiæ Anglicanæ quam omnium aliorum protestantium consona, scripsit in ipso eodem capite vi. libri v. de Rep. Eccl., et in annexâ post librum vi. Ostensione errorum Francisci Suarezii, Jesuitæ famosissimi, qui calamum suum strinxerat contra regem Jacobum, et errores (scilicet, quos vocat) Ecclesiæ Anglicanæ. Quam liquido probat archiepiscopus, in ejus-

---

[1] [Ibid., § lxxiii. ubi supr., p. 162.]
[m] [Ibid., § clxix. ubi supr., p. 254.— Respuit (Bellarminus) hunc loquendi modum optimum (Bernardi:) nam timet periculum, ne trahatur ab adversariis non tam ad *modum*, quam ad ipsam *naturam* significandam. Ecquod, quæso, periculum? Ipsam veram naturam Christi carnis, realem et substantialem, in sacra communione nos recipere, omnes Evangelio credentes fatebuntur, non dubito. . . . . Cur igitur admittit (Bellarm.) *modum* esse *spiritualem,* non carnalem: deinde, *carnalem præsentiam* requirit, etiam quoad modum? Dicamus omnes in Eucharistiâ carnalem et corporalem præsentiam adesse quoad *rem* et *naturam:* negemus etiam pariter omnes, cum Bernardo et omnibus patribus, quoad *modum* carnaliter et corporaliter Christum non adesse, sed spiritualiter: et sic jam nulla erit controversia, sed summa consensio.]
[n] [Ibid., Append., § vii. ubi supr., p. 172.]

CAP. II.

Germanicarum Ecclesiarum Confessio Augustana.

dem libri cap. 2.º cui titulum posuit: "Articulos, pro quibus pontificii contra reformatos pugnant, ad Fidem Catholicam non spectare;"—(veluti, transubstantiationem, &c.)

VIII. Quæ vero Germanorum Protestantium sit sententia et fides, liquet imprimis ex Augustanâ Confessione, a principibus imperii et viris maximis Carolo V. oblatâ. Docent enim[p], quod "non solum panis et vinum, sed etiam ipsum Corpus et ipse Sanguis Christi, vescentibus in Cœnâ Domini vere exhibeantur;" sive (ut in aliâ editione reperitur) quod "Corpus et Sanguis Christi vere adsint, et distribuantur vescentibus in Cœnâ Domini; improbantque secus docentes." Docent etiam[q], "ita utendum esse sacramentis, ut accedat fides credens promissionibus, quæ per sacramenta exhibentur et ostenduntur." Ubi tamen fides non facit res præsentes, quæ promittuntur; (fides enim, ut constat, magis proprie dicitur accipere et apprehendere, quam vel polliceri, vel præstare:) sed verbum Dei, et promissio cui fides nostra innititur (non vero fides hominum) præsentia reddit, quæ promittit: quemadmodum, inter reformatos et pontificios aliquot, consensum est [r]in Collatione Sangermani habitâ. Male

º [Vid. Ostens. errorum P. Francisci Suarez, cap. ii. § 2.—De Republ. Eccl., tom. ii. p. 906.—Corporalem præsentiam ante omnia urget Suarez: (Defens. Fid. Cath. lib. ii.) et, quia illam expresse disertis verbis non negavit rex, puduisse eum infamiæ arbitratur, quia id jamdiu pro hæresi damnatum erat. Non puduit regem adorationem reprehendere ; et puduit tamen negare corporalem præsentiam? Negare adorationem panis profecto est etiam consequenter negare corporalem præsentiam Christi sub pane, seu sub speciebus panis. &c.]

p [Conf. MS. Dunelm. in quo proxima verba sic leguntur:—"Docent enim, quod *cum pane et vino* vere exhibeantur Corpus et Sanguis Christi vescentibus in cœnâ Domini."—Vid. Confess. Fidei, Imp. Carolo V. exhibit. in Comitiis Augustæ, ann. 1530. art. x.; ap. Melancthon. Op. (ed. Witteberg. 1562.) tom. i. fol. 30.—In Cœna Domini docent, quod Corpus et Sanguis Christi vere adsint, et distribuantur, vescentibus in Cœna Domini'; et improbant secus docentes.—Et conf. art. x. ap. eosdem Articulos copiosius et explicatius declarat. Wormatiæ, ann. 1540, ubi supr. fol. 41.—De Cœna Domini docent, quod cum pane et vino vere exhibeantur Corpus et Sanguis Christi vescentibus in Cœna Domini.]

q [Vid. Confess. Fid. exhib. in Comit. August. ann. 1530. art. xiii., ubi supr., fol. 30.—Vid. etiam fol. 46-48.]

r Collat. Sangermani, 1561. [Vid. Comment. de Statu Religionis et Reipublicæ in Regno Galliæ, regibus Henrico II., Francisco II., et Carolo IX. (ed. 8vo. s. l. 1571.) lib. iii. pp. 339—342. 'Articuli inter pontificiorum et Ecclesiarum delegatos unanimiter conclusi, in materia de Cœna Domini.' —Tandem in hunc articulum utrarumque partium delegati consenserunt: 'Quatenus *fides* res promissas præsentes facit, et vere recipit Corpus et Sanguinem Domini nostri Jesu Christi, virtute Spiritûs Sancti ; hac ratione fatemur præsentiam Corporis et Sanguinis Ipsius in sancta Cœna: in qua nobis offert, donat, et vere exhibit, substantiam Sui Corporis et Sanguinis, operatione Spiritûs Sancti: in quo recipimus et manducamus spiritualiter, et per fidem, illud Corpus pro nobis mortuum, ut simus ossa de Ossibus Ejus, caro de Carne Ejus, et eo vivificemur, et percipiamus quæcunque faciunt ad nostram salutem.'

enim a multis Romanensibus nobis objicitur, quasi crederemus hanc Christi præsentiam et communicationem in sacramento per nudam fidem tantum effici.

CAP. II.

IX. Saxonica Confessio Fidei, ab aliis Ecclesiis comprobata, non alia est quam quædam repetitio Confessionis Augustanæ. In eâ docentur homines[s], " Sacramenta esse actiones divinitus institutas ;" et, quamvis tenendum est " extra usum institutum res ipsas non habere rationem sacramenti," . . . . "in usu tamen instituto vere et substantialiter in hâc communione adesse Christum, et vere exhiberi sumentibus Ejus Corpus et Sanguinem ; Christumque testari, quod sit in eis, ... sicut et Hilarius[1] inquit : ' Hæc accepta et hausta faciunt, ut et nos in Christo, et Christus in nobis sit.' "

Saxonica Confessio.

[1] S. Hilar. de Trinit., lib. viii.

X. Similis est Confessio Wittembergica, quæ Tridentinæ synodo proposita fuit, anno Domini 1552. In illâ enim de Eucharistiæ sacramento docetur, quod[t] "verum Corpus Christi et verus Sanguis Ejus in eâdem distribuantur ;" refutantque eos qui dicunt, " panem et vinum Eucharistiæ esse tantum absentis Corporis et Sanguinis Christi signa."

Confessio Wittembergica.

XI. Accedat et Bohemica Confessio (eorum, quos quidam, rerum ignari, Picardos et Waldenses per contemptum vocant) a baronibus, et aliis nobilibus regni Bohemiæ, serenissimo

Confessio Bohemica.

Prælatorum delegati illum articulum suorum collegio indicârunt, qui ab illis minime fuit omnino approbatus. Itaque postridie alius ministris illorum nomine exhibitus fuit, in quo aliquid fuit immutatum : quod enim primus articulus *Fidei*, secundus *Verbo* attribuebat. Illum articulum propter ambiguitatem, ne graviores errores pareret, noluerunt recipere ministri. Sed, ne in verbis certamen esse videretur, omnium delegatorum consensu illum in hæc verba conceperunt : ' Confitemur Jesum Christum in Cœna nobis offerre, dare, et vere exhibere, substantiam Sui Corporis et Sanguinis operatione Spiritus Sancti : et nos recipere et edere spiritualiter et per fidem verum illud Corpus, quod pro nobis mortuum est, ut simus ossa de Ossibus Ejus, caro de Carne Ejus : ad hoc, ut eo vivificemur, et percipiamus quæcunque faciunt ad nostram salutem. Et, quoniam fides, innixa verbo Dei, res perceptas præsentes facit, per istam vero fidem recipimus vere et efficaciter verum et naturale Corpus et Sanguinem Jesu Christi, virtute Spiritus Sancti. Hoc respectu fatemur præsentiam Corporis et Sanguinis Ipsius in Cœna.'

His ita constitutis, utriusque partis delegati rem ad suos deferunt, ut libere utræque partes quid sentirent statuerent. Prima igitur fronte prælatorum plerique illum articulum ita conceptum recipiebant : verum, re cum Sorbonicis communicata, illum postea communi sententiâ repudiarunt. . . . . Itaque ministri, communicandi ratione oblatâ, hanc illius articuli explicationem ad antistitum delegatos misere :

' Affirmamus nullam locorum distantiam impedire posse communicationem, quam habemus cum Christi Corpore et Sanguine ; quoniam Cœna Domini est res cœlestis :' &c.]

[s] Art. 15. [Vid. Confess. Doctrinæ Saxon. Eccl. Synodo Tridentinæ oblat. ann. 1551. cap. De Cœna Dom. ed. 8vo. s. l. 1552. p. 69.]

[t] In Præfat. [cap. de Euch.; ed. 8vo. Tubing. s. a.]

CAP. II.

regi Ferdinando oblata, scriptisque Lutheri ac Melancthonis, atque etiam inclytæ academiæ Wittembergensis suffragio, comprobata; quæ[u] "corde credendum ac ore confitendum" docet, "panem Cœnæ Dominicæ verum Christi Corpus esse, quod pro nobis traditum est, calicemque verum Sanguinem Ejus, qui pro nobis fusus est: .... Christi autem verbis nemini licere, de suo, quidquam affingere, admiscere, aut detrahere." Quum quidam, vero, sacerdotes hanc illorum confessionem multis obtrectationibus onerarent, respondent, "Calumniatores se refellere nunquam non paratos esse, et indubitabili fide ac firmissimis argumentis ostendere se, quales eos adversarii faciunt, nec unquam fuisse, nec esse, nec (Deo volente) futuros esse."

Consensus Polonicus.

XII. Subjungo conciliationem articulorum de Cœnâ Domini, et mutuum Consensum inter Ecclesias majoris et minoris Poloniæ, in synodo Sendomiriensi factum. "Convenimus (inquiunt[x]) in sententiâ verborum Domini, .. ut illa orthodoxe intellecta sunt a patribus; .. atque (ut expressius clariusque loquamur) . . . credimus et confitemur substantialem præsentiam Christi non significari duntaxat, sed vere in Cœnâ Domini, rite [eo] vescentibus, repræsentari, distribui, et exhiberi Corpus et Sanguinem Domini; symbolis adjectis ipsi rei mi-

[u] Art. 13. [De Cœna Domini.—Vid. Confess. Fidei ac Religionis baronum ac nobilium regni Bohemiæ, serenissimo ac invictissimo Ferdinando, Romanorum, Bohæmiæ, &c., regi, Viennæ Austriæ, sub anno Domini 1535, oblat.; ed. 8vo. Dordraci, 1617. fol. 65.—Item, et hic corde credendum ac ore confitendum docent, panem Cœnæ Dominicæ verum Corpus Christi esse, quod pro nobis traditum est; calicemque verum Sanguinem Ejus, qui pro nobis in remissionem peccatorum fusus est; ut Christus Dominus aperte dicit : 'Hoc est Corpus Meum;' 'Hic est Sanguis Meus,' &c. ... Docent etiam, quod his Christi verbis, quibus Ipse panem Corpus Suum, et vinum speciatim Sanguinem Suum esse pronuntiat, nemo de suo quidquam attingat, admisceat, aut detrahat; sed simpliciter his Christi verbis, neque ad dexteram neque ad sinistram declinando, credat . . . . Est autem duplex adversariorum genus, qui nostratibus semper hæreticum nomen objiciunt. Quidam enim eorum confessioni, quam tamen candide ac sincere reddunt, nec itidem doctrinæ, cui etsi cum ipsis nihil conveniat, ab Scripturis tamen in ea nihil dissentit, non credentes, ferunt nostros multa, secus ac intus sentiant, verbis eloqui ; præterea etiam blasphemos esse in Sacramentum Corporis et Sanguinis Domini. At vetus hæc sacerdotum calumnia est, quâ illi nostros Christiano nomine apud vulgus spoliare conantur. Sed hanc nostri jampridem refellerunt, ac nunquam non refellere parati sunt, et multorum indubitabili Fide, ac firmissimis argumentis, ostenderunt se nunquam, quales eos adversarii faciunt, fuisse, esse, nec Deo volente futuros, &c.]

[x] Statim post initium. [Vid. § 2.— Cons. Polon., &c., primo Sendomiriæ, ann. 1570, in synodo generali sancitum : et deinceps in aliis; ac demum Wlodislaviensi generali synodo, ann. 1583, confirmatum; &c., ed. 8vo. Heidelburgæ, 1605. p. 11.]

nime nudis, secundum sacramentorum naturam. Ne vero CAP. diversitas formularum loquendi contentionem aliquam pariat, II. placuit.... mutuo consensu adscribere articulum Confessionis Saxonicarum Ecclesiarum de Cœnâ Domini, ad Tridentinum consilium [anno Domini 1551] missæ: quem etiam pium agnoscimus et recipimus." Ideoque repetunt hujus articuli verba integra, paulo ante memorata.

XIII. Erat aliquando in eâ opinione Lutherus, quasi Confessio theologi Basilienses et Argentinenses nihil aliud in Cœnâ theologorum Argentinæ et Domini esse faterentur, præter panem et vinum; cui Bucerus[y], Basiliæ.

[y] [Ea quæ sequuntur ex Historia Sacramentaria Rod. Hospiniani (scil. e part. alt. de Cœnâ Domini, ad ann. 1536, fol. 144. b, ed. Tiguri 1602.) desumpta sunt, verbis identidem paulum mutatis. Buceri narrationem, quem laudat Cosinus, visum est hic subjicere: scil. Hist. de Concordia circa negotium Eucharisticum, inter D. Lutherum et superioris Germaniæ Theologos, anno 1536, Witembergæ inita; ap. Buceri Script. Anglican. (ed. Basil. 1577.) pp. 651, 652.—Secundo, ... responsum hoc dederunt: Se nimirum paratos esse viva voce ea revocare, quæ ostendi possent in publicis concionibus perperam et falso a se esse proposita; scripto vero edito ea revocaturos, quæ similiter in scriptis publicis vel ipsi, vel alii in iis Ecclesiis quarum eandem nobiscum esse sententiam ipsis affirmavimus, falsa proposuissent; quasi panis tantum et vinum in Cœna detur, et non etiam verus Christus: Hoc vero se omnes fassos esse, et adhuc fateri velle, quod in illa aliquando fuerint sententia, scripta D. Lutheri et suorum nimium sacramentis tribuere, crassioremque unionem Christi cum pane statuere, quam qualem S. Scriptura admittat: Hujus sententiæ causam fuisse eam, quod tropus omnis ab illis hactenus in verbis Cœnæ negatus sit, et quod scripserint, intellectum verborum Christi hunc esse: Hoc est Corpus Meum substantialiter et corporaliter, vel in pane adest corporaliter: . . . . .
Ex eo autem tempore quo intellexerint, ex posterioribus illorum scriptis, ipsos, nempe D. Lutherum ipsique addictos, naturalem unionem Corporis Dominici cum pane expresse negare, nec Christum in panem localiter includere; . . . ex eo se ergo tempore libere hoc ipsum apud alios, tum in scriptis, tum in sermonibus suis, professos, et in annum jam octavum usque diligentem adhibuisse operam, ut alii quoque eadem sententia imbuerentur, &c.: . . . . Locum enim in suis scriptis nullum reperiri, ubi in S. Cœna nihil præter panem et vinum esse docuerint.
Tertio, ... ita responderi visum est: Se non de omnibus loqui: Interea tamen sibi constare se ipsius, nempe Lutheri, et cæterorum sententiam in iis locis non satis intellexisse, ubi tropum omnem negant, et corporalem manducationem Corporis Christi usque adeo vehementer urgent: scire sese etiam D. Lutherum nostrorum sententiam similiter non satis assecutum, necdum adhuc assequi in eo quod nobis objicit, nos veram præsentiam Christi in S. Cœna negare: nullum enim inter nos, qui hic præsentes adsumus, unquam id fecisse: quod si autem causa hæc probe componatur, nos ipsi tali defensione posthac molestos non futuros. *Libenter* quoque fatebimur errorem esse, si dicatur tantum panem et vinum in S. Cœna exhiberi; eamque sententiam, ut erroneam, acriter damnabimus. . . .
Quarto: Quantum vero ad ipsum negotium sacramentarium, sic responsum est: Suam et illorum omnium, qui in Ecclesiis liberarum et imperialium civitatum concionantur, (Ecclesiarum enim Helveticarum confessionem paulo post se exhibituros,) fidem et doctrinam de hoc sacramento hanc esse: Quod sentiant in eo, ex institutione et opere Domini, vere (prout verba Domini sonant) verum Suum Corpus, et verum Sanguinem, cum visibilibus signis pane et vino exhiberi, dari, et sumi, prout hæc antehac quoque in publicis Ecclesiarum superioris Germaniæ confessionibus, et in aliis scriptis, expresse professi sumus. . . . Ita omnes fatemur propter sacra-

CAP.
II.
reliquorum omnium nomine, ingenue et aperte respondit:
"Libenter se quidem, omnesque alios, hunc errorem damnaturos; ipsos enim cum Helvetiis nunquam ita vel docuisse vel sensisse; neque nominatim cuiquam, praeter Anabaptistas, hunc errorem tribuendum esse: se vero aliquando etiam in eâ sententiâ fuisse, quod scilicet Lutherus in suis scriptis nimium externis symbolis tribuerit, et crassiorem unionem Christi cum pane statuerit, quam qualem Scriptura admittat; quasi Christus in pane adsit corporaliter, et in unam naturalem cum pane substantiam uniatur; cujus etiam contactu, vel gustu, omnes (tam impii quam fideles) gratiæ participes fierent: ipsorum porro fidem et doctrinam de hoc sacramento hanc esse, quod sentiant in eo, ex institutione et opere Domini, vere (prout verba Illius sonant) verum Corpus et verum Sanguinem Suum, unâ cum visibilibus signis pane et vino, exhiberi, dari, et sumi; et sic non solum Zuinglium et Œcolampadium docuisse, sed ipsos quoque, in publicis Ecclesiarum superioris Germaniæ confessionibus, aliisque scriptis, confessos esse; dissidium vero magis esse de *modo* absentiæ vel præsentiæ, quam de ipsâ præsentiâ vel absentiâ:" quæ

mentalem unionem, quæ est inter panem et Corpus Christi, dici posse (quod et S. Patres facere solent) ibi sumi Corpus Domini in manus ipsas, os, et stomachum; cum tamen proprie loquendo neque manus, os, vel stomachus, ad Corpus Domini pertingere possit: Verum, quia nostri homines semper aliquid crassius ex hoc loquendi genere colligere soleant, quam ipsius D. Lutheri et S. Patrum sententia patiatur, adeo nos hac loquendi formula uti non solere, sed ista loqui: Ibi cum pane et vino Corpus Domini vere exhiberi, divino quidem et cœlesti, sed tamen vero et substantiali modo: Hac declaratione nos contentos esse, et diligenter nostros hortari ad manducationem, quæ veram fidem conjunctam habeat, quo fructus hujus sacramenti fiant participes:

Quod ad manducationem impiorum diximus; &c. . . . Si vero, quæ nostra sit de hac quæstione sententia, interrogemur, respondere nos solere: Impios illos, qui prorsus impii sunt, ita ut ipsis quoque verbis hujus sacramenti fidem non adhibeant, nihil præter panem et vinum sumere: . . . . . .

Multa et gravia nos præbituros scandala nostris Ecclesiis, si simpliciter diceremus, Impios æque participes fieri Corporis Domini, ac pios: . . . . Quare cum D. Augustino nos affirmare: Aliis, qui hac fide præditi non sunt, Corpus quidem Domini in Cœna æque offerri et exhiberi, ut et maxime fidelibus: eos vero Christum tantum sacramento tenus manducare; non enim Eum ita ut debebant, in escam videlicet vitæ, recipiunt, &c. . . . . . . (*Rursus:* pp. 654, 655.)—Hac recitatione et declaratione Buceri habita, de cujusque fide D. Lutherus ordine sciscitabatur; ubi universi et singuli suo nomine confessi sumus nos prorsus idem in omnibus sentire et docere, prout hæc a Bucero recitata et declarata sint; nec cuiquam apud nos concessum iri, ut doceat vel dicat tantum panem et vinum in S. Cœna adesse: Imo, hanc sententiam in quibusdam civitatibus inter blasphemias relatam, pœnasque gravissimas in eos, qui hæc proponant, constitutas esse; nosque omnes fideliter docere, verum Corpus et Sanguinem ibi offerri et sumi.]

quidem omnia Buceri socii, post eum, confirmârunt. Et simul addidit, "Magistratûs in suis Ecclesiis severissimas pœnas denuntiâsse iis, qui negarent Corporis et Sanguinis Christi in S. Cœnâ præsentiam." Hanc vero de sacramento Cœnæ sententiam, coram Landgravio Hassiæ et Melancthone, comprobavit Bucerus[z]; qui fassus est, quod "Corpus Christi vere et substantialiter a nobis accipiatur, quum sacramento utimur: item, quod panis et vinum sint signa exhibitiva, quibus datis et acceptis, simul Christi Corpus detur et exhibeatur." Quibus addidit, "panem et Corpus uniri, non per substantiarum mixtionem, sed quatenus id datur cum sacramento quod sacramento promittitur, (hoc est, quia uno posito aliud ponitur:) adeoque, quoniam utrinque in eo consentiatur, quod panis et vinum non mutentur, se sacramentalem ejusmodi conjunctionem statuere." Lutherus, his intellectis[a], suam quoque sententiam declaravit, et affirmavit: "Non ullâ se naturæ copulâ Corpus et Sanguinem Christi unire cum pane et vino, et localiter includere; neque sacramentis propriam tribuere virtutem, quâ salutem ex se afferant ea sumentibus; sed sacramentalem solum unionem inter Corpus et panem Domini, interque Sanguinem et vinum, statuere; tum etiam docere, confirmationem fidei (quam sacramentis tribuit) niti virtute, non quæ ipsis inhæreat externis rebus per se, verum quæ sit Christi, et dispensetur Ejus Spiritu per verba et symbola." Denique ad hunc modum allocutus est, qui aderant, omnes: "Si creditis, et docetis, in S. Cœna

CAP. II.

[z] [Immo potius "comprobaverat," et "fassus erat," Bucerus: quæ enim hic a Cosino interposita sunt, ad Conventum alium, scil. Cassellanum, anno superiori (1535) habitum, referenda sunt.—Vid. Hospin. Hist. Sacram. ad ann. 1535, sect. de Cassellano Conventu, fol. 137. b.]

[a] [Scil. ea quæ Bucerus Witembergæ dixit, A.D. 1536.—Vid. Hospinian., ubi supra, fol. 144. b; et Buceri Hist. Concord., ubi supra, cujus verba sunt: His peractis, D. Lutherus cum suis, magistro videlicet Philippo, et D. Iona, et aliis duobus, secessit, et de his cum ipsis contulit. Ubi vero rursus consedimus, incepit D. Lutherus sese gestu et verbis ostendere humanissimum, et in hunc modum præfatus est: Venerandi domini et fratres, audivimus omnium et singulorum vestrum responsa et confessiones; quod videlicet credatis et doceatis in S. Cœna verum Corpus et verum Sanguinem Domini exhiberi et sumi, et non panem et vinum tantum: et quod exhibitio et perceptio hæc vere fiat, et non imaginarie: offendimini autem tantum impiorum ratione, ita tamen ut fateamini indignos (ut ait Paulus) Corpus Domini sumere, ubi videlicet institutio et verba Domini non subvertuntur. De his non contendemus. Cum itaque ita se res habeat, probe inter nos convenit, vosque agnoscimus et recipimus, (quantum ad hunc articulum attinet,) ut fratres nostros in Domino, &c.]

CAP. II.

Gallicana Confessio.

verum Corpus et verum Sanguinem Domini exhiberi, dari, et sumi, et non panem et vinum tantum, et quod perceptio et exhibitio hæc vere fiat, et non imaginarie, inter nos convenit, vosque agnoscimus et recipimus, ut caros nostros fratres in Domino." Quæ omnia, in 2º. tomo operum Lutheri[b], et in Scriptis Buceri Anglicanis, copiosissime recitantur.

XIV. Subsequatur Confessio Gallicana; quæ, Lutetiæ in synodo nationali constituta, Carolo IX. regi in colloquio Possiaceno exhibita fuit. Ea vero de hoc sacramento hæc habet[c]: " Quamvis nunc" Christus "in cœlis sit, ibidem etiam mansurus, donec veniat mundum judicaturus, credimus tamen Eum, arcanâ et incomprehensibili Spiritûs Sui virtute, nos nutrire et vivificare Corporis et Sanguinis Sui substantiâ, per fidem apprehensâ[d]. Dicimus autem, hoc spiritualiter fieri; non ut veritatis et efficaciæ loco imaginationem aut cogitationem supponamus, sed potius quoniam hoc mysterium nostræ cum Christo coalitionis tam sublime est, ut omnes nostros sensus, totumque adeo ordinem naturæ, superet: [denique, quoniam, cum sit divinum ac cœleste, non nisi fide percipi et apprehendi potest."] Item: "Credimus ... [tam] in S. Cœnâ, [quam in Baptismo,] Deum nobis reipsa (id est, vere et efficaciter) donare quicquid ibi sacramentaliter figurat; ac proinde cum signis conjungimus veram possessionem ac fruitionem ejus rei, quæ ibi[1] nobis offertur: itaque ... panem illum et vinum illud, quæ nobis dantur[2], vere nobis fieri spirituale alimentum, quatenus videlicet oculis nostris velut spectandum præbent Carnem Christi nostrum cibum esse, et Ejusdem Sanguinem nobis esse potum. Itaque fanaticos omnes illos rejicimus, qui hæc signa

[1] [pro "ibi" legitur "ita."]
[2] ["quod nobis in Cœna datur."]

[b] [Hæc non inventa sunt apud opera Lutheri Latine edita. Vid. autem Seckendorf. Hist. Lutheranismi, ad ann. 1536, sect. 15. § xlvii., (ed. Francof. 1692. tom. ii. p. 129;) qui dicit: " Ex parte Lutheranâ videnda sunt quæ ex tomo ii. Islebiensi, tomo vi. Alt. fol. 1045 et seqq., exhibentur. Ex illis quædam Latine vertit Hospinianus, d. l. fol. 145."
—Ipse dicit Hospinianus: (ubi sup. fol. 145. a.) "Hanc tractationem Concordiæ breviter percurrimus, quod diligenter in Historia Martyrum Ludovici Rabi Ulmensis Ecclesiæ pastoris descripta extet, et in secundo tomo operum Lutheri Islebiensis recitetur."]

[c] Art. xxxvi. [Vid. Confess. Fidei Eccl. Gallic. art. 36—38; ap. Comment. de Statu, Religionibus, et reipublicæ in regno Galliæ Regibus, Henrico II., Francisco II., et Carolo IX. (ed. 8vo. s. l. 1571.) lib. i. pp. 91, 92; item, ap. Corp. et Syntagm. Conf. Fid., &c. (ed. 4to. Genev. 1654.) pp. 85, 86.]

[d] [Ipsissima confessionis verba sunt: ..."arcanâ et incomprehensibili Spiritûs Sui virtute, per fidem apprehensa, nos nutrire et vivificare Corporis et Sanguinis Sui substantiâ. Dicimus," &c.]

et symbola repudiant; quum Christus Dominus noster pronuntiarit: 'Hoc est Corpus Meum,' et 'Hoc poculum est Sanguis Meus.'" Huic autem Confessioni subscripsit Ecclesia Genevensis.

CAP. II.

XV. Legati Wormatiam missi ab ecclesiis reformatis Gallicis non absimilem de hoc mysterio Confessionem sequentibus verbis exhibuerunt. "Fatemur[1]," (inquiunt[e],) "in Cœnâ Domini, non omnia modo Christi beneficia, sed ipsam etiam Filii hominis substantiam, ipsam(que) veram carnem, [quam Verbum æternum in perpetuam personæ unitatem assumpsit, in qua natus et passus pro nobis resurrexit, et ascendit in cœlum,] et verum illum Sanguinem quem pro nobis fudit, non significari duntaxat, aut symbolice [tantum, aut] typice, vel figurate (tanquam absentis memoriam) proponi, sed vere ac certe repræsentari, exhiberi, et applicanda offerri; adjunctis [ipsius rei] symbolis minime nudis, sed quæ (quod ad Deum ipsum attinet, promittentem et offerentem) semper rem ipsam vere ac certe conjunctam habeant[2], sive fidelibus, sive infidelibus (id est, malis Christianis) proponantur[f]."

Legatorum Eccl. Gal. Confessio,ann. 1557.
[1] ["Profitemur."]

[2] ["habent."]

XVI. Illi vero Confessioni subjungatur Belgica; quæ "certissimum esse" profitetur[g], "Christum in nobis revera perficere, quæcunque Ipse his sacris signis nobis repræsentat; quamvis modus ipse ingenii nostri captum superet, nec percipi

Belgica Confessio.

---

[e] [Vid. Confess. Gallicanæ et Helveticæ Eccl. de vera Corporis et Sanguinis Domini Jesu Christi præsentia in sacramento Eucharistiæ, oblat. cum consensu et approbatione Germ. Eccl. in Colloq. Wormatiensi, anno 1557; ap. Melch. Goldasti Politica Imperialia, par. xxix. [ed. Francof. 1614.) p. 1306.]
[f] [Post hæc sequuntur verba:— "Jam vero *modum,* quo *res,* (id est, verum Corpus et verus Sanguis Domini,) cum symbolis copulatur, dicimus esse symbolicum sive sacramentalem: *sacramentalem* autem modum non vocamus, qui sit duntaxat *figurativus,* sed qui *vere* ac *certo* sub specie rerum visibilium repræsentat quod Deus cum symbolis exhibet et offert."]
[g] Art. xxxv. [Vid. Belg. Fidei Confess. Gallice primum anno Domini 1561. script.; ap. Syllogen Confessionum, sub tempus reformandæ Ecclesiæ editarum, (ed. 8vo. Oxon.

1827.) p. 351.—Ubi verba sunt; (ut in MS. Dunelm. plenius citata:) Certissimum vero est, Christum non sine causa tam sollicite hoc Suum sacramentum nobis commendare, utpote qui perficiat in nobis revera quæcunque Ipse nobis his sacris signis repræsentat: quamvis modus ipse ingenii nostri captum superet, nec percipi a quoquam possit; quod videlicet omnes Spiritûs Sancti operationes occultæ sint et incomprehensibiles. Cæterum nequaquam erraverimus, dicentes id quod comeditur esse ipsissimum Christi Corpus naturale, et id quod bibitur verum Ipsius Sanguinem: at instrumentum, seu medium, quo hæc comedimus et bibimus, non est os corporeum, sed spiritus Ipse noster, idque per fidem; &c.—Conf. Eccl. Belg. Confes. art. 35. ap. *Corp. et Syntagm. Confessionum, &c.* p. 145.]

CAP. II.

Helvetica Confessio prior.

Helvetica Confessio posterior.

a quoquam possit, quum Spiritûs Sancti operationes occultæ sint et incomprehensibiles."

XVII. Jam vero Helvetiorum antiquissimam Confessionem apponam; quæ, communi consensu Basileæ conscripta, ab omnibus Helvetiis Ecclesiis protestantibus recepta et approbata fuit. Dicunt[h] autem, "Quod fideles, quum edunt panem ac bibunt de poculo Domini, intus interim, operâ Christi per Spiritum Sanctum, percipiunt etiam Carnem et Sanguinem Domini, et pascuntur his in vitam æternam." Sed, licet hunc cibum spiritualem esse affirmârint, postea tamen concludunt, "se, per spiritualem cibum, minime intelligere imaginarium, verum ipsum Domini Corpus pro nobis traditum."

XVIII. In Helvetica Confessione posteriori, anno 1566 conscriptâ et editâ, vera Corporis Christi præsentia in Eucharistiæ sacramento verbis non minus disertis affirmatur[i]; scilicet: "Foris offertur a ministro panis, et audiuntur voces Domini: Accipite, edite, Hoc est Corpus Meum; Accipite, et dividite inter vos: Bibite ex hoc omnes; Hic est Sanguis Meus. Ergo accipiunt fideles, quod datur a ministro Domini, [et edunt panem Domini,] ac bibunt de poculo Domini: intus interim, operâ Christi per Spiritum S., percipiunt etiam Carnem et Sanguinem Domini, et pascuntur his in vitam æternam; [etenim Caro et Sanguis Christi verus cibus et potus est

---

[h] Cap. xxi. [Falso certe *priorem* confessionem citavit Cosinus; cujus citationes excerptæ sunt omnes e Confessione Helveticâ *posteriori*, ann. 1566, ubi ad cap. 21. ipsissima sunt hæc verba, ut infr. num. seq.—Vid. autem Confess. Ecclesiarum per Helvetiam, &c., composit. Basileæ, ann. Dom. 1536. Latine excus. 1581. art. xxii.; ap. Syllogen Confess., p. 107; item, ap. Corp. et Syntagm. Confess., p. 70.—Cœnam vero mysticam, in qua Dominus Corpus et Sanguinem Suum, id est, Seipsum, suis vere ad hoc offerat, ut magis magisque in illis vivat, et illi in Ipso, (asserimus) non quod pani et vino Corpus Domini et Sanguis vel naturaliter uniantur, sed quod panis et vinum ex institutione Domini symbola sint, quibus ab Ipso Domino per Ecclesiæ ministerium vera Corporis et Sanguinis ejus communicatio, non in periturum ventris cibum, sed in æternæ vitæ alimoniam, exhibeatur.—Et Conf. Confess. Basiliens. vel Mylhusian. ann. 1532. script. Germanice, Latine excus. 1561, 1581. art. vii.; ap. Syllogen Conf., p. 112; item, ap. Corp. et Syntagm., pp. 73, 74.—Confitemur Dominum Jesum sanctam suam Cœnam instituisse ad memorandam sanctam suam passionem, &c. . . . . . Et, sicut baptismo (in quo nobis ablutio a peccatis, quæ tamen a solo Patre, Filio, et Spiritu Sancto, perficitur, per ministrum Ecclesiæ offertur) vera aqua manet; ita etiam in Cœna Domini (in qua nobis cum pane et vino Domini verum Corpus et verus Sanguis Christi per ministrum Ecclesiæ præfiguratur et offertur) panis et vinum manet. Credimus autem firmiter Ipsummet Christum cibum esse credentium animarum ad vitam æternam, et nostras animas, per veram fidem in crucifixum Christum, carne et Sanguine Christi cibari et potari.]

[i] [Vid. Helv. Confess. ann. 1566. art. xxi. ap. Syllog. Confess., pp. 83, 84, 86; item, ap. Corp. et Syntagm., pp. 48—50.]

ad vitam æternam;"] &c. (ut supra in priori confessione[k].) CAP. II.
Itemque: "Non est absens Ecclesiæ Suæ, celebranti Cœnam, Dominus. Sol, absens a nobis in cœlo, nihilominus efficaciter præsens est nobis. Quanto magis Sol Justitiæ, Christus, Corpore in cœlis absens nobis, præsens est nobis (non corporaliter quidem, sed spiritualiter) per vivificam operationem, et ut Ipse Se nobis præsentem futurum exposuit in ultimâ Cœnâ. (Joh. xiv.—xvi.) Unde consequens est, nos non habere Cœnam sine Christo: [interim tamen habere Cœnam incruentam et mysticam, sicuti universa nuncupavit vetustas."] Huic autem Confessioni subscripserunt, præter omnes Helvetiorum reformatas Ecclesias, Hungaricæ, Pannonicæ seu Transylvanicæ, Polonicæ, et Lithuanicæ; quæ nec Augustanorum, nec fratrum Bohemorum, confessiones sequuntur. Ita ut reformatorum omnium, hâc in parte, perfecta sit harmonia. Subscripsit ei quoque Ecclesia Scoticana, ut et Genevensis.

XIX. Accedat postremo præclara Ecclesiarum reformatarum regni Poloniæ in Conventu Thorunensi Declaratio[l]; quâ "profitentur" (quod Eucharistiæ sacramentum attinet) "se ei sententiæ accedere, quæ tum in Augustanâ Confessione, tum etiam in Bohemica et Sendomiriensi, ex Scripturis explicata est." Deinde, vero, in speciali declaratione, sententiam exponunt[m], et dicunt: 1. "Hoc sacramentum constare rebus terrenis, pane et vino, et cœlestibus, Corpore et Sanguine Domini; quæ, diverso quidem modo, utræque tamen verissime, realissime, ac præsentissime, nobis exhibentur; nempe, terrenæ, modo naturali, corporali, et terreno; cœlestes vero, modo spiri-

Partis reformatæ in Conventu Thorunensi Confessio.

---

[k] [Hæc verba, ut supra diximus, in confessione *priori* non leguntur.]

[l] [Vid. Acta Conventûs Thorunensis, celebrati anno 1645. (ed. 4to. Varsaviæ, 1646.) Sess. iii. Generalis Confess. Doctrinæ Ecclesiarum Reformatarum, in regno Poloniæ, &c. § Cæterum controversias.—Profitemur ei nos sententiæ accedere, quæ tum in Augustana Confessione superioris sæculi, anno 30. Imp. Car. V. a principibus et civitatibus Imperii protestantibus exhibita, sive eam invariatam, sive repetitam, aut emendatam, dixeris, tum etiam in Bohemica et Sendomiriensi ex Scripturis explicata, in Ecclesiis hujus regni reformatis integrum jam fere sæculum obtinuit: prout tres illæ confessiones, quamvis verbis non nihil discrepantes, tamen ut reipsa cum Scripturis, et inter sese in capitibus fidei necessariis consentientes, Sendomiriensi Consensu, anno 1570, in Ecclesiis nostris receptæ unitæque sunt; &c.]

[m] [Vid. Declarat., &c. § De Sacra Cœna, art. 2—4, 10—12; sub calc. Georgii Calixti Annotat. in Confess. Reform. Thorunii in Colloquio ann. 1645. Sept. 13. oblat. ed. 4to. Wolferbyti, 1655. pp. 80—82; item, ap. Scripta partis reformatæ in Colloquio Thoruniensi ann. 1645, parti Romano-Catholicæ exhibita, &c. (ed. 4to. *Berolini*, 1646.) § iii. Specialior Declaratio, &c.]

CAP. II.

tuali, mystico, et cœlesti." [2.] Hinc etiam affirmant, quod scilicet "panis et vinum vere sint et dicantur ipsum Corpus et Sanguis Christi, non quidem substantialiter, (hoc est [1], corporaliter,) sed sacramentaliter et mystice, seu per et propter unionem sacramentalem; quæ non consistit in nudâ significatione, neque tantum in obsignatione, sed etiam in conjunctâ illâ (et) simultaneâ rei terrenæ et cœlestis (quamvis diversimodo[2]) exhibitione et communicatione." 3. Eodem sensu dicunt (cum veteribus,) "panem et vinum in Corpus et Sanguinem mutari, non quidem ipsâ substantia et naturâ, sed usu et officio; in quo sacra hæc symbola non tam id esse dicuntur, quod sensu percipitur, quam id quod vi promissionis in iis intuetur et acceptat fides." 4. Negant "se statuere nuda, vacua, inania signa, sed potius id quod significant, et obsignant, simul vere exhibentia; tanquam certissima media et efficacia instrumenta, per quæ Corpus et Sanguis Christi (adeoque Christus Ipse, cum omnibus suis beneficiis) singulis vescentibus exhibetur et offertur[3], credentibus vero confertur, donatur, et ab ipsis in cibum, animæ salutarem, et vivificum, acceptatur." 5. Non negant "veram Corporis et Sanguinis Christi in Cœnâ præsentiam, sed tantum [localem et] corporalem præsentiæ modum." Credunt "Christi nobiscum unionem mysticam, et quidem non imaginariam, sed verissimam, realissimam, et efficacissimam[n]." 6. Unde concludunt, "non solam virtutem, efficaciam, operationem, aut beneficia Christi nobis communicari, sed imprimis ipsam substantiam Corporis et Sanguinis Christi, ..ita ut Ipse in nobis, et nos in Ipso maneamus[o]."

[1] ["aut."]
[2] ["diversimodâ."]
[3] ["seu offertur."]

Calvinus. XX. Quoniam vero magnum est Calvini nomen, (qui tam Augustanæ quam Helveticæ Confessioni subscripsit,) audiamus porro, quid et ipse de hoc sanctissimo mysterio credidit

[n] [Integra hujus Art. xi. verba sunt: "Nequaquam etiam negamus veram Corporis et Sanguinis Christi in Cœna præsentiam, sed tantum localem et corporalem modum, et cum elementis substantialem: ipsam vero nobiscum præsentiam sancte credimus, et quidem non imaginariam, sed verissimam, realissimam, nempe, ipsam illam Christi nobiscum unionem mysticam, quam Ipsemet, ut per verbum promittit, et per symbola offert, ita per Spiritum efficit, quamque nos per fidem acceptamus;" &c.]

[o] [Integra verba sunt: . . . . "seu Ipsam Illam Victimam, quæ pro mundi vitâ data est, et in cruce mactata, ut per fidelem hujus Victimæ communionem, et cum Christo Ipso unionem, consequenter etiam meritorum et beneficiorum, sacrificio Ejus partorum, participes simus, et sicut Ipse in nobis, ita nos in Ipso maneamus."]

et evulgavit; cujus verba (cum in Institutionibus, tum alibi,) talia sunt, et priscorum patrum stylo ac menti tam convenientia, ut reformatorum Catholicorum nemo aliis uti desideraret. "Audio" (inquit[p]) "quid verba" Christi "sonent; neque enim mortis tantum ac resurrectionis Suæ beneficium nobis offert Christus, sed Corpus ipsum, in quo passus est et resurrexit. Concludo realiter, (ut vulgo loquuntur,) hoc est, vere, nobis in Cœnâ dari Christi Corpus, ut sit animis nostris in cibum salutarem." Item[q]: " Hoc verbum nec mentiri, nec illudere nobis," potest; et, "Nisi quis fallacem vocare Deum volet, inane ab Ipso symbolum proponi nunquam dicere audeat. Itaque, si per fractionem panis Dominus Corporis Sui participationem vere repræsentat, minime dubium esse debet, quin vere præstet atque exhibeat[r]." . . . " Quod si verum est, præberi nobis signum visibile ad obsignandam invisibilis rei donationem, accepto Corporis symbolo, non minus Corpus etiam ipsum nobis dari certo confidamus.". . . "Absurditatibus omissis[1], quicquid ad exprimendam veram substantialemque Corporis ac Sanguinis Domini communicationem, quæ cum sacris Cœnæ symbolis fidelibus exhibetur, facere potest, libenter recipio; atque ita ut non imaginatione duntaxat, aut mentis intelligentiâ percipere, sed ut reipsâ frui in alimentum vitæ æternæ intelligantur." Rursus[s]: "Itaque fatendum est, ... substantiam interiorem sacramenti visibilibus signis conjunctam esse; et, quemadmodum panis in manu distribuitur, ita Corpus Christi, [ut Ejus participes simus,] nobis communicari. Hoc certe, etiamsi nihil aliud esset, nobis abunde satisfacere deberet; quum intelligimus Christum nobis in Cœnâ veram propriamque Corporis et Sanguinis Sui substantiam donare, ut pleno jure Ipsum possideamus, et possidendo in omnem bonorum Suorum societatem vocemur." Iterum[t]: "Idem Corpus, quod semel Filius

C A P.
II.

[1] ["sub-latis," ap. Calv.]

---

[p] Comment. in i. ad Corinth. [xi. 24.—Vid. Calv. op., ed. Amstel. 1667. tom. vii. p. 182.]

[q] Institutionis Chr. Rel., lib. iv. c. 17. [§ 3, 10, 19.—Op., tom. ix. pp. 365, 367, 370.]

[r] [Hæc verba sequuntur apud Calv.—" Atque omnino isthæc piis tenenda regula est, ut, quoties symbola vident a Domino instituta, illic rei signatæ veritatem adesse certo cogitent, ac sibi persuadeant. Quorsum enim Corporis Sui symbolum tibi Dominus in manum porrigat, nisi ut de vera Ejus participatione te certiorem faciat? Quod si," &c.]

[s] Tractatu de Cœna Domini. [Op., tom. viii. p. 3.]

[t] [Vid. Explicat. Doctr. de vera participatione Carnis et Sanguinis Christi in S. Cœna; ubi supr. tom. viii. p. 744.—Interea tamen statuere oportet,

CAP. II.

Dei Patri in sacrificium obtulit, quotidie nobis in S. Cœnâ offert, ut sit in spirituale alimentum." In his veram, realem, et substantialem, Corporis Christi præsentiam et communicationem, tam clare adserit, quam a quoquam potest adseri ; sed modum determinare studiose non affectat. " De *modo*" (ait[u]) " si quis me interroget, fateri non pudebit, sublimius esse arcanum, quam ut vel meo ingenio comprehendi, vel ut[1] verbis enarrari, queat ; atque (ut apertius dicam) experior magis quam intelligam. Itaque veritatem Dei, in quâ acquiescere tuto licet, hic sine controversiâ amplector. Pronuntiat Ille, Carnem Suam esse animæ meæ cibum, Sanguinem esse potum : talibus alimentis animam Illi meam pascendam offero. In sacrâ [Suâ] Cœnâ jubet me, sub symbolis panis ac vini, Corpus ac Sanguinem Suum sumere, manducare, ac bibere : nihil dubito, quin et Ipse vere porrigat, et ego recipiam." Hæc totidem verbis Calvinus.

[1] ["ut" non legitur ap. Calv.]

XXI. Hæc e probatis auctoribus, ac publicis Ecclesiarum Confessionibus, aliquanto prolixius in medium producere voluimus, ut melius innotesceret, quantis calumniis theologi protestantes, ab aliis rerum ignaris, inique onerentur ; quasi per verba 'spiritualiter' et 'sacramentaliter' *veram* (sive, sano sensu, *realem*) Corporis et Sanguinis Domini in S. Eucharistiâ præsentiam et communicationem minime agnoscerent: quum, e contrario, illam ita diserte profitentur omnes, ut vix disertius, quam quibus ipsi usi sunt verbis, adseri potuisset.

CAPUT III.

I. Quid per τὸ 'Christum spiritualiter præsentem esse in Eucharistiâ' intelligant Romanenses. II. Quid per illud ipsum Bernardus intellexerit. III. Quid per id intelligant protestantium ecclesiæ. IV. Fides præsentiam Christi non facit, sed præsupponit. V. Unio corporis Christi cum symbolo panis, sacramentalis est.

I. Quum ex Confessionibus supra memoratis satis superque constet, Protestantes credere, quod *spiritualiter* et *vere* adsit

non aliud Corpus vivificum nobis esse, aut vere cibum posse censeri, nisi quod pro expiandis peccatis crucifixum est: sicuti et verba sonant. Idem ergo Corpus, quod semel Filius Dei, &c.]
[u] Instit., lib. iv. c. 17. n. 32. [Op., tom. ix. p. 375.]

Christus in Cœnâ, (unde fit, ut vocem illam 'spiritualiter,' veterum exemplo, toties in hâc materiâ usurpent,) juvat hic subjungere, quid Romanenses ipsi de voce illâ sentiant. Eam sic illi exponunt, ut significet[x], " Christum adesse in Eucharistiâ non ad modum quo suapte naturâ existunt corpora, vel quo Corpus Ejus residet in cœlo, sed ad modum existendi spirituum; quum sit totus in quâlibet parte" hostiæ : et, "quamvis per se nec videatur, nec tangatur, nec moveatur, tamen, ratione specierum sive accidentium, quibus conjunctus est, potest dici videri, tangi, et moveri ;" ita[y] " ut, motis speciebus, vere moveatur Corpus Christi, (quamvis per accidens,) quomodo anima nostra vere mutat locum, quum Corpus mutat locum; atque ut vere et proprie dicamus Christi Corpus in Eucharistiâ attolli, deponi, deferri, collocari in altari vel in pyxide, transferri a manu ad os, et ab ore ad stomachum :" prout[z], " in concilio Romano sub Nicholao Papâ secundo, compulsus est Berengarius confiteri, Christi Corpus *sensualiter* sacerdotum manibus tangi, et frangi," atque etiam dentibus atteri[a]. Verum hæc omnia, atque id genus alia pluri-

CAP. III.

Card. Bellarm. de Euch., lib. i. c. 2. De explicatione sententiæ Catholicæ (Romanæ,) § Tert. Reg. et seqq. [Vid. Bellarm. op., ed. Venet. 1721, tom. iii. p. 186 ; ubi verba sunt :—(Reg. 3.) Adverbia, quæ dicunt *modum* existendi *corporalem*, non dicuntur de Christo in Eucharistia, licet dicantur de Ipso ut in cœlo residet : alia vero nihil prohibet dici. Ratio est, quia (ut sæpe diximus) non habet Christus in Eucharistia modum existendi corporum, sed potius spirituum, cum sit totus in qualibet parte. Itaque dicemus Christum esse in Eucharistia vere, realiter, substantialiter, ut con ilium recte loquitur; sed non dicemus corporaliter, id est, eo modo quo suapte naturâ existunt corpora, nec sensibiliter, mobiliter, &c. Immo, contra dici posset esse spiritualiter, ut Bernardus dicit in sermone de S. Martino, ubi affirmat in sacramento exhiberi nobis veram carnis substantiam, sed *spiritualiter*, non *carnaliter :* tamen non videtur hæc vox multum frequentanda, quia periculum esset, &c.—(Reg. 5.) Quamvis Corpus Christi in Eucharistia per se non videatur, nec tangatur, nec moveatur; tamen, ratione specierum sive accidentium quibus conjunctum est, potest dici videri, tangi, moveri ; &c.—Vid. etiam reg. 6, ibid.—Ideo sit regula sexta ex Petro de Soto, lect. vi. de sacramento Eucharistiæ. Verba, quæ significant motum localem, vere et proprie dicuntur de Corpore Christi in Eucharistia existente, ratione specierum, licet per accidens, non per se : cætera autem, quæ significant alias mutationes vel actiones, dicuntur quidem de Corpore Christi ratione specierum, sed improprie et figurate.]

[y] Ibid., prima par. [Prima pars hujus regulæ (scil. sextæ) certissima est, quia realis præsentia Corporis Christi id necessario requirit, ut, motis speciebus, vere moveatur Corpus Christi, &c.]

[z] Ibid., § Quinta regula. [Ubi supr.]

[a] [Vid. Conc. Rom. sub Nic. Pap. II., ap. Labbe, tom. ix. col. 1101, ubi Berengarii abjurationis verba sunt: "Ego Berengarius ... et ore et corde profiteor ... etiam verum Corpus et Sanguinem Domini nostri Jesu Christi esse, et sensualiter, non solum sacramento, sed in veritate, manibus sacerdotum tractari, et frangi, et fidelium dentibus atteri."]

ma, nec S. Scriptura nec antiqui patres unquam nobis tradiderunt. Atqui, etiamsi daretur spirituum seu animarum talis præsentia, qualem hic vult Bellarminus, eam corpori humano attribuere absurdum esset, cum corporum naturam destruat.

II. Fatetur quidem Bellarminus cum Bernardo[b], Christum in sacramento nobis exhiberi, non carnaliter, sed spiritualiter; qui utinam ita acquievisset, nec ulterius, quam ducit S. Scriptura et antiqua patrum doctrina, progressus esset. Modum enim præsentiæ et manducationis Corporis Christi accuratius quam par erat, cum Innocentio Papâ III. et synodo Tridentinâ, explicare laborans, eâdem operâ, quicquid antea recte dixerat, perperam evertit, et statim respuit quod prius optime adseruerat, suam ipsius sententiam impugnans. Timet[c] scilicet " periculum," ne *spiritualiter* illud " trahatur" ab iis, quos vocat " adversarios," "non tam ad modum significandum, quam ad ipsam naturam" Corporis et Sanguinis Domini excludendam; " propter quod item periculum, non videtur," ait, "valde usurpandum illud" S. Bernardi, Corpus Christi " non esse corporaliter" in sacramento, " nisi continuo addatur explicatio" superius posita; quam nos humanæ sive curiositati, sive arrogantiæ, (quæ nihil videri vult nescire,) acceptam ferimus. Ecquod autem periculum? aut quid tandem timet; quum ipsam veram naturam Corporis Christi, et realem ac substantialem præsentiam, nobis in sacrâ communione exhiberi, omnes Evangelio credentes fateantur; additâ circa modum duntaxat S. Bernardi explicatione, quam ipse etiam Cardinalis, vi veritatis adactus, improbare non ausus est? Cur igitur admittit modum esse spiritualem, non carnalem; deinde carnalem præsentiam requirit, etiam quoad modum? Ad nos quod attinet, dicimus aperte et affirmamus omnes cum Bernardo, in Eucharistiâ Corpus Christi præsens adesse spirituali, adeoque verâ et reali, præsentiâ; negamus vero, pariter omnes cum eodem Bernardo et universâ antiquitate, carnalem Corporis Christi in Eucharistiâ tum præsentiam tum exhibitionem. Rem ipsam igitur lubentes am-

---

[b] S. Bernard. Sermo de S. Mart. [Op., ed. Par. 1586, tom. i. col. 411.—Quod residuum (agni) est, utique jam, datur igni: quod videlicet usque hodie, eodem caro nobis, sed spiritualiter, utique non carnaliter, exhibeatur.]

[c] Card. Bell., ubi supr. § Tert. reg. [tom. iii. p. 186.—Bellarmini verba sunt: . . "non tam ad modum, quam ad ipsam naturam significandam."]

plectimur; a modo autem inquirendo humiles et devoti abstinemus.

III. Præsentiam credimus, et conjunctionem Christi cum animâ, atque etiam cum corpore nostro; quam melius vocare non possumus quam sacramentalem, hoc est, quæ per viam comestionis fiat; ita ut, dum panem sacratum comedimus et vinum sanctificatum bibimus, simul cum eis Ipsum Corpus et Sanguinem Christi edamus et bibamus, non viâ aut modo corporali, sed alio incomprehensibili, et soli Deo noto, quem spiritualem vocamus; generalem enim modi explicationem non improbamus, (si hic sistatur, cum Bernardo et cunctis veteribus,) sed eorum temeritatem qui, altum se sapere putantes, curiose et petulanter inquirunt quid sit esse spiritualiter præsens, quasi modum agendi Spiritûs Dei comprehendere se posse crederent. Nos vero hunc modum fatemur, cum patribus, esse ineffabilem atque imperscrutabilem, —hoc est, non ratione inquirendum, aut indagandum, sed solâ fide credendum. Etsi enim videtur incredibile, in tantâ locorum distantiâ, penetrare ad nos Christi Carnem, ut nobis sit in cibum, meminisse tamen oportet, quantum supra sensus nostros emineat Spiritûs S. virtus, et quam stultum sit Ejus immensitatem modo nostro metiri velle. Quod ergo mens nostra non comprehendit, concipiat fides.

IV. Quæ tamen fides præsentiam istam non facit, aut præstat; sed, jam nunc per verbum Christi factum, verissimam et realem esse apprehendit. Et fides quidem, quâ Christi caro dicitur a nobis manducari, non est ea sola, quâ Christus pro peccatis nostris crucifixus et mortuus creditur, (ista enim fides præsupponitur, et ante sacramentalem manducationem requiritur,) sed proprie ea est, quâ creditur verbo Christi, dicentis, Hoc est Corpus Meum; id, quod S. Augustinus[d] intellexit, quum ait: "Quid paras dentem et ventrem? crede, et manducâsti." In hâc enim mysticâ manducatione, per admirabilem Spiritûs S. virtutem, invisibiliter substantiæ Corporis et Sanguinis Christi communicamus,

---

[d] S. Aug. super Joh. [vi. 28.] Tract. 25. [§ 12.—Op., tom. iii. par. ii. col. 489. —' Quid faciemus?' inquiunt......Respondit Jesus, et dixit eis: 'Hoc est opus Dei, ut credatis in Eum quem misit Ille.' Hoc est ergo manducare cibum, non qui perit, sed qui permanet in vitam æternam. Ut quid paras dentes et ventrem? Crede, et manducasti. Discernitur quidem ab operibus fides; &c.]

CAP. haud secus ac si visibiliter Carnem et Sanguinem Ejus ede-
III. remus et biberemus.

V. Summa est: Corpus et Sanguis Christi uniuntur pani et vino sacramentaliter, ita ut credentibus vere Christus exhibeatur, nullo tamen vel sensu vel ratione hujus seculi, sed fide verbis Evangelii nitente, intuendus. Dicitur autem Christi Caro et Sanguis pani et vino uniri, quia in Eucharistiæ celebratione simul et semel cum pane Caro, et cum vino Sanguis, exhibentur et percipiuntur. Nihil nunc restat, nisi ut in ejus mysterii admirationem prorumpamus; cui nec mens plane cogitando, nec lingua explicando, par esse potest.

CAPUT IV.

I. DE TRANSMUTATIONE PANIS ET VINI IN CORPUS ET SANGUINEM DOMINI, QUÆ PONTIFICIIS TRANSUBSTANTIATIO DICITUR. II. DE OMNIPOTENTIÀ DEI. III. DE ACCIDENTIBUS PANIS. IV. SACRAMENTALIS UNIO SIGNI ET SIGNATI. V. ET VI. STATUS CONTROVERSIÆ, TAM NEGATIVE, QUAM AFFIRMATIVE, DECLARATUR. VII. CONCILII TRIDENTINI DEFINITIO. BULLA PII IV. PAPÆ, ET FORMA JURAMENTI AB EODEM PAPÀ PRÆSCRIPTI. DECRETALE INNOCENTII III. JESUITARUM DICTATA. VIII. PORTENTUM INGENS, TRANSUBSTANTIATIO.

I. APUD pontificios pro articulo fidei habetur, quod in Eucharistiâ panis et vini substantia annihilatur, inque ejus locum Corpus et Sanguis Christi succedunt; (sicut in § 6. et 7. fusius videbimus.) Reformati vero longe aliter statuunt. Conversionem autem sive transmutationem panis in Corpus Christi (vini in Sanguinem Ejus, par est ratio) nemo protestantium negat simpliciter. Sciunt enim et admittunt, panem in Eucharistiâ, vi verborum atque benedictionis Christi, conditione, usu, et officio, plane immutatum esse; hoc est, de communi et vulgari, mysticum et sacramentalem nobis factum esse cibum; per quem non solum significari, sive per figuram adumbrari, sed et re ipsâ simul exhiberi, atque in animis digne communicantium ipsum verum Christi Corpus recipi, omnes affirmant, firmiterque credunt. Interim, ipsum hunc panem amittere suam substantiam, et transire in substantiam Corporis Christi, nequaquam credunt; quum nec

Scripturæ Sacræ, nec veteres per multa sæcula Scripturarum interpretes, talem unquam conversionem, aut essentialem transmutationem nobis tradiderint, quâ ipsa panis substantia (id est, materia et forma) abjiciatur; sed sacramentalem tantum, et mysteriis refertam, quâ panis communis itâ mutatur in mysticum, ut ad aliud officium, usum, et finem alium, destinetur; quæ quidem mutatio tum gratiæ convenit, tum potentiæ Divinæ, naturalem rerum essentiam non abolenti, sed conservanti, eâque ad supernaturales effectûs utenti.

CAP. IV.

II. De omnipotentiâ Dei, an hoc vel illud facere possit, non est quod disputemus; et infinitam Ejus potentiam decempedâ imbecilitatis nostræ metiri non debemus. Demus Illum aliquid posse, quod non sit penes non investigare, et in omnibus, quæ facit, sit ratio facti voluntas et potentia Facientis: contradictoria tamen Ei minime sunt attribuenda. At etiamsi omnipotentia Dei tanta esset, ut posset in Eucharistiâ substantiam panis et vini annihilare, et in Corpus et Sanguinem Christi essentialiter transmutare, (accidentibus panis et vini absque subjecto remanentibus,) tamen, quod Deus id fieri velit, et quod idem factum sit in hoc sanctissimo sacramento, id nobis probari postulamus. Neque enim a posse ad velle valebit argumentum; et Deum velle, quod volunt transubstantiatores, nimis audacter ab eis pronunciatum est. Dixit olim Tertullianus[e] contra Praxeam: "Non, quia" Deus "omnia potest facere, ideo [utique] credendum est Illum" hoc vel illud "fecisse, [etiam quod non fecerit:] sed, an fecerit, requirendum." Non enim agnoscit Deus ejusmodi omnipotentiæ Suæ laudem, quâ veritatis et constantiæ laus Sibi adimatur, et rerum in Ipsius Verbo testatarum natura evertatur. Sublatis enim pane et vino, ipsum quoque sacramentum tollitur.

III. Qui formam et materiam panis penitus evanescere statuunt, iidem accidentia panis remanere volunt. At si, vi verborum Christi, substantia panis mutetur in substantiam Corporis Ejus, quid obstat, quo minus eâdem vi etiam mutentur accidentia panis in accidentia ejusdem Corporis? Qui urgent τὸ ῥητὸν, ostendere debebant Christum dixisse: Hoc est substantia Corporis Mei absque suis accidentibus. Sed Christus non phantasticum Corpus aut spectrum Mar-

[e] [Vid. Tertull. contr. Praxeam, ap. Tertulliani op., ed. Rigalt. Lut. Par. 1664. p. 505.]

CAP. cioniticum se discipulis dare dixit, at Illud Ipsum Corpus
IV. quod pro nobis traditum, nec quantitate nec reliquis humani corporis accidentibus carens; absque quibus nec tradi nec crucifigi potuit. Quum transubstantiatores fateantur Corpus Christi quantitatem suam in cœlo retinere, in sacramento autem negent,—aut contradictionem agnoscant, aut transubstantiationem suam auferant, omnino necesse est.

IV. Reformatis Ecclesiis non licet esse tam curiosis, neque supra Scripturam et antiquitatem sapere; quæ, verbis Christi firmissime credentes[1], formam hujus sacramenti statuunt in unione signi cum re signatâ, id est, Corporis Christi exhibitione, pane manente pane, et sacramentalibus usibus destinato; per quam hæc duo, ex divinâ ordinatione, ita unum fiunt, ut, quamvis unio ista non sit naturalis, aut substantialis, aut hypostatica, aut localis, (per unius in altero existentiam,) tamen, adeo concinna est, et vera, ut in comestione sacrati panis verum Christi Corpus nobis communicetur, ac signi signatique nomina passim ultro citroque permutentur, et pani tribuatur quod est Corporis, et contra Corpori quod est panis; sintque simul tempore, quæ disjuncta sunt loco. Nam præsentia Corporis Christi in hoc mysterio, non distantiæ, sed absentiæ opponitur; et quidem ista, non illa, usum et fruitionem objecti intercipit.

V. Ex his patet, quod status istius controversiæ, quæ reformatos inter et pontificios hodie agitatur, ad quatuor omnino capita reduci potest:—primum de signis, secundum de re signatâ, tertium de signorum et rerum conjunctione, quartum de eorundem participatione. Et, quod ad primum attinet, in hoc nos ab illis discrepamus, quod illi pro signis tantum statuunt accidentia, nos vero substantiam panis et vini, ut sacramentorum natura postulat, et docet Scriptura. In secundo, non id dicimus, quod illi, sententiâ nostrâ non bene intellectâ, nobis affingunt. Non enim dicimus, merita tantum mortis Christi per sacrata symbola significari, sed ipsum verum Corpus quod pro nobis crucifixum, ipsumque verum Sanguinem pro nobis effusum, tum repræsentari, tum offerri; ut mentes nostræ Christo perfruantur, non minus certo, et vere, quam ipsa corporalia et visibilia signa videmus, accipimus, edimus, et bibimus. Ad tertium itaque, quoniam res significata nobis offertur, et exhibetur, tam vere quam

[1] Vid. cap. iii. § 5.

signa ipsa, eâ ratione, signorum cum Corpore et Sanguine Domini conjunctionem agnoscimus, et mutata esse elementa dicimus in usum alium ab eo, quem prius habuerunt. Negamus vero, quod affirmant pontificii, evanescere panis et vini substantiam, aut ita mutatam esse in Corpus et Sanguinem Domini, ut nihil tandem reliquum sit, præter nuda elementorum accidentia, quæ cum eodem Corpore et Sanguine conjungantur. Quinetiam negamus sacramentum, extra usum a Deo institutum, rationem habere sacramenti, in quo Christus reservari aut circumgestari debeat, aut possit; [g]quum communicantibus tantum adsit. Postremo (quod in quarto capite restat explicandum) non dicimus, in hâc sacrâ Cœnâ, nos tantum esse participes fructûs mortis et passionis Christi, sed fundum ipsum cum fructibus, qui ab Ipso ad nos redeant, conjungimus; asserentes cum Apostolo, " Panem quem frangimus esse κοινωνίαν Corporis Christi, et poculum Sanguinis Ejus communicationem," (imo, in eâdem illâ substantiâ, quam accepit in utero Virginis, et quam sursum in cœlos invexit;) in hoc tantum a pontificiis dissidentes, quod illi manducationem hanc et conjunctionem corporaliter fieri credant, nos non naturali aliquâ ratione, aut modo corporali, sed tamen tam vere, quam si naturaliter aut corporaliter Christo conjungeremur[h]. Et, quemadmodum qui indigne (hoc est, ore corporeo, non mente fideli) sacramentum usurpat, damnationem sibi ipsi edit et bibit, sic etiam, qui digne id facit, absolutionem et justificationem comedit; quod itidem nihil aliud est, quam dijudicare, atque edere Corpus Domini, quatenus laceratum est, et bibere Ejus Sanguinem, quatenus pro mundi vitâ fusus est. Interim,—quod asserunt pontificii,—Christum dare nobis Corpus et Sanguinem Suum, ore ac dentibus sumendum et comedendum, ita ut non solum deglutiatur ab impiis, verâ fide destitutis, sed etiam a muribus et gliribus,—id vero nos ore, corde, et mente penitus pernegamus.

CAP. IV.

1 Cor. x. 16.

VI. Itaque (ut hæc omnia in summam rei controversæ

[g] [Vid. MS. Dunelm., ubi proxima verba sic leguntur:—'qui tantum sumentibus adest, et vera fide non destitutis.']

[h] [Vid. MS. Dunelm., ubi hæc verba interposita leguntur: 'Esus enim ille certe qui imperatur, quando Christi Corpus comedere jubemur, non est esus corporeus; nam panem, qua Christi Corpus est, ore non comedimus, sed animo: edere autem *animo* panem qua Christi Corpus est, et edere Corpus Christi, unum et idem esse affirmamus.]

CAP. IV. reducamus) non quæritur, an Corpus Christi a sacramento suo, juxta mandatum Ejus instituto ac usurpato, absit: quod nos protestantes et reformati nequaquam dicimus aut credimus: (nam, quum ibi detur et sumatur, omnino oportet ut adsit, licet sacramento suo quasi contectum sit, et ibi, ut in se est, conspici nequeat:) neque quæritur aut controvertitur, an panis et vinum supernaturali virtute et omnipotentiâ Divinâ, a communi elementorum usu, in sublimiorem usum et dignitatem transmutentur;—fatemur enim in sacramentis omnino necesse esse cœlestem et supernaturalem mutationem intervenire, nec posse fieri sacramentum, nisi per omnipotentiam Dei; Cujus Solius est sacramenta in Ecclesiâ instituere, ipsisque efficaciam tribuere. Denique non dicimus Dominum discipulis Suis dedisse tantum figuram, symbolum, aut signum Sui Corporis; neque negamus Corpus et Sanguinem Christi sacramentaliter uniri cum pane et vino Eucharistico, aut vere, realiter, et substantialiter usurpari in sacramento; sed (ut omnem evitemus ambiguitatem) negamus, post verborum prolationem, et consecrationem panis, panem non amplius esse panem, sed transubstantiari in Corpus Christi, ita ut de pane et vino nihil residuum sit, præterquam prioris substantiæ accidentia. Proinde tota quæstio est de symbolorum externorum transubstantiatione: an scilicet substantia panis convertatur in substantiam Corporis Christi, et substantia vini in substantiam Sanguinis Christi; sive (ut hodie Ecclesiæ Romanæ doctores transubstantiationem describunt) an substantia panis et vini intereat, inque ejus locum substantia Corporis et Sanguinis Christi succedat: quorum utrumque reformati negant.

VII. Ecclesia Romana in festo Corporis Christi canit[i]: "Non est panis, sed est Deus-homo, Liberator meus." Concilium Tridentinum rem ipsam sic definivit[k]:—" Quoniam .. .... Christus, Redemptor noster, Corpus Suum id, quod sub specie panis offerebat, vere esse dixit, ideo persuasum semper in Ecclesiâ Dei fuit, idque nunc hæc sancta synodus declarat,

---

[i] [Hæc verba nec in Romano nec in Parisiensi Breviario inventa sunt. Vid. autem ' Carm. *Joannis Hussi* de Cœnâ Sacrâ;' ap. Herm. Adalbert. Danielis 'Thesaurum Hymnologicum,' &c. (8vo. Lipsiæ, 1844.) tom. ii. par. iii. Append., p. 370. carm. xl. v. 5:—

"Non est panis, sed est Deus Homo, Liberator meus: Qui in cruce pependisti, Et in carne defecisti."]

[k] Conc. Trid. Sess. xiii. c. 4. [Labbe, tom. xiv. col. 806.]

per consecrationem panis et vini, conversionem fieri totius substantiæ panis in substantiam Corporis [Christi] Domini nostri, et totius substantiæ vini in substantiam Sanguinis Ejus; quæ conversio convenienter et proprie a sanctâ Catholicâ" Romanâ "Ecclesiâ transubstantiatio est appellata."—Proinde[1]: " Si quis dixerit, in sacrosancto Eucharistiæ sacramento, remanere substantiam panis et vini una cum Corpore et Sanguine Domini nostri Jesu Christi, negaveritque mirabilem illam et singularem conversionem totius substantiæ panis in Corpus, et totius substantiæ vini in Sanguinem, manentibus duntaxat speciebus panis et vini; quam quidem conversionem Catholica" Romana "Ecclesia aptissime transubstantiationem appellat : anathema sit."—Ad eundem modum definiens ipse Papa, atque idem concilium confirmans, juxta hanc et non aliam formam, professionem et juramentum fidei fieri districte præcipiendo mandavit, atque unum e novis symboli Romani articulis voluit esse hujusmodi[m], sub tenore et pœnâ sequenti : " Ego N. firma fide credo et profiteor omnia et singula quæ continentur in symbolo Fidei, quo Sancta Romana Ecclesia utitur; videlicet: Credo in unum Deum; &c. . . . Profiteor pariter in Missâ . . . ; atque in Eucharistiæ sacramento esse vere, realiter, et substantialiter, Corpus et Sanguinem unâ cum Animâ et Divinitate Domini nostri Jesu Christi, fierique conversionem totius substantiæ panis in Corpus, et totius substantiæ vini in sanguinem[n]; quam conversionem Catholica" Romana "Ecclesia transubstantiationem appellat. . . . Omnia . . . a sacrosanctâ Tridentinâ synodo tradita, definita, et declarata, indubitanter recipio; . . . simulque contraria omnia, . . . ab eâdem damnata, rejecta, et anathemizata, ego pariter damno, rejicio, et anathematizo." Atque, " hanc veram catholicam fidem, extra quam nemo salvus esse potest, (quam in præsenti sponte profiteor, et veraciter teneo,) eandem integram et inviolatam, usque ad extremum vitæ spiritum, constantissime retinere . . . . . spondeo, voveo, ac juro: Sic me Deus adjuvet, et hæc sancta Dei Evangelia." Istud vero mandatum

CAP. IV.

---

[1] Ibid., can. 2. [ubi supr. col. 808.]

[m] Bulla Pii Papæ IV. confirm. Conc. Trid. super formâ juramenti professionis Fidei, una cum eodem Concilio edita. [Vid. Labb., Concilia, tom. xiv. col. 944, 945, 946.]

[n] [Hoc loco in margine manuscripti Dunelmensis verba ' *Hactenus bene*' rubricâ scripta sunt.]

CAP. IV.

tali epiphonemate et interminatione claudit: "Nulli ergo omnino hominum liceat hanc paginam nostræ voluntatis et mandati infringere, vel ei ausû temerario contraire. Si quis autem hoc attentare præsumpserit, indignationem Omnipotentis Dei, ac beatorum Petri et Pauli apostolorum Ejus, se noverit incursurum. Datum Romæ, apud sanctum Petrum, anno Incarnationis Dominicæ millesimo quingentesimo sexagesimo quarto, idibus Novembris, pontificatûs nostri anno quinto." Nimirum, hanc suam fidem Romanam recepit Papa Pius quartus a Papa Innocentio tertio, qui doctrinam de transubstantiatione panis et vini in Corpus et Sanguinem Christi primus omnium stabilivit, Fideique duodecim articulis addidit, atque ita decimum tertium fabricavit, et in Decretalibus suis promulgavit. Sic enim in Decretali Innocentii III. sub annum 1215. Lateranensi congregationi proposito, ac postea a Papa Gregorio IX, ejusdem Innocentii nepote, promulgato, scriptum legitur[o] ; viz.: "Firmiter credimus, et simpliciter confitemur, quod unus solus est verus Deus," &c.; quodque "Corpus et Sanguis" Christi "in sacramento altaris sub speciebus panis et vini veraciter continentur, transubstantiatis pane in Corpus, et vino in Sanguinem." Hisce paparum definitionibus subjiciamus tantum trium Jesuitarum dictata; quæ ab omnibus quidem, non priscæ, sed recentis, Romanæ fidei asseclis magnâ pertinaciâ recipiuntur. 1. Alphonsi Salmeronis: "Necessario statuenda est" (inquit[p]) "transubstantiatio; tum, ut excludatur panis et vini substantia, quam Lutherus et aliqui" alii "admiserunt; tum, ut verba Domini" (quæ tamen absque hoc sunt verissima[q]) "vera inveniantur, [ut deducemus;] tum, ut infinita patrum[r] testimonia, de conversione, [com]mutatione, consecratione, benedictione, transformatione, sanctificatione, (tot enim fere nominibus transubstantiatio ab illis appellata est,) firma sint, et non inania, vel futilia : tum denique, ut solidam Corporis et Sanguinis Christi præsentiam tueri possimus[s]."

[o] Decretal. de sum. Trin. et Fide Cathol., tit. i. cap. Firmiter credimus. [Vid. Decret. Greg. IX. lib. i. tit. i. cap. 1.—Corp. Jur. Can., ed. Par. 1612, tom. ii. col. 7, 9.]
[p] Tom. ix. Tract. xvi. [Alphons. Salmeron.Comment. in Evang. Hist., tract. xvi. De veritate Corporis Christi, §

Quod igitur ; ed. Col. Agr. 1604, tom. ix. p. 108.]
[q] [In MS. Dunelm. hæc verba *margine* leguntur in transcriptoris manu.]
[r] De his, quam parum ad hanc rem pertineant, videbimus infra.
[s] [Alph. Salmeronis ipsissima verba sunt: . . . "tum denique, ut solidam

Item [t]: "Ut David coram Abimelech vultum suum mutavit, et tunc accepit panes propositionis, qui erant certus Eucharistiæ typus, ita Christus in sacramento simulat Se panem esse; quia proprie panis non est, etsi esse maxime videatur. 2. Francisci Toleti Cardinalis [u]: "Verba" consecrationis "efficacia" "sunt instrumenta transubstantiandi substantiam panis in Christi verum Corpus; ita ut, post prolationem, in illâ Hostiâ non sit panis ulla substantia, sed sola illius[1] accidentia, quæ dicuntur species panis, sub quibus est verum Corpus Christi præsens." 3. Denique, Roberti Bellarmini itidem Cardinalis [x]: "Catholica Ecclesia semper docuit, per conversionem substantiæ panis et vini in Corpus et Sanguinem Domini (quæ conversio postmodum transubstantiatio appellata est) fieri, ut Corpus et Sanguis Domini vere et realiter in sacramento Eucharistiæ præsentia sint." Verba aliorum, qui, ut Ecclesiæ Latinæ sive Romanæ, ejusque pontifici, absolutam quidvis definiendi potestatem vindicarent, nihilo saniora protulerunt, haud operæ pretium erit recitare, nisi cui lubeat defensorem [y] Bellarmini Gretserum, aut eum [z] qui primus calamum contra Lutherum strinxit, audire; qui rem omnem tandem ad unicum pontificis judicium et mandatum revocant.

CAP. IV.

[1] ["ipsius."]

VIII. Nos nunc, quid Deus possit, considerare supersedemus; nam de Dei *voluntate* nobis constare debet, antequam de Ejus *potentia* solliciti simus. Hoc tamen dicimus: Transubstantiationem istam Romanam genus esse portenti, quod omnium superat miraculorum indolem. Et, quamvis Dominus, immensâ Suâ virtute, substantiam panis in aliam

---

Corporis et Sanguinis Christi præsentiam absque ullo loci motu tueri possumus; nam, quod in Ipsum Christi Corpus, quod in cœlo est, mutatur, non indiget aliquo locali motu, ut esse incipiat in Eucharistia.]
[t] Tom. xvi. disp. 3. in Ep. S. Petri. [Alph. Salm. in 1 S. Pet. ii., ubi supr., tom. xvi. p. 67.]
[u] Instru. Sacerd., lib. ii. c. 27. [ed. 4to. Col. Agr. 1621. pp. 318, 319.]
[x] Lib. iii. de Euch. c. xi. [De modo existentiæ Corporis Domini, &c., § i.—Bellarm. Op. ed. Ingolst. 1601. tom. iii. col. 711.]
[y] Gretserus Def. Bellarm., lib. iii. c. 9. [Vid. ed. Ingolst. 1607, tom. i. col. 1403.—Cum igitur judex controversiarum neque sit Scriptura, neque princeps politicus, neque privatus uniuscujusque spiritus, conficitur judicem hunc esse principem ecclesiasticum, hoc est, Romanum Pontificem, vel solum, vel certe cum concilio et consensu coëpiscoporum.—*Et passim.*]
[z] Silv. Prierias, sub initio Dial. [de potestate papæ; ap. Lutheri op. ed. Jenæ, 1564.—Vid. tom. i. p. 16.—Fundamentum tertium. Quicunque non innititur doctrinæ Romanæ Ecclesiæ ac Romani pontificis, tanquam regulæ Fidei infallibili, a quâ etiam Sacra Scriptura robur trahit et auctoritatem, hæreticus est.—*Et passim.*]

54 DE SACRIS SYMBOLIS ET SPIRITUALI MANDUCATIONE

CAP. IV.

substantiam convertere possit, nemo tamen (quamdiu substantiam panis superstitem et incolumem sensibus percipit) id factum a Christo sibi persuadebit. Hactenus quidem nihil simile factum fuisse legimus, vel sub Veteri, vel sub Novo, Dei Testamento. Quapropter hoc dogma, non minus toti antiquitati incognitum, quam ab universa S. Scriptura alienum, hæret adhuc ad scopulos incredibilitatis; nec a nobis fidem illud impetrare æquum est, quod, a nuperis hominibus non ita pridem excogitatum, pro articulo Fidei et religionis Christianæ obtrusum esse noscitur. Nam in Scripturis Sacris adducendis, ad stupendam hanc illorum doctrinam suffulciendam, omnino frustra sunt; et verum non est, quod toties mirâ confidentiâ deprædicant, universam semper Ecclesiam in eam doctrinam consensisse, quæ longo tempore fuit Ecclesiæ penitus inaudita, et ante pauca demum sæcula autoritate Papali, sub nominibus Lateranæ et Tridentinæ Synodi, comprobata:—id, quod secuturis jam capitibus demonstratum imus.

CAPUT V.

TRANSUBSTANTIATIONEM, NEC SECUNDUM VOCEM AUT NOMEN, NEC SECUNDUM REM AUT SENTENTIAM, IN S. SCRIPTURIS AUT ANTIQUIS ECCLESIÆ DOCTORIBUS HABERI, IMO, CUM EISDEM PUGNARE, OSTENDITUR; ATQUE ADEO DE FIDE NNO ESSE.

Nomen sive vox transubstantiationis.

I. NOMEN Transubstantiationis ipsi etiam transubstantiatores concedunt ante XII. sæculum fuisse inauditum: tantum abest, ut vel in S. Scripturis, vel in antiquorum patrum monumentis, inveniri possit. Stephanus quidem Eduensis episcopus perhibetur hanc vocem semel usurpasse; et refertur illa a recentioribus quibusdam ad sæculum X, sed sine testimonio vetustiorum. Nec dicit ille absolute, et simpliciter, panem transubstantiatum esse, sed *quasi* transubstantiatum; quod sano sensu admitti potest [a].

Res sive sententia ipsa.

II. Imo, rem ipsam sine nomine, sive sententiam sine voce creditam, non posse ex Scripturis probari, ingenue

[a] Vide cap. i. n. vi., cap. iii. n. iv., cap. iv. n. v., et hoc ipsum cap. n. v.

fassi sunt scholasticorum doctissimi, Scotus, Durandus, Biel, Cameracensis, Cajetanus, et alii non pauci; qui tamen illam, authoritate papali post annos mille et ducentos introductam, atque in Ecclesiâ Romanâ receptam, alias defensitare sategerunt.

III. "Non exstare locum ullum Scripturæ tam expressum, ut sine Ecclesiæ" (Romanæ) "declaratione" (id est, Papæ Innocentii III. in congregatione suâ Lateranâ) "evidenter cogat transubstantiationem admittere," dixit Scotus[b]. "Verbum audiri, sed ex verbo modum hunc sciri," negavit Durandus[c]. "Neutiquam inveniri in canone Bibliorum," scripsit Biel[d]. "Substantiam panis manere, rationabilius et facilius esse ad tenendum, imo minoribus incommodis obnoxium, et sacris Scripturis minus repugnare," affirmavit Occamus[e]; et post eum Cardinalis Cameracensis[f], qui

CAP. V.

In S. Literis non invenitur.

---

[b] Scotus in iv. Sent., dist. xi. quæst. 3. [Hæc non sunt ipsissima Scoti verba; qui tamen non aliud adhibet argumentum. Vid. Joan. Duns Scoti op., ed. Lugd. 1639, tom. viii. pp. 606, 607, 616, 618, 619.—§ 5. Tertio sic: nihil est tenendum, tanquam de substantiâ Fidei, nisi quod potest expresse haberi de Scriptura, vel expresse declaratum est per Ecclesiam, vel evidenter sequitur ex aliquo plane contento in Scripturâ, vel plane determinato ab Ecclesiâ . . .
§ 7. Pro opinione secunda (i. e. non manere panem, &c.) potest argui . . . . tertio, quia ista transubstantiatio non videtur magis probari ex Scripturis, quam panem non manere, imo minus. . . .
§ 13. Nunc autem ipsa (sancta Romana Ecclesia) tenet panem transubstantiari in Corpus, et vinum in Sanguinem; &c. . . . .
§ 15. Dicendum, quod Ecclesia declaravit istum intellectum esse de veritate Fidei, in illo symbolo edito sub Innocent. III. in concilio Lateranensi: 'Firmiter credimus,' &c. . . . Et breviter, quidquid ibi dicitur esse credendum, tenendum est esse de substantiâ Fidei: et hoc post istam declarationem solemnem factam ab Ecclesiâ. Et, si quæras quare voluit Ecclesia, &c.: . . . dico, quod eo Spiritu expositæ sunt Scripturæ, quo conditæ. Et ita supponendum est, quod Ecclesia Catholica eo Spiritu exposuit, quo tradita est nobis Fides.—Conf. Bellarm. de Euch., lib. iii. cap. 23. §. Secundo dicit, infra citat. p. 57. not. k.]

[c] Durand., ut supr. [Haud scio, an hæc sint ipsa verba Durandi, cujus sententia autem minime dispar sic legitur: (Sentent. Theol., lib. iv. dist. xi. quæst. 3. § 5. ed. Lugd. 1787. pag. 717.)
. . . "Idem factum quantum ad substantiam, sed diversum quantum ad *modum* faciendi. Prædictus autem modus conversionis substantiæ panis in Corpus Christi constat quod est possibilis: alius autem modus, qui communius tenetur, est in-intelligibilis: nec unus istorum est magis per Ecclesiam approbatus, vel reprobatus, quam alius. Nec oportet difficultates Fidei difficultatibus superaddere, quin potius juxta documentum Scripturæ conandum est difficultates elucidare."—Vid. etiam quæst. i. *passim.*]

[d] Biel, in can. Missæ, lect. xl. [sub init., ed. Lugd. 1542. (s. p.)—Inquirendum est, quâ mutatione incipit Corpus Christi esse in Sacramento. Circa quod notandum, quod, quamvis expresse tradatur in Scripturâ quod Corpus Christi veraciter sub speciebus panis continentur (continetur,) et a fidelibus sumitur, ... tamen, quo modo ibi sit Christi Corpus, an per conversionem alicujus in Ipsum, an sine conversione incipiat esse Corpus Christi cum pane manentibus substantiâ et accidentibus panis, non invenitur expressum in canone Bibliæ. Unde de hoc antiquitus fuerunt diversæ opiniones, ut recitat Magister, &c.]

[e] Occamus, Centilii lib. iv. quæst. 6. [concl. 39.—Vid. Guilhelmi de Ocham

CAP. V.

fatetur itidem, "Transubstantiationem non posse probari ex Sacris Literis." Quinetiam Cardinalis Roffensis [g], "Nullum in Scriptura verbum positum esse," dixit, "quo probetur in Missâ hanc substantiæ transmutationem fieri." Item, Cajetanus Cardinalis: "Non apparet" (inquit [h]) "ex Evangelio coactivum aliquod, ad intelligendum hæc verba *proprie*," nempe, HOC EST CORPUS MEUM: imo [i], "præsentia illa

Centilogium Theologicum, sub fin. lib. iv. Sentent., ut infra; ubi aliis quam quæ citat Cosinus verbis idem legitur argumentum.] Et in iv. Sent. dist. xi. q. 6. [ed. Lugd. 1495, s. p.—Quantum ad secundum dico, quod in Altari est vera transubstantiatio Corporis Christi: sed hoc potest multis modis poni: uno modo ponendo quod remaneat ibi substantia panis, et cum hoc quod Corpus Christi coexistat substantiæ illi; &c. . . . . Primus modus patet, quia hoc potest fieri per simplicem coexistentiam veri Corporis Christi substantiæ panis, &c. .. Primus modus potest teneri, quia non repugnat rationi, nec alicui auctoritati Bibliæ, et est rationabilior et facilior ad tenendum inter omnes modos; quia pauciora inconvenientia sequuntur ex eo, quam ex aliquo alio modo; &c.]

[f] Card. Camerac. in iv. d. xi. q. 6. art. 1, 2. [Vid. Quæstiones Petri de Alliaco, Card. Camerac., super primum, tertium, et quartum Sententiarum, ed. 8vo. Par. s. a. fol. 265 b.— Quarta opinio et communior est, quod substantia panis non remanet, sed simpliciter desinit esse: cujus possibilitas patet, quia non est Deo impossibile, quod illa substantia subito desinat esse, quamvis non esset possibile quod in virtute. Et, licet ita esse non sequatur evidenter ex Scripturâ, nec etiam videre meo ex determinatione Ecclesiæ, quia tamen magis favet ei, et communi opinioni sanctorum et doctorum, ideo teneo eam.]

[g] Lib. contra Luth. de capt. Babylon. c. i. [cap. x.—Joh. Fischerii op., ed. Wirceburgi 1597, col. 227.—Sed prius illud aggrediamur et doceamus, quod citra patrum interpretationem, et usum nobis ab eisdem traditum, nemo probabit ex ipsis nudis Evangelii verbis sacerdotem quempiam his temporibus veram Christi Carnem et Sanguinem consecrare. Non, quod res hæc jam ambigua sit, sed quod ejus certitudo non tam habeatur ex verbis Evangelii, quam ex patrum (ut diximus) interpretatione, simul et usu tanti temporis quem illi posteris reliquerunt.—(Tunc, post consecrationis verba:) Hactenus Matthæus, qui et solus Testamenti Novi meminit. Neque ullum hic verbum positum est, quo probetur in nostrâ missâ veram fieri Carnis et Sanguinis Christi præsentiam.]

[h] Cajet, in Th. p. 3. q. 75. art. i. [Vid. S. Thomæ Aquin. Par. iii. cum commentariis Card. Cajetani, ed. fol. (black letter) Bonon. 1528, fol. 301; unde repetita sunt hæc verba, quæ desunt ad ed. Venet. 1596. Totum sic se habet Cajetani argumentum: ... " Sciendum est ex auctoritate Sacræ Scripturæ, de existentia Corporis Christi in sacramento Eucharistiæ nihil aliud haberi expresse nisi verbum Salvatoris dicentis, Hoc est Corpus Meum: oportet enim verba hæc vera esse. Et, quoniam verba Sacræ Scripturæ exponuntur dupliciter, (vel proprie, vel metaphorice,) primus error circa hoc fuit interpretantium hæc Domini verba metaphorice: quem Magister Sent. di. xi. lib. iv. tractat; qui et in hoc articulo reprobatur. Et consistit vis reprobationis in hoc, quod verba Domini intellecta sunt ab Ecclesia proprie: et propterea oportet illa verba verificari proprie. *Dico autem ab Ecclesia, quoniam non apparet ex Evangelio coactivum aliquod ad intelligendum hæc verba proprie.*"]

[i] Ibid. q. 45. art. 14. [Hic locus falso citatur: etenim nullus est articulus xiv. Vid. autem quæst. 75. art. i., ubi supra.—Habemus igitur ex veritate verborum Domini in sensu proprio, Corpus Christi veraciter esse in Eucharistia; et hoc est primum, quod ex Evangelio habemus circa hoc sacramentum. Alterum autem, quod Evangelium *non* explicavit expresse, ab Ecclesiâ accepimus, sc. conversionem panis in Corpus Christi.—Item, art. 4, ubi supr. fol. 306. Titulus intelligitur de conversione substantiali, quâ panis substantialiter sumptus transubstanti-

in Sacramento, quam tenet" Romana "Ecclesia, ex his ver- CAP.
bis Christi non potest demonstrari, nisi etiam accesserit" V.
Romanæ "Ecclesiæ declaratio." Denique, ipse etiam Cardinalis Bellarminus[k] ait, quod,[i] "quamvis Scripturam adduxerit, quæ ipsi satis clara ad probandam transubstantiationem videatur homini non protervo, tamen an ita sit merito dubitari potest, quum homines doctissimi atque acutissimi, qualis cum primis Scotus fuit, contrarium sentiant." Protestantes vero nihil aliud postulant, quam ut cum hisce doctissimis et acutissimis viris sentire sibi liceat.

IV. Ipsa sane institutionis verba, panem esse, quicum Institutioexhibetur Corpus Domini, (estque eadem ratio, si vinum et nis verba. Sanguinem attendamus,) manifeste eis ostendunt, qui veritati cedere, quam contentioni indulgere, malunt; nempe Christi verba sunt, (postquam panem accepisset, benedixisset, fregisset:) 'Hoc est Corpus meum;' verba vero Apostoli, (quo nemo melius mentem Christi explicare potuit:) "Panis quem frangimus est κοινωνία Corporis Christi,"—id est[l], exhibitio Corporis Christi, quâ fideles ejusdem Corporis participes fiunt. Panem esse, qui porrigebatur, nihil opus erat ulterius indicari, (id enim accipientium sensibus patebat;) at una dari Corpus Christi,—de eo nemini constare potuisset, nisi ipse indicasset qui neminem unquam fefellit. Quanquam autem, ex institutione Divina et explicatione apostolica, unusquisque fidelium, panem benedictum comedens, non magis an Corpus Domini comedat dubitare debet, quam si panem in Corpus Domini substantialiter conversum esse sciret,—non tamen propterea sequitur, panem ita conversum esse, ut secundum substantiam suam esse desinat, incipiatque præsens esse nihil aliud, quam ipsissimum naturale Corpus Christi ex pane factum. Certum enim est, non aliâ ratione panem esse Corpus Christi, quam quâ poculum est novum

atur in Corpus Christi: sic enim Ecclesia intelligit conversionem.]

[k] De Euch., lib. iii. cap. 23. §. Secundo dicit. [Vid. Bellarm. op., ed. Ingolst. 1601, tom. iii. col. 752.—Secundo dicit (Scotus) non extare locum ullum Scripturæ tam expressum, ut sine Ecclesiæ declaratione evidenter cogat transubstantiationem admittere. Atque id non est omnino improbabile. Nam etiamsi Scriptura, quam nos supra adduximus, videatur nobis tam clara, ut possit cogere hominem non protervum, tamen an ita sit merito dubitari potest, cum homines doctissimi et acutissimi, qualis imprimis Scotus fuit, contrarium sentiant.]

[l] [In MS. Dunelm. pro "id est, exhibitio ... fiunt," legitur: "i. e. medium, sacramentum, sive organum, cujus interventu Corpus Christi nobis communicatur. Panem esse," &c.]

CAP. V. testamentum, nec aliam ex illâ, aliam ex istâ enunciatione, posse elici consequentiam. Quocirca, cum poculum nonnisi sacramentali metonymia possit esse illud testamentum, planum fit, nec panem aliter esse posse Corpus Christi.

V. Quod vero aiunt Bellarminus aliique[m], fieri non posse ut verba illa Christi sint vera, nisi per conversionem, quam Ecclesia Romana transubstantiationem vocat,—id tantum a veritate abest, ut, si admittatur, non solum tollat potentiam divinam, (quasi Deus non possit facere, ut remanente substantia panis Corpus Christi præsens sit, et vere exhibeatur in hoc Sacramento,) sed etiam evertat veram naturam, tum benedictionis divinæ quæ res conservat, tum ipsius Sacramenti quod ex duobus constat, tum denique Corporis et Sanguinis Domini, quæ ex pane et vino a sacerdotibus formari, non sine maximâ et stupendâ prorsus audaciâ, dicuntur. Sed veritas verborum Christi satis sibi constat absque tantarum veritatum dispendio. Pone testatorem tabulas vel codicillos de manu suâ in hæredis manus tradentem, additis hisce verbis, 'Accipe domum quam tibi relinquo:'—nemo quidem existimaturus esset chartaceum illud instrumentum esse ipsissimam domum ligneam aut saxeam; neque tamen quisquam propterea testatorem obscure vel falso locutum putaret. Ad eundem plane modum Christus sacra symbola, verbis Suis et precibus sanctificata, tanquam sigilla Novi Testamenti tabulis appensa, Suis discipulis tradidit; quibus illi de bonis ab Ipso relictis non minus certi redditi sunt, quam filii de terrenâ patris hæreditate per instrumentum a notario confectum, aut manû propriâ exaratum.

Priscæ Ecclesiæ doctores.

VI. Sacris literis addamus priscæ Ecclesiæ judicium. Habemus enim ipsos primos religionis nostræ sanctos, et incorruptos antistites, primaque Ecclesiæ Catholicæ lumina; qui explicatâ sententiâ solam spiritualem et mysticam præsentiam Corporis Christi in Eucharistiâ, magno, communi, et constanti consensu, professi sunt. De panis autem et vini substantiâ penitus abolitâ, sive de novo isto et peregrino transubstantiationis dogmate, ne quidem vel audiverunt quicquam, vel omnino locuti sunt; imo, patrum universorum

---

[m] Ubi supra. [Vid. cap. iv. num. vii.]

doctrina ei perspicue et constanter adversatur, quicquid præ se ferant pontificii in contrarium. Sed, si lubeat singulos audire, eorum ego aliquot illustriora loca (quoniam omnia in immensam nimis catervam excrescerent) strictim nominabo.

VII. Ordiar ab ipso sanctissimo martyre Justino, scriptore vetustissimo; qui post apostolica tempora inter primos eorum est, quorum indubitata scripta ad nos pervenerunt. Quæ autem doctrina de mysterio S. Cœnæ, ejus tempore, tum Romæ tum alibi fuerit, non obscure ex his verbis [o] intelligitur: "Postquam præses gratias egit, et acclamavit populus, illi qui a nobis dicuntur diaconi, seu ministri, dant cuique præsentium quod sumant de pane et vino; et hoc alimentum a nobis vocatur Eucharistia: ... non enim ut vulgarem panem, neque ut vulgare poculum, hæc sumimus."—Ut panem sumunt, sed non ut communem. Et paulo post: "Per hanc alimoniam sanguis et caro nostra per mutationem nutriuntur; eamque Jesu Christi carnem et Sanguinem esse didicimus." Quare et substantia panis etiam post consecrationem manet, et vere corruptibilis cibus est; quod de Christi Corpore immortali dici non potest: neque enim Caro Christi carnem nostram alit, nec in eam mutatur; sed cibus iste qui sacramentaliter Caro Christi dicitur. Caro autem Christi animas nostras nutrit in vitam æternam.

VIII. Ad eundem modum scripsit Sanctus Irenæus, martyr itidem, et ejusdem sæculi episcopus. "Panis" (inquit [p]) "qui est a terra, percipiens invocationem Dei, jam non communis panis est, sed Eucharistia, ex duabus rebus constans,

---

[n] [Contigit Justini *martyrium* . . . . ann. Chr. 165.—Vid. Cave, tom. i. p. 61.]

[o] Apolog. ii. ad Antoninum Imp. prope finem. [Vid. Apol. i. § 65, 66, ap.Justin. Mart. op., ed. Ben.Par. 1742. p. 83.—εὐχαριστήσαντος δὲ τοῦ προεστῶτος, καὶ εὐφημήσαντος παντὸς τοῦ λαοῦ, οἱ καλούμενοι παρ' ἡμῖν διάκονοι διδόασιν ἑκάστῳ τῶν παρόντων μεταλαβεῖν ἀπὸ τοῦ εὐχαριστηθέντος ἄρτου καὶ οἴνου καὶ ὕδατος, καὶ τοῖς οὐ παροῦσιν ἀποφέρουσι· καὶ ἡ τροφὴ αὕτη καλεῖται παρ' ἡμῖν εὐχαριστία, ἧς οὐδενὶ ἄλλῳ μετασχεῖν ἐξόν ἐστιν, ἢ τῷ πιστεύοντι ἀληθῆ εἶναι τὰ δεδιδαγμένα ὑφ' ἡμῶν, καὶ λουσαμένῳ τὸ ὑπὲρ ἀφέσεως ἁμαρτιῶν καὶ εἰς ἀναγέννησιν λουτρόν, καὶ οὕτως βιοῦντι ὡς ὁ Χριστὸς παρέδωκεν. οὐ γὰρ ὡς κοινὸν ἄρτον, οὐδὲ κοινὸν πόμα, ταῦτα λαμβάνομεν· ἀλλ' ὃν τρόπον διὰ λόγου Θεοῦ σαρκοποιηθεὶς Ἰησοῦς Χριστὸς, ὁ Σωτὴρ ἡμῶν, καὶ σάρκα καὶ αἷμα ὑπὲρ σωτηρίας ἡμῶν ἔσχεν, οὕτως καὶ τὴν δι' εὐχῆς λόγου τοῦ παρ' αὐτοῦ εὐχαριστηθεῖσαν τροφήν, ἐξ ἧς αἷμα καὶ σάρκες κατὰ μεταβολὴν τρέφονται ἡμῶν, ἐκείνου τοῦ σαρκοποιηθέντος Ἰησοῦ καὶ σάρκα καὶ αἷμα ἐδιδάχθημεν εἶναι.]

[p] Lib. iv. cont. Hær. c. 34. [al. cap. xviii. § 5.—S. Irenæi op., ed. Ben. Par. 1710. p. 251.—ὡς γὰρ ἀπὸ γῆς ἄρτος προσλαμβανόμενος τὴν ἔκκλησιν τοῦ Θεοῦ οὐκέτι κοινὸς ἄρτος ἐστίν, ἀλλ' εὐχαριστία, ἐκ δύο πραγμάτων συνεστηκυῖα, ἐπιγείου τε καὶ οὐρανίου.]

CAP. V.

terrena et cœlesti." Si vero substantia panis tollatur, tollitur quod terrenum est. Iterum[q] : " Quemadmodum granum tritici, decidens in terram, et dissolutum, multiplex surgit, ... et percipiens verbum Dei fit Eucharistia, (quod est Corpus et Sanguis Christi,) sic et nostra corpora, ex eo nutrita, et reposita in terram, ac resoluta, resurgent in suo tempore." Iterum[r] : " Per creaturam nutrimur ; creaturam autem Ipse nobis præstat. ... Eum calicem, qui est creatura, Suum Sanguinem, et eum panem, qui est creatura, Suum Corpus confirmavit. ... Quando ergo calix et panis percipiunt verbum Dei, fit Eucharistia Sanguinis et Corporis Christi ; ex quibus augetur et consistit carnis nostræ substantia." Eam autem nutriri vel augeri vero et naturali Corpore Christi, non sine magnâ impietate ab ipsis transubstantiatioribus diceretur. Nihil enim naturaliter corpus nostrum nutrit, nisi quod per alterationem in carnem nostram et sanguinem convertitur; quod de Corpore Christi incorruptibili affirmare blasphemum est. Interim tamen symbola, quæ suo modo et sunt et dicuntur Corpus et Sanguis Christi, ita corporibus nostris nutrimentum et augmentum suppeditant per res terrenas, ut etiam propter res ipsas cœlestes, quæ mediantibus terrenis a fidelibus percipiuntur, corpora nostra idonea reddunt ad beatam resurrectionem et immortalitatis gloriam.

Tertullianus A.D. 200.

IX. Tertullianus, qui circa annum ducentesimum floruit, cum adhuc Catholicus ardentissimi zeli plenus esset, scripsit contra Marcionem hæreticum, qui (inter alia nefanda dogmata) docuit etiam Christum e Virgine Mariâ non ipsam humani corporis naturam atque substantiam, sed externas

---

[q] Lib. v. c. 12. [cap. 2. in MSS.—Vid. c. ii. § 3, ubi supra, p. 294.—καὶ ὅνπερ τρόπον τὸ ξύλον τοῦ ἀμπέλου κλιθὲν εἰς τὴν γῆν τῷ ἰδίῳ καιρῷ ἐκαρποφόρησε, καὶ ὁ κόκκος τοῦ σίτου πεσὼν εἰς τὴν γῆν καὶ διαλυθεὶς πολλοστὸς ἐγέρθη, διὰ τοῦ Πνεύματος τοῦ Θεοῦ, τοῦ συνέχοντος τὰ πάντα, ἔπειτα δὲ διὰ τῆς σοφίας τοῦ Θεοῦ εἰς χρῆσιν ἐλθόντα ἀνθρώπων, καὶ προσλαμβανόμενα τὸν λόγον τοῦ Θεοῦ εὐχαριστία γίνεται, ὅπερ ἐστὶ σῶμα καὶ αἷμα τοῦ Χριστοῦ, οὕτως καὶ τὰ ἡμέτερα σώματα ἐξ αὐτῆς τρεφόμενα, καὶ τεθέντα εἰς τὴν γῆν καὶ διαλυθέντα ἐν αὐτῇ, ἀναστήσεται ἐν τῷ ἰδίῳ καιρῷ.]

[r] Ibidem. [Vid. § 2, 3, ubi supr.—ἐπειδὴ μέλη αὐτοῦ ἐσμέν, καὶ διὰ τῆς κτίσεως τρεφόμεθα, τὴν δὲ κτίσιν ἡμῖν αὐτὸς παρέχει, τὸν ἥλιον αὐτοῦ ἀνατέλλων καὶ βρέχων, καθὼς βούλεται· τὸ ἀπὸ τῆς κτίσεως ποτήριον, αἷμα ἴδιον ὡμολόγησεν, ἐξ οὗ τὸ ἡμέτερον δεύει αἷμα, καὶ τὸν ἀπὸ τῆς κτίσεως ἄρτον, ἴδιον σῶμα διεβεβαιώσατο, ἀφ' οὗ τὰ ἡμέτερα αὔξει σώματα. ὁπότε οὖν καὶ τὸ κεκραμένον ποτήριον, καὶ ὁ γεγονὼς ἄρτος ἐπιδέχεται τὸν λόγον τοῦ Θεοῦ, καὶ γίνεται ἡ εὐχαριστία σῶμα Χριστοῦ, ἐκ τούτων δὲ αὔξει καὶ συνίσταται ἡ τῆς σαρκὸς ἡμῶν ὑπόστασις.]

duntaxat ejus formas et species, assumpsisse; ex quo fonte transubstantiatores Romani suam de accidentibus, a subjecto abstractis et in aere pendentibus, doctrinam omnino hausisse videntur. Contra hanc detestandam hæresim disputans Tertullianus[s], atque argumentum petens a Sacramento Eucharistiæ, Christum non phantasticum, sive imaginarium, sed verum et naturale Corpus habuisse, ad hunc modum probat: Figura corporis corpus naturale arguit; spectri enim seu phantasmatis nulla est figura. At (inquit) Christus "acceptum panem, et distributum discipulis, Corpus Suum illum fecit dicendo, 'Hoc est Corpus Meum,'—id est, figura Corporis Mei: figura vero non fuisset, nisi veritatis fuisset[1] Corpus. Res enim vacua, ut[2] est phantasma, figuram capere non potest." Hujus argumenti pars quæque vera est, et necessariam rationis consecutionem continet. Primo enim oportet panem manere panem; alioqui, retorto argumento, dixisset Marcion non esse panem, sed mera panis accidentia, quæ panis esse videbantur: (sicut respondent transubstantiatores.) Secundo, Corpus Christi exponitur per veri illius Corporis figuram, quæ pani attribuitur. Est enim panis aptus repræsentare Corpus Domini, propter alendi vim, quæ illi terrena inest, huic cœlestis. Tertio denique veritas Corporis eo probatur, quod verâ et substantiali figurâ repræsentetur; quum, sublatâ (prout pontificii volunt) panis substantiâ, ipsa quoque Corporis Christi veritas in sacramento destruitur.

X. Origenes Tertulliani æqualis non dissimilem habet locutionem. "Quod si" Christus, (ait[t],) "ut obloquuntur isti" (Marcionistæ,) "carne destitutus erat, et exsanguis,—cujusmodi Carnis, cujus Corporis, et qualis tandem Sanguinis, signa et imagines panem et poculum ministravit?" Si signa sunt et imagines Corporis ac Sanguinis Christi, licet eum vere Corpus et Sanguinem habuisse probent, tamen, quia signa sunt, non ipsa sunt; et, quia ipsa non sunt, transubstantiationis figmento apertissime contradicitur. Idem, in Le-

[1] ["esset."]
[2] ["quod."]

Origenes
A. 220.

[s] Contra Marcion., lib. iv. c. 40. [Tertulliani op., ed. Rigalt. Lut. Par. 1664. pp. 457, 458.]
[t] Dial. iii. de Hom. Christo, contr. Marcionistas. [Vid. Adamantii Dialog. de recta in Deum fide, sect. iv.— Orig. op., ed. Ben. Par. 1733, tom. i. p. 853.—εἰ δ', ὡς οὗτοί φασιν, ἄσαρκος καὶ ἄναιμος ἦν, ποίας σαρκὸς, ἢ τίνος σώματος, ἢ ποίου αἵματος εἰκόνας διδοὺς, ἄρτον τε καὶ ποτήριον ἐνετέλλετο τοῖς μαθηταῖς; κ.τ.λ.]

62 DE SACRIS SYMBOLIS ET SPIRITUALI MANDUCATIONE

CAP. V.

viticum, transubstantiationi disertissime adversatur: "Agnoscite" (inquit[u]) " quia figuræ sunt; et ideo tanquam spirituales, non carnales, examinate et intelligite quæ dicuntur: sin quasi carnales accipitis, lædunt vos et non alunt. Est enim in Evangelio litera, quæ occidit eum qui non spiritualiter, quæ dicit, ea advertit. Si enim secundum literam sequeris hoc ipsum quod dictum est, 'Nisi manducaveritis Carnem Meam, et biberitis Sanguinem Meum,' occidet hæc litera." Quatenus ergo ad Corporis et Sanguinis Christi manducationem hæc verba referuntur, mystice et spiritualiter intelligenda sunt. Iterum, in S. Matthæum scribens[x], verum et immortale Christi Corpus a corpore Illius typico et symbolico diserte secernit: sacramentum enim ex utroque constat. "Ille cibus" (inquit) "qui sanctificatur per verbum Dei et preces, juxta id quod habet materiale, in[y] ventrem abit et in secessum ejicitur." Et hæc quidem ait de typico symbolicoque corpore. Absit enim, ut verum illud et cœleste Christi Corpus in secessum ejici sentiamus; quod tamen fateri necesse est, si id Christi Corpus naturale sit, quod symbolicum corpus et materiale in Eucharistiâ vocat Origenes. Nam ista sola accidentia esse nemo sanus dixerit.

S. Cyprianus A. 250.

XI. Sanctus Cyprianus Carthaginensis episcopus, et gloriosissimus Christi martyr, de sacramento Dominici calicis illustrem ad Cæcilium conscripsit epistolam, cujus hæc

---

[u] Hom. vii. in Levit. [§ 5.—Op., tom. ii. p. 225; ubi ipsissima verba sunt: "Agnoscite quia figuræ sunt, quæ in divinis voluminibus scripta sunt: et ideo tanquam spiritales, et non tanquam carnales, examinate et intelligite quæ dicuntur. Si enim quasi carnales ista suscipitis, lædunt vos, et non alunt. Est enim et in Evangelio litera quæ occidit: non solum in Veteri Testamento occidens litera deprehenditur. Est et in Novo Testamento litera quæ occidat eum qui non spiritualiter quæ dicuntur adverterit. Si enim secundum literam sequaris hoc ipsum quod dictum est:—'Nisi manducaveritis Carnem Meam, et biberitis Sanguinem Meum;'—occidet hæc litera."]

[x] In cap. xv. S. Matt. [Margine manuscripti Dunelm. post hanc notam manu Cosini scripta, verumtamen rubrica obliterata, hæc sunt quæ sequuntur verba: "Habetur istius commentarii exemplar Græcum in Bibliotheca Reginæ Suæciæ, unde mihi horum verborum copia facta est. Inveniuntur etiam hæc eadem verba Græce in exemplari ejusdem commentarii, quod asservatur in bibl. regia Parisiis; contra quam Perronius Card. affirmavit."—Vid. Orig. op., tom. iii. p. 499.—εἰ δὲ πᾶν τὸ εἰσπορευόμενον εἰς τὸ στόμα εἰς κοιλίαν χωρεῖ, καὶ εἰς ἀφεδρῶνα ἐκβάλλεται, καὶ τὸ ἁγιαζόμενον βρῶμα διὰ λόγου Θεοῦ καὶ ἐντεύξεως, κατ' αὐτὸ μὲν τὸ ὑλικὸν, εἰς τὴν κοιλίαν χωρεῖ, καὶ εἰς ἀφεδρῶνα ἐκβάλλεται.]

[y] Indigne faciunt, qui propter hæc verba Origenem inter Stercoranistas hæreticos numerant.

summa est[z]: "Ut calix, qui in commemoratione(m) Christi offertur[1], mixtus vino offeratur;" (contra sententiam Aquariorum :) "ubi enim" (inquit) "vinum non est in calice, Sanguis Christi non potest exprimi; quia videmus in vino Sanguinem Christi ostendi, sicut in aquâ populus fidelium intelligitur." At transubstantiatoribus pontificiis neque aqua neque vinum est in calice oblato; absque quibus (vino præsertim, quod erat elementum a Domino nostro institutum, et de quo Cyprianus præcipue loquitur,) ne sacramentaliter quidem præsens est Christi Sanguis: tantum abest, ut de corporali Illius præsentiâ, vino penitus amoto, et ad nihilum redacto, (hoc est, ad accidens sine subjecto,) quicquam omnino crediderit prisca Christi Ecclesia; quæ non magis vinum in Sanguinem, quam aquam in populum, transubstantiari dixisset. Sed non est, quod multa ex hoc patre adducam testimonia, quum omnia ejus scripta plenissime ostendant in Eucharistiâ veram panis et vini substantiam exhiberi, ut similitudo alimenti vivifici, quod a fidelibus ex Corpore et Sanguine Christi percipitur, atque adunatio totius populi in unum Corpus congregati, recte suo respondeat sacramento.

CAP. V.
[1] Populo, scilicet.

XII. Nota sunt illa Niceni Concilii verba, quibus fideles, a visibilibus illis et naturalibus panis et vini elementis, aperte revocantur ad internum et spiritualem mentis aspectum quo Christus apprehenditur. "Ne" (inquiunt[a]) "proposito pani et poculo humiliter intenti simus, sed sublata in altum mente per fidem consideremus proponi in sacrâ illâ mensâ Agnum Dei tollentem peccata mundi; . . . et pretiosum

Concil. Nicen. I. A. 325.

[z] Lib. ii. Ep. iii., sive Ep. lxiii. in edit. Pamel. [Vid. S. Cypr. op., ed. Oxon. 1682, pp. 148, 154.—Ut calix, qui in commemoratione Ejus offertur, mixtus vino offeratur. Nam, cum dicat Christus, 'Ego sum Vitis vera,' Sanguis Christi non aqua est utique, sed vinum. Nec potest videri Sanguis Ejus, quo redempti et vivificati sumus, esse in calice, quando vinum desit calici quo Christi Sanguis ostenditur, &c. . . . . Quando autem in calice vino aqua miscetur, Christo populus adunatur, et credentium plebs Ei, in quem credidit, copulatur et conjungitur.]

[a] In Actis ibid. a Gelas. Cyzic. conscriptis. [Vid. Gelasii Cyziceni Hist. Conc. Nicen., cap. xxx. §. De Divinâ Mensa, &c.; Labbe, tom. ii. col. 234.— ἐπὶ τῆς θείας τραπέζης πάλιν κἀνταῦθα μὴ τῷ προκειμένῳ ἄρτῳ καὶ τῷ ποτηρίῳ ταπεινῶς προσέχωμεν· ἀλλ' ὑψώσαντες ἡμῶν τὴν διάνοιαν πίστει νοήσωμεν κεῖσθαι ἐπὶ τῆς ἱερᾶς ἐκείνης τραπέζης τὸν Ἀμνὸν τοῦ Θεοῦ τὸν αἴροντα τὴν ἁμαρτίαν τοῦ κόσμου, ἀθύτως ὑπὸ τῶν ἱερέων θυόμενον· καὶ τὸ τίμιον αὐτοῦ σῶμα καὶ αἷμα ἀληθῶς λαμβάνοντας ἡμᾶς πιστεύειν ταῦτα εἶναι τὰ τῆς ἡμετέρας ἀναστάσεως σύμβολα. διὰ τοῦτο γὰρ οὔτε πολὺ λαμβάνομεν, ἀλλ' ὀλίγον, ἵνα γνῶμεν ὅτι οὐκ εἰς πλησμονὴν, ἀλλ' εἰς ἁγιασμόν.]

CAP. V. Ejus Corpus ac Sanguinem vere accipientes, nos credamus hæc esse nostræ resurrectionis symbola. Nam ideo etiam non multum, sed parum, accipimus, ut agnoscamus quod non ad satietatem, sed ad sanctificationem, accipiatur." Quis vero hoc, "non multum, sed parum," etiam inter ipsos transubstantiatores, de Corpore Christi dictum esse intelligat? aut quis credat Corpus et Sanguinem Ejus a patribus Nicenis proprie vocata esse symbola; quum nulla res sui ipsius symbolum aut signum esse possit? Quamvis, igitur, in symbolis propositis sistendum non sit, (oportet enim attendere ad id, quod in sacramento præcipuum est, ut "sursum corda" habeamus ad Dominum, qui cum eisdem symbolis simul exhibetur,) symbola tamen sunt, et terrena pars sacramenti, tam panis quam poculum: quod transubstantiationem jugulat.

S. Athanasius, A. 330.   XIII. Sanctus Athanasius, qui Niceni Concilii tempore floruit, eidemque interfuit, vir, si quis alius, Catholicæ Fidei per omnia tenacissimus, non aliam in Eucharistiâ Corporis Christi manducationem agnovit, quam spiritualem. "Dominus" (inquit[b]) "spiritum a carne discriminavit, ut discernimus ea, quæ loqueretur, non carnalia esse, sed spiritualia. Quot enim hominibus Corpus Ejus suffecisset ad cibum, ut universi mundi alimonia fieret? Sed propterea ascensionis Suæ in cœlum mentionem fecit, ut eos a corporali intellectu abstraheret, ac deinde Carnem Suam, de quâ locutus erat, cibum e supernis cœlestem, et spiritualem alimoniam (καὶ πνευματικὴν τροφήν,) ab Ipso donandum intelligerent: 'Quæ enim locutus sum vobis, spiritus et vita sunt;'—quod perinde est ac si diceret, Corpus Meum quod ostenditur, et datur pro mundo, in cibum dabitur, ut spiritualiter (πνευματικῶς)

---

[b] In illud Evang. "Quicunque dixerit verbum," &c. Et in c. vi. S. Joh. "Qui manducat Carnem Meam," &c. [Vid. S. Athanasii Epist. iv. ad Serapionem, § 19.—Op., ed. Ben. Par. 1698, tom. i. par. ii. pag. 710.— τὸ πνεῦμα πρὸς τὸ κατὰ σάρκα διέστειλεν, ἵνα μὴ μόνον τὸ φαινόμενον, ἀλλὰ καὶ τὸ ἀόρατον αὐτοῦ πιστεύσαντες μάθωσιν, ὅτι καὶ ἃ λέγει οὐκ ἔστι σαρκικὰ, ἀλλὰ πνευματικά. πόσοις γὰρ ἤρκει τὸ σῶμα πρὸς βρῶσιν, ἵνα καὶ τοῦ κόσμου παντὸς τοῦτο τροφὴ γένηται; ἀλλὰ διὰ τοῦτο τῆς εἰς οὐρανοὺς ἀναβάσεως ἐμνημόνευσε τοῦ υἱοῦ τοῦ ἀνθρώπου, ἵνα τῆς σωματικῆς ἐννοίας αὐτοὺς ἀφελκύσῃ, καὶ λοιπὸν τὴν εἰρημένην σάρκα βρῶσιν ἄνωθεν οὐράνιον καὶ πνευματικὴν τροφὴν παρ' αὐτοῦ διδομένην μάθωσιν. ἃ γὰρ λελάληκα, φησὶν, ὑμῖν, πνεῦμά ἐστι καὶ ζωή· ἴσον τῷ εἰπεῖν, τὸ μὲν δεικνύμενον καὶ διδόμενον ὑπὲρ τοῦ κόσμου δοθήσεται τροφὴ, ὡς πνευματικῶς ἐν ἑκάστῳ ταύτην ἀναδίδοσθαι, καὶ γίνεσθαι πᾶσι φυλακτήριον εἰς ἀνάστασιν ζωῆς αἰωνίου.]

unicuique tribuatur, et fiat singulis præservatio ad resurrectionem vitæ æternæ." Quibus sanctissimi patris verbis quum nullum idoneum responsum regerendum esse videret Cardinalis Perronius[c], totum tractatum tanquam desperabundus respuit, et negavit esse Athanasii; quod ante eum fecit nemo. Nihil est enim cur improbetur.

CAP. V.

XIV. Proximus esto Cyrillus Hierosolymitanus episcopus, Sancti Athanasii coætaneus. Agens ille de chrismate, quo baptizati inungebantur, ita ait[d]: "Cæterum vide, ne illud putes unguentum tantum. Quemadmodum enim panis Eucharistiæ, post S. Spiritûs invocationem, non amplius est panis communis, sed est Corpus Christi, sic et sanctum hoc unguentum non est amplius unguentum nudum, neque commune, postquam consecratum est, sed est charisma Christi; quod adventu Spiritûs S., per Ipsius divinitatem, energiam habet; . . . et corpus quidem unguento perungitur, anima vel Spiritu S. vivificoque sanctificatur." Quid potest luculentius dici? Aut unguentum per consecrationem transubstantiatur in Spiritum et charisma Christi, aut panis et vinum per consecrationem non transubstantiantur in Corpus et Sanguinem Christi. Sicut itaque unguentum (manens, quoad substantiam, unguentum) non tamen vocatur unguentum tantum, aut unguentum nudum et commune, sed jam est charisma Christi: sic panis et vinum (manens, quoad substantiam, panis et vinum) non tamen vocatur panis aut vinum tantum, sive nudus panis et vinum commune, sed jam est Corpus et Sanguis Christi. "Sub typo" (inquit[e])

S. Cyrillus Hierosolymit. A.D. 350.

[c] De l' Euchar., liv. ii. Auth. x. ch. 1. [ed. a Paris, 1622, f. 253, 257.—La premiere, que l' écrit dont il est pris n'est de sainct Athanase, mais faussement supposé et allegué sous son nom. . . . . . . Mais c'est trop employer de temps pour éclaircir une piece supposée et illegitime: car l'ecrit (scil. Tract. in vers. Evang. 'Quicunque dixerit verbum,' &c., ut legitur in marg.) dont ce texte est pris, n'est ny de sainct Athanase, ny d'aucun autheur authentique.]

[d] Catech. [xxi.] Myst. iii. [de sacro Chrismate, § 3.—S. Cyrill. Hier. op., ed. Ben. Par. 1720, p. 316.—ἀλλ' ὅρα μὴ ὑπονοήσῃς ἐκεῖνο τὸ μύρον ψιλὸν εἶναι· ὥσπερ γὰρ ὁ ἄρτος τῆς εὐχαριστίας, μετὰ τὴν ἐπίκλησιν τοῦ ἁγίου Πνεύματος, οὐκ ἔτι ἄρτος λιτὸς, ἀλλὰ Σῶμα Χριστοῦ, οὕτω καὶ τὸ ἅγιον τοῦτο μύρον οὐκ ἔτι ψιλὸν, οὐδ', ὡς ἂν εἴποι τις, κοινὸν μετ' ἐπίκλησιν, ἀλλὰ Χριστοῦ χάρισμα καὶ Πνεύματος Ἁγίου παρουσίᾳ τῆς αὐτοῦ θεότητος ἐνεργητικὸν γινόμενον· ὅπερ συμβολικῶς ἐπὶ μετώπου καὶ τῶν ἄλλων σου χρίεται, τῷ δὲ ἁγίῳ καὶ ζωοποιῷ Πνεύματι ἡ ψυχὴ ἁγιάζεται. καὶ τῷ μὲν φαινομένῳ μύρῳ τὸ σῶμα χρίεται, τῷ δὲ ἁγίῳ καὶ ζωοποιῷ Πνεύματι ἡ ψυχὴ ἁγιάζεται.

[e] Catech. [xxii.] Mystag. iv. [de Corp. et Sang. Dom.]—Aliud (inquit) gustat ibi corporeum palatum, aliud fides. [Vid. § 3, ubi supr., p. 320.—ἐν τύπῳ γὰρ ἄρτου δίδοταί σοι τὸ σῶμα, καὶ ἐν τύπῳ οἴνου δίδοταί σοι τὸ αἷμα.—Item, § 6. p. 321.—μὴ ἀπὸ τῆς γεύσεως

66 DE SACRIS SYMBOLIS ET SPIRITUALI MANDUCATIONE

CAP. V.

"panis datur tibi Corpus, et sub typo vini datur tibi Sanguis;" quod captiose et malâ fide Grodecius interpretatur[f], "*Sub* SPECIE *panis*," et "*Sub* SPECIE *vini :*" de speciebus enim, seu accidentibus sine subjecto existentibus, nihil unquam Cyrillo, vel antiquorum cuiquam, in mentem venit.

S. Basilius, A.D. 360.

XV. Neque vero dissimilia sunt, quæ in Liturgiâ seu Anaphorâ S. Basilii leguntur. "Proposuimus," (inquit[g],) "typum Corporis et Sanguinis Christi ;" quem, post consecrationem, panem Eucharistiæ appellat[h]. Si *typus* sit Corporis, certe ipsum Corpus non est, ita ut nihil aliud sit quam Corpus; nam (uti modo diximus) nihil sui ipsius typus aut figura esse potest, non magis quam sui ipsius pater aut filius esse potest. Preces etiam fiunt[i] in eâdem Anaphorâ, "ut panis fiat Corpus Christi, in remissionem peccatorum vitamque æternam, iis qui accipiunt." Et quidem credentibus fit Corpus vivificum, quia illi panis cœlestis et Corporis Christi vere sunt participes. Aliis vero, tam non recipientibus quam non credentibus, licet antitypon sit, tamen illis nequaquam est nec fit Corpus Christi. Nemo enim absque fide[j] Christum manducat.

κρίνης τὸ πρᾶγμα, ἀλλ' ἀπὸ τῆς πίστεως, κ. τ. λ.]

[f] [Vid. Grodecii versionem, ap. Biblioth. S. Patr. per Marg. de la Bigne, ed. Par. 1589, tom. ii. col. 202; ubi verba sunt: "Nam sub *specie* panis datur tibi Corpus, et sub *specie* vini datur Sanguis."—Conf. vers. Bened., ap. ed. Ben. Par. 1720. p. 320.—"Nam in *figura* panis datur tibi Corpus, et in *figura* vini datur tibi Sanguis."]

[g] Liturg. quæ eidem attribuitur. [Vid. Anaphoram D. Basilii episc. Cæsareæ Cappadociæ, ex vetustissimo codice Syriaca lingua et charactere scripto traductam per Andr. Masium; ap. Comment. de Paradiso a Mose Bar-Cepha Syro scriptum, ex Syr. ling. translatum per Andr. Masium, ed. Antv. 1569. p. 243.—Et qui proposuimus typum Corporis et Sanguinis Christi Tui, adoramus; ac supplices rogamus Te per bonitatis Tuæ benignitatem, veniat Sanctus Tuus Spiritus super nos, et super hæc quæ proposuimus dona, et sanctificet ipsa.—Conf. Missam S. Basilii, ap. Euchologium Jacobi Goar, ed. Lut. Par. 1647. pag. 169.—προθέντες τὰ ἀντίτυπα τοῦ ἁγίου Σώματος καὶ Αἵματος τοῦ Χριστοῦ Σου,

δεόμεθα, κ. τ. λ.]

[h] Lib. de Sp. Sancto. [Vid. cap. xvii. § 66.—S. Basilii op., ed. Ben. Par. 1730, tom. iii. pp. 54, 55.—τὰ τῆς ἐπικλήσεως ῥήματα ἐπὶ τῇ ἀναδείξει τοῦ ἄρτου τῆς εὐχαριστίας, καὶ τοῦ ποτηρίου τῆς εὐλογίας, τίς τῶν ἁγίων ἐγγράφως ἡμῖν καταλέλοιπεν;—Vid. etiam S. Basilii Miss., ap. Jac. Goar, Eucholog. p. 166.]

[i] [Vid. *Anaphoram* D. Basilii, ubi supr. p. 244.—Effice panem istum Corpus gloriosum Domini Dei nostri Jesu Christi, Corpus Cœleste, Corpus vitæ efficiens, Corpus pretiosum, in expiationem culparum, et remissionem peccatorum, vitamque æternam, iis qui accipiunt. Conf. S. Basilii Liturg. Græc. —Op., ed. Ben. Par. 1722, t. ii. append. p. 679.—Ὁ Ἱερεὺς ἐκφωνήσει· Καὶ ποιήσῃ τὸν μὲν ἄρτον τοῦτον γίνεσθαι εἰς τὸ ἅγιον Σῶμα αὐτοῦ τοῦ Κυρίου δὲ καὶ Θεοῦ καὶ Σωτῆρος ἡμῶν Ἰησοῦ Χριστοῦ, εἰς ἄφεσιν ἁμαρτιῶν, καὶ εἰς ζωὴν τὴν αἰώνιον, τοῖς ἐξ αὐτοῦ μεταλαμβάνουσιν. Ὁ λαὸς λέγει· Ἀμήν. Ὁ Ἱερεὺς λέγει· Τὸ δὲ ποτήριον τοῦτο, τὸ τίμιον Αἷμα, κ.τ.λ.]

[j] Idem, lib. de Bapt.—"Credentes," inquit, "et manducantes." [Hæc ipsis-

XVI. S. Gregorius Nyssenus, S. Basilii frater, luculenter exprimit, qualis fiat in pane et vino per consecrationem mutatio. "Sicut altare" (inquit [k]) "naturâ est lapis communis, sed, Dei cultui consecratum, fit mensa sancta et altare immaculatum; ac sicut panis Eucharistiæ initio est panis communis, sed, ubi eum mysterium sacrificaverit, Corpus Christi et dicitur, et est, et excellenter operatur; sicut etiam sacerdos (heri homo vulgaris) novitate benedictionis fit doctor pietatis, mysteriorum præsul, et (nihil corpore vel formâ mutatus) invisibili quâdam vi ac gratiâ animam in melius transformatam gerit : ita, simili consequentia rationum, etiam aqua, cum nihil aliud sit quam aqua, supernâ benedicente gratiâ, in eam quæ mente percipitur regenerationem hominem renovat." Eant nunc transubstantiatores, et dicant vel lapidem in altare, hominem in sacerdotem, aquam in baptismum transubstantiari, vel panem in Corpus Christi non transubstantiari : nam Nysseno similis est per omnia consequentiæ ratio.

C A P.
V.

S. Gregorius Nyssenus,
A.D. 370.

XVII. Ad eundem modum S. Ambrosius, explicans mutationem panis, qualis illa sit, per quam in Eucharistiâ fit Corpus Christi :—"Tu ipse" (inquit [l]) "eras, sed eras vetus creatura : postquam consecratus es, nova creatura esse cœpisti." Qualis in Baptismo hominis, talis in Eucharistiâ panis, mutatio. Si non transubstantietur natura hominis per regenerationem, nec transubstantiatur panis per benedictionem. Fit homo per baptismum, non quod natura

S. Ambrosius, A.D. 380.

---

sima verba non inventa sunt. Vid. autem lib. i. cap. ii. § 10.—S. Basilii op., tom. ii. append. p. 636.—Vid. etiam cap. i. § 3. p. 626 ; item, cap. iii. § 1. p. 649 ; et § 2. p. 650.]

[k] Orat. de S. Baptismo. [Orat. in Baptismum Christi.—S. Greg. Nyssen. op., ed. Par. 1638, tom. iii. pp. 369, —— 371.—ἐπεὶ καὶ τὸ θυσιαστήριον τοῦτο τὸ ἅγιον, ᾧ παρεστήκαμεν, λίθος ἐστὶ κατὰ τὴν φύσιν κοινός, οὐδὲν διαφέρων τῶν ἄλλων πλακῶν, αἳ τοὺς τοίχους ἡμῶν οἰκοδομοῦσι, καὶ καλλωπίζουσι τὰ ἐδάφη· ἐπεὶ δὲ καθιερώθη τῇ τοῦ Θεοῦ θεραπείᾳ, καὶ τὴν εὐλογίαν ἐδέξατο, ἐστὶ τράπεζα ἁγία, θυσιαστήριον ἄχραντον· ..... ὁ ἄρτος πάλιν ἄρτος ἐστὶ τέως κοινός, ἀλλ', ὅταν αὐτὸν τὸ μυστήριον ἱερουργήσῃ, Σῶμα Χριστοῦ λέγεταί τε καὶ γίνεται· .... ἡ αὐτὴ δὲ τοῦ λόγου δύναμις καὶ τὸν ἱερέα ποιεῖ σεμνὸν καὶ τίμιον, τῇ καινότητι τῆς εὐλογίας τῆς πρὸς τοὺς πολλοὺς καινότητος χωριζόμενον· χθὲς γὰρ καὶ πρῴην εἷς ὑπάρχων τῶν πολλῶν καὶ τοῦ δήμου, ἀθρόον ἀποδείκνυται καθηγεμών, πρόεδρος, διδάσκαλος εὐσεβείας, μυστηρίων λανθανόντων μυσταγωγός· καὶ ταῦτα ποιεῖ, μηδὲν τοῦ σώματος ἢ τῆς μορφῆς ἀμειφθείς, ἀλλ' ὑπάρχων κατὰ τὸ φαινόμενον ἐκεῖνος ὃς ἦν, ἀοράτῳ τινὶ δυνάμει καὶ χάριτι τὴν ἀόρατον ψυχὴν μεταμορφωθεὶς πρὸς τὸ βέλτιον ..... κατὰ δὲ τὴν ὁμοίαν ἀκολουθίαν τῶν λογισμῶν καὶ τὸ ὕδωρ, οὐδὲν ἄλλο τυγχάνον ἢ ὕδωρ, ἀνακαινίζει τὸν ἄνθρωπον εἰς τὴν νοητὴν ἀναγέννησιν.]

[l] Lib. iv. de Sacr. cap. 4. [§ 16.—S. Ambrosii op., ed. Ben. Par. 1690, tom. ii. col. 369.]

formavit, sed quod gratia reformavit: fit panis per consecrationem, "[m]non quod natura formavit, sed quod benedictio consecravit." Natura enim non nisi hominem nudum, panem nonnisi panem communem, formavit: regeneratio vero ex homine nudo facit hominem sanctum, in quo Christus spiritualiter habitat; benedictio itidem ex pane communi facit panem mysticum sive sacramentalem. Interim mutatio hæc naturam non destruit, sed gratiam naturæ adjicit. Quod clarius adhuc ab ipso sanctissimo patre exprimitur, loco superius adducto. "Tu forte dices," (ait[n],) "panis meus usitatus est. Sed panis iste panis est[o] ante verba" (benedictionis) "sacramentorum: ubi access-
[["Caro."]serit consecratio, de pane fit Corpus[1] Christi. Hoc igitur adstruamus: Quomodo, qui panis est, potest esse Corpus Christi? Consecratione. Consecratio autem fit . . . . verbis Domini, . . ut venerabile sacramentum conficiatur . . . . . Vides, quam operatorius sit sermo Christi. Si ergo tanta vis est in sermone Domini, ut inciperent esse" (panis et vinum) "quæ non erant, quanto magis operatorius est, ut sint quæ erant, et in aliud commutentur! . . . . . Ergo, (ut tibi respondeam,) non erat Corpus Christi ante consecrationem, sed post consecrationem . . . . jam est Corpus Christi. Ipse dixit, et factum est . . . . Tu ipse eras, sed eras vetus creatura: postquam consecratus es, nova creatura esse cœpisti." His verbis docet Ambrosius, quomodo panem esse Corpus Christi intelligendum sit; nempe, ut hâc mutationis ratione panis et vinum non desinant esse, per substantiam, quod sunt: (tunc enim non essent quod erant:) et tamen in Eucharistiâ per benedictionem fiant, quæ ante non fuerunt. Sic enim sunt et manere dicuntur quæ erant per naturam, ut tamen in aliud commutentur per gratiam, hoc est, ut sint certa et indubitata symbola Corporis et Sanguinis Christi, adeoque etiam vera justitiæ et redemp-

---

[m] Idem, de Myst. init. c. ix. [§ 50; ubi supr. col. 338.—Forte dicas: Aliud video. Quomodo tu mihi adseris quod Christi Corpus accipiam? Et hoc nobis adhuc superest ut probemus. Quantis igitur utimur exemplis? Probemus non hoc esse quod natura formavit, sed quod benedictio consecravit; majoremque vim esse benedictionis quam naturæ, quia benedictione etiam natura ipsa mutatur.]

[n] De Sacram., lib. iv. c. 4. [§ 14—16; ubi supra, col. 368, 369.]

[o] [Hæc sentientia in MS. Dunelm. verbis aliquanto mutatis sic legitur:—"Sed panis iste panis est" (hoc est, nudus panis) "ante verba sacramentorum;" &c.]

tionis nostræ pignora. Ecquid magis diserte et perspicue CAP. contra transubstantiationis somnium dici potest? V.

XVIII. Sanctus etiam Chrysostomus, magnus Ecclesiæ S. Chrysostomus, doctor, carnalem hanc transubstantiationem, et manduca- A.D. 390. tionem Corporis Christi absque manducatione panis, apertissime repudiat, atque refellit. "Mysteria" (inquit[p]) "non sunt carnaliter, sed interioribus oculis, hoc est, spiritualiter, consideranda et contemplanda: hujusmodi enim est mysteriorum natura." Ubi observanda est antithesis inter *carnaliter* et *spiritualiter*, quæ nullum cavillandi locum relinquit. Rursus[q]: "Sicut in Baptismo, sensibili aquæ elemento, intelligibile donum regenerationis confertur, ita etiam intelligibile hoc Corporis et Sanguinis Christi donum, non corporeâ aut sensibili aliquâ actione, sed spirituali fidei intelligentiâ, animo atque mente percipitur:" Quod nihil est aliud, quam res spirituales prædicari de rebus sensibilibus, quibus et significantur et obsignantur. Magis autem aperte loquitur in Epistolâ ad Cæsarium; ubi non substantialem, sed sacramentalem, panis mutationem in hoc mysterio esse docet; secundum quam externa elementa ipsarum rerum significatarum nomine vocentur, et ita mutentur, ut pristinæ tamen substantiæ suæ naturam retineant. "Caro Christi," (inquit[r]) "cujus appellatione panis, per sanctificationem sacerdotis, dignus factus est: sed incorruptæ naturæ suæ proprietatem retinet et conservat, sicut ipsa natura et substantia panis remanet." ... "Antequam sanctificetur panis, panem nominamus; Divinâ autem illum con-

[p] Homil. xlv. in S. Joh., al. xlvi. [Vid. Hom. xlvii., al. xlvi., § 2. in S. Joh. vi. 63.—S. Chrysost. op., ed. Ben. Par. 1728, tom. viii. p. 278.—τὶ δέ ἐστι τὸ σαρκικῶς νοῆσαι; τὸ ἁπλῶς εἰς τὰ προκείμενα ὁρᾶν, καὶ μὴ πλέον τι φαντάζεσθαι. τοῦτο γάρ ἐστι σαρκικῶς. χρὴ δὲ μὴ οὕτω κρίνειν τοῖς ὁρωμένοις, ἀλλὰ πάντα τὰ μυστήρια τοῖς ἔνδον ὀφθαλμοῖς κατοπτεύειν. τοῦτο γάρ ἐστι πνευματικῶς.]

[q] Ibidem. [Nullibi homiliarum in S. Joh. inventa sunt hæc verba. Vid. autem Hom. lxxxii., al. lxxxiii. in S. Matt. xxvi. 35. § 4; ubi supr. tom. vii. p. 787.—ἐπεὶ οὖν ὁ λόγος φησὶ· τοῦτό ἐστι τὸ Σῶμά Μου· καὶ πειθώμεθα, καὶ πιστεύωμεν, καὶ νοητοῖς αὐτὸ βλέπωμεν ὀφθαλμοῖς. οὐδὲν γὰρ αἰσθητὸν παρέ- δωκεν ἡμῖν ὁ Χριστὸς, ἀλλ' αἰσθητοῖς μὲν πράγμασι πάντα δὲ νοητά. οὕτω γὰρ καὶ ἐν τῷ βαπτίσματι δι' αἰσθητοῦ μὲν πράγματος γίνεται τοῦ ὕδατος τὸ δῶρον, νοητὸν δὲ τὸ ἀποτελούμενον, ἡ γέννησις καὶ ἡ ἀναγέννησις *, ἤτουν ἀνακαίνισις.—*Hæc ἀναγέννησις, ἤτουν de- est in Savil.]

[r] Idem, in Epist. ad Cæsarium contra Hæres. Apollinaris. [Op., tom. iii. col. 744.—Sicut enim, antequam sanctificatur panis, panem nominamus: divinâ autem illum sanctificante gratiâ, mediante sacerdote, liberatus est quidem ab appellatione panis; dignus autem habitus Dominici Corporis appellatione, etiamsi natura panis in ipso permansit: et non duo corpora, sed unum Corpus Filii prædicamus.]

secrante gratiâ, ... Dominicum Corpus appellari meruit, etsi natura panis permaneat." Hoc perspicuum magni patris testimonium quum Cardinalis Bellarminus refellere non posset, satis esse putavit, si epistolam illam Chrysostomi esse negaret[s]. Sed nugatur tam ille, quam Possevinus[t], cum dicunt eam inter Opera Chrysostomi non extare. Præterquam enim quod tum Florentiæ[u] tum alibi exstabat[v], citatur in Collectaneis contra Severianos[w], quæ ex Fr. Turriani Jesuitæ versione habentur in iv. tomo Antiq. Lectionum Henrici Canisii, et in fine libri Jo. Damasceni contra Acephalos[x]. Subjicio luculentum testimonium ex opere imperfecto in S. Matthæum,—libro quem vel Chrysostomus, vel alius antiquus auctor, vere quidem hâc in parte Catholicus, ab Arianis minime depravatus, conscripsit. "In his" (inquit[y]) "vasis sanctificatis,"... "non est VERUM CORPUS CHRISTI, sed MYSTERIUM Corporis Ejus continetur."

S. Augustinus, A.D. 400.

XIX. Quod etiam, plus millies, ab Augustino dictum. Sed ex tot aliis, quæ ad hanc rem faciunt, locis pene innumeris, tria tantum recitabo; quæ summatim omnia reliqua comprehendunt.—[1.] "[z]Non hoc Corpus, quod videtis,

---

[s] Lib. ii. de Euch. cap. 22. [§ Octavum.—Bellarm. op., ed. Ingolst. 1601, tom. iii. col. 617, 618.—Octavum testimonium sumit ex libro sive epistola ad Cæsarium Monachum; ubi legimus panem post consecrationem non vocari amplius panem, licet natura panis in ipso permaneat. Respondeo: Nihil ejusmodi usquam scripsisse Chrysostomum; neque enim in toto Chrysostomi opere ullus est liber vel epistola ad Cæsarium.... Nolo enim cum Chrysostomo aliquot testimonia incerta, et nullius auctoritatis.]

[t] In Apparatu.—Chrysost. [Vid. Antonii Possevini Apparat. Sacr., verbo Chrysost.; ed. Venet. 1606, tom. ii. p. 154.—Qui ab hæreticis quibusdam tributus est liber sive epistola ad Cæsarium monachum, nullus est. Nec vero inter omnia Chrysost. scripta ullus est liber sive epist. ad Cæsarium.]

[u] Steph. Gard. ep. Wint. contra Pet. Mart., lib. ii. de Euch. [Vid. Confutationes Cavillationum in sacr. Euch., obj. 201; ed. Lovan. 1554, pp. 479, 480. —Objicitur præterea ex Chrysost. ad Cæsarium, &c. (Conf. Petr. Mart. Loc. Com. class. iv. cap. x. § 31, ed. Tigur. 1587, p. 854.) .... Respons. Cathol Non est hoc Joannis Chrysostomi, sed Joannis cujusdam Constantinopolitani.—Vid. autem Petri Martyris Defens. Doctrinæ Veteris de Eucharistiâ, par. i. object. 201, ed. s. l. 1562, p. 368; ubi Steph. Gardinero Petrus Martyr respondet.—Conf. etiam object. 130. p. 285.]

[v] [Vid. Fabricii Bibl. Græc., ed. Hamb. 1790, tom. i. p. 699.—Et conf. Præfat. Emerici Bigotii sub Epistolæ ad Cæsarium init., ap. S. Chrysostomi op., ed. Ben. Par. 1728, tom. iii. p. 741. —" Ejus exemplar reperi apud RR. PP. Dominicanos in monasterio S. Marci."]

[w] [Vid. Henrici Canisii Thesaur. Monument. Eccles., ed. Antv. 1725, tom. ii. p. 255.—Item, conf. Animadvers. Historic. Jacobi Basnage in Epist. ad Cæs., ubi supr. tom. i. p. 226.]

[x] [Vid. S. Joh. Damascen. lib. contr. Jacobitas.—Op., ed. Par. 1712, tom. i. p. 427.]

[y] S. Chrysost., in op. imperf. in S. Matth., hom. xi. [ap. S. Chrysostomi op., sub fin. tom. vi. p. lxiii.; ubi autem legitur in marg.—" Hæc" (scil. verba a Cosino citata) " in quibusdam exemplaribus citata."]

[z] In Psal. 98. [§ 9.—Op., ed. Par. 1680, tom. iv. col. 1066.]

manducaturi estis, nec bibituri illum Sanguinem quem fu- C A P. suri sunt qui me crucifigent. Sacramentum aliquod vobis V. commendavi: spiritualiter intellectum, vivificabit vos." Hæc S. Augustinus, verba Christi enarrans.—2. "[a] Si sacramenta quandam similitudinem earum rerum, quarum sacramenta sunt, non haberent, omnino sacramenta non essent. Ex hâc similitudine plerumque etiam ipsarum rerum nomina accipiunt. Sicut ergo secundum quendam modum sacramentum Corporis Christi Corpus Christi est, ita et sacramentum Fidei Fides est."—3. Eodem pertinet, quod contra Maximinum Arianum scribit[b]: In sacramentis, "non quid sint, sed quid ostendant, . . . attenditur; quoniam signa sunt rerum, aliud existentia, et aliud significantia."—Et alibi[c], de pane et vino loquens: "Ne quis attendat" (inquit) "in eis, quod sunt, sed potius quod signa sunt."— Nam[d] "et Dominus non dubitavit dicere, Hoc est Corpus Meum, quum signum Corporis daret." Manifestior sane est hæc S. Augustini sententia, quam ut vel negari vel eludi possit. Si enim sacramenta aliud existant, et aliud significent, in id quidem, quod significant, non sic permutantur, ut permutata non amplius existant. Permutatur aqua in Baptismo, sicut et panis ac vinum in Eucharistiâ. Sed quicquid permutatur non statim transubstantiatur, aut pristinam suam existentiam perdit. Ut enim integra substantia aquæ manet in Baptismo, sic integra substantia panis et vini manet in Eucharistiâ.

XX. Sanctus Prosper, haud longo intervallo Augustinum S. Prossecutus, et scriptor per omnia Catholicus, docuit[e] Eucharistiam "duobus constare, visibili elementorum specie, et invisibili Christi Domini nostri carne et sanguine," (hoc est,) "sacramento, et re sacramenti; . . . sicut persona Christi con-

per, A.D. 430.

---

[a] Epist. xxiii. ad Bonifac. [al. Epist. xcviii.—Op., tom. ii. col. 267.]

[b] Contra Max., lib. iii. cap. 22. [Vid. lib. ii. cap. 22. § 3.—Op., tom. viii. col. 725.]

[c] De Doctr. Christ. cap. 7. [Vid. lib. ii. cap. i. § 1.—Op., tom. iii. par. i. col. 19.]

[d] [Hæc verba non inventa sunt.— Vid. autem § 4. ubi supr. col. 20.— Odore unguenti Dominus, quo perfusi sunt pedes Ejus, signum aliquod dedit; et, sacramento Corporis et Sanguinis Sui prægustato, significavit quod voluit.]

[e] Sent. Prosp. [q. v. ap. Prop. op., ed. Lugd. 1539, p. 214; item, ap. S. Aug. op., ed. Ben. Par. 1689, tom. x. append. col. 247.] dist. ii. de Cons. cap. [48.] Hoc est. [Vid. Gratiani Decret. par. iii., ed. Par. 1612, col. 2108; ubi Augustino ap. Prosp. Sent. adscriptum est. Ibi autem haud extat. Lanfranci nostri verba sunt adv. Berengarium, lib. de Corp. et Sang. Dom., cap. x.—Op., ed. Lut. Par. 1648, p. 239.]

CAP. V.

B. Theodoretus.

stat.... ex Deo et homine." Quis vero, præter Eutychium infamem hæreticum, Christum Deum in hominem, aut hominem Christum in Deum, transubstantiatum esse dixerit?

XXI. Nihil hic clarius B. Theodoreti testimonio, ex quo intelligimus quænam veteris Ecclesiæ hâc de re fuerit sententia. " Servator quidem noster" (inquit[f]) " in institutione Eucharistiæ nomina rerum commutavit, et Corpori id quod erat symboli nomen imposuit, symbolo vero id quod erat Corporis." Hoc autem Eum propterea fecisse dicit[g], "ut, qui divinorum mysteriorum participes fiant, non attendant naturam eorum quæ videntur, sed per nominum permutationem ei credant mutationi, quæ ex gratiâ facta est. Qui enim, quod naturâ Corpus est, triticum et panem appellavit, Is symbola et signa, quæ vocantur, appellatione Corporis et Sanguinis Sui honoravit; non naturam quidem mutans, sed naturæ gratiam adjiciens." Talem igitur docet symbolorum in Eucharistiâ fieri mutationem, ut interim eorum vel natura vel substantia permaneat: quod postea clarius adhuc explicat. Cum enim Eranista, Eutychii partes propugnans, dixisset[h] : " Quemadmodum symbola Dominici Corporis et Sanguinis alia quidem sunt ante invocationem sacerdotis, sed post eam mutantur et alia fiunt, ita etiam Corpus Domini post assumptionem mutatur in divinam substantiam et naturam ;" (ex hypothesi vero transubstantiationis argumentum hoc Eutychianum est plane indissolubile ;) respondet ei ortho-

---

[f] Dialog. i. [Immutabil.—B. Theodoreti op., ed. Par. 1642, tom. iv. p. 17.—'Ορθ. Ὁ δέ γε Σωτὴρ ὁ ἡμέτερος ἐνήλλαξε τὰ ὀνόματα, καὶ τῷ μὲν Σώματι τὸ τοῦ συμβόλου τέθεικεν ὄνομα, τῷ δὲ συμβόλῳ τὸ τοῦ Σώματος· κ.τ.λ.]

[g] Ibidem, [ubi supr. p. 18.—ἠβουλήθη γὰρ τοὺς τῶν θείων μυστηρίων μεταλαγχάνοντας, μὴ τῇ φύσει τῶν βλεπομένων προσέχειν, ἀλλὰ διὰ τῆς τῶν ὀνομάτων ἐναλλαγῆς πιστεύειν τῇ ἐκ τῆς χάριτος γεγενημένῃ μεταβολῇ. ὁ γὰρ δὴ τὸ φύσει Σῶμα σῖτον καὶ ἄρτον προσαγορεύσας, καὶ αὖ πάλιν ἑαυτὸν ἄμπελον ὀνομάσας, οὗτος τὰ ὁρώμενα σύμβολα τῇ τοῦ Σώματος καὶ Αἵματος προσηγορίᾳ τετίμηκεν, οὐ τὴν φύσιν μεταβαλών, ἀλλὰ τὴν χάριν τῇ φύσει προστεθεικώς.]

[h] Dial. ii. [Inconfus., ubi supr. p. 85.—Ἐραν. Ὥσπερ τοίνυν τὰ σύμβολα τοῦ Δεσποτικοῦ Σώματός τε καὶ Αἵματος, ἄλλα μέν εἰσι πρὸ τῆς ἱερατικῆς ἐπικλήσεως, μετὰ δέ γε τὴν ἐπίκλησιν μεταβάλλεται καὶ ἕτερα γίνεται· οὕτω τὸ Δεσποτικὸν Σῶμα μετὰ τὴν ἀνάληψιν εἰς τὴν οὐσίαν μετεβλήθη τὴν θείαν. ——'Ορθ. Ἑάλως αἷς ὕφηνες ἄρκυσιν. οὐδὲ γὰρ μετὰ τὸν ἁγιασμὸν τὰ μυστικὰ σύμβολα τῆς οἰκείας ἐξίσταται φύσεως. μένει γὰρ ἐπὶ τῆς προτέρας οὐσίας, καὶ τοῦ σχήματος, καὶ τοῦ εἴδους, καὶ ὁρατά ἐστι καὶ ἁπτά, οἷα καὶ πρότερον ἦν· νοεῖται δὲ ἅπερ ἐγένετο, καὶ πιστεύεται, καὶ προσκυνεῖται, ὡς ἐκεῖνα ὄντα ἅπερ πιστεύεται. παράθες τοίνυν τῷ ἀρχετύπῳ τὴν εἰκόνα, καὶ ὄψει τὴν ὁμοιότητα. χρὴ γὰρ ἐοικέναι τῇ ἀληθείᾳ τὸν τύπον. καὶ γὰρ ἐκεῖνο τὸ Σῶμα τὸ μὲν πρότερον εἶδος ἔχει, καὶ σχῆμα, καὶ περιγραφήν, καὶ, ἁπαξαπλῶς εἰπεῖν, τὴν τοῦ Σώματος οὐσίαν. ἀθάνατον δὲ μετὰ τὴν ἀνάστασιν γέγονε· κ.τ.λ.]

doxa antiquitas: "Implicatus es eisdem retibus quæ texuisti; neque enim symbola, sive signa mystica, post sanctificationem recedunt a naturâ suâ, sed manent in priori suâ substantiâ, formâ, et specie, et videri et tangi possunt, sicut et prius: intelliguntur autem ea etiam quæ facta sunt.".....
"Confer ergo imaginem cum exemplari, et videbis similitudinem. Oportet enim figuram esse veritati similem. Corpus illud habet priorem quidem formam et circumscriptionem, et (ut semel dicam) Corporis substantiam. Immortale autem post resurrectionem factum est;" &c. Hæc omnia, et multo plura in eandem sententiam, Theodoretus, qui Ephesino et Chalcedonensi Conciliis Œcumenicis interfuit. Inepte nimis hic excipere solent nonnulli Romanenses, quasi per naturam et substantiam symbolorum, quæ dicuntur remanere et non mutari, Theodoretus intellexisset naturam et (ut Cardinali Bellarmino absurde prorsus loqui placuit[j]) substantiam accidentium. Atqui totus contextus hoc glossema fortissime refellit: conjungit enim Theodoretus naturam, substantiam, formam, et figuram. Et qua tandem ratione potuisset everti argumentum Eutychianum, si tantum accidentia panis, sublatâ substantiâ, post consecrationem manere concessisset? An vero de accidentibus panis et vini dixit Christus, 'Hæc accidentia sunt,' at [aut?] 'Hoc accidens est Corpus Meum?' Sed transubstantiatoribus licet (nobis non equidem) creaturam in Creatorem, substantias in accidentia, accidentia in substantias, quodlibet in quidlibet, permutare. Parum porro modestiæ et caritatis Christianæ illis inesse videtur, qui tanti nominis et meriti patris, quanti erat B. Theodoretus, auctoritatem enervare conantur[k], ex eo

CAP. V.

[j] Lib. ii. de Euch. cap. 27. [Test. Theodoreti et Gelasii, § Sed nec Lutheri. —Op., tom. iii. col. 641.—Sed nec Lutheri causam adjuvat, si diligenter consideretur Theodoretus. Nam, cum dicit *substantiam* symbolorum remanere et non mutari, non loquitur de substantiâ quæ distinguitur *contra accidentia*, et quam in prima categoriâ posuit Aristoteles, sed *de essentiâ et naturâ accidentium*, quæ ipse perpetuo symbola appellat, quomodo alii auctores Græci et Latini passim accipiunt vocabulum substantiæ: sed maxime Græcæ voces, φύσις et οὐσία, quibus Theodoretus usus est, *omnem* essentiam et naturam amplectuntur. Nec solum Græci, sed Latini etiam, interdum per substantiam intelligunt naturam *accidentium*. Petrus Cluniacensis, in lib. de Sacrificio et Transubstantiatione, 'Annon cernis,' inquit, 'præter glacialem duritiam, præter lapideam firmitatem, (quantum ad speciem vel perspicuitatem jam dicti elementi pertinet,) nihil utique substantiæ detractum?' ubi per substantiam intelligit naturam *externæ* figuræ et perspicuitatis, quæ manent quando mutatur glacies in chrystallum. Hoc igitur Theodoretus docet, naturam symbolorum, id est, accidentium sensibilium quæ sunt in Eucharistia, fuisse etiam ante consecrationem.]

[k] Greg. de Valentia, lib. ii. de Tran-

CAP. V.

S. Gelasius, A.D. 470, aut 490, plus minus.

quod de quibusdam erroribus in concilio Ephesino notatus fuit; tametsi postea resipuerit, ut et ipsimet fateri coguntur: scilicet, ut hâc rimâ elabantur, dum negare non possunt Theodoretum asseruisse elementa in priore substantiâ manere; quod tamen scripsit in dialogis illis, quos contra Eutychianos hæreticos, magnâ cum laude et Ecclesiæ Catholicæ approbatione, composuit. Atque equidem hæc aperta veritas quosdam etiam ex ipsis adversariis perpulit, ut Theodoreti testimonium nobis largirentur. Nam in epistolâ Theodoreti dialogis præfixâ, editionis Romanæ per Stephanum Nicolinum, chalcographum apostolicum, anno 1547 adornatæ, planissime scribitur[1], 'Theodoretum in his locis de Transubstantiatione minus commode sentire; excusandum tamen, quoniam de eâ Ecclesia (Romana) nondum legem tulisset.'

XXII. Theodoreto conjungimus Gelasium; quem (sive is erat episcopus Romanus, sive alius quispiam,) Cardinalis Bellarminus fatetur ejusdem cum illo et ævi et sententiæ fuisse:—testem sane antiquum satis et incorruptum. Scripsit ille contra Eutychen, et Nestorium, de duabus in Christo naturis, ad hunc modum[m]: "Certe sacramenta quæ sumimus, Corporis et Sanguinis Christi, divinæ res sunt per quas divinæ efficimur consortes naturæ; et tamen esse non desinit substantia vel natura panis et vini: et quidem imago ac similitudo Corporis et Sanguinis Christi in actione mysteriorum celebratur. Satis ergo per hoc nobis evidenter osten-

subst. c. 7. [Vid. Gregorii de Valent. Libros de rebus Fidei hoc tempore controversis, ed. Lugd. 1591. p. 390.— Accedit, quod Theodoretus ille de aliis quibusdam erroribus in Concilio Ephesino notatus fuit; tametsi postea resipuerit. Neque enim Gelasius ille fuit auctor satis clarus; &c.]—Aliique.

[1] Præfat. in Dialog. Theodoreti. [Vid. § Ac primum, ed. 4to. Romæ, per Stephanum Nicolinum, 1547.— Quamquam Theodoretus hoc fortasse nomine aliquâ veniâ dignus videatur, quod de eâ re ejus tempore ab Ecclesiâ nondum fuisset aliquid promulgatum. Et minus mirandum est, &c.]

[m] De duabus in Christo naturis, in Bibl. Patrum, tom. iv. [Vid. Gelas. adv. Eutychen et Nestorium, ap. Biblioth. Patr. Max., ed. Lugd. 1677, tom. viii. p. 703; ubi ipsissima verba sunt hæc quæ sequuntur: "Certe sacramenta quæ su-mimus Corporis et Sanguinis Christi divina res est, propter quod et per eadem divinæ efficimur consortes naturæ: et tamen esse non desinit substantia vel natura panis et vini. Et certe imago et similitudo Corporis et Sanguinis Christi in actione mysteriorum celebrantur. Satis ergo nobis evidenter ostenditur, hoc nobis in Ipso Christo Domino sentiendum, quod in Ejus imagine profitemur, celebramus, et sumimus; ut, sicut in hanc (scilicet, in divinam) transeant Sancto Spiritu perficiente substantiam, permanente tamen in suæ proprietate naturæ, sic illud ipsum mysterium principale, cujus nobis efficientiam virtutemque veraciter repræsentant, ex quibus constat proprie permanentibus, unum Christum, quia integrum verumque, permanere demonstrant."]

ditur, hoc nobis in Christo Domino sentiendum, quod in imagine profitemur; ... ut, sicut hæc in Divinam transeunt, Spiritû S. perficiente, substantiam, et permanent tamen in suæ naturæ proprietate, sic illud principale" (Incarnationis) "mysterium, cujus" hæc "nobis efficientiam et virtutem veraciter repræsentant, iis naturis ex quibus constat proprie permanentibus, unum Christum integrum verumque permanere demonstrat." E quibus verbis liquido constat substantialem non esse, quæ in sacramento sit, transmutationem. Primo, enim, ita transeunt sanctificata elementa in substantiam Corporis et Sanguinis Christi, ut tamen non desinat esse substantia vel natura panis et vini. Secundo, ita permanent panis et vinum in suæ naturæ proprietate, sicut permanent duæ naturæ in Christo, ex quibus constat. Postremo, ideo transire dicuntur in divinam substantiam, quod, dum ea percipimus, communicato nobis et Corpore et Sanguine Christi, divinæ naturæ consortes efficiamur. Quæ cum ita sint, deploranda quidem est illorum cæcitas, qui non vident eundem ab eis in Ecclesiam Romanam revocatum esse transubstantiationis errorem, quem in Eutychianis damnavit pia et erudita vetustas. Quod autem suam hic cramben reponunt[n], et "per substantiam panis, non ipsam veram substantiam, sed naturam et essentiam accidentium tantum," intelligi volunt, mirum effugium est et miserum. Laudanda magis Cardinalis Contareni ingenuitas, qui, veritate victus, ad tam perspicuum Gelasii patris testimonium obmutuit[o].

CAP. V.

[n] Bellarm. l. cit. [vid. supr. p. 73. not. ad lit. i.] 'Baron. ad ann. 496; [Annal., ed. Mogunt. 1601, tom. vi. col. 664.] notæ marginal. ad verba Gelasii in Bibl. Patrum. [Vid. Bibl. Patr. Maxim., ut supra, tom. viii. p. 703, not. marg. ad verba: ... "non disinit substantia * vel natura," &c.—*Rite, lector, intellige verba Gelasii: substantiam panis et vini appellat non ipsam veram substantiam: vocat naturam et essentiam accidentium, quæ manent in Eucharistiâ, et theologi species vocant; quæ quia vicem et proprietatem substantiæ induunt in nutriendo, &c., quodammodo hac etiam ratione substantia dici queunt. Hunc autem morem loquendi non esse alienum a patribus, nec a Gelasio præsertim, abunde te docebunt Bellarminus lib. ii. de Eucharistia, c. 27, Baronius tom. vi. Annal., ann. Christi 496. c. 8, et seq.]
[o] In Colloq. Ratisb. A.D. 1541. [Vid. Chemnitii Examen Decretorum Concilii Tridentini, cap. de Transubstantiatione, ed. Francof. 1596. par. ii. p. 80.—Hæc est interpretatio Gelasii, quomodo vetus Ecclesia intellexit panem et vinum in Eucharistiâ mutari seu converti in Corpus et Sanguinem Christi. Et Contarenus in Colloquio Ratisponensi 1541 obstupuit, cum videret tam aperto et perspicuo testimonio, quod luce meridiana clarius est, pontificiam transubstantiationem ex Romani pontificis sententia refutari.—Acta autem Conventus Ratisbonensis, edit. Vitebergæ 1541, de Card. Contareni ingenuitate tacent. Conf. etiam Epist. ad Angelum Mariam Quirinum, &c., de Contareno, purioris doctrinæ de justificatione in Conventu Ratisbo-

76 DE SACRIS SYMBOLIS ET SPIRITUALI MANDUCATIONE

CAP.
V.

S. Cyrillus
Alexandrinus, et
Concilium
Chalcedonense, circa An. 450.

XXIII. Adjicio etiam Cyrillum Alexandrinum; qui "Corpus et Sanguinem Christi in sacramento solâ et purâp fide accipi" dixit, in illâ contra Nestorianos epistolâq, quam sexcenti patres in concilio Chalcedonensi, suo consensu et approbatione, confirmârunt[r].

Reliquos vero hujus ævi patres prætermitto; quorum tamen scripta quamplurima non minus cum transubstantiatione, et accidentibus sine subjecto in aere pendentibus, pugnant, quam quæ hactenus e superioribus recitavi.

Ephremus
Patriarcha
Antiochenus, A.D.
540.

XXIV. Accedo ad sæculum sextum. Scripsit ante illius medium Ephremus patriarcha Antiochenus librum, a Photio lectum et laudatum[s], de legibus et ceremoniis sacris, adversus Eutychianos; in quo, quum probare velit, per hypostaticam unionem, nullam in Christo naturarum confusionem fuisse factam, sed utramque suam substantiam et proprietatem retinuisse, similitudine utitur unionis sacramentalis, et negat in sacramento mutationem unius substantiæ in aliam fieri. "Nemo," (inquit[t],) "qui mentem habet, poterit dicere eandem esse naturam tractabilis, et intractabilis, sub aspectu cadentis, et invisibilis. Nam sic etiam Corpus Christi, quod a fidelibus accipitur, et a sensibili suâ substantiâ non recedit,

---

nensi teste et confessore, a Joan. Rudolph. Kieslingio, ed. 4to. Lipsiæ, 1749.]
p [In MS. Dunelm. verba sunt : . . . "solâ, purâ, et inexquisitâ fide," &c.]
q Inter Epistolas Cyrilli in Conc. Eph. [Incassum petita sunt hæc verba, quæ Cosinus citat. Vid. autem exemplum Epistolæ S. Cyrilli Alex. ad Nestorium, de Excommunicatione, § 7; ap.Conc. Ephes. par. i. cap. 26.—Labbe, tom. iii. col. 403.—καταγγέλοντες γὰρ, κ.τ.λ. . . . . . τὴν ἀναίμακτον ἐν ταῖς ἐκκλησίαις τελοῦμεν θυσίαν· πρόσιμέν τε οὕτω ταῖς μυστικαῖς εὐλογίαις, καὶ ἁγιαζόμεθα, μέτοχοι γενόμενοι τῆς τε ἁγίας Σαρκὸς καὶ τοῦ τιμίου Αἵματος τοῦ πάντων ἡμῶν Σωτῆρος Χριστοῦ· καὶ οὐχ ὡς σάρκα κοινὴν δεχόμενοι· μὴ γένοιτο· . . . . . ἀλλ' ὡς ζωοποιὸν ἀληθῶς, καὶ ἰδίαν αὐτοῦ τοῦ λόγου. ζωὴ γὰρ ὢν κατὰ φύσιν ὡς Θεὸς, ἐπειδὴ γέγονεν ἓν πρὸς τὴν ἑαυτοῦ σάρκα, ζωοποιὸν ἀπέφηνεν αὐτήν. ὥστε κἂν λέγῃ πρὸς ἡμᾶς· ἀμὴν, ἀμὴν, λέγω ὑμῖν, ἐὰν μὴ φάγητε τὴν σάρκα τοῦ υἱοῦ τοῦ ἀνθρώπου, καὶ πίητε αὐτοῦ τὸ αἷμα· οὐχ ὡς ἀνθρώπου τῶν καθ' ἡμᾶς ἑνὸς καὶ αὐτὴν εἶναι λογιού-

μεθα· πῶς γὰρ ἡ ἀνθρώπου σὰρξ ζωοποιὸς ἔσται κατὰ φύσιν τὴν ἑαυτῆς; κ.τ.λ.]
r Act.v. in Concil Chalced. [§ Item, symbolum centum quinquaginta S. Fatrum, qui Constantinopoli congregati sunt.—Labbe, tom. iv. col. 566.—τὰς τοῦ μακαρίου Κυρίλλου, τοῦ τῆς 'Αλεξανδρέων ἐκκλησίας γενομένου ποιμένος, συνοδικὰς ἐπιστολὰς πρός τε Νεστόριον καὶ πρὸς τοὺς τῆς ἀνατολῆς, ἁρμοδίους οὔσας ἐδέξατο (ἡ παροῦσα νῦν αὕτη ἁγία μεγάλη καὶ οἰκουμενικὴ σύνοδος.)]
s Photius, in Bibliothecæ n. 229. [Vid. S. Ephræm Theopolitani Patriarchæ lib. de sacris Antiochenis legibus; ap. Photii Myriobiblon, num. ccxxix., ed. Aurel. Allobr., p. 794.]
t Ibidem, [ut supr.—ἀλλ' οὐδεὶς ἂν εἰπεῖν δύναται, νοῦν ἔχων, ὡς ἡ αὐτὴ φύσις ψηλαφητοῦ καὶ ἀψηλαφήτου, καὶ ὁρατοῦ καὶ ἀοράτου· οὕτω καὶ τὸ παρὰ τῶν πιστῶν λαμβανόμενον Σῶμα Χριστοῦ καὶ τῆς αἰσθητῆς οὐσίας οὐκ ἐξίσταται, καὶ τῆς νοητῆς ἀδιαίρετον μένει χάριτος· καὶ τὸ βάπτισμα δὲ πνευματικὸν ὅλον γενόμενον, καὶ ἐν ὑπάρχον, καὶ τὸ ἴδιον τῆς αἰσθητῆς οὐσίας (τοῦ ὕδατος, λέγω) διασώζει, καὶ ὃ γέγονεν οὐκ ἀπώλεσεν.]

et manet inseparatum a gratiâ intelligibili; et Baptismus, CAP. V.
etiamsi factus sit totus spiritualis, tamen proprietatem sensibilis suæ substantiæ (hoc est, aquæ) conservat, et id quod factum est non amittit."

XXV. Edita sunt non ita pridem, Parisiis, opera Facundi episcopi Africani; cujus ætas in hoc etiam sæculum incidit. Quæ vero illius, atque veteris Ecclesiæ, contra transubstantiatores sententia et doctrina fuerit, evidentissime verbis quæ subjicio apparet. "Potest" (inquit[u]) "sacramentum adoptionis adoptio nuncupari; sicut sacramentum Corporis et Sanguinis Christi, quod est in pane et poculo consecrato, Corpus Ejus et Sanguinem dicimus; non quod proprie[x] Corpus Ejus sit panis, et poculum Sanguis, sed quod in se mysterium Corporis Ejus Sanguinisque contineant. Hinc et Ipse Dominus benedictum panem et calicem, quem discipulis tradidit, Corpus et Sanguinem Suum vocavit." Scripsit Jesuita Sirmondus in Facundum notas; sed, quum ad hunc locum pervenit, nihil aliud habuit quod diceret, nisi panem non esse panem, sed speciem tantum et apparentiam panis: quam sane Facundo adfingere sententiam, nec ingenui nec eruditi hominis erat; qualem tamen Sirmondus se haberi voluit. Neque enim vel unicum, ex omni vetustate, patrem monstrare potuit, qui ullam mentionem fecerit de accidentibus per se (quæ Sirmondo Jesuitæ species panis sunt) sine omni subjecto subsistentibus. Quod autem "durius hic aliquid vel obscurius elocutum esse" Facundum "forte cuiquam videri posse" existimabat, id quam immerito, et non sine magnâ tanti patris injuriâ, dixerit, facile quivis intelligat.

Facundus Episcopus, A.D. 550.

XXVI. Sub initium sæculi septimi floruit Isidorus episcopus Hispalensis, cujus hæc erat de sacramento Eucharistiæ loquendi formula[y]: "Panis, quia confirmat corpus nostrum, ideo Corpus Christi nuncupatur; vinum autem, quia san-

Isidorus Hisp. A.D. 630.

---

[u] Lib. ix. cap. 5. [Facund. episc. Herm. lib. pro Defensione trium capitulorum Conc. Chalced.; ap. Jac. Sirmondi op., ed. Par. 1696, tom. ii. col. 707.]

[x] ["Panis consecratus, naturâ mutatus, panis non est: panis tamen appellatur, quia panis fuit, et panis speciem retinet: idemque judicium est vini. Panem rursus vinumque Corpus Christi et Sanguinem dicimus, ut Augustinus, &c., ... non proprie, sed figurative: quia sub panis et vini specie Corpus Christi et Sanguis in sacramento continentur. Nec alia, opinor, in his verbis sententia est Facundi. . . . . . . Quod si durius hic fortasse vel obscurius quippiam elocutum videatur, dignus est venia;" &c.—*Not. Sirmondi.*]

[y] Lib. i. de Off. Eccl., cap. 18. [Isidori op., ed. Par. 1601, p. 586.]

CAP. V.

guinem operatur in carne, ideo ad Sanguinem Christi refertur. Hæc autem duo sunt visibilia; sanctificata tamen per Spiritum S., in sacramentum Divini Corporis transeunt."... "Panis enim, quem frangimus, Corpus Christi est; qui dicit, Ego sum panis vivus. Vinum autem Sanguis Ejus est; et hoc est quod scriptum est, Ego sum vitis vera." Ecce transeunt, inquit, in sacramentum, non transeunt in substantiam, Divini Corporis. Panis enim et vinum, quæ nutriunt carnem nostram, nec substantialiter esse nec dici possunt Corpus et Sanguis Christi; sacramentaliter vero non minus vere sunt, quam sic dicuntur[z]. Istud vero clarius adhuc explicatur: (lib. vi. Etymolog. cap. 19.) "Sicut enim substantia panis et vini visibilis nutrit .... hominem exteriorem; ita verbum Christi, qui est panis vivus, per participationem fidei, recreat animas fidelium." Quæ verba, e libris Isidori hodie impressis expuncta[a], conservavit nobis Bertramus presbyter.

Venerabilis Beda, A.D. 720.

XXVII. Atque hæc eadem loquendi formula, quam ex Isidoro recitavimus, ab ipso Venerabili Bedâ usurpatur, (qui nostras erat, et sæculum octavum attigit,) in sermone[b], ab

[z] [In MS. Dunelm. verba quæ sequuntur, usque ad sectionis finem, margine leguntur: sic autem concludit Cosinus sententiam..."quam sic dicuntur, quia signa sunt et symbola vere nobis utrumque tum adumbrantia, tum exhibentia."]

[a] [Isid. Hisp. Etymolog. sive Origin. cap. xix.—Desunt hæc verba editioni Madriti 1599, atque aliis recentioribus. —Vid. autem Bertrami presb. lib. de Corpore et Sanguine Domini; ap. Henrichi Petri Micropresbyticon, sive Veterum Theologorum Elenchum, ed. fol. Basil. 1550. p. 518.—Hinc beatus Isidorus in libris Etymologiarum sic ait: 'Sacrificium dictum, &c....Et quid melius Sanguine et Corpore Christi? Panis vero et vinum ideo Corpori et Sanguini Domini comparantur, quia, sicut visibilis hujus panis vinique substantia exteriorem nutrit et inebriat hominem, ita verbum Dei, qui est panis vivus, participatione Sui fidelium recreat mentes.' .... Ista dicendo, planissime confitetur quod, in sacramento Corporis et Sanguinis Christi, quicquid exterius sumitur ad corporis refectionem aptatur. Verbum autem Dei, qui est panis invisibilis, invisibiliter in illo existens sacramento, invisibiliter participatione fidei mentes vivificando pascit. Hinc etiam idem doctor dicit: 'Sacramentum est in aliqua celebratione,' &c.—Conf. Joh. Poineti Diallact. de veritate, natura, atque substantia, Corporis et Sanguinis Christi in Eucharistiâ, ed. Lond. 1688, pp. 69, 70.]

[b] Serm. de Epiph. [q. v. sub init.— Bedæ op., ed. Colon. Agrip. 1612, tom. vii. col. 320.—Non solum autem lavit nos a peccatis nostris in Sanguine Suo, quando Sanguinem Suum dedit in cruce pro nobis, vel quando unusquisque nostrum mysterio sacrosanctæ passionis Illius baptismo aquæ ablutus est, verum etiam quotidie tollit peccata mundi. Lavat itaque nos a peccatis nostris quotidie in Sanguine Suo, ejusdem beatæ passionis ad altare memoria replicatur, cum panis et vini creatura in sacramentum Carnis et Sanguinis Ejus ineffabili Spiritus sanctificatione transfertur: sicque Corpus, &c. . . . . . Hujus recte figuram agnus in lege paschalis ostendit: qui, semel populum de Egyptiâ servitute liberans, in memoriam ejusdem liberationis per omnes annos immolatione

illo habito, super Epiphaniam Domini; cujus et alia duo, quæ huc faciunt, subjungimus testimonia. "Loco carnis" (ait^c) "et sanguinis agni, substituit Christus sacramentum Carnis Suæ et Sanguinis in figurâ panis et vini." Item^d: "Dedit in cœnâ discipulis figuram sacrosancti Corporis et Sanguinis Sui." Quæ transubstantiationem penitus evertunt.

CAP. V.

XXVIII. Eodem sæculo octavo scripsit Carolus Magnus epistolam ad Alcuinum nostrum, in quâ hæc verba legimus: Christus^e "cœnando cum discipulis panem fregit, et calicem pariter dedit eis, in figuram Corporis et Sanguinis Sui; nobisque profuturum magnum exhibuit sacramentum." Quod si figura sit Corporis, ipsum Corpus esse non potest. Datur quidem Corpus Christi in Eucharistiâ; sed mediante sacramento panis consecrati datur, cuicunque tandem datur fidelium.

Carolus Magnus, A.D. 778.

XXIX. Ineunte demum sæculo nono, prodiit Paschasius, monachus Corbeiensis; qui primus (uti nonnulli perhibent, quorum sententiæ ipse tamen non accedo^f) Latinorum omnium, consubstantiatum in cœnâ Christum, seu potius impanatum et corporaliter pani unitum, docuit^g: nondum enim ad

Paschasius, A.D. 818.

<hr>

sua populum eundem sanctificare solebat, donec veniret Ipse, cui talis hostia testimonium dabat, oblatusque Patri pro nobis in hostiam, odoremque suavitatis, mysterium Suæ passionis oblato agno in creaturam panis viníque transferret.]

^c Comm. in Luc. xxii. [Op., tom. v. col. 424; ubi ipsissima verba sunt: . . . . " ut videlicet, pro carne agni vel sanguine Suæ Carnis Sanguinisque sacramentum in panis ac vini figurâ substituens, Ipsum Se esse monstraret;" &c.]

^d Comm. in 3. Psal. [Op., tom. viii. col. 324. . . . . " nec a sacratissimâ cœnâ, in quâ figuram sacrosancti Corporis Sanguinisque Sui discipulis tradidit.]

^e Epist. ad Alcuinum, de ratione Septuag., [Sexages., et Quinquages.— Vid. Alcuini op., ed. Par. 1617, col. 1150.]

^f [In MS. Dunelm. hæc sectio xxix. sic incipit: "Ineunte demum sæculo nono prodiit Paschasius Monachus Corbiensis, qui primus Latinorum omnium consubstantiatum in cœnâ Christum, seu potius impanatum," &c.: quæ verba autem obliquâ deleta sunt rubricâ.

Porro adjunctâ adnotatur chartulâ hæc Sirmondi quæ sequitur sententia, ex Paschasii vitâ, ubi infra, exscripta: "Ingenii vero et doctrinæ monimenta libris scriptis, ut dictum est, plurima reliquit; in quibus notissimus est liber de Corpore et Sanguine Domini, quem Ludovico Pio regnante, cum honore a nonnullis de sanctissimo sacramento jactata quæstio esset, composuit: in eoque genuinum Ecclesiæ Catholicæ sensum ita primus explicuit, ut vixm cæteris asseruerit, qui de eodem argumento multi postea scripsêre."—Item, in *Cestrensi* manuscripto lectori obviam veniunt lineæ etiam *rubricâ* subscriptæ infra hæc quæ sequuntur verba; scil. " *Paschasius*" . . . ' *primus Latinorum omnium, consubstantiatum*" . . . . " *impanatum*" . . . " *ante sæculum undecimum*" . . . . " *Amalarius Archidiaconus*" . . . . " *Rabanus*" . . . " *Joannes Erigena*" . . . " *Walafridus Strabo*" . . . " *Ratramus sive Bertramus;*" &c.]

^g Lib. de Corp. et Sang. Christi. [Vid. cap. i.—Paschas. Radberti op., ed. Lut. Par. 1618, col. 1555.—"Nullus moveatur, . . . quod in mysterio vera sit Caro, et verus sit Sanguis; dum sic Ille voluit qui creavit. . . .

CAP. V.

transubstantiatum panem perventum erat. At novum istud loquendi genus, quum a doctrinâ Catholicâ et mente veterum patrum esset alienum, nullos fere fautores habuit ante sæculum undecimum. Nec defuerunt hâc ipsâ etiam ætate, ad quam nunc pervenimus, viri doctissimi, (quales erant Amalarius archidiaconus Trevirensis; Rabanus primum abbas Fuldensis, deinde archiepiscopus Moguntinus; Johannes Erigena theologus Britannus; Walafridus Strabo abbas Germanus; Ratramus sive Bertramus, presbyter primum Corbeiensis, post abbas factus Orbasiensis monasterii apud Gallos; aliique quamplurimi;) qui, scriptis suis, huic sive Paschasii, sive aliorum potius, novæ opinioni contradixerunt, et veteris Ecclesiæ doctrinam nobis conservârunt. Sed[h], interim, de Paschasio aliquid amplius adjiciendum est; quem tanti fecerunt Cardinalis Bellarminus[i], et Jesuita Sirmondus[k], ut dicere non vererentur, eum primum omnium fuisse, qui serio scripsit de hoc Eucharistiæ argumento, et ita sensum Ecclesiæ explicuisse, ut aliis omnibus post eum secutis viam aperuerit, qui hanc materiam tractârunt. In hoc tamen toto opere nihil invenire est, quod vel annihilato, vel subtracto, vel transubstantiato pani faveat. Veritatem quidem Corporis et Sanguinis Christi in Eucharistiâ asserit; quod Protestantes non negant: negat vero panem consecratum nudam esse figuram, aut vacuam sine veritate repræsentationem; quod Protestantes non asserunt. Quin et multa habet, quæ cum transubstantiatione pugnant; ad quam tunc temporis ab ipsâ Romanâ Ecclesiâ nondum (uti dicebamus) per-

Et, quia voluit (licet in figura panis et vini) hæc sic esse, omnino nihil aliud quam Caro Christi et Sanguis post consecrationem credenda sunt."—*Rursus*: (cap. xvii. col. 1600, 1601.)—" Non enim recte Caro Christi sine Divinitate sumitur, nec Divinitas sine Carne præstatur. . . . . . . In Carne Christi Divinitas corporaliter inhabitans, etiam in hoc mysterium ab aspectu oculorum, ne Caro videatur, subtrahitur: ut fide avidius quæratur, quæsita verius inveniatur, inventa vero carius habeatur, et habita desiderabilius fruatur: quia in Christo omnis plenitudo corporaliter inhabitat, sine dubio, Divinitatis;" &c.—Et passim.]

[h] [Deest manuscriptis quicquid in hâc sectione infra legendum sit.]

[i] Bellarm. de Script. Eccles., verbo Paschasius. [Vid. Bellarm. op., ed. Col. Agr. 1617, tom. vii. col. 121.— " Hic auctor primus fuit, qui serio et copiose scripsit de veritate Corporis et Sanguinis Domini in Eucharistiâ contra Bertramum presbyterum, qui fuit ex primis qui eam in dubium revocavit."]

[k] Sirmondus, in vitâ Paschasii operibus ejus Lutetiæ excusis præfixâ. [Vid. Paschasii op., ed. Lut. Par. 1618, Vit. ad fol. secund. sub init.—Ingenii vero, &c. . . . . Genuinum Ecclesiæ Catholicæ sensum ita primus explicuit, ut viam cæteris aperuerit, qui de eodem argumento multi postea scripsere.]

ventum erat. Recitabo nonnulla illius Testimonia. Christus (ait[1]) "reliquit nobis hoc sacramentum visibilem[1] figuram et characterem Carnis et Sanguinis, ut per hæc mens nostra ad invisibilia et spiritualia capessenda per fidem uberius nutriatur." Rursus[m]: Oportet "spiritualia sacramenta palato mentis et gustu fidei [digne] percipere." Item[n]: "Dum nihil carnale in eo sapimus, sed[2] spirituales, totum spiritualiter intelligentes, in Christo manemus." Et paulo post[o]: "Caro Christi et Sanguis sumitur spiritualiter." Deinde[p]: "Sapere secundum carnem, mors est; et tamen veram Christi Carnem spiritualiter percipere, vita æterna est." Iterum[q]: "Non carnaliter" (inquit) "Caro et Sanguis Christi percipiuntur, sed spiritualiter." In quibus verbis docet, Cœnæ mysterium non carnaliter sed spiritualiter accipi, ac sic etiam intelligi debere; ignotum vero fuisse veteri Ecclesiæ illud corporale et orale transubstantiationis somnium. Quæ vero huic libro, astu et operâ cujusdam (haud dubie) superstitiosi et falsarii hominis, (sicut hoc communiter in veterum scriptis fieri consuevisse Erasmus passim conqueritur,) inserta et supposita sunt,—fabulosa quædam, de visibili specie Corporis Christi in formâ infantis, et digiti carnis crudæ,—Paschasii nomine indigna sunt; qui non aliam doctrinam de Eucharistiâ tradere profitebatur, quam qualem ex antiquis patribus didicerat, et non ex apocryphis et fabulosis miraculorum narrationibus.

XXX. Illorum autem, quos in hoc sæculo scripsisse memoravimus, testimonia in medium producere erit operæ pretium. Amalarius ita præfatur[r]: "In omnibus, quæ

CAP.
V.
[1] ["visibile."]

[2] ["imo."]

Amalarius,
A.D. 820.

---

[1] [Vid. Paschasii Radberti lib. de Corp. et Sang. cap. iv.—Op., ed. Lut. Par. 1618, col. 1565.—Ibidem Paschasius addit: "Est autem figura vel character hoc quod exterius sentitur; sed totum veritas, et nulla adumbratio, quod intrinsecus percipitur."]
[m] [Ibid. cap. ii. ubi supra, col. 1559.]
[n] [Cap. v. ubi supr. col. 1567.]
[o] [Ibid.—Addit: "Bibimus quoque et nos spiritualiter, ac comedimus spiritualem Christi Carnem, in quâ vita æterna esse creditur."]
[p] [Ibidem.]
[q] [Hæc ipsissima verba non inventa sunt. Vid. autem cap. viii. col. 1572.—Unde, O homo, disce aliud gustare, quam quod ore carnis sentitur: aliud videre, quam quod oculis istis carneis monstratur. Disce quia Deus Spiritus illocaliter ubique est: intellige quia spiritualia hæc, sicut nec localiter, sic utique nec carnaliter ante conspectum Divinæ Majestatis in sublime feruntur. Cogita, igitur, si quidpiam corporeum potest esse sublimius, cum substantia panis et vini in Christi Carnem et Sanguinem efficaciter interius commutatur: ita ut deinceps post consecrationem jam vera Christi Caro et Sanguis veraciter credatur, et non aliud quam Christus, panis de cœlo, a credentibus æstimetur.]
[r] Præf. in lib. de Eccles. Offic. [Vid. Amalar. Fortunat., Metens.

CAP. scribo, suspendor virorum sanctorum atque piorum patrum
V. judicio: interim dico quæ sentio. Quæ aguntur in celebratione Missæ, in sacramento Dominicæ passionis aguntur, ut Ipse præcepit. .... Idcirco presbyter, immolans panem et vinum et aquam, in sacramento" (seu vice) " est Christi; panis, vinum, et aqua, in sacramento Carnis Christi et Sanguinis Ejus. Sacramenta," enim, " debent habere similitudinem aliquam earum rerum, quarum sacramenta sunt. Quapropter similis sit sacerdos Christo, sicut panis et liquor similia sunt Corpori et Sanguini Christi. Sic est immolatio sacerdotis in Altari quodammodo ut Christi immolatio in Cruce." Iterum[s]: " Secundum quendam modum, sacramentum Corporis Christi Corpus Christi est[t]." " Si enim

[1] [" quæ-dam."]
sacramenta quandam[1] similitudinem earum rerum, quarum sacramenta sunt, non haberent, omnino sacramenta non essent: ex hâc autem similitudine plerumque jam ipsarum rerum nomina accipiunt." Rursus: " Sacramenta ad hoc valent, ut nos perducant ad ipsas res, quarum sunt sacra-

[2] [" sacramentum sunt."]
menta[2]." Quæ ex verbis S. Augustini[u], et plane ad mentem purioris Ecclesiæ, scripsit Amalarius.

Rabanus, A.D. 825.
XXXI. Rabanus Maurus, nobilissimus ejusdem temporis doctor, (cui nec Italia similem, nec Germania pepererat æqualem[v],) luculentam hanc suam confessionem edidit[x]: " Maluit Dominus Corporis et Sanguinis Sui sacramenta fidelium ore percipi, et in pastum eorum redigi, ut per visi-

[3] ["opus."]
bile Corpus[3] invisibilis ostenderetur effectus. Sic(ut) enim cibus materialis forinsecus nutrit corpus et vegetat, ita etiam Verbum Dei intus animam nutrit et roborat." Item: " Ex terræ fructibus voluit hæc sacramenta confici, ... ut, sicut Ipse Deus invisibilis in carne visibili ad salvandos mortales mortalis apparuit, ita etiam ex materiâ visibili rem invisi-

[4] [" demonstravit."]
bilem congrue ipsis demonstraret[4]." " Hujus rei sacramentum ... de meusâ Dominicâ assumitur quibusdam ad vitam, quibusdam ad exitium: res vero ipsa omni homini ad vitam,

---

diacon., de Eccl. Offic. lib. i. præfat.; ap. Bibl. Patr. Max., tom. xiv. p. 935.]
[s] Lib. i. de Eccles. Off. c. 24. [ubi supr. p. 956.]
[t] [Addit Amalarius: "Sacramentum Sanguinis Christi Sanguis Christi est: ita et sacramentum Fidei Fides est."]

[u] [Conf. num. xix. hujus capitis, p. 71.]
[v] Trithemius, de Scriptor. Eccl. [Vid. Rabani Mauri op., ed. Col. Agr. 1626, tom. i. p. 4; inter testimonia de Rabano, num. xx.]
[x] Rabanus Maurus, de Instit. Cler. l. i. c. 31. [Op., tom. vi. p. 11.]

CORPORIS CHRISTI IN SACRAMENTO EUCHARISTIÆ. 83

nulli ad exitium, quicunque[1] ejus particeps fuerit; id est, Christo capiti membrum associatus fuerit in regno cœlesti: quia aliud est sacramentum, aliud virtus sacramenti. Sacramentum enim ore percipitur; virtute sacramenti interior homo satiatur." Et, "sicut in nos id convertitur, quum illud[2] manducamus et bibimus, sic et nos in Corpus Christi convertimur, dum obedienter et pie vivimus." "Sumunt ergo fideles bene et veraciter Corpus Christi, si Corpus Christi non negligant esse: fiunt[3] Corpus Christi, si volunt vivere de Spiritu Christi." Quæ omnia cum novo pontificiorum dogmate nequaquam congruunt; et ab eâ, quam dicunt Paschasii, sententiâ maxime discrepant. Propter hæc autem et similia, ab autoribus pontificiis[y], qui quarto et sexto post sæculo scripserunt, Rabanus tanquam erroneus rejicitur. Sed cogitare debuissent se, non modo Rabanum, verum etiam omnes priscæ Ecclesiæ doctores simul cum Rabano, condemnâsse[z].

CAP. V.
[1] [" Quicunque enim."]
[2] [" cum id."]
[3] [" fiant."]

XXXII. Johannes Erigena, popularis noster, (quem Alfredus rex sibi ac suis liberis præceptorem constituit, et ad inchoatam Oxonii academiam adornandam misit,) dum in Galliis ageret, ubi Carolo Calvo regi acceptissimus fuit, libro de Corpore et Sanguine Domini conscripto[a], non dissimilem doctrinam exposuit; eamque clarissimis Scripturæ S. ac veterum patrum testimoniis comprobavit. Sed postea, in Malmesburiense cœnobium se conferens, quum Dionysii librum de Hierarchiâ, quem Latinum fecit, interpretaretur, et doctrinam tum primo pullulantem de carnali Christi in Eucha-

Joh. Erigena, A.D. 860.

[y] Gul. Malm. A.D. 1200. [Forsitan male citat Cosinus Gulielmum Malms., quem meminisse quidem Rabani Mauri minime liquet.]—Et Tho. Wald. A.D. 1400. [Vid. lib. de Sacr. Euch. cap. lxi.—Doctrinal., ed. Ven. 1571, tom. ii. p. 103.—Hoc de facto sustinuit Rabanus: idcirco merito reprobatus, qui etiam planius hoc dixit libro suo " De Institutis Clericorum;" &c.]

[z] [In margine MSS. Dunelm. et Cestrens. addita sunt hæc quæ sequuntur verba: " Non tam alii deliràrunt, quam malâ fide egerunt, qui sæculo jam proxime elapso illud ipsum Paschasii Radberti opusculum, quod Rabanus refutavit, sub mentito Rabani titulo orbi venditarunt." Porro citat MS. Cestrens. " Rabanus de sacrâ, &c."]

[a] Qui ducentis post annis sub Leone IX. papâ damnatus est ab iis qui pro Metusiastis pugnabant, Lanf. in Ber. [Vid. D. Lanfranci lib. de Corpore et Sanguine Domini, cap. 4; ap. Bibl. Patr. Max., tom. xviii. p. 765; item, Lanfranci op., ed. Lut. Par., 1648. p. 234.—" Lanfranc. Tempore sancti Leonis Papæ, delata est hæresis tua (Berengarii) ad apostolicam sedem. Qui cum synodo præsideret, &c. . . . . Igitur, cum a quodam Remensi Clerico Romam perlatas recitator legeret, intellecto quod Joannem Scotum (Erigenam) extolleres, Paschasium damnares, communi de eucharistiâ fidei adversa sentires, promulgata est in te damnationis sententia privans te communione sanctæ ecclesiæ;" &c.]

CAP. V.

Walafridus Strabo, A.D. 860.

Bertramus, Presbyt. et Abb., A.D. 860.

ristiâ praesentiâ taxaret, a male feriatis discipulis, quorundam monachorum impulsu, graphiis confossus est[b]: quamvis illum non multo post inter sanctos martyres alii[c] collocârint.

XXXIII. Walafridus Strabo, eodem fere tempore, ad hunc modum scripsit[d]: "Itaque Christus . . . . . in Coenâ, quam, ante traditionem Suam, ultimam cum discipulis habuit, post paschae veteris solennia, Corporis et Sanguinis Sui sacramenta in panis et vini substantiâ eisdem discipulis tradidit; . . . . . et a carnalibus ad spiritualia, a terrenis ad coelestia, ... ab imaginibus ad veritatem, docuit transeundum."

XXXIV. De sententiâ Bertrami (qui et Ratramnus, sive Ratramus, a quibusdam fortassis non recte appellatur) satis constat, ex libro quem jussu Caroli Calvi imperatoris (cui equidem, et bonis omnibus, propter summam eruditionem et vitae sanctitatem, carus erat et venerabilis) de Corpore et Sanguine Domini erudite conscripsit. Quum enim ex Paschasii libello homines aliquot turbari coepissent, aliis alia (ut fit) subinde affirmantibus, tandem eorum altercationibus

---

[b] Anton. [Florent. archiep., Chron.] tit. xvi. cap. 2. § 3. [ed Lugd. 1586, par. ii. p. 600.—"Hoc tempore, ut refert Vincent. spec. historiae, post Helinandum claruit Joannes Scotus, vir perspicacis ingenii et mellitae facundiae. Qui dudum concrepantibus undique bellorum fragoribus in Franciam ad Carolum Calvum transierat: cujus rogatu Hierarchiam Dionys., &c. . . . . Hic, succedentibus annis, munificentiâ Elfredi allectus, venit in Angliam, et apud monasterium Melberiense a pueris, quos docebat, graphiis (ut fertur) perforatus, martyr existimatus est. . . . . . . (p. 601.) Et subdit Vincent. ubi supra: quod hic Joan. Scotus philosophus, ut dicit Lanfrancus, in fide desipuit; unde liber ejus de Eucharistiâ lectus in synodo Vercellensi celebratâ sub papa Leone nono damnatus est, eodem anno quo et se Lanfrancus ab errore Berengarii purgavit. Idem Joannes super Hierarchiam Dionysii commentum fecit."]—Vincent. [Specul. Historial.] lib. xxiv. cap. 42. [ed. Venet. 1591. fol. 337.--"Hoc tempore claruit Johannes Scotus, vir perspicacis ingenii; &c. . . . . Hic succedentibus annis . . . . apud monasterium Malmesberiense a pueris quos docebat graphiis, ut fertur, perforatus, et martyr aestimatus est;" &c.] —Et alii.

[c] Malmesb. de gestis Reg. Angl., lib. ii. [cap. 4, de Alfredo rege; ap. Rerum Anglicarum Scriptores post Bedam, &c., ed. Francof. 1601, p. 45.—Hoc tempore creditur fuisse Joannes Scotus, vir perspicacis ingenii; &c. . . . . . Etiam martyr aestimatus est; quod sub ambiguo ad injuriam sanctae animae non dixerim: cum celebrem ejus memoriam sepulcrum in sinistro latere Altaris, et epitaphii produnt versus, scabri quidem et moderni temporis lima carentes, sed ab antiquo non adeo deformes:

'Clauditur hoc tumulo sanctus sophista Joannes,
Qui ditatus erat jam vivens dogmate miro:
Martyrio tandem Christi conscendere regnum,
Quo, meruit, sancti regnant per saecula cuncti.']

[d] De Reb. Eccl. c. 16. [Vid. Walafr. Strab. de Exordiis et Incrementis Rerum Ecclesiasticarum, cap. xvi.; ap. Specul. Missae, &c. a Joanne Cochlaeo collect., ed. 8vo. Venet. 1572, fol. 67, 68.]

permotus imperator duas ipse Bertramo proposuit quæstiones: 1. An, quod in Ecclesiâ fidelium ore sumitur, Corpus et Sanguis Christi in mysterio seu figurâ fiat? 2. An ipsum naturale Corpus, quod de Mariâ Virgine natum est, passum, mortuum, et sepultum, quodque ad dexteram Dei Patris consedit, sit illud quod ore fidelium per sacramenti mysterium quotidie sumitur? Quarum primæ Bertramus affirmative respondet, secundæ vero negative; atque tantum ait inter utrumque Corpus esse discrimen, quantum est inter pignus et eam rem pro quâ pignus traditur. "Claret" (inquit[e]) "quia panis ille vinumque figurate Christi Corpus et Sanguis existit." ... "Secundum creaturarum substantiam[f], quod fuerunt ante consecrationem, hoc et postea consistunt." ..... "Nam[g] substantialiter panis Christus non est." .... Et, "si[h] nullâ sub figurâ mysterium illud peragitur, jam mysterium non rite vocitatur." .... "Vinum[i] quoque, quod sacerdotali consecratione Christi Sanguinis efficitur sacramentum, aliud superficie tenus ostendit, aliud interius continet. Quid enim aliud in superficie quam substantia vini conspicitur?" .... "Mutata[k] sunt ista secundum aliud quam secundum corpus, ac per hoc non id sunt quod in veritate videntur, sed aliud quod non sunt secundum propriam existentiam:" (facta enim sunt spiritualiter Corpus et Sanguis Christi:) "non quod duarum sint existentiæ rerum inter se diversarum, [Corporis videlicet et Spiritus,] verum una eademque res; secundum aliud species panis et vini consistit, secundum aliud autem Corpus et Sanguis Domini." .. ... "Unde[l] secundum visibilem creaturam corpus pascunt, juxta vero potentioris virtutem substantiæ mentes fidelium et pascunt, et sanctificant." Et, quum alia quamplurima in hunc sensum tum ex S. Scripturâ tum ex antiquis patribus

---

[e] Lib. de Corp. et Sang. Dom., parte primâ, [quæst. 1; ap. Henric. Petri Micropresbyticon, sive Elenchum Vet. Theologorum, ed. Basil. 1550, p. 514.]

[f] Ibid. part. ii., [quæst. 2; ubi supr. p. 519.—Addit Bertramus: "Panis et vinum prius extitere, in quâ etiam specie jam consecratâ permanere videntur. Est ergo interius commutatum Spiritus Sancti potenti virtute: quod fides aspicit, animam pascit, æternæ vitæ substantiam administrat."]

[g] [Vid. par. i. quæst. 1, p. 514.]

[h] [Ibid.—Bertramus subjungit: ... "quoniam mysterium dici non potest, in quo nihil est abditum, nihil a corporeis sensibus remotum, nihil aliquo velamine contectum."]

[i] [Ibid.]

[k] [Ibid., p. 515; ubi plenius datum est hoc argumentum, cujus sententiam Cosinus paucioribus explicat verbis identidem paululum mutatis.]

[l] [Ibid., sub fin. quæst. 1; ubi supr. p. 519.]

produxisset, in fine, calumniæ occurrit, quam eo tempore Paschasium secuti recte sentientibus intentârunt; quasi videlicet docerent in sacramento, non Corpus et Sanguinem Christi, sed nuda tantum signa, imaginem, speciem, et figuram, exhiberi. "Nec ideo," (ait [m],) "quoniam ista dicimus, putetur in sacramenti mysterio Corpus Domini et Sanguinem Ejus non sumi; quando fides, non quod oculis videt, sed quod credit, accipit: quoniam est spiritualis esca, et spiritualis potus, spiritualiter animam pascens, et æternæ satietatis vitam tribuens." Non enim simpliciter et absolute de reali veritate, sine quâ mysterium esse non potest, sed de pseudo-reali existentiâ rerum sub speciebus in aëre pendentibus, et de carnali præsentiâ, tota quæstio instituta est.

XXXV. Quæ omnia quum Romani inquisitores et patres Tridentini concoquere nullo modo possent, in Indicem Librorum Prohibitorum[n], tanquam damnatum penitus auctorem, Bertramum amandârunt. Professores vero Duacenses, quum remedium istud paulo violentius esse animadverterent, quodque causæ pontificiæ magis obfuturum quam opitulaturum esse vererentur, ad alias artes (quæ a censoribus librorum, atque indicis expurgatorii concinnatoribus Belgicis, probatæ sunt) huc confugiendum censuerunt. "Liber ille" Bertrami, (inquiunt[o],) "quum jam sæpe recusus sit, et lectus a plurimis, ac per interdictum nomen omnibus innotuerit," "emendatus tolerari queat." "Fuit," enim, Bertramus "catholicus presbyter, ac monachus Corbeiensis Cœnobii, Carolo Calvo carus ac venerabilis." Et, quum "in catholicis veteribus aliis plurimos feramus errores, extenuemus, excusemus, EXCOGITATO COMMENTO" (en fidem hominum!) "persæpe negemus, et commodum sensum eis affingamus, dum opponuntur in disputationibus, aut in conflictationibus cum adversariis,—non videmus, cur non eandem æquitatem et diligentem recognitionem mereatur Bertramus:

---

[m] [Ubi supr. par. ii. quæst. 2, p. 525.]

[n] Index Librorum Prohibit. in fine Concilii Trid. auctoritate Papæ editus, in lit. B. [Vid. Indic. librorum prohibit. cum regulis confectis, per patres a Trident. synodo delectos, auctoritate sanctiss. D. N. Pii IV. Pont. Max. comprobatum, lit. B; ed. Antv. 1570, p. 17.—Bertrami liber, qui inscribitur: De Corpore et Sanguine Christi.]

[o] Index Expurgat. Belg. jussu et auctor. Phil. II. Hisp. Regis atque Albani Ducis consilio concinnatus, [ann. 1571; ed. 8vo. Hanov. 1611,] p. 54. v. Bert. [§ "Ut liber Bertrami Pres. de Corp. et Sang. Domini tolerari emendatus queat."]

ne hæretici ogganniant, nos antiquitatem pro ipsis facientem exurere et prohibere : .... quin et illud metuimus, ne liber iste, non solum ab hæreticis, verum immorigeris quoque catholicis, ob interdictum avidius legatur, odiosius allegetur, et plus vetitus quâm permissus noceat." Quodnam igitur hic excogitatum est ab illis commentum? ubi in Bertramo[p] legitur : " Quæ a se differunt, idem non sunt: Corpus Christi, quod mortuum est, et resurrexit, et immortale factum jam non moritur, ... æternum est, nec ulterius[1] passibile; hoc autem, quod in Ecclesiâ celebratur, temporale est, non æternum, corruptibile est, non incorruptum."—Postremæ huic sententiæ suum hunc commodum sensum affingunt[q], ut intelligatur " de speciebus sacramenti corruptibilibus, aut de re ipsâ et usu sacramenti, qui non contingit, nisi in præsenti sæculo." Aut, si hoc commentum non sufficiat, haud male et inconsulte omittantur omnia hæc: delendum vero est " visibiliter," et legendum " invisibiliter." " Secundum creaturarum substantiam, quod prius fuerunt ante consecrationem, hoc et postea consistunt," explicandum est, " secundum externas species," id est, " accidentia panis et vini." Quamvis aperte fateantur, " Bertramum tunc temporis nescivisse accidentia ista absque omni substantiâ subsistere, et cætera quæ subtilissime et verissime posterior ætas per S. S. addiderit." Quanto vero facilius unâ liturâ libellum integrum delevissent; quemadmodum in indice suo expurgatorio censores Hispani rem totam breviter et per compendium confecerunt ! " Deleatur" (inquiunt[r]) " tota epistola Udalrici, episcopi Augustani, de cœlibatu cleri ; et[2] totus liber

CAP. V.

[1] [pro "nec ulterius," legitur "jam non."]

[2] ["Item."]

---

[p] [Bertrami lib. de Corp. et Sang. Dom. par. ii. quæst. 2; ubi supr. p. 5:2.]

[q] [Index Expurg. Belg. ubi supra, p. 57:... Tametsi non diffiteat[ur] Bertramum tunc temporis nescivisse exacte accidentia ista absque substantiâ omni subsistere, et cætera quæ subtilissime et verissime posterior ætas per S.S. addiderit.
In Bertramo presbytero de Corpore et Sanguine Christi in Eucharistiâ delenda :
Fol. 1137, versu 2, legendum *invisibiliter* pro *visibiliter* ; et infra, versu 36, ' Secundum creaturarum substantiam, quod prius fuerunt ante consecrationem, hoc et postea consistunt,' *explicandum est*, Secundum externas species sacramenti.
Folio 1140, versu 25, ' Hoc autem, quod in Ecclesiâ celebratur, temporale est, non æternum,' *explicandum est*, Secundum species sacramenti corruptibiles, aut de re ipsâ et usu sacramenti, qui non contigit nisi præsenti in sæculo.]

[r] Index Expurg. Hisp. D. Gasp. Quirogæ Card. et Inquisit. Gen., in fine lit. O.—[Una cum Indice Expurg. Belg. edit. Hanov. 1611 ; ubi supr. p. 495.— Item, ed. Madriti, 1584, fol. 183, verbo Or:hodoxographa.]

88 DE SACRIS SYMBOLIS ET SPIRITUALI MANDUCATIONE

CAP. V.

Bertrami presbyteri de Corpore et Sanguine Domini penitus auferatur." Quod quid aliud est, quam (ut olim adversus gentes dixit Arnobius[s]) "scripta publica intercipere, et veritatis testificationem timere?" Nam, quod Sixtus Senensis[t], et Antonius Possevinus[u],—librum hunc de Corpore et Sanguine Domini ab Œcolampadio, sub titulo Bertrami presbyteri, scriptum esse, asserunt,—id sane omnem falsitatem superat.

Herigerus Abbas, A.D. 980.

XXXVI. Pervenimus ad sæculum decimum; in quo, præter multa[x] illa catholicorum patrum dicta, quæ contra novatores aliquos de Corpore et Sanguine Christi congessit Herigerus abbas Lobiensis, habemus etiam Paschalem Anglo-Saxonum homiliam[y], publice olim in Ecclesiis nostris legi solitam. Quænam vero illis temporibus de hoc religionis capite apud nos recepta fuerit doctrina, tum ex totâ illâ concione non obscure colligitur, tum ex illâ præsertim ejusdem parte, in quâ inter naturale Christi Corpus et hostiam consecratam varia ostenduntur discrimina, aperte cognoscitur. Nam ad hunc modum populum universum instituit: " Multum interest inter Corpus in quo passus est Christus, et Corpus quod in hostiâ consecratur. Corpus quidem, in quo Christus passus est, ex Mariæ Virginis carne natum est, ac sanguine, ossibus, cute, nervis, et membris humanis, atque

---

[s] Arnob., lib. iii. [Disputat. adv. Gentes; ap. Bibl. Patr. Max., tom. iii. p. 466.—Nam intercipere scripta, et publicatam velle submergere lectionem, non est deos defendere, sed veritatis testificationem timere.]

[t] Sixt. Sen. præf. in Bibl. Sanct. [ed. Lugd. 1575, p. vii.—Sic proximis annis perniciosum Œcolampadii volumen adversus sacramentum Corporis Christi invulgarunt sub titulo Bertrami presbyteri de Corpore et Sanguine Domini.]

[u] Possev. prol. in Appar. Sacr. [ed. Venet. 1603. tom. i. Lectori p. vi.— Œcolampadius vero contra divinam Eucharistiam sub nomine Bertrami presbyteri de Corpore et Sanguine librum scripsit ad Carolum Magnum.]

[x] [" Sigebert. de Script. Eccl. cap. 137."—Not. in marg. ad MS. Dunelm.—Vid. etiam Possevini Appar. Sacr., tom. ii. p. 24.—Herigerus Abbas Lobiensis . . . . congessit etiam adversus Ratbertum complura catholicorum patrum scripta de Corpore et Sanguine Domini.]

[y] Homilia Paschalis Anglo-Sax., A.D. 990, impressa Lond., et MS. in publ. Cantabr. Acad. bibliothecâ.— [Vid. Ælfrici Test. Antiq.—'A Sermon of the Paschall Lambe,' &c.; ed. 8vo. Lond. by John Day, (no date,) fol. 17, 18.—" Much is betwixt the body Christ suffered in, and the body that is hallowed to housell. The body truly that Christ suffered in was born of the flesh of Mary, with blood, and with bone, with skin, and with sinews, in human limbs, with a reasonable soul living: and his ghostly body, which we call the housell, is gathered of many corns, without blood, and bone, without limb, without soul: and therefore nothing is to be understood therein bodily, but all is ghostly to be understood." —Conf. Divers Ancient Monuments in the Saxon Tongue, &c., published by William L'Isle, 4to. ed. Lond. 1638.— Hom. in die S. Paschæ, p. 6.]

animâ rationali, constat: at spirituale Ejus Corpus, quod hostiam appellamus, ex multis granis collectum est, sine sanguine, sine ossibus, membris, et animâ." Deinde[z]: "Christi Corpus, quod semel mortuum est, et a morte resurrexit, deinceps nunquam morietur, sed æternum est et impassibile: hostia vero ista temporaria est, corruptibilis, in varias partes distributa, dentibus confecta, et in ventrem transmissa." Denique[a]: "Mysterium hoc pignus est, et figura: Christi Corpus est veritas ipsa." "Quod videtur, panis est: quod spiritualiter intelligitur, vita est." Extat et alia Wulfini episcopi concio ad clerum, sacerdotalis synodi inscriptionem præferens; in quâ eadem sententia et doctrina ita explicatur[b]: "Hostia illa est Christi Corpus, non corporaliter, sed spiritualiter: non Corpus in quo passus est, sed Corpus de quo locutus est, quando panem et vinum in hostiam consecravit." Quam et nos hodieque in Ecclesiâ nostrâ Anglicanâ catholicam veritatem profitemur.

CAP.
V.

XXXVII. Hucusque igitur, per annos mille a nato in carne Christo, consentientia veterum patrum testimonia adscripsimus; atque ea omnia paulo copiosius recitavimus, ut inde cuivis non cæcutienti pateat veram et apostolicam de hoc mysterio doctrinam, ad hæc usque tempora, fuisse ab omnibus conservatam, paucis tantum quibusdam exceptis, qui, post annos Christi octingentos, etiam de modo præsentiæ et perceptionis Corporis Domini disputare et quærere, nondum tamen aliquid certi definire contra orthodoxam ve-

[z] [Ibid. fol. 19; ed. Lond. by John Day.—"Certainly Christ's body, which suffered death and rose from death, never dieth henceforth, but is eternal, and impassible: that housell is temporal, not eternal, corruptible, and dealed into sundry parts, chewed between teeth, and sent into the belly:" &c.]

[a] [Ut supr. fol. 20.—"This mystery is a pledge and a figure: Christ's Body is truth itself. This pledge we do keep mystically, until that we be come to the truth itself: and then is this pledge ended."—Item, fol. 16.—"If we behold that holy housell after bodily understanding, then see we that it is a creature corruptible and mutable: if we acknowledge therein ghostly might, then understand we that life is therein, and that it giveth immortality to them that eat it with belief;" &c.]

[b] Homil. Sacerdot. Synodi, impr. Lond. cum Homil. Paschali.—[Vid. fragmentum Ælfrici Epistolæ ad Wulfinum episc. Scyrburnens., "taken out of Liber Penitentialis, lib. iv. cap. 30, intituled 'A Synode concerning Priestes:' which epistle is also in a Canon boke of the Churche of Exeter;" ap. Ælfrici 'Testimonie of Antiquitie,' &c. p. 45.—"That holy housell is Christ's body, not bodily, but ghostly: not the body which he suffered in, but the body of which he spake, when he blessed bread and wine to housel a night before his suffering;" &c.—Conf. 'Divers ancient monuments in the Saxon tongue,' &c., by William L'Isle; lib. iv. Penitential. 'Concerning Priests-Synode;'— et Mart. Jos. Routh, Script. Eccl. opusc., tom. ii. pp. 528, 529.]

CAP. tustatis doctrinam, ausi sunt. Ne autem in immensum cres-
V. cat hoc caput, cætera quæ huc faciunt in sequenti capite adnotabimus.

CAPUT VI.

I., II., III., ET SEQ. IN QUIBUS, VETERIS ECCLESIÆ DOCTRINAM ET PRAXIN CUM DOCTRINÂ DE TRANSUBSTANTIATIONE PUGNARE, FUSIUS OSTENDITUR; ATQUE AD OBJECTIONES PONTIFICIORUM, EX ANTIQUITATE FRUSTRA QUÆSITAS, RESPONDETUR.

Scriptores superiori capite omissi.

I. ILLIS, quæ hactenus usque ad annum Christi millesimum testimonia attulimus, potuissent et alia multa interseri ex antiquorum monumentis; sed ea, per unumquodque sæculum, brevitatis studio omisimus: veluti sunt in sæculo I., post Sacras Scripturas, scripta Clementis Romani[c], quæ a pontificiis laudantur, sed transubstantiationi quamplurimum adversantur; una cum S. Ignatio[d] episcopo Antiocheno et martyre. In II. S. Theophilus[e] ejusdem Antiochiæ quartus post Ignatium episcopus; Athenagoras[f] etiam, et Tatianus[g], S. Justini martyris auditores. In III. Clemens Alexandrinus[h], Origenis præceptor; et Minutius Felix[i] orator

[c] Const. Ap., lib. vi. c. 23. [ap. Patres Apost., Cotelerii ed. Amstel. 1724, tom. i. p. 357.—ἀντὶ θυσίας τῆς δι' αἱμάτων, λογικὴν καὶ ἀναίμακτον καὶ τὴν μυστικὴν, ἥτις εἰς τὸν θάνατον τοῦ Κυρίου συμβόλων χάριν ἐπιτελεῖται, τοῦ σώματος αὐτοῦ καὶ τοῦ αἵματος.]—Et. 29. [c. 30. p. 361.—τὴν ἀντίτυπον τοῦ βασιλείου σώματος Χριστοῦ δεκτὴν εὐχαριστίαν προσφέρετε, ἔν τε ταῖς ἐκκλησίαις ἡμῶν, καὶ ἐν τοῖς κοιμητηρίοις.]
[d] Epist. ad Philadelph. [§ 4; ap. Patr. Apost., tom. ii. p. 76.—μία γὰρ ἐστιν ἡ σὰρξ τοῦ Κυρίου Ἰησοῦ, καὶ ἓν αὐτοῦ τὸ αἷμα, τὸ ὑπὲρ ἡμῶν ἐκχυθέν. εἷς καὶ ἄρτος τοῖς πᾶσιν ἐθρύφθη, καὶ ἓν ποτήριον τοῖς ὅλοις διενεμήθη.]
[e] Ad Autol., lib. ii. [Quæcunque laudet Cosinus sancti Theophili verba, latet.—Vid. autem lib. iii. ad Autol. c. 3; ed. 8vo. (Jo. Christoph. Wolf.) Hamburgi 1724, p. 278.—ἐπείτοι οὐκ ἂν ἐκεινήθης ὑπὸ ἀνοήτων ἀνθρώπων, ... φασκόντων ὡς κοινὰς ἁπάντων οὔσας τὰς γυναῖκας ἡμῶν, ... καὶ, τὸ ἀθεώτατον καὶ ὠμότατον, πασῶν σαρκῶν ἀνθρωπίνων ἐφάπτεσθαι ἡμᾶς.—Vid. etiam cap.

15. p. 322.]
[f] Legat. pro Christ. [§ 13; ap. Just. Martyr. op., ed. Ben. Par. 1742, p. 290.—τί δέ μοι ὁλοκαυτώσεων ὧν μὴ δεῖται ὁ Θεός; καίτοι προσφέρειν δέον ἀναίμακτον θυσίαν, καὶ τὴν λογικὴν προσάγειν λατρείαν.]
[g] In Diatess. [§ Tertius annus Dominicæ prædicationis.—Vid. Evang. IV. harmoniam, Ammonio Alexand. auctore, ap. Monumenta SS. Patrum Orthographa, ed. Basil. 1569, tom. i. p. 758.—Accepto pane, deinde vini calice, Corpus esse Suum ac Sanguinem testatus, manducare illos jussit et bibere, quod ea sit futuræ calamitatis Suæ mortisque memoria.]
[h] De Strom., lib. i. [§ 10.—Op., ed. Oxon. 1715, tom. i. p. 343.—Σωτὴρ ἄρτον λαβὼν πρῶτον ἐλάλησε καὶ εὐχαρίστησεν, εἶτα κλάσας τὸν ἄρτον προέθηκεν, ἵνα δὴ φάγωμεν λογικῶς.]—Et de Pædag., lib. ii. [c. 2; tom. i. p. 184.— μυστικὸν ἄρα σύμβολον ἡ γραφὴ αἵματος ἁγίου οἶνον ὠνόμασεν.—Vid. etiam, pp. 177, 178.]
[i] In Octavio. [Vid. ed. (Hamburgi)

Christianus. In IV. Eusebius Cæsariensis[k] episcopus; Juvencus[l] presbyter Hispanus; Macarius Ægyptius[m]; Sanctus Hilarius Pictaviensis[n] episcopus; Optatus[o] episcopus Milevitanus; Eusebius Emissenus[p]; Gregorius Nazianzenus[q]; Cyrillus Alexandrinus[r]; Epiphanius Salaminensis[s]; S.

CAP. VI.

1612, pp. 22, 23.—Quem colimus Deum nec ostendimus nec videmus; immo ex hoc Deum credimus, quod Eum sentire possumus, videre non possumus.—?]

[k] De Demonstr. Evang., l. i. c. 10. [ed. Par. 1628, p. 39.—τούτου δῆτα τοῦ θύματος τὴν μνημὴν ἐπὶ τραπέζης ἐκτελεῖν, διὰ συμβόλων τοῦ τε σώματος αὐτοῦ καὶ τοῦ σωτηρίου αἵματος κατὰ θεσμοὺς τῆς καινῆς διαθήκης παρειληφότες. κ.τ.λ.]—Et lib. viii. c. 2. [p. 380.— πάλιν γὰρ αὐτὸς τὰ σύμβολα τῆς ἐνθέου οἰκονομίας τοῖς αὐτοῦ παρεδίδου μαθηταῖς, τὴν εἰκόνα τοῦ ἰδίου σώματος ποιεῖσθαι παρακελευόμενος. κ.τ.λ.]

[l] De Hist. Evang., lib. iv. [v. 449, et seq.; ap. Galland. Biblioth., ed. Venet. 1768, tom. iv. p. 626—
Hæc ubi dicta dedit, palmis Sibi frangere panem
Divisumque dehinc tradit, sancteque precatus
Discipulos docuit proprium Se tradere Corpus.
Hinc calicem sumit Dominus vinoque repletum
Magnis sanctificat verbis, potumque ministrat,
Edocuitque Suum Se divisisse Cruorem.
Atque ait: Hic Sanguis populi delicta remittet.
Hunc potate Meum: nam (veris credite dictis)
Posthac non unquam vitis gustabo liquorem,
Donec, &c.]

[m] Hom. 37. [Vid. hom. xxvii.; ap. Gallandii Biblioth., tom. vii. p. 108. —οὔτε ἀνέβη αὐτῶν ἐπὶ καρδίαν ὅτι ἔσται βάπτισμα πυρὸς καὶ πνεύματος ἁγίου, καὶ ὅτι ἐν τῇ ἐκκλησίᾳ προσφέρεται ἄρτος καὶ οἶνος, ἀντίτυπον τῆς σαρκὸς αὐτοῦ καὶ τοῦ αἵματος, καὶ οἱ μεταλαμβάνοντες ἐκ τοῦ φαινομένου ἄρτου, πνευματικῶς τὴν σάρκα τοῦ Κυρίου ἐσθίουσι, κ.τ.λ.]

[n] In Matt. [Vid. cap. ix. § 3.—Op. ed. Ben. Par. 1693, col. 648.—Omnes non credentes resurrexisse Christum, habituri non essent cibum vitæ. In fide enim resurrectionis sacramentum panis cœlestis accipitur; &c.—Item, cap.

xxx. § 2. ubi supr. col. 740.—Sine quo [sc. Judâ] pascha accepto calice et fracto pane conficitur. Dignus enim æternorum sacramentorum communione non fuerat.]—Et, De Synod. [§ 13, ubi supr. col. 1159.—Neque enim ipse sibi quisquam imago est: sed eum, cujus imago est, necesse est ut imago demonstret.—Vid. etiam lib. viii. de Trinitate, §§ 13—16; ubi supr. coll. 954—957.]

[o] Contra Parm., lib. iii. [Op., ed. Par. 1679, p. 74.—Vinum a peccatoribus operariis et calcatur et premitur, et sic inde Deo sacrificium offertur; &c.— Vid. etiam, p. 82.]

[p] Homil. de Corp. Christ. [Vid. Homil. v. de Pascha, ap. Bibl. Patr. Max., tom. vi. p. 636.—Quia Corpus assumptum oblaturus erat ex oculis nostris et sideribus illaturus, necessarium erat, ut nobis in hac die sacramentum Corporis et Sanguinis Sui consecraret, ut coleretur jugiter per mysterium quod semel offerebatur in pretium; &c. . . . Cum ad Altare . . . accedis, sacrum Dei tui Corpus et Sanguinem fide respice, honore mirare, mente continge, cordis manu suscipe, et maxime haustu interiore assume.—Et passim.]

[q] Orat. funebr. de Gorgonia. [Vid. Orat. viii. § 18.—Op., ed. Ben. Par. 1778. tom. i. p. 229.—εἶτα τῷ παρ' ἑαυτῆς φαρμάκῳ τούτῳ τὸ σῶμα πᾶν ἐπιλείφουσα, καὶ εἴ πού τι τῶν ἀντιτύπων τοῦ τιμίου σώματος ἢ τοῦ αἵματος ἡ χεὶρ ἐθησαύρισεν. τοῦτο καταμιγνῦσα τοῖς δάκρυσιν· ὦ τοῦ θαύματος· ἀπῆλθεν εὐθὺς αἰσθομένη τῆς σωτηρίας, κ.τ.λ.]

[r] In Joh. l. 4. c. 14. [Vid. cap. ii.— Op., Lut. 1638, tom. iv. p. 360.—διὰ ταύτην, οἶμαι, τὴν αἰτίαν παρεὶς εἰκότως ὁ Κύριος τὸ λέγειν αὐτοῖς, τίνα τρόπον ἐπιδώσει τὴν σάρκα Αὑτοῦ φαγεῖν, ἐπὶ τὸ χρῆναι πιστεύειν πρὸ τῆς ἐρεύνης καλεῖ, κ.τ.λ.—Conf. cap. iii. p. 377.]

[s] In Ancorato, [§ 57.—Op., ed. Colon. 1682, tom. ii. p. 60.—ὁρῶμεν γὰρ ὅτι ἔλαβεν ὁ Πατὴρ (marg. lege Σωτὴρ) εἰς τὰς χεῖρας αὑτοῦ, ὡς ἔχει τὸ εὐαγγέλιον, ὅτι ἀνέστη ἐν τῷ δείπνῳ, καὶ ἔλαβε τάδε. καὶ εὐχαριστήσας εἶπε, τοῦτό μου ἐστὶ τόδε. καὶ ὁρῶμεν ὅτι οὐκ ἴσον ἐστίν, οὐδὲ ὅμοιον, οὐ τῇ ἐνσάρκῳ

CAP. Hieronymus[t]; Theophilus Alexandrinus[u]; et Gaudentius
VI. Brixiensis[x] episcopus. In V. Sedulius[y] presbyter Scoticanus;
Gennadius Massiliensis[z]; et Faustus Regiensis[a] episcopus.
In VI. Fulgentius Africanus[b]; Victor Antiochenus[c]; Prima-

εἰκόνι, οὐ τῇ ἀοράτῳ θεότητι, οὐ τοῖς χαρακτῆρσι τῶν μελῶν. τὸ μὲν γάρ ἐστι στρογγυλοειδὲς καὶ ἀναίσθητον ὡς πρὸς τὴν δύναμιν.]
* [t] Contra Jovinian. [lib. ii. § 5. quæst. iii.—Op. ed. Vallars. Veronæ, 1735, tom. ii. col. 330.—In typo Sanguinis Sui non obtulit aquam, sed vinum.—Item, § 17, col. 352..... " excepto mysterio, quod in typum Suæ passionis expressit," &c.]—Et in 31 Jer. [v. 10, 11; tom. iv. col. 1063.—Super frumento et vino et oleo, de quo conficitur panis Domini et Sanguinis Ejus impletur typus; &c.]—Et in xxvi. Matt. [v. 26 —28.—Vid. tom. vii. col. 216.—Postquam typicum Pascha fuerat impletum, et agni carnes cum apostolis comederat, assumit panem qui confortat cor hominis, et ad verum Paschæ transgreditur sacramentum, ut, quomodo in præfiguratione Ejus Melchisedec, summi Dei sacerdos, panem et vinum offerens fecerat, Ipse quoque in veritate Sui Corporis et Sanguinis repræsentaret.)
[u] Epist. Pasch. ii. [ap. Bibl. Patr. Max., tom. v. p. 849.—Quotquot fidei perducentis ad regna cœlorum participes sumus, sanctæ solennitatis suscipiamus adventum, et imminentia festa totius nobiscum urbis festivitate celebremus, clamante uno de sapientibus : Veni, comede in lætitiâ panem tuum, et bibe in corde bono vinum tuum, quoniam complacuerunt Deo opera tua. —Item, p. 851.—Cum et apostolus de Salvatore significet, quod hoc fecit semel Seipsum offerens, &c.—Vid. etiam Ep. i. p. 846.—Non recogitat (Origenes) aquas in baptismate mysticas adventu S. Spiritus consecrari, panemque Dominicum, quo Salvatoris Corpus ostenditur, et quem frangimus in sanctificationem nostri, et sacrum calicem, quæ in mensa Ecclesiæ collocantur, et utique inanima sunt, per invocationem et adventum Sancti Spiritus sanctificari.]
[x] In Exod. ii. [tract. ii. de Paschæ observatione; ap. Bibl. Patr. Max., tom. v. p. 947.—Cum panem consecratum et vinum discipulis Suis porrigeret, sic ait, &c..... Mandat, ut ... omnes ... exemplar passionis Christi ante oculos habentes quotidie, et gerentes in manibus, ore etiam sumentes, ac pectore, redemptionis nostræ indelibili memoriâ

teneamus; &c..... Quod autem sacramenta Corporis Sui et Sanguinis in specie panis et vini offerenda constituit, duplex ratio est..... Deinde, quomodo panem de multis tritici granis in pollinem redactis per aquam confici, et per ignem necesse est consummari; rationabiliter in eo figura accipitur Corporis Christi; &c.]
[y] In Epist. S. Paul. [I. ad Corinth. cap. x., ed. Basil. 1528, fol. 56, D.— Carnalis Israel carnales hostias offerebat: spiritualis spiritualia sacrificia offert Christo.—Vid. etiam cap. xi. fol. 57, D.]
[z] De Dogm. Eccl. c. 25. [Vid. cap. lxxv., ed. 4to. Hamb. 1614, p. 40.—In Eucharistiâ non debet pura aqua offerri, &c. ... quia et vinum fuit in redemptionis nostræ mysterio, &c. ... et aquâ mixtum, ... quod de latere Ejus, lanceâ perfosso, aquâ cum Sanguine egressâ, vinum de verâ Ejus Carnis vite cum aquâ expressum ostenditur.]
[a] Homil. 3 in Epiph. [?—Vid. Fausti Episc. Serm. ad monachos v. in die S. Paschæ, § i.; ap. Veterum Scriptorum, &c., Edmundi Martene et Urs. Durandi, ed. Ben. Par. 1733, col. 152.— Semper Christus credentibus immolatur. Hic est ergo ille vitulus saginatus, &c.—Vid. etiam § 2, et passim.]
[b] De Fide, cap. 16. [Vid. cap. xix.— Op., ed. Lugd. 1633, pp. 92, 93.— Cui nunc ... cum Patre et Spiritu Sancto, cum quibus Illi est una Divinitas, sacrificium panis et vini, in fide et caritate, sancta Ecclesia catholica per universum orbem terræ offerre non cessat; &c.]—Et Ep. ad Ferrand. [Vid. Ep. de Baptismo Æthiopis moribundi, cap. xi. ubi supr. p. 210.—Qui ergo membrum Corporis Christi fit, quomodo non accipit quod ipse fit, quando utique Illius fit verum Corporis membrum, cujus Corporis est in sacrificio sacramentum ? Hoc ergo fit ille regeneratione sancti Baptismatis, quod est de sacrificio sumpturus Altaris.]
[c] Com. in xiv. Marc. [Bibl. Patr. Max., tom. iv. p. 407.—In cujus rei typum, et commemorationem, divina illa mysteria juxta Illius mandatum peragimus et consecramus .... Per panis quidem symbolum Corporis Christi, per calicem vero ejusdem Sanguinis participes se fieri.]

sius[d] episcopus; et Procopius Gazæus[e]. In VII. Hesychius[f] presbyter Hierosolymitanus; et Maximus[g] abbas Constantinopolitanus. In VIII. Johannes Damascenus[h]. In IX. Nicephorus[i] patriarcha; et Hincmarus[k] archiepiscopus

C A P.
VI.

[d] In [1] Epist. ad Cor. [c. x.—Bibl. Patr. Max., tom. x. p. 188.—Panis quem frangimus, nonne participatio Corporis Domini est? Sic et idolorum panis dæmonum participatio est.... Si de eodem pane manducamus unde idololatræ, unum cum illis corpus efficimur... carnalis Israel carnales hostias offert, spiritualis spirituales, &c.]

[e] In Genes. 49. [γάλα τὸ λαμπρὸν ὑποσημαίνει καὶ καθαρὸν τῆς μυστηριώδου τροφῆς· παρέδωκε γὰρ εἰκόνα τοῦ ἰδίου Σώματος μαθηταῖς, μηκέτι τὰς νομικὰς καὶ δι' αἱμάτων θυσίας προσιέμενος. τὸ τοίνυν ἄρτου τὸ καθαρὸν τῆς τροφῆς διὰ τῶν λευκῶν ὀδόντων ἐδήλωσε.—Sic Procopii Gazæi testimonium protulit Rev. J. S. Brewer, "History of Popish Transubstantiation, Lond. 1840," nescio ex quibus *Græcis* codicibus.—Conf. Procopii Comm. in Octateuch., Conr. Clausero Interpr., ed. Tiguri 1555, p. 206.]

[f] In Levit. i. 6. [Vid. lib. i. cap. 2; ed. Basil. 1527, p. 14.—Carnem autem Ejus, quæ ad comedendum inepta erat ante passionem, (quis enim comedere cupiebat Carnem Dei?) aptam cibo post passionem fecit; si enim non fuisset crucifixus, sacrificium Corporis Ejus minime comederemus. Comedimus autem nunc cibum, sumentes Ejus memoriam passionis.]

[g] In Hierarch. Dionys. [Vid. lib. de Eccles. Hierarch., cap. iii. schol. S. Maximi; ap. S. Dionys. op., ed. Antv. 1634, tom. i. p. 306.—σύμβολα ταῦτα, καὶ οὐκ ἀλήθεια.—Item, p. 307. —ἀγάλματά φησι τὰς εἰκόνας τῶν ἀοράτων καὶ μυστικῶν, ἤγουν τὰ συμβολικῶς τελούμενα.]

[h] De Fide Orthod. [l. iii. c. 3.—Op., ed. Par. 1712, tom. i. p. 206.—πῶς δὲ καὶ ἡ μία φύσις τῶν ἐναντίων οὐσιωδῶν διαφόρων δεκτικὴ γενήσεται; πῶς γὰρ δυνατὸν τὴν αὐτὴν φύσιν, κατὰ ταὐτὸν, κτιστήν τε εἶναι καὶ ἄκτιστον, θνητήν καὶ ἀθάνατον, περιγραπτὴν καὶ ἀπερίγραπτον;—Item, (lib. iv. cap. 13. p. 269.)—ὥσπερ γὰρ πάντα, ὅσα ἐποίησεν ὁ Θεὸς, τῇ τοῦ Ἁγίου Πνεύματος ἐνεργείᾳ ἐποίησεν, οὕτω καὶ νῦν ἡ τοῦ Πνεύματος ἐνέργεια τὰ ὑπὲρ φύσιν ἐργάζεται, ἃ οὐ δύναται χωρῆσαι, εἰ μὴ μόνη ἡ πίστις. . .
. . . . καὶ νῦν ἐρωτᾷς, πῶς ὁ ἄρτος γίνεται Σῶμα Χριστοῦ, καὶ ὁ οἶνος καὶ τὸ ὕδωρ Αἷμα Χριστοῦ;

λέγω σοι κἀγώ· Πνεῦμα Ἅγιον ἐπιφοιτᾷ καὶ ταῦτα ποιεῖ τὰ ὑπὲρ λόγον καὶ ἔννοιαν.

ἄρτος δὲ καὶ οἶνος παραλαμβάνεται· οἶδε γὰρ ὁ Θεὸς τὴν ἀνθρωπίνην ἀσθένειαν· ὡς τὰ πολλὰ γὰρ, τὰ μὴ κατὰ τὴν συνήθειαν τετριμμένα, ἀποστρέφεται δυσχεραίνουσα· τῇ οὖν συγκαταβάσει συνήθει κεχρημένος, διὰ τῶν συνηθῶν τῆς φύσεως ποιεῖ τὰ ὑπὲρ φύσιν· καὶ, ὥσπερ ἐπὶ τοῦ Βαπτίσματος, ἐπειδὴ ἔθος ἀνθρώποις ὕδατι λούεσθαι, καὶ ἐλαίῳ χρίεσθαι, συνέζευξε τῷ ἐλαίῳ καὶ ὕδατι τὴν χάριν τοῦ Πνεύματος, καὶ ἐποίησεν αὐτὸ λουτρὸν ἀναγεννήσεως, οὕτως, ἐπειδὴ ἔθος τοῖς ἀνθρώποις ἄρτον ἐσθίειν, ὕδωρ τε καὶ οἶνον πίνειν, συνέζευξεν αὐτοῖς τὴν αὐτοῦ θεότητα, καὶ πεποίηκεν αὐτὰ σῶμα καὶ αἷμα αὐτοῦ, ἵνα διὰ τῶν συνηθῶν, καὶ κατὰ φύσιν, ἐν τοῖς ὑπὲρ φύσιν γενώμεθα.

σῶμά ἐστιν ἀληθῶς ἡνωμένον θεότητι, τὸ ἐκ τῆς ἁγίας παρθένου σῶμα, οὐχ ὅτι τὸ ἀναληφθὲν σῶμα ἐξ οὐρανοῦ κατέρχεται, ἀλλ' ὅτι αὐτὸς ὁ ἄρτος καὶ οἶνος μεταποιοῦνται εἰς σῶμα καὶ αἷμα Θεοῦ· εἰ δὲ τὸν τρόπον ἐπιζητεῖς, πῶς γίνεται, ἀρκεῖ σοι ἀκοῦσαι, ὅτι διὰ Πνεύματος Ἁγίου, κ. τ. λ. . . . . . . (p. 270.) καὶ πλέον οὐδὲν γινώσκομεν, ἀλλ' ὅτι ὁ λόγος τοῦ Θεοῦ ἀληθής ἐστι, καὶ ἐνεργὴς, καὶ παντοδύναμος· ὁ δὲ τρόπος ἀνεξερεύνητος. (p. 271.) γίνεται τοίνυν, τοῖς πίστει ἀξίως μεταλαμβάνουσιν, εἰς ἄφεσιν ἁμαρτιῶν, καὶ εἰς ζωὴν αἰώνιον, καὶ εἰς φυλακτήριον ψυχῆς τε καὶ σώματος. κ. τ. λ. . . . . διὸ μετὰ παντὸς φόβου, καὶ συνειδήσεως καθαρᾶς, καὶ ἀδιστάκτου πίστεως προσελθώμεν· καὶ πάντως ἔσται ἡμῖν, καθὼς πιστεύομεν, μὴ διστάζοντες, κ. τ. λ.—Et passim.]

[i] De Cherub. c. 6. [Vid. lib. iii. cap. 6; ap. Bibl. Patr. Max., tom. xiv. p. 94.—Quomodo idem dicitur Corpus et imago Christi? Quod enim est alicujus imago, hoc corpus ejus esse non potest, &c.]

[k] In vitâ S. Remig. [Hist. Sanctorum per F. L. Surium, ed. Col. Agr. 1576, tom. i. p. 290.—Lavat nos a peccatis nostris quotidianis in Sanguine Suo, cum ejusdem beatæ passionis ad altare memoria replicatur, cum panis et vini creatura in sacramentum Carnis et Sanguinis Ejus ineffabili Spiritus sanctificatione transfertur.]

94 DE SACRIS SYMBOLIS ET SPIRITUALI MANDUCATIONE

CAP. VI. Rhemensis. Denique, in X. Fulbertus[1] episcopus Carnotensis. Quibus ad cumulum addenda sunt etiam ipsa concilia patrum, Ancyranum [m], Neocæsariense [n], et (præter Nicenum I,[o] superius adductum,) Laodicenum[p], Carthaginense [q], Aurelianense[r], Toletanum IV.[s], Bracarense[t], Toletanum XVI.[u], et Constantinopolitanum in Trullo[x]. Ex his enim omnibus con-

[1] Epist. ad Adeodat. [Vid. Ep. i.; ap. Bibl. Patr. Max., tom. xviii. p. 5.—(Dominus) defectum nostræ fragilitatis miseratus, adversus quotidianas nostræ prolapsionis offensas, sacrificii placabilis nobis providit expiamenta, ut quia Corpus Suum, quod semel pro nobis offerebat in pretium, paulo post a nostris visibus sublaturus fuerat in cœlum, ne sublati Corporis fraudaremur præsenti munimine, Corporis nihilominus et Sanguinis Sui pignus salutare nobis reliquit, non inanis mysterii symbolum, sed, compaginante Spiritu S., Corpus Christi verum, quod quotidianâ veneratione sub visibili creaturæ formâ invisibiliter virtus secreta in sacris solemnibus operatur.]

[m] Anno 314.—Can. ii. [Labbe, tom. i. col. 1456.—διακόνους ὁμοίως θύσαντας, μετὰ δὲ ταῦτα ἀναπαλαίσαντας, τὴν μὲν ἄλλην τιμὴν ἔχειν, πεπαῦσθαι δὲ αὐτοὺς πάσης τῆς ἱερᾶς λειτουργίας, τῆς τε τοῦ ἄρτον ἢ ποτήριον ἀναφέρειν ἢ κηρύσσειν, κ.τ.λ.]

[n] Ann. eodem.—Can. xiii. [Labbe, tom. i. col. 1484.—ἐπιχώριοι πρεσβύτεροι ἐν τῷ κυριακῷ τῆς πόλεως προσφέρειν οὐ δύνανται, παρόντος ἐπισκόπου ἢ πρεσβυτέρων πόλεως, οὔτε μὴν ἄρτον διδόναι ἐν εὐχῇ, οὐδὲ ποτήριον, κ.τ.λ.]

[o] In Act. lib. ii. cap. xxx. [Gelasii Hist. Conc. Nic.—Labbe, tom. ii. col. 212.—ἐπὶ τῆς θείας τραπέζης πάλιν κἀνταῦθα μὴ τῷ προκειμένῳ ἄρτῳ καὶ τῷ ποτηρίῳ ταπεινῶς προσέχωμεν· ἀλλ' ὑψώσαντες ἡμῶν τὴν διάνοιαν πίστει νοήσωμεν κεῖσθαι ἐπὶ τῆς ἱερᾶς ἐκείνης τραπέζης τὸν Ἀμνὸν τοῦ Θεοῦ τὸν αἴροντα τὴν ἁμαρτίαν τοῦ κόσμου, ἀθύτως ὑπὸ τῶν ἱερέων θυόμενον· καὶ τὸ τίμιον αὐτοῦ σῶμα καὶ αἷμα ἀληθῶς λαμβάνοντας ἡμᾶς πιστεύειν ταῦτα εἶναι τὰ τῆς ἡμετέρας ἀναστάσεως σύμβολα. διὰ τοῦτο γὰρ οὔτε πολύ λαμβάνομεν, ἀλλ' ὀλίγον, ἵνα γνῶμεν ὅτι οὐκ εἰς πλησμονὴν, ἀλλ' εἰς ἁγιασμόν.]

[p] Ann. 364.—Can. xxv. [Labbe, tom. i. col. 1501.—ὅτι οὐ δεῖ ὑπηρέτας ἄρτον διδόναι, οὐδὲ ποτήριον εὐλογεῖν.]

[q] Ann. 397.—Can. xxiv. (Labbe, tom. ii. col. 1170. —Ut in sacramentis Corporis et Sanguinis Domini nihil amplius offeratur quam ipse Dominus tradidit, hoc est, panis et vinum aquâ mixtum. Nec amplius in sacrificiis offeratur quam de uvis et frumentis.]

[r] Ann. 541.—Can. iv. [Labbe, tom. v. col. 382.—Ut nullus in oblatione sacri calicis nisi quod ex fructu vineæ speratur, et hoc aquâ mixtum, offerre præsumat, quia sacrilegium judicatur aliud offerri, quam quod in mandatis sacratissimis Salvator instituit.]

[s] Ann. 633.—Can. 17. [Vid. capitul. xviii.—Labbe, tom. v. col. 1711.—Nonnulli sacerdotes post dictam orationem dominicam statim communicant, et postea benedictionem in populo dant: quod deinceps interdicimus: sed post orationem dominicam et conjunctionem panis et calicis benedictio in populum sequatur, et tunc demum Corporis et Sanguinis Domini sacramentum sumatur, &c.]

[t] Ann. 675.—Cap. ii. [Labbe, tom. vi. col. 564.—Nulli deinceps licitum erit aliud in sacrificiis divinis offerre, nisi juxta antiquorum sententias conciliorum, panem tantum et calicem vino et aquâ permixtum.]

[u] Ann. 693.—Cap. vi. [Labbe, tom. vi. col. 1341.—Quia et Redemptoris verba testantur, quod panem integrum accipiens, (marg. acceperit,) non buccellam; quem post benedictionem confrangens Suis particulatim discipulis dederit; et Paulus apostolus similiter nihilominus narrat, quod panem acceperit et gratias agens confregerit; nec non et illud, quod Christus de quinque panibus confractis turbam refecerit, quid aliud instituit nos, nisi ut panem integrum sumentes, super altaris ejus mensam benedicendum ponamus? &c.]

[x] Ann. 681.—Can. xxxii. [Labbe, tom. vi. col. 1158.—εἴ τις οὖν ἐπίσκοπος ἢ πρεσβύτερος μὴ κατὰ τὴν παραδοθεῖσαν ὑπὸ τῶν ἀποστόλων τάξιν ποιεῖ, καὶ ὕδωρ οἴνῳ μιγνὺς οὕτω τὴν ἄχραντον προσάγει θυσίαν, καθαιρείσθω, ὡς ἀτελῶς τὸ μυστήριον ἐξαγγέλλων καὶ καινίζων τὰ παραδεδομένα.]

stat, transubstantiationis gangrænam nondum orbis Christiani ecclesias depavisse; sed sanam ubique doctrinam de Corpore et Sanguine Domini, Ejusque verâ (spirituali et mysticâ tamen, non carnali) præsentiâ, una cum symbolis panis et vini, in substantiâ suâ post consecrationem Eucharistiæ remanentibus, retentam esse: et, quamvis utrumque loquendi genus a priscis patribus usurpatum fuerit, (videlicet, panem et vinum verum esse Corpus et Sanguinem Christi, in quæ mystice permutantur, eademque itidem esse veri Corporis et Sanguinis Christi signa, symbola, antitypa, pignora, imagines, figuras, similitudines, repræsentationes, et exemplaria, quorum propria substantia non est ablata,) nullam tamen in sensu contrarietatem aut diversitatem fuisse. Neque enim tam nullius fidei erant, ut vacua hæc et nuda tantum esse signa, aut elementa, crederent; neque tam crassi et rudis ingenii, ut sacramentalem et mysticam a carnali et naturali (prout nunc a transubstantiatoribus docetur) Christi præsentiâ non distinguerent. Nam talem omnino permutationem, sacramentis omnibus communem, hic fieri intellexerunt, quâ externa symbola in res ipsas divinas conversa esse non aliam ob causam dicuntur, quam quia vere et efficaciter illas repræsentant, et fideles vere illarum participes fiunt, dum ea ore percipiunt; eamque, ex Spiritûs S. virtute, et Christi Domini instituto, prerogativam divinam acquirunt, quam ex naturâ suâ non habent. Atque hoc illud est, quod per mille et amplius annos de sacratissimo Eucharistiæ mysterio, ex canonicis Scripturis, erudita ac sancta tradidit antiquitas.

II. Sunt et alia nonnulla, ex quibus intelligi potest veteres non credidisse transubstantiationis commentum, aut præsentiam Corporis et Sanguinis Dominici accidentibus panis et vini ita alligatam esse, ut, quamdiu illa supersunt, et panem vinumque referunt, tamdiu etiam extra usum sacramenti præsens sit Christus. Certum enim est, apud complures veterum, usu receptum fuisse, ut, "quæ[y] post peractam

---

[y] Hesychius, lib. ii. in Levit. cap. 8.—A.D. 600. [Vid. Bibl. Patr. Max., tom. xii. p. 86.—Sed hoc, quod reliquum est de carnibus et panibus, in igne incendi præcipit. Quod nunc videmus etiam sensibiliter in Ecclesiâ fieri, ignique tradi quæcunque remanere contigerit inconsumpta; &c.]—Can. Eccl. Angl. apud Spelmanum tredecimus inter eos qui Bedæ titulum præferunt.—A.D. 700. [Vid. Henr. Spelm. Concilia, Decreta, &c. Brit. Eccl., ed. Lond. 1639, tom. i. p. 287.—Can. xiii. De Eucharistiâ. Si quis Eucharistiam negligentiæ causâ perdiderit, unum annum pœniteat, &c. ... Qui neglexerit

CAP. VI. communionem elementorum reliquiæ superessent, in ignem conjectæ comburerentur." Et quis credat ullum Christianum Christum Dominum et Redemptorem suum, Ejusque Corpus et Sanguinem, si coram positum in potestate suâ habeat, in ignem conjicere vel velle vel audere? Equidem facinus id fuisset non minus horrendum, quam quod olim perfidissimi Judæi patrârunt. Cremâssent enim illi, quod hi cruci affixerunt,—ipsum verum ac naturale Corpus Christi, quod ex Mariâ Virgine assumpsit,—si modo transubstantiationem credidissent. Veteres itaque, qui fragmenta panis consecrati, reliquiasque vini in celebratione Eucharistiæ inconsumpti, combussêre, a fide et doctrinâ Romanæ (quæ nunc est) ecclesiæ remotissimi fuerunt. Quod et itidem comprobatur ex pœnâ illâ canonicâ unicuique clericorum decretâ, cujus[z] negligentiâ "vel mus vel aliud animal sacrificium" (seu panem consecratum) "comederit." Ipsum vero naturale Christi Corpus a muribus aliisve brutis animalibus corrodi posse aut comedi, quis unquam nisi mentis inops admitteret?—Id, quod primos transubstantiationis patronos in maximas angustias conjecit. Et quidvis potius aliud comminisci maluerunt, quam ut illud admittere viderentur; cum satis intelligerent, quam id abominandum sit, et Christo, fideque, et religione Christianâ, indignum. Et tamen a fide Romanâ hodiernâ non abhorret: imo, ex hypothesi transubstantiationis necessario quidem deducitur, Corpus Christi[a]

Sacrificium, ut vermes in eo sint, ut colorem non habeant, saporemque, 20 dies pœniteat, vel 30, vel 40; et in igne accendetur. Si usque ad terram ceciderit, unum diem pœniteat; &c.] —Can. ejusd. Eccl. sub Edgaro Rege 38us, ib.—A.D. 970. [Ubi supra, p. 452.—Can. xxxviii. Docemus etiam, ut sacerdos semper habeat præparatam (prout opus fuerit) Eucharistiam, et hanc in puritate custodiat, caveatque ne inveterescat. Sin diutius reservata fuerit quam oportuit, et ut nauseam pariat, comburetur tunc in puro igne, condanturque cineres sub Altari, et noxæ reus apud Deum componat.]

[z] Conc. Arelat. III. citat. a Gratiano, de Consecr. dist. ii.—A.D. 640. [Vid. can. xciv.—Corp. Jur. Can., ed. Par. 1612, tom. i. fol. 2137.—Qui bene non custodierit Sacrificium, et mus vel aliquod aliud animal illud comederit, quinquaginta diebus pœniteat. Qui autem perdiderit illud in Ecclesiâ, aut pars Ejus ceciderit et non inventa fuerit, triginta dies pœniteat.]

[a] Alex. Alens., lib. iv. q. 45. m. i. art. 2; et q. 53. m. iii. [Nescio quâ editione, aut summulâ quidem, usurpaverit Cosinus; cujus utraque citatio fallit.—Vid. autem Alexand. Alens. Sum. Theol. par. iv. quæst. xi. de manducatione Eucharistiæ, membrum ii. art. 2. § 1; ed. Col. Agr. 1622, tom. iv. p. 380.—Consequenter quæritur, utrum Corpus Christi trajiciatur in ventrem creaturæ irrationalis .... Respondeo :... Quidam opinantur, quod Corpus Christi continetur in illis speciebus inseparabiliter, quamdiu sunt sacramenta: hoc autem est, quamdiu salva est forma panis. Et dicunt quod, ubicunque ponantur species, sive in loco mundo, sive immundo, sive in ventrem

posse esse in ventre muris sub specie panis. Contraria vero opinio non modo hodie a pontificiis non tenetur, sed, ne deinceps teneatur, ipse etiam pontifex Romanus[b], additâ excommunicationis poenâ, prohibuit: adeo ut dubitare[c] illis non liceat, quin res sit de fide, quæ a fide maxime abhorret.

III. Sed videamus interim, quibus tandem fulcimentis (ab antiquitate frustra quæsitis) hoc suum transubstantiationis dogma statuminatum eunt novi isti rerum incredibilium architecti. Solent illi plurima quidem ex primæ et mediæ ætatis patribus corradere testimonia; quibus probare conantur eos, de transubstantiatione panis et vini in Carnem et Sanguinem Christi naturalem, idem omnino et sensisse et docuisse quod hodie Romana ecclesia sentit, credit, ac docet. Ea igitur breviter excutiemus, ut inde adhuc plenius cognoscatur venerandam antiquitatem et patrum scripta ne verbo

muris, ibi est Corpus Christi.... Videtur mihi, quod prima opinio sit tenenda. Si enim canis vel porcus deglutiret hostiam consecratam, non video quare vel quomodo Corpus Domini non simul cum specie trajiceretur in ventrem canis vel porci.]—Thom. in iii. q. 80. art. 3. [Sum. Theol. ed. Venet. 1596, tom. ii. p. 230.—Dicendum quod, etiamsi mus vel canis hostiam consecratam manducet, substantia Corporis Christi non desinit esse sub speciebus, quamdiu species illæ manent: hoc est, quamdiu substantia panis maneret, sicut etiam si projiceretur in lutum. Nec hoc vergit in detrimentum dignitatis Corporis Christi, qui voluit a peccatoribus crucifigi absque diminutione suæ dignitatis: præsertim, cum mus aut canis non tangat Ipsum Corpus Christi secundum propriam speciem, sed solum secundum species sacramentales. Quidam autem dixerunt, quod statim, cum sacramentum tangitur a mure vel cane, desinit ibi esse Corpus Christi: quod etiam derogat veritati sacramenti, &c.]—Et in iv. [Sentent.] d. ix. q. 2. [Thom. Aquin. op., ed. Venet. 1593, tom. vii. fol. 26.— Si Corpus Christi per negligentiam, vel quocunque modo, in aliquem locum immundum projiciatur, non dicitur quod desinat esse sub speciebus Corporis Christi: ergo non oportet dici quod sub speciebus a brutis comestis desinat esse Corpus Christi: sed species possunt a brutis manducari, ergo et Corpus Christi.—Et passim.]

[b] Greg. XI. in Director. Inquisit. p. i. n. 15. [scil. Nicolai Eymerici Direct. Inquisit., ed. fol. Romæ, 1578, p. 33.—§. Inhibitio facta de mandato Domini Gregorii XI. ne tres hic inserti articuli de Corpore Christi deinceps prædicentur sub poenâ excommunicationis. Miseratione divina, &c.... Prædicati fuerunt tres articuli subsequentes in effectu. Primus, quod, si hostia consecrata cadat, &c.,.. speciebus remanentibus, sub iis esse desinit Corpus Christi, et redit substantia panis: secundus, quod, si hostia consecrata a mure corrodatur,.... speciebus dictis remanentibus, sub iis desinit esse Corpus Christi, &c..........Supplicato igitur, &c.... idem dominus noster Papa nobis.... commisit, quatenus auctoritate suâ apostolicâ vobis mandaremus, ut... in dictis vestris provinciis sub poenâ excommunicationis inhibeatis, nequis deinceps dictos articulos publice præsumat prædicare.] —Et p. ii. q. 10. [q. v. ubi supr. pp. 196, 197.]

[c] Vasq., Disp. 195. in [par.] iii. [D. Thomæ] cap. 5. [ed. Antverp. 1614, tom. iii. pp. 293, 294.—Verum non est cur negemus Corpus Christi etiam ab animalibus brutis manducari, &c.... Hoc enim est contra communem sensum Ecclesiæ, quæ species e loco sordido erutas tanquam verum sacramentum veneraretur, &c.... Imo, et Gregorius XI.... damnavit prædictam sententiam, &c.]

CAP. VI.

quidem unico novitati transubstantiationis patrocinari, sed veram illam doctrinam, quam ab initio tradidimus, magnâ constantiâ in Ecclesiâ Christi retentam et custoditam fuisse.

IV. Quæ vero ex veteribus huc trahunt testimonia, ad certa sua capita[1] possunt omnia fere redigi; ne ad singula separatim prolixe nimis respondendum sit.

[1] ["ad certas suas classes." —MS. Dunelm.]

I. Responsio ad Testimonia Irenæi, Origenis, Cyrilli Hieros., Gr. Nazianz., S. Hieron., S. Augustini, et aliorum.

[2] [Cap. vi. § 19.]

V. Ad primam classem referenda sunt ea, quibus Eucharistia dicitur Corpus et Sanguis Domini. Resp. Sed ipsimet patres passim sese explicant, et hanc suam loquendi rationem ita interpretantur, ut ea mystice et spiritualiter intelligatur; quatenus sacramenta ex illâ similitudine, quam cum rebus habent quarum sacramenta sunt, plerumque ipsarum rerum nomina accipiunt, "non rei veritate, sed significante mysterio," uti superius[2] ex Augustino[d] aliisque late ostensum est. Nemo enim negare potest, quin ea, quæ videntur, figuræ sint et symbola; quæ autem non videntur, Corpus et Sanguis Christi: atque adeo mysterium hoc ita esse comparatum, ut, quando in Eucharistiâ nobis dantur panis et vinum, simul et eodem tempore dantur etiam Corpus et Sanguis Domini; quæ in benedictæ Eucharistiæ celebratione non minus exhibentur quam adumbrantur. Hinc igitur enata est locutio illa ecclesiastica:—Panis benedictus est Corpus Christi.

II. Responsio ad Test. S. Hieronymi Ep. ad Heliod. 2, item Ep. ad Evagrium 85, et S. Ambros. de iis qui init., cap. 9, &c.

[3] ["sacerdotum." —MS. Dunelm.]

VI. Ad secundam classem ea pertinent testimonia, quibus προεστῶτες, et presbyteri, Christi Corpus ore sacro conficere dicuntur: quemadmodum loquitur Hieronymus epistolâ ad Heliodorum; et, præter alios, S. Ambrosius de iis qui mysteriis initiantur. Resp. Nempe, ad presbyterorum[3] preces et benedictiones, panis communis factus est panis sacramentalis; qui, quando frangitur et manducatur, κοινωνία Corporis Christi est, adeoque sacramentaliter Corpus Christi recte dicitur: nam non solum Corpus Domini repræsentat, sed (ut sæpius jam dictum est) eo percepto vere quoque Corporis

[d] De Consecrat. dist. ii. c. *Sicut.* [Vid. potius cap. xlviii. *Hoc est quod diximus.*—Gratiani Decret. par. iii.; ap. Corp. Jur. Can., ed. Par. 1612, tom. i. col. 2109.—*Item:* Sicut ergo cœlestis panis, qui vere Christi Caro est, suo modo vocatur Corpus Christi, cum reverâ sit sacramentum Corporis Christi, Illius videlicet, quod visibile, palpabile, mortale, in cruce est suspensum, vocaturque ipsa immolatio Carnis, quæ sacerdotis manibus fit, Christi passio, mors, crucifixio, non rei veritate, sed significante mysterio: sic sacramentum Fidei, quod Baptismus intelligitur, Fides est.—Conf. cap. lxxxiv. *Sicut;* ubi supr. col. 2135.]

Ejus participes efficimur. Ita enim Hieronymus ad Eva- CAP.
grium[e]: "Ad presbyterorum preces Christi Corpus Sanguis- VI.
que conficitur:"—id est, materia talis facta est, ut sumpta sit
communio Corporis et Sanguinis Domini; qualis non esset,
nisi preces istæ præcessissent. Græci dicunt κατασκευάζειν,
et ἱερουργεῖν τὸ Σῶμα Κυρίου. Bene vero hic ait Chrysostomus[f]: "Non sunt opera humanæ facultatis, quæ proponuntur. Qui olim hæc in illâ Cœnâ fecit, idem et nunc ea
operatur: nos autem (ὑπηρετῶν) ministrorum tantum ordinem tenemus. Ipse vero est, qui ea sanctificat, (καὶ μετασκευάζων) et transmutat."

VII. Pertinent ad tertiam classem ea, quæ adducuntur ex III.
patribus, de conversione, mutatione, transmutatione, trans- Responsio
figuratione et transelementatione, panis et vini in Eucha- S. Cypri-
ristiâ. Hic vero mire gloriantur transubstantiatores, habere brosii,
se consensum totius antiquitatis. Resp. At respondendum utriusque
est, a non distributo ad distributum non valere consequen- Chrysost.,
tiam. Neque enim sequitur: fit mutatio, fit transmutatio, fit Greg.
transelementatio, ergo fit etiam transubstantiatio; quæ in aliorum.
antiquorum scriptis nusquam reperitur. Nam, quia hoc
sacramentum est, sacramentalis quoque mutatio intelligi
debet; quâ ex pane et vino communi fit sacramentum Corporis et Sanguinis Christi: quod tamen, nisi interim maneret
panis et vini substantia, ex re terrenâ et cœlesti non constaret, ac proinde non amplius esset sacramentum. Quoniam
igitur vulgaris panis per benedictionem convertitur in panem
qui, a communi usu exemptus, in hunc usum sacrum ex
instituto divino adhibetur, ut sit symbolum sacramentale,
per quod repræsentetur Corpus Christi, in quo plenitudo
Deitatis habitat corporaliter; atque adeo, in alium ac nobiliorem statum translatus, fiat quiddam amplius quam quod
erat antea; inde veterum nonnulli panem mutatum et trans-

---

[e] S. Hieron. Ep. 85. ad Evagr. [scil. Epist. cxlvi., ad Evangelum.—Op., ed. Vallars. Veron. 1734, tom. i. col. 1075.—Nam, quum Apostolus perspicue doceat eosdem esse presbyteros quos episcopos, quid patitur mensarum et viduarum minister, ut supra eos se tumidus efferat, ad quorum preces Christi Corpus Sanguisque conficitur?—Quæris auctoritatem? Audi testimonium, &c.]

[f] S. Chrysost., Hom. 83. in S. Matt. [al. lxxxii. § 5.—Op., ed. Ben. Par. 1727, tom. vii. pp. 788, 789.—καὶ μία ἡμῖν ἔστω ὀδύνη, τὸ μὴ μετασχεῖν ταύτης τῆς τροφῆς. οὐκ ἔστιν ἀνθρωπίνης δυνάμεως ἔργα τὰ προκείμενα· ὁ τότε ταῦτα ποιήσας ἐν ἐκείνῳ τῷ δείπνῳ, οὗτος καὶ νῦν αὐτὰ ἐργάζεται. ἡμεῖς ὑπηρετῶν τάξιν ἔχομεν· ὁ δὲ ἁγιάζων αὐτὰ, καὶ μετασκευάζων, αὐτός, κ.τ.λ.—Vid. etiam Hom. xxiv. in 1 Corinth. passim.]

CAP. VI.

mutatum esse dixerunt. Et est sane illa mutatio vere magna, eaque non naturalis, sed supernaturalis: non tamen substantialis, sive mutatio unius substantiæ, quæ substantialiter esse desinat, in aliam quæ substantialiter esse incipiat; sed mutatio status ac conditionis, quæ ipsam substantiam et propriam essentiam elementi non mutat.—Id, quod ex Sacrâ etiam Scripturâ confirmatur; quæ supernaturalem rerum mutationem, aut conversionem hominum, quamvis substantialis non sit, ita tamen quasi substantialis esset, describere atque exponere solet. Sic, qui verbo, Spiritu, et fide Christi renovantur, "regenerari," "converti," et "transformari," dicuntur[1],—"exuere veterem hominem, et induere novum,"— esse "nova creatura;" sed in aliam substantiam converti, aut transubstantiari, non dicuntur. Retinent enim homines, ad hunc modum conversi, idem corpus humanum atque eandem animam rationalem quam prius habuerunt; utriusque tamen status et conditio quin in melius mutentur, nemo Christianus negaverit. Quid, quod ipsi etiam patres has easdem μεταβολῆς, μεταποιήσεως, et μεταστοιχώσεως voces usurpant, quum de rebus aliis loquuntur, quæ substantiam suam minime vel amittunt vel mutant? Sunt enim voces istæ tam amplæ significationis, ut, quamvis aliquoties denotent mutationem substantialem, plerumque tamen nonnisi moralem, aut mutationem qualitatum, conditionis, muneris, status, et id genus alias indicent. Atque ad hunc modum usurpantur a patribus Græcis, (1. Irenæo[g], 2. Clemente Alexandrino[h], 3. Origene[i], 4. Cyrillo Hierosolymitano[k], 5. Basilio[l],

[1] S. Joh. iii. 3; 1 S. Pet. i. 3; 1 Cor. iv. 15; Rom. xii. 3 [2]; Eph. iv. 22, [23, 24]; Gal. vi. 15.

---

[g] 1. Iren., l. v. c. 10. [§ 1, 2.—Op., ed. Ben. Par. 1710, p. 304.—Quemadmodum oleaster, ... si tenuerit insertionem, et transmutetur in bonam olivam, oliva fit fructifera, ... sic et homines, &c. .... Homo per fidem insertus, et assumens Spiritum Dei, substantiam quidem carnis non amittit, qualitatem autem fructus operum immutat, et aliud accipit vocabulum, significans illam quæ in melius est transmutationem: jam non caro et sanguis, sed homo spiritalis existens edicitur.]

[h] 2. Clem. Alex., l. iv. Strom. [§ 23. —Op., ed. Oxon. 1715, p. 631.—καὶ γὰρ ἡ διδαχὴ μεταρρυθμίζει τὸν ἄνθρωπον· μεταρρυθμοῦσα δὲ φυσιοποιεῖ· καὶ διήνεγκεν οὐδὲν ἢ φύσει πλασθῆναι τοιόνδε ἢ χρόνῳ καὶ μαθήσει μετατυπωθῆναι.]

[i] 3. Orig., Serm. ii. in Diversos, [in S. Joh. i.—Op., ed. Genebrardi, Par. 1604, tom. ii. p. 276.—Sanctus itaque theologus, in Deum transmutatus, veritatis particeps, Domini Verbum subsistere in Deo principio, hoc est, Deum Filium in Deo Patre, pronuntiat.]

[k] 4. Cyril. Hier., Catech. 18. [§ 9. —Op., ed. Oxon. 1703, p. 268.—τὸ γὰρ σῶμα τοῦτο ἐγείρεται, ἐνδυσάμενον τὴν ἀφθαρσίαν μεταποιεῖται.]

[l] 5. Basil. Exhortat. ad Bapt. [Hom. xiii. § 3.—Op., ed. Ben. Par. 1722, tom. ii. p. 116.—ὢ τοῦ θαύματος! ἀνακαινίζῃ μὴ χωνευόμενος, ἀναπλάττῃ μὴ συντρι-

6. Greg. Nazianzeno[m], 7. Nysseno[n], 8. Cyrillo Alexandrino[o], 9. Chrysostomo[p], 10. Theodoreto, Theophylacto, et Œcumenio[q],) ad denotandam, 1. resurrectionem corporum, 2. efficaciam doctrinæ coelestis, 3. sanctificationem hominis renati, 4. immortalitatem carnis resuscitatæ, 5. poenitentiam animæ peccatricis, 6. assumptionem naturæ humanæ in personam Christi, 7. regenerationem sanctorum, 8. virtutem Gratiæ Divinæ, 9. vim Baptismi et præstantiam caritatis, 10. rerum

βόμενος.]—Et S. Chrys. Hom. v. de Poenit. [Vid. § 2.—Op., ed. Ben. Par. 1731, tom. ii. p. 310.—καὶ γὰρ βουλόμενός σοι δεῖξαι τοῦ πράγματος (νηστείας) τὴν δύναμιν, ἔδωκεν ἐξουσίαν αὐτῇ μετ' ἀπόφασιν, μετ' ἀπαγωγὴν, τοὺς ἀπαγομένους τὴν ἐπὶ θάνατον ἐκ μέσης ἀναρπάσαι τῆς ὁδοῦ, καὶ πρὸς ζωὴν μεταγαγεῖν.]
[m] 6. Greg. Nazianz. Orat. xl. [Vid. § 2.—Op., ed. Ben. Par. 1778, tom. i. p. 692.—τρισσὴν γέννησιν ἡμῖν οἶδεν ὁ λόγος· τὴν ἐκ σωμάτων, τὴν ἐκ βαπτίσματος, καὶ τὴν ἐξ ἀναστάσεως.—Item, § 8, p. 696.—καὶ ταῦτα, οὐκ οὔσης δευτέρας ἀναγεννήσεως, οὐδὲ ἀναπλάσεως, οὐδὲ εἰς τὸ ἀρχαῖον ἀποκαταστάσεως, κ.τ.λ.—Item, § 10, p. 698. Χριστὸν μεταπεποίημαι τῷ βαπτίσματι· κ.τ.λ.—Item, § 27. p. 712.—ἀφ' ἧς ἡμέρας μεταποιῇ (τῷ βαπτίσματι,) πάντες εἶξαν οἱ παλαιοὶ χαρακτῆρες· κ.τ.λ.]
[n] 7. Greg. Nyssen., lib. 2. contra Eunom. [Orat. ii. — Op., ed. Par. 1638, tom. ii. p. 453.—μέλλων ἡμᾶς μεταποιεῖν ἐκ τοῦ φθαρτοῦ πρὸς τὸ ἄφθαρτον, διὰ τῆς ἄνωθεν γεννήσεως, τῆς δι' ὕδατος καὶ πνεύματος, κ.τ.λ.]—Homil. i. de Resur., [tom. iii. p. 384.—γέγονεν ἄλλη γέννησις, βίος ἕτερος, ἄλλο ζωῆς εἶδος, αὐτῆς τῆς φύσεως ἡμῶν μεταστοιχείωσις.]—Epist. ad Eustath. Latin. [? *Letoium*,] et Ambros. [Vid. Ep. ad Eustathiam, Ambrosiam, et Basilissam, tom. iii. p. 658.—ὁ οὖν τὴν φύσιν ἡμῶν πρὸς τὴν θείαν δύναμιν μεταστοιχειώσας, κ.τ.λ.—Vid. etiam Epist. ad Let. c. 1. tom. ii. p. 114. ἐκ παλιγγενεσίας μεταστοιχειουμένους διὰ τῆς τοῦ λουτροῦ χάριτος.]
[o] 8. Cyril. Alexand. Epist. Pasch. vi. [Op., ed. Lutet. 1638, tom. v. par. ii. p. 79.—τὴν κατερφθαρμένην τοῦ ἀνθρώπου φύσιν εἰς καινότητα μεταρυθμίζων ζωῆς, κ.τ.λ.]—vii. [ubi supr. p. 91.—καὶ πάντα μεταρρυθμίσας τὰ ἐν ἡμῖν εἰς ἀμείνονα τάξιν, καὶ ἑδραιότητα, τὴν ἀρετήν δὲ ὅλην ἀναμορφώσῃ τὴν φύσιν, ὡς καὶ πρὸς τὴν ἀρχέτυπον εἰκόνα, καθ' ἥν καὶ πεποίηται.]—xiv. [ubi supr.

p. 197.—μεταρρυθμίζων εἰς ἁγιασμὸν, δικαιῶν τῇ πίστει τὸν προσερχόμενον, κ.τ.λ.]
[p] 9. S. Chrysost. Hom. xxiii. in Act. Apost. [§ 3.—Op., ed. Ben. 1731, tom. ix. p. 189.—μεγάλη τοῦ βαπτίσματος ἡ δύναμις· .... οὐκ ἀφίησιν εἶναι ἀνθρώπους τοὺς ἀνθρώπους. ποίησον τὸν Ἕλληνα πιστεῦσαι, ὅτι μεγάλη τοῦ Πνεύματος ἡ δύναμις, ὅτι μετέπλασεν, ὅτι μετερρύθμισε.]—Idem, Hom. xxxiii. in 1 Cor. [c. xii. § 6.—tom. x. p. 308.—μεγάλη γὰρ αὕτη διδάσκαλος, καὶ ἱκανὴ καὶ πλάνης ἀπαγαγεῖν καὶ τρόπον μεταρρυθμίσαι, καὶ πρὸς φιλοσοφίαν χειραγωγῆσαι, κ.τ.λ.]
[q] 10. Theodoret. Dialog. ii. [Op., ed. Lut. Par. 1642, tom. iv. pp. 84, 85.—'Ορθ. εἰ τοίνυν τοῦ ὄντος σώματος ἀντίτυπά ἐστι τὰ θεῖα μυστήρια, σῶμα ἄρα ἐστὶ καὶ νῦν τοῦ Δεσπότου τὸ σῶμα, οὐκ εἰς θεότητος φύσιν μεταβληθέν, ἀλλὰ θείας δόξης ἀναπληρωθέν .... 'Εραν. ὥσπερ τοίνυν τὰ σύμβολα τοῦ δεσποτικοῦ σώματός τε καὶ αἵματος ἄλλα μέν εἰσι πρὸ τῆς ἱερατικῆς ἐπικλήσεως, μετὰ δὲ γε τὴν ἐπίκλησιν μεταβάλλεται, καὶ ἕτερα γίνεται· οὕτω τὸ δεσποτικὸν σῶμα μετὰ τὴν ἀνάληψιν εἰς τὴν οὐσίαν μετεβλήθη τὴν θείαν.—'Ορθ. ἑάλως αἷς ὕφηνες μηχαναῖς. μετὰ γὰρ τὸν ἁγιασμὸν τὰ μυστικὰ σύμβολα τῆς οἰκείας ἐξίσταται φύσεως. μένει γὰρ, κ.τ.λ.]—Theophylact. in vi. S. Joh. [Op., ed. Par. 1631, pp. 653, 654.—ὥσπερ οὖν φησίν, 'Εγὼ ζῶ διὰ τὸν Πατέρα, τουτέστιν, ὡς γεννηθεὶς ἐκ τοῦ Πατρὸς, ὅς ἐστι ζωή, οὕτω καὶ ὁ τρώγων με ζήσεται δι' ἐμὲ ἀνακιρνώμενος, ὥσπερ καὶ μεταστοιχειούμενος εἰς ἐμὲ τὸν ζωογονεῖν ἰσχύοντα.]—Et Œcumen. in 1 Ep. S. Pet. c. i. [Comm. in. N. Test., ed. Par. 1631, tom. ii. p. 483.—εὐλογητὸς ὁ Θεὸς ... διὰ τῆς ἐκ νεκρῶν ἀναστάσεως Ἰησοῦ Χριστοῦ ἀναγεννήσας ἡμᾶς, ἤτοι μεταποιήσας, καὶ μεταθέμενος εἰς ἐλπίδα ζῶσαν, κ.τ.λ.]—Una cum multis aliis.

CAP. VI. denique multarum tum utilitatem, tum amplitudinem, potentiam, dignitatem, atque adeo mutationem in melius. Nec dissimiles reperiuntur loquendi rationes in patribus Latinis[r]; quibus conversio panis et vini in Eucharistiâ non magis essentialis est aut substantialis, quam conversio hominis in Baptismo ad vitæ novitatem renati, sive (ut loquuntur illi) naturæ humanæ in statum nobiliorem et cœlestem mutatæ; quæ moralis est et mystica, nequaquam vero naturalis substantiæ conversio. Dixit eorum antiquissimus Tertullianus[s], "Deum homini promisisse substantiam et corpus angelorum, hominesque ita transformandos esse in angelos, sicut angeli transformati sunt in homines." Quis vero inde collegerit, aut angelos substantialiter sive essentialiter conversos esse in homines, aut corpus humanum ita transformatum iri in substantiam angelicam, ut interim corpus humanum esse desinat, neque amplius homines sint, sed proprie et essentialiter fiant angeli? Enimvero Tertullianus totus est in contrarium, ait-

---

[r] S. Aug., l. iv. contra Crescon. cap. 54. [al. cap. lxiv.—Op., ed. Ben. Par. 1689, tom. ix. col. 515.—Homines congregatos die Pentecostes misso de cælo Spiritu Sancto implevit. Ibi uno die tria, alio quinque, millia credentium in Suum Corpus conversa suscepit.]—S. Ambr. de Myster. c. 9. [§ 50.—Op., ed. Ben. Par. 1690, tom. ii. col. 338.—Probemus non hoc esse quod natura formavit, sed quod benedictio consecravit: majoremque vim esse benedictionis quam naturæ, quia benedictione etiam natura ipsa mutatur.]—Et de Sacr. l. iv. c. 4. [§ 16.—tom. ii. col. 369.—Non erat Corpus Christi ante consecrationem : sed post consecrationem dico tibi quia jam Corpus est Christi.........
Tu ipse eras, sed eras vetus creatura: postea quam consecratus es, nova creatura esse cœpisti.]—Faustus Regiensis, sive Euseb. Emissen., de Pasch. 55. [Vid. Hom. v. de Corp. Christ.—Bibl. Patr. Max., tom. vi. p. 636.—Nam invisibilis Sacerdos visibiles creaturas in substantia Corporis et Sanguinis Sui verbo Suo secretâ potestate convertit. . . . .
Te ipsum, qui jam in Christo es regeneratus, interroga: . . . . . .
In exteriore nihil additum est: et totus in interiore homine mutatus es. . . .
Ita et tu . . . . . sacrum Dei tui Corpus et Sanguinem fide respice, honore mirare, mente continge, cordis manu suscipe, et maxime haustu interiore assume : . . . . . eo quod Eucharistiæ sacra perceptio non in quantitate, sed in virtute, consistat.]—Facundus, lib. ix. cap. ult. [cap. v.—Vid. Facundi lib. pro defensione trium capitulorum Conc. Chalced. ; ap. Bibl. Patr. Max., tom. x. p. 79 ; item, ap. Iac. Sirmondi op., ed. Par. 1696, tom. ii. col. 707.—Potest sacramentum adoptionis adoptio nuncupari : sicut sacramentum Corporis et Sanguinis Ejus, quod est in pane et poculo consecrato, Corpus Ejus et Sanguinem dicimus. Non, quod proprie Corpus Ejus sit panis, et poculum Sanguis; sed quod in se mysterium Corporis Ejus Sanguinisque contineant, &c.]

[s] Tert. contra Marc., l. iii. c. 9. [Op., ed. Lut. Par. 1664, p. 402.—Et utique si Deus veram quandoque substantiam angelorum hominibus pollicetur: "Erunt," enim, inquit, "sicut angeli:" cur non et Deus meus veram substantiam hominum angelis accommodavit, unde unde sumptam? . . . . . .
Si Creator facit angelos spiritus, et apparitores Suos ignem flagrantem, tam vere spiritus quam et ignem ; Idem illos vere fecit et carnem: ut nunc recordemur, et hæreticis renuntiemus, Ejus esse promissum, homines in angelos reformandi quandoque, qui angelos in homines formavit aliquando.]
—24 et 26. [falso citat.]

que, "angelos[t] ita in homines conversos fuisse, ut interim angeli permanerent, nec propriam suam substantiam amitterent:" quemadmodum de pane Eucharistico locuti sunt alii, "eum conversum esse in Corpus Christi, etiamsi interim sit quod erat," ut Ambrosius[u]; "nec recedat a naturâ suâ," ut Theodoretus; "nec desinat esse substantia panis," ut Gelasius adserit. Et hoc ipsum veteres illi omnes, qui suis dicendi modis de panis et vini permutatione locuti sunt, absque dubio designatum iverunt. Testes enim omnes, a Transubstantiatoribus adducti, de mutatione tantum accidentali, morali, et mysticâ, loquuntur: de substantiali mentionem nullam faciunt. Transubstantiatio rei est pontificiis substantialis transmutatio. Et nos quidem transmutationem elementorum damus: substantialem vero transmutationem quærimus, nec reperimus usquam.

CAP. VI.

VIII. Ad quartam classem ea referri possunt testimonia, quæ de tactu et visu Corporis Christi loquuntur, et Sanguinem Ejus in mysteriis nos haurire dicunt. Resp. Sed non abnuimus nonnulla apud Chrysostomum aliosque patres inveniri, quæ emphatice, imo vero hyperbolice, de Eucharistiâ prolata sunt. Ea autem, nisi dextre capiantur, incautos homines facile in errores abducent. Fuit hoc priscorum patrum, et nostrum est etiam, studium ac summa cura, populum Dei instruere, ne in externis symbolis oculos defigant, sed ut in illis Corpus et Sanguinem Christi mentibus contemplentur, et "sursum habentes corda" cœlesti illo pabulo toti vescantur. Perit enim omnis sacramenti fructus, si in symbolis hæreamus. Hinc igitur factum est, ut sanctissimi patres (quo hæc auditorum animis vehementius et efficacius imprimerent) de typis tanquam si essent ipsa antitypa, oratorum more, multa enuncient, quæ si strictius ad limam revocentur, examen non sustineant. Tale illud auctoris qui Cypriani nomen gerit[x]: "Cruci hæremus, Sanguinem sugimus, et intra ipsa Redemptoris nostri vulnera linguam figimus, quibus interius et exterius rubricamur."

IV. Resp. ad Test. S. Chrysostomi, Cyrilli Alex., et aliorum.

---

[t] De Carne Christi, cap. iii. [Tertul. op., ubi supr. p. 308.—Quod ergo angelis inferioribus Deo licuit, uti, conversi in corpulentiam humanam, angeli nihilominus permanerent, hoc tu potentiori Deo auferes? &c.]

[u] Superiùs citati. [Conf., cap. v. §§ 17, 21, 22.]

[x] Sermo de Cœnâ Domini. [Vid. tractat. Arnoldi Carnotens. abb. Bonæ-Vallis; ap. S. Cypriani op., ed. Oxon. 1682, append. ii. p. 41.]

CAP. VI. Tale illud Chrysostomi[y]: "In mysteriis Sanguis ex Christi latere hauritur :"—" hoc admirabili Sanguine lingua cruentatur[z]." Iterum[a]: "Conspicis Dominum immolatum,...et turba circumfusa pretioso illo Sanguine intingitur.... Qui cum Patre sursum sedet, in illo ipso temporis articulo omnium manibus pertractatur." "[b] Ipsum vides, Ipsum tangis, Ipsum comedis." "[c] Neque enim angelos, neque archangelos, . . sed ipsum horum omnium Dominum, tibi ostendo." Rursus [d]: "Nos in unam Secum massam reducit, et reipsâ nos Corpus Suum efficit, . . nec Se tantum videri permittit, sed et tangi, et manducari, et dentes Carni Suæ infigi ; adeo ut per cibum, quem nobis largitus est, in Carnem Suam convertamur." Tale illud Augustini [e]: "Gratias agamus, non solum nos Christianos factos esse, sed" etiam "Christum." Denique,

[y] Homil. in Encæn. [Vid. Homil. ix. de Pœnit.—S. Chrysost. op., ed. Ben. Par. 1718, tom. ii. pp. 349, 350.—τοῦ πυρὸς τοῦ πνευματικοῦ κατερχομένου, τοῦ Αἵματος ἐν τῷ κρατῆρι εἰς σὴν κάθαρσιν ἐκ τοῦ ἀχράντου πλευρᾶς κενουμένου, κ.τ.λ. . . . . . τοῦ θείου σώματος μεταλαμβάνειν νομίζετε, καὶ ὡς τῆς θείας καὶ ἀχράντου πλευρᾶς ἐφαπτόμενοι τοῖς χείλεσιν, οὕτω τοῦ Σωτηρίου Αἵματος μεταλάβωμεν.]

[z] Hom. lxxxii. in Matth. [al. Hom. lxxxiii. §§ 4, 5.—Op., tom. vii. pp. 787, 788.—ἰδοὺ αὐτὸν ὁρᾷς, αὐτοῦ ἅπτῃ, αὐτὸν ἐσθίεις, καὶ σὺ μὲν ἱμάτια ἐπιθυμεῖς ἰδεῖν. αὐτὸς δὲ ἑαυτὸν σοι δίδωσιν, οὐκ ἰδεῖν μόνον, ἀλλὰ καὶ ἅψασθαι, καὶ φαγεῖν, καὶ λαβεῖν ἔνδον . . . . . τίνος οὖν οὐκ ἔδει καθαρώτερον εἶναι τὸν ταύτης ἀπολαύοντα τῆς θυσίας ; ποίας ἡλιακῆς ἀκτῖνος τὴν χεῖρα τὴν ταύτην διατέμνουσαν τὴν σάρκα, τὸ στόμα τὸ πληρούμενον πυρὸς πνευματικοῦ, τὴν γλῶσσαν τὴν φοινισσομένην Αἵματι φρικωδεστάτῳ ;]

[a] Lib. de Sacerd. iii. [§§ 3, 4.—Op., tom. i. p. 382.—ὅταν γὰρ ἴδῃς τὸν Κύριον τεθυμένον καὶ κείμενον, καὶ τὸν ἱερέα ἐφεστῶτα τῷ θύματι καὶ ἐπευχόμενον, καὶ πάντας ἐκείνῳ τῷ τιμίῳ φοινισσομένους Αἵματι, ἆρα ἔτι μετὰ ἀνθρώπων εἶναι νομίζεις ; . . . . ὁ μετὰ τοῦ Πατρὸς ἄνω καθήμενος, κατὰ τὴν ὥραν ἐκείνην τοῖς ἁπάντων κατέχεται χερσὶ, καὶ δίδωσιν αὐτὸν τοῖς βουλομένοις περιπτύξασθαι καὶ περιλαβεῖν.]

[b] Hom. li. in S. Matth. [al. Hom. l. —Op., tom. vii. p. 516.—οὐ τὸ ἱμάτιον μόνον, ἀλλὰ καὶ τὸ Σῶμα, οὐχ ἅψασθαι μόνον, ἀλλ᾽ ὥστε καὶ φαγεῖν καὶ ἐμφορηθῆναι.]—Et Hom. lxxxiii. [ut supra, not. ad lit. z.]

[c] Hom. xxiv. in 1. ad Corinth. [§ 5. —Op., tom. x. p. 218.—ἀλλὰ τοῦτό σοι (τὸ τοῦ Βασιλέως Σῶμα) νῦν ἔξεστιν ἐπὶ γῆς ἰδεῖν. οὐ γὰρ ἀγγέλους οὐδὲ ἀρχαγγέλους, οὐδὲ οὐρανοὺς καὶ οὐρανοὺς οὐρανῶν, ἀλλ᾽ αὐτὸν τὸν τούτων σοι δείκνυμι Δεσπότην.]

[d] Hom. xlv. in [S.] Joh. [al. Hom. xlvi. § 3.—Op, tom. viii. p. 272.—ἀνέμιξεν ἑαυτὸν ἡμῖν, καὶ ἀνέφυρε τὸ Σῶμα αὐτοῦ εἰς ἡμᾶς . . . . . καὶ τὸν αὐτοῦ πόθον ἐπιδεικνὺς τὸν περὶ ἡμᾶς, οὐκ ἰδεῖν αὐτὸν μόνον παρέσχε τοῖς ἐπιθυμοῦσιν, ἀλλὰ καὶ ἅψασθαι, καὶ φαγεῖν, καὶ ἐμπῆξαι τοὺς ὀδόντας τῇ σαρκί.]—Et, lxxxiii. in [S.] Matth. [§ 5.—Op., tom. vii. p. 788.—ἀναφύρει ἑαυτὸν ἡμῖν, καὶ οὐ τῇ πίστει μόνον, ἀλλὰ καὶ αὐτῷ τῷ πράγματι Σῶμα ἡμᾶς αὐτοῦ κατασκευάζει. τίνος οὖν οὐκ ἔδει, (κ.τ.λ.—ut supr. not. ad lit. z.) . . . φρικωδεστάτῳ ; ἐννόησον ποίαν ἐτιμήθης τιμήν ; ποίας ἀπολαύεις τραπέζης ; ὅπερ οἱ ἄγγελοι βλέποντες φρίττουσι, καὶ οὐδὲ ἀντιβλέψαι τολμῶσιν ἀδεῶς διὰ τὴν ἐκεῖθεν ἐκφερομένην ἀστραπήν, τούτῳ ἡμεῖς τρεφόμεθα, τούτῳ ἀναφυρόμεθα, καὶ γεγόναμεν ἡμεῖς Χριστοῦ Σῶμα ἓν, καὶ Σὰρξ μία . . . . . μητέρες πολλάκις εἰσίν, αἳ μετὰ τὰς ὠδῖνας ἑτέραις ἐκδιδόασι τροφοῖς τὰ παιδία· αὐτὸς δὲ τοῦτ᾽ οὐκ ἠνέσχετο, ἀλλ᾽ αὐτὸς ἡμᾶς τρέφει οἰκείῳ Αἵματι, καὶ διὰ πάντων ἡμᾶς ἑαυτῷ συμπλέκει. . . . . ἑνὶ γὰρ ἑκάστῳ τῶν πιστῶν ἀναμίγνυσιν ἑαυτὸν διὰ τῶν μυστηρίων, καὶ οὓς ἐγέννησεν ἐκτρέφει δι᾽ ἑαυτοῦ· κ.τ.λ.]

[e] Tract. xxi. in [S.] Joh. [§ 8.—Op., ed. Ben. Par. 1680, tom. iii. par. ii. col. 459.]

tale illud Leonis [f]: "In illâ mysticâ distributione .... hoc impartitur, ... ut in Carnem Illius transeamus." Equidem, si cavillari quis vellet, tam vere nos in Christum, Ejusque Carnem in panem Transubstantiari, ex his posset defendere, quam panem in Corpus, et vinum in Sanguinem Illius, substantialiter converti. Sed protestantes, quibus non licet esse sophistis, hæc et similia patrum dicta candide (ut æquum est) interpretantur. Non enim concionatorum verba, quæ per hyperbolen sæpissime enuntiantur, eo rigore accipienda sunt, quo primum ad aures auditorum perveniunt. Neque enim de pane transubstantiato, sed de pane Sacrato et Mystico, hujusmodi locutionibus usi sunt patres; idque fecerunt, 1. ut mysterii dignitatem, quam summam et incomparabilem esse omnes fideles agnoscunt, amplificarent atque extollerent: 2. ne communicantes externis symbolis inhærerent, sed ad res significatas intenti essent, quarum, in usu sacramenti legitimo, verissime participes redduntur: 3. denique, ut majore cum pietate, reverentiâ, et ardore, ad tantum mysterium celebrandum accenderentur. Atque in eundem modum phrases illas hyperbolicas accipiendas esse, etiam patres ipsi, cum ad interpretationem descendunt, satis aperte declarant.

CAP. VI.

IX. Postremo [g], quum iidem ipsi sancti patres, qui de pane et vino S. Eucharistiæ, quasi de ipso Corpore ipsoque Sanguine Domini, quandoque loquuntur, (usitatâ scilicet, ubi de sacramentis sermo fit, phraseologiâ,) eundem panem et vinum Eucharisticum, typos, symbola, signa, figuram Corporis et Sanguinis Christi, sæpissime vocent,—vel hinc manifesto liquet, eos cum protestantibus, non cum transubstantiatoribus, sentire. Possumus enim, incolumi nostrâ de sacramento Eucharistiæ sententiâ, prioribus illis uti locutionibus, quas sibi favere pontificii arbitrantur, modo eas (uti par est) sacramentaliter intelligamus. Posterioribus vero uti nemo potest, quin eo ipso, quod iis utatur, figmentum transubstantiationis evertat; quum ista duo,—panem in Corpus transubstantiari, et esse simul typum, symbolum, signum, figuram

---

[f] Ep. xxiii. [Vid. Labb. Concil., tom. iv. col. 48.—In illâ mysticâ distributione spiritalis alimoniæ hoc impartitur, hoc sumitur, ut, accipientes virtutem cœlestis cibi, in Carnem Ipsius, qui caro nostra factus est, transeamus.]

[g] [Hoc capitulum nonum manuscriptis Dunelm. et Cestrens. omnino deest.]

CAP. VI.   Corporis Christi,—sint prorsus ἀσύστατα. Nam res, quæ desiit esse, alterius rei symbolum ac figura esse nequit; nec res ulla sui ipsius typus aut signum esse potest.

X. At si verba nimis rigide urgeantur absque intellectu sacramentali, nihil aliud ex iis colligi potest, quam panem et vinum proprie et realiter Ipsum Christi Corpus et Sanguinem esse; quod ne ipsi quidem transubstantiatores admittunt. Introducitur igitur in hâc mutatione non substantiæ, sed usûs tantum, novitas; quam sane merito mirificam, supernaturalem, et omnipotentiæ Divinæ propriam, nobiscum agnovit et admirata est pia antiquitas: nam sine potentiâ et virtute Dei singulari fieri non potest, ut terrestris et corruptibilis ille cibus esca spiritualis ac cœlestis, per κοινωνίαν Corporis Christi, nobis esse incipiat. Cumque a philosophiâ et ratione humanâ prorsus remotum sit, Christum Carnis Suæ de cœlo (ubi, et non alibi, localiter est) virtutem in nos diffundere, ita ut cum Illo in unum Corpus transeamus,—recte et merito monent patres, quod simpliciter nos Filio Dei dicenti, "Hoc est Corpus Meum," credere debeamus, quodque naturæ hic ordo minime quærendus sit, neque humanis cogitationibus sacrosanctum illud mysterium æstimandum. Fides enim cum simplicitate conjuncta, per quam fit ut verba Domini sollicitare vereamur, magis Deo accepta est, quam vel ea in peregrinum et improprium sensum violenter detorquere, vel ad determinandum ea, quæ tam angelorum quam hominum captum superant, sine necessitate et fundamento, per temeritatem et ambitiosam hominum curiositatem, prolabi. Atque hæc generatim ad loca patrum, quæ a transubstantiatoribus adduci solent, respondisse nunc sufficiat.

Qui[h] ampliorem istarum e patribus objectionum refutationem in hâc re videre desiderat, legat (si lubet) Hospin. in Hist. Sacram.[i], et Marcum Antonium de Dominis, superius laudatum[j], in cap. vi. lib. v. de Rep. Eccles., atque in Ostensione Errorum Suarezii, cap. ii.[k]

Responsio ad Patrum testimonia in specie.   XI. Locus S. Ignatii, qui a Theodoreto citatur, et a pontificiis quibusdam objicitur, ex epistolâ ad Smyrnenses, (ubi ta-

[h] [Hæc quæ sequuntur verba desunt manuscriptis.]
[i] Lib. ii. et iv. [Vid. Radolphi Hospiniani Hist. Sacram. par. i., ed. Tiguri, 1598; pp. 21—183; et 283—441.]
[j] A sect. i. usque ad xiii. [Vid. supr., cap. ii. § vii. pp. 28—30.]
[Ubi supr., p. 30.]

men hodie non legitur,) quod[1] Simoniani et Menandriani hæ- CAP. VI.
retici "Eucharistias et Oblationes non admiserint, eo quod
negârint Eucharistiam esse Carnem Salvatoris nostri Jesu
Christi,"—nihil quidem pro transubstantiatione facit, sicut
fatetur ipse Cardinalis Bellarminus. "Non," enim, (inquit[m],)
"tam sacramentum Eucharistiæ, quam mysterium Incarnationis oppugnabant hæretici illi Menandriani; qui "idcirco (ut
Ignatius ibidem indicat) negabant Eucharistiam esse Carnem
Domini;" (hoc est, interpretante Theodoreto[n], "divina" panis
et vini "mysteria esse Corporis Christi reverâ existentis symbola;") "quia negabant Dominum habere Carnem." Ne
igitur veritatem Carnis Christi propter symbola Eucharistica
fateri cogerentur, ipsam quoque Eucharistiam, et symbola
veri Corporis, omnino repudiârunt. Dato enim symbolo Corporis, datur quoque Corpus verum; quum veritas et symbolum sint correlata: phantasma vero symbolum aut signum
non recipit.

XII. Verba Justini Martyris, pro transubstantiatione allata,
eandem prorsus evertunt. Nam, "Quemadmodum" (inquit[o])
"per verbum Dei Salvator noster incarnatus est, ita per preces
verbi Dei facta est Eucharistia, quâ carnes nostræ aluntur, Caro
et Sanguis Christi." Sed, quando Christus incarnatus est,
nemo Eum absque hæresi transubstantiatum esse dixerit.

XIII. Quæ ex Cypriano[p] afferuntur, de pane "non effigie
sed naturâ" immutato, Cypriani non sunt, nec contra protestantes militant. Nam[q] vocem "natura" non stricte ac-

---

[1] Theodoret. Dial. iii., ex Ep. S. Ignatii. [Vid. Epist. v.—Theodoreti op., ed. Lut. Par. 1642, tom. iv. p. 154.—εὐχαριστίας καὶ προσφορὰς οὐκ ἀποδέχονται, διὰ τὸ μὴ ὁμολογεῖν τὴν εὐχαριστίαν σάρκα εἶναι τοῦ Σωτῆρος ἡμῶν Ἰησοῦ Χριστοῦ, τὴν ὑπὲρ ἁμαρτιῶν ἡμῶν παθοῦσαν, ἣν χρηστότητι ὁ Πατὴρ ἤγειρεν.]

[m] Bellarm., de Euch., l. i. c. i. § 3. [Op., ed. Ingolst. 1601, tom. iii. col. 450.]

[n] Dial. ii. [Theodoreti op., tom. iv. p. 84.—Ὀρθ. εἰ τοίνυν τοῦ ὄντος Σώματος ἀντίτυπά ἐστι τὰ θεῖα μυστήρια, Σῶμα ἄρα ἐστὶ καὶ νῦν τοῦ Δεσπότου τὸ Σῶμα, οὐκ εἰς θεότητος φύσιν μεταβληθέν, ἀλλὰ θείας δόξης ἀναπλησθέν.]

[o] Apol. ii. ad Ant. Imp. [Vid. Apol. § 66.—Justini Mart. op., ed. Ben.

Par. 1742, p. 83.—ὃν τρόπον διὰ λόγου Θεοῦ σαρκοποιηθεὶς Ἰησοῦς Χριστὸς ὁ Σωτὴρ ἡμῶν, καὶ σάρκα καὶ αἷμα ὑπὲρ σωτηρίας ἡμῶν ἔσχεν, οὕτως καὶ τὴν δι᾽ εὐχῆς λόγου τοῦ παρ᾽ αὐτοῦ εὐχαριστηθεῖσαν τροφὴν, ἐξ ἧς αἷμα καὶ σάρκες κατὰ μεταβολὴν τρέφονται ἡμῶν, ἐκείνου τοῦ σαρκοποιηθέντος Ἰησοῦ καὶ σάρκα καὶ αἷμα ἐδιδάχθημεν εἶναι.]

[p] Serm. de Coenâ Dom. [S. Cypr. op., ed. Oxon. 1682, Append. ii. p. 40.]

[q] [In MSS. Dunelm. et Cestrens. hæc sententia sic legitur: "Neque enim negamus 'mutatum naturâ panem, non effigie:' sed glossam tamen pontificiam, 'naturam, id est, substantiam,' et 'effigiem, id est, accidentia,' nequaquam admittimus. Accedente quidem verbi omnipotentiâ, natura panis ita mutatur," &c.]

CAP. VI.

cepit ille, quisquis fuit, aut contrarius est Theodoreto, Gelasio, &c., supra citatis; qui mutari naturam panis hoc sensu diserte negant, sed late, quomodo natura usui seu conditioni attribuitur. Nam " verbi omnipotentiâ" natura panis ita mutatur, ut, quod ante nudum erat elementum, Divinum jam fiat sacramentum, sed absque omni transubstantiatione. Quod docetur vel verbis sequentibus, quæ pars sunt hujus periodi, " de humanâ et Divinâ naturâ Christi;" ubi, nisi Eutyches sequendus sit, humanitas in Divinitatem non transubstantiatur.

XIV. Cyrilli verba aiunt pontificii[r] esse tam perspicua, ut nullam solutionem admittant. Nam, " Qui aquam" (inquit[s]) " aliquando mutavit in vinum, nunquid non erit dignus cui credamus, quod vinum transmutavit in Sanguinem? . . . Quare omni cum certitudine Corpus et Sanguinem Christi sumamus: nam sub specie panis datur tibi Corpus, et sub specie vini datur Sanguis." Sane mutari vinum in Christi Sanguinem[1] libenter concedunt protestantes, et firmiter (ut sæpe dictum) credunt: sed omnis mutatio non est transubstantiatio; neque hanc mutationem talem dixit Cyrillus, qualis illa aquæ fuit. Tunc enim non minus quam illa in sensus incurreret. At, qui aquam potuit sensibiliter mutare, quin vinum quoque possit sacramentaliter convertere, nulli est dubitandum. Per *speciem* vero panis et vini substantiam non excludit, sed ipsum panem et vinum intelligit. Verba enim sequentia,—" Ne consideres tanquam nudam panem et nudum vinum,"—perinde valent ac si dixisset: 'Panis quidem est, non tamen nudus panis, sed præterea etiam aliquid aliud.' Sed, quod[t] nihil pro pontificiorum transubstantiatione faciat conversio illa aquæ in vinum, a Christo Domino facta, sic manifestum fieri poterit. Quin omnipotentiâ Dei substantia una in aliam possit commutari, nemo

[1] Sensu jam sæpius dicto.

---

[r] Card. Bellarm., l. ii. de Euch., c. 13. [§ Secundo.—Op., ed. Ingolst. 1601, tom. iii. col. 592.—Hæc sunt tam perspicua, ut omnino nesciam, quid fingi possit ad eorum perversionem.]

[s] Cyril. Hierosol., Catech. [xxii.] mystag. iv. [de Corp. et Sang. Dom., §§ 2, 3, 6.—Op., ed. Ben. Par. 1720, pp. 320, 321.—τὸ ὕδωρ ποτὲ εἰς οἶνον μεταβέβληκεν, ... καὶ οὐκ ἀξιόπιστός ἐστιν οἶνον μεταβαλὼν εἰς αἷμα; . . . . μετὰ πάσης πληροφορίας, ὡς Σώματος καὶ Αἵματος μεταλαμβάνωμεν Χριστοῦ· ἐν τύπῳ γὰρ ἄρτου δίδοταί σοι τὸ Σῶμα, καὶ ἐν τύπῳ οἴνου δίδοταί σοι τὸ Αἷμα. . . . . μὴ πρόσεχε οὖν ὡς ψιλοῖς τῷ ἄρτῳ καὶ τῷ οἴνῳ.]

[t] [Verba quæ infra sunt, usque ad hujus capituli finem, in MSS. non leguntur.]

negaverit; idque factum videmus a Christo in oppido Cana Galileæ, cum aquam in vinum verterit. Atqui ea vera et proprie dicta transubstantiatio fuit. Sed in sacramento Eucharistiæ alia plane conversio fieri a pontificiis affirmatur, quæ nec capi quidem potest, si quis rem attente consideret. Non enim substantia panis in substantiam aliam, quæ non existat, sed in substantiam Corporis Christi, quæ existit, et ab Incarnationis tempore per plura sæcula extitit, converti dicitur. Vinum vero illud numericum, quod ex aquæ substantiâ fecit Christus, ante eam transubstantiationem non existebat. Jam facile quivis intelligit Eum, qui omnia creavit ex nihilo, potuisse ex aquâ aut aliâ quâcunque substantiâ vinum novum facere. Sed Christi Corpus, aut aliam quamcunque substantiam, quæ jam existat et habeat esse completum, ex aliâ substantiâ denuo fieri, cum jam sit substantia completa, absurditatem omnem superat. Quod quidem viderunt illi, qui adductionem Corporis Christi in locum panis excogitarunt. Id autem tantumdem est, ac si transubstantiationem negarent; nisi, quoties aliquis in locum absentis succedit, in eum transubstantietur: quod nemo sanus dixerit.

CAP. VI.

XV. S. Ambrosius etiam "naturam mutari" dicit[u]; et quidem mutatur. Est enim alia elementi, alia sacramenti natura; neque protestantes "elementum" "benedictione mutari" contradicunt, adeo ut panis jam consecratus "non" sit panis quem "natura formavit, sed" quem "benedictio consecravit," et consecrando etiam "immutavit." Interim, Ambrosio non aliter ibi Christi vel benedictio vel sermo operatur, quam "ut sit quod erat, et in aliud commutetur:" non igitur per transubstantiationem, sed per mutationem sacramentalem, panis fit Caro Christi. Addit: "Sacramentum istud, quod accipis, Christi sermone conficitur. Quod si tantum valuit sermo Eliæ, ut ignem de cœlo depromeret[1], non valebit Christi sermo, ut species mutet elementorum? De totius mundi operibus legisti, quia 'Ipse dixit, et facta sunt.' ... Sermo ergo Christi, qui potuit ex nihilo facere quod non erat, non potest ea, quæ sunt, in id mutare quod

[1] ["deponeret."]

---

[u] S. Ambros., l. iv. de Sacr., cap. 4. [§ 14—16.—Op., ed. Ben. Par. 1690, tom. ii. col. 368, 369.]—Et de Myst. init. c. ix. [§ 52, tom. ii. col. 339.—Conf. § 50. supr. citat. cap. v. num. xvii.]

CAP. VI.

non erant?"—"Tu ipse eras, sed eras vetus creatura: postquam consecratus es, nova creatura esse cœpisti."—"Nec minus est novas rebus dare, quam mutare, naturas." Quibus verbis sententiam suam apertissime explicat,—ut, hâc mutationis ratione, elementa panis et vini non desinant esse per essentiam quod sunt, et tamen per consecrationem fiant quod ante non fuerunt. Sed ubi ex Ambrosio, aut aliis patribus, didicerunt transubstantiatores sacramentum conficere idem esse, quod, sublatâ panis substantiâ, in locum vel sub accidentibus Ipsius naturale Christi Corpus substituere? Aiunt[y], "ineptam fore comparationem inter mutatas rerum species a Christo et prophetâ, si nihil aliud in Eucharistiâ consequatur quam mutatio sacramentalis;" quasi sacramentalis mutatio res esset nihili. "Nam quæ" (inquit Card. Bellarm.[z]) "requiritur potentia[1] ad faciendum nihil?" At protestantes respondent, tantam sacramentorum amplitudinem, majestatem, præstantiam, atque dignitatem esse, ut, quam omnipotentiam Dei in rebus ex nihilo producendis, vel naturis rerum ministerio prophetarum immutandis, admiramur, eandem et non minorem in rebus creatis ad tantum munus sanctificandis reputemus. Neque enim ab humano arbitrio dependet, sed Divina virtus requiritur, ut res terrenæ et exiles fiant nobis certissima Corporis et Sanguinis Christi pignora. Quod si precise Ambrosii verba urgeamus, "sermone Christi species elementorum mutari," sicut Cardinalis et alii transubstantiatores hic faciunt, sane non solum substantiam panis et vini, sed et ipsas species (quæ illis dicuntur accidentia) elementorum in Corpus et Sanguinem Christi permutari fatendum erit. Cum igitur ab Ambrosio, atque adeo ab omni antiquitate, sine ullo discrimine, tam species panis et vini quam ipse panis et vinum transmutari dicantur, quis tandem non intelligat eo ipso transubstantiationis figmentum (quo rerum substantia ita aboleri dicitur, ut solis earum speciebus vel accidentibus sine omni subjecto in Eu-

[1] ["Omnipotentia."]

[y] Bellarm., loco citato. [Vid. lib. ii. de Euch., cap. 14. Test. S. Ambr.— Op., ed. Ingolst. 1601, tom. iii. col. 594, 595.—Probat multis miraculorum exemplis Christi verba esse operatoria, et ejusmodi ut naturas verè mutare possint: quæ omnia sine causâ adducuntur, si nulla realis mutatio sit in pane Eucharistiæ. . . . . Quam inepte ista omnia dicerentur, si nulla fieret realis mutatio!]

[z] Lib. ii. de Euch., c. 9. [§ Tertio.—Ubi supr. col. 577.]

charistiâ locus relinquatur,) validissime expugnari atque everti? CAP. VI.

XVI. Reliqua patrum testimonia, si "de pane fieri Corpus Christi" dicant, lubenter protestantes admittunt. Fieri enim de elemento sacramentum, nec consistere sacramentum sine re sacramenti, firmiter tenent. Nam productive fieri Christum de pane, ne Cardinalis quidem affirmabit. "Hoc," igitur illud "est, quod" cum Augustino[a] "dicimus, quodque modis omnibus approbare contendimus,"—"sacrificium" Eucharistiæ "duobus confici, ... visibili elementorum specie, et invisibili Christi Carne ac Sanguine," "sicut Christi persona constat ... ex Deo et homine, cum Ipse .. verus sit Deus et verus homo." Quia omnis res illarum rerum naturam et veritatem in se continet, ex quibus conficitur. "Conficitur" autem sacramentum ex duobus,—"sacramento, et re sacramenti, id est, Corpore Christi."

Patres reliqui.

XVII. Eant nunc transubstantiatores cum "triginta duobus suis probatissimis" (uti immerito gloriantur[b]) "testibus," qui ante Innocentii tertii papæ tempus floruerunt. Tantum enim abest verissimum esse, vel quod Innocentius[c] decrevit, vel quod Concilium Tridentinum[d] sub anathemate definivit,— "Ecclesiæ Catholicæ semper fuisse persuasum, ita transmutari panem in Corpus Domini, ut, substantiâ panis recedente, sola maneret Christi Caro sub accidentibus panis,"—ut istud transubstantiationis dogma, non modo quoad nomen, sed quoad rem ipsam quoque, vetustatis patrocinio prorsus destituatur. Dixit Alphonsus à Castro[e], "in antiquis scriptoribus

[a] De Consecr., dist. ii. c. Hoc est. [cap. xlviii., August. in libr. Sentent. Prosp.—Corp. Jur. Can., ed. Par. 1612, tom. i. col. 2108.—Conf. supr. cap. v. num. xx.; et cap. vi. num. v.]

[b] Card. Bellarm. de Euch., lib. iii. cap. 20, v. 3. [tom. iii. col. 742.— Habemus triginta duos probatissimos testes, quorum postremi quinque tempore S. Bernadi, omnes autem ante Innocentium III. floruerunt.]

[c] Extra, de Trin. et Fide Cathol., c. 1. [Vid. Gregorii IX. Decretal., lib. i. tit. i. cap. Firmiter credimus; ap. Corp. Jur. Can., ed. Par. 1612, tom. ii. col. 9, 10.—Una vero est universa Ecclesia: .... in quâ Idem Ipse Sacerdos est Sacrificium, Jesus Christus; Cujus Corpus et Sanguis in sacramento Altaris sub speciebus panis et vini veraciter continentur, transubstantiatis pane in Corpus et vino in Sanguine potestate divinâ, &c.]

[d] Sess. xiii. c. 4. [Labbe, tom. xiv. p. 806.—Persuasum semper in Ecclesiâ Dei fuit, idque nunc denuò sancta hæc synodus declarat, per consecrationem panis et vini, conversionem fieri totius substantiæ panis in substantiam Corporis Christi Domini nostri, et totius substantiæ vini in substantiam Sanguinis Ejus; quæ conversio convenienter et proprie a sanctâ Catholicâ Ecclesiâ transubstantiatio est appellata.]

[e] Lib. viii. contra Hæreses, [§ de] Indulg. [Alphonsi op., ed. Par. 1571, col. 578.—Multa sunt posterioribus

CAP. VI. raram esse de transubstantiatione mentionem:"—rectius dixisset, nullam. Sic enim ipsi Jesuitæ nostri in Angliâ fatebantur. "Rem" (inquiunt[f]) "transubstantiationis antiqui patres ne attigerunt quidem:" quod sane verissimum est[g]. Id, quod latius declarandum est capite sequenti.

CAPUT VII.

DE SCRIPTORIBUS SECULI UNDECIMI ET SEQUENTIS, E QUIBUS CLARISSIME DEDUCITUR HISTORIA TRANSUBSTANTIATIONIS PAPALIS. I. PAPÆ ISTORUM TEMPORUM QUALES FUERUNT. II. INFELIX SECULUM, QUO SCINDEBANTUR THEOLOGI CIRCA REM EUCHARISTICAM. III. FULBERTI SENTENTIA. IV. QUAM SEQUITUR EJUS DISCIPULUS BERENGARIUS, CUI ALII CONTRADICUNT. V., VI. BERENGARII DOCTRINA DEFENSA. VII. LEONIS NONI RUGITUS CONTRA BERENGARIUM. VIII. VICTORIS II. SYNODUS TURONENSIS, QUÆ BERENGARIUM TANQUAM RECTE SENTIENTEM DIMISIT. IX. NICOLAUS II. PAPA NOVAM INDICIT SYNODUM CONTRA BERENGARIUM, CUI INIQUA ATQUE STUPENDA RECANTATIO INJUNCTA EST. X. GLOSSÆ ORDINARIÆ CENSURA DE ISTÂ BERENGARIO PRÆSCRIPTÂ RECANTATIONE. XI. QUAM, PER VIM ET METU MORTIS, SIBI EXTORTAM FUISSE DIXIT. LANFRANCUS ET GUITMUNDUS CONTRA EUM SCRIBUNT. XII. HILDEBRANDUS PAPA, ET EJUS CONCILIUM ROMANUM: AD QUOD BERENGARIUS ITERUM VOCATUS EST, ET FRUSTRA CONDEMNATUS. XIII. S. BERNARDI DOCTRINA APPROBATA. XIV. RUPERTI SENTENTIA. XV. P. LOMBARDUS DE TRANSUBSTANTIATO PANE NIHIL DEFINIRE POTUIT, ET DE ACCIDEN-

nota, quæ vetusti illi scriptores prorsus ignoraverunt. Nam de transubstantiatione panis in Corpus Christi rara est in antiquis scriptoribus mentio: de processione Spiritûs Sancti a Filio multo rarior: de purgatorio fere nulla, potissimum apud Græcos scriptores.]

[f] Discurs. Modest. de Jesuit. p. 13. [Vid. "A sparing Discoverie of our English Jesuits," 4to. 1601, p. 13.—Conf. L. Andr., Respons. ad Apolog. Card. Bellarm., cap. i., ed. Lond. 1610, p. 7.—Conclusum autem inter patres Societatis, (compares ejus [Bellarm.] nuper,) quibus quis non credat? præsertim cum in ipso tum carcere essent (ad minimum) confessores: Nimirum (verba ipsa refero) "rem transubstantiationis patres ne attigisse quidem;" &c.— Vid. etiam Jerem. Taylor, 'Of the Real Presence of Christ in the Holy Sacrament,' § xiii. art. 3; ap. Σύμβολον Θεολογικόν, ed. Lond. 1674, p. 269.]— Et Wats. Quodl., lib. ii. art. 4. [Vid.

'A Decacordon of Ten Quodlibetical Questions, concerning Religion and State,' &c.—by William Watson; ed. 4to. s. l. 1602, p. 31.—Another like heretical and most dangerous assertion of theirs (i. e. the Jesuits) is, that the ancient Fathers "rem transubstantiationis ne attigerunt."]

[g] [In codicibus manuscriptis sub finem hujus capituli hæc leguntur verba: "Nam nemo est veterum, ante Paschasii Radberti tempora, qui sacræ Cœnæ symbola non fateatur disertis verbis panem et vinum esse, etsi (ut dictum est) variis epistolis illa interdum insigniant ad commendandam tanti mysterii dignitatem. Quamvis autem tempore Paschasii contra veterum doctrinam in hâc re disputatum fuit, decretum tamen nihil ante papatum Innocentii tertii; nec sub anathemate definitum quidquam ante concilium Tridentinum.—Id, quod latius, &c.]

CORPORIS CHRISTI IN SACRAMENTO EUCHARISTIÆ. 113

TIBUS PANIS SINE SUBJECTO MISERABILITER PHILOSOPHATUR. XVI. OTHO
FRISINGENSIS, ET EJUS COÆTANEI, PANEM ET VINUM IN EUCHARISTIÂ VERA
MANERE FATENTUR. XVII. P. BLESENSIS ET STEPH. EDUENSIS NOTANTUR,
QUI PRIMI OMNIUM TRANSUBSTANTIATIONIS VOCABULUM USURPÂRUNT.
XVIII. SECULUM XIII., IN QUO INNOCENTIUS III. PAPA DECRETUM SUUM
DE TRANSUBSTANTIATIS PANE ET VINO IN CORPUS ET SANGUINEM DOMINI
PUBLICAVIT. XIX. ET XX. INNOCENTII III. MIRA ARROGANTIA. SY-
NODUS LATERANENSIS DE HOC ARTICULO NIHIL DECREVIT. XXI. EJUS-
DEM INNOCENTII CRUDELITAS, QUI PER CARNIFICINAS, ET VIVICOMBURIA,
NOVAM FIDEI SUÆ DOCTRINAM STABILIRE VOLUIT. XXII. GERSONIS
DICTUM DE ROMANÂ ILLIUS TEMPORIS ECCLESIÂ. MULTA FIGMENTA E
TRANSUBSTANTIATIONE ORTA. QUÆSTIONES PORTENTOSÆ ET INEX-
TRICABILES. XXIII. MONACHORUM NOVI ORDINES, ET SCHOLASTICI.
XXIV. EORUM ALTERCATIONES ET DISPUTATIONES ABOMINANDÆ. XXV.
SACRAMENTUM INDIGNISSIME TRACTATUM AB EIS, QUI ILLUD IN PRO-
PRIUM CORPUS CHRISTI TRANSUBSTANTIATUM CREDIDERUNT. XXVI. ET
XXVII. HOLKOT, AQUINAS, ALBERTUS MAGNUS, ET ALII SCHOLASTICI,
QUAMVIS PRO TRANSUBSTANTIATORIBUS ALIQUANDO NON FACIANT, OMNIA
TAMEN AD PAPÆ ROMANI JUDICIUM REFERUNT. XXVIII. SYNODUS CON-
STANTIENSIS, QUÆ POCULUM LAICIS ABSTULIT. XXIX. CARD. CAMERA-
CENSIS TRANSUBSTANTIATIONEM EX S. LITERIS PROBARI POSSE NEGAT.
XXX. SYNODUS FLORENTINA, ET EUGENII IV. INSTRUCTIO ARMENORUM,
NOTANTUR. XXXI. ANATHEMA PAPALE IN SYNODO TRIDENTINÂ NULLI
FORMIDANDUM. CONCLUSIO OPERIS.

C A P.
VII.

I. SUPERIUS demonstravimus, usque ad annum millesimum, gangrænam transubstantiationis Ecclesias Christi nondum depavisse. Evolutis demum mille annis, cum de carcere
suo solutus esset qui gentes seduceret, et castra sanctorum
circumiret, magno Ecclesiæ et tum religionis tum pacis
Christianæ malo, contra clarum, perpetuum, et universalem
hunc patrum consensum, palam hinc inde disputare cœperunt,
et novam[1] sententiam defendere. Notum est historiarum non
ignaris, qualia fuerint illa tempora, qualesque tum Romanam
Ecclesiam rexerint episcopi,—Silvester II., Johannes XIX.,
et XX., Sergius IV., Benedictus VIII., Johannes XXI., Benedictus IX., Silvester III., Gregorius VI., Damasus II., Leo IX.,
Nicolaus II., Gregorius VII., sive Hildebrandus; qui gravi
schismate, feralibus bellis, et immensis cædibus, Ecclesiam
Romanam dilaniârunt. Eo enim tum Pontificatus[g] devenerat,

[1] ["novam
Paschasii
senten-
tiam,"—
ap. MS.
Dunelm.]

[g] Card. Baron., Annal. tom. x. ann. 897. § 4. [ed. Mogunt. 1601, col. 735.— En, illa infelicissima Ecclesiæ Romanæ tempora, atque omnium luctuosissima, &c ..... Etenim, cum gentiles imperatores Eam persecuti sunt gladio, tunc clariores celebrioresque, utpote laureâ martyrii decorati, effulsere Ro-

COSIN.   I

CAP. VII. ut, qui plus ambitione et largitione, non sanctitate vitæ et doctrinâ valeret, is tantummodo illius dignitatis gradum, bonis omnibus oppressis et rejectis, obtineret.

II. Isto infelici sæculo scindebantur inter se viri docti circa præsentiam Corporis Christi in Eucharistiâ, aliis veteris Ecclesiæ doctrinam, aliis sententiam nuper admodum exortam defendentibus.

Fulbertus Episc. Carnotensis, A.D. 1010.

III. Fulbertus Carnotensis episcopus fuit præceptor Berengarii proxime nominandi. Quam consona fuerit doctrinæ veteris Ecclesiæ sanctissimi hujus episcopi sententia, liquido constat ex illius epistolâ ad Adeodatum; in quâ inter alia docet [h], "mysterium" fidei "non visu corporeo, sed spiritu" mentis, in Eucharistiâ "intuendum." . . . Quod enim "substantia panis et vini apparet exterius, jam Corpus et Sanguis Christi fit interius;" . . "non quod ore discernitur, sed quod affectu interiore degustatur. Exere," igitur, (inquit,) "palatum fidei, dilata fauces spei, viscera caritatis extende, et sume panem vitæ, interioris hominis alimentum." Iterum: " De fide interioris hominis procedit divini gustus saporis; dum certe per salutaris Eucharistiæ infusionem influit Christus in viscera animæ sumentis." Quæ omnia clarissime dicta sunt contra eos, qui Christum in hoc mysterio corporaliter in os et ventrem hominum intrare nimis crasse docuerunt.

Berengarius Archid. Andegav. 1030.

IV. Præceptorem secutus est discipulus Berengarius, Ecclesiæ Andegavensis in Galliâ archidiaconus; quem virum sanctimoniâ vitæ et doctrinâ præstantem fuisse testantur Platina, Vincentius Bergomensis, et alii quamplurimi. Illustre vero ejus encomium, ab Hildeberto Cenomanensi episcopo (viro itidem doctissimo) illâ ætate conscriptum, in literas sic retulit Gulielmus noster Malmesburiensis [i]:

mani pontifices; &c. . . . Cum vero hos Romana Ecclesia passa est tyrannos Tusciæ principes, dominantes sive pecuniis sive armis populo cleroque Romano, per quos intrusi in cathedram Petri, solium Christi, sunt homines monstruosi, vitâ turpissimi, moribus perditissimi, usque quâque fœdissimi, vestimentis exuta gloriæ atque lætitiæ, mœrens, dolens, et lugens, sedit in tristitiâ domina gentium.]—Gilb. Genebr., Chron. sub initium sæculi x. [ad ann. 901; ed. Lugd. 1599, pag. 552.—Infelix dicitur hoc sæculum, &c. . . . . Hoc ipso infelicissimum, quod Ecclesia sub Cæsaribus esset captiva, sine ullo bono ferè pontifice, sine ullo celebri conc., &c.]

[h] Epist. ad Adeodatum, inter alia ejus opera impressa Parisiis, A.D. 1608. [8vo., fol. 8, 9.—Vid. Fulberti Epist. i.; ap. Bibl. Patr. Max., tom. xviii. pag. 5.]

[i] Gul. Malmesb. de gestis Regum Anglorum, lib. iii. [de Willielmo primo.—Vid. Rerum Anglicarum Scriptores post Bedam, &c.;—ed. Francof. 1601, pp. 113, 114.]

"Quem modo miratur, semper mirabitur orbis,
 Ille Berengarius non obiturus obit;
Quem, sacræ fidei fastigia summa tenentem,
 (Hunc) jam^k quinta dies abstulit, ausa nefas.
Illa dies, damnosa dies et perfida mundo,
 Quâ dolor et rerum summa ruina fuit;
Quâ status Ecclesiæ, quâ spes, quâ gloria cleri,
 Quâ cultor juris, jure ruente, ruit.

. . . .
. . . .

Vir sacer et sapiens, cui nomen crescit in horas,
 Quo minor est quisquis maximus est hominum.

. . . .
. . . .

Vir sacer a puero, qui quanto præeminet orbi
 Famâ, tanto[l] famæ præeminet ipse suæ.
Fama minor meritis, quum totum pervolet orbem:
 Cum semper crescat, non erit æqua tamen.

. . . .
. . . .

Vir vere sapiens, et parte beatus ab omni,
 Qui cœlos animâ, corpore ditat humum.
Post obitum secum vivam, precor, ac requiescam,
 Nec fiat melior sors mea sorte suâ."

Fuit autem Berengarius non solum Andegavensis archidiaconus[m], sed ejusdem Ecclesiæ scholasticus; "quem[n] honorem quisquis habet, academiæ cancellarius est."—" Scholastici," enim, "munus erat in maximis Ecclesiis clerum docere," et sanâ doctrinâ instruere. Quæ omnia eo copiosius adscribere volui, ut inde manifestum cuivis esset, quantis eum injuriis putidisque calumniis onerârunt scriptores nuperi, quales erant Johannes Garetius Lovaniensis[o], et Gulielmus Alanus An-

---

[k] ["*Hunc*" non est ap. Gul. Malm.—"*Tandem* quinta," &c.; ap. Foxe's 'Acts and Monuments,' ed. Lond. 1684, p. 385.]

[l] [Pro "*tanto*," ap. MS. Cestrens. legitur "*tamen;*" ap. Gul. Malms. "*tam;*" ap. Foxe's 'Acts and Monuments,' "*adeo.*"]

[m] A. Thevet, in Vit. Illustr. Vir. l. iii. c. 62. [Vid. 'Vies des hommes illustres,' de Andre Thevet; ed. Paris, 1584, f. 128.—Berangier, ... surnommé le Grammairien pour son excellent sçavoir, eslevé en la dignité de grand Archidiacre et Thresorier en l'Eglise de sainct Maurice cathedrale du pays et Duché d'Anjou, et Maistre d'Eschole et Chambrier de sainct Martin a Tours, au lieu qu'il devoit enseigner le peuple a bien vivre, rendu plus superbe, &c.]

[n] Pap. Masson., Annal. Franc. lib. iii. [ed. 4to. Lut. 1577, pag. 233.]

[o] Garet. de Verâ Præsent., in Epist. Nuncup. [pag. 4. ed. 8vo. Antv. 1561. Tandem jam emersit, circa annum Domini 1040, Turonensis quidam Berengarius, ... homo nullius eruditionis, gloriæ tamen avidus, et magni supercilii; qui, ægre ferens se nullius esse existimationis, et alios ob eruditionem sibi præferri, scelere, quia vir-

CAP.
VII.
glus P, et alii; qui virum celeberrimum non tantum erroris et hæreseως insimulant, sed etiam velut "hominem indoctum, et nullius eruditionis," traducunt.

V. Berengarius vero eam, quam ante annos CLXX. ex Scripturis sanctisque patribus, in eodem Galliæ regno, Bertramus, Johannes Erigena, aliique aliis in locis, tradiderant, sententiam acriter propugnavit contra illos, qui q nec panem nec vinum post consecrationem amplius in Eucharistiâ superesse docebant: nequaquam autem vel sensit, vel docuit, (quod multi tamen, contra manifestam veritatem, ei affingere non verentur,) nihil aliud in Cœnâ Domini a fidelibus percipi, quam nuda symbola, sive panem duntaxat et vinum; sed credidit et aperte docuit, (quemadmodum S. Augustinus aliique fidelissimi Ecclesiarum doctores ex infallibili Dei verbo tradiderant,) credentium animas vero Corpore et Sanguine Domini in hoc mysterio refici ad vitam æternam. Interim, aut substantiam panis et vini aboleri, aut in verum et naturale Corpus Christi substantialiter transmutari, aut ipsum e cœlo Christum carnaliter descendere, (id, quod alii eo tempore docere, et Ecclesiis obtrudere, primo incipiebant,) nec sentire nec docere voluit. Libri integri, quos in hâc causâ scripsit, ab hostibus ejus suppressi et exterminati, hodie non habentur. Quæ tamen, apud infensissimum illius adversarium Lanfrancum, ejus verba supersunt, hic subjicio r: " Per consecrationem Altaris, panis et vinum fiunt sacramentum religionis; non ut desinant esse quæ erant, sed s ut in aliud mutentur et fiant quæ non erant:"—plane ad mentem S. Ambrosii. Iterum: " Sacrificium Ecclesiæ duobus constat," (ad mentem hoc S. Irenæi,)—" visibili" " sacramento," " et

tute nequibat, nomen sibi et famam comparare decrevit; idque non callide minus, quam impie: collectis enim nonnullis frigidis ratiunculis, &c.] —Et Class. v. A.D. 1040. [ibid. p. 193.— Leo IX. papa concilium illud (Rom.) hanc ob causam coegit. Erat in Galliis quidam Berengarius Turonensis, ... homo indoctus, sed gloriæ admodum cupidus. Hic itaque clarus fieri aliquo facinore cupiens, &c.—Vid. etiam Garetii verba sub conc. Vercellens. eodem anno habit.; ubi supra.]

p Alan. de Euch., lib. i. c. 21. [Vid. Gul. Alani lib. de Sacramentis, &c.; ed. 4to. Antv. 1576, p. 337.—At Berengarius his non permotus, sed scelere et superbiâ inflammatus, jam doctissimos quosque episcopos ad certamen provocat, &c.]

q [In MS. Dunelm. verba " Paschasium sequentes" rubricâ deleta sunt.]

r Extat apud Lanfr. de veritate Corp. Domini in Euch. [Vid. cap. ix., x., iv., xii., xiii.—Lanfranci op., ed. Lut. Par. 1648, pp. 238, 239, 234, 240.—Vid. etiam cap. v., vi.; et passim.]

s [Verba ipsissima sunt: . . . " sed ut sint quæ erant, et in aliud commutentur, quod dicit beatus Ambrosius," &c.]

invisibili" "re sacramenti," "id est, Corpore Christi." Item: CAP.
"Panis et vinum, quæ consecrata sunt, in substantiis suis per- VII.
manent;"... "similitudinem habentia earum rerum quarum
sacramenta sunt:" nam aliter "omnino sacramenta non essent."
Rursus: Sacramenta "sunt visibilia rerum Divinarum
signacula, sed res" ipsæ "invisibiles in eis honorantur."—
Planissime itidem ad mentem S. Augustini, aliorumque veterum patrum, quos supra citavimus.

VI. Nequaquam igitur hâc suâ doctrinâ Christi Corpus e
sacramento exclusit, sed sacramentum in legitimo ejus usu
cum re sacramenti conjunxit; et Corpus Christi, non ore et
modo carnali, sed spiritu, mente, et animâ, manducari docuit. Nec solus tum Berengarius hanc orthodoxæ vetustatis
sententiam defensitavit. Constat enim ex Sigiberto[t], Gul.
Malmesburiensi[u], Matth. Parisio[x], et Matth. Westmonasteriensi[y], "omnes" fere hujus temporis "Gallos, Italos, et Anglos," eidem sententiæ adhæsisse, "multumque a multis et
verbis et scriptis" pro eâ "disputatum esse;" inter quos numeratur Bruno[z], ipse tum episcopus ejusdem Andegavensis
Ecclesiæ. Id vero ægre audiunt pontificii; qui, ne horum
scripta ad posteritatis notitiam pervenirent, sedulo dederunt
operam; et Berengarii doctrinam, a veteribus acceptam,
multisque nobilissimis gentibus defensam, in uno aut altero
orbis angulo latitâsse scriptitant.

VII. Romanorum autem pontificum primus, qui Berengario Concil.
se opposuit, fuit Leo IX.[1], vir quidem simplex, sed Humberti Vercel.
et Hildebrandi consiliis aurem nimis facilem præbens. Is, Papâ IX.
simul ac rogatus fuit, statim cum suis in Berengarium, ab- [1] Anno
sentem et inauditum[a], sententiam excommunicationis pro- 1050.

---

[t] Sigiberti Chron. a Miræo editum, [ann. 1051; ap. Auberti Miræi 'Rerum toto orbe gestarum Chron.,' ed. Antv. 1608, p. 154.—Francia turbatur per Berengarium, &c. . . . . . . Unde contra eum, et pro eo, multum a multis et verbis et scriptis disputatum est.]

[u] Malmesb., in continuat. Bedæ. [Vid., lib. iii. De gestis Regum Anglorum; ap. Rerum Anglicarum Scriptores post Bedam, &c. ed. Francof. 1601, p. 113.]

[x] Matth. Paris. in Hist. Majori, ad ann. 1087; [ed. Lond. 1684, p. 10.—Imprimis autem afficiebatur omnis Gallia ejus (Berengarii) doctrinâ.]

[y] Matth. West. ad eundem annum. [Vid. Flores Historiarum per Matthæum Westmonasteriensem collect., ad ann. 1087, § De sacramento Altaris; ed. Francof. 1601, pp. 230, 231.—Eo tempore Berengarius . . . . omnes Gallos, Italos, et Anglos, suis jam pæne corruperat pravitatibus; &c.]

[z] Baron. ad ann. 1035, § 1, 6. [Vid. Baronii Annal. Eccles., ed. Mogunt. 1606, tom. xi. coll. 163, 165.]

[a] Lanfrancus, in ipso loco mox citato. [Vid. lib. de Corp. et Sang. Dom. cap. iv.—Op., ed. Lut. Par. 1648, p. 234.—Tempore sancti Leonis papæ, delata

CAP. VII.

mulgavit; et, non multo post, synodum quandam Vercellis coegit, in quâ Johannes Erigena una cum Berengario damnati sunt[b]; atque eo nomine damnati, quasi panem et vinum in Eucharistiâ nuda tantum signa esse asseverarent[c]: quod tamen ab eorum sensu et fide maxime erat alienum. Iste igitur Leonis rugitus Berengarium non terruit. Quin et[d] Gallicanæ etiam Ecclesiæ pontifici Romano ac Vercellensi synodo passim contradicebant, et veritatem una cum Berengario oppressam palam propugnabant.

Anno 1055. Concilium Turonense sub Victore Papâ II.

VIII. Leoni successit Victor papa II., qui, cum prædecessoris sui fulmine Berengarium opprimi non posse videret, misso in Gallias legato suo Hildebrando, apud Turones synodum alteram collegit, quo vocatus Berengarius libenter illico comparuit; et, postquam nullam se præter communem Ecclesiæ sententiam de Eucharistiâ fovere dixit, panemque et vinum in sacrificio Ecclesiæ meras tantum umbras ac figuras vacuas esse negavit, idque propriæ manûs subscriptione confirmavit, dimissus est. Non enim sententiam suam abjecit, (ut recentiores perhibent pontificii,) sed eam perinde ac prius defendit et docuit, quemadmodum Lanfrancus de ipso narrat.

Anno 1058. Concilium Romanum sub Nicolao Papâ II.

IX. Non sic tamen conquievere ejus adversarii; quin Nicolaum papam II., qui in locum Victoris (interveniente paucis mensibus Stephano X.) absque Cæsaris consensu suffectus erat, eo adegerunt, ut novam synodum contra Berengarium Romæ indiceret. Cum enim modum præsentiæ (quem illi

---

est hæresis tua ad apostolicam sedem. . . . . Igitur cum a quodam Remensi clerico Romam perlatas recitator legeret, intellecto quod Joannem Scotum extolleres, Paschasium damnares, communis de Eucharistiâ fidei adversa sentires, promulgata est in te damnationis sententia, privans te communione sanctæ Ecclesiæ, &c....... Dehinc declarata est synodus Vercellensis, quæ proximo Septembri eodem præsidente pontifice est celebrata Vercellis: ad quam vocatus non venisti; &c..... In quâ (synodo)..... Joannis Scoti liber de Eucharistiâ lectus est ac damnatus, sententia tua exposita ac damnata, fides sanctæ Ecclesiæ.... auditâ, et concordi omnium assensu confirmata.]

[b] Scilicet post mortem hominis innocentissimi annos fere ducentos.

[c] Adelman[n]us, in Ep. ad Bereng.

[ap. Bibl. Patr. Max., tom. xviii. pag. 438.—Avertat Dominus a te, sancte frater, semitas tales; et convertat pedes tuos in testimonia sua: et mendaces ostendat, qui manum tuam tam fœdâ labe maculare nituntur, spargentes usquequaque, ut non solum Latinas, verum etiam Teutonicas aures, inter quas diu peregrinor, repleverint, quasi te ab unitate sanctæ matris Ecclesiæ divulseris, et de Corpore et Sanguine Domini, quod quotidie in universâ terrâ super sanctum Altare immolatur, aliter quam fides catholica teneat, sentire videaris: hoc est, (ut illorum de te dictis utar,) non esse verum Corpus Christi, neque verum Sanguinem, sed figuram quandam et similitudinem.]

[d] Quales erant Redonensis, Andegavensis, Leonensis, Dolensis, Macloviensis, &c.

plane crassum, et Christo indignum, in Eucharistiam invehere cœperunt) recipere Berengarius repudiaverit, et (ut prius) docuerit Christi Corpus non adesse eo modo, ut pro hominum libitu condi, promi, et in ventrem sumi, in terram abjici, pedibus conculcari, a bestiis arrodi et devorari, posset,—illi prorsus eum negavisse ullo modo adesse calumniati sunt. Ad imperata Romani pontificis exequenda, adfuerunt synodo CXIII. episcopi. Adfuit et ipse Berengarius; "eique, in dicendo copiosissimo," (verba sunt Sigonii[e], et Leonis Ostiensis[f],) "cum nullus valeret obsistere," tandem "Albericus" quidam, monachus Cassinensis, "cardinalis a Stephano" Papâ constitutus, "ad synodum evocatus est;" et, postquam "septem dierum spatium ad responsum scripto edendum poposcerat," chartam suam attulit adversus Berengarium: (sed rationes et argumenta, quibus ad convincendam ejus sententiam usus est, non extant:) qui protinus, absque ulteriori processu[g], recantare jussus est ad modum "ab Humberto Cardinali conscriptum," qui sic se habuit[h]: "Ego Berengarius," &c. . . . . "Consentio sanctæ Romanæ [Ecclesiæ] et apostolicæ sedi, et ore ac corde profiteor, de sacramentis Dominicæ Mensæ, eam fidem me tenere, quam dominus et venerabilis papa Nicolaus et hæc S. synodus, auctoritate evangelicâ et apostolicâ, tenendam tradidit, mihique firmavit; scilicet, panem et vinum, quæ in Altari ponuntur, post consecrationem non solummodo sacramentum, symbolum, sive figuram, sed etiam verum Corpus et Sanguinem Domini nostri Jesu Christi, esse;" (hactenus non male: quæ vero sequuntur, horrida nimis sunt, et ab ipsis pontificiis improbata:) "et sensualiter, non solum sacramento, sed veritate, manibus sacerdotum tractari, frangi, et fidelium dentibus atteri." Sunt enim hæc præscriptæ recantationis verba, quæ, Berengario tradita, et ab eo primum rejecta, tandem[2] per carcerem, minas, mortisque metum, ab illo extorta sunt[i].

CAP. VII.

[1] Anno 1059.

[2] ["tantum."—MS. Cestr.]

[e] De regn. Ital., lib. ix. ann. 1059. [Vid. Caroli Sigonii op., ed. Mediol. 1732, tom. ii. coll. 537, 538, 539.]

[f] In Chron. Cassin., l. iii. c. 35. [ed. 4to. Neapoli, 1616, pp. 380, 381.]

[g] Baron. ad ann. 1059. § 18. [Vid. § 13.—Annal. Eccles., ed. Mogunt. 1606, tom. xi. col. 329.]

[h] Habetur apud Gratian. de Consecr. dist. ii. c. 42. [Decretum, par. iii.—Corp. Jur. Can. ed. Par. 1612, tom. i. col. 2103.]

[i] Pap. Masson., Annal. Franc. lib. iii. [ed. 4to. Lutet. 1577, pag. 236.—Ipse (Bereng.) præsens timore mortis libros de Eucharistia ab se editos in ignem projecit, ac formulam abjurationis coram episcopis recitavit, cujus ini-

120 DE SACRIS SYMBOLIS ET SPIRITUALI MANDUCATIONE

C A P. VII.

X. Integra vero istius professionis præscriptæ et extortæ formula habetur, tum apud Lanfrancum[k], et Algerum[l], tum apud Gratianum[m]; ad quam tamen Gratiani glossator Johannes Semeca hæc annotavit[n] : "Nisi sane intelligas verba Berengarii," (rectius dixisset verba Nicolai papæ et cardinalis Humberti,) "in majorem incides hæresin, quam ipse habuit;" Berengarius[o] enim "ibi hyperbolice locutus est, et veritatem excessit." Similiter Richardus de Mediavilla[p]: "Berengarius infamatus"... "purgavit se per verba excessiva." Sed is excessus non tam Berengario imputandus, quam illis qui præscripserunt. De transubstantiatione tamen nihil hic audimus.

XI. Præsenti tandem periculo liberatus Berengarius, sibi vero male conscius ob negatam veritatem, resumit animum, et suam ipsius revocationem, non minus absurdam quam impiam, scripto edito refutavit; 'eamque per vim sibi extortam esse,' dixit, 'ab ecclesiâ malignantium et vanitatis concilio.' Huic contrarium scriptum opposuit Lanfrancus Cadomensis, (tum præfectus monasterii in Galliâ, postea in Angliâ archiepiscopus factus Cantuariæ,) et eodem tempore Guitmundus Aversanus rem inculcavit. Etsi vero dubium non sit, quin Berengarius, aliique permulti qui a partibus ejus steterunt, his et similibus libellis responderint, quæcunque tamen scripserunt, ab illorum adversariis suppressa sunt, paucis duntaxat exceptis, quæ apud Lanfrancum legimus. Sed optandum esset, ut Berengarii, hominis doctissimi, et antiquæ veritatis tenacissimi, libros integros haberemus; ex quibus certiora cognosci possent, quam ex eis, quæ ab infensissimus ejus hostibus narrantur.

Concilium Romanum sub Hildebrando Papâ, A.D. 1079.

XII. Conquievit paululum certamen hoc sacramentarium propter bellorum tumultûs, quos Nicolaus II. papa in Apuliâ, et alibi, excitârat. Quamprimum autem ac Hildebrandus

tium est: 'Ego Berengarius.' Humbertus Cardinalis . . . formulam illam scripserat: adversus quam Berengarius, perinde ac si ab Humberto, non ab se recitata, aut ei subscriptum suâ manu nunquam fuisset, postea apologeticum edidit.]
[k] Sub libri, quem contra Bereng. scripsit, initium. [Vid. cap. ii.—Lanfranci op., ed. Par. 1648, p. 232.]
[l] Lib. ii. c. 15. [Vid. Alger. de Sacramento Corporis et Sanguinis Domini, lib. i. cap. 19.—Bibl. Patr.

Max., tom. xxi. pag. 271.]
[m] Ubi supra. [Vid. not. ad lit. h.]
[n] In c. Ego Bereng., de Cons. dist. ii. [ubi supr. cap. 42.—Corp. Jur. Can., tom. i. col. 2104.]
[o] In c. Utrum sub figurâ, 72. [Ibid., col. 2124.]
[p] In iv. dist. ix. princ. i. q. i. [Vid. Richard. de Med. sup. IV. libr. Sentent., ed. Brixiæ, 1591, tom. iv. p. 109. —Berengarius . . . ad sui purgationem per verba excessiva contrarium asseruit.]

pontificatum occupâsset, qui Gregorius VII. appellatus est, instauratum denuo recruduit. Nam ad concilium Romæ habitum sub isto papâ iterum evocatus est Berengarius; ubi, "multis hæc, nonnullis illa [prius] sentientibus," (ut est in Actis hujus concilii[q] ab adversariis ejus consignatis,) causa ejus non potuit ita opprimi, quin aliquot episcopos assertores invenerit. Imo, ipse quoque dux gregis Hildebrandus dubitâsse perhibetur[r], "si illud, quod sumitur in Dominicâ Mensâ, esset revera (per substantialem conversionem) Corpus et Sanguis Christi." Sed, post inducias trium mensium[s] Berengario concessas, et jejunium cardinalibus indictum[t], "ut Deus" per "signum" aliquod de cœlo "ostenderet," (quod tamen "minime contigit,") "quis rectius sentiret de Corpore Domini," Romanus pontifex, an Berengarius,—ad extremum, res ipsa sine oraculo transigitur, et nova palinodiæ sive professionis formula Berengario obtrusa est; quâ[u] "panem illum mysticum" (prius in magicum[x] et divinatorium ab Hildebrando transformatum) "substantialiter converti in veram[y] et propriam Carnem Christi," sub gravissimo papæ

CAP. VII.

[q] Excus. cum Lanfranci libro, et apud Binium. [Vid. Conc. Rom. vi. ann. 1079. § 1.—Binii Concil., ed. Colon. Agr. 1618, tom. iii. par. ii. pag. 401.]

[r] Engilb. Archiep. Trevirensis, apud Goldast. Imper., tom. i. [Nescio quo errore Engelbertum citavit Cosinus *Trevirensem;* cujus nulla sunt scripta ap. Goldastum; immo, vero, qui obiit A.D. 1005.—Vid. Gul. Eisengreinii Catalogum Testium Veritatis, ad ann. 987; ed. 4to. Dilingæ, 1565, fol. 76.]

[s] Bertold. Constant., Chron. ann. 1079. [Vid. Append. ad Hermanni Contracti Chronicon, ap. Christ. Urstisii Basiliens. Germ. Hist. Illustr.; ed. Francof. 1585, tom. i. p. 349.—Ann. 1078. Facto autem alio concilio Romæ, x. Cal. Decemb. . . . . . Berengarius . . . synodaliter convenitur, eique induciæ usque ad proxime futuram synodum dantur.—Ann. 1079. Gregorius papa synodum Romæ mense Februario collegit; &c.]

[t] Benno Cardinal., in vitâ Hildebr. [ap. Orthuini Gratii Faciculum, ed. Lond. 1690, tom. i. pag. 79.]

[u] Habetur ista formula apud Tho. Waldens., tom. ii. c. 42. [De sacramento Eucharistiæ, cap. 42, 43.—Doctrinal., tom. ii. pp. 73, 74.]—Et in Registr. Greg. VII. [ap. Harduini Concilia, tom. vi. par. i. coll. 1585, 1586.]

[x] Brixin. Synod. Episc. apud Abb. Usperg. in Chron. ad ann. 1080. [In MS. Dunelm. hæc nota rubricâ transversâ deleta est.—Vid. autem Conradi a Liechtenaw, Urspergensis Cœnobii Abbatis, Chronicon; ed. Argent. 1609, p. 171.—Cum apud Brixiam Noricam triginta episcoporum conventus, nec non et optimatum exercitus, non solum Italiæ, sed et Germaniæ, jussu regis Heinrici congregaretur, &c. . . . . Nos contra eundum Hiltebrandum procacissimum, sacrilegia ac incendia prædicantem, perjuria et homicidia defendentem, catholicam et apostolicam fidem de Corpore et Sanguine Domini in quæstionem ponentem, hæretici Berengarii antiquum discipulum, divinationum et somniorum cultorem, manifestum necromanticum, phitonico (pythonico?) spiritu laborantem, et idcirco a verâ fide exorbitantem, judicamus canonice deponendum et expellendum; &c.]

[y] Addit formula præscripta: "In proprietate naturæ." [Ubi supra, not. ad lit. u.—Vox autem "mysticum" frustra quæsita est; in ipsâ formulâ " per mysterium" legitur.]

CAP. VII. præcepto, deinceps confiteretur. Quod tamen an unquam fecerit, non adeo liquet. Quamvis enim a Malmesburiensi[z] traditum sit, 'cum in hâc fide Romanâ decessisse,' 'non desunt [a]tamen,' (etiam Malmesburiensi antiquioribus[b],) 'qui dicant,' "nunquam" illum a pristinâ suâ sententiâ fuisse "conversum." Sunt etiam qui referant, 'eum post ultimam hanc condemnationem, abjecto literarum studio, omnia pauperibus erogâsse, et victum manibus propriis sibi quæsivisse[c].' Alia[d], quæ de eo retulerunt. Romanæ sedis mancipia, fidem non merentur. Hæc facta sunt, uti adnotavimus, anno Christi supra millesimum septuagesimo nono. Interea vero Berengarius non multo post moritur.

XIII. Mortuo autem Berengario, non tamen una cum eo (ut est in Chronico Cassinensi[e]) extincta est vera ejus de sacrâ Cœnâ sententia, et doctrina a S. Scripturâ et antiquis patribus recepta. Nam Bernardus abbas Clarevallensis, qui post initium sæculi XII. floruit, veteris Ecclesiæ de mysteriis doctrinam constanter adhuc retinuit. In sermone[f] de Cœnâ Domini, 'externam sacramenti formam' ex verbis institutionis, et 'spiritualem ejus efficaciam' ex concione[1] Christi, tanquam

S. Bernardus, A.D. 1120.

[1] S. Joh. vi. 56 et 63.

[z] De Gest. Angliæ, l. iii. c. 58. [Vid. Rerum Anglicarum Scriptores post Bedam. ed. Francof. 1601, pag. 114.— Berengarius plane, quamvis ipse sententiam correxerit, omnes tamen, quos ex totis terris depravaverat, convertere nequivit. Adeo pessimum est alios exemplo vel verbo a bono infirmare, quia fortassis peccatum te gravabit alienum, cum deletum fuerit tuum.] —Et post eum ab aliis. Vide Bell. Chronol. ad ann. 1079. [Imo, potius, ad ann. 1078.—Bellarmini op., ed. Col. Agr. 1617, tom. vii. col. 258.—Berengarius .... tandem resipiit, et in fide Catholicâ obiit.]

[a] Pegn. Comment. 31 ad 2 part. Direct. Inquisit. [Vid. schol. 24.— Nicolai Eymerici Directorium Inquisitorum, cum scholiis Francisci Pegnæ Hisp., ed. Romæ 1578, p. 56.—Non tamen desunt, qui dicant nunquam conversum Berengarium ; quorum opinionem, &c.]

[b] Bertold. Const., qui tempore Berengarii vixit ; ad ann. 1083. [Chron. ubi supr. not. ad lit. i. p. 352.— Eo tempore (Berengarius) deficiens abiit in locum suum ; qui, licet eandem hæresim sæpissime in synodo abjuravit, ad vomitum tamen suum canino more non expavit redire.]

[c] Vincent. in Spec. lib. 26. cap. 40. [cap. 30. in MSS.—Vid. lib. xxv. cap. 30 ; ed. Venet. 1591,fol. 349.—Berengarius in fine ita resipuit, ut sine retractatione a quibusdam sanctus habeatur, plenus eleemosynis et humilitate, magnarum possessionum dominus dispertiendo, non famulus abscondendo et adorando, &c.]

[d] Baron. ad ann. 1088. § 15, &c. [ed. Mogunt. 1606, tom. xi. col. 793, 794, et seq.]

[e] Chron. Cassin., lib. iii. cap. 33. [cap. 35.—Ed. 4to. Neapol. 1606, p. 381.—Albericus .... librum edidit, ... in quo omnes assertiones ejus (Bereng.) destruxit, æternæque oblivioni tradidit.]

[f] Sermo de Cœnâ Domini. [S. Bernardi op., ed. Par. 1586, tom. i. col. 187.—Neque enim tradit mater parvulo nucem integram, sed frangit eam, et nucleum porrigit. Sic et ego vobis .... sacramenta quæ clausa sunt aperire debueram; &c. . . . . Sacramentum dicitur sacrum signum, sive sacrum secretum. Multa siquidem fiunt propter se tantum ; &c.]

corticem et nucleum, sive sacramentum et rem sacramenti, conjungit. Rursus; volens ibidem explicare sacramenta non esse consideranda, 'ut res absolutas,' sed ut mysteria, in quibus, visibili signo dato, invisibilis Divinæ gratiæ Corporisque et Sanguinis Christi peragitur dispensatio, dicit 'visibile signum esse velut annulum, qui datur, non propter se et absolute, sed ob delatæ alicujus hæreditatis possessionem et investituram.' "Multa" (inquit) "fiunt propter se tantum; alia vero propter alia designanda, et ipsa dicuntur et sunt signa.... Datur annulus propter annulum absolute, et nulla est significatio; datur etiam ad investiendum aliquem in hæreditatem[1], et signum est; ita ut jam dicere possit, qui accipit (annulum:) 'Annulus (per se) non valet quidquam, sed hæreditas est quam quærebam.' In hunc itaque modum, appropinquans passioni, Dominus de gratiâ Suâ investiri[2] curavit Suos, ut invisibilis gratia signo aliquo visibili præstaretur. Ad hoc[3] instituta sunt omnia sacramenta; ad hoc[4] Eucharistiæ participatio." Sicut autem nemo fingit annulum in res ipsas hæreditate possidendas, (puta terras aut domos,) substantialiter conversum esse, sic etiam non nisi absurde et falso quis dixerit, panis et vini sacramentum in Corpus et Sanguinem Christi substantialiter transmutari. At in sermone de purificatione[g], qui pro indubitato habetur, apertius loquitur: 'Quod Christi Corpus in mysterio cibus mentis sit, et non ventris, proinde corporaliter non manducatur: sicut enim cibus est[5], ita et comedi intelligitur.' Item, de S. Martino, qui itidem sermo ejus indubitatus est: "Usque hodie" (inquit[h]) "eadem Caro nobis, sed spiritualiter, utique non corporaliter[6], exhibetur." Est enim certa quoque veritas rerum spiritualiter præsentium. Quod autem alibi dicit[i], "sacerdotem tenere Deum in manibus suis," rhetorica amplificatio est; quemadmodum locutus est Chrysostomus[k]: "Adest sacerdos, gestans Spiritum Sanctum."

CAP. VII.

[1] ["de hæreditate aliquâ."]
[2] ["investire."]
[3] ["hæc."]
[4] ["hæc."]
[5] ["esse," in MSS.]
[6] ["carnaliter."]

[g] Sermo de pur. B. Mariæ. [Hic sermo, qui sit, non liquido patefactus est.—Vid. autem Serm. cujusdam in Cœnâ Domini, ap. S. Bernardi op., tom. ii. col. 392.—Cibus iste non est ventris, sed mentis.... Tres autem portiones, quæ in Altari fiunt de Corpore Christi, mysticam significationem habent.]

[h] Sermo de S. Martino. [Vid. supr. cap. iii. num. ii. p. 44, not. ad lit. b.]

[i] [Vid. Serm. in Cœnâ Dom.—Op., tom. ii. col. 387, 388.—Te præsentem habere mereamur præ manibus, &c. .... sacerdotem Deum suum tenere, et aliis dando porrigere.]

[k] Lib. iii. de Sacerdotio, [§ 4.—S. Chrysostomi op., ed. Ben. Par. 1718, tom. i. p. 383.—ἕστηκε γὰρ ὁ ἱερεὺς, οὐ πῦρ καταφέρων, ἀλλὰ τὸ Πνεῦμα τὸ Ἅγιον.]

124 DE SACRIS SYMBOLIS ET SPIRITUALI MANDUCATIONE

CAP. VII.
Rupertus Abbas, A.D. 1125.

XIV. Eodem sæculo duodecimo floruit Rupertus abbas Tuitiensis, et scriptor suæ ætatis clarissimus; qui panis substantiam in Eucharistiâ non converti, sed manere, docuit. Verba ejus subjicio. "Totum" (inquit[1]) "attribuetis operationi Spiritus S., cujus effectus non est destruere vel corrumpere substantiam, quamcumque in usus suos assumit, sed substantiæ bono permanenti, quod erat, invisibiliter adjicere quod non erat." Addit equidem incommodam opinionem de unione[m] panis et Corporis Christi hypostaticâ; sed[n] illa enata est (sicut etiam ejusdem ætatis aliæ) ex importunâ quâdam curiositate modum præsentiæ et conjunctionis cum pane determinandi; circa quem nimis multo se torquet vir suo ævo eximius. Interim transubstantiationem nec docuit nec decrepit[1].

[1] ["credidit," in MSS.]

P. Lombardus, A.D.1140. Sent., lib. 4.

XV. Non admodum diu post hâc de re Concertationes aliquot ab Algero monacho et aliis excitatas, libros Sententiarum congessit Petrus Lombardus: in quorum quarto agit de sacramento Eucharistiæ; dictisque nonnullis veterum doceri existimat[o], "substantiam panis in Corpus, vinique substantiam in Sanguinem" Christi "converti." At mox subjungit[p]: "Si autem quæritur, qualis sit illa conversio, an formalis, an substantialis, vel alterius generis, definire non sufficio." Nondum itaque, tanquam sententiam ex fide certam, transubstantiationem habuit: imo, in illâ ipsâ (tanquam opinione probabili) astruendâ, non satis sibi constare, sed fluctuare et prævaricatorem agere, dictisque veterum magis causam suam oppugnare quam stabilire, videtur. De accidentibus vero remanentibus sine subjecto, et de fractione Corporis Christi in partes, (quemadmodum ex præscripto Nicolai papæ profiteri jussus est Berengarius,) mirabiliter atque equidem miserabiliter philosophatur.

Otho Frisingensis, A.D. 1145.

XVI. Otho Frisingensis episcopus, vir non minus pietate et doctrinâ quam nobilitate insignis[q], (fuit enim Henrici IV.

[1] In Exod., lib. ii. cap. 10. [Ruperti Comment., ed. Col. Agr. 1602, tom. i. p. 267.]

[m] Ex quâ consequebatur panem esse Corpus Christi, sed Corpus non humanum, neque carneum, sed panaceum. [Hæc verba sunt Bellarmini, lib. iii. de Euch. cap. 11.—Op., ed. Ingolst. 1601, col. 712.—Conf. Ruperti Comm. in Exod. ubi supra, col. 268.]

[n] [In MS. Dunelm. verba quæ sequuntur, usque ad vocem 'eximius,' deleta sunt rubricâ. Quinetiam Bellarmini verba, quæ margine (vid. not. ad lit. m.) addita sunt, manuscripto desunt.]

[o] Dist. x. [Pet. Lombardi Sentent. lib. iv. dist. x. cap. 2, ed. Basil. 1513, fol. 166.—Vid. etiam cap. 1. fol. 165.]

[p] Dist. xi. [cap. i.—Ubi supr. fol. 166.]

[q] [Vid. Possevin. Appar. Sacr., ed.

imperatoris nepos, Henrici V. sororius, Frederici patruus, et Conradi regis frater uterinus,) eodem tempore floruit. Credidit autem et scripsit[r], "panem et vinum manere in Eucharistiâ," sicut et alii non pauci ejusdem coætanei.

CAP. VII.

XVII. Novum vero 'transubstantiationis' vocabulum haud facile[1] quis inveniat ante hujus XII. sæculi medium. Primum enim occurrit apud Petrum Blesensem[s], qui sub Alexandro papâ III. vixit, et Stephanum Eduensem episcopum[t], cujus et ætas et scripta valde incerta sunt. Quod enim a recentioribus quibusdam[u] refertur ad sæculum X., id sine testimonio idonei alicujus auctoris ab eis factum est; uti antea[x] dicebamus.

A.D. 1180. [1] ["te- mere."— MS. Dunelm.]

XVIII. Subsecutum est sæculum XIII., quum, mundo jam senescente, religionis status perturbatissimus esset, et pontifex Romanus non solum super universam Ecclesiam, sed super ipsa etiam imperia, ac orbis totius regna, tanquam in solio gloriæ, sese efferret. Enati tum sunt novi subinde monachorum ordines, a quibus, contra veteris ac purioris Ecclesiæ sententiam, de multis quidem religionis capitibus, inter alia vero de sacramento Corporis et Sanguinis Christi vehementissime declamatum est. Neque aliud jam restabat, quam ut nova transubstantiationis doctrina, a pontifice Romano confirmata, toti Christiano orbi sic obtruderetur, ut nemini contra mutire liceret. Id præstitit Innocentius III. papa; qui, 30 annorum juvenis, Cælestino III. substitutus est: (et[2]) vestigiis Hildebrandi pontificis strenue insistens, et synodum Romæ satis numerosam in Laterano convocans, primus omnium hoc nuperrime excogitatum transubstantia-

A.D.1215. Innocentius III. Papa.

[z [In MS.] Synodus Laterana.

Col. Agr. 1608, tom. ii. p. 204.—Et conf. Ottonis e Marchionibus Austriæ episc. Frisingensis Chronicon; item, libros duos de rebus gestis Frederici I. Barbarossæ, ap. Christiani Urstisii Germ. Hist. Script.]

[r] Christ. Agricola in Antipistor., p. 13. [Hoc opus, cui titulus est 'Propugnaculum Anti-Pistorianum,' (ed. Kœnig.) bibliothecariis quidem haud fere notum, latet.]

[s] Epist. 140. [ap. Bibl. Patr. Max., tom. xxiv. p. 1053.—Pane et vino transubstantiatis virtute verborum cœlestium in Corpus et Sanguinem Christi, accidentia, quæ prius ibi fuerant, sine subjecto remanent et apparent.]

[t] De Sacram. Altaris, in Bibl. Patrum. [Vid. Steph. Eduens. de sacr. Alt., cap. xiv.—Bibl. Patr. Max., tom. xx. p. 1879.—Quasi diceret: Panem quem accepi in Corpus Meum transubstantiavi; &c.]

[u] Card. Bellarm. [de Script. Eccles. —Op., Col. Agr. 1617, tom. vii. col. 128.—Stephanus Eduensis..... dicitur floruisse anno Dom. 950.]—Et Possevin. de Scriptoribus. [Vid. Apparat. Sacr., ed. Col. Agr. 1608, tom. ii. p. 434.—Vivebat ann. 950.]

[x] Cap. V. num. i. [p. 54.]

CAP.
VII.

tionis dogma, tanquam Fidei articulum necessario credendum, suâ tantum autoritate[1] statuere ausus est.

[1] [Manuscripto Dunelm. voces "suâ tantum auctoritate" desunt.]

XIX. Quantum sibi tribuerit, qualeque fuerit hominis ingenium, et quæ studia, ex his, quæ subjicio, cuilibet æstimare in promptu erit[y]. "Mihi" (inquit[z]) "dicitur in prophetâ, 'Constitui te super gentes et regna, ut evellas, et destruas, et disperdas, et dissipes, et ædifices, et plantes.' Mihi quoque dicitur in Apostolo, ' Tibi dabo claves regni cœlorum.'" . . . . . Sum, enim, "inter Deum et hominem medius constitutus, citra Deum, sed ultra hominem;" imo, "major homine, qui de omnibus judicem, a nemine vero judicari" possim.—"Annon ego[a] sponsus sum[2], et quilibet vestrum amicus sponsi? Utique sponsus, quia habeo" sponsam "nobilem, divitem et sublimem, sacrosanctam Romanam Ecclesiam; quæ . . . . cunctorum fidelium mater est ac magistra;" . . . . . . et "dotem mihi tribuit absque pretio pretiosam[b], spiritualium videlicet plenitudinem, et latitudinem temporalium, magnitudinem et multitudinem· utrorumque."—"Fecit Deus[c] duo magna luminaria in firmamento cæli:" . . . " fecit" etiam " duo magna luminaria" in firmamento "universalis Ecclesiæ;" . . . "id est, duas instituit dignitates, quæ sunt pontificalis auctoritas, et regalis potestas. Sed illa quæ præest diebus, id est, spiritualibus, major est; quæ vero carnalibus, minor: ut, quanta est inter solem et lunam, tanta inter pontifices (Romanos) et reges differentia cognoscatur." Hæc ille, Christi jam factus non vicarius modo, sed etiam rivalis : quæ nunc commemoro, ut videamus qualis fuerit rerum conditio, et Latinæ Ecclesiæ facies, quando transubstantiatio pro fidei articulo ab Innocentio papâ proposita est et obtrusa; quemadmodum[d] vir doctissimus D. Georg. Calixtus, scriptor omni laude ac imitatione dignus,

[2] S. Joh. iii. 29.— Verba illa Baptistæ sibi assumens.

[y] [Pro "in promptu erit" legit "promptum est" MS. Dunelm.]
[z] Innoc. III., Serm. ii. [in Consecr. Pont. Max.—Op., ed. Colon. 1575, tom. i. pag. 189.]
[a] Idem, Serm. iii. [ubi supr. pp. 192, 194.]
[b] Addit: "Multæ filiæ congregaverunt divitias, hæc autem sola supergressa est universas." [Ibid., p. 192. —Hæc (Rom. Eccl.) est Sarâ maturior, Rebeccâ prudentior, Leâ fœcundior, Rachel gratior, Annâ devotior, Susannâ castior, Judith animosior, Edissâ formosior. Multæ filiæ, &c. . . . universas. Cum hâc mihi sacramentale conjugium, &c.]
[c] Epist. ad Imp. Constantinop.— Extra, de Majorit. et Obed. c. 6. [Vid. Decretal. Greg. IX., lib. i. tit. xxxiii. cap. vi.—Corp. Jur. Can. ed. Par. 1612, tom. ii. col. 401, 402.]
[d] [Hæc quæ sequuntur de Calixto verba manuscriptis desunt.]

hæc omnia de Innoc. III.[e] plenissime declaravit et prosecutus est.

XX. Is igitur Innocentius, qui, ut auctoritatem suam extolleret, Philippum imperatorem vexavit, Othonem IV. imperio spoliavit, et Johannem Angliæ regem impulit, ut et Angliam et Hiberniam in manus ejus traderet, ac Romano pontifici vectigales faceret; quique, sub umbone spiritualium, arbitrium rerum terrenarum, imo ipsarum terrarum, sibi vindicavit; qui denique, "super omnes mortales ambitiosus et superbus, pecuniæque sititor insatiabilis," (verba recito Matthæi Parisiensis[f],) " et ad omnia scelera pro præmiis datis vel promissis cereus et proclivis fuit:"—is (inquam) in Lateranensi suo concilio transubstantiationem pro fidei articulo habendam proposuit[g]; et postquam[h] a concilio ut decerneretur obtinere non potuit, proprio imperio, contra quod nemo vel hiscere audebat, stabilitum ivit. Qui enim sub illius concilii nomine hodie extant et jactitantur canones, concilii non sunt, sed decreta tantum Innocentii papæ, ab ipso primum conscripta, et[i] in eodem concilio recitata; ubi cum multis displicerent, postea, ab ejus nepote Gregorio nono, in libros decretalium sub certis titulis redacta[k].

[e] Exerc. de Transubst. [Hujus libri inter multas bibliothecas nullum inventum est exemplar. Vide autem Joh. Molleri Cimbr. Lit., tom. iii. p. 200, v. Geo. Calixtus.—Exercitationes de Transubstantiatione contra Pontificios duæ, (quorum secundam Joh. Andr. Quenstedius Theologus postea Witebergensis, Respondentis functus officio, defendit,) Helms. 1643, in 4. junctim recusæ; adjunctâ ejusdem de sancto Eucharistiæ sacramento assertione, curante Frederico Ulrico filio, ibidem A. 1675, in 4. Commendantur a Gerh. Titio, in Ostensione Summariâ contra Pontificios, p. 81, 82.]

[f] In Historiâ Joh. Regis Angliæ. [Vid. Matthæi Paris. Hist. Major., ed. Lond. 1640, p. 245.]

[g] [Proxima quæ sequuntur verba ad MS. Dunelm. sic scripta sunt: . . . "et postquam nihil a concilio decerni potuit, propriâ suâ auctoritate, contra quam nemo vel hiscere auderet, stabilitum *esse voluit:*" (pro quibus *deletis* verbis, '*esse voluit,*' posteriori manu scriptum legitur vocabulum "*ivit.*")]

[h] Matth. Paris. in Hist. Minori. [Cujus libri, adhuc non impressi, latet cod. MS. in Bibliothecâ Regiâ.—Vid. Watt., Bibl. Brit., tom. ii. col. 731.]—Platina, in vitâ Innocentii III. [Hist. de vit. Pont. Rom., ed. Lovan. 1572, p. 165.—Venere multa tum quidem in consultationem, nec decerni tamen quicquam aperte potuit; &c.]

[i] Verba Matth. Paris. in Hist. Majori, ad ann. 1215. [ed. Lond. 1640, p. 272.—His omnibus congregatis, ... facto prius ab ipso papâ exhortationis sermone, recitata sunt in pleno concilio capitula lx., quæ aliis placabilia, aliis videbantur onerosa.]

[k] [Extensius in codicibus manuscriptis hæc sententia sic protracta est: . . . . "sub certis titulis redacta; quemadmodum in confutatione hominis cujusdam *vani* [*] et indocti, (qui ab Ecclesiâ Anglicanâ in hac ultimâ persecutione apostatavit,) una cum asseclis et approbatoribus suis, latius nobis aliquando dicendum erit."— [*] Conf. tractatum, cui titulus est: "An Answer to a Libell written by D. Cosens against the great general Councell of Laterane under Pope Innocent the Third; wherein

128 DE SACRIS SYMBOLIS ET SPIRITUALI MANDUCATIONE

CAP. VII.

XXI. Idem vero pontifex, postquam hæreticos esse pronunciavit[1], quicunque deinceps "Christi Corpus et Sanguinem in sacramento Altaris, sub speciebus panis et vini, transubstantiatis pane in Corpus et vino in Sanguinem, veraciter contineri," negaverint, eosdem omnes, cujuscunque tandem dignitatis aut officii sint[m], "secularibus potestatibus animadversione debitâ paniendos" (id est, cremandos) tradit; in suspectos inquiri jubet; receptores et fautores eorum, infames, intestabiles, atque hæreditatum et officiorum omnium incapaces esse judicat; et reliquos Christianos adversus eos extimulat. Porro jubet[n], "per censuram Ecclesiasticam compelli sæculares potestates, ... ut ..... pro defensione" (hujus) "fidei publice juramentum præstent, quod de terris suis universos hæreticos, ab Ecclesiâ" (Romanâ) "denotatos, ... exterminare studebunt .... Si vero" (inquit) "dominus temporalis" hoc "neglexerit, . . excommunicetur[1]: et, si satisfacere contempserit infra annum, significetur id summo pontifici, ut ipse vassallos ab ejus fidelitate denuntiet absolutos, et terram" (suam) "exponat Catholicis" (Romanis) "occupandam, qui eam exterminatis hæreticis" (h. e. transubstantiationem non credentibus) "sine ullâ contradictione possideant," &c. Atque in hunc modum Innocentius tertius, per excommunicationes, exercitus, rebelliones, carnificinas, et vivicomburia, novum fidei suæ dogma stabilire voluit[2].

XXII. Nisi autem iis artibus et machinis usus fuisset, ne illi quidem, qui Romanæ Ecclesiæ adhæserunt, eam doctrinam admisissent. Nec sic enim ita obtinuit, quin multos subinde et magnos habuerit contradictores. Imo non solum transubstantiationem, sed ipsam etiam Ecclesiam (rectius dixero Curiam) Romanam, quæ (si Gersonem cancellarium Parisiensem audimus[o]) hoc tempore "tota brutalis, et carnalis, et

[1] ["Excommunicationis vinculo innodetur."]
Transubstantiatio quibus modis stabilita.
[2] ["stabilitum ivit."—MSS.]
A multis una cum curiâ Romanâ rejecta.

the many and great errors of the (said?) D. Cosens are manifested to the world. By Thomas *Vane*, Doctor in Divinity of Cambridge, &c. Paris, 1646."—Item, vide alterum libellum cui est titulus: "A Lost Sheep returned home; or the motives of the Conversion to the Catholic Faith of Thomas Vane, Doctor of Divinity, and lately chaplain to his Majesty the King of England, &c. Paris, 1648."]
[1] Extra, de Fide et Sum. Trid. c. Firmiter credimus. [Vid. Greg. IX. Decretal., lib. i. tit. i. cap. 1.—Corp. Jur. Can., ed. Par. 1612, tom. ii. col. 9.]
[m] Ibidem. [Hæc verba canoni supra citato desunt.—Vid. autem Conc. Lateran. iv. cap. 3.—Labbe, tom. xi. par. i. fol. 148.—Conf. Gregorii IX. Decretal., lib. v. tit. vii. cap. 10, 11, 12, 13.—Corp. Jur. Can., tom. ii. coll. 1536,—1544.]
[n] Ibidem. [Vid. Conc. Lateran. iv. cap. 3; ubi supr. coll. 147, 148.]
[o] Gerson. de Conc. Gener. [Op., ed. Par. 1606, tom. i. col. 224.]

nihil fere sapiens" fuit " de his quæ Dei sunt," a quamplu- CAP.
rimis repudiatam esse nemo non novit. Et profecto, positâ ___VII.___
semel transubstantiatione, compluribus superstitionibus et Transub-
erroribus fundamentum substratum est, quos homines Deum multo-
timentes nequaquam probare aut ferre potuerunt. Quin rum erro-
et inter ipsos transubstantiatores excrevit silva multarum damen-
inextricabilium et portentosarum quæstionum, quibus ita se tum.
fatigabant illi quos scholasticos appellamus, ut recte affirmari
possit, enatam tunc esse de sanctissimâ Eucharistiâ, et adoratione[p] hostiæ, theologiam prorsus novam (imo monstrosam)
et veteribus omnibus inauditam. Neque etiam minus cre- Supersti-
verunt illusiones malæ, falsa miracula, visiones confictæ, figmenta e
somnia fraudulenta, atque alia Christianâ Fide indigna, de Transubst.
corporali præsentiâ Christi, figmenta. Nempe, ætate istâ, enata.
alius in hostiâ vidit puerum, alius carnem, alius Sanguinem,
et quicquid tandem vanissimis superstitiosorum hominum
mentibus occurrebat. Unus[q], " instante morte, quia nil
retinere poterat, Corpus Christi recipere non audebat ;" sed,
" quum nudato pectore, et brachiis expansis," " adoratum
illud" " approximaret, hostia prosiliens de manu sacerdotis,
factâ aperturâ," sponte " intravit in locum ubi cor" hominis[1] [1] [scil. O-
moribundi " latuit ;" " et absque omni cicatricis vestigio peratoris.]
reclusus est locus ; sicque recumbens spiritum reddidit."
Alius[r], " quum mori deberet, . . petiit sibi latus suum
lavari, et panno mundissimo Corpus Christi supra poni.
Quo facto, pannus paulatim Corpori Christi cessit ; et mox,
ut" idem " Corpus nudam hominis cutem tetigit, usque ad
cor" ejus, " cunctis videntibus, penetravit. Narrant etiam,
seu potius fabulantur[s], quomodo, " posito Corpore Christi"
(hoc est, pane consecrato, hunc enim Corpus Christi vocant,)
" in dolio super avenâ, equus, bos, et asinus, genua flectentes,
Dominum in hostiâ adoraverunt." Hæc et similia innumera
tum fingi cœperunt : talis etiam fingendi temeritas et au-

---

[p] [Manuscriptis desunt hæc verba :
. . . "et adoratione hostiæ."]
[q] Tho. Walsing. in Hypod. Neustr.
ad ann. 1218. [Vid. ann. 1215.—Ypo-
digma, &c. ed. Lond. 1574, p. 55.]
[r] Discip. de temp. Serm. lxxx. [scil.
Sermones de tempore et de sanctis,
auctore Johanne Herolt, vulgo dicto
Discipulo ; Ed. 4to. (black letter) Ro-

thomagi, s. a. et s. p.]
[s] [Vid. Bellarm. de Euch., lib. iii.
cap. 8.—Op., ed. Col. Agr. 1617, tom.
iii. col. 701, 702, 703.—Item, Cæsarii
monachi Cisterciens. Dialog. miraculorum, dist. ix. cap. 7 ; ap. Bertrandi
Tissier Biblioth. Patr. Cisterc., ed.
Bono-Fonte, 1662, tom. ii. p. 268.]

CAP. VII. dacia ad posteros derivata est.—Id quod, ex ipsius cardinalis Bellarmini scriptis[t], serenissimus Angliæ rex Jacobus notavit, " de equâ quâdam devotâ, et hostiam (quam scivisset rite consecratam, ac certo transubstantiatam,) de geniculis adorante." Cæsarius monachus, qui hoc ipso tempore et paulo post Innocentium III. vixit, pleraque hujusmodi miracula commemorat; a quo tamen recitatur historia, quæ transubstantiationem, usque ad hos dies, etiam literato sacerdoti et illustris ecclesiæ canonico penitus ignotam fuisse ostendit. " Coloniæ" (inquit[u]) " canonicus quidam extitit, ordine sacerdos, [arte medicus,] nomine Petrus. Cum die quâdam unus ex ejus concanonicis infirmus, eo præsente, esset communicaturus, et ei sacerdos" (celebrans) " diceret: Credis hoc esse verum Corpus Domini quod natum est de Virgine, [et pro te passum in cruce?] illeque responderet: Credo;—præfatus Petrus utrorumque verba notans expavit. Postea solus conveniens Everhardum scholasticum ecclesiæ, qui et ipse communioni intererat, ait" ei: Nunquid " interrogavit sacerdos infirmum illum bene?" et respondit ille: " Etiam" bene, " inquit: qui" enim "aliter credit, hæreticus est[x]. Tunc Petrus ejulans, pectusque tundens, exclamavit dicens: Væ mihi misero sacerdoti! quomodo hactenus missas celebravi? Nam usque ad hanc horam putabam speciem panis et vini post consecrationem tantum esse sacramentum, id est, signum et repræsentationem Dominici Corporis et Sanguinis."

Novi monachorum ordines.

XXIII. Paulo ante dicere cœperamus, in Romanâ Ecclesiâ enatas esse, una cum novâ istâ transubstantiationis doctrinâ, novas monachorum sectas; quæ sane brevi admodum tempore in immensum creverunt. Jam enim ordini Dominica-

[t] Card. Bell. Apolog. q. 132. [Hæc verba latent.—Vid. autem Bellarmini Apol. pro Respons. suâ ad libr. Jacobi Magn. Brit. Regis, cap. ix.—Op., ed. Col. Agr. 1617, tom. vii. col. 779.—Ponit exemplum miraculi, . . . quod oblitum jumentum pabuli sacramentum curvatis genibus adoravit. ' Et tamen,' inquit rex, ' certe erubescet dicere Bellarminus institutum esse sanctissimum sacramentum, quod adorent oves, et boves, et pecora campi.' . . . . . Miraculum factum precibus sancti Antonii, etiamsi a rege nunc rideatur, effecit tamen coram ingenti multitudine, ut Fides Catholica de sacramentariâ hæresi triumpharet. Idem enim Deus fecit, ut jumentum famelicum, pabulo sibi ostenso neglecto, ad reverentiam sanctissimo sacramento exhibendam accurreret, qui fecit ut vaccæ fatæ, &c. —(1 Reg. vi.)]

[u] [Vid. Cæsarii Monachi Dial. Miraculorum, dist. ix. cap. 56; ap. Biblioth. Patr. Cisterciens., (ut supr. not. ad lit. s.,) tom. ii. p. 287.]

[x] Sic enim decrevit Innocentius III. [Vid. supr. num. xviii.—xxi.]

norum (quos inquisitores suos ad occidendos et cremandos hæreticos[y] Innocentius III. instituerat) Franciscanorum mendicantium ordo accessit; Augustiniani etiam eremitæ restaurati sunt, et ordo Carmelitarum. Ex his enati sunt, qui hodie vulgo scholastici solent appellari, studiis qualia quidem eo tempore erant, et commentariis in magistrum Petrum Lombardum, incumbentes.

C A P. VII.

Scholastici.

XXIV. Fatigabant se illi, uti diximus, portentosis circa transubstantiationem quæstionibus. Et quidem tales sunt, quales piæ aures audire prorsus abhorrent. Quærunt[z] enim, 1. An sit Corpus Christi illud, " quod quandoque apparet in specie carnis vel pueri in Altari," quodque in eâdem specie carnis adoratur? Et respondent, se nihil scire: " quia hujusmodi apparitiones sæpe[1] accidunt," et fiunt vel " humanâ procuratione, vel forte operatione diabolicâ." 2. An " mures" (qui non bene obseratas hostias sæpissime epulantur) comedant ipsum Christi Corpus? vel, " si canis[a] aut porcus deglutiret hostiam consecratam integram," an " Corpus Domini simul cum specie non trajiceretur in ventrem" ejusdem " canis vel porci?" Et respondent quidem aliqui, (aliis tamen aliter sentientibus,) quod, licet " Corpus Christi non intret in os bruti, ut cibus corporalis," " intrat" tamen " simul cum specie, ratione inseparabilitatis unius ab alio:" (nescientes quid dicant.) Quamdiu enim[b] " species panis persistit in esse suo vero," tamdiu simul et " inseparabiliter persistit[2] Corpus Christi. Unde, si species talis trajiciatur in ventrem," vel " ejiciatur per vomitum," " necessarium est, quod et ipsum" Corpus Domini " similiter trajiciatur," atque " ejiciatur:" . . " et ob hoc solent animæ piæ" (verba scholasticorum repeto) " frequenter partes hostiæ ejectas per vomitum cum magnâ reverentiâ iterato sumere." Alii etiam respondent[c], " quod animul brutum . . . . non sacramentaliter, sed per accidens" tamen, " Corpus Christi manducat; sicut manducaret ille, qui sumeret hostiam consecratam,

Quæstiones et opiniones portentosæ.

[1] [" quandoque."]

[2] [" consistit."]

---

[y] Sic enim transubst. negantes vocavit. [Vid. num. xxi.]

[z] Alex. Alens., l. iv. q. 53. m. 4. a. 1. [Vid. Alexandri Alensis Sum. Theol. par. iv. quæst. xi. de manducatione Eucharistiæ, mem. ii. art. 4. § 3; ed. Col. Agr. 1622, tom. iv. p. 410.]

[a] Idem, q. 45. m. i. art. 2. [Vid. par. iv. quæst. xi. mem. ii. art. 2. § 1; ubi supra, p. 380.]

[b] Ibid. q. 53. m. 3. [Vid. par. iv. q. xi. m. ii. art. 4. § 3, ubi supra, pp. 407, 408.]

[c] Thom. Aquin. Sum., p. iii. q. lxxx. a. 3. [§ Ad tertium.—Vid. Sum. Theol., ed. Venet. 1596, tom. ii. p. 230.]

CAP.
VII.
nesciens eam consecratam esse." 3. Quærunt de hostiis mucidis et putridis; et, quia Corpus Christi incorruptibile et incomputribile est, ideo respondent[d], " vere hoc non fieri, sed videri tantum ita esse, quamvis ita non sit; sicut Christus sub specie hortulani apparuit, etiamsi hortulanus non fuit." 4. De hostiis indigestis quærunt, et per stomachum transeuntibus in secessum, de aliis projectis in cloacam aut lutum, an tales hostiæ " desinant esse Corpus Christi?" Respondent[e] vero, quod, " remanentibus speciebus, inseparabiliter etiam remanet Corpus Christi, licet in cloacam vel in latrinam projiciatur." Contrariam autem opinionem dicunt non teneri, neque securum esse ut ab ullo teneatur. Pontifex enim[f] eam teneri sub excommunicationis pœnâ prohibuit. Addunt ergo recentiores scholasticis[g]: " Si quis modo" contrarium " diceret," post determinationem papæ, " ab Ecclesiâ" (Romanâ scilicet) " condemnaretur:" imo agnoscunt hanc doctrinam ad Fidem pertinere ; de quâ nemini dubitare licet, quia contraria " per Gregorium XI. damnata est." 5. De accidentibus quærunt, an sit ibi Corpus Christi sub accidentibus, remotâ inhærentiâ?— contra logicam : an ex accidentibus mures nutriantur, ac ex iis vermes generentur?— contra physicam. 6. An simul et eodem momento Corpus Christi sursum et deorsum moveatur, elevante scilicet hos-

[d] Alger., lib. ii. cap. 1. [de sacram. Corp. et Sang. Dom.; ap. Bibl. Patr. Max., tom. xxi. p. 277.—Algeri verba sunt : " Non solum Corpori Christi, sed et ipsi sacramento visibili,[f] eâdem causâ mucorem negamus et putredinem. .... Possunt tamen videri mucidæ (sc. species), et putridæ, quamvis ita non sint : sicut Christus hortulanus, peregrinus, prout erant intuentium mentes."]
[e] Thom. in iv. dist. ix. q. 2. a. i. [Hæc ipsissima verba latent. Nulla porro est quæstio ii. Vid. quæst.i. art. 2.—Op., ed. Venet. 1593, tom. vi. fol. 45.—Si Corpus Christi per negligentiam, vel quocunque modo, in aliquem locum immundum projiciatur, non dicitur quod desinat esse sub speciebus, &c. .... Si enim vere Corpus Christi sub speciebus, &c. . . . speciebus remanentibus, non poterit esse, quod desinat ibi esse Corpus Christi, nisi per aliquam contrariam mutationem ejus quod prius convertebatur in Corpus Christi. . . . Quamdiu species non mutantur, nullo modo desinit esse Corpus Christi.—Vid. etiam Dist. xii. q. i. art. 2 ; ubi supr. fol. 62.—Quamdiu species manent, et Corpus Christi manet sub sacramento.—(Rursus : fol. 63.) Constat, quod Corpus Christi manet, quamdiu illa accidentia manent : illa autem accidentia non corrumpuntur aliter quam ut corrumperetur substantia panis et vini.]—Brulif. in iv. dist. xiii. q. 5. [scil. Stephan. Brulif. in lib. iv. Sententiarum Seraphici Doctoris Bonaventuræ, (ed. 8vo. Basil. 1507,) in loco.—Nullum autem præ manibus nostris hujus operis est exemplar.]
[f] Greg. Papa. XI. [Vid. supr. cap. vi. num. ii]
[g] Soto, in iv. dist. xii. q. i. a. 3. [Vid. Dominici Soto Comm. in iv. sentent., ed. Duaci, 1613, pp. 282, 283.] —Vasq. in iii. disp. 195. cap. 5. [ut supr.cap vi. num. ii.]—Direct. Inquis. p. i. n. 15 ; et p. ii. q. 10. [ut supr., ibid.]

tiam sacerdote uno, demittente vero altero? Et nescio quot aliæ eos spinosæ quæstiones exercuerunt; circa quas ita tota schola languet, et in tantas angustias conjecta est, ut ex iis nullo modo se expedire possit. Et quidem rei Christianæ plurimum profuisset, si, ut antiqui patres "rem transubstantiationis non attigerunt," ita posteri nequidem de nomine ejus unquam inaudiissent. Deus enim fecit sacramentum Suum "rectum et simplex," (sicut et "hominem;") "ipsi vero" (scholastici et transubstantiatores) "illud infinitis miscuerunt inventionibus."

CAP. VII.

Eccl. vii. v. ult.

XXV. Porro, ipsa hæc transubstantiatio hominibus impiis et flagitiosis occasionem præbuit Corpus, quod vocabant et credebant esse Corpus Christi, diris et indignis modis tractandi. Neque enim desunt exempla malorum quorundam sacerdotum, qui hostias suas consecratas Judæis et sortilegis (a quibus vel confossæ, vel crematæ, vel ad magicas incantationes peragendas adhibitæ sunt) turpi lucro dediti vendidere. Quin et Turcis aliquando, atque Saracenis[h], eandem "hostiam ecclesiastico ritu sacratam," in "pignus" fidei et "pacis" civilis "observandæ," "profano" quidem "consilio," ab ipso etiam sancto Ludovico "traditam esse" legimus. Quis vero, qui talia abominanda esse intelligit, sibi persuadere aut credere possit, Christum Dominum in Suâ Ecclesiâ sanctissimi Sui Corporis ejusmodi præsentiam voluisse instituere, per quam Ipse, vel Suum Corpus, posset in manus infidelium Judæorum et Turcarum tradi, in ventres brutorum canum et murium ingeri, per vomitum et secessum ejici, in ignem, lutum, sterquilinia, et latrinas conjici, denique sortilegiis et incantationibus adhiberi? Taceo cætera; nam et hæc horresco referens.

Hostiæ Judæis, Magis, et Turcis, traditæ.

XXVI. Mirum igitur non est, si per istam novam Innocentii III.[i] doctrinæ formulam (adeo fœdis absurditatibus tetrisque facinoribus obnoxiam) "paucis" hujus sæculi hominibus "persuasum fuerit," (quod de suâ ætate scribit Robertus Holkot[k], qui inter nostrates sub medium sæculi XIV. vixit,) "Corpus Christi esse realiter" (aut transubstantialiter)

A.D.1350.

---

[h] Leuncl. de Reb. Turc. n. 116. [Vid. Pandect. Hist. Turc. § cxvi.; ap. Joannis Leunclavii Annales Sultanorum, &c., ed. Francof. 1596, p. 162.]

[i] Pro "Innocentii III." legitur "Lateranæ" in MS. Dunelm.]

[k] In iv. q. 3. [Vid. Robert. Holkot, lib. iv. super Sent. quæst. iii. lit. ℭ. Resolut. quæst.; ed. (black letter,) Lugd. 1497, s. p.]

CAP. VII. "in sacramento Altaris." Attamen testatur ipse Thomas Aquinas, quosdam sui etiam temporis credidisse[1], "quod, factâ consecratione, non solum remaneant accidentia panis, sed forma ejus substantialis." Albertus Magnus Thomæ præceptor, qui non admodum diu post Innocentium III. scripsit, de transubstantiatione tamen, tanquam de re tantum problematicâ, loquitur. Quin a pluribus diserte illam impugnatam et rejectam esse, nulli est dubium. Nondum enim Tridentinum anathema decreto Laterano succenturiatum erat.

XXVII. Reliqui vero scholastici, (præsertim recentiores,) qui in verba Innocentii papæ juraverunt, satis equidem magnifice, sed parum solide, et Christum Dominum summâ afficientes injuriâ, in hunc modum solent procedere : [m]Communis opinio "tenenda est, non propter aliquam rationem, . . sed propter determinationem" pontificis Romani. Item[n] : "Principaliter videtur movere, quod de sacramentis tenendum est, sicut tenet sancta Romana Ecclesia." "Nunc autem ipsa tenet panem transubstantiari in Corpus, et vinum in Sanguinem ;" "sicut manifeste habetur, Extra, de Fide et summâ Trinitate, c. Firmiter." Rursus[o] : "Probo . . necessario . . . panem converti in Corpus Christi. Nam oportet declarationem fidei tenere,'quam Romanus pontifex tenendam declarat." Ita apud pontificios, modo lubeat arroganti papæ, qualis erat Innocentius III., dogmata fidei, S. Scripturis[p] quantumvis contraria et priscæ Ecclesiæ inaudita, et 'ex quibus talia deducuntur, et quidem necessario deducuntur, quæ Christo ac Christianâ Religione et Fide indigna sunt, subinde crescunt et augentur. Nam post Innocentium III. accrevit fidei Romanæ, per determinationem[1] pontificis Gregorii XI.,

[1] Ut supra, Num. xxiv. A.D.1371.

[1] [In] iii. q. 75. a. 6. [Vid. Thom. Aquin. Sum. Theol., par. iii. de Sacram. quæst. xvi. (al. 75.) art. 6. § Resp. Dicendum.]

[m] Th. Argent. in iv. d. xi. q. 1. art. 2. [Comment. in iv. libr. Sent., ed. Gen. 1585, fol. 97.—Jam dictam igitur conversionem teneo, non propter aliquam rationem cogentem, sed propter sanctorum auctoritatem et sanctæ matris Ecclesiæ determinationem . . . . Quod etiam istud determinatum sit per Romanam ecclesiam, hoc patet, Extra, de Sum. Trin. et Fide Cathol., ' Fir-

miter credimus.']

[n] Scot. in iv. dist. xi. q. 3. [scil. Joannis Duns Scoti Comm. in lib. iv. Sent. dist. xi. quæst. 3. § Quantum ergo.—Op., ed. Lugd. 1639, tom. viii. p. 616.]

[o] Bacon. in iv. dist. viii. q. 1. a. 2. [arg. 1.—Vid. Joan. Baconis Angli Carmelitæ libr. iii. et iv. Sent., ed. Cremonæ, 1618, p. 360.]

[p] [Pro "S. Scripturis . . . . inaudita,"—MS. Dunelm. legit: "alioquin imperscrutabilia."]

quod Corpus Christi in ventrem muris descendit, et in cloacâ, aliisque fœdis locis hospitatur, si consecratam hostiam eo deferri contingat.

XXVIII. Sæculo XV., Constantiensis synodus (quæ ausu sacrilego calicem sacramentalem plebi et sacerdotibus non conficientibus abstulit) Wiclefium jam mortuum immerito condemnavit, eo quod inter alia cum antiquis docuerit[q], "substantiam panis et vini in sacramento Altaris materialiter remanere," "accidentia" vero "panis" et vini "absque subjecto in eodem sacramento non manere:" quæ duæ assertiones sunt verissimæ.

XXIX. Cardinalis Cameracensis, qui tempore concilii Constantiensis floruit, ne quidem decretum pontificis Innocentii, tanquam Ecclesiæ determinationem, admittere videtur. Fatetur[r] enim, de persistentiâ panis, quod "est possibilis, nec repugnat rationi, nec auctoritati Bibliæ:" de conversione vero panis scribit, quod "evidenter ex Scripturâ non sequitur, nec etiam videri[s] meo[1] ex determinatione Ecclesiæ." Quia tamen communis opinio ei favebat, ideo, tempori cedens, illam quasi renitente animo sequebatur.

XXX. Quæ ex intervallo successit, Synodus Florentina de transubstantiatione et consecratione Eucharistiæ cum Græcis nihil egit, sed inter alias bene multas dissensiones eam in medio reliquit. Instructio vero, quæ dicitur Armeniorum, (et, ut concilii generalis Florentini decretum, citatur a Soto[t], catechismo Romano[u], et Bellarmino Cardinale[x], tum in hâc causâ, tum in omnibus fere controversiis,) decretum concilii non est (sicut alias demonstravimus[y],) sed ementitum

CAP. VII.

Synodus Constantiensis, A.D.1415.

Card. Cameracensis, A.D. 1420.

[1] Hæc sunt Cardinalis verba.

Synodus Florentina, A.D. 1439.

Instructio ad Armenios.

---

[q] [Vid. Sess. viii.—Joannis Wicleff. art. 1, 2.—Labbe, Concil., tom. xii. col. 45.]

[r] In iv. q. vi. a. 2. [Vid. Petri de Alliaco, Card. Camerac., Comm. in lib. iv. Sent., ed. 8vo. (black letter,) Par., s. a. fol. 265.]

[s] ["videre."—Imo etiam sic legit MS. Dunelm., apud quod super hâc voce "videre" notatum est margine: "Quid sig[t]." Ibi autem non legitur: "Hæc sunt Cardinalis verba."]

[t] In iv. dist. xi. q. 1. art. 2. [Vid. Dominici Soto Comm. in iv. Sent., ed. Duaci, 1613, p. 261.—Et tandem in concilio Florentino decretum est formam hujus sacramenti esse verba Salvatoris, &c.]

[u] Par. ii. cap. iv. num. 18. [§ 19.—Vid. Catechism. ex decreto s.s. conc. Trid. jussu Pii V. Pont. Max. edit., ed. 8vo. Par. 1635, p. 295.—Et concilii Florentini decretum, quod omnibus patet, &c.]

[x] De Euch., lib. iv. cap. xiii. sect. Est igitur. [§ Quarta ratio.—Op., ed. Ingolst. 1601, tom. iii. col. 834.—Habetur etiam in concilio Florentino, in Instructione Armenorum.]—Et alibi sæpe.

[y] In Hist. Eccles. de Can. Script. num. clviii. [Vid. Joan. Cosini op., etiam nunc typis tandem nostris edit. Oxonii, 1849, tom. iii. p. 242.]

potius et commentitium decretum solius Eugenii IV. pontificis Romani; qui quidem in eâdem instructione Armeniis præscribit formam hujus sacramenti, et "virtute verborum Christi" ait "substantiam panis converti in Corpus, et substantiam vini in Sanguinem Ejus:" sed, quod hoc fecit approbante concilio Florentino, (quemadmodum in hoc suo decreto ab ipso Eugenio dictum est, et sæpius dictum,) falsi omnino convincitur, tum ex Actis concilii, tum ex invictis argumentis C. de Capite Fontium, archiepiscopi Cæsariensis, in libro illo[z] quem 'De necessariâ theologiæ scholasticæ correctione' conscriptum Sixto V. papæ dicavit.] Nam quomodo poterat concilium Florentinum decretum id approbare, quod tribus integris et plus eo mensibus post finitum concilium factum est? Constat siquidem[a], concilio jam finito, Armenios una cum Græcis, subscriptis ab utrâque parte literis unionis, (quæ tamen nec ab omnibus admissa est, nec rata deinceps diu perseveravit,) Florentiâ discessisse die mensis Julii XXII.: Instructio autem data est decimo calendarum Decembris, hoc est, mensis Novembris die XXII. Igitur, ex consensu partium, nihil hic de transubstantiatione actum, aut de cæteris novæ fidei Romanæ articulis in eadem instructione contentis decretum est. Sed fucum fecit lectori suo Eugenius, aut quicunque tandem sub illius nomine decretum illud fabricavit[1]. Forte factum hoc viderat ille ab Innocentio III., sive Gregorio IX., in larvatis illis concilii Lateranensis decretis, quæ ejusdem concilii non erant, sed solum pontificis Romani decreta. Certe Eugenio, talia præscribenti, animo suo tantummodo morem gerere propositum fuisse verisimilius est, quam eum sperare potuisse, ut, se jubente, pro imperio ista ab Armenis, potius quam a Græcis, quibus instructio data non est, admitterentur. Usque enim hodie Armeni "in sacramento Eucharistiæ elementa" panis et vini "naturas suas amittere negant[b]."

1 ["conscripsit."—MSS.]

[z] C. de Capite Fontium, de necess. correct. Schol. Theol., fol. 51, 53, 56; [ap. Christopheri de Cap. Font. Var. Tractat. et Disputat., ed. 8vo. Par. 1586.—False concilio Florentino imponunt id, quod nunquam a dicto concilio Florentino determinatum est.]

[a] Ex Actis conc. Flor. [Vid. Labbe, tom. xiii. col. 518, 527.—Datum Florentiæ, &c., ... ann. 1439, pridie nonas Julii, &c. . . . Ita finem habuit totum negotium sanctæ unionis . . . . His dictis recesserunt Armeni: nos vero, Florentiâ exeuntes, Venetias petivimus.—Conf. Decret. Eugenii Papæ IV., ibid. col. 540.—Datum Florentiæ . . . . anno Domini millesimo quadringentesimo trigesimo nono, decimo Kalendas Decembris; &c.]

[b] Joh. Lasic. de Relig. Armeniorum.

XXXI. Ex his a quovis, qui animum adverterit, facile observari potest transubstantiationis dogma novum esse; cunctis Scripturæ Sacræ et venerandæ antiquitatis præsidiis destitutum; ex nonnullis obiter veterum dictis perperam intellectis, circa sæculi XII. medium, primo confictum; ante annum a Christo MCCXV. nullo decreto ecclesiastico, ne pontificio quidem, confirmatum; post, hic illic in Ecclesiâ tantum Romanâ receptum; variis disputationibus in scholâ ventilatum; tetris consequentiis obnoxium; a multiis præstantissimis viris (nunquam enim defuerunt qui contradicerent) repudiatum: donec in sacrilego illo Constantiensi concilio susceptum; anno demum MDLI. in conciliabulo Tridentino[c], ab episcopis non adeo multis, iisque tantum Latinis, et sedis Romanæ mancipiis, aliis omnibus sub anathemate (nulli formidando) definitum; et præcepto papali[d] (diro quidem, sed iniquissimo,) late nimis disseminatum. Cui non est cur fidem aut assensum præbeamus, priusquam demonstratum fuerit, vel Corpus Christi, nisi conversâ in Ipsum substantiâ panis, præsens exhiberi non posse, vel verbis Christi veritatem aliter non constare: quod nunquam fiet in æternum.

CAP. VII.

[Vid. Joannis Lasicii (Lasitzki) Polani tract. de relig. Armen., ap. Michalonis Lituani Hist. de moribus Tartarorum, Lituanorum, &c., ed. Basil. 1615, p. 59.]

[c] Synodus Tridentina, sess. xiii. [Vid. can. ii.—Labbe, tom. xiv. col. 808.]

[d] Bulla Pii IV. de Profess. Fidei. [Ibid. col. 945.]

INDEX LOCORUM S. SCRIPTURÆ QUI IN HOC LIBRO CITANTUR.

Exod. xii. 11, 21	Cap. I.	Num. iv.
Eccl. vii. ult.	— VII.	— xxiv.
S. Matt. xxvi. 26	— I.	— i.
S. Luc. xxii. 19	ibid.	ibid.
S. Joh. iii. 3	— VI.	— vii.
S. Joh. iii. 29	— VII.	— xix.
S. Joh. vi. 55	— I.	— i.
Rom. xii. 2	— VI.	— vii.
1 Cor. iv. 15	ibid.	ibid.
1 Cor. x. 16	— I.	— i.
1 Cor. x. 3, 4	ibid.	— [iv.]
Gal. vi. 15	— VI.	— vii.
Eph. iv. 22	ibid.	ibid.
1 Pet. i. 3	ibid.	ibid.
Judæ Ep. v. 3	In Præfat.[a]	

INDEX ANTIQUORUM PATRUM.

Seculo I.

Clemens Romanus	Cap. VI.	Num. i.
S. Ignatius	ibid.	— x.

Seculo II.

Theoph. Antioch.	Cap. VI.	Num. i.
Justinus Martyr	— V.	— vii.
,, ,,	— VI.	— xii.
Athenagoras	} ibid.	— i.
Tatianus		
Irenæus	— V.	— viii.
,, ,,	— VI.	— v., vii.

[a] [Haud in Joannis *Durelli* præfatione, sub hujus initium libri typis impressâ, sancti Judæ citata sunt verba; in proœmio autem imperfecto, nunc primum publici juris facto, manu Cosini scripta, apud codicem leguntur Dunelmensem.]

140 INDEX ANTIQUORUM PATRUM.

Seculo III.

Tertullianus	Cap. V.	Num. ix.
„ „	— VI.	— vii.
Origenes	— V.	— x.
„ „	— VI.	— v., vii.
Cyprianus	— V.	— xi.
„ „	— VI.	— vii., viii., xiii.
Clem. Alex.	ibid.	— i., vii.
Minut. Felix	ibid.	ibid.
Arnobius	— V.	— xxxv.

Seculo IV.

Euseb. Cæsar.	Cap. VI.	Num. i.
Athanasius	— V.	— xiii.
Cyril. Hier.	ibid.	— xiv.
„ „	— VI.	— v., vii.
Juvencus		
Macarius		
Hilarius		
Optatus		
Euseb. Emiss.		
Greg. Naz.	ibid.	— i.
Cyril. Alex.	ibid.	— v., vii.
Epiphanius		
Hieronymus	ibid.	— vi.
Theoph. Alex.		
Gaudentius		
S. Basil.	— V.	— xv.
„ „	— VI.	— vii.
Greg. Nyss.	— V.	— xvi.
„ „	— VI.	— vii.
Ambrosius	— V.	— xvii.
„ „	— VI.	— vi., vii., xiii.
Chrysostomus	— V.	— xviii.
„ „	— VI.	— vi., vii., viii.

Seculo V.

S. Augustinus	Cap. V.	Num. xix.
Prosper [III. *om.*]	ibid.	— xx.
Leo [IV. *om.*]	— [VI.]	— [viii.]
Theodoretus	— V.	— xxi.
„ „	— VI.	— xi.
Gelasius	— V.	— xxii.
Sedulius	} — VI.	— i.
Gennadius		
Faustus Reg.	ibid.	— vii.

Seculo VI.

Ephremus	Cap. V.	Num. xxiv.
Facundus	ibid.	— xxv.
Fulgentius	— VI.	— i.

Victor Antioch.		
Primasius	}	Cap. VI. Num. i.
Procop. Gaz.		

Seculo VII.

Isidorus Hisp.	Cap. V.	Num. xxvi.
Hesychius	— VI.	— i., ii.
Maximus	ibid.	— i.

Seculo VIII.

Ven. Beda	Cap. V.	Num. xxvii.
Car. Magnus	ibid.	— xxviii.
Damascenus	— VI.	— i.

Seculo IX.

Paschasius	Cap. V.	Num. xxix.
Amalarius	ibid.	— xxx.
Rabanus Maurus	ibid.	— xxxi.
Joh. Erigena	ibid.	— xxxii.
Wal. Strabo	ibid.	— xxxiii.
Bertramus	ibid.	— xxxiv.
Niceph. Patr.	} — VI.	— i.
Hincmarus		

Seculo X.

Herigerus	Cap. V.	Num. xxxvi.
Fulbertus	— VI.	— i.

Seculo XI.

Idem Fulbertus	Cap. VII.	Num. iii.
Berengarius	ibid.	— iv.,v.,vi.,vii., viii., &c.
Hildebertus	ibid.	— iv.
Theophylactus	} — VI.	— vii.
Œcumenius		

Seculo XII.

Bernardus	Cap. VII.	Num. xiii.
,, ,,	— III.	— ii.
Rupertus	— VII.	— xiv.

INDEX SCHOLASTICORUM.

Seculo XIII.

Lombardus	Cap. VII.	Num. xv.
Alex. Alens.	ibid.	— xxiv.
,, ,,	— VI.	— ii.
Albertus Magnus	— VII.	— xxvi.

Tho. Aquinas		Cap. VI. Num. ii.
,, ,,		— VII. — xxvi.
Rich. de Mediavilla		ibid. — x.

Seculo XIV.

Scotus		
Durandus	}	Cap. V. Num. iii.
Occamus		
Baconus		— VII. — xxvii.
Holcotus		ibid. — xxvi.
Th. Argent.		ibid. — xxvii.
Brulifer		ibid. — xxiv.

Seculo XV.

Card. Camerac.		Cap. V. Num. iii.
,, ,,		— VII. — xxix.
Gabriel Biel		ibid. ibid.

Seculo XVI.

Cajetanus		Cap. VII. Num. xxix.
Dom. Soto		ibid. — xxiv.

INDEX CONCILIORUM.

Nicenum I.		Cap. V. Num. xii.
Chalced.		ibid. — xxiii.
Ancyranum		
Neocæsarien.		
Laodicenum		
Carthaginense		
Aurelianense	}	— VI. — i.
Toletanum IV.		
Braccarense		
Toletanum VI.		
Constantinop. VI.		
Brixiense		— VII. — xii.
Anglicanum		— V. — xxxvi.
,, ,,		— VI. — ii.
Arelatense III.		ibid. ibid.
Vercellense		— VII. — vii.
Turonense		ibid. — viii.
Rom. sub Nic. II.		ibid. — ix.
Rom. sub Greg. VII.		ibid. — xii.
Later. sub Inn. III.		ibid. — xviii.
Constantiense		ibid. — xxviii.
Florentinum		ibid. — xxx.
Tridentinum		ibid. — xxxi.

INDEX PONTIFICUM ROMANORUM.

Leo IX.	Cap. VII. Num.	vii.
Victor II.	ibid. —	viii.
Nicol. II.	ibid. —	ix.
Greg. VII.	ibid. —	xii.
Innoc. III.	ibid. —	xviii., xix., xx., xxi.
Greg. IX.	— IV. —	vii.
Greg. XI.	— VII. —	xxiv., xxvii.
,, ,,	— VI. —	ii.
Eugenius IV.	— VII. —	xxx.
Pius IV.	ibid. —	xxxi.
,, ,,	— IV. —	vii.

INDEX HISTORICORUM.

Photius	Cap. V. Num.	xxiv.
Trithemius	ibid. —	xxxi.
Malmesbury	ibid. —	xxxi., xxxii.
,, ,,	— VII. —	iv., vi., xii.
Antoninus	— V. —	xxxii.
Vincentius	ibid.	ibid.
,, ,,	— VII. —	xii.
Sigebert .	— V. —	xxxvi.
,, ,, .	— VII. —	vi.
Thevet .	ibid. —	iv.
P. Masson	ibid. —	ix.
M. Paris	ibid. —	vi., xx.
M. Westm.	ibid.	ibid.
Baronius	ibid. —	ix., xii.
Sigonius	ibid. —	ix.
Chron. Cassin.	ibid. —	xiii.
Engilb. Trevir.	ibid. —	xii.
Bertold. Const. } Benno Cardinal. } Abbas Ursperg. }	ibid.	ibid.
Otho Frisingen.	ibid. —	xvi.
Platina .	ibid. —	xx.
Th. Walsingh. } Discip. de temp. } Cæsarius Monach. }	ibid. —	xxii.
Leunclavius	ibid. —	xxv.
Lasicius	ibid. —	xxx.

INDEX CONFESSIONUM ECCLES. REFORMATARUM.

Anglic. .	Cap. II.	Num. iii.
Augustana	ibid.	— viii.
Saxon. .	ibid.	— ix.
Wittemberg.	ibid.	— x.
Bohem. .	ibid.	— xi.
Polon. .	ibid.	— xii., xix.
Argentin. et Basil.	ibid.	— xiii.
Gallic. .	ibid.	— xiv., xv.
Belgica .	ibid.	— xvi.
Helvetica prior, et posterior. .	ibid.	— xvii., xviii.

INDEX SCRIPTORUM ECCLES. REFORMATARUM.

Lutherus	Cap. II.	Num. xiii.
Bucerus .		
Zuinglius	ibid.	ibid.
Œcolamp.		
Poinetus .	ibid.	— iv.
Juellus .	ibid.	— iii.
Bilsonus	ibid.	— v.
Andreas	ibid.	ibid.
Jacob. Rex	ibid.	— vi.
Hookerus		
Joh. Episcopus Roffen.		
Montacutius		
Armachanus	ibid.	ibid.
Franc. Episc. Elien.		
Laudus .		
Overalius		
Antonius de Dominis	ibid.	— vii.
Calvinus	ibid.	— xx.
Colloq. Ratisb.	— V.	— xxii.

INDEX SCRIPTORUM PONTIFICIORUM.

Bellarm.	Cap. III.	Num. i., ii.
,, ,,	— IV.	— vii.
,, ,,	— V.	— iii., v., xviii., xxi., xxii.
,, ,,	— VI.	— xi., xiv. xv., xvii.
,, ,,	— VII.	— xvii., xxii., xxx.
Salmeron	— IV.	— vii.
Toletus .	ibid.	ibid.
Roffensis	— V.	— iii.
Perron. .	ibid.	— xiii.
Possevin.	ibid.	— xviii., xxxv.
,, ,,	— VII.	— xvii.
Steph. Gard.	— V.	— xviii.
Greg. de Valen.	ibid.	— xxi.
Præfat. in Theodor.	ibid.	ibid.
Sirmondus	ibid.	— xxv.
Tho. Walden.	ibid.	— xxxi.
,, ,,	— VII.	— xii.
Index libr. prohib.	— V.	— xxxv.
Indices expurg.	ibid.	ibid.
Sixt. Sen.	ibid.	ibid.
Vasquez	— VI.	— ii.
,, ,,	— VII.	— xxiv.
Direct. Inquisit.	— VI.	— xii.
,, ,,	— VII.	— xxiv.
Alph. a Castro	— VI.	— xvii.
Discurs. de Jesuitis	ibid.	ibid.
Watsoni Quodlibeta	ibid.	ibid.
Garetius	— VII.	— iv.
Alanus .	ibid.	ibid.
Lanfrancus	ibid.	— v., vii., x.
Guitmundus	ibid.	— xi.
P. Blesensis	ibid.	— xvii.
Steph. Eduensis	ibid.	ibid.
Gerson .	ibid.	— xxii.
Catechism. Trid.	ibid.	— xxx.
De Capite Fontium	ibid.	ibid.
Algerus .	ibid.	— xxiv.
Gratiani Glossator	ibid.	— x.

THE HISTORY OF POPISH TRANSUBSTANTIATION:

To which is Premised and Opposed

The Catholick Doctrin

OF THE

HOLY SCRIPTURE,

The *ancient Fathers* and the *Reformed Churches*, About the Sacred Elements, and Presence of CHRIST in the Blessed

Sacrament of the *Eucharist.*

Written Nineteen years ago in *Latine* By the Right Reverend Father in GOD,

JOHN,

Late Lord Bishop of *DURHAM*,

And allowed by him to be published a little before his Death, at the earnest request of his Friends.

LONDON,

Printed by *Andrew Clark* for *Henry Brome* at the *Gun* at the West end of *S. Paul's*, 1676.

TO THE

RIGHT HONOURABLE
HENEAGE LORD FINCH,

BARON OF DAVENTRY, LORD KEEPER OF THE GREAT
SEAL OF ENGLAND.

MY LORD,

THE excellency of this book answers the greatness of its author, and perhaps the badness of the version is also proportioned to the meanness of the translator: but the English being for those that could not understand the original, that they also might be instructed by so instructive a discourse, I hope with them my good intent will excuse my fault; only my fear is, I shall want a good plea wherewith to sue out my pardon for having intituled a person of the highest honour to so poor a labour as is this of mine.

My lord, these were the inducements which set me upon this attempt, it being the subject of the book to clear and assert an important truth, which is as a criterion whereby to know the sons of the Church of England from her adversaries on both hands;—those that adore, and those that profane the blessed Sacrament; these that destroy the visible sign, and those that deny the invisible Grace: I thought I might justly offer it to so pious and so great a son of this Church, who owned her in her most calamitous condition, and defends her in her happy and most envied restoration. I was also persuaded that the translation, bearing your illustrious name, would be thereby much recommended to many, and so become the more generally useful: and I confided much in your goodness and affability, who, being by birth and merits raised to a high eminency, yet do willingly condescend to things and persons of low estate.

My lord, I have only this one thing more to allege for myself,—that, besides the attestation of public fame, which I hear of a long time speaking loud for you, I have these many years lived in a family where your virtues being particularly known are particularly admired and honoured; so that I could not but have an extraordinary respect and veneration for your lordship, and be glad to have any occasion to express it. If these cannot clear me, I must remain guilty of having taken this opportunity of declaring myself

Your Lordship's

Most humble and most obedient Servant,

LUKE DE BEAULIEU.

THE

PUBLISHER TO THE READER.

It is now nineteen years since this historical treatise was made by the Right Reverend Father in God, John Cosin, when (in the time of the late accursed rebellion) he was an exile in Paris for his loyalty and religion's sake; for, being then commanded to remain in that city by his gracious Majesty that now is, (who was departing into Germany by reason of a league newly made by the French king with our wicked rebels,) he was also ordered by him, as he had been before by his blessed father, Charles the First, a prince never enough to be commended, to perform divine offices in the royal chapel, and to endeavour to keep and confirm in the protestant religion, professed by the Church of England, his fellow exiles, both of the royal family and others his countrymen who then lived in that place. Now the occasion of his writing this piece was this:—When his gracious Majesty had chosen Cologne for the place of his residence, being solemnly invited, he visited a neighbouring potent prince of the empire, of the Roman persuasion; where it fell out, as it doth usually where persons of different religions do meet: some Jesuits began to discourse of controversies with those noblemen and worthies, who never forsook their prince in his greatest straits, but were his constant attendants, and imitators of his ever-constant profession of the reformed religion,—charging the Church of England with heresy, especially in what concerns the blessed sacrament of the Lord's Supper. They would have it that our Church holds no real, but only a kind of imaginary, presence of the Body and Blood of Christ; but that the Church of Rome retained still the very same faith concerning this sacred mystery which the Catholic Church constantly maintained in all ages; to wit, that the whole substance of the bread and wine is changed into the substance of the Body and Blood of Christ, and right well called *Transubstantiation* by the Council of Trent. This, and much more to the same purpose, was pronounced by the Jesuits, in presence of his majesty and the German prince, with as much positiveness and confidence as if it had been a clear and self-evident truth owned by all the learned.

His sacred majesty and his noble attendants knew well enough that the Jesuits did shamelessly belie the Church of England, and that their brags about Roman transubstantiation were equally false and vain; but the German prince having recommended to the perusal of those honourable persons that followed the king a manuscript, wherein (as he said) was proved by authentic authors all that had been advanced by the Jesuits, they thought it fit to acquaint the Reverend Dr. Cosin with the whole business, and entreat him that he would vindicate the Church of England from the calumny, and plainly declare what is her avowed doctrine and belief about the true and real presence of Christ in the blessed sacrament. Hereupon our worthy doctor, who was ever ready and zealous to do good, especially when it might benefit the Church of God, fell presently to work, and writ this excellent treatise as an answer to the prince's manuscript, that, if those worthy persons pleased, they might repay his highness's kindness in kind. Yet, notwithstanding the solicitations of those that occasioned it, and of others that had perused it, he would not yield to have it made public while a few months before he died, because, having composed it for particular friends, he thought it sufficient that it had been useful to them. But, the controversy about the presence of Christ in the Eucharist being of late years resumed with much vigour, and even now famous by the learned and eloquent disputes of Monsieur Claude, minister of the reformed Church in Paris, and Monsieur Arnold, doctor of Sorbonne, and others, who, moved by their example, have entered the lists; the reiterated and more earnest importunities of his friends obtained at last his consent for the publication of this work, and the rather, because he thought that the error constantly maintained by the famous doctor of Sorbonne was, by a lucky anticipation, clearly and strongly confuted throughout this book: for, whatever the fathers have said about the true and real presence of the Body and Blood of Christ in the sacrament, that stout Roman champion applies to his transubstantiation, and then crows over his adversaries, supposing that he hath utterly overthrown the Protestants' cause; whereas there is such a wide difference as may be called a great gulf fixed betwixt the true or real presence of Christ in the Lord's Supper and the transubstantiation of the bread and wine into His Body and Blood. This last is such a prodigy as is neither taught by Scripture nor possible to be apprehended by faith: it is repugnant to right reason, and contrary to sense, and is no where to be found in ancient writers.

But the other is agreeable to Scripture, and to the analogy of faith: it is not against reason, although, being spiritual, it cannot be perceived by our bodily senses; and it is backed by the constant and unanimous doctrine of the holy fathers. For it makes nothing against it, that sometimes the same fathers do speak of the bread and wine of the holy Eucharist as of the very Body and Blood of Christ; it being a manner of speech very proper and usual, in speaking of sacraments, to give to the sign the name of the thing signified. And, however, they explain themselves in other places, when they frequently enough call the sacramental bread and wine types, symbols, figures, and signs, of the Body and Blood of Christ, thereby declaring openly for us against the maintainers of transubstantiation. For we may safely, without any prejudice to our tenet, use those expressions of the ancients which the papists think to be most favourable to them, taking them in a sacramental sense, as they ought to be; whereas the last mentioned, that are against them, none can use, but by so doing he necessarily destroys the whole contrivance of transubstantiation, it being altogether inconsistent to say the bread is substantially changed into the Body of Christ, and the bread is a figure, a sign, and a representation of the Body of Christ; for what hath lost its being can in no wise signify or represent any other thing: neither was ever any thing said to represent and be the figure and sign of itself. But this is more at large treated of in the book itself.

Now, having given an account of the occasion of writing and publishing this discourse, perhaps the reader will expect that I should say something of its excellent author: but, should I now undertake to speak but of the most memorable things that concern this great man, my thoughts would be overwhelmed with their multitude, and I must be injurious both to him and my readers, being confined within the narrow limits of a preface. But what cannot be done here may be done somewhere else, God willing. This only I would not have the reader to be ignorant of, that this learned man, and (as appears by this) constant professor and defender of the protestant religion, was one of those who was most vehemently accused of popery by the presbyterians before the late wars, and for that reason bitterly persecuted by them, and forced to forsake his country; whereby he secured himself from the violence of their hands, but not of their tongues: for still the good men kept up the noise of their clamorous accusation, even while he was writing this most substantial treatise against transubstantiation.

JOHN DUREL.

CHAP. I.

1. THE REAL, THAT IS, TRUE AND NOT IMAGINARY PRESENCE OF CHRIST IN THE SACRAMENT OF THE LORD'S SUPPER IS PROVED BY SCRIPTURE. 2 AND 3. YET THIS FAVOURS NOT THE TENET OF TRANSUBSTANTIATION, BEING IT IS NOT TO BE UNDERSTOOD GROSSLY AND CARNALLY, BUT SPIRITUALLY AND SACRAMENTALLY. 4. THE NATURE AND USE OF THE SACRAMENTS. 5. BY MEANS OF THE ELEMENTS OF BREAD AND WINE, CHRIST HIMSELF IS SPIRITUALLY EATEN BY THE FAITHFUL IN THE SACRAMENT. 6. THE EATING AND PRESENCE BEING SPIRITUAL ARE NOT DESTRUCTIVE OF THE TRUTH AND SUBSTANCE OF THE THING. 7. THE MANNER OF PRESENCE IS UNSEARCHABLE, AND OUGHT NOT TO BE PRESUMPTUOUSLY DEFINED.

1. Those words which our blessed Saviour used in the institution of the blessed sacrament of the Eucharist, "This is MY Body, which is given for you: This is MY Blood, which is shed for you, for the remission of sins," are held and acknowledged by the universal Church to be most true and infallible: and, if any one dares oppose them, or call in question Christ's veracity, or the truth of His words, or refuse to yield his sincere assent to them, except he be allowed to make a mere figment or a bare figure of them[a], we cannot, and ought not, either excuse or suffer him in our churches; for we must embrace and hold for an undoubted truth whatever is taught by divine Scripture. And therefore we can as little doubt of what Christ saith, "MY Flesh is meat indeed, and MY Blood is drink indeed;" which, according to S. Paul, are both given to us by the consecrated elements. For he calls the bread "the communion of Christ's Body," and the cup "the communion of His Blood." *Mat. xxvi. 26; Luke xxii. 19. John vi. 55. 1 Cor. x. 16.*

2. Hence it is most evident that the bread and wine (which, according to S. Paul, are the elements of the holy Eucharist) are neither changed as to their substance, nor vanished, nor reduced to nothing; but are solemnly consecrated by the words of Christ, that by them His blessed Body and Blood may be communicated to us.

[a] As G. Calixtus writes in some place of his learned Exercitations; and before him M. Chemnitius, in Exam. Con. Trid. atque in Locis Theol. [For the verification of the notes, see the *Latin.*]

3. And further it appears from the same words, that the expression of Christ and the apostle is to be understood in a sacramental and mystic sense; and that no gross and carnal presence of Body and Blood can be maintained by them.

4. And, though the word *sacrament* be no where used in Scripture to signify the blessed Eucharist, yet the Christian Church, ever since its primitive ages, hath given it that name, and always called the presence of Christ's Body and Blood therein mystic and sacramental. Now a sacramental expression doth, without any inconvenience, give to the sign the name of the thing signified. And such is as well the usual way of speaking, as the nature of sacraments, that not only the names, but even the properties and effects of what they represent and exhibit, are given to the outward elements. Hence (as I said before) the bread is as clearly as positively called by the apostle, "the communion of the Body of Christ."

Exod. xii. 21; 1 Cor. x. 3, 4.

5. This also seems very plain, that our blessed Saviour's design was not so much to teach what the elements of bread and wine are by nature and substance, as what is their use and office and signification in this mystery. For the Body and Blood of our Saviour are not only fitly represented by the elements, but also by virtue of His institution really offered to all by them, and so eaten by the faithful mystically and sacramentally; whence it is, that "He truly is and abides in us, and we in Him."

John vi. 56.

6. This is the spiritual (and yet no less true and undoubted than if it were corporal) eating of Christ's Flesh, not indeed simply as it is flesh, without any other respect, (for so it is not given, neither would it profit us,) but as it is crucified, and *given* for the redemption of the world. Neither doth it hinder the truth and substance of the thing, that this eating of Christ's Body is spiritual, and that by it the souls of the faithful, and not their stomachs, are fed by the operation of the Holy Ghost: for this none can deny, but they who, being strangers to the Spirit and the divine virtue, can savour only carnal things, and to whom what is spiritual and sacramental is the same as if a mere nothing.

Mat. xxvi. 26.

7. As to the manner of the presence of the Body and Blood of our Lord in the blessed sacrament, we that are protestant and reformed according to the ancient Catholic Church, do not search into the manner of it with perplexing inquiries; but, after the example of the primitive and purest Church of Christ, we leave it to the power and wisdom of our Lord, yielding a full and unfeigned assent to His words. Had the Romish maintainers of transubstantiation done the same, they would not have determined and decreed, and then imposed as an article of faith absolutely necessary to salvation,

a manner of presence newly by them invented, under pain of the most direful curse; and there would have been in the Church less wrangling, and more peace and unity, than now is.

CHAP. II.

1, 2 AND 3 SQ. THE UNANIMOUS CONSENT OF ALL PROTESTANTS WITH THE CHURCH OF ENGLAND IN MAINTAINING A REAL, THAT IS, TRUE, BUT NOT A CARNAL, PRESENCE OF CHRIST IN THE BLESSED SACRAMENT, PROVED BY PUBLIC CONFESSIONS AND THE BEST OF AUTHORITIES.

1. So then none of the Protestant Churches doubt of the real (that is, true and not imaginary) presence of Christ's Body and Blood in the sacrament; and there appears no reason why any man should suspect their common confession of either fraud or error, as though in this particular they had in the least departed from the Catholic Faith.

2. For it is easy to produce the consent of reformed Churches and authors, whereby it will clearly appear (to them that are not wilfully blind) that they all zealously maintain and profess this truth, without forsaking in any wise the true Catholic Faith in this matter.

3. I begin with the Church of England; wherein they that are in holy orders are bound by a law and canon, "Never to teach any thing to the people, to be by them believed in matters of religion, but what agrees with the doctrine of the Old and New Testament, and what the Catholic fathers and ancient prelates have gathered and inferred out of it, under pain of excommunication if they transgress, troubling the people with contrary doctrine[b]." It teacheth, therefore, that "in the blessed sacrament the Body of Christ is given, taken, and eaten; so that to the worthy receivers the consecrated and broken bread is the communication of the Body of Christ, and likewise the consecrated cup the communication of His Blood: but that the wicked, and they that approach unworthily the sacrament of so sacred a thing, eat and drink their own damnation, in that they become guilty of the Body and Blood of Christ[c]." And the same Church, in a solemn prayer before the consecration, prays thus: "Grant us, gracious Lord, so to eat the Flesh of Thy dear Son

---

[b] In the book of Canons published by authority, anno 1571, ch. *Of preach.*
[c] Artic. of Relig., 1562.

Jesus Christ, and to drink His Blood, that our sinful bodies may be made clean by His Body, and our souls washed through His most precious Blood, and that we may evermore dwell in Him, and He in us[d]." The priest also, blessing or consecrating the bread and wine, saith thus: " Hear us, O merciful Father, we most humbly beseech Thee, and grant that we receiving these Thy creatures of bread and wine, according to Thy Son our Saviour Jesus Christ's holy institution, in remembrance of His death and passion, may be partakers of His most blessed Body and Blood: Who in the same night that He was betrayed took bread, and, when He had given thanks, He brake it, and gave it to His disciples, saying, Take, eat ; this is My Body, which is given for you : do this in remembrance of Me. Likewise after supper He took the cup, and when He had given thanks, He gave it to them, saying, Drink ye all of this; for this is My Blood of the New Testament, which is shed for you and for many for the remission of sins : do this as oft as ye shall drink it in remembrance of Me[e]." The same, when he gives the sacrament to the people kneeling, giving the bread, saith: " The Body of our Lord Jesus Christ, which was given for thee, preserve thy body and soul unto everlasting life." Likewise, when he gives the cup, he saith: " The Blood of our Lord Jesus Christ, which was shed for thee, preserve thy body and soul to everlasting life." Afterwards, when the communion is done, follows a thanksgiving : " Almighty and everliving God, we most heartily thank Thee for that Thou dost vouchsafe to feed us, who have duly received these holy mysteries, with the spiritual food of the most precious Body and Blood of Thy Son our Saviour Jesus Christ ;" with the hymn, " Glory be to God on high," &c. Also, in the public authorized Catechism of our Church, appointed to be learned of all, it is answered to the question concerning the inward part of the sacrament, that " It is the Body and Blood of Christ, which are verily and indeed taken and received by the faithful in the Lord's supper[f]." And in the Apology for this Church, writ by that worthy and reverend prelate, Jewel, bishop of Salisbury, it is expressly affirmed, " That to the faithful is truly given in the sacrament the Body and Blood of our Lord, the life-giving Flesh of the Son of God, which quickens our souls, the bread that came from heaven, the food of immortality, grace, and truth, and life : and that it is the communion of the Body and Blood of Christ, that we may abide in Him, and He in us; and that we may be ascertained, that the Flesh and Blood of Christ is the food of our souls, as bread and wine is of our bodies."

[d] Comm. Service.   [e] Ibid.   [f] Church Catech.

4. A while before the writing of this Apology came forth the Dialactic of the famous Dr. Poinet, bishop of Winchester, concerning the truth, nature, and substance, of the Body and Blood of Christ in the blessed sacrament, writ on purpose to explain and manifest the faith and doctrine of the Church of England in that point. In the first place it shews, "that the holy Eucharist is not only the figure, but also contains in itself the truth, nature, and substance, of the Body of our blessed Saviour; and that those words '*nature*' and '*substance*' ought not to be rejected, because the fathers used them in speaking of that mystery." Secondly, he inquires whether those expressions, *truth*, *nature*, and *substance*, "were used in this mystery by the ancients in their common acceptation, or in a sense more particular and proper to the sacraments: because we must not only observe what words they used, but also what they meant to signify and to teach by them." And though, with the fathers, he acknowledged a difference betwixt the Body of Christ in its natural form of a human body and that mystic Body present in the sacrament, yet he chose rather to put that difference in the *manner* of presence and exhibition, than in the subject itself, that is, the real Body and Blood of our Saviour; being it is most certain, that no other body is given to the faithful in the sacrament, than that which was by Christ given to death for their redemption. Lastly, he affirms, "according to the unanimous consent of the fathers, that this matter must be understood in a spiritual sense, banishing all grosser and more carnal thoughts."

5. To Bishop Poinet succeeded in the same see the Right Reverend Doctors T. Bilson and L. Andrews, prelates both of them throughly learned, and great defenders of the primitive Faith; who made it most evident, by their printed writings, that the faith and doctrine of the Church of England is in all things agreeable to the holy Scriptures, and the divinity of the ancient fathers. And, as to what regards this mystery, the first treats of it in his answer to the Apology of Cardinal Alan[g], and the last in his answer to the Apology of Cardinal Bellarmine[h]; where you may find things worthy to be read and noted, as follows: " Christ said, *This is My Body:* in this, the object, we are agreed with you; the manner only is controverted. We hold by a firm belief that it is the Body of Christ; of the manner how it comes to be so, there is not a word in the Gospel; and, because the Scripture is silent in this, we justly disown it to be a matter of faith. We may, indeed, rank it among tenets of the school, but by no means among the articles of our Christian

---

[g] Bils., Resp. ad Card. Alan., l. iv.   [h] Andr., Resp. ad Apol. Bel., c. ii. p. 11.

CHAP. II.

belief. We like well of what Durandus is reported to have said: 'We hear the word, and feel the motion; we know not the manner, and yet believe the presence:' for we believe a real presence, no less than you do. We dare not be so bold as presumptuously to define any thing concerning the manner of a true presence; or, rather, we do not so much as trouble ourselves with being inquisitive about it; no more than in Baptism, how the Blood of Christ washeth us; or in the Incarnation of our Redeemer, how the Divine and human nature were united together: we put it in the number of sacred things or sacrifices, (the Eucharist itself being a sacred mystery,) whereof "the remnants ought to be consumed with fire," that is, (as the fathers elegantly have it,) adored by faith, but not searched by reason."

6. To the same sense speaks Is. Casaubon, in the epistle he wrote by order from King James to Cardinal Perron[i]. So doth also Hooker, in his Ecclesiastical Polity (Book v. § 67); John bishop of Rochester, in his book Of the Power of the Pope[j]; R. Mountague, bishop of Norwich, against Bullinger[k]; James primate of Armagh, in his answer to the Irish Jesuit; Francis bishop of Ely, and William Laud, archbishop of Canterbury, in their answer to Fisher; John Overall, bishop of Norwich[l]; and many others in the Church of England, who never departed from the faith and doctrine of the ancient Catholic fathers, which is by law established, and with great care and veneration received and preserved in our Church.

7. To these also we may justly add that famous prelate, Antonio de Dominis, archbishop of Spalato, a man well versed in the sacred writings, and the records of antiquity; who, having left Italy, (when he could no longer remain in it, either with quiet or safety,) by the advice of his intimate friend, Paulus Venetus, took sanctuary under the protection of King James of blessed memory, in the bosom of the Church of England, which he did faithfully follow in all points and articles of religion. But, being daily vexed with many affronts and injuries, and wearied by the unjust persecutions of some sour and over-rigid men, who bitterly declaimed every where against his life and actions, he at last resolved to return into Italy with a safe conduct. Before he departed, he was, by order from the king, questioned by some commissionated bishops what he thought of the religion and Church of England, which for so many years he had owned and obeyed, and what he would say of it in the Roman court? To this query he gave in writing this memorable answer: "I am resolved, even with the danger of my life, to profess

[i] Casaub. Ep. to Card. Perron.
[j] Ep. Roff., præf. ad Lect.
[k] Montac. in Antidiatrib., Art. 13.
[l] In a manuscript shortly to be printed.

before the pope himself, that the Church of England is a true and orthodox Church of Christ." This he not only promised, but faithfully performed; for though, soon after his departure, there came a book out of the Low Countries, falsely bearing his name, by whose title many were deceived even among the English, and thereby moved to tax him with apostacy, and of being another Ecebolius; yet when he came to Rome, (where he was most kindly entertained in the palace of Pope Gregory XV., who formerly had been his fellow-student,) he could never be persuaded by the Jesuits and others, who daily thronged upon him, neither to subscribe the newdevised tenets of the Council of Trent, or to retract those orthodox books which he had printed in England and Germany, or to renounce the communion of the Church of England, in whose defence he constantly persisted to the very last. But, presently after the decease of Pope Gregory, he was imprisoned by the Jesuits and inquisitors in Castle S. Angelo, where, by being barbarously used and almost starved, he soon got a mortal sickness, and died in a few days, though not without suspicion of being poisoned. The day following, his corpse was, by the sentence of the Inquisition, tied to an infamous stake, and there burnt to ashes, for no other reason but that he refused to make abjuration of the religion of the Church of England, and subscribe some of the lately made decrees of Trent, which were pressed upon him as canons of the Catholic Faith. I have taken occasion to insert this narration, perhaps not known to many, to make it appear that this reverend prelate, who did great service to the Church of God, may justly (as I said before) be reckoned amongst the writers of the Church of England.

Let us hear, therefore, what he taught and writ when he was in England, in his books *De Repub. Eccl.*, lib. v. cap. 6. num. xx. "For a thousand years together," saith he, "the holy Catholic Church, content with a sober knowledge of divine mysteries, believed soberly, and safely did teach, that in the sacrament duly consecrated the faithful did own, receive, and eat the Body and Blood of Christ, which by the sacred bread and wine are given to them; but as to the particular manner how that precious Body and Blood is offered and given by that mysterious sacrament, the Church did humbly and religiously acknowledge her ignorance: the real thing, with its effects, she joyfully owned and received, but meekly and devoutly abstained from inquiring into the manner." Item: (num. lxxiii.) "The true and real Body of Christ is most certainly and undoubtedly given in the holy sacrament, yet not carnally, but spiritually." Again: (num. clxix.) "I doubt not but all they that believe the Gospel will acknowledge, that in the holy Communion we receive the true nature of the Flesh

CHAP. II.

of Christ, real and substantial. We all teach that the Body of Christ is present as to its reality and nature; but a carnal and corporal manner of presence we reject, with S. Bernard and all the fathers." And in *Appen. ad Ambrosium:* (num. vii.) "I know and acknowledge that, with the bread still remaining bread, the true and real Body of Christ is given, yet not corporally; I assent in the thing, but not in the manner: therefore, though there is a change in the bread, when it brings into the souls of worthy communicants the true Body of Christ, which is the substance of the sacrament, yet it doth not follow that the bread loseth its own, to become the substance of the Body of Christ," &c. These, and much more to the same purpose, agreeable to the religion and Church of England, and all other Protestant Churches, you may find in the same chapter, and in a treatise annexed to the sixth book, against the famous Jesuit Suarez, who had writ against King James, and the errors (as he calls them) of the Church of England. In the second chapter our prelate proves clearly, according to its title, "That those points which the papists maintain against the protestants belong not in any wise to the Catholic Faith,"—as transubstantiation, &c.

The Augustan Confession of Germ. Churches.

8. As for the opinion and belief of the German protestants, it will be known chiefly by the Augustan Confession, presented to Charles V. by the princes of the empire, and other great persons. For they teach, "that not only the bread and wine, but the Body and Blood of Christ is truly given to the receivers:" or, as it is in another edition, "that the Body and Blood of Christ are truly present, and distributed to the communicants in the Lord's Supper;" and refute those that teach otherwise. They also declare, "that we must so use the sacraments, as to believe and embrace by faith those things promised which the sacraments offer and convey to us." Yet we may observe here, that faith makes not those things present which are promised; for faith (as it is well known) is more properly said to take and apprehend, than to promise or perform: but the word and promise of God, on which faith is grounded (and not faith itself) make that present which is promised; as it was agreed at a conference at S. Germains [m] betwixt some protestants and papists. And therefore it is unjustly laid to our charge by some in the Church of Rome, as if we should believe that the presence and participation of Christ in the sacrament is effected merely by the power of faith.

The Saxon Confession.

9. The Saxon Confession, approved by other Churches, seems to be a repetition of the Augustan. Therein we are taught[n], that "sacraments are actions divinely instituted; and that, although the same things or actions in common use have nothing of the nature of sacra-

[m] Collat. S. Germ. 1561.   [n] Art. xv.

ments, yet, when used according to the divine institution, Christ is truly and substantially present in the Communion, and His Body and Blood truly given to the receivers : so that He testifies that He is in them : as S. Hilary saith, 'These things taken and received make us to be in Christ, and Christ to be in us.'"

marginal: CHAP. II. Hil., Trin. l. 8.

10. The Confession of Wittemberg, which in the year 1552 was propounded to the council of Trent, is like unto this; for it teacheth[o] that "the true Body and Blood of Christ are given in the holy Communion," and refutes those that say that "the bread and wine in the sacrament are only signs of the absent Body and Blood of Christ."

marginal: The Confession of Wittemberg.

11. The Bohemian Confession also, that is, of them who, by contempt and out of ignorance, are called by some Picards and Waldenses, presented to King Ferdinand by the barons and nobles of Bohemia, and approved by Luther and Melancthon, and the famous university of Wittemberg, teacheth[p], that "we ought from the heart to believe and to profess by words, that the bread of the Lord's Supper is the true Body of Christ which was given for us, and the wine His true Blood that was shed for us : and that it is not lawful for any person to bring or add any thing of his own to the words of Christ, or in the least to take any thing from them." And, when this their Confession was defamed and abused by some of their adversaries, they answered, that "they would ever be ready to confute the calumniators, and to make it appear, by strong arguments and a stronger faith, that they never were, and, by God's grace, never would be, what their adversaries represented them."

marginal: Confessio Bohem.

12. In the same manner, the conciliation of the articles of the Lord's Supper, and the mutual agreement betwixt the Churches of the greater and lesser Polonia in the synod of Sendomiris: "We hold together," say they[q], "the belief of the words of Christ, as they have been rightly understood by the fathers; or, to speak more plain, we believe and confess that the substantial presence of Christ is not only signified in the Lord's Supper, but also that the Body and Blood of our Lord is truly offered and granted to worthy receivers, together with those sacred signs which convey to us the thing signified, according to the nature of sacraments. And, lest the different ways of speaking should breed any contention, we mutually consent to subscribe that article concerning the Lord's Supper which is in the Confession of the Churches of Saxony, which they sent to the Council of Trent; and we hold and acknowledge it to be sound and pious." Then they repeat the whole article, mentioned and set down a little before.

marginal: Consensus Polonicus.

---

[o] In the Preface.   [p] Art. xiii.   [q] Near the beginning.

Chap. II.

Confessio Theol. Argent. et Basil.

13. Luther was once of opinion that the divines of Basil and Strasbourg did acknowledge nothing in the Lord's Supper besides bread and wine. To him Bucerus, in the name of all the rest, did freely answer, that "they all unanimously did condemn that error; that neither they nor the Switzers ever believed or taught any such thing; that none could expressly be charged with that error except the Anabaptists; and that he also had once been persuaded, that Luther in his writing attributed too much to the outward symbol, and maintained a grosser union of Christ with the bread than the Scriptures did allow, as though Christ had been corporally present with it, united into a natural substance with the bread, so that the wicked as well as the faithful were made partakers of grace by receiving the element: but that their own doctrine and belief concerning that sacrament was, that the true Body and Blood of Christ was truly presented, given, and received, together with the visible signs of bread and wine, by the operation of our Lord, and by virtue of His institution, according to the plain sound and sense of His words; and that not only Zuinglius and Œcolampadius had so taught, but they also, in the public Confessions of the Churches of the upper Germany, and other writings, confessed it: so that the controversy was rather about the manner of the presence or absence, than about the presence or absence itself:" all which Bucer's associates confirm after him. He also adds, that "the magistrates in their churches had denounced very severe punishments to any that should deny the presence of the Body and Blood of Christ in the Lord's Supper." Bucerus did also maintain this doctrine of the blessed sacrament in presence of the Landgrave of Hesse and Melancthon, confessing, "that together with the sacrament we truly and substantially receive the Body of Christ:" also, that "the bread and wine are conferring signs, giving what they represent, so that together with them the Body of Christ is given and received." And to these he adds, that "the Body and bread are not united in the mixture of their substance, but in that the sacrament gives what it promiseth, that is, the one is never without the other: and so, they agreeing on both parts, that the bread and wine are not changed, he holds such a sacramental union." Luther, having heard this, declared also his opinion thus: "That he did not locally include the Body and Blood of Christ with the bread and wine, and unite them together by any natural connection; and that he did not make proper to the sacraments that virtue whereby they brought salvation to the receivers: but that he maintained only a sacramental union betwixt the Body of Christ and the bread, and betwixt His Blood and the wine; and did teach that the power of confirming our faith, which

he attributed to the sacraments, was not naturally inherent in the outward signs, but proceeded from the operation of Christ, and was given by His Spirit, by His words, and by the elements." And, finally, in this manner he spake to all that were present: "If you believe and teach that in the Lord's Supper the true Body and Blood of Christ is given and received, and not the bread and wine only, and that this giving and receiving is real, and not imaginary, we are agreed, and we own you for dear brethren in the Lord." All this is set down at large in the second tome of Luther's works, and in the English works of Bucer.

14. The next will be the Gallican Confession, made at Paris in a national synod, and presented to King Charles IX. at the conference of Poissy; which speaks of the sacrament on this wise: "Although Christ be in heaven, where He is to remain until He come to judge the world, yet we believe that by the secret and incomprehensible virtue of His Spirit He feeds and vivifies us, by the substance of His Body and Blood received by faith. Now we say that this is done in a spiritual manner; not that we believe it to be a fancy and imagination, instead of a truth and real effect, but rather because that mystery of our union with Christ is of so sublime a nature, that it is as much above the capacity of our senses as it is above the order of nature." Item: "We believe that in the Lord's Supper God gives us really, that is, truly and efficaciously, whatever is represented by the sacrament: with the signs we join the true possession and fruition of the thing by them offered to us: and so that bread and wine, which are given to us, become our spiritual nourishment, in that they make it in some manner visible to us that the Flesh of Christ is our food, and His Blood our drink. Therefore those fanatics that reject these signs and symbols are by us rejected; our blessed Saviour having said, 'This is My Body,' and 'This cup is My Blood[r].'" This Confession hath been subscribed by the Church of Geneva.

The French Confess.

15. The envoys from the French churches to Worms made a declaration concerning that mystery, much after the same manner: "We confess," say they, "that in the Lord's Supper, besides the benefits of Christ, the substance also of the Son of man, His true Body, with His Blood shed for us, are not only figuratively signified by types and symbols, as memorials of things absent, but also truly and certainly presented, given, and offered to be applied, by signs that are not bare and destitute, but (on God's part, in regard of His offer and promise,) always undoubtedly accompanied by what they signify, whether they be offered to good or bad Christians."

Legat. Eccl.Gall. Conf. 1555.

[r] Art. xxxvi.

166   THE HISTORY

CHAP. II.

Belg. Conf.

16. Now follows the Belgic Confession, which professeth it to be "most certain that Christ doth really effect in us what is figured by the signs, although it be above the capacity of our reason to understand which way, the operations of the Holy Ghost being always occult and incomprehensible[s]."

Helvet. Confess. prior.

17. The more ancient Confession of the Switzers, made by common consent at Basil, and approved by all the Helvetic protestant churches, hath it[t], that, "while the faithful eat the bread and drink the cup of the Lord, they, by the operation of Christ working by the Holy Spirit, receive the Body and Blood of our Lord, and thereby are fed unto eternal life." But, notwithstanding that they affirm that this food is spiritual, yet they afterwards conclude, "that by spiritual food they understand not imaginary, but the very Body of Christ which was given for us."

Helvet. Conf. posterior.

18. And the later Confession of the Switzers, writ and printed in 1566, affirms as expressly the true presence of Christ's Body in the Eucharist thus: "Outwardly the bread is offered by the minister, and the words of Christ heard: 'Take, eat, this is My Body: Drink ye all of this, this is My Blood.' Therefore the faithful receive what Christ's minister gives, and drink of the Lord's cup; and at the same time, by the power of Christ working by the Holy Ghost, are fed by the Flesh and Blood of our Lord unto eternal life," &c. Again: "Christ is not absent from His Church celebrating His holy Supper. The sun in heaven, being distant from us, is nevertheless present by his efficacy: how much more shall Christ, the Sun of Righteousness, who is bodily in heaven, absent from us, be spiritually present to us by His life-giving virtue, and as He declared in His last Supper He would be present; (John xiv. xv. xvi.) whence it follows that we have no communion without Christ." Now to this Confession not only the reformed Switzers did subscribe, but also the Churches of Hungary, Pannonia or Transylvania, Poland, and Lithuania, which follow neither the Augustan nor Bohemian Confessions. It was subscribed also by the Churches of Scotland and Geneva.

Conf. Thorun.

19. Lastly, let us hear the renowned declaration of the reformed Churches of Poland, made in the assembly of Thorun, whereby they profess, that as to what concerns the sacrament of the Eucharist, "they assent to that opinion which in the Augustan Confession, in the Bohemian, and that of Sendomire, is confirmed by Scripture." Then afterwards, in another declaration, they explain their own mind, thus saying: 1. "That the sacrament consisteth of earthly things, as bread and wine; and things heavenly, as the Body and Blood of

[s] Art. xxxv.   [t] Ch. xxi.

our Lord: both of which, though in a different manner, yet most truly and really, are given together at the same time,—earthly things in an earthly, corporal, and natural way,—heavenly things in a mystic, spiritual, and heavenly manner." 2. Hence they infer, "that the bread and wine are, and are said to be with truth, the very Body and Blood of Christ, not substantially indeed, that is, not corporally, but sacramentally and mystically, by virtue of the sacramental union, which consisteth not in a bare signification or obligation only, but also in a real exhibition and communication of both parts, earthly and heavenly, together at once, though in a different manner." 3. In that sense they affirm with the ancients, "that the bread and wine are changed into the Body and Blood of Christ, not in nature and substance, but in use and efficacy; in which respect the sacred elements are not called what they are to sense, but what they are believed and received by faith grounded on the promise." 4. They deny " to believe the signs to be bare, inefficacious, and empty, but rather such as truly give what they seal and signify, being efficacious instruments and most certain means whereby the Body and Blood of Christ, and so Christ Himself with all His benefits, is set forth and offered to all communicants, but conferred and given to true believers, and by them received as the saving and vivifying food of their souls." 5. They deny not "the true presence of the Body and Blood of Christ in the Lord's Supper, but only the corporal manner of His presence." They believe "a mystical union betwixt Christ and us, and that not imaginary, but most true, real, and efficacious." 6. Thence they conclude, "that not only the virtue, efficacy, operation, or benefits of Christ are communicated to us, but more especially the very substance of His Body and Blood, so that He abides in us and we in Him."

20. Now because great is the fame of Calvin, (who subscribed the Augustan Confession and that of the Switzers,) let us hear what he writ and believed concerning this sacred mystery. His words in his Institutions and elsewhere are such, so conformable to the style and mind of the ancient fathers, that no Catholic protestant would wish to use any other. "I understand," saith he, " what is to be understood by the words of Christ, that He doth not only offer us the benefits of His death and resurrection, but His very Body wherein He died and rose again. I assert that the Body of Christ is really, (as the usual expression is,) that is, truly, given to us in the sacrament, to be the saving food of our souls[u]." Also, in another place: "Item, that word cannot lie, neither can it mock us ; and, except one presumes to call God a deceiver, he will never dare to say that the

[u] Comm. on 1 Cor.

symbols are empty, and that Christ is not in them. Therefore, if by the breaking of the bread our Saviour doth represent the participation of His Body, it is not to be doubted but that He truly gives and confers it. If it be true that the visible sign is given us to seal the gift of an invisible thing, we must firmly believe that, receiving the signs of the Body, we also certainly receive the Body itself. Setting aside all absurdities, I do willingly admit all those terms that can most strongly express the true and substantial communication of the Body and Blood of Christ granted to the faithful with the symbols of the Lord's Supper; and that, not as if they received only by the force of their imagination, or an act of their minds, but really so as to be fed thereby unto eternal life[v]." Again: "We must therefore confess that the inward substance of the sacrament is joined with the visible sign; so that, as the bread is put into our hand, the Body of Christ is also given to us. This certainly, if there were nothing else, should abundantly satisfy us that we understand that Christ in His holy Supper gives us the true and proper substance of His Body and Blood; that, it being wholly ours, we may be made partakers of all His benefits and graces[w]." Again: "The Son of God offers daily to us in the holy sacrament the same Body which He once offered in sacrifice to His Father, that it may be our spiritual food." In these he asserts, as clearly as any one can, the true, real, and substantial presence and communication of the Body of Christ; but how, he undertakes not to determine. "If any one[x]," saith he, "ask me concerning the manner, I will not be ashamed to confess that it is a secret too high for my reason to comprehend, or my tongue to express; or, to speak more properly, I rather feel than understand it: therefore, without disputing, I embrace the truth of God, and confidently repose on it. He declares that His Flesh is the food, and His Blood the drink of my soul; and my soul I offer to Him to be fed by such nourishment. He bids me take, eat, and drink, His Body and Blood, which in His holy Supper He offers me under the symbols of bread and wine: I make no scruple but He doth reach them to me, and I receive them." All these are Calvin's own words.

21. I was the more willing to be long in transcribing these things at large, out of public Confessions of Churches and the best of authors, that it might the better appear how injuriously protestant divines are calumniated by others unacquainted with their opinions, as though by these words, '*spiritually*' and '*sacramentally*,' they did not acknowledge a true and well-understood real presence and com-

[v] Instit., book iv. ch. 17.
[w] Treat. of the Lord's Supper.
[x] Instit., book iv. ch. 17. num. 32.

munication of the Body and Blood of Christ in the blessed sacrament; whereas, on the contrary, they do professedly own it in terms as express as any can be used.

CHAP. III.

1. WHAT THE PAPISTS DO UNDERSTAND BY CHRIST BEING SPIRITUALLY PRESENT IN THE SACRAMENT. 2. WHAT S. BERNARD UNDERSTOOD BY IT. 3. WHAT THE PROTESTANTS. 4. FAITH DOTH NOT CAUSE, BUT SUPPOSE THE PRESENCE OF CHRIST. 5. THE UNION BETWIXT THE BODY OF CHRIST AND THE BREAD IS SACRAMENTAL.

1. HAVING now, by what I have said, put it out of doubt that the protestants believe a spiritual and true presence of Christ in the sacrament, which is the reason that, according to the example of the fathers, they use so frequently the term *spiritual* in this subject,—it may not be amiss to consider, in the next place, how the Roman Church understands that same word. Now they[y] make it to signify, " that Christ is not present in the sacrament either after that manner which is natural to corporal things, or that wherein His own Body subsists in heaven, but according to the manner of existence proper to spirits whole and entire, in each part of the host; and, though by Himself He be neither seen, touched, nor moved, yet in respect of the species or accidents joined with Him, He may be said to be seen, touched, and moved;" "and so[z], the accidents being moved, the Body of Christ is truly moved accidentally, as the soul truly changeth place with the body; so that we truly and properly say, that the Body of Christ is removed, lifted up, and set down, put on the paten or on the Altar, and carried from hand to mouth, and from the mouth to the stomach:" "as Berengarius[a] was forced to acknowledge in the Roman council under Pope Nicholas, that the Body of Christ was sensually touched by the hands, and broken and chewed by the teeth of the priest." But all this, and much more to the same effect, was never delivered to us either by Holy Scripture or the ancient fathers. And, if souls or spirits could be present, as here Bellarmine teacheth, yet it would be absurd to say that bodies could be so likewise, it being inconsistent with their nature.

[y] Bell., de Euch., l. i. c. 2. § 3. reg. et seq.
[z] Ibid., part. i.
[a] Ibid., § 5. reg.

CHAP. III.

2. Indeed, Bellarmine confesseth with S. Bernard[b], that "Christ in the sacrament is not given to us carnally, but spiritually:" and would to God he had rested here, and not outgone the Holy Scriptures and the doctrine of the fathers. For endeavouring, with Pope Innocent III. and the council of Trent, to determine the manner of the presence and manducation of Christ's Body with more nicety than was fitting, he thereby foolishly overthrew all that he had wisely said before, denied what he had affirmed, and opposed his own opinion. "His fear was, lest his adversaries should apply that word *spiritually*, not so much to express the manner of presence, as to exclude the very substance of the Body and Blood of Christ: therefore," saith he, "upon that account it is not safe to use too much that of S. Bernard, 'The Body of Christ is not corporally in the sacrament,' without adding presently the above-mentioned explanation." How much do we comply with human pride and curiosity, which would seem to understand all things! Where is the danger? and what doth he fear, as long as all they that believe the Gospel own the true nature and the real and substantial presence of the Body of Christ in the sacrament, using that explication of S. Bernard concerning the manner, which he himself, for the too great evidence of truth, durst not but admit? And why doth he own that the manner is spiritual, not carnal, and then require a carnal presence as to the manner itself? As for us, we all openly profess with S. Bernard, that the presence of the Body of Christ in the sacrament is spiritual, and therefore true and real; and, with the same Bernard and all the ancients, we deny that the Body of Christ is carnally either present or given. The thing we willingly admit, but humbly and religiously forbear to inquire into the manner.

3. We believe a presence and union of Christ with our soul and body, which we know not how to call better than sacramental, that is, effected by eating; that, while we eat and drink the consecrated bread and wine, we eat and drink therewithal the Body and Blood of Christ, not in a corporal manner, but some other way, incomprehensible, known only to God, which we call spiritual; for if, with S. Bernard and the fathers, a man goes no further, we do not find fault with a general explication of the manner, but with the presumption and self-conceitedness of those who boldly and curiously inquire what is a spiritual presence, as presuming that they can understand the manner of acting of God's Holy Spirit. We contrariwise confess, with the fathers, that this manner of presence is unaccountable and past finding out, not to be searched and pried

---

[b] S. Bern. de S. Martin.

into by reason, but believed by faith. And, if it seems impossible that the Flesh of Christ should descend and come to be our food through so great a distance, we must remember how much the power of the Holy Spirit exceeds our sense and our apprehensions, and how absurd it would be to undertake to measure His immensity by our weakness and narrow capacity, and so make our faith to conceive and believe what our reason cannot comprehend.

4. Yet our faith doth not cause or make that presence, but apprehends it as most truly and really effected by the word of Christ; and the faith whereby we are said to eat the Flesh of Christ is not that only whereby we believe that He died for our sins, (for this faith required and supposed to precede the sacramental manducation,) bu more properly that whereby we believe those words of Christ, "This is My Body;" — which was S. Austin's meaning when he said, "Why dost thou prepare thy stomach and thy teeth? Believe, and thou hast eaten[c]." For in this mystical eating, by the wonderful power of the Holy Ghost, we do invisibly receive the substance of Christ's Body and Blood, as much as if we should eat and drink both visibly.

5. The result of all this is, that the Body and Blood of Christ are sacramentally united to the bread and wine, so that Christ is truly given to the faithful, and yet is not to be here considered with sense or worldly reason, but by faith, resting on the words of the Gospel. Now it is said, that the Body and Blood of Christ are joined to the bread and wine, because that in the celebration of the holy Eucharist the Flesh is given together with the bread, and the Blood together with the wine. All that remains is, that we should with faith and humility admire this high and sacred mystery, which our tongue cannot sufficiently explain, nor our heart conceive.

Aug. super Joh., tract. 25.

CHAP. IV.

1. OF THE CHANGE OF THE BREAD AND WINE INTO THE BODY AND BLOOD OF CHRIST, WHICH THE PAPISTS CALL TRANSUBSTANTIATION. 2. OF GOD'S OMNIPOTENCY. 3. OF THE ACCIDENTS OF THE BREAD. 4. THE SACRAMENTAL UNION OF THE THING SIGNIFIED WITH THE SIGN. 5, AND 6. THE QUESTION IS STATED NEGATIVELY AND AFFIRMATIVELY. 7. THE DEFINITION OF THE COUNCIL OF TRENT. THE BULL OF POPE PIUS IV., AND THE FORM OF THE OATH BY HIM APPOINTED. THE DECRETAL OF INNOCENT III. THE ASSERTIONS OF THE JESUITS. 8. TRANSUBSTANTIATION A VERY MONSTROUS THING.

1. It is an article of faith in the Church of Rome, that in the blessed Eucharist the substance of the bread and wine is reduced to nothing, and that in its place succeeds the Body and Blood of Christ; as we shall see more at large, § 6. and 7. The protestants are much of another mind; and yet none of them denies altogether but that there is a conversion of the bread into the Body (and consequently of the wine into the Blood) of Christ: for they know and acknowledge that in the sacrament, by virtue of the words and blessing of Christ, the condition, use, and office, of the bread is wholly changed; that is, of common and ordinary, it becomes our mystical and sacramental food; whereby, as they affirm and believe, the true Body of Christ is not only shadowed and figured, but also given indeed, and by worthy communicants truly received. Yet they believe not that the bread loseth its own to become the substance of the Body of Christ; for the Holy Scripture, and the ancient interpreters thereof for many ages, never taught such an essential change and conversion, as that the very substance, the matter and form of the bread, should be wholly taken away,—but only a mysterious and sacramental one, whereby our ordinary is changed into mystic bread, and thereby designed and appointed to another use, end, and office, than before: this change, whereby supernatural effects are wrought by things natural, while their essence is preserved entire, doth best agree with the grace and power of God.

2. There is no reason why we should dispute concerning God's omnipotency, whether it can do this or that, presuming to measure an infinite power by our poor ability which is but weakness. We may grant that He is able to do beyond what we can think or apprehend, and resolve His most wonderful acts into His absolute will and

power; but we may not charge Him with working contradictions. And, though God's almightiness were able in this mystery to destroy the substance of bread and wine, and essentially to change it into the Body and Blood of Christ, while the accidents of bread and wine subsist of themselves without a subject; yet we desire to have it proved that God will have it so, and that it is so indeed. For that God doth it, because He can, is no argument; and, that He wills it, we have no other proof but the confident assertion of our adversaries. Tertullian against Praxias declared, "that we should not conclude God doth things because He is able, but that we should inquire what He hath done." For God will never own that praise of His omnipotency, whereby His unchangeableness and His truth are impaired, and those things overthrown and destroyed which in His word He affirms to be: for take away the bread and wine, and there remains no sacrament.

3. They, that say that the matter and form of the bread are wholly abolished, yet will have the accidents to remain. But, if the substance of the bread be changed into the substance of Christ's Body by virtue of His words, what hinders that the accidents of the bread are not also changed into the accidents of Christ's Body? They that urge the express letter should shew that Christ said, 'This is the substance of My Body without its accidents.' But He did not say that He gave His disciples a fantastic body,—such a visionary figment as Marcion believed,—but that very Body which was given for us, without being deprived of that extension and other accidents of human bodies without which it could not have been crucified. Since the maintainers of transubstantiation grant, that the Body of Christ keeps its quantity in heaven, and say it is without the same in the sacrament, they must either acknowledge their contradiction in the matter, or give over their opinion.

4. Protestants dare not be so curious, or presume to know more than is delivered by Scripture and antiquity: they, firmly believing the words of Christ, make the form of this sacrament to consist in the union of the thing signified with the sign, that is, the exhibition of the Body of Christ with the consecrated bread, still remaining bread: by divine appointment these two are made one; and, though this union be not natural, substantial, personal, or local, by their being one within another, yet it is so straight and so true, that in eating the blessed bread, the true Body of Christ is given to us, and the names of the sign and thing signified are reciprocally changed,—what is proper to the Body is attributed to the bread, and what belongs only to the bread is affirmed of the Body, and both are united in time, though not in place: for the presence of Christ

CHAP. IV.

in this mystery is not opposed to distance, but to absence, which only could deprive us of the benefit and fruition of the object.

5. From what hath been said, it appears that this whole controversy may be reduced to four heads :—1. concerning the signs: 2. concerning the thing signified : 3. concerning the union of both; and 4. concerning their participation. As for the first, the protestants differ from the papists in this, that, according to the nature of sacraments, and the doctrine of Holy Scripture, we make the substance of bread and wine, and they accidents only, to be signs. In the second, they, not understanding our opinion, do misrepresent it: for we do not hold (as they say we do) that only the merits of the death of Christ are represented by the blessed elements, but also that His very Body which was crucified, and His Blood which was shed for us, are truly signified and offered, that our souls may receive and possess Christ as truly and certainly as the material and visible signs are by us seen and received. And so, in the third place, because the thing signified is offered and given to us as truly as the sign itself, in this respect we own the union betwixt the Body and Blood of Christ and the elements, whose use and office we hold to be changed from what it was before. But we deny what the papists affirm, that the substance of bread and wine are quite abolished, and changed into the Body and Blood of our Lord, in such sort that the bare accidents of the elements do alone remain united with Christ's Body and Blood. And we also deny that the elements still retain the nature of sacraments, when not used according to divine institution, that is, given by Christ's ministers, and received by His people; so that Christ in the consecrated bread ought not—cannot be kept and preserved to be carried about, because He is present only to the communicants. As for the fourth and last point, we do not say that in the Lord's Supper we receive only the benefits of Christ's death and passion: but we join the ground with its fruits, that is, Christ with those advantages we receive from Him;

1 Cor. x. 16.

affirming with S. Paul, that "the bread which we break is κοινωνία—the communion of the Body of Christ, and the cup which we bless the communion of His Blood,"—of that very substance which He took of the blessed Virgin, and afterwards carried into heaven; differing from those of Rome only in this, that they will have our union with Christ to be corporal, and our eating of Him likewise, and we, on the contrary, maintain it to be indeed as true, but not carnal or natural. And, as he that receives unworthily, (that is, with the mouth only, but not with a faithful heart,) eats and drinks his own damnation, so he that doth it worthily receives his absolution and justification,—that is, he that *discerns,* and then receives the

Lord's Body as torn, and His Blood as shed, for the redemption of the world. But, that Christ (as the papists affirm) should give His Flesh and Blood to be received with the mouth and ground with the teeth, so that not only the most wicked and infidels, but even rats and mice, should swallow Him down,—this our words and our hearts do utterly deny.

6. So, then, (to sum up this controversy by applying to it all that hath been said,) it is not questioned whether the Body of Christ be absent from the sacrament duly administered according to His institution, which we protestants neither affirm nor believe; for, it being given and received in the communion, it must needs be that it is present, though in some manner veiled under the sacrament, so that of itself it cannot be seen. Neither is it doubted or disputed whether the bread and wine, by the power of God and a supernatural virtue, be set apart and fitted for a much nobler use, and raised to a higher dignity, than their nature bears; for we confess the necessity of a supernatural and heavenly change, and that the signs cannot become sacraments but by the infinite power of God, whose proper right it is to institute sacraments in His Church, being able alone to endue them with virtue and efficacy. Finally, we do not say that our blessed Saviour gave only the figure and sign of His Body, neither do we deny a sacramental union of the Body and Blood of Christ with the sacred bread and wine, so that both are really and substantially received together; but (that we may avoid all ambiguity) we deny that, after the words and prayer of consecration, the bread should remain bread no longer, but should be changed into the substance of the Body of Christ, nothing of the bread but only the accidents continuing to be what they were before. And so the whole question is concerning the transubstantiation of the outward elements, whether the substance of the bread be turned into the substance of Christ's Body, and the substance of the wine into the substance of His Blood; or, as the Romish doctors describe their transubstantiation, whether the substance of bread and wine doth utterly perish, and the substance of Christ's Body and Blood succeed in their place, which are both denied by protestants.

7. The Church of Rome sings on Corpus Christi day: "This is not bread, but God and man my Saviour." And the council of Trent doth thus define it: "Because Christ our Redeemer said truly, that that was His Body which He gave in the appearance of bread, therefore it was ever believed by the Church of God, and is now declared by this sacred synod, that by the power of consecration the whole substance of the bread is changed into the substance of Christ's Body, and the whole substance of the wine into the sub-

stance of His Blood; which change is fitly and properly called *transubstantiation* by the holy Catholic (Roman) Church[d]." " Therefore, if any one shall say, that the substance of bread and wine remains with the Body and Blood of our Saviour Jesus Christ, and shall deny that wonderful and singular conversion of the whole substance of the bread and wine into the substance of the Body and Blood of Christ, the only appearance and outward form of the bread and wine remaining, which conversion the Catholic (Roman) Church doth fitly call *transubstantiation*, let him be accursed[e]." The pope, confirming this council, defines it after the same manner, imposeth an oath and declaration to the same purpose, and so makes it one of the new articles of the Roman faith, in the form and under the penalty following: " I, N., do profess and firmly believe all and every the singulars contained in the confession of faith allowed by the holy Church of Rome, viz. : I believe in one God, &c. . . . I also profess that the Body and Blood, with the Soul and Godhead, of our Saviour Jesus Christ, are truly, really, and substantially in the mass and in the sacrament of the Eucharist, and that there is a conversion of the whole substance of the bread into the Body, and of the whole substance of the wine into the Blood of Christ; which conversion the (Roman) Catholic Church calls *transubstantiation*. . . . I fully embrace all things defined, declared, and delivered by the holy council of Trent; and withal I do reject, condemn, and accurse all things by it accursed, condemned, or rejected. I do confidently believe that this faith, which I now willingly profess, is the true Catholic faith, without the which it is impossible to be saved and I do promise, vow, and swear, that I will constantly keep it whole and undefiled to my very last breath : so help me God and these holy Gospels[f]." Afterwards he bravely concludes this decree with this commination : " Let no man, therefore, dare to attempt the breaking of this our deed and injunction, or be so desperate as to oppose it. And, if any one presumes upon such an attempt, let him know that he thereby incurs the wrath of Almighty God, and of His blessed apostles Peter and Paul. Given at Rome, in S. Peter's church, the thirteenth of November, in the year of our Lord 1564, the fifth of our pontificate." Which is as much as to say, that he had received this his Roman faith from Pope Innocent III., who first decided and imposed this doctrine of the transubstantiation of the bread and wine into the Body and Blood of Christ, and made it an article of faith, adding this new devised thirteenth to the ancient twelve articles. For so we find it published in his decretal propounded to the assembly at Lateran in

[d] Conc. Trident. Sess. xiii. c. 4.
[e] Ibid., can. ii.
[f] Bulla Pii Papæ IV. confir. Conc. Trident.

1215, and proclaimed afterwards by his nephew Pope Gregory IX., thus: "We firmly believe and simply acknowledge, that there is one only true God, &c. ;...and that, in the sacrament of the Altar, the Body and Blood of Christ are truly contained under the accidents of bread and wine, which are transubstantiated, the bread into the Body, and the wine into the Blood [g]." To these definitions of popes, I will add only the tenets of three Jesuits, which are highly approved by the late followers of the new Roman faith. First, of Alphonsus Salmeron: "We must of necessity," saith he [h], "hold transubstantiation, —that the substance of bread and wine, which Luther and some others admit, may be excluded; that the words of Christ" (which yet are most true without that) "may be verified; that" (how few of these many are pertinent to their purpose will be seen hereafter) "many testimonies of the fathers concerning conversion, mutation, consecration, benediction, transformation, sanctification, (for by all these names almost they have called transubstantiation,) may stand firm, and not be vain and insignificant; and lastly, that we may maintain a solid presence of the Body and Blood of Christ." Item: "As David changed his countenance before Abimelech, and then received the shew-bread, that was a certain type of the Eucharist, so Christ in the sacrament feigns Himself to be bread, and yet is not bread, though He seems so to be most visibly[i]." Secondly, of Cardinal Francis Tolet: "The words of consecration are efficacious instruments whereby to transubstantiate the substance of the bread into the true Body of Christ; so that, after they are spoken, there remains in the host none of the substance of the bread, but only the accidents of it, which are called the properties of the bread, under which the true Body of Christ is present[k]." Thirdly, and lastly, of Cardinal Bellarmine: "The Catholic Church ever taught, that, by the conversion of the bread and wine into the Body and Blood of Christ, (which conversion hath been in after-times called *transubstantiation*,) it comes to pass that the Body and Blood of our Lord are truly and really present in the sacrament[l]." It would be to no purpose to bring the testimonies of others of the Latin or Roman Church, who give to the pope an absolute power of defining what he pleaseth, for they are but the same stuff as these: but, if any one hath a mind, let him consult Gretserus his defence of Bellarmine[m], or his dialogue who first writ against Luther[n], who both reduce the whole matter to the judgment and decree of the pope.

---

[g] Decret. de Sum. Trin. et Fide Cathol., tit. i.
[h] Tom. ix. tract. 16.
[i] Tom. xvi., disp. iii. in Ep. S. Petri.
[k] Instr. Sacerd., l. ii. c. xxvii.
[l] Lib. iii. de Euchar., cap. xi.
[m] Grets., Def. Bellarm., lib. iii. c. ix.
[n] Syl. Prier. sub initio.

CHAP. IV.

8. Now, we leave inquiring what God is able to do: for we should first know His will in this matter, before we examine His power: yet thus much we say, that this Roman transubstantiation is so strange and monstrous, that it exceeds the nature of all miracles. And, though God by His almightiness be able to turn the substance of bread into some other substance, yet none will believe that He doth it, as long as it appears to our senses that the substance of the bread doth still remain whole and entire. Certain it is that hitherto we read of no such thing done in the Old or New Testament; and therefore this tenet, being as unknown to the ancients as it is ungrounded in Scripture, appears as yet to be very incredible; and there is no reason we should believe such an unauthorised figment, newly invented by men, and now imposed as an article of Christian religion. For it is in vain that they bring Scripture to defend this their stupendous doctrine: and it is not true, what they so often and so confidently affirm, that the universal Church hath always constantly owned it, being it was not so much as heard of in the Church for many ages, and hath been but lately approved by the pope's authority in the councils of Lateran and Trent;—as I shall prove in the following chapters.

CHAP. V.

THAT NEITHER THE WORD NOR NAME OF TRANSUBSTANTIATION, NOR THE DOCTRINE OR THE THING ITSELF, IS TAUGHT OR CONTAINED IN HOLY SCRIPTURE, OR IN THE WRITINGS OF THE ANCIENT DOCTORS OF THE CHURCH, BUT RATHER IS CONTRARY TO THEM; AND THEREFORE NOT OF FAITH.

1. THE word *transubstantiation* is so far from being found either in the sacred records or in the monuments of the ancient fathers, that the maintainers of it do themselves acknowledge that it was not so much as heard of before the twelfth century. For, though one Stephanus bishop of Autun be said to have once used it, yet it is without proof that some modern writers make him one of the tenth century; nor yet doth he say that the bread is transubstantiated, but *as it were* transubstantiated: which, well understood, might be admitted[o].

2. Nay, that the thing itself without the word,—that the doctrine

---

[o] See ch. i. art. 6, ch. iii. art. 4, ch. iv. art. 5, and this ch. art. 5.

without the expression, cannot be found in Scripture, is ingenuously acknowledged by the most learned schoolmen, Scotus, Durandus, Biel, Cameracensis, Cajetan, and many more; who, finding it not brought in by the pope's authority, and received in the Roman Church, till 1200 years after Christ, yet endeavoured to defend it by other arguments.

3. Scotus confessed, that "there is not any place in Scripture so express as to compel a man to admit of transubstantiation, were it not that the Church hath declared for it [p]," (that is, Pope Innocent III. in his Lateran council.) Durandus said, that "the word is found," but that "by it the manner they contend for cannot be proved[q]." Biel affirms, that "it is no where found in canonical Scriptures[r]." Occam declared, that "it is easier, more reasonable, less inconvenient, and better agreeing with Scripture, to hold that the substance of the bread remains[s]." After him Cardinal Cameracensis doth also confess, that "transubstantiation cannot be proved out of the Scriptures[t]." Nay, the Bishop of Rochester saith himself, that "there is no expression in Scripture whereby that conversion of substance in the mass can be made good[u]." Cardinal Cajetan likewise: "There is not any thing of force enough in the Gospel to make us understand in a proper sense these words, 'This is My Body[x].'" Nay, "that presence which the Church" (of Rome) "believes in the sacrament cannot be proved by the words of Christ without the declaration of the" (Roman) "Church[y]." Lastly, Bellarmine himself doth say, that, "though he might bring Scripture clear enough, to his thinking, to prove transubstantiation by, to an easy man, yet still it would be doubtful whether he had done it to purpose, because some very acute and learned men, as Scotus, hold that it cannot be proved by Scripture[z]." Now in this protestants desire no more but to be of the opinion of those learned and acute men.

4. And indeed the words of institution would plainly make it appear to any man that would prefer truth to wrangling, that it is with the bread that the Lord's Body is given, as His Blood with the wine: for Christ, having taken, blessed, and broken the bread, said, "This is My Body;" and S. Paul, than whom none could better understand the meaning of Christ, explains it thus: "The bread which we break is the κοινωνία, communion or communication, of the Body of Christ,"—that, whereby His Body is given, and the faithful are

---

[p] Scot. in iv. Sentent. d. xi. q. 3.
[q] Durand. ut supra.
[r] Biel, in Can. miss., sect. 40.
[s] Occam, Cent., l. iv. q. 6; et in iv. Sent. d. xi. q. 6.
[t] Cam. in iv. d. xi. q. 6.
[u] Lib. contra Luth. de Capt. Babyl., c. i.
[x] Cajetan, in Tho., p. iii. q. 75. art. i.
[y] Ibid., q. 45. art. 14.
[z] Bell. de Euch., l. iii. c. 23.

CHAP. V.

made partakers of it. That it was bread, which He reached to them, there was no need of any proof: the receivers' senses sufficiently convinced them of it: but, that therewith His Body was given, none could have known, had it not been declared by Him who is the truth itself. And though by the divine institution, and the explication of the Apostle, every faithful communicant may be as certainly assured that he receives the Lord's Body as if he knew that the bread is substantially turned into it, yet it doth not therefore follow, that the bread is so changed that its substance is quite done away, so that there remains nothing present but the very natural Body of Christ made of bread. For certain it is, that the bread is not the Body of Christ, any otherwise than as the cup is the New Testament; and two different consequences cannot be drawn from those two not different expressions. Therefore, as the cup cannot be the New Testament but by a sacramental figure, no more can the bread be the Body of Christ but in the same sense.

5. As to what Bellarmine and others say, that it is not possible the words of Christ can be true but by that conversion which the Church of Rome calls *transubstantiation*, that is so far from being so, that, if it were admitted, it would, first, deny the Divine omnipotency, as though God were not able to make the Body of Christ present, and truly to give it in the sacrament, whilst the substance of the bread remains; secondly, it would be inconsistent with the Divine benediction, which preserves things in their proper being; thirdly, it would be contrary to the true nature of a sacrament, which always consisteth of two parts; and lastly, it would in some manner destroy the true substance of the Body and Blood of Christ, which cannot be said to be made of bread and wine by a priest without a most high presumption. But the truth of the words of Christ remains constant, and can be defended, without overthrowing so many other great truths. Suppose a testator puts deeds and titles in the hand of his heir with these words, 'Take the house which I bequeath thee:' there is no man will think that those writings and parchments are that very house, which is made of wood or stones; and yet no man will say that the testator spake falsely or obscurely. Likewise our blessed Saviour, having sanctified the elements by His words and prayers, gave them to His disciples as seals of the New Testament; whereby they were as certainly secured of those rich and precious legacies which He left to them, as children are of their fathers' lands and inheritance by deeds and instruments signed and delivered for that purpose.

6. To the sacred records we may add the judgment of the primitive Church: for those orthodox and holy doctors of our holier re-

ligion, those great lights of the Catholic Church, do all clearly, constantly, and unanimously conspire in this, that the presence of the Body of Christ in the sacrament is only mystic and spiritual. As for the entire annihilation of the substance of the bread and the wine, or that new and strange tenet of transubstantiation, they did not so much as hear or speak any thing of it: nay, the constant stream of their doctrine doth clearly run against it, how great soever are the brags and pretences of the papists to the contrary. And, if you will hear them one by one, I shall bring some of their most noted passages only, that our labour may not be endless by rehearsing all that they have said to our purpose on this subject.

7. I shall begin with that holy and ancient doctor, Justin Martyr, who is one of the first after the Apostles' times whose undoubted writings are come to us. What was believed at Rome and elsewhere in his time concerning this holy mystery may well be understood out of these his words: "After that the bishop hath prayed and blessed, and the people said 'Amen,' those whom we call deacons or ministers give to every one of them that are present a portion of the bread and wine; and that food we call the Eucharist, for we do not receive it as ordinary bread and wine[a]." They received it as bread, yet not as common bread. And a little after: "By this food digested our flesh and blood are fed, and we are taught that it is the Body and Blood of Jesus Christ." Therefore the substance of the bread remains, and remains corruptible food, even after the consecration; which can in no wise be said of the immortal Body of Christ: for the Flesh of Christ is not turned into our flesh, neither doth it nourish it, as doth that food which is sacramentally called the Flesh of Christ: but the Flesh of Christ feeds our souls unto eternal life.

8. After the same manner it is written by that holy martyr Irenæus, bishop much about the same time: "The bread which is from the earth is no more common bread after the invocation of God upon it, but is become the Eucharist, consisting of two parts, the one earthly, and the other heavenly[b]." There would be nothing earthly, if the substance of the bread were removed. Again: "As the grain of wheat, falling in the ground and dying, riseth again much increased, and then receiving the word of God becomes the Eucharist," (which is the Body and Blood of Christ,) "so likewise our bodies nourished by it, laid in the ground and dissolved, shall rise again in their time[c]." Again: "We are fed by the creature, but it is He Himself that gives it: He hath ordained and appointed that

---

[a] Apol. ad Anton., prope finem.   [b] Lib. iv. cont. Hæres., c. 34.
[c] Lib. v. c. 12.

CHAP. V.

Tertul.
A.D. 200.

cup which is a creature and His Blood also, and that bread which is a creature and also His Body: and so, when the bread and the cup are blessed by God's word, they become the Eucharist of the Body and Blood of Christ, and from them our bodies receive nourishment and increase[d]." Now, that our flesh is fed and increased by the natural Body of Christ, cannot be said without great impiety by themselves that hold transubstantiation: for naturally nothing nourisheth our bodies but what is made flesh and blood by the last digestion, which it would be blasphemous to say of the incorruptible Body of Christ. Yet the sacred elements, which in some manner are, and are said to be, the Body and Blood of Christ, yield nourishment and increase to our bodies by their earthly nature, in such sort that, by virtue also of the heavenly and spiritual food which the faithful receive by means of the material, our bodies are fitted for a blessed resurrection to immortal glory.

9. Tertullian, who flourished about the two hundredth year after Christ, when as yet he was Catholic and acted by a pious zeal, wrote against Marcion the heretic, who, amongst his other impious opinions, taught that Christ had not taken of the Virgin Mary the very nature and substance of a human body, but only the outward forms and appearances: out of which fountain the Romish transubstantiators seem to have drawn their doctrine of accidents, abstracted from their subject, hanging in the air, that is, subsisting on nothing. Tertullian, disputing against this wicked heresy, draws an argument from the sacrament of the Eucharist, to prove that Christ had not a fantastic and imaginary, but a true and natural Body, thus: The figure of the Body of Christ proves it to be natural; for there can be no figure of a ghost or a phantasm. "But," saith he, "Christ having taken the bread, and given it to His disciples, made it His Body by saying, 'This is My Body,' that is, the figure of My Body. Now it could not have been a figure except the Body were real; for a mere appearance, an imaginary phantasm, is not capable of a figure[e]." Each part of this argument is true, and contains a necessary conclusion. For, first, the bread must remain bread: otherwise Marcion would have returned the argument against Tertullian, saying, as the transubstantiators, it was not bread, but merely the accidents of bread, which seemed to be bread. Secondly, the Body of Christ is proved to be true by the figure of it, which is said to be bread: for the bread is fit to represent that divine Body, because of its nourishing virtue, which in the bread is earthly, but in the Body is heavenly. Lastly, the reality of the Body is proved by that of its figure: and so, if you deny the substance of the bread, (as the papists do,) you

[d] Ibid. [e] Contra Marcion., l. iv. c. 40.

thereby destroy the truth and reality of the Body of Christ in the sacrament.

10. Origen also, about the same time with Tertullian, speaks much after the same manner: "If Christ," saith he, "as these men (the Marcionites) falsely hold, had neither Flesh nor Blood, of what manner of Flesh, of what Body, of what Blood, did He give the signs and images when He gave the bread and wine[f]?" If they be the signs and representations of the Body and Blood of Christ, though they prove the truth of His Body and Blood, yet they, being signs, cannot be what they signify; and, they not being what they represent, the groundless contrivance of transubstantiation is overthrown. Also upon Leviticus he doth expressly oppose it thus: "Acknowledge ye that they are figures, and therefore spiritual, not carnal: examine and understand what is said: otherwise, if you receive as things carnal, they will hurt but not nourish you. For in the Gospel there is the letter, which kills him that understands not spiritually what is said; for, if you understand this saying according to the letter, 'Except you eat My Flesh and drink My Blood,' the letter will kill you[g]." Therefore, as much as these words belong to the eating and drinking of Christ's Body and Blood, they are to be understood mystically and spiritually. Again, writing on S. Matthew, he doth manifestly put a difference betwixt the true and immortal, and the typic and mystical Body of Christ: for the sacrament consisteth of both. "That food," saith he, "which is sanctified by the word of God and prayer, as far as it is material, descends into the belly, and is cast out into the draught[h]." This he saith of the typic, which is the figure of the true Body. God forbid we should have any such thoughts of the true and heavenly Body of Christ, as they must that understand His natural Body by what Origen calls His material and sacramental Body, which no man in his wits can understand of mere accidents.

11. S. Cyprian, bishop of Carthage, a glorious martyr of Christ, wrote a famous epistle to Cœcilius concerning the sacred chalice in the Lord's Supper, whereof this is the sum: "Let that cup which is offered to the people in commemoration of Christ be mixed with wine:" (against the opinion of the Aquarii, who were for water only:) "for it cannot represent the Blood of Christ when there is no wine in the cup; because the blood of Christ is expressed by the wine, as the faithful are understood by the water[i]." But the patrons of transubstantiation have neither wine nor water in the chalice they

---

[f] Dial. iii. de Hom. Christo, contra Marcion.
[g] Homil. 7. in Levit.
[h] Origen is unjustly numbered, by reason of these words, among the heretics called Stercoranistæ.
[i] Lib. ii. ep. 3, sive 63. edit. Pamel.

CHAP. V.

offer; and yet without them (especially the wine, appointed by our blessed Saviour, and whereof Cyprian chiefly speaks,) the Blood of Christ is not so much as sacramentally present : so far was the primitive Church from any thing of believing a corporal presence of the Blood, the wine being reduced to nothing, (that is, to a mere accident without a substance ;) for then they must have said, that the water was changed into the people, as well as the wine into the Blood. But there is no need that I should bring many testimonies of that father, when all his writings do plainly declare that the true substance of the bread and wine is given in the Eucharist, that that spiritual and quickening food which the faithful get from the Body and Blood of Christ, and the mutual union of the whole people joined into one body, may answer their type, the sacrament which represents them.

Conc. Nic. A.D. 325.

12. Those words of the Council of Nice are well known, whereby the faithful are called from the consideration of the outward visible elements of bread and wine, to attend the inward and spiritual act of the mind, whereby Christ is seen and apprehended : " Let not our thoughts dwell low on that bread and that cup which are set before us; but, lifting up our minds by faith, let us consider that on this sacred Table is laid the Lamb of God, which taketh away the sins of the world....And, receiving truly His precious Body and Blood, let us believe these things to be the pledges and emblems of our resurrection; for we do not take much, but only a little" (of the elements,) "that we may be mindful we do it not for satiety, but for sanctification[j]." Now who is there, even among the maintainers of transubstantiation, that will understand this '*not much, but a little*,' of the Body of Christ? or who can believe that the Nicene fathers would call His Body and Blood symbols in a proper sense, when nothing can be an image or a sign of itself? And therefore, though we are not to rest in the elements, minding nothing else, (for we should consider what is chiefest in the sacrament, that we have our hearts 'lifted up unto the Lord,' who is given together with the signs,) yet elements they are, and the earthly part of the sacrament, both the bread and the wine : which destroys transubstantiation.

S. Athan. A.D. 330.

13. S. Athanasius, famous in the time and present in the assembly of the Nicene Council, a stout champion of the Catholic Faith, acknowledgeth none other but a spiritual manducation of the Body of Christ in the sacrament. " Our Lord," saith he, " made a difference betwixt the flesh and the spirit, that we might understand that what He said was not carnal, but spiritual. For how many men could His Body have fed, that the whole world should be nourished by it ?

---

[j] In Actis, ibid. a Gelas. Cyzic. conscript.

But therefore He mentioned His ascension into heaven, that they might not take what He said in a corporal sense, but might understand that His Flesh whereof He spake is a spiritual and heavenly food[1], given by Himself from on high: 'For the words that I spake unto you, they are spirit and they are life;' as if He should say, My Body which is shewn and given for the world shall be given in food, that it may be distributed spiritually[2] to every one, and preserve them all to the resurrection to eternal life[k]." Cardinal Perron[l], having nothing to answer to these words of this holy father, in a kind of despair rejects the whole tractate, and denies it to be Athanasius's: which nobody ever did before him, there being no reason for it.

[1] πνευματικὴν τροφήν.
[2] πνευματικῶς.

14. Cyril, bishop of Jerusalem, of the same age with S. Athanasius, treating of the chrism wherewith they then anointed those that were baptised, speaks thus: "Take heed thou dost not think that this is a mere ointment only: for as the bread of the Eucharist, after the invocation of the Holy Ghost, is no longer ordinary bread, but is the Body of Christ, so this holy ointment is no longer a bare common ointment after it is consecrated, but is the gift or grace of Christ, which, by His divine nature, and the coming of the Holy Ghost, is made efficacious; so that the body is anointed with the ointment, but the soul is sanctified by the holy and vivifying Spirit[m]." Can any thing more clear be said? Either the ointment is transubstantiated by consecration into the Spirit and Grace of Christ, or the bread and wine are not transubstantiated by consecration into the Body and Blood of Christ. Therefore, as the ointment retains still its substance, and yet is not called a mere or common ointment, but the *Charism* or Grace of Christ, so the bread and wine remaining so, as to their substance, yet are not said to be only bread and wine common and ordinary, but also the Body and Blood of Christ. "Under the type of bread," saith he, "the Body is given thee, and the Blood under the type of the wine[n]." This Grodecius doth captiously and unfaithfully interpret 'under the *appearances* of bread and wine:' for those mere appearances, or accidents subsisting without a subject, never so much as entered into the mind of any of the ancients.

S. Cyril.
Hier.
A.D. 350.

15. Much to the same purpose we have in the *Anaphora*, or liturgy, attributed to S. Basil: "We have set before you the type of the Body and Blood of Christ;"—which he calls the bread of the

S. Basil.
A.D. 360.

---

[k] In illud Evangelii, *Quicunque dixerit verbum*, &c.—Et in c. vi. S. Joh. *Qui manducat Carnem Meam*, &c.
[l] De Euch., l. ii. c. 1. art. 10.
[m] Cateches., Myst. iii.
[n] Catech., Myst. iv. "Thy bodily palate," saith he, "tasteth one thing there, and thy faith another."

CHAP. V.

Eucharist after the consecration[o]. If it be the type of the Body, then certainly it cannot be the Body and nothing else; for, as we said before, nothing can be the figure of itself, no more than a man can be his own son or father. There be also prayers in that liturgy, "that the bread may become the Body of Christ, for the remission of sins and life eternal, to the receivers." Now true it is, that to the faithful the element becomes a vivifying body, because they are truly partakers of the heavenly bread, the Body of Christ: but to others, who either receive not, or are not believers, to them the bread may be the antitype, but is not, neither doth become the Body of Christ; for without faith Christ is never eaten: as is gathered from the same father[p].

S. Greg. Nyss. A.D. 370.

16. S. Gregory Nyssen, his brother, doth clearly declare what change is wrought in the bread and wine by consecration, saying: "As the Altar naturally is but common stone, but, being consecrated, becomes an holy Table, a spotless Altar, so the bread of the Eucharist is at first ordinary, but, being mysteriously sacrificed, it is, and is called the Body of Christ, and is efficacious to great purposes: and, as the priest (yesterday a layman) by the blessing of ordination becomes a doctor of piety and a steward of mysteries, and, though not changed in body or shape, yet is transformed and made better as to his soul by an invisible power and grace, so also, by the same consequence, water, being nothing but water of itself, yet, blessed by a heavenly grace, renews the man, working a spiritual regeneration in him[q]." Now let the assertors of transubstantiation maintain, that a stone is substantially changed into any Altar, a man into a priest, the water in Baptism into an invisible grace, or else that the bread is not so changed into the Body of Christ: for according to this father there is the same consequence in them all.

S. Ambr. A.D. 380.

17. Likewise S. Ambrose, explaining what manner of alteration is in the bread when in the Eucharist it becomes the Body of Christ, saith: "Thou hadst indeed a being, but wert an old creature; but, being now baptised or consecrated, thou art become a new creature[r]." The same change that happens to man in Baptism happens to the bread in the sacrament: if the nature of man is not substantially altered by the new birth, no more is the bread by consecration. Man becomes by Baptism, not what nature made him, but what grace new-makes him; and "the bread becomes by consecration, not what it was by nature, but what the blessing consecrates it to be[s]." For nature made only a mere man, and made only common

[o] Lib. de Spiritu Sancto.
[p] Lib. de Bapt.
[q] Orat. de S. Baptism.
[r] Lib. de Sacram. iv. cap. 4.
[s] Ibid. de init. Myst., cap. 9.

bread; but regeneration of a mere man makes a holy man, in whom
Christ dwells spiritually: and likewise the consecration of common
bread makes mystic and sacramental bread; yet this change doth not
destroy nature, but to nature adds grace: as is yet more plainly
expressed by that holy father in the fore-cited place. "Perhaps
thou wilt say," saith he, "this my bread is common bread. It is
bread indeed before the blessing of the sacrament; but, when it is
consecrated, it becomes the Body of Christ. This we are therefore
to declare,—How can that which is bread be also the Body of Christ?
By consecration. And consecration is made by the words of our
Lord, that the venerable sacrament may be perfected. You see how
efficacious is the word of Christ. If there be then so great a power
in the word of Christ to make the bread and wine to be what they
were not, how much greater is that power which still preserves them
to be what they were, and yet makes them to be what they were
not! Therefore, that I may answer thee, it was not the Body of
Christ before the consecration, but now after the consecration it is
the Body of Christ. He said the word, and it was done: thou thyself
wert before, but wert an old creature; after thou hast been consecrated in Baptism, thou art become a new creature[t]." By these words
S. Ambrose teacheth how we are to understand that the bread is the
Body of Christ, to wit, by such a change that the bread and wine do
not cease to be what they were as to their substance, (for then they
should not be what they were,) and yet by the blessing become what
before they were not; for so they are said to remain (as indeed they
do) what they were by nature, that yet they are changed by grace,
—that is, they become assured sacraments of the Body and Blood of
Christ, and by that means certain pledges of our justification and redemption. What is there can refute more expressly the dream of
transubstantiation?

18. S. Chrysostom doth also clearly discard and reject this carnal
transubstantiation and eating of Christ's Body without eating the
bread. "Sacraments," saith he, "ought not to be contemplated and
considered carnally, but with the eyes of our souls, that is, spiritually;
for such is the nature of mysteries[u]:" where observe the opposition
betwixt carnally and spiritually, which admits of no plea or reply.
Again: "As in Baptism the spiritual power of regeneration is given
to the material water, so also the immaterial gift of the Body and
Blood of Christ is not received by any sensible corporal action, but
by the spiritual discernment of our faith, and of our hearts and
minds[x]:" which is no more than this, that sensible things are called
by the name of those spiritual things which they seal and signify.

S. Chrys.
A.D. 390.

[t] De Sacr., lib. iv. c. 4.   [u] Hom. xv. in S. Joh.   [x] Ibid.

CHAP. V.

But he speaks more plainly in his epistle to Cæsarius, where he teacheth, that in this mystery there is not in the bread a substantial but a sacramental change, according to the which the outward elements take the name of what they represent, and are changed in such a sort that they still retain their former natural substance. "The bread," saith he, "is made worthy to be honoured with the name of the Flesh of Christ by the consecration of the priest, yet the Flesh retains the proprieties of its incorruptible nature, as the bread doth its natural substance. Before the bread be sanctified, we call it bread; but, when it is consecrated by the divine grace, it deserves to be called the Lord's Body, though the substance of the bread still remains[y]." When Bellarmine could not answer this testimony of that great doctor, he thought it enough to deny that this epistle is S. Chrysostom's[z]: but both he and Possevin do vainly contend that it is not extant among the works of Chrysostom. For, besides that at Florence[a] and elsewhere it was to be found among them, it is cited in the collections against the Severians, which are in the version of Turrianus the Jesuit, in the fourth tome of *Antiq. Lectionum* of Henry Canisius and in the end of the book of Joh. Damascenus against the Acephali. I bring another testimony out of the imperfect work on S. Matthew, written either by S. Chrysostom or some other ancient author,—a book in this at least very orthodox, and not corrupted by the Arians: "In these sanctified vessels," saith he, "the true Body of Christ is not contained, but the mystery of His Body."

S. Austin.
A.D. 400.

19. Which also hath been said by S. Austin above a thousand times; but out of so many, almost numberless, places I shall choose only three, which are as the sum of all the rest. "You are not to eat this Body which you see, nor drink this Blood which My crucifiers shall shed: I have left you a sacrament which, spiritually understood, will vivify you[b]." Thus S. Austin, rehearsing the words of Christ. Again: "If sacraments had not some resemblance with those things whereof they are sacraments, they could not be sacraments at all. From this resemblance they often take the names of what they represent: therefore, as the sacrament of Christ's Body is in some sort His Body, so the sacrament of Faith is Faith also[c]." To the same sense is what he writes against Maximinus the Arian: "We mind in the sacraments, not what they are, but what they shew; for they are signs, which are one thing, and signify another[d]."

[y] In Ep. ad Cæsar. contra hæres. Apol.
[z] Lib. de Euchar. ii. c. 22.
[a] Steph. Gard. Episc. Wint. contra Pet. Mart., lib. ii. de Euchar.
[b] In Ps. 93.
[c] Epist. 23. ad Bonif.
[d] Contra Max., lib. iii. c. 22.

And in another place, speaking of the bread and wine: "Let no man look to what they are, but to what they signify; for our Lord was pleased to say, This is My Body, when He gave the sign of His Body e." This passage of S. Austin is so clear, that it admits of no evasion nor no denial : for if the sacraments are one thing, and signify another, then they are not so changed into what they signify, as that after that change they should be no more what they were. The water is changed in Baptism, as the bread and wine in the Lord's Supper ; but all that is changed is not presently abolished or transubstantiated ; for, as the water remains entire in Baptism, so do the bread and wine in the Eucharist.

20. S. Prosper, orthodox in all things, who lived almost in the time of Austin, teacheth, that "the Eucharist consisteth of two things, the visible appearance of the elements, and the invisible Flesh and Blood of our Saviour Christ, (that is, the sacrament and the grace of the sacrament,) as the person of Christ is both God and man[f]." Who but the infamous heretic Eutyches would say that Christ as God was substantially changed into man, or as man into God?

S. Prosp. A.D. 430.

21. Upon this subject nothing can be more clear than this of Theodoret, whence we learn what the primitive Church believes in this matter: "Our Saviour, in the institution of the Eucharist, changed the names of things, giving to His Body the name of its sacrament, and to the sacrament the name of His Body." Now this was done for this reason, as he saith, "that they that are partakers of the divine mysteries might not mind the nature of what they see, but, by the change of names, might believe that change which is wrought by grace. For He that called what by nature is His Body wheat and bread,—He also honoured the elements and signs with the names of His Body and Blood, not changing what is natural, but adding grace to it[g]." He therefore teacheth that such an alteration is wrought in the elements, that still their nature and substance continues, as he explains more plainly afterwards. For, when the heretic that stands for Eutychius had said, "As the sacrament of the Lord's Body and Blood are one thing before the prayer of the priest, and afterwards, being changed, become another, so also the Body of our Lord after His ascension is changed into the Divine substance and nature[h]," (according to the tenet of the transubstantiator, this Eutychian argument is irrefragable, but) Catholic antiquity answers it thus : " Thou art entangled in the nets of thine own knitting : for the elements or mystic signs depart not from their nature

B. Theodor. A.D. 431.

[e] De Doctr. Christ., cap. 7.   [g] Dial. 1.   [h] Dial. 2.
[f] Sent. Prosp. dist. ii. de Cons., cap. Hoc est.

CHAP. V.

after consecration, but remain in their former substance, form, and kind, and can be seen and touched as much as before; and yet withal we understand also what they become now they are changed. Compare, therefore, the copy with the original, and thou shalt see their likeness: for a figure must answer to the truth. That body hath the same form and fills the same space as before, and, in a word, is the same substance; but after its resurrection it is become immortal," &c. All this and much more is taught by Theodoret, who assisted at the universal Councils of Ephesus and Chalcedon. It is an idle exception which is made by some in the Church of Rome, as though by the nature and substance of the elements, which are said to remain, Theodoret had understood the nature and substance of the accidents, (as Cardinal Bellarmine[i] is pleased to speak most absurdly:) but the whole context doth strongly refute this gloss; for Theodoret joins together 'nature,' 'substance,' 'form,' and 'figure:' and, indeed, what answer could they have given to the Eutychian argument, if, the substance of the bread being annihilated after the consecration, the accidents only remain? Or did Christ say concerning the accidents of the bread and wine, These accidents are, or This accident is, My Body? But (though we have not that liberty, yet) the inventors of transubstantiation may, when they please, make a Creator of a creature, substances of accidents, accidents of substances, and any thing out of any thing. But sure they are too immodest and uncharitable, who, to elude the authority of so famous and so worthy a father as Theodoret, allege that he was accused of some errors in the Council of Ephesus, though he repented afterwards, as they themselves are forced to confess. Fain would they, if they could, get out at this door, when they cannot deny that he affirmed that the elements remain in their natural substance, as he wrote in the dialogues which he composed against the Eutychian heretics with the applause and approbation of the Catholic Church. And indeed the evidence of this truth hath compelled some of our adversaries to yield that Theodoret is of our side: for in the epistle before the dialogues of Theodoret in the Roman edition, set forth by Stephen Nicolinus, the pope's printer, in the year 1547, it is plainly set down, that "in what concerned transubstantiation his opinion was not very sound;" but that he "was to be excused, because the Church (of Rome) had made no decree about it[k]."

S. Gelas. A.D. 470 or 490, plus minus.

22. With Theodoret we may join Gelasius, who, (whether he were Bishop of Rome or no,) as Bellarmine confesseth, was of the same age and opinion as he, and therefore a witness ancient and credible enough. He wrote against Eutyches and Nestorius, concern-

[i] Lib. ii. de Euch., c. 27.   [k] Præf. in Dial. Theod.

ing the two natures in Christ, in this manner: "Doubtless the sacrament of the Body and Blood of Christ, which we receive, is a very divine thing, whereby we are made partakers of the divine nature; and yet it doth not cease to be bread and wine by substance and nature: and indeed the image and resemblance of the Body and Blood of Christ is celebrated in this mysterious action. By this, therefore, we see manifestly enough, that we must believe that to be in Christ which we believe to be in His sacrament; that as, by the perfecting virtue of the Holy Ghost, it becomes a divine substance, and yet remains in the propriety of its nature, so this great mystery, the Incarnation, of whose power and efficacy this is a lively image, doth demonstrate that there is one entire and true Christ, consisting of two natures, which yet properly remain unchanged[1]." It doth plainly appear, out of these words, that the change wrought in the sacrament is not substantial; for, first, the sanctified elements are so made the Body and Blood of Christ, that still they continue to be by nature bread and wine: secondly, the bread and wine retain their natural properties, as also the two natures in Christ: lastly, the elements are said to become a divine substance, because, while we receive them, we are made partakers of the divine nature by the Body and Blood of Christ which are given to us. These things being so, their blindness is to be deplored, who see not that they bring again into the Church of Rome the same error which antiquity piously and learnedly condemned in the Eutychians. And, as for their threadbare objection to this[m], "that by the substance of bread and wine the true substance itself is not to be understood, but only the nature and essence of the accidents,"—it is a very strange and very poor shift. There is a great deal more of commendation due to the ingenuity of Cardinal Contarenus, who, yielding to the evidence of truth, answered nothing to this plain testimony of Gelasius[n].

CHAP. V.

23. Now I add Cyril of Alexandria, who said[o], that "the Body and Blood of Christ in the sacrament are received only by a pure faith:" as we read in that epistle against Nestorius, which six hundred fathers approved and confirmed in the Council of Chalcedon[p]. I omit to mention the other fathers of this age, though many things in their writings be as contrary to transubstantiation, and the independency of accidents, as any I have hitherto cited.

S. Cyril. Alex. The Council of Chalc., circa A.D. 450.

24. I come now to the sixth century, about the middle whereof Ephrem, patriarch of Antioch, wrote a book, which was read and

Ephrem. Ant. A.D. 540.

De duabus in Christo Naturis in Biblioth. Patrum, tom. iv.

[m] Bell. loco citat., Baron. A.D. 496; nota marg. ad verba Gelassi in BB.

Patrum.

[n] In Colloq. Ratisb. A.D. 1541.

[o] Inter Ep. Cyr. in Con. Eph.

[p] Concil. Chal., art. 5.

CHAP. V.

commended by Photius, concerning sacred constitutions and ceremonies, against the Eutychians. Therein, that he might prove the hypostatical union, that in Christ there is no confusion of natures, but that each retains its own substance and properties, he brings the comparison of the sacramental union, and denies that there should be any conversion of one substance into another in the sacrament. "No man," saith he, "that hath any reason, will say, that the nature of the palpable and impalpab'e, and the nature of the visible and invisible, is the same. For so the Body of Christ, which is received by the faithful, remains in its own substance, and yet withal is united to a spiritual grace: and so Baptism, though it becomes wholly spiritual, yet it loseth not the sensible property of its substance, (that is, water,) neither doth it cease to be what it was made by grace^p."

Facund. Episc. A.D. 550.

25. It is not very long since the works of Facundus, an African bishop, were printed at Paris; but he lived in the same century. Now what his doctrine was against transubstantiation, as also of the Church in his time, is plainly to be seen by those words of his which I here transcribe: "The sacrament of adoption may be called adoption, as the sacrament of the Body and Blood of Christ, consecrated in the bread and wine, is said to be His Body and Blood; not that His Body be bread, or His Blood wine, but because the bread and wine are the sacrament of His Body and Blood, and therefore so called by Christ, when He gave them to His disciples^q." Sirmondus the Jesuit hath writ annotations on Facundus: but, when he came to this place, he had nothing to say, but that the bread is no bread, but only the likeness and appearance of bread: an opinion so unlike that of Facundus, that it should not have been fathered upon him by a learned and ingenuous man, as Sirmondus would be thought to be; for he cannot so much as produce any one of the ancient fathers that ever made mention of accidents subsisting without a subject, (called by him, the appearances of bread.) And as for his thinking, that "some would take the expressions of Facundus to be somewhat uncouth and obscure," how unjust and injurious it is to that learned father may easily be observed by any.

Isid. Hisp. A.D. 630.

26. Isidore, bishop of Hispal, about the beginning of the seventh century, wrote thus concerning the sacrament: "Because the bread strengthens our body, therefore it is called the Body of Christ; and, because the wine is made blood, therefore the Blood of Christ is expressed by it. Now these two are visible, but yet, being sanctified by the Holy Spirit, they become the sacraments of the Lord's Body: for the bread which we break is the Body of Christ; who said, I am

^p Photius, in Biblioth., n. 229.   ^q Lib. ix. c. 5.

the bread of life; and the wine is His Blood, as it is written, I am CHAP. V.
the true vine[r]." Behold, saith he, they become a sacrament, not the substance of the Lord's Body; for the bread and wine which feed our flesh cannot be substantially, nor be said to be, the Body and Blood of Christ: but sacramentally they are so, as certainly as that they are so called. But this he declares yet more clearly, (lib. vi. Etymol. cap. 19.) "For, as the visible substances of bread and wine nourish the outward man, so the word of Christ, who is the bread of life, refresheth the souls of the faithful, being received by faith." These words were recorded and preserved by Bertram the priest, when as in the editions of Isidore they are now left out.

27. And the same kind of expressions as those of Isidorus were also used by Venerable Bede our countryman, who lived in the eighth century, in his sermon upon the Epiphany[s]; of whom we also take these two testimonies following: "In the room of the flesh and blood of the lamb, Christ substituted the sacrament of His Body and Blood, in the figure of bread and wine[t]." Also: "At supper He gave to His disciples the figure of His holy Body and Blood[u]." These utterly destroy transubstantiation. Ven. Bede, A.D. 720.

28. In the same century Charles the Great wrote an epistle to our Alcuinus, wherein we find these words: "Christ at supper broke the bread to His disciples, and likewise gave them the cup, in figure of His Body and Blood; and so left to us this great sacrament for our benefit[x]." If it was the figure of His Body, it could not be the Body itself; indeed the Body of Christ is given in the Eucharist, but to the faithful only, and that by means of the sacrament of the consecrated bread. Car. Mag. A.D. 778.

29. But now, about the beginning of the ninth century, started up Paschasius, a monk of Corbie, who first, (as some say, whose judgment I follow not,) among the Latins, taught that Christ was consubstantiated, or rather enclosed in the bread and corporally united to it in the sacrament[y]; for as yet there was no thought of the transubstantiation of bread. But these new sorts of expressions, not agreeing with the Catholic doctrine and the writings of the ancient fathers, had few or no abettors before the eleventh century; and in the ninth, whereof we now treat, there were not wanting learned men, (as Amalarius, archdeacon of Triars,—Rabanus, at first abbot of Fulda, and afterwards archbishop of Mentz,—John Erigena, an English divine,—Walafridus Strabo, a German abbot,— Ratramus or Bertramus, first priest of Corbie, afterwards abbot of Pasch. A.D. 818.

[r] Lib. i. de Offic. Eccl., cap. 18.
[s] Serm. de Epiph.
[t] Com. in Luc. xxii.
[u] Com. in Psal. iii.
[x] Ep. ad Alcuin. de ratione Sept.
[y] Lib. de Corp. et Sang. Christi.

Orbec in France,—and many more,) who by their writings opposed this new opinion of Paschasius, or of some others rather, and delivered to posterity the doctrine of the ancient Church.

Yet we have something more to say concerning Paschasius; whom Bellarmine[z] and Sirmondus[a] esteemed so highly, that they were not ashamed to say that he was the first that had writ to the purpose concerning the Eucharist, and that he had so explained the meaning of the Church, that he had shewn and opened the way to all them who treated of that subject after him. Yet in that whole book of Paschasius there is nothing that favours the transubstantiation of the bread, or its destruction or removal. Indeed, he asserts the truth of the Body and Blood of Christ's being in the Eucharist, which protestants deny not: he denies that the consecrated bread is a bare figure, a representation void of truth, which protestants assert not. But he hath many things repugnant to transubstantiation, which, as I have said, the Church of Rome itself had not yet quite found out. I shall mention a few of them. " Christ," saith he, " left us this sacrament, a visible figure and character of His Body and Blood, that by them our spirit might the better embrace spiritual and invisible things, and be more fully fed by faith." Again : " We must receive our spiritual sacraments with the mouth of the soul and the taste of faith." Item : " Whilst therein we savour nothing carnal ; but, we being spiritual, and understanding the whole spiritually, we remain in Christ." And a little after: " The Flesh and Blood of Christ are received spiritually." And again : " To savour according to the flesh is death, and yet to receive spiritually the true Flesh of Christ is life eternal." Lastly: " The Flesh and Blood of Christ are not received carnally, but spiritually." In these he teacheth that the mystery of the Lord's Supper is not, and ought not to be, understood carnally, but spiritually ; and that this dream of corporal and oral transubstantiation was unknown to the ancient Church. As for what hath been added to this book by the craft (without doubt) of some superstitious forger, (as Erasmus complains that it too frequently happens to the writings of the ancients,) it is fabulous; as the visible appearing of the Body of Christ in the form of an infant with fingers of raw flesh ; such stuff is unworthy to be fathered on Paschasius, who professed that he delivered no other doctrine concerning the sacrament than that which he had learned out of the ancient fathers, and not from idle and uncertain stories of miracles.

30. Now it may be requisite to produce the testimony of those writers before mentioned to have written in this century.

[z] Bell. de Scriptor. Eccles., verbo Pasch.

[a] Sirm. in vita Pasch., præf. editione Parisiensi.

"In all that I write," saith Amalarius, "I am swayed by the judgment of holy men and pious fathers; yet I say what I think myself. Those things that are done in the celebration of divine service are done in the sacrament of the passion of our Lord as He Himself commanded: therefore the priest, offering the bread with the wine and water in the sacrament, doth it in the stead of Christ; and the bread, wine, and water, in the sacrament represent the Flesh and Blood of Christ: for sacraments are somewhat to resemble those things whereof they are sacraments. Therefore let the priest be like unto Christ, as the bread and liquors are like the Body and Blood of Christ. Such is in some manner the immolation of the priest on the Altar, as was that of Christ on the Cross." Again: "The sacrament of the Body of Christ is in some manner the Body of Christ; for sacraments should not be sacraments, if in some things they had not the likeness of that whereof they are sacraments: now, by reason of this mutual likeness, they oftentimes are called by what they represent." Lastly: "Sacraments have the virtue to bring us to those things whereof they are sacraments[b]." These things writ Amalarius, according to the expressions of S. Austin, and the doctrine of the purest Church.

CHAP. V.

Amal.
A.D. 820.

31. Rabanus Maurus, a great doctor of this age, who could "hardly be matched either in Italy or in Germany[c]," published this his open confession: "Our blessed Saviour would have the sacrament of His Body and Blood to be received by the mouth of the faithful, and to become their nourishment, that by the visible body the effects of the invisible might be known: for, as the material food feeds the body outwardly and makes it known to grow, so the word of God doth inwardly nourish and strengthen the soul." Also: "He would have the sacramental elements to be made of the fruits of the earth, that as He, who is God invisible, appeared visible in our flesh, and mortal to save us mortals, so He might by a thing visible fitly represent to us a thing invisible. Some receive the sacred sign at the Lord's Table to their salvation, and some to their ruin; but the thing signified is life to every man, and death to none. Whoever receives it, is united as a member to Christ the Head in the kingdom of heaven; for the sacrament is one thing, and the efficacy of it another: for the sacrament is received with the mouth, but the grace thereof feeds the inward man. And, as the first is turned into our substance when we eat it and drink it, so are we made the Body of Christ when we live piously and obediently.... Therefore the faithful do well and truly receive the Body of Christ, if they neglect not to be His members; and they are made the Body of Christ, if they will

Raban.
A.D. 825.

[b] Præf. in libr. de Eccl. Offic. [c] Trithem. de Script. Eccl.

CHAP. V.

live of His Spirit[d]." All these agree not in the least with the new doctrine of Rome, and as little with that opinion they attribute to Paschasius; and therefore he is rejected as erroneous by some Romish authors, who writ four and six hundred years after him[e]: but they should have considered that they condemned not only Rabanus, but together with him all the doctors of the primitive Church.

Joh. Erig.
A.D. 860.

32. Johannes Erigena, our countryman, (whom King Alfred took to be his and his children's tutor, and to credit the new-founded University of Oxford,) while he lived in France, where he was in great esteem with Charles the Bald, wrote a book[f] concerning the Body and Blood of our Lord, to the same purpose as Rabanus, and backed it with clear testimonies of Scripture and of the holy fathers. But entering himself into the monastery of Malmsbury, as he was interpreting the book of Dionysius about the heavenly hierarchy, (which he translated into Latin,) and withal censuring the newly hatched doctrine of the carnal presence of Christ in the Eucharist, he was stabbed with penknives[g] by some unworthy scholars of his, set on by certain monks; though not long after he was by some others[h] numbered among holy martyrs.

Wal. Strab.
A.D. 860.

33. Walafridus Strabo, about the same time, wrote on this manner: "Therefore in that last Supper, whereat Christ was with His disciples before He was betrayed, after the solemnities of the ancient passover, He gave to His disciples the sacrament of His Body and Blood in the substance of bread and wine; ... and instructed us to pass from carnal to spiritual things, from earthly to heavenly things, and from shadows to the substance[i]."

Bertram, priest and abbot.
A.D. 860.

34. As for the opinion of Bertram, otherwise called Ratramnus or Ratramus, perhaps not rightly, it is known enough by that book which the emperor Charles the Bald (who loved and honoured him, as all good men did, for his great learning and piety) commanded him to write concerning the Body and Blood of our Lord. For when men began to be disturbed at the book of Paschasius, some saying one thing, and some another, the emperor, being moved by their disputes, propounded himself two questions to Bertram:—1. Whether what the faithful eat in the Church be made the Body and Blood of Christ in figure and in mystery? 2. Or whether that natural Body, which was born of the Virgin Mary, which suffered, died, and was buried, and now sitteth on the right hand of God the

---

[d] Rabanus Maur. de Inst. Cler., l. i. c. 31.
[e] Gul. Malms., A.D. 1200; and Tho. Waldens., A.D. 1400.
[f] That book was afterwards condemned under Leo IX., two hundred years after, by the maintainers of transubstantiation.
[g] Anton. tit., c. 2. § 3; Vincent., l. xxiv. c. 42; et alii.
[h] Malms. de gestis Reg. Angl., l. ii.
[i] De Rebus Eccl., c. 16.

Father, be itself daily received by the mouth of the faithful in the mystery of the sacrament? The first of these Bertram resolved affirmatively, the second negatively; and said, that there was as great a difference betwixt those two bodies, as betwixt the earnest and that whereof it is the earnest. "It is evident," saith he, "that that bread and wine are figuratively the Body and Blood of Christ.... According to the substance of the elements, they are after the consecration what they were before; ... for the bread is not Christ substantially..... If this mystery be not done in a figure, it cannot well be called a mystery.... The wine also, which is made the sacrament of the Blood of Christ by the consecration of the priest, shews one thing by its outward appearance, and contains another inwardly. For what is there visible in its outside but only the substance of the wine? These things are changed, but not according to the material part; and by this change they are not what they truly appear to be, but are something else besides what is their proper being. For they are made spiritually the Body and Blood of Christ: not that the elements be two different things; but in one respect they are, as they appear, bread and wine, and in another the Body and Blood of Christ...... Hence, according to the visible creature, they feed the body; but, according to the virtue of a more excellent substance, they nourish and sanctify the souls of the faithful." Then, having brought many testimonies of Holy Scripture and the ancient fathers to confirm this, he at last prevents that calumny which the followers of Paschasius did then lay on the orthodox, as though they had taught that bare signs, figures, and shadows, and not the Body and Blood of Christ, were given in the sacrament. "Let it not be thought," saith he, "because we say this, that therefore the Body and Blood of Christ are not received in the mystery of the sacrament, where faith apprehends what it believes, and not what the eyes see; for this meat and drink are spiritual, feed the soul spiritually, and entertain that life whose fulness is eternal[j]." For the question is not simply about the real truth, or the thing signified being present, without which it could not be a mystery, but about the false reality of things subsisting in imaginary appearances, and about the carnal presence.

35. All this the fathers of Trent and the Romish inquisitors could not brook, and therefore they utterly condemned Bertram, and put his book in the catalogue of those that are forbidden[k]. But the professors of Douay judging this proceeding much too violent, and therefore more like to hurt than to advance the Roman cause, went

---

[j] Lib. de Corp. et Sang. Dom. par. i., ii.

[k] Index libr. prohibit. in fine Concil. Trident. authorit. Papæ editus, in lit. B.

CHAP. V.

another and more cunning way to work, and had the approbation of the licensers of books, and the authors of the Belgic Index Expurgatorius[1]. "That book of Bertram," say they, "having been already printed several times, read by many, and known to all by its being forbidden, may be suffered and used after it is corrected; for Bertram was a Catholic priest, and a monk in the monastery of Corbie, esteemed and beloved by Charles the Bald. And, being we bear with many errors in ancient Catholic authors, and lessen and excuse them, and by some cunning device" (Behold the good men's fidelity!) "often deny them, and give a more commodious sense, when they are objected to us in our disputes with our adversaries,—we do not see why Bertram should not also be amended, and used with the same equity, lest heretics cast us in the teeth that we burn and suppress those records of antiquity that make for them : and, as we also fear, lest not only heretics, but also stubborn Catholics, read the book with the more greediness, and cite it with the more confidence, because it is forbidden, and so it doth more harm by being prohibited than if it were left free." What patch then will they sew to amend this in Bertram ? "Those things that differ are not the same : that Body of Christ which died and rose again, and is become immortal, dies no more, being eternal and impassible : but that which is celebrated in the Church is temporal, not eternal,—is corruptible, and not incorruptible."

To this last-mentioned passage they give a very commodious sense, namely, that "it should be understood of the corruptible species of the sacrament, or of the sacrament itself, and the use of it, which will last no longer than this world." If this will not do, it may not be amiss to leave it all out,—to blot out *visibly*, and write *invisibly*. And this, "What the creatures were in substance before the consecration, they are still the same after it," must be understood according to " the outward appearances," that is, " the accidents of the bread and wine." Though they confess, that " then Bertram knew nothing of those accidents subsisting without a substance, and many other things which this latter age hath added out of the Scriptures with as great truth as subtlety." How much easier had it been at one stroke to blot out the whole book! and so make short work with it, as the Spanish inquisitors[m] did in their Index Expurgatorius. " Let the whole epistle," say they, " of Udalricus bishop of Augsburg be blotted out, concerning the single life of the clergy; and let the whole book of Bertram the priest about the Body and Blood of

---

[1] Index Expurg. Belg. jussu et authorit. Philip. II. Hisp. Reg. atque Albani Ducis concilio concinn., p. 54. v. Bert.

[m] Index Expurg. Hispan. D. Gasp. Quirogæ Card. et Inquisit. Gen. in fine.

OF TRANSUBSTANTIATION. 199

Christ be suppressed. What is this, but (as Arnobius[n] said against the heathen) "to intercept public records, and fear the testimony of the truth?" For, as for that which Sixtus Senensis[o] and Possevin[p] affirm, that that book of the Body and Blood of the Lord was writ by Œcolampadius under the name of Bertram, it is so great an untruth that a greater cannot be found.

CHAP. V.

36. We are now come to the tenth century, wherein, besides those many sentences of catholic fathers against innovators in what concerns the Body and Blood of Christ, collected by Herigerus Abbas Lobiensis, we have also an ancient Easter homily in Saxon-English[q], which then used to be read publicly in our churches; out of which we may gather what was then the doctrine received amongst us touching this point of religion,—but chiefly out of that part wherein are shewn many differences betwixt the natural Body of Christ and the consecrated host. For thus it teacheth the people: "There is a great difference betwixt that Body wherein Christ suffered, and that wherein the host is consecrated. That Body wherein Christ suffered was born of the Virgin Mary, consisting of blood and bones, skin and nerves, human members, and a rational soul; but His spiritual Body, which we call the host, is made of many united grains of corn, and hath neither blood nor bones, neither members nor soul." Afterwards: "The Body of Christ, which once died and rose again, shall die no more, but remains eternal and impassible; but this host is temporal and corruptible, divided into parts, broken with the teeth, and swallowed down into the stomach. Lastly, this mystery is a pledge and a figure: the Body of Christ is that very truth: what is seen is bread, but what is spiritually understood is life." There is also another sermon of Bishop Wulfinus to the clergy, bearing the title of a synod of priests[r], wherein the same opinion and doctrine is explained in this manner: "That host is the Body of Christ, not corporally, but spiritually; not that Body wherein He suffered, but that Body whereof He spake, when He consecrated the bread and wine into an host." Which to this day, in the Church of England, we hold to be a Catholic truth.

Herig. Abb. A.D. 980.

37. And so hitherto we have produced the agreeing testimonies of ancient fathers for a thousand years after Christ, and have transcribed them more at large, to make it appear to every one that is not blind, that the true apostolic doctrine of this mystery hath been universally maintained for so long by all men; some few excepted,

[n] Arnob., lib. iii.
[o] Sixt. Senens., præf. in Bibl. Sanct.
[p] Possevin. prol. in Appar. Sacr.
[q] Hom. Pasc. Angl. Sax. A.D. 990, impressa Lond., et MS. in publ. Cant. Acad. Bibl.
[r] Homil. Sacerd. Synod., impr. Lond. cum Homil. Paschali.

CHAP. V. who, more than eight hundred years after Christ, presumed to dispute against the ancient orthodox doctrine of the manner of Christ's presence, and of His being received in the sacrament, though they durst not positively determine any thing against it. Now, what more concerns this point we refer to the next chapter, lest this should be too long.

CHAP. VI.

SHEWS MORE AT LARGE THAT THE DOCTRINE AND PRACTICE OF THE PRIMITIVE CHURCH IS INCONSISTENT WITH TRANSUBSTANTIATION, AND ANSWERS THE ROMISH OBJECTIONS VAINLY ALLEGED OUT OF ANTIQUITY.

Authors left out in the foregoing chapter.

1. MANY more proofs out of ancient records might have been added to those we have hitherto brought, for a thousand years; but we, desiring to be brief, have omitted them in each century. As in the first, after the Holy Scriptures, the works of Clemens Romanus[s], commended by the papists themselves, and those of S. Ignatius[t], bishop of Antioch and martyr, are much against transubstantiation. In the second likewise, S. Theophilus[u], fourth bishop of Antioch after Ignatius; Athenagoras[x] and Tatianus[y], scholars to Justin Martyr. In the third, Clemens Alexandrinus[z], tutor to Origen; and Minutius Felix[a], a Christian orator. In the fourth, Eusebius[b] bishop of Cesarea, Juvencus[c] a Spanish priest, Macarius Ægyptius[d], S. Hilary[e] bishop of Poictiers, Optatus[f] bishop of Milevis, Eusebius[g] Emissenus, Gregorius Nazianzenus[h], Cyrillus Alexandrinus[i], Epiphanius[k] Salaminensis, S. Hierom[l], Theophilus[m] Alexandrinus, and Gaudentius[n] bishop of Brixia. In the fifth, Sedulius[o] a Scotch priest, Gennadius[p] Massiliensis, and Faustus[q] bishop of Regium. In the sixth, Fulgentius[r] Africanus, Victor[s] Antiochenus, Primasius[t] bishop, and Procopius[u] Gazeus. In

---

[s] Const. Ap., l. vi. c. 23, 29.
[t] Epist. ad Philadelph.
[u] Ad Autol., l. ii.
[x] Legat. pro Christ.
[y] In Diatess.
[z] De Strom., lib. i., et De Pædag., lib. ii.
[a] In Octavio.
[b] De Demonstr. Evang., l. i. c. 10, et lib. viii. c. 2.
[c] De Hist. Evang., l. iv.
[d] Hom. 37.
[e] In Matt. et de Synod.
[f] Contra Parm., l. iii.
[g] Homil. de Corp. Chr.
[h] Orat. de fun. Gorg.
[i] In Joh., l. iv. c. 14.
[k] In Ancorato.
[l] Contra Jovinian., et in 31 Jer., et in 26 Matt.
[m] Epist. Pasch. 2.
[n] In Exod. ii.
[o] In Epist. S. Paul.
[p] De Dogm. Eccl., c. 25.
[q] Homil. iii. in Epiph.
[r] De Fide, cap. 16; et Ep. ad Ferrand.
[s] Com. in 14 Marc.
[t] In Epist. ad Cor.
[u] In Gen. xlix.

the seventh, Hesychius[x] priest in Jerusalem, and Maximus[y] abbot of Constantinople. In the eighth, Johannes Damascenus[z]. In the ninth, Nicephorus[a] the patriarch, and Hincmarus[b] archbishop of Rheims. Lastly, in the tenth, Fulbert[c] bishop of Chartres. And, to complete all, to these single fathers we may add whole councils of them; as that of Ancyra[d], of Neocæsarea[e], and besides the first of Nice[f], which I have mentioned, that of Laodicea[g], of Carthage[h], of Orleans[i], the fourth of Toledo[k], that of Bracara[l], the sixteenth of Toledo[m], and that of Constantinople in Trullo[n]. Out of all these appears most certain, that the infection of the doctrine of transubstantiation was not yet spread over the Christian world; but that the sound doctrine of the Body and Blood of Christ, and of their true (yet spiritual, not carnal,) presence in the Eucharist, with the elements, still the same in substance after consecration, was everywhere owned and maintained. And, though the fathers used both ways of speaking, (that is, that the bread and wine are the true Body and Blood of Christ, and that, their substance still remaining, they are signs, types, resemblances, and pledges of them, images, figures, similitudes, representations, and samplers of them,) yet there was no contrariety or diversity in the sense. For they were not so faithless as to believe, that these are only natural elements, or bare signs; and they were not of so gross and so dull an apprehension as not to distinguish betwixt the sacramental and mystic, and the carnal and natural presence of Christ, as it is now maintained by the patrons of transubstantiation. For in this they understood no other change than that which is common to all sacraments, whereby the outward natural part is said to be changed into the inward and divine, only because it represents it truly and efficaciously, and makes all worthy receivers partakers thereof; and because, by the virtue of the Holy Spirit, and of Christ's holy institution, the elements obtain those divine excellencies and prerogatives, which they cannot have of their own nature. And this is it which was taught and believed for above a thousand years together, by pious and learned antiquity, concerning this most holy mystery.

2. There are also some other things whereby we may understand that the ancients did not believe transubstantiation, or that the presence of the Body and Blood of Christ is so inseparably tied to the

[x] In Levit. i. 6.
[y] In Hierarch. Dion.
[z] De Fide Orthod.
[a] De Cherub., c. 6.
[b] In Vita S. Remig.
[c] Epist. ad Adeodat.
[d] Anno 314, can. 2.
[e] Ann. eodem, can. 13.
[f] In Act., lib. ii. c. 30.
[g] A. 364. can. 25.
[h] A. 397. can. 24.
[i] A. 541. can. 4.
[k] A. 633. can. 17.
[l] A. 675. cap. 2.
[m] A. 693. cap. 6.
[n] A. 691. can. 32.

CHAP. VI.

accidents of bread and wine, that Christ must needs be present as long as those accidents retain any resemblance of bread and wine, even when they are not put to that use appointed by divine institution. For it is certain that it was the custom of many of the ancients "to burn what remained of the bread and wine after the communion was ended[o]." And who can believe that any Christian should dare or be willing to burn his Lord and Saviour, in Body and Blood, though it were never so much in his power? Doubtless it would have been as horrid and detestable an action as was that of the perfidious Jews, for Christians, if they believed transubstantiation, to burn that very natural Body which the Jews crucified, and which was born of the Virgin Mary. Therefore those Christians who used anciently to burn those fragments of the bread, and remains of the wine, which were not spent in the celebration of the sacrament, were far enough from holding the present faith and doctrine of Rome.

The same appears further by the penalty threatened by the canon to every clergyman, "by whose neglect a mouse or any other creature should eat the sacrifice[p]," (that is, the consecrated bread.) And who but an idiot, a man deprived of his reason, could ever believe that the natural Body of Christ can be gnawed and even eaten by rats, or any brute creatures? This sorely perplexed the first maintainers of transubstantiation, who would invent any thing rather than own it possible, well knowing how abominable it is, and how dishonourable to Christian religion. Yet this is not inconsistent with the now Roman faith; nay, it necessarily follows from the tenet of transubstantiation, that the Body of Christ may be in the belly of a mouse under the accidents of bread[q]. And the contrary opinion is not only disowned now by the papists, but, under pain of excommunication, forbidden by the pope ever to be owned[r]; so that they must believe as an article of faith what is most abhorrent to faith[s].

3. But yet, at last, let us see what props these new builders pretend to borrow from antiquity to uphold their castle in the air, *transubstantiation*. They used indeed to scrape together many testimonies of the fathers of the first and middle age, whereby they would fain prove that those fathers believed and taught the transubstantiation of the bread and wine into the natural Body and Blood of Christ, just as the Roman Church at this day doth teach and believe. We

---

[o] Hesych., l. ii. in Levit. cap. 8. A.D. 600.—Concil. Angl. Spelm. tredecimus inter eos qui Bedæ titulum præferunt, A.D. 700, et sub Edgaro Rege 38, ibid. A.D. 970.

[p] Conc. Arelat. 3. citat. a Gratiano de Consecr., dist. 2. A.D. 640.

[q] Alex. de Ales, lib. iv. q. 45. m. 1. art. 2. et q. 53. m. 3.—Thom. in 3. q. 80. art. 3; et in 4. d. ix. q. 2.

[r] Greg. XI. in Director. Inquis., p. 1. n. 15; et p. 2. q. 10.

[s] Vasq. disp. 195. in 3. c. 5.

will therefore briefly examine them, that it may yet more fully appear that antiquity and all fathers did not in the least favour the new tenet of transubstantiation; but that that true doctrine, which I have set down in the beginning of this book, was constantly owned and preserved in the Church of Christ.

CHAP. VI.

4. Now, almost all that they produce out of the fathers will be conveniently reduced to certain heads, that we may not be too tedious in answering each testimony by itself.

5. To the first head belong those that call the Eucharist the Body and Blood of Christ. But I answer: those fathers explain themselves in many places, and interpret those their expressions in such a manner, that they must be understood in a mystic and spiritual sense, in that sacraments usually take the names of those things they represent, because of that resemblance which they have with them, "not by the reality of the thing, but by the signification of the mystery[t]," as we have shewn before out of S. Austin and others. For nobody can deny but that the things that are seen are signs and figures, and those that are not seen the Body and Blood of Christ; and that therefore the nature of this mystery is such, that, when we receive the bread and wine, we also, together with them, receive at the same time the Body and Blood of Christ, which in the celebration of the holy Eucharist are as truly given as they are represented. Hence came into the Church this manner of speaking,—the consecrated bread is Christ's Body.

Answer to the allegations out of Iren., Orig., Cyril. Hier. Greg. Naz., S. Hier., S. Austin, and others.

6. We put in the second rank those places that say, that the bishops and priests make the Body of Christ with the sacred words of their mouth, as S. Hierom[u] speaks in his epistle to Heliodorus, and S. Ambrose[x], and others. To this I say, that at the prayer and blessing of the priest the common bread is made sacramental bread, which, when broken and eaten, is the communion of the Body of Christ, and therefore may well be called so sacramentally. For the bread (as I have often said before) doth not only represent the Body of our Lord, but also, being received, we are truly made partakers of that precious Body. For so saith S. Hierom[y]: "The Body and Blood of Christ is made at the prayer of the priest;" that is, the element is so qualified, that being received it becomes the communion of the Body and Blood of Christ, which it could not without the preceding prayers. The Greeks call this, "to prepare and to consecrate the Body of the Lord." As S. Chrysostom saith well[z]: "These are not the works of man's power, but still the operation of Him,

An answer to the proofs out of S. Hier. and S. Ambr.

---

[t] De Consecr., dist. 2. c. Sicut.
[u] Ep. ad Heliod. 2, et ad Evagr. 85.
[x] De iis, qui init. myst., c. 9; &c.
[y] Epist. 85, ad Evagr.
[z] S. Chrysost., Hom. 83. in S. Matt.

CHAP. VI.

An answer to what is cited out of S. Cypr., Ambrose, both the Cyrils, Chrys., Greg. Nyss., et aliorum.

who made them in the last Supper: as for us, we are only ministers, but He it is that sanctifies and changeth them."

7. In the third place, to what is brought out of the fathers concerning the conversion, change, transmutation, transfiguration, and transelementation of the bread and wine in the Eucharist, (wherein the papists do greatly glory, boasting of the consent of antiquity with them,) I answer, that there is no such consequence: transubstantiation being another species of change, the enumeration was not full; for it doth not follow, that, because there is a conversion, a transmutation, a transelementation, there should be also a transubstantiation: which the fathers never so much as mentioned. For, because this is a sacrament, the change must be understood to be sacramental also, whereby common bread and wine become the sacrament of the Body and Blood of Christ: which could not be, did not the substance of the bread and wine remain; for a sacrament consisteth of two parts, an earthly and a heavenly. And so, because ordinary bread is changed by consecration into a bread which is no more of common use, but appointed by divine institution to be a sacramental sign whereby is represented the Body of Christ, in whom dwelleth the fulness of the Godhead bodily,—and being thereby dignified, having great excellencies superadded, and so made what it was not before,—it is therefore said by some of the fathers to be changed, to be made another thing. And truly that change is great and supernatural, but yet not substantial,—not of a substance which substantially ceaseth to be, into another substance which substantially beginneth to be; but it is a change of state and condition which alters not the natural properties of the element. This is also confirmed by Scripture, which usually describes and represents the conversion of men, and the supernatural change of things, as though it were natural, though it be not so. So those that are renewed by the Word, and Spirit, and Faith of Christ, are said to be regenerated, converted, and transformed[1], to put off the old man, and put on the new man, and to be new creatures; but they are not said to become another substance, to be transubstantiated: for men thus converted have still the same human body, and the same rational soul as before, though in a far better state and condition, as every Christian will acknowledge. Nay, the fathers themselves use those words, transmutation, transformation, transelementation, upon other occasions, when they speak of things whose substance is neither lost nor changed; for those words be of so large a signification, that, though sometimes a substantial change is to be understood by them, yet for the most part they signify only a moral change, a change of qualities, of condition, of office, of use, and the like. To this sense they

[1] John iii. 3; 1 Pet. i. 3; 1 Cor. iv. 15; Rom. xii. 3; Eph. iv. 22; Gal. vi. 15.

are used by the Greek fathers, (Irenæus[1], Clemens Alexandrinus[2], Origen[3], Cyril of Jerusalem[4], Basil[5], Gregory Nazianzen[6], Gregory Nyssen[7], Cyril of Alexandria[8], Chrysostom[9], Theodoret, Theophylact, and Œcumenius[10],) to express the resurrection[1] of the Body, the efficacy[2] of divine doctrine, the sanctification[3] of a regenerated person, the immortality[4] of the flesh after the resurrection, the repentance[5] of sinners, the assumption[6] of the human nature in the person of Christ, the regeneration[7] of saints, the virtue[8] of the divine grace, the power of baptism[9], and the excellency of charity, and lastly the alteration[10] for the better, the greatness, usefulness, power, and dignity, of many things. Neither are the Latin[a] fathers without such kind of expressions; for they do not make the conversion of the bread and wine in the Eucharist more essential or substantial, than in Baptism the conversion of man born again to a new life, or (as they speak) whose human natural condition is changed into a nobler, a heavenly state, which is a moral and mystic change, and not natural or substantial. The ancientest of them, Tertullian, said, that "God had promised to man the body and substance of angels; and that men should be transformed into angels, as angels have been transformed into men[b]." Now, who would infer from hence, that angels have been essentially changed into men; or that human bodies should be so transformed into an angelical substance, that they should be no longer men nor human bodies, but properly and essentially angels? —which Tertullian himself is expressly against, and saith, that "angels were so changed into men that still they remained angels, without quitting their proper substance[c]." As others have spoken of the bread in the Eucharist;—that "it so becomes the Body of Christ, that still it is what it was," as S. Ambrose; that "it loseth not its nature," as Theodoret[d]; that the substance of the bread remains, as Gelasius affirms. And doubtless the same meant all the ancients, who, according to their way of speaking, said any thing of the change of bread and wine. For all the vouchers brought by the papists speak only of an accidental, mystical,

---

[1] Iren., l. v. c. 10.
[2] Clem. Alex., l. iv. Strom.
[3] Orig., Serm. ii. in diversos.
[4] Cyril. Hieros., Catech. 18.
[5] Basil. Exhort. ad Bapt.; et S. Chrys., hom. 5. de Pœnit.
[6] Greg. Naz., Orat. 40.
[7] Greg. Nyss., lib. ii. contra Eunom., Homil. i. de Resur., epist. ad Eustath. Latin. et Ambros.
[8] Cyril. Alexand., epist. Pasch. 6, 7, et 14.
[9] S. Chrys., hom. 23. in Acta Apost.
—Idem, hom. 33. in 1 Cor.
[10] Theod. dial. 2, Theoph. in 6, S. Joh., et Œcum. in 1 Ep. S. Petri, c. 1; et alii.

[a] S. Austin., lib. iv. contra Crescon. cap. 54.—S. Ambr. de Myst., c. 9; et de Sacr., l. iv. c. 4.—Faust. Reg. sive Euseb. Emiss. de Pasch. § 5.—Facund., l. ix. c. ult.
[b] Contra Marcion., lib. iii. c. 9, 24, 26.
[c] De Carne Christi, cap. 3.
[d] Superius citati.

CHAP. VI.

and moral, nothing at all of a substantial change. Transubstantiation is taken by its defenders for a material change of one substance into another: we indeed allow a transmutation of the elements; but as for a substantial one, we vainly seek for it: it is no where to be found.

Answer to the testimonies of S. Chrys., Cyril. Alex., and others.

8. To the fourth head I refer what the fathers say of our touching and seeing the Body of Christ, and drinking His Blood, in the sacrament; and thereto I answer, that we deny not but that some things emphatical, and even hyperbolical, have been said of the sacrament by Chrysostom and some others; and that those things may easily lead unwary men into error. That was the ancient fathers' care, as it is ours still, to instruct the people not to look barely on the outward elements, but in them to eye with their minds the Body and Blood of Christ, and with their hearts lift up to feed on that heavenly meat: for all the benefit of a sacrament is lost, if we look no farther than the elements. Hence it is that those holy men, the better to teach this lesson to their hearers, and move their hearts more efficaciously, spake of the signs as if they had been the thing signified, and, like orators, said many things which will not bear a literal sense, nor a strict examen. Such is this of an uncertain author under the name of S. Cyprian: "We are close to the Cross, we suck the Blood, and we put our tongues in the very wounds of our Redeemer; so that both outwardly and inwardly we are made red thereby[e]." Such is that of S. Chrysostom: "In the sacrament the Blood is drawn out of the side of Christ[f];" "the tongue is made bloody with that wonderful Blood[g]." Again: "Thou seest thy Lord sacrificed, and the crowding multitude round about sprinkled with His Blood: He that sits above with the Father is at the same time in our hands[h]." "Thou dost see, and touch, and eat Him[i]." "For I do not shew thee either angels or archangels, but the Lord of them Himself[k]." Again: "He incorporates us with Himself, as if we were but the same thing: He makes us His Body indeed, and suffers us not only to see, but even to touch, to eat Him, and to put our teeth in His Flesh; so that, by that food which He gives us, we become His flesh[l]." Such is that of S. Austin: "Let us give thanks, not only that we are made Christians, but also made Christ[m]." Lastly, such is that of B. Leo: "In that mystical distribution it is given us to be made His Flesh[n]." Certainly, if any man would wrangle and take advantage of these, he might thereby

[e] Serm. de Cœn. Dom.
[f] Hom. in Encœn.
[g] Hom. 82 in Matt.
[h] Lib. de Sacerd. iii.
[i] Hom. 51, et 83 in Matt.
[k] Hom. 24. 1 Cor.
[l] Hom. 45. in Joh., et 83. in Matt.
[m] Tract. xxi. in Johan.
[n] Epist. 23.

maintain, as well that we are *transubstantiated* into Christ, and Christ's Flesh into the bread, as that the bread and wine are *transubstantiated* into His Body and Blood. But protestants, who scorn to play the sophisters, interpret these and the like passages of the fathers with candour and ingenuity, (as it is most fitting they should.) For the expressions of preachers, which often have something of a paradox, must not be taken according to that harsher sound wherewith they at first strike the auditors' ears. The fathers spake not of any transubstantiated bread, but of the mystical and consecrated, when they used those sorts of expressions; and that for these reasons: 1. That they might extol and amplify the dignity of this mystery, which all true Christians acknowledge to be very great and peerless: 2. That communicants might not rest in the outward elements, but seriously consider the thing represented, whereof they are most certainly made partakers, if they be worthy receivers: 3. And lastly, that they might approach so great a mystery with the more zeal, reverence, and devotion. And, that those hyperbolic expressions are thus to be understood, the fathers themselves teach clearly enough, when they come to interpret them.

9. Lastly, being the same holy fathers, who (as the manner is to discourse of sacraments) speak sometimes of the bread and wine in the Lord's Supper as if they were the very Body and Blood of Christ, do also very often call them types, elements, signs, the figure of the Body and Blood of Christ,—from hence it appears most manifestly, that they were of the protestants', and not of the papists' opinion. For we can, without prejudice to what we believe of the sacrament, use those former expressions which the papists believe do most favour them, if they be understood, as they ought to be, sacramentally. But the latter none can use, but he must thereby overthrow the groundless doctrine of transubstantiation; these two,—the bread is transubstantiated into the Body, and the bread also is the type, the sign, the figure of the Body of Christ,—being wholly inconsistent. For it is impossible that a thing that loseth its being should yet be the sign and representation of another; neither can any thing be the type and the sign of itself.

10. But if, without admitting of a sacramental sense, the words be used too rigorously, nothing but this will follow, that the bread and wine are really and properly the very Body and Blood of Christ; which they themselves disown that hold transubstantiation. Therefore in this change it is not a newness of substance, but of use and virtue, that is produced; which yet the fathers acknowledged, with us, to be wonderful, supernatural, and proper only to God's omnipotency: for that earthly and corruptible meat cannot become to us a

CHAP. VI. spiritual and heavenly, the communion of the Body and Blood of Christ, without God's especial power and operation. And, whereas it is far above philosophy and human reason, that Christ from heaven (where alone He is locally) should reach down to us the divine virtue of His Flesh, so that we are made one Body with Him, therefore it is as necessary as it is reasonable that the fathers should tell us, that we ought with singleness of heart to believe the Son of God, when He saith, "This is My Body;" and that we ought not to measure this high and holy mystery by our narrow conceptions, or by the course of nature. For it is more acceptable to God with an humble simplicity of faith to reverence and embrace the words of Christ, than to wrest them violently to a strange and improper sense, and with curiosity and presumption to determine what exceeds the capacity of men and angels. Thus much in general may suffice to answer those places of the fathers which are usually brought in the behalf of transubstantiation. He that would have a larger refutation of those objections fetched from antiquity, may read Hospinianus his History of the Sacrament[o], and Antonius de Dominis in his fifth book of the Christian Commonwealth, chap. vi.[p], and in his detection of the errors of Suarez, chap. ii.

Answer to single testimony of Fathers.

11. That place of Ignatius cited by Theodoret[q] out of the epistle to the Smyrnenses, (where now it is not to be found,) and objected by some of the Romish faith, "That the heretics, Simoniani and Menandriani, would have no eucharistical oblations, because they denied the sacrament to be the Flesh of our Saviour Jesus Christ," makes nothing for transubstantiation, as Bellarmine himself confesseth. "For," saith he, "those heretics did not oppose the sacrament of the Eucharist, so much as the mystery of the incarnation; and therefore (as Ignatius shews in that place) they would deny that the Eucharist is the Flesh of Christ; that is, (as Theodoret[r] interprets it,) that the divine mysteries of bread and wine should be the signs of a real Body of Christ truly existing, because they would not own that Christ had taken flesh[s]." And so, lest they should be forced to acknowledge the reality of the Flesh of Christ, they would wholly reject the signs and sacraments of it; for, the signs of the Body being given, the true Body is given also, because the substance and the type infer one another, and a phantasm or illusion is not capable of a sign or representation.

12. The words out of Justin Martyr, whereby they would prove transubstantiation, do strongly disprove it. "For," saith he, "as by

[o] Lib. ii. et iv.
[p] A sect. 1, usque ad 13.
[q] Dial. 3. ex Epist. v. Ignat.
[r] Dial. ii.
[s] De Euchar., l. i. c. 1.

the word of God our Saviour was incarnate, so by the prayers of God's word the Eucharist is made, whereby our bodies are nourished, the Body and Blood of Christ[t]." Now, when Christ took human flesh, none could say without heresy that He was transubstantiated.

13. Neither is that against the protestants, which is brought out of S. Cyprian (though it be none of his,) of "the bread changed not in appearance, but in nature[u]." For he, whoever it was, took not the word *nature* in a strict sense, or else he was contrary to Theodoret, Gelasius, and others above mentioned, who expressly deny that the bread should be thus changed; but at large, as nature is taken for use, qualities, and condition. For by the infinite power of the Word the nature of the bread is so changed, that what was before a bare element becomes now a divine sacrament, but without any transubstantiation; as appears by what follows in the same period, "of the human and Divine natures of Christ:" where the manhood is not substantially changed into the Godhead, except we will follow Eutyches the heretic.

14. The words of Cyril, as the Roman doctors say[v], are so clear for them, that they admit of no evasion: "For," saith he, "He that changed once the water into wine, is He not worthy to be believed that He changed the wine into blood? Therefore let us with all certainty receive the Body and Blood of Christ; for His Body under the appearance of the bread, and His Blood under the appearance of the wine, are given to thee[w]." Indeed, protestants do freely grant, and firmly believe, that the wine (as hath often been said) is changed into the Blood of Christ; but every change is not a transubstantiation; neither doth Cyril say that this change is like that of the water, for then it would also appear to our senses: but that He, who changed the water sensibly, can also change the wine sacramentally, will not be doubted by any. As for what he calls the appearances of bread and wine, he doth not thereby exclude, but rather include their substance, and mean the bread and wine itself: for so he intimates by what there follows: "Do not look on them as bare bread and wine:" as much as to say, It is bread indeed, but yet not bare bread, but something besides. But that this conversion of the water and wine makes nothing for transubstantiation, may be thus made to appear. That God's omnipotency can change one substance into another, none will deny; and we see it done by Christ in the town of Cana of Galilee, when He changed the water into wine; and it was a true and proper transubstantiation. But the papists in the

Sensu jam sæpius dicto.

---

[t] Apolog. ii. ad Anton. Imp.
[u] Serm. de Cœn. Dom.
[v] Bellarm. de Euchar., l. ii. c. 13.
[w] Cyril. Hieros., Catech. Mystag., iv.

Lord's Supper tell us of quite another change, which, if well considered, cannot so much as be understood. For the substance of the bread is not changed into another that had no being, but, as they say, the bread is changed into that Body of Christ which really existed and had a being these many hundred years, ever since the Incarnation; whereas that very wine which Christ made of the water was not in being before the change which He wrought. Now it is easy for any to understand, that He who created all things out of nothing can well make a new wine of water, or any other thing; but it is more than absurd, that the Body of Christ, or any other substance already in being, perfect and complete, should be made afresh of another substance, when it really subsisted before. Which they well understood who advised an adduction, or bringing of the Body of Christ into the place of the bread, and that is as much as to deny transubstantiation; except it can be said, that a man is transubstantiated into another as often as he comes into his place, which no man in his right wits can fancy.

15. S. Ambrose said also, that " the nature is changed[x];" and indeed it is so: for other is the nature of the element, and other that of the sacrament; neither do protestants deny, that " the element is changed by the blessing," so that the bread, being made sacred, " is no more that which nature formed, but that which the blessing consecrated, and, by consecrating, changed." Meanwhile S. Ambrose in that place doth not make the words or blessing of Christ to have any other operation than to make that, which was, still to be, and yet to be changed. Therefore the bread is not made the Body of Christ by transubstantiation, but by a sacramental change. He adds : " That sacrament which thou receivest is made by the word of Christ: and, if the word of Elias had so much power as to bring down fire from heaven, shall not the word of Christ be efficacious enough to change the properties of the elements? Thou hast read of the creation of all things; that He said the word, and it was done: and shall not that word of Christ, which made all out of nothing, change that, which is already, into that which it was not? Thou thyself wert, but wert the old man; but, being baptized, thou art now become a new creature. Now it is as much to give a new nature, as to change the nature of a thing." By these words he plainly declares his opinion, that by virtue of this change the elements of bread and wine cease not to be what they are by essence, and yet by the consecration are made what before they were not. But where did our transubstantiators learn out of S. Ambrose, or any of the

---

[x] De Sacram., lib. iv. c. 4; et De init. Myst., c. ix.

fathers, that to make the sacrament is the same as to bring the natural Body of Christ and put it under the accidents of the bread, or in the place of its substance which is vanished away? They say, that "the comparison betwixt the things changed by Christ and the prophet would be silly, if there be no more than a sacramental change in the Eucharist[y];" as though the sacramental change were a thing of nought: "for," saith Cardinal Bellarmine, "what power is there required to do nothing[z]?" But protestants answer, that the greatness, majesty, excellency, and dignity of the sacrament is such, that they admire no less the omnipotency of God in sanctifying the creatures to so high an office and so holy an use, than in creating the world out of nothing, or changing the nature of things by the ministry of His prophets. For it is not by man's power, but by the Divine virtue, that things earthly and mean of themselves are made to us assured pledges of the Body and Blood of Christ. And, if they urge the letter of those words of S. Ambrose, "By the word of Christ the species of the elements are changed," as Bellarmine and others do, why then they must confess that not only the substance, but also the species or accidents (as they call them) of the bread and wine are changed into the Body and Blood of Christ. And so, being S. Ambrose and all the ancients said indifferently, as well that the species of the bread and wine as that the bread and wine themselves are changed, who will not from hence understand that the groundless fabric of transubstantiation (whereby they would have the substance of the elements so abolished in the sacrament, that their mere accidents or appearances remain without any subject) is strongly battered and utterly ruined?

16. All other testimonies of the fathers, if they say, that "the bread is made the Body of Christ," are willingly owned by protestants; for they hold that the element cannot become a sacrament, nor the sacrament have a being, without the thing which it represents: for the Cardinal himself will not affirm that the Body of Christ is produced out of the bread. This is, therefore, what we say with S. Austin, and endeavour to prove by all means:—"That the sacrifice of the Eucharist is made of two things, the visible element and the invisible Flesh and Blood of Christ, as the Person of Christ consisteth of the Godhead and manhood, He being true God and true man: for every compound retains the nature of that whereof it is made: now the sacrament is composed of two things, the sign and the thing signified, that is, the Body of Christ[a]."

The rest of the Fathers.

[y] Bellarm. loco citato.   [z] De Euch., lib. ii. c. 9.
[a] De Consecr., dist. 2. c. Hoc est.

CHAP. VI.

17. Let the champions of transubstantiation strut and vapour now, with their two-and-thirty stout seconds[b], who have stood for them, as they say, before the time of Pope Innocent the Third. For what Innocent the Third decreed[c], and the council of Trent defined[d],—"that it was ever the persuasion of the Catholic Church, that the bread is so changed into the Body of Christ, that, the substance of the bread vanishing away, only the Flesh of Christ should remain under the accidents of the bread,"—is so far from being true, that the doctrine of transubstantiation, not only as to the name, but as to the thing itself, is wholly destitute of the patronage of antiquity, and left to shift for itself. Alphonsus à Castro[e] said, that in ancient writers mention was made very seldom of transubstantiation: had he said never, it had been more true. For so our Jesuits in England confessed, that "the business of transubstantiation was not so much as touched by the ancient fathers[f];" which is very true, as will appear more at large in the following chapter.

CHAP. VII.

OF THE WRITERS OF THE ELEVENTH AND TWELFTH CENTURY, FROM WHOM WE MAY EASILY DEDUCE AND TRACE THE HISTORY OF PAPAL TRANSUBSTANTIATION. 1. WHAT MANNER OF POPES THEY WERE IN THOSE TIMES. 2. THE UNHAPPY AGE, WHEREIN DIVINES WERE DIVIDED ABOUT THE POINT OF THE EUCHARIST. 3. THE OPINION OF FULBERTUS. 4. FOLLOWED BY HIS DISCIPLE BERENGARIUS, WHO IS OPPOSED BY OTHERS. 5, 6. THE DOCTRINE OF BERENGARIUS DEFENDED. 7. THE ROARING OF LEO IX. AGAINST BERENGARIUS. 8. THE SYNOD OF TOURS UNDER VICTOR II., WHICH CLEARED BERENGARIUS AS FREE FROM ERROR. 9. POPE NICHOLAS II. GATHERS ANOTHER SYNOD AGAINST BERENGARIUS, WHO IS FORCED TO MAKE A WONDROUS KIND OF RECANTATION. 10. THE AUTHORS OF THE ORDINARY GLOSS CENSURE THE RECANTATION IMPOSED ON BERENGARIUS. 11. HE SAITH THAT HE WAS VIOLENTLY COMPELLED TO MAKE IT FOR FEAR OF BEING PUT TO DEATH. LANFRANCUS AND GUITMUNDUS WRITE AGAINST HIM. 12. OF POPE HILDEBRAND AND HIS ROMAN COUNCIL, WHEREIN BERENGARIUS WAS AGAIN CITED AND CONDEMNED IN VAIN. 13. THE DOCTRINE OF S. BERNARD APPROVED. 14. THE OPINION OF RUPERTUS. 15. LOMBARD COULD DEFINE NOTHING OF THE TRANSUBSTANTIATION OF THE BREAD, AND REASONS POORLY UPON THE INDEPENDENCY OF THE ACCIDENTS. 16. OTHO FRISINGENSIS AND THOSE OF

[b] Card. Bellarm., de Euch. l. iii. c. 20.
[c] Extra, de Trin. et Fide Cathol. c. 1.
[d] Sess. xiii. c. 4.
[e] Lib. viii. contr. Hæreses, Indulg.
[f] Discurs. modest. de Jesuit., p. 13; et Wats. Quodl., l. ii. art. 4.

HIS TIME CONFESSED THAT THE BREAD AND WINE REMAIN IN THE EUCHA-
RIST. 17. P. BLESENSIS AND S. EDUENSIS WERE THE FIRST THAT USED THE
WORD OF TRANSUBSTANTIATION. 18. OF THE THIRTEENTH CENTURY,
WHEREIN POPE INNOCENT III. PUBLISHED HIS DECREE OF THE TRANSUBSTAN-
TIATION OF THE BREAD AND WINE INTO THE BODY AND BLOOD OF CHRIST.
19, 20. THE WONDERFUL PRIDE OF INNOCENT III. THE LATERAN COUNCIL
DETERMINED NOTHING CONCERNING THAT POINT. 21. THE CRUELTY OF THE
SAME INNOCENT, WHO BY THE RACK AND THE FIRE SOUGHT TO ESTABLISH
HIS NEW DOCTRINE. 22. WHAT GERSON SAID OF THE ROMAN CHURCH IN HIS
TIME. MANY MORE INVENTIONS PROCEED FROM TRANSUBSTANTIATION. IN-
EXTRICABLE AND UNHEARD-OF QUESTIONS. 23. NEW ORDERS OF MONKS AND
OF THE SCHOOLMEN. 24. OF THEIR FINE WRANGLING AND DISPUTING. 25.
THE SACRAMENT ABUSED MOST GROSSLY BY THE PATRONS OF TRANSUBSTAN-
TIATION. 26, 27. HOLKOT, AQUINAS, ALBERTUS MAGNUS, AND OTHER SCHOOL-
MEN, THOUGH SOMETIMES THEY BE NOT FOR TRANSUBSTANTIATION, YET
THEY WHOLLY SUBMIT TO THE JUDGMENT OF THE POPE. 28. OF THE COUNCIL
OF CONSTANCE, WHICH TOOK THE CUP FROM THE LAITY. 29. CARDINAL CA-
MERACENSIS DENIES THAT TRANSUBSTANTIATION CAN BE PROVED BY HOLY
SCRIPTURE. 30. OF THE COUNCIL OF FLORENCE, AND THE INSTRUCTION OF
THE ARMENIANS BY POPE EUGENIUS IV. 31. THE PAPAL CURSE IN THE
COUNCIL OF TRENT NOT TO BE FEARED. THE CONCLUSION OF THE BOOK.

1. WE have proved it before, that the leprosy of transubstantiation did not begin to spread over the body of the Church in a thousand years after Christ. But at last the thousand years being expired, and Satan loosed out of his prison, to go and deceive the nations, and compass the camp of the saints about, then to the great damage of Christian peace and religion, they began here and there to dispute against the clear, constant, and universal consent of the fathers, and to maintain the new-started opinion. It is known to them that understand history, what manner of times were then, and what were those bishops who then governed the Church of Rome,—Sylvester II., John XIX. and XX., Sergius IV., Benedictus VIII., John XXI., Benedict IX., Sylvester III., Gregory VI., Damasus II., Leo IX., Nicolas II., Gregory VII. or Hildebrand,—who tore to pieces the Church of Rome with grievous schisms, cruel wars, and great slaughters[g]. For the Roman pontificate was come to that pass, that, good men being put by, they whose life and doctrine was pious being oppressed, none could obtain that dignity but they that could bribe best and were most ambitious.

CHAP. VII.

2. In that unhappy age the learned were at odds about the presence of the Body of Christ in the sacrament; some defending the ancient doctrine of the Church, and some the new-sprung-up opinion.

3. Fulbert, bishop of Chartres, was tutor to Berengarius, whom we shall soon have occasion to speak of; and his doctrine was alto-

Fulbert, Bishop of Chartres, A.D.1010.

[g] Card. Baron., tom. x. Annal., an. 897, § 4.—Gilb. Genebr., Chron. sub init. seculi x.

CHAP. VII.

gether conformable to that of the primitive Church, as appears clearly out of his epistle to Adeodatus; wherein he teacheth, that "the mystery of faith in the Eucharist is not to be looked on with our bodily eyes, but with the eyes of our mind: for what appears outwardly bread and wine is made inwardly the Body and Blood of Christ; not that which is tasted with the mouth, but that which is relished by the heart's affection. Therefore," saith he, "prepare the palate of thy faith, open the throat of thy hope, and enlarge the bowels of thy charity, and take that bread of life, which is the food of the inward man." Again: "The perception of a divine taste proceeds from the faith of the inward man, whilst, by receiving the saving sacrament, Christ is received into the soul[h]." All this is against those who teach in too gross a manner, that Christ in this mystery enters carnally the mouth and stomach of the receivers.

Bereng., Archdeacon of Angers, A.D.1030.

4. Fulbert was followed by Berengarius his scholar, archdeacon of Angers in France, a man of great worth by the holiness both of his life and doctrine, as Platina, Vincentius Bergomensis, and many more, witness. This encomium, writ soon after his death by Hildebert, bishop of Mans, a most learned man, is thus recorded by our William of Malmesbury.

> "That Berengarius, who was so admired,
> Although his name yet lives, is now expired;
> He outlives himself, yet a sad fatal day
> Him from the Church and State did snatch away.
> O dreadful day, why didst thou play the thief,
> And fill the world with ruin and with grief?
> For by his death the Church, the laws, and all
> The clergy's glory, do receive a fall.
> His sacred wisdom was too great for fame,
> And the whole world's too little for his name;
> Which to its proper zenith none can raise,
> His merits do so far exceed all praise.
> Then surely thou art blest[1], nor dost thou less
> Heaven with thy soul, earth with thy body bless[2].
> When I go hence, O may I dwell with thee
> In thine appointed place, where'er it be [i]!"

[1] ["beatus," in Lat.]
[2] ["ditat."]

Now this Berengarius was not only archdeacon of Angers, but also the *scholasticus*, or master of the chair, of the same church[k]; "which dignity is ever enjoyed by the chancellor of the university, for his office is in great churches to teach the clergy, and instruct them in sound doctrine[l]." All this I have produced more at large, to manifest

[h] Epist. ad Adeodat., inter alia ejus opera impressa Paris. ann. 1608.
[i] Guliel. Malms. De Gestis Regum Anglorum, lib. iii.
[k] A. Thevet, Vit. illust. Vir., l. iii. c. 62.
[l] Pap. Mass. Annal. Franc., lib. iii.

the base and injurious calumnies cast upon this worthy and famous man by later writers; as John Garetius[m] of Louvain, William Alan[n] our countryman, and others: who not only accuse him of being an heretic, but also a worthless and an unlearned man.

5. Berengarius stood up valiantly in defence of that doctrine which 170 years before was delivered out of God's word and the holy fathers, in France by Bertram and John Erigena, and by others elsewhere, against those who taught that in the Eucharist neither bread nor wine remained after the consecration. Yet he did not either believe or teach, (as many falsely and shamelessly have imputed to him,) that nothing more is received in the Lord's Supper but bare signs only, or mere bread and wine; but he believed and openly professed, as S. Austin and other faithful doctors of the Church had taught out of God's word, that in this mystery the souls of the faithful are truly fed by the true Body and Blood of Christ to life eternal. Nevertheless it was neither his mind nor his doctrine, that the substance of the bread and wine is reduced to nothing, or changed into the substance of the natural Body of Christ, or (as some then would have had the Church believe) that Christ Himself comes down carnally from heaven. Entire books he wrote upon this subject; but they have been wholly suppressed by his enemies, and now are not to be found. Yet what we have of him in his greatest enemy, Lanfrank, I here set down: "By the consecration at the Altar the bread and wine are made a sacrament of religion, not to cease to be what they were, but to be changed into something else, and to become what they were not:"— agreeable to what S. Ambrose had taught. Again: "There are two parts in the sacrifice of the Church, (this is according to S. Irenæus,) the visible sacrament, and the invisible thing of the sacrament, that is, the Body of Christ." Item: "The bread and wine which are consecrated remain in their substance, having a resemblance with that whereof they are a sacrament, for else they could not be a sacrament." Lastly: "Sacraments are visible signs of divine things, but in them the invisible things are honoured[o]." All this agrees well with S. Austin and other fathers above cited.

6. He did not, therefore, by this his doctrine exclude the Body of Christ from the sacrament; but in its right administration he joined together the thing signified with the sacred sign, and taught that the Body of Christ was not eaten with the mouth in a carnal way, but with the mind, and soul, and spirit. Neither did Berengarius alone maintain this orthodox and ancient doctrine: for Sigibert[p],

---

[m] Garet. De vera Præsent. in Epist. nuncup., et Clas. v., an. 1040.
[n] Alan. De Euchar., l. i. c. 21.
[o] Extant apud Lanfr., De verit. Corp. Dom. in Euch.
[p] Chron. a Miræo editum.

CHAP. VII.

William of Malmesbury[q], Matthew Paris[r], and Matthew of Westminster, make it certain that "almost all the French, Italians, and English, of those times were of the same opinion; and that many things were said, writ, and disputed in its defence," by many men; amongst whom was Bruno, then bishop of the same church of Angers[t]. Now this greatly displeaseth the papal faction, who took great care that those men's writings should not be delivered to posterity; and now do write, that the doctrine of Berengarius, owned by the fathers, and maintained by many famous nations, skulked only in some dark corner or other.

Conc. Ver. sub Leone Papâ IX. A.D. 1050.

7. The first pope who opposed himself to Berengarius was Leo the Ninth, a plain man indeed, but too much led by Humbert and Hildebrand. For, as soon as he was desired, he pronounced sentence of excommunication against Berengarius absent and unheard[u]; and, not long after, he called a council at Verceil, wherein John Erigena and Berengarius were condemned[v] upon this account, that they should say, that the bread and wine in the Eucharist are only bare signs[x]; which was far from their thoughts, and farther yet from their belief. This roaring, therefore, of the lion frighted not Berengarius; nay, the Gallican churches[y] did also oppose the pope and his synod of Verceil, and defend with Berengarius the oppressed truth.

Conc. Turon. sub Vict. Papâ II. A.D. 1055.

8. To Leo succeeded Pope Victor the Second, who, seeing that Berengarius could not be cast down and crushed by the fulminations of his predecessor, sent his legate Hildebrand into France, and called another council at Tours, where Berengarius, being cited, did freely appear, and whence he was freely dismissed, after he had given it under his hand, that the bread and wine in the sacrifice of the Church are not shadows and empty figures; and that he held none other but the common doctrine of the Church concerning the sacrament. For he did not alter his judgment, (as modern papists give out,) but he persisted to teach and maintain the same doctrine as before, as Lanfrank complains of him.

Conc. Rom. sub Nicol. Papâ II. A.D. 1058.

9. Yet his enemies would not rest satisfied with this; but they urged Pope Nicholas the Second, who (within a few months that Stephen the Tenth sat) succeeded Victor without the emperor's consent, to call a new council at Rome against Berengarius. For, that sensual manner of presence by them devised, to the great dishonour of Christ, being rejected by Berengarius, and he teaching,

---

[q] In Contin. Bedæ.
[r] In Hist. Majori, ad an. 1087.
[s] Ad eundem annum.
[t] Baron. ad an. 1035, § 1, 6.
[u] Lanfranc. in libro citato.
[v] But it was about 200 years after the death of this most innocent man.
[x] Adelm. in Epist. ad Bereng.
[y] Those of Rennes, Anjou, Leon, Dola, and Maclo, &c.

OF TRANSUBSTANTIATION.   217

as he did before, that the Body of Christ was not present in such a sort as that it might be at pleasure brought in and out, taken into the stomach, cast on the ground, trod under foot, and bit or devoured by any beasts, they falsely charged him as if he had denied that it is present at all. An hundred and thirteen bishops came to the council, to obey the pope's mandate; Berengarius came also; "and," (as Sigonius[z] and Leo Ostiensis[a] say,) "when none present could withstand him, they sent for one Albericus, a monk of Mont Cassin, made cardinal by Pope Stephen," who, having asked seven days' time to answer in writing, brought at last his scroll against Berengarius. The reasons and arguments used therein to convince his antagonist are not now extant; but, whatever they were, Berengarius was commanded presently, without any delay, to recant[b] in that form prescribed and appointed by Cardinal Humbert, which was thus[c]: "I Berengarius &c. ... assent to the holy Roman and Apostolic see, and with my heart and mouth do profess that I hold that faith concerning the sacrament of the Lord's Table which our lord and venerable pope Nicholas, and this sacred council, have determined and imposed upon me by their evangelic and apostolic authority; to wit, that the bread and wine, which are set on the Altar, are not after the consecration only a sacrament, sign, and figure, but also the very Body and Blood of our Lord Jesus Christ:" (thus far it is well enough; but what follows is too horrid, and is disowned by the papists themselves;) "and that they" (the Body and Blood) "are touched and broken with the hands of the priests, and ground with the teeth of the faithful, not sacramentally only, but in truth and sensibly." This is the prescript of the recantation imposed on Berengarius, and by him at first rejected, but by imprisonment and threats, and fear of being put to death, at last extorted from him[d].

10. This form of recantation is to be found entire in Lanfrank[e], Algerus[f], and Gratian[g]; yet the glosser on Gratian, John Semeca[h], marks it with this note; "Except you understand well the words of Berengarius," (he should rather have said, of Pope Nicholas and Cardinal Humbertus,) "you shall fall into a greater heresy than his was; for he exceeded the truth[i], and spake hyperbolically." And so Richard de Mediavilla: "Berengarius, being accused, overshot himself in his justification[j]." But the excess of his words should be as-

CHAP. VII.

A.D.1059.

---

[z] De Regn. Ital., l. ix. ad an. 1059.
[a] In Chron. Cassin., l. iii. c. 33.
[b] Baron. ad an. 1059, § 18.
[c] Habetur apud Gratian., De Consecr., Dist. ii. cap. 42.
[d] Pap. Mass., Annal. Franc., l. iii.
[e] Sub libri quem contra Bereng. scripsit initium.
[f] Lib. ii. c. 15.
[g] Ubi supra.
[h] In c. Ego Bereng. De Consecrat. Dist. ii.
[i] In c. Utrum sub figura, 72.
[j] In iv. Dist. 9. prin. l. q. 1.

cribed to those who prescribed and forced them upon him. Yet in all this we hear nothing of transubstantiation.

11. Berengarius at last escaped out of this danger, and, conscious to himself of having denied the truth, took heart again, and refuted in writing his own impious and absurd recantation, and said, that "by force it was extorted from him by the church of malignants, the council of vanity." Lanfrank of Caen, at that time head of a monastery in France, afterwards archbishop of Canterbury, and Guitmundus Aversanus, answered him. And though it is not to be doubted but that Berengarius, and those of his party, writ and replied again and again, yet so well did their adversaries look to it, that nothing of theirs remains, save some citations in Lanfrank. But it were to be wished that we had now the entire works of Berengarius, who was a learned man, and a constant follower of antiquity; for out of them we might know with more certainty how things went, than we can out of what his professed enemies have said.

Concil. Rom. sub Hild. Papâ, A.D.1079.

12. This sacramental debate ceased a while, because of the tumults of war raised in Apulia and elsewhere by Pope Nicholas the Second; but it began again as soon as Hildebrand, called Gregory the Seventh, came to the papal chair. For Berengarius was cited again to a new council at Rome, "where, some being of one opinion, and some of another," (as it is in the acts of that council[k], writ by those of the pope's faction,) his cause could not be so entirely oppressed but that some bishops were still found to uphold it. Nay, the ring-leader himself, Hildebrand, is said to have doubted, "whether what we received at the Lord's Table be indeed the Body of Christ by a substantial conversion[l]." But three months' space having been granted to Berengarius[m], and a fast appointed to the cardinals, "that God would shew by some sign from heaven" (which yet He did not) "who was in the right, the pope or Berengarius, concerning the Body of the Lord [n]," at last the business was decided without any oracle from above, and a new form of retractation imposed on Berengarius[o], whereby he was henceforth forward to confess, under pain of the pope's high displeasure, "that the mystic bread" (first made magical and enchanting by Hildebrand[p]) "is substantially turned into the true and proper[q] Flesh of Christ:" which whether he ever did is not certain. For though Malmesbury tell us,

---

[k] Excus. cum Lanfran. libro, et apud Binium.
[l] Engilb. Archiep. Trevir., apud Goldast. Imp., tom. i.
[m] Bertold. Constant. in Chron. an. 1079.
[n] Benno Card. in vita Hildebr.

[o] Habetur ista formula apud Tho. Waldens., tom. ii. c. 42; et in Registr. Greg. VII.
[p] Brix. Syn. Episc. apud Abb. Ursperg. in Chron. ad an. 1080.
[q] Addit formula præscripta: . . . "in proprietate naturæ."

"that he died in that Roman faith[r]," yet there are ancienter than he[s], who say, that "he was never converted from his first opinion[t]." And some relate, that, "after this last condemnation, having given over his studies, and given to the poor all he had, he wrought with his own hands for his living[u]." Other things related of him, by some slaves of the Roman see, deserve no credit. These things happened, as we have said, in the year 1079; and soon after Berengarius died.

13. Berengarius being dead, the orthodox and ancient doctrine of the Lord's Supper, which he maintained, did not die with him, (as the Chronicon Cassinense[v] would have it;) for it was still constantly retained by S. Bernard, abbot of Clairvaux, who lived about the beginning of the twelfth century. In his discourse on the Lord's Supper[x], he joins together "the outward form of the sacrament," and "the spiritual efficacy of it," as the shell and the kernel, the sacred sign and the thing signified: the one he takes out of the words of the institution, and the other out of Christ's sermon in the sixth of S. John. And in the same place, explaining that sacraments are not "things absolute" in themselves, without any relation, but mysteries wherein, by the gift of a visible sign, an invisible and divine grace with the Body and Blood of Christ is given, he saith, that "the visible sign is as a ring, which is given not for itself or absolutely, but to invest and give possession of an estate made over to one. Many things" (saith he) "are done for their own sake, and many in reference to something else, and then they are called signs. A ring is given absolutely as a gift, and then it hath no other meaning: it is also given to make good an investiture or contract, and then it is a sign; so that he that receives it may say, 'The ring is not worth much; it is what it signifies, the inheritance, I value.' In this manner, when the passion of our Lord drew nigh, He took care that His disciples might be invested with His grace, that His invisible grace might be assured and given to them by a visible sign. To this end all sacraments are instituted, and to this the participation of the Eucharist is appointed." Now, as no man can fancy that the ring is substantially changed into the inheritance, whether lands or houses, none also can say with truth, or without absurdity, that the bread and wine are substantially changed into the Body and Blood of Christ. But in his sermon on the purification[y], which none doubts

S. Bern.
A.D.1120.

---

[r] De Gest. Angl., l. iii. c. 58; et post eum ab aliis.—Vide Bell. Chronol. an. 1079.
[s] Pegm. Comment. 31. ad 2 part. Direct. Inquisit.
[t] Bertold. Constantiens. (qui tempore Berengar. vixit) ad an. 1083.
[u] Vincent. in Spec., l. xxvi. c. 40.—Baron. ad an. 1088. § 15, &c.
[v] Chron. Cassin., l. iii. c. 33.
[x] Serm. de Cœna Dom., Joh. vi. 56, 63.
[y] Serm. de Purif. B. Mariæ.

CHAP. VII.

to be his, he speaks yet more plain: "The Body of Christ in the sacrament is the food of the soul, not of the belly; therefore we eat Him not corporally: but, in the manner that Christ is meat, in the same manner we understand that He is eaten." Also, in his sermon on S. Martin[z], which undoubtedly is his also: "To this day" (saith he) "the same Flesh is given to us, but spiritually, therefore not corporally." For the truth of things spiritually present is certain also. As to what he saith in another place, that "the priest holds God in his hands," it is a flourish of oratory; as is that of S. Chrysostom, "In comes the priest carrying the Holy Ghost[a]."

Rupert. Abb. A.D. 1125.

14. About the same time Rupertus, abbot of Tuitium, famous by his writings, did also teach that the substance of the bread in the Eucharist is not converted, but remains. These be his words: "You must attribute all to the operation of the Holy Ghost, who never spoils or destroys any substance He useth, but, to that natural goodness it had before, adds an invisible excellency which it had not[b]." He hath indeed an unwarrantable opinion of the union of the bread and Body of Christ into one person[c]; but it came (as some others as absurd in that age) from too great a curiosity about determining the manner of Christ's Presence, and of the union of His Body with the bread, about which that learned man troubled himself too much. However, he neither taught nor mentioned transubstantiation.

Pet. Lombard. A.D. 1140.

15. Not long after that Algerus, a monk, and some others, had had some disputes about this subject, Peter Lombard made up his books of Sentences, in the fourth whereof he treats of the Eucharist, and thinks that it is taught by some sayings of the ancients, that "the substance of the bread and wine is changed into the Body and Blood of Christ[d]." But soon after he adds: "If it be demanded, what manner of change that is, whether formal, or substantial, or of any other kind, that I cannot resolve[e]." Therefore he did not yet hold transubstantiation as a point of faith: nay, he doth not seem constant to himself in making it a probable opinion, but rather to waver, to say and unsay, and to shelter his cause under the fathers' name, rather than maintain it himself. Of the accidents remaining without a subject, and of the breaking into parts the Body of Christ, (as Berengarius was bid to say by Pope Nicholas,) he reasons strangely, but very poorly.

Otho Frisingensis, A.D. 1145.

16. Otho, bishop of Frisingen, as great by his piety and learning

[z] Serm. de S. Mart.
[a] De Sacerd., lib. iii.
[b] In Exod., l. ii. c. 10.
[c] Ex quâ consequebatur, panem esse Corpus Christi, sed Corpus non humanum neque carneum, sed panaceum.
[d] Sent. iv. Dist. 10.
[e] Dist. 11.

as by his blood, (for he was nephew to Henry he Fourth, and the Emperor Henry the Fifth married his sister, he was also uncle to Frederick, and half-brother to King Conrad,) lived about the same time. He believed and writ, "that the bread and wine remain in the Eucharist[f];" as did many more in that age.

17. As for the new-coined word *transubstantiation*, it is hardly to be found before the middle of this century. For the first that mention it are Petrus Blesensis[g], who lived under Pope Alexander the Third, and Stephen Eduensis[h], a bishop, whose age and writings are very doubtful. And those later[i] authors, who make it as ancient as the tenth century, want sufficient witnesses to prove it by, as I said before[j].

CHAP. VII.

A.D.1180.

18. The thirteenth century now follows, wherein, the world growing both older and worse, a great deal of trouble and confusion there was about religion: the bishop of Rome exalted himself not only into his lofty chair over the universal Church, but even into a majestical throne over all the empires and kingdoms of the world. New orders of friars sprung up in this age, who disputed and clamoured fiercely against many doctrines of the ancienter and purer Church, and amongst the rest against that of the sacrament of the Body and Blood of Christ: so that now there remained nothing, but to confirm the new tenet of transubstantiation, and impose it so peremptorily on the Christian world, that none might dare so much as to hiss against it. This Pope Innocent the Third bravely performed. He succeeding Celestin the Third at thirty years of age, and, marching stoutly in the footsteps of Hildebrand, called a council at Rome in S. John Lateran, and was the first that ever presumed to make the new-devised doctrine of transubstantiation an article of faith necessary to salvation, and that by his own mere authority.

A.D.1215. Innocent. III. Papa.

The Lateran Council.

19. How much he took upon himself, and what was the man's spirit and humour, will easily appear to any man by these his words which I here set down: "To me it is said in the prophet, 'I have set thee over nations and over kingdoms, to root out, and to pull down, and to destroy, and to throw down, and to build, and to plant.' To me also it is said, in the person of the apostle, 'To thee will I give the keys of the kingdom of heaven.' For I am in a middle state betwixt God and man, below God, but above man; yea, greater than man, being I judge all men, and can be judged by none[k]." "Am not I the bridegroom, and each of you the bridegroom's friend? The bridegroom I am, because I have the bride,

S. Joh. iii. 29.

[f] Christ. Agric. in Antipist., p. 13.
[g] Epist. 140.
[h] De Sacr. Altaris, in BB. Patrum.
[i] Bellarmin. et Possevin. de Script.
Eccles.
[j] Chap. v. art. 1.
[k] Innocent. III. Serm. 2.

CHAP. VII.

the noble, rich, lofty, and holy Church of Rome, who is the mother and mistress of all the faithful: who hath brought me a precious and inestimable portion[1], to wit, the fulness of things spiritual, and the vastness of temporal, with the greatness and multitude of both[m]." " God made two great lights in the firmament of heaven: He hath also made two great lights in the firmament of the universal Church, that is, He hath instituted two dignities, which are the papal authority and the regal. But that which governs the day, that is, spiritual things, is the greater, and that which governs carnal things the less; so that it ought to be acknowledged that there is the same difference between the (Roman) high-priest and kings, as between the sun and moon[n]." Thus he, when he was become Christ's vicar, or rather His rival. These things I rehearse, that we may see how things went, and what was the face of the Latin Church, when Pope Innocent the Third propounded and imposed transubstantiation as an article of faith; as is plainly and at large set down by a learned author, George Calixtus[o], who deserves equally to be praised and imitated.

20. This Innocent, therefore, who, to increase his power and authority, wrought great troubles to the Emperor Philip, stripped Otho the Fourth of the empire, forced John king of England to yield up into his hand this kingdom and that of Ireland, and make them tributary to the see of Rome, who, under pretence of a spiritual jurisdiction, took to himself both the supreme power over things temporal and the things themselves, who " was proud and ambitious beyond all men, covetous to the height of greediness," (they are the words of Matthew Paris,) " and ever ready to commit the most wicked villanies, so he might be recompensed for it[p],"—this, I say, was the man who in his Lateran council propounded that transubstantiation should be made an article of faith, and, when the council would not grant it, did it himself by his own arbitrary power, against which none durst open his mouth[q]. For those canons, which this day are shewn about under the name of the council, are none of his[1], but merely the decrees of Pope Innocent, first writ by him, and read in the council, and disliked by many[r], and afterwards set down in the book of decretals, under certain titles, by his nephew Gregory the Ninth.

21. The same pope, after he had pronounced them heretics who for the future should deny, that " the Body and Blood of Christ are

[1] ["*Concilii non sunt.*"— *Lat.*]

---

[1] Addit: Multæ filiæ congregaverunt divitias, hæc autem sola supergressa est universas.
[m] Idem, Serm. 3.
[n] Epist. ad Imper. Constant., Extra, de Major. et Obedientia, c. 6.
[o] Exerc. de Transubst.
[p] In Hist. Johan. Regis Angliæ.
[q] Mat. Paris. in Hist. min.; et Platin. in vita Innoc. III.
[r] Verba Mat. Paris. in Hist. majori, ad an. 1215.

duly contained in the sacrament of the Altar under the outward form of bread and wine, the bread being transubstantiated into the Body, and the wine into the Blood, delivers them all, of what office or dignity soever, to the secular power to receive condign punishment[s]," that is, to be burnt,—commands those that are suspected to be tried and examined,—and declares them infamous, disabled from making a will, and incapable of any office or inheritance, that should favour or entertain them,—and sets all other Christians against them. Then he ordains, that "the secular powers shall be compelled by ecclesiastical censures publicly to swear that they will defend (this) faith, and endeavour utterly to destroy all whom the Church (of Rome) should note for heretics. But," saith he, " if the temporal prince doth neglect this, let him be excommunicated: and, if he slights to give satisfaction within a year, let the sovereign pontiff be certified of it, that he may absolve his subjects from their allegiance, and expose his territories to be taken and enjoyed without any contradiction by any catholics (Romans) that destroy the heretics[t]," &c., (that is, those who do not believe transubstantiation.) Thus Innocent the Third, by excommunications, and by arms, by rebellions, by tortures, and by burning alive, was pleased to establish his new article of faith.

22. And, truly, had he not used such means, they themselves who did cleave to the Church of Rome would not have embraced this doctrine; for it did not find such acceptance, but that many notwithstanding did now and then oppose it. Nay, not only transubstantiation, but even the Church (or rather the court) of Rome, which, if we believe Chancellor Gerson, " was at this time wholly brutish and carnal, without almost any sense of the things of God[u]," was rejected by many, as it is well known. For certain it is that, transubstantiation being once established, there was a foundation laid to many superstitions and errors, which could neither be suffered nor approved by those that feared God. And among the subscribers to transubstantiation there grew a thicket of thorny and monstrous questions, wherewith the schoolmen were so busy, that it may with great truth be affirmed, that then came to light a divinity concerning the holy sacrament, and the adoration of it, which was not only very new, but very strange also, and never heard of among the fathers. There grew also out of the same stock illusions and false miracles, deceitful dreams, feigned visions, and such-like unchristian devices about the corporal Presence of Christ, as that some did see a child in the host, some flesh, some blood, any thing that

Transubstantiation and the Court of Rome rejected by many.

---

[s] Extr. de Fide et Sum. Trin. c. Firmiter credimus.
[t] Ibid.
[u] Gerson., De Concil. Gen.

CHAP. VII.

could come into the idle fancies of idle and superstitious men. One "at the point of death durst not receive the Body of Christ, because he could keep nothing in; but, as he drew nigh to adore it, his breast bare and his arms open, the host, leaping out of the priest's hand, having made itself a passage, entered of its own accord into the place where the dying man's heart lay hid, and, the hole being made up again without any thing of a scar, the man lay down and then expired[v]." Another, "being ready to die, begged that, his side being washed and covered with a clean cloth, the Body of Christ might be set on it; which being done, the cloth by degrees gave place to the Body of Christ, and soon after, when that divine Body touched the man's skin, it penetrated to his very heart, in the sight of all the by-standers[x]." They also tell the story, or rather the fable, how that, "the Body of Christ" (for so they call the consecrated bread) "being set in a bushel upon some oats, an horse, an ox, and an ass, bowed their knees, and adored their Lord in the host." These and such-like fictions were daily invented without number by the patrons of transubstantiation; and the impudence and boldness of coining such forgeries hath from them passed upon their successors. This was observed by King James in the writings of Bellarmine[y] himself, who reports of "a certain devout mare" that worshipped the host kneeling; (knowing, doubtless, that by a due consecration it was transubstantiated.) Cesarius the monk, who lived soon after Innocent III., is full of such miracles; and yet he hath a history which shews that in his time transubstantiation was utterly unknown to a learned priest, canon of a great church. "At Cologne," saith he, "there was a canon in full orders, called Peter. When on a certain day another of the canons was sick, and about to receive the sacrament in his presence, the officiating priest asked the sick man, Dost thou believe that this is the true Body of the Lord which was born of the Virgin? He made answer, I believe it. Peter hearing and observing their words was amazed at them. Afterwards, he coming alone to Everhardus the professor of divinity, who had been also present at the communion, he asked him, Did the priest question the sick man aright? He answered, Yes; and whoever believes otherwise is an heretic[z]. Then Peter, weeping, and smiting his breast, cried out: Woe is me, wretched priest! how have I hitherto said mass? for to this hour I thought that the bread and wine after the consecration were only a sacrament, that is, the sign and representation of the Lord's Body and Blood."

[v] Thom. Walsing. in Hypod. Neustriæ, ad an. 1218.
[x] Discip. de Temp., Serm. 80.
[y] Car. Bellarm., Apol. q. 132.
[z] For so it was decreed by Innocent III.

23. I have already touched it, that, together with the new doctrine of transubstantiation, there sprung up new sects of friars, which indeed in a short time increased beyond belief. For now to the order of Dominicans (whom Innocent III. had made his inquisitors, to kill and burn hereties[a]) was added the order of begging Franciscans; and the Augustine eremites and the Carmelites were set up again. From these came the schoolmen, as we now call them, whose studies (as studies were in that time) were all employed about commenting on Peter Lombard, master of the Sentences.

24. These men tired their brains (as we said) about unheard-of questions touching transubstantiation, such as pious ears would abhor to hear. For they ask, 1. Whether that be the Body of Christ which sometimes appears in the form of flesh, or of a child, on the Altar? and answer that they know not, "because such apparitions happen often, and are caused either by men's juggling, or by the operation of the devil[b]." 2. Whether the mice (who sometimes feast upon the hosts, when they are not well shut up) eat the Body of Christ itself? or, if a dog or a hog should swallow down the consecrated host whole, whether the Lord's Body should pass into their belly together with the accidents[c]? Some indeed answer (other some being otherwise minded) that, "though the Body of Christ enters not into the brute's mouth as corporal meat, yet it enters together with the appearances, by reason that they are inseparable one from the other," (mere nonsense;) "for, as long as the accidents of the bread" (*i. e.*, the shape, and taste, and colour, &c.) "remain in their proper being, so long is the Body of Christ inseparably joined with them; wherefore, if the accidents in their nature pass into the belly, or are cast out by vomiting[d], the Body of Christ itself must of necessity go along with them: and for this cause pious souls" (I repeat their own words) "do frequently eat again with great reverence the parts of the host cast out by vomiting." Others answer also, that "a beast eats not the Body of Christ sacramentally, but accidentally, as a man that should eat a consecrated host, not knowing that it was consecrated[e]." 3. They inquire about musty and rotten hosts; and because the Body of Christ is incorruptible, and not subject to putrefaction, therefore they answer, that "the hosts are never so; and that, though they appear as if they were, yet in reality they are not; as Christ appeared as a gardener, though He was no gardener[f]." 4. They

---

[a] Meaning those that deny transubstantiation.
[b] Alex. Alens., l. 4. q. 53. m. 4. a. 1.
[c] Idem, q. 45. m. 1. a. 2.
[d] Ibid., q. 53. m. 3.
[e] Tho. Aq. Sum., p. 3. q. 80. c. 3.
[f] Alger., l. ii. c. 1.

demand concerning indigested hosts, which passing through the belly are cast into the draught, or concerning those that are cast into the worst of sinks, or into the dirt, whether such hosts cease to be the Body of Christ? and answer, that, "whether they be cast into the sink or the privy, as long as the appearances remain, the Body of Christ is inseparable from them[g]." And for the contrary opinion, they say that it is not tenable, and that it is not safe for any to hold it, because the pope[h] hath forbid it should be maintained under pain of excommunication. Therefore the modern schoolmen add, that, "if any should hold the contrary, after the pope's determination, he should be condemned by the Church" (of Rome, that is.) Nay, they hold it to be a point of faith which none may doubt of, "because the contrary doctrine hath been condemned by Pope Gregory XI.[i]" 5. They ask concerning the accidents, whether the Body of Christ be under them when they are abstracted from their subject? This is against logic. Or whether worms be gendered, or mice nourished, of accidents? And this against physic. 6. Whether the Body of Christ can at the very same time move both upwards and downwards, one priest lifting up the host, and another setting it down? And I know not how many more such thorny questions have wearied and nonplussed them and all their school, and brought them to such straits and extremities, that they know not what to resolve, nor what shifts to make. And truly it had been very happy for religion, if, as the ancients never touched or mentioned transubstantiation, so latter times had never so much as heard of its name. Fo God made His sacrament upright, (as He did man,) but about it they have sought out many inventions.

Eccl. vii. 29.

25. Likewise, this transubstantiation hath given occasion to some most wicked and impious wretches to abuse and profane most unworthily what they thought to be the Body of Christ: for instances may be brought of some wicked priests who for filthy lucre have sold some consecrated hosts to Jews and sorcerers, who have stabbed and burnt them, and used them for witchcraft and enchantments. Nay, we read that S. Lewis[k] himself (very ill advised in that) gave once to the Turks and Saracens a consecrated host, as a pledge of his promise, and an assurance of peace. Now, can any one who counts these things abominable persuade himself that our blessed Saviour would have appointed that His most holy Body should be present in His Church in such a manner as that it should

[g] Thom. in 4. dist. 9. q. 2. a. 1.—Brulif., in 4. dist. 13. q. 5.
[h] Greg. Papa XI.
[i] Soto in 4. dist. 12. q. 1. a. 3.—Vasq.
in 3. disp. 195. c. 5.—Direct. Inquis., p. 1. n. 5, et p. 2. q. 10.
[k] Leuncl. de Rebus Turc. § 116.

come into the hands of His greatest enemies and the worst of infidels, and be eaten by dogs and rats, and be vomited up, burnt, cast into sinks, and used for magical poisons and witchcraft? I mention these with horror and trembling, and therefore abstain from raking any more in this dunghill.

26. No wonder, therefore, if, this new doctrine of Innocent III. being liable to such foul absurdities and detestable abuses, "few men could be persuaded," in the fourteenth century, "that the Body of Christ is really (or by transubstantiation) in the sacrament of the altar;" as it is recorded by our countryman Robert Holkot[l], who lived about the middle of that century. As also Thomas Aquinas reports of some in his time, "who believed that, after consecration, not only the accidents of the bread, but its substantial form, remained[m]." And Albertus Magnus himself, who was Thomas his tutor, and writ not long after Innocent III., speaks of transubstantiation as of a doubtful question only. Nay, that it was absolutely rejected and opposed by many, is generally known; for the anathema of Trent had not yet backed the Lateran decree.

27. As for the rest of the schoolmen, (especially the modern,) who are, as it were, sworn to Pope Innocent's determination, they use to express their belief in this matter with great words, but neither pious nor solid, in this manner: "The common opinion is to be embraced, not because reason requires it, but because it is determined by the bishop of Rome[n]." Item: "That ought to be of the greatest weight, that we must hold with the holy Church of Rome about the sacraments: now it holds that the bread is transubstantiated into the Body, and the wine into the Blood, as it is clearly said, *Extra, De Fide et Summa Trinitate,* cap. 'Firmiter[o].'" Again: "I prove that of necessity the bread is changed into the Body of Christ; for we must hold that declaration of faith which the pope declares must be held[p]." Thus, among the papists, if it be the pleasure of an imperious pope, as was Innocent III., doctrines of faith shall now and then increase in bulk and number, though they be such as are most contrary to Holy Scripture, though they were never heard of in the primitive Church, and though from them such consequences necessarily follow as are most injurious to Christ and His holy religion. For after Innocent III. the Roman faith was thus much increased[q] by the determination of Pope Gregory XI., that, if it so happens, the Body of Christ in the consecrated host may descend into a rat's belly, or into a privy, or any such foul place.

A.D.1371.

[l] In 4. q. 3; an. 1350.
[m] 3. q. 75. a. 6.
[n] Th. Argentin., in 4. d. 11. q. 1. art. 2.
[o] Scot. in 4. dist. 11. q. 3.
[p] Bacon, in 4. dist. 8. q. 1. a. 2.
[q] Ut supra, art. 24.

228   THE HISTORY

CHAP. VII.

The Council of Constance.
A.D. 1415.

28. In the fifteenth century the council of Constance (which by a sacrilegious attempt took away the sacramental cup from the people, and from the priests when they do not officiate) did wrongfully condemn Wiclif, who was already dead, because amongst other things he had taught, with the ancients, that "the substance of the bread and wine remains materially in the sacrament of the Altar; and that in the same sacrament no accidents of bread and wine remain without a substance:" which two assertions are most true.

Card. Cameracensis.
A.D. 1420.

29. Cardinal Cameracensis, who lived about the time of the council of Constance, doth not seem to own the decree of Pope Innocent as the determination of the Church. For, that the bread should still remain, he confesseth, that "it is possible;" that "it is not against reason or the authority of the Bible[r]:" but concerning the conversion of the bread he says, that "clearly it cannot be inferred from Scripture, nor yet from the determination of the Church," as he judgeth. Yet because the common opinion was otherwise, he, yielding to the times, was fain to follow, though with some reluctancy.

The Council of Florence.
A.D. 1439.

30. The council of Florence, which was not long after, did not at all treat with the Greeks about transubstantiation, nor the consecration of the sacrament, but left them undetermined, with many other controversies. But that which is called the Armenians' Instruction[s], (and in this cause and almost all disputes is cited, as the decree of the general council of Florence, by Soto[t], Bellarmine[u], and the Roman catechism[x],) is no decree of the council, as we have demonstrated somewhere else[y], but a false and forged decree of Pope Eugenius IV., who doth indeed in that instruction prescribe to the Armenians a form of doctrine about the sacrament, saying, that "by virtue of the words of Christ the substance of the bread is turned into His Body, and the substance of the wine into His Blood." But that he did it with the approbation of the council, (as he often says in his decree,) is proved to be altogether false, as well by the acts of the council, as by the unanswerable arguments of C. de Capite Fontium, archbishop of Cæsarea, in his book *De necessariá Theologiæ Scholasticæ Correctione*[z], dedicated to Pope Sixtus V. For how could the council of Florence approve that decree which was made more than three months after it was ended? it being certain[a] that, after the council was done, the Armenians, with the Greeks, having each of them signed letters of union, (which yet were not approved by all, nor long in force after

[r] In 4. q. 6. a. 2.
[s] Instr. ad Armen.
[t] In 4. dist. 11. q. 1. art. 2.
[u] De Euch., l. 4. c. 13.
[x] Part. 2. c. 4. num. 18.

[y] In the History of the Canon of Scripture, num. 158.
[z] C. de Cap. Font. de necess. Correct. Schol. Theol., p. 51, 53, et 56.
[a] Ex Act. Conc. Flor.

they were subscribed,) departed out of Florence July 22, whereas the instruction was not given while November 22. Therefore, by the mutual consent of both parties, was nothing here done or decreed about transubstantiation, or the rest of the articles of the new Roman faith. But Eugenius, or whoever was the forger of the decree, put a cheat upon his reader. Perhaps he had seen the same done by Innocent III. or Gregory IX., in the pretended decrees of the council of Lateran, which were the pope's only, but not the council's. And certainly it is more likely Eugenius did it rather to please himself, than for any hopes he could have that, at his command, the Armenians would receive and obey his instruction sooner than the Greeks: for to this day "the Armenians believe that the elements of bread and wine retain their nature in the sacrament of the Eucharist[b]."

31. By these any considering person may easily see, that transubstantiation is a mere novelty, not warranted either by Scripture or antiquity, invented about the middle of the twelfth century out of some misunderstood sayings of some of the fathers, confirmed by no ecclesiastical or papal decree before the year 1215, afterwards received only here and there in the Roman Church, debated in the schools by many disputes, liable to many very bad consequences, rejected (for there was never those wanting that opposed it) by many great and pious men: until it was maintained in the sacrilegious council of Constance, and at last, in the year 1551, confirmed in the council of Trent[c], by a few Latin bishops, slaves to the Roman see, imposed upon all under pain of an anathema to be feared by none, and so spread too too far, by the tyrannical and most unjust command of the pope[d]. So that we have no reason to embrace it, until it shall be demonstrated that, except the substance of the bread be changed into the very Body of Christ, His words cannot possibly be true, nor His Body present; which will never be done.

[b] Joh. Lasic. de Relig. Armeniorum.
[c] Concil. Trident., sess. xiii.
[d] Bulla Pii IV. de profess. fidei.

A TABLE OF THE PLACES OF SCRIPTURE CITED IN THIS BOOK.

Exod. xii. 11, 21	Chap. I.	Art. iv.
Eccl. vii. ult.	— VII.	— xxiv.
S. Matt. xxvi. 26	— I.	— i.
S. Luke xxii. 19	ibid.	ibid.
S. John iii. 3	— VI.	— vii.
S. John iii. 29	— VII.	— xix.
S. John vi. 55	— I.	— i.
Rom. xii. 2	— VI.	— vii.
1 Cor. iv. 15	ibid.	ibid.
1 Cor. x. 16	— I.	— i.
1 Cor. x. 3, 4	ibid.	— [iv.]
Gal. vi. 15	— VI.	— vii.
Eph. iv. 22	ibid.	ibid.
1 Pet. i. 3	ibid.	ibid.
Jude Ep. v. 3	In the Preface.	

A TABLE OF THE ANCIENT FATHERS.

Century I.

Clemens Romanus	Chap. VI.	Art. i.
S. Ignatius	ibid.	— x.

Century II.

Theoph. Antioch.	Chap. VI.	Art. i.
Justinus Martyr	— V.	— vii.
,, ,,	— VI.	— xii.
Athenagoras	} ibid.	— i.
Tatianus		
Irenæus	— V.	— viii.
,, ,,	— VI.	— v., vii.

Century III.

Tertullianus	Chap. V.	Art.
,, ,,	— VI.	— vii.

Origenes	Chap. V.	Art. x.
,, ,,	— VI.	— v., vii.
Cyprianus	— V.	— xi.
,, ,,	— VI.	— vii., viii., xiii.
Clem. Alex.	ibid.	— i., vii.
Minut. Felix	ibid.	ibid.
Arnobius	— V.	— xxxv.

Century IV.

Euseb. Cæsar.	Chap. VI.	Art. i.
Athanasius	— V.	— xiii.
Cyril. Hier.	ibid.	— xiv.
,, ,,	— VI.	— v., vii.
Juvencus		
Macarius		
Hilarius		
Optatus		
Euseb. Emiss.		
Greg. Naz.	ibid.	— i.
Cyril. Alex.	ibid.	v., vii.
Epiphanius		
Hieronymus	ibid.	vi.
Theoph. Alex.		
Gaudentius		
S. Basil.	— V.	— xv.
,, ,,	— VI.	— vii.
Greg. Nyss.	— V.	— xvi.
,, ,,	— VI.	— vii.
Ambrosius	— V.	— xvii.
,, ,,	— VI.	— vi., vii., xiii.
Chrysostomus	— V.	— xviii.
,, ,,	— VI.	— vi., vii., viii.

Century V.

S. Augustinus	Chap. V.	Art. xix.
Prosper	ibid.	— xx.
Leo	— [VI.]	— [viii.]
Theodoretus	— V.	— xxi.
,, ,,	— VI.	— xi.
Gelasius	— V.	— xxii.
Sedulius	} — VI.	— i.
Gennadius		
Faustus Reg.	ibid.	vii.

Century VI.

Ephremus	Chap. V.	Art. xxiv.
Facundus	ibid.	— xxv.
Fulgentius	— VI.	— i.
Victor Antioch.		
Primasius	} VI.	i.
Procop. Gaz.		

A TABLE OF ANCIENT FATHERS.

Century VII.

Isidorus Hisp.	Chap. V.	Art. xxvi.
Hesychius	— VI.	— i., ii.
Maximus	ibid.	i.

Century VIII.

Ven. Beda	Chap. V.	Art. xxvii.
Car. Magnus	ibid.	— xxviii.
Damascenus	— VI.	— i.

Century IX.

Paschasius	Chap. V.	Art. xxix.
Amalarius	ibid.	— xxx.
Rabanus Maurus	ibid.	— xxxi.
Joh. Erigena	ibid.	— xxxii.
Wal. Strabo	ibid.	— xxxiii.
Bertramus	ibid.	— xxxiv.
Niceph. Patr. Hincmarus	— VI.	— i.

Century X.

Herigerus	Chap. V.	Art. xxxvi.
Fulbertus	— VI.	— i.

Century XI.

Idem Fulbertus	Chap. VII.	Art. iii.
Berengarius	ibid.	— iv.,v.,vi.,vii., viii., &c.
Hildebertus	ibid.	— iv.
Theophylactus Œcumenius	— VI.	— vii.

Century XII.

Bernardus	Chap. VII.	Art. xiii.
,, ,,	— III.	— ii.
Rupertus	— VII.	— xiv.

A TABLE OF THE SCHOOLMEN.

Century XIII.

Lombardus	Chap. VII.	Art. xv.
Alex. Alensis	ibid.	— xxiv.
,, ,,	— VI.	— ii.
Albertus Magnus	— VII.	— xxvi.
Tho. Aquinas	— VI.	— ii.
,, ,,	— VII.	— xxvi.
Rich. de Mediavilla	ibid.	— x.

A TABLE OF THE SCHOOLMEN.

Century XIV.

Scotus	} Chap. V.	Art. iii.
Durandus		
Occamus		
Baconus	— VII.	— xxvii.
Holcotus	ibid.	— xxvi.
Th. Argent.	ibid.	— xxvii.
Brulifer	ibid.	— xxiv.

Century XV.

Card. Camerac.	Chap. V.	Art. iii.
,, ,,	— VII.	— xxix.
Gabriel Biel	ibid.	ibid.

Century XVI.

Cajetanus	Chap. VII.	Art. xxix.
Dom. Soto	ibid.	— xxiv.

A TABLE OF THE COUNCILS.

Nicen. I.	Chap. V.	Art. xii.
Chalced.	ibid.	— xxiii.
Ancyran.	} — VI.	— i.
Neocæsarien.		
Laodicenum		
Carthagin.		
Aurelian.		
Toletanum IV.		
Braccarense		
Toletanum VI.		
Constantinop. VI.		
Brixiense	— VII.	— xii.
Anglican.	— V.	— xxxvi.
,, ,,	— VI.	— ii.
Arelatense III.	ibid.	— ibid.
Vercellense	— VII.	— vii.
Turonense	ibid.	— viii.
Rom. sub Nic. II.	ibid.	— ix.
Rom. sub Greg. VII.	ibid.	— xii.
Later. sub Inn. III.	ibid.	— xviii.
Constantiense	ibid.	— xxviii.
Florentinum	ibid.	— xxx.
Tridentinum	ibid.	— xxxi.

A TABLE OF THE POPES.

Leo IX.	Chap. VII.	Art. vii.
Victor II.	ibid.	— viii.
Nicol. II.	ibid.	— ix.
Greg. VII.	ibid.	— xii.
Innoc. III.	ibid.	— xviii., xix., xx., xxi.
Greg. IX.	— IV.	— vii.
Greg. XI.	— VII.	— xxiv., xxvii.
,, ,,	— VI.	— ii.
Eugenius IV.	— VII.	— xxx.
Pius IV.	ibid.	— xxxi.
,, ,,	— IV.	— vii.

A TABLE OF THE HISTORIANS.

Photius	Chap. V.	Art. xxiv.
Trithemius	ibid.	— xxxi.
Malmesbury	ibid.	— xxxi., xxxii.
,, ,,	— VII.	— iv., vi., xii.
Antonius	V.	— xxxii.
Vincentius	ibid.	ibid.
,, ,,	VII.	— xii.
Sigebert	V.	— xxxvi.
,, ,,	VII.	— vi.
Thevet	ibid.	— iv.
P. Masson	ibid.	— ix.
M. Paris	ibid.	— vi., xx.
M. Westm.	ibid.	ibid.
Baronius	ibid.	— ix., xii.
Sigonius	ibid.	— ix.
Chron. Cassin.	ibid.	— xiii.
Engilb. Trevir.	ibid.	— xii.
Bertold. Const. } Benno Cardinal. } Abbas Ursperg. }	ibid.	ibid.
Otho Frisingen.	ibid.	— xvi.
Platina	ibid.	— xx.
Th. Walsingh. } Discip. de temp. } Cæsarius Monach. }	ibid.	— xxii.
Leunclavius	ibid.	— xxv.
Lasicius	ibid.	— xxx.

A TABLE OF THE CONFESSIONS OF REFORMED CHURCHES.

Anglic.	Chap. II.	Art. iii.
Augustan.	ibid.	— viii.
Saxon.	ibid.	— ix.
Wittemberg	ibid.	— x.
Bohem.	ibid.	— xi.
Polon.	ibid.	— xii., xix.
Argentin. et Basil.	ibid.	— xiii.
Gallic.	ibid.	— xiv., xv.
Belgica	ibid.	— xvi.
Helvet. prior, et posterior.	ibid.	— xvii., xviii.

A TABLE OF THE REFORMED AUTHORS.

Luther	Chap. II.	Art. xiii.
Bucerus		
Zuinglius	ibid.	ibid.
Œcolamp.		
Poinetus.	ibid.	— iv.
Juellus	ibid.	— iii.
Bilson	ibid.	— v.
Andrewes	ibid.	ibid.
Jacob. Rex	ibid.	— vi.
Hooker		
Joh. Episc. Roffens.		
Montacut.		
Armachan.	ibid.	ibid.
Franc. Episc. Eliens.		
Laud		
Overal		
Anton. de Dom.	ibid.	— vii.
Calvinus	ibid.	— xx.
Colloq. Ratisb.	— V.	— xxii.

A TABLE OF THE PAPISTS' AUTHORS.

Bellarm.	Chap. III. Art.	i., ii.
,, ,,	— IV. —	vii.
,, ,,	— V. —	iii., v., xviii., xxi., xxii.
,, ,,	— VI. —	xi., xiv. xv., xvii.
,, ,,	— VII. —	xvii., xxii., xxx.
Salmeron	— IV. —	vii.
Tolet.	*ibid.*	*ibid.*
Roffens.	— V. —	iii.
Perron	*ibid.*	xiii.
Possevin.	*ibid.*	xviii., xxxv.
,, ,,	— VII. —	xvii.
Steph. Gard.	— V. —	xviii.
Greg. de Valen.	*ibid.*	xxi.
Præfat. in Theodor.	*ibid.*	*ibid.*
Sirmondus	*ibid.*	xxv.
Tho. Walden.	*ibid.*	xxxi.
,, ,,	— VII. —	xii.
Index libr. prohib.	— V. —	xxxv.
Indices expurg.	*ibid.*	*ibid.*
Sixt. Sen.	*ibid.*	*ibid.*
Vasquez	— VI. —	ii.
,, ,,	— VII. —	xxiv.
Direct. Inquisit.	— VI. —	xii.
,, ,,	— VII. —	xxiv.
Alph. a Castro	— VI. —	xvii.
Discurs. de Jesuitis	*ibid.*	*ibid.*
Watson. Quodlib.	*ibid.*	*ibid.*
Garetius.	— VII. —	iv.
Alanus.	*ibid.*	*ibid.*
Lanfrancus	*ibid.* —	v., vii., x.
Guitmundus	*ibid.* —	xi.
P. Blesensis	*ibid.* —	xvii.
Steph. Eduensis	*ibid.*	*ibid.*
Gerson	*ibid.* —	xxii.
Catechism. Trid.	*ibid.* —	xxx.
De Capite Fontium	*ibid.*	*ibid.*
Algerus.	*ibid.* —	xxiv.
Gratiani Glossator.	*ibid.* —	x.

ON

THE VALIDITY

OF

THE ORDINATION OF PRIESTS

IN THE

CHURCH OF ENGLAND.

CONCERNING ORDINATION IN THE CHURCH OF ENGLAND, &c.

[The following portion of a letter to Bishop Morley, preserved among the Barlow manuscripts in the Library of Queen's College, Oxford, together with copies of the chief part of Cosin's first two letters in the following controversy, is here prefixed as an introduction to the letters themselves. It was written about the year 1650, (i. e. five years after 1645. —See p. 242.) Mention is made of letters to Morley on this subject by Basire, *Dead Man's real Speech*, p. 60, by Dod, *Church History*, vol. ii. p. 307, and by others.]

FOR MY VERY GOOD FRIEND AND BROTHER, DR. MORLEY.

SIR,

BECAUSE you have so often desired me to let you know what passed between the Prior of the English Benedictines here in France and myself concerning the validity of our Ordination in the Church of England, I have here begun to transcribe you the two first papers which I wrote upon that subject: to the latter whereof he never made any answer[a].

---

[a] [Cosin alludes to his second paper, viz., that of July 11, which contained large additional authorities. Dr. Basire (Dead Man's Real Speech, p. 60.) confounds it with his Review of Robinson's first paper of June 14. His words are: "The issue was,—Our doctor had the better so far, that he could never get from the Prior any reply to his *last* Answer;"—which statement is not correct. In Smith's collection of Bishop Cosin's manuscripts there is preserved a copy of a letter, apparently sent by the Prior with his reply to Cosin's last Answer, (i. e. the Review, dated July 25,) which the writer states to have reached him on the 26th of September; and in this there is mention made also of Cosin's former papers. The part of it, which bears upon the history of this controversy, is as follows:

" To my worthy Friend, D. C.
SIR,
Having the honour to meet you, as I doubt not but you remember, in the Chamber of a noble Lady at Court,

the day after the feast of the Blessed Sacrament, the subject of our discourse being determined by the circumstance of the time, there was some question made of the honour due to the Sacrament, wherein I made great difference betwixt that which was consecrated on our Altars, as being the very true natural Body of Christ, and that which you give in your Cene, as being still as pure bread according to the substance as it was at first, your ministers having no power to consecrate for lack of ordination. To this you replied, that in your ordination you received as much power as our Priests, and that the ordination of both was the same; and that you could shew out of the ancient fathers, that the ordination used in England was sufficient for the consecration and what else was to be done about the Sacrament of the Eucharist, and promised to give me the proofs in writing: for discharge of which promise you sent me a paper wherein you undertook to prove, that " by imposition of hands, and by those words, ' Receive the Holy Ghost: whose sins

The answer that he gave to the former of them, and the reply which I returned him, are so long that I have not now leisure enough to transcribe them. Yet, if, upon the perusal of these two, you shall still continue your desires to see more, I will set aside some hours hereafter for that purpose, and give you satisfaction [b].

In the mean while, to let you know how this matter began between us, thus it was. At my first coming into France, (which was about five years since,) I found many of the Roman profession (both priests and others) very busy and industrious in persuading them of our religion that attended at the English court to turn papists; for which purpose the chief arguments that they used were such as these: "You have lived a long while in heresy, which hath brought God's anger and indignation upon you: your kingdom of England is ruined: your Church is lost: your Bishops and Priests are put out of their places, and are never likely to be restored: your nine and thirty Articles are at an end, nobody regards them: your Service-book and your Sacraments are come into the contempt and scorn of the world: the head of your Church aches, and is ready to perish: the members are scattered and torn in pieces: the protestant Churches abroad will not acknowledge you, unless you will all turn Huguenots, or Lutherans: and they are all a company of heretics, as you are. What should you do among them?

ye remit,' &c., holy orders were given to the Apostles, and are so to us—by those words and by no other." In a letter sent to the same Lady, from whose hands the paper was sent to mine, I shewed the defect of the proofs for the end you brought them. After I had sent that letter, I received a second paper from you to the same effect of the former; and upon the 26th of September I received an answer to my letter by a treatise consisting of twenty-one sections or chapters, which you called 'A Review of a Letter sent by F. R. to a Lady,' &c. To this I send you here an answer.

I have not herein followed the method of your Review.... I thought it better to bring the subject we discoursed of into the method which the nature of the doctrine required; and therefore I have made four sections. In the first, I speak of the Real Presence. In the second, of Transubstantiality. In the third, of the Sacrifice of the Mass. In the fourth, of the conferring the power to offer that Sacrifice, which is called the Ordination of Priests," &c.]

[b] [From a letter, which is preserved in the Harleian MSS. (n. 3783.) dated from Paris, Aug. 28, 1659, and addressed to Sancroft at Geneva, it appears evident that Cosin designed these letters, or the substance of them, for publication. "I am glad to hear from you," he says, "that my 'History of the Scripture-Canon' pleased you so well; but it was my late sitting up at nights to follow that work, that lost me the vigour of my eyes, and will now retard me, till I recover my sight, from perfecting any other such treatise, which I intended to publish; whereof that which Dr. Morley shewed you, if God give me leave, is like to be the first."]

There is no safety, no salvation for you, to be had, but in the bosom of [c] . . . .
. . . .
the nearer; for that those men, whom we pretend to be Bishops and Priests, had not the true character of priesthood upon them, and wanted, not only a lawful succession, (which, if they wanted nothing else, he for his part was ready to grant them,) but also the very essential form or power, and matter of priestly order, without which there could be no Sacraments celebrated, nor any Church kept up at all. His offer to make a clear demonstration and proof hereof so far wrought upon that person whom he thus assaulted, that a promise was made him of forsaking our Church and religion wholly, and of turning to the Roman Catholic party, if he could make his words good.

I had not been then long at Paris, nor had I ever any sight or knowledge of this person before, who, having made so large a promise, was urged every day by the Prior to perform it.

After a week or thereabout, (when notice had been taken of my being in town, and of my coming to some other places, where I was better known in the queen of England's court, and where I endeavoured to defend our own religion against divers others that were sent and brought thither to oppose it,) I had a special message brought me from the same person, very earnestly desiring that I would take the pains, at my first leisure, to come to the court, where there was a business to be imparted to me of a near concernment.

When I came, all the proceeding that the Prior had formerly had,—his last undertaking, together with the promise that was made him, (which was said to be seriously and deliberately made,) were at large made known to me. And I found that the promise had been received, and given to the Prior, in these terms, (the same day that I was sent for:) "If I may entreat the D[ean] of P[eterborough] (who hath been commended to me for this purpose) to have a conference with you, and if in that conference he cannot defend the validity of his own sacred orders, and give me satisfaction in what you have to say against it, I will and do promise you to quit my

[c] [Here a leaf of the MS. is wanting.]

present profession, and to be reconciled by you to yours, the very next morning after." Whereupon being demanded, whether I would admit and undertake that conference, or no,—when I had first declared my dislike of the promise, (which I said was too rashly and inconsiderately made : for the weight of this cause ought not to depend upon me, or any other particular man :) yet, being importuned and urged thereunto, and being desirous to preserve that person in our own communion, I yielded to the conference. For I well assured myself, that neither the Prior, (of whom I had some knowledge before,) nor any other of the Roman party, had aught of moment, and special in [t]his particular, to say against us. So the next day was appointed [d]; and, in the mean while notice being given of it to the Prior, we both came and kept our time; the person whom this business chiefly concerned having provided seven or eight other persons, some of our profession, and some of his, to be auditors and witnesses of what was said on either part.

At this conference, (which continued about three or four hours together,) after some few preparations and agreements made between us, how to order it for the better and more ready satisfaction of the person there present, whom the Prior had sought to withdraw from our religion, I demanded of him, "what it was that he had to say against it?"

And many objections he made: to which such answers were returned him, as that he was able to gain nothing of us. Thereupon declining all other controversies (for that time) he addressed himself, as he was then desired to do, wholly upon this one,—"Whether we had any Priests, or ministers of divine things, in the Church of England, truly ordained, or no?"—making the question, *not* "whether they were lawfully or canonically ordered," (which was the chief matter of controversy between Dr. Champney and Dr. Mason,) but "whether, upon supposition that they were true Bishops, [orders,?] according to the form now used in our Church, gave them any true or real power of divine

[d] [It appears from Prior Robinson's letter, that this day was "the day after the feast of the Blessed Sacrament," that is, probably, after the octave of Corpus Christi, which in the year 1645 fell on Thursday, June 5; so that the conference took place on Friday, June 13, and Cosin's first paper was written the next day, June 14. (See p. 254.)]

orders?"—which he undertook to prove, that *they did not.* Being required to make his proof, he framed his argument against us after this manner: "Those orders, which want both the matter and form of divine orders, are no such orders at all: but your orders in the Church of England want both the matter and the form of divine orders: therefore they be no such orders at all; nor are you any Priests or ministers of the Sacraments at all."

To prove the assumption, (which was denied him,) thus he proceeded: "You, that have neither the paten nor the chalice delivered to you in your ordination of priesthood, (which is the matter of that holy order,) nor authority given you by your Bishops to offer sacrifice for the quick and dead, (which is the form of that order,) want both the matter and form of a Priest's ordination. But you have neither of these; and therefore you are neither materially nor formally ordered to be Priests."

When I required him to prove his proposition, and told him that "*we* acknowledged no such matter and form, more than that they were either of them a new device, not long ago invented, and brought into the forms of ordination by the Roman Catholics: wherein other Churches, and ours in particular, that followed still the ancient forms, had no reason to follow them, both for that they were herein novelists destitute of Scriptures and fathers to bear them out in it, and for that they sought hereby to uphold such doctrines among them, concerning the Sacrament and the power of their Priests to offer a real and propitiatory sacrifice in it, as we must never allow. When I had said this, and bid him prove his proposition, whether out of the Scriptures, or out of the fathers, or out of any good author that lived in the East or West Church, (whereof his own was a part,) for the space of six, or (if that were not latitude enough for him) of seven hundred years together after the Apostles, (which I was well assured he would not be able to do,) instead of making his proofs, he fell (as their manner is) to asking of questions. And first he demanded of me, " what I held to be the matter and form in the ordination of a Priest?"—whereunto I gave him this answer, that "we held nothing necessary either to the matter or form of it, but prayers and imposition of hands, together with the words that our Saviour said to His disciples, when He made them the dispensers of holy things, and ministers of His Church, in the xxth chap. of S. John, ' Receive the Holy Ghost: whose sins ye do remit, they are remitted,' &c.:—by virtue of which words and benediction our holy orders are given us ;—and that not only the ancient fathers, but even their own best authors among the Roman Catholics themselves, were of the same mind; and therefore, that we were Priests, or ministers of God's holy Word and Sacraments, sure enough, by the confession of all sides, without the new additions of chalice and paten, and sacrificing for the quick and the dead ; which very few of his own religion, besides himself, held to be necessary or essentially belonging to their ordaining of a Priest." And hereupon he was desirous to know, what authors I could name, old and new, that were of my mind? which I told him I would do in good time more at large. In the mean while I named him some of those, whom I cite in the first and second papers, written at his own request, and here ensuing. Next he demanded, " If I were able to tell the time, when these new additions, as I called them, were brought into the Church?" My answer was: 1. " That they were never yet brought into the Catholic Church, that is, universally received : 2. That, when they were brought into the Roman or Latin Church, it concerned him to look to ; yet, if he knew it not, that I could go near to tell him for a need : 3. But that it was enough for us to be assured (as we were) that the ancient primitive Church (wherein they gave orders without them) never own[ed] them, as he did ; and that the Greek Church, in making of their Priests, (whom the Roman Catholics do not deny to be truly ordained,) maketh no use of them at this day: 4. I added, that, whenever they came into the Church of Rome, they had not yet got such credit there, as to be made the matter and form essentially belonging to their own ordination." Whereat he took occasion still to ask more questions, both concerning the ancient Church, (in which he seemed to have no great skill, or so much at least as appertained to this particular,) and concerning the modern Churches abroad among the Greeks and other nations of the world, that had no dependence upon the Church of Rome. To which questions he received such answers, as brought him to acknowledge, that for the present he could make no reply to them; but, if he might receive any of them set down in writing, he made no doubt but that he should [be] able to say somewhat to them, which should give both me, and the person for whose sake we had met together, a full and clear satisfaction in what he had undertaken to prove. In the meanwhile he desired to know: 1. "Whether our Priests or ministers had any power to consecrate the Sacrament of the Altar; and by what words that power was given them in our form of ordination?" 2. "Whether they had any power to offer the Sacrifice of the Altar; and by what words that power likewise was with us conferred upon them?" I told him, "that (excluding their pretended and vain sense of transubstantiating the bread and wine, of a true and proper altar, and of a real sacrificing of the Body of Christ: all which we rejected as unsound and uncatholic doctrine:) we had both the one and the other power given us; that is, a power to bless the elements, and of common bread and wine to make them become sacred symbols or the Sacraments of the Body and Blood of Christ; which was as certainly given to the faithful, as the Sacrament itself was received by them; and a power to offer the sacrifice of the Eucharist, which is a sacrifice of praise and thanksgiving, made in the name of the Church, for the Sacrifice that Christ made of Himself, and offered upon the Altar of His Cross once for all." He replied, that "a power to remit and retain sins, which was only given us (or rather pretended to be given us) in our orders, was not sufficient for all this: and therefore, that, howsoever we might take upon us to absolve or bind sinners, yet we could neither consecrate, nor sacrifice, no not in our own sense; because our Bishops, in ordaining us, say nothing to us of them." But, when I had returned him this answer, 1. "That the Bishop says to us, '*Accipe Spiritum Sanctum*,' which is to confer upon us a ghostly and a ministerial power under Him, by whom all things are made holy, and all the spiritual sacrifices of the Church offered up, to perform all the sacred actions that any way belong to our office:" 2. "That the power of remitting sins relates to the right dispensing of the blessed Sacrament, which was expressly instituted for the remission of sins :" 3. "And that the Bishop, for the better explaining of this power, addeth words to the same purpose, when in his ordaining of a Priest he saith, 'And be thou a faithful dispenser of the Word of God and of His holy Sacraments, in the name of the Father, and of the Son, and of the Holy Ghost; Amen :'"—this answer, (which the person whom the Prior had sought to pervert, and others there present, approved, and said that both it and all the former did sufficiently satisfy them,) put him to some silence. Yet, afterwards desiring me to give him a paper of what I had said, or could say more in this particular, (whereof I told him there was no need,) he began to make new objections against [e]. . . . .

---

[e] [Here the Barlow MS. breaks off; but it is followed by a rough draft, in Cosin's own hand, of part of the letter dated July 11; which is given in full hereafter among the following papers, as preserved in vol. xl. of the Smith MSS. in the Bodleian Library.]

A

REVIEW OF A LETTER

SENT

FROM F. P. R. TO A LADY

(WHOM HE WOULD HAVE PERSUADED TO THE ROMISH PARTY)

IN OPPOSITION

TO A FORMER PAPER GIVEN HIM

FOR THE DEFENCE OF THE CHURCH OF ENGLAND

IN THE

ORDINATION OF PRIESTS.

THE FORM OF ORDAINING PRIESTS IN THE CHURCH OF ENGLAND[a].

It is to be performed at the celebration of the Holy Eucharist:

Where[b], after

The Epistle, Acts 20.—The Holy Ghost hath made you, &c.

The Gospel, S. John 20.—Receive the Holy Ghost: Whose sins, &c.

And

The Hymn, *Veni Creator.*—Come Holy Ghost, &c.

With

The Litany, and other prayers to that purpose,—

The Bishop with the Priests present shall lay their hands severally upon the head of every one that receiveth Orders, the receivers humbly kneeling upon their knees, and the Bishop saying:

"Receive the Holy Ghost: Whose sins thou dost forgive, they are forgiven; and whose sins thou dost retain, they are retained: And be thou a faithful dispenser of the Word of God, and of His holy Sacraments: In the Name of the Father, and of the Son, and of the Holy Ghost. Amen."

The Bishop shall (then) deliver to every one of them the Bible, ... saying:

"Take thou authority to preach the Word of God, and to minister the holy Sacraments in the[1] congregation, where [1] ["this."] thou shalt be so appointed."

[a] [This, and the following form, in Cosin's own hand, are preserved in the Birch collection of MSS. in the Brit. Mus., num. 4274.]

[b] [See "the Form of Ordering of Priests," in "The Book of Common Prayer and Administration of the Sacraments," &c., fol. Lond. 1634.]

Then shall the Creed be sung, &c. And all they that be ordained shall "remain in the same place, where hands were laid upon them, until such time as they have received the Communion:"

At the end whereof the Bishop giveth the Benediction.

THE FORM IN THE ROMAN[c] CHURCH.

AFTER the tradition of the paten with the host (unconsecrate) upon it, which they that are to be ordered take from the Bishop, and receive between their former and their middle fingers; and the delivery of the chalice with wine and water in it, (unconsecrate likewise;) which they touch, (paten and it together, both at once:) the Bishop adding thereunto this form of words, 'Take thou authority to offer sacrifice to God, as well for the living as for the dead, in the name of the Lord:'

Then the Bishop layeth hands upon every one of their heads, and saith:

"Receive the Holy Ghost: Whose sins thou dost forgive, they are forgiven; and whose sins thou dost retain, they are retained:" In the Name of the Father, and of the Son, and of the Holy Ghost. Amen.

The difference of these two forms only is, that they deliver their ceremony of the paten and chalice *before* these words, 'Receive the Holy Ghost,' &c.; and we deliver ours (of the Bible) *after* them. They say, 'Take thou authority to offer,' &c.; and we say, 'Take thou authority to administer the holy Sacraments.' But *we* do it also at the imposition of hands, pertaining to the essence of orders: which *they* do not.

[c] [See the form 'De Ordinatione Presbyteri,' in the Pontifical. Rom., Clem. VIII. jussu edit., fol. Romæ, 1595, pp. 67, 73.—Tum Pontifex.... tradit cuilibet successive calicem cum vino et aquâ, et patinam superpositam cum hostiâ; et ipsi illam accipiunt inter indices et medios dignitos, et cuppam calicis et patinam simul tangunt, pontifice singulis dicente: "Accipe potestatem offerre sacrificium Deo, missasque celebrare, tam pro vivis, quam pro defunctis: In Nomine Domini. Amen." . . . . Quo finito, Pontifex . . . imponit ambas manus super capita singulorum coram eo genuflectentium, dicens cuilibet: "Accipe Spiritum Sanctum: Quorum remiseris peccata, remittuntur eis; et quorum retinueris, retenta sunt."]

THE OCCASION OF THIS ENSUING DISCOURSE

CONCERNING

THE ORDINATION OF PRIESTS OR MINISTERS IN THE CHURCH OF ENGLAND.

FATHER ROBINSON, endeavouring to draw a lady in the English court from her own profession of religion to the Roman party, had among other things undertook to prove to her, that in the Church of England we had no true Priests: whereupon she desired a conference between him and the D[ean] of P[eterborough.]

In that conference F. R. pretended, that our ordination was defective both in matter and form: in matter, because we had neither paten nor chalice delivered to us by the Bishop: in form, because the Bishop did not say to every one that was to be ordained, 'Take thou authority to offer sacrifice for the quick and the dead:' which both matter and form he affirmed to be essential and necessary in the ordination of Priests; so that, where this defect was, there was no priesthood at all.

The D. maintained: 1. That the Church of England had retained all things necessary to ordination: 2. That the matter and form mentioned by F. R. were but late invented ceremonies in the Church of Rome, and did not essentially belong to the ordaining of Priests: 3. That the true matter and form were imposition of hands and giving the power of the Holy Ghost to remit sins, administer the Sacraments, and preach the Word of God; which being retained by our Church, he undertook to prove that therein she had followed both Scripture and antiquity; neither of which could be produced (as he then affirmed) for F. R.'s assertion concerning the paten and the chalice, *cum formâ annexâ*. Afterwards F. R. desired to have somewhat in writing: and, being hasty to go out of the town the next day, this ensuing paper was drawn up.

THE WORDS WHEREBY HOLY ORDERS ARE GIVEN.

June 14, 1645.

By these words, "Receive the Holy Ghost: whose sins ye do remit," &c., are holy orders given,—*were so to the Apostles*, and *are so to us*, even to this day, by these and no other words [a]: which words had not the Church of Rome in their ordinations, it might well have been doubted, (for all their '*Accipe potestatem sacrificandi pro vivis et mortuis*,') whether they had any Priests at all, or no. But (as God would) they retained them, and so saved themselves.

For these are the very operative words for the conferring of this power.

The benefit of the remission of sins came from the Blood of Christ's veins, from the Sacrifice of His Body and Blood, which He made upon the Cross; and we cannot name the one, but we must of necessity include and have relation to the other. It came by the death and blood-shedding of Christ, the sacrifice that He offered for the world.

And, for the applying of this unto us, there are divers means and powers established by Him in His Church; which are all conferred upon the Priest by these words: "Receive the Holy Ghost: whose," &c.

Where the Holy Ghost signifieth "not the person, but the gifts of the Holy Ghost [b];" by which authority and power is given unto men in the Church to be dispensers and ministers of holy things, "to raise men from the earth, and bring God Himself down from heaven, by blessing visible elements to make them conduits of His invisible grace, and to dispose of that Flesh and Blood which was given and offered up for the life of the world [c]."

Thus by these words hath Christ "imparted power to the Priest, both over His mystical Body, which is the society of souls, and over the natural Body, which is Himself, for the uniting of both in one [d]."

Now, all and every of these means working forth remission of sins, which is the first and greatest benefit that our Saviour hath obtained for us, and of all these the Priest being a dispenser for that end that men may be freed from

---

[a] [Conf. Lanc. Andr. serm. in S. Joh. xx. 22.—xcvi. Serm., ed. Lond. 1641, p. 687.]
[b] [Conf. Hooker's Eccl. Polit. l. v. c. 77.—Op., ed. Lond. 1723, p. 276.]
[c] [Ibid., p. 275.]
[d] [Ibid.]

their sins and reconciled and united to God, therefore is this power of *remitting sins* (as the summary of the rest) conferred and given in holy orders. And it was the judgment of ancient fathers, that the orders of Priesthood were given by these words, and that by them Priests have power to do their office in the Sacraments of the Church, as well as in this particular of absolving penitents from their sins: which is clear by these ensuing [e] testimonies.

S. Hilary, S. Jerome, S. Austin, (as is confessed by Card. Bell. himself [f], l. i. de Pont. Rom. c. 12,) interpreting these words, " Receive the Holy Ghost : whose," &c., say that they are to be understood to confer " the power of order and jurisdiction."

S. Cyprian, Ep. 73.[g]—" Receive the Holy Ghost : whose sins," &c.—[h] " *Unde intelligimus non nisi Dominicâ ordinatione fundatis licere baptizare aut remissam peccatorum dare*[i]," &c. " Therefore" (he saith) " Corah, Dathan, and Abyram, offer-

---

[e] [The following sections of this paper in the *Barlow MS.* are somewhat differently arranged, viz. S. Cypr., S. Hier., Card. Bellarm., S. Hil., S. Hier., S. Aust., S. Anselm, Salmeron, Bp. Andr., Conc. Carth., Panorm., Innoc. III, Card. Hostiens.]

[f] [See Bellarm., de Romano Pontifice, lib. i. cap. 12. §§ Alia, et Et quamvis ; ed. Ingolst. 1601, tom. i. col. 658. —Est ergo communis expositio Hilarii, Hieronymi, Anselmi, et aliorum, in hunc locum, necnon Augustini, tract. 22, et 49. in Joannem, Dominum loqui de potestate clavium, quâ apostoli et eorum successores ligant vel absolvunt peccatores.

Et quamvis hic tractari videatur præcipue de potestate jurisdictionis, quâ peccatores excommunicantur, tamen patres jam nominati locum hunc *de utraque potestate*, ordinis videlicet et jurisdictionis, exponunt ; et certe videtur ex ipso textu id posse deduci.]

[g] [§ Quod si.—See S. Cypr. op., ed. Oxon. 1682, p. 201 ; where S. Cyprian's argument is : Manifestum est autem ubi et per quos remissa peccatorum (Matt. xvi. 19) dari possit, quæ in Baptismo scilicet datur. Nam Petro primum Dominus, super quem ædificavit Ecclesiam, et unde unitatis originem instituit et ostendit, potestatem istam dedit, ut id solveretur in cœlis, quod ipse solvisset in terris. Et post resurrectionem quoque ad apostolos loquitur, (Joan. xx. 21,) dicens, " Sicut misit Me Pater, et Ego mitto vos." Hoc cum dixisset, inspiravit, et ait illis, " Accipite Spiritum Sanctum : si cujus remiseritis peccata, remittentur illi: si cujus tenueritis, tenebuntur." Unde intelligimus non nisi in Ecclesiâ præpositis, et in Evangelicâ lege ac Dominicâ ordinatione fundatis, licere baptizare et remissam peccatorum dare; foris autem nec ligari aliquid posse, nec solvi, ubi non sit qui aut ligare possit aliquid, aut solvere. Nec hoc, frater carissime, sine Scripturæ Divinæ auctoritate proponimus, ut dicamus certâ lege ac propriâ ordinatione divinitus cuncta esse disposita ; nec posse quenquam contra episcopos et sacerdotes usurpare sibi aliquid, quod non sit sui juris et potestatis. Nam et Chore, et Dathan, et Abyron, contra Moysen et Aaron sacerdotem sacrificandi licentiam usurpare conati sunt; nec tamen quod illicite ausi sunt impune fecerunt. Et filii Aaron, qui alienum, &c.]

[h] From hence, or from these words, we learn that those, who by this ordination of Christ are founded in the priesthood, may baptize, remit sins, &c.

[i] [In the Barlow MS. there is added in Cosin's hand: " It was his error here to plead against Heretic Baptism, but this was none."—See below, p. 270.]

ing sacrifice without being ordained to it, were severely punished."

S. Jerome, Ep. 150[k]. ad Hedibiam, q. 9.—" Receive the Holy Ghost: whose sins," &c.—" Therefore, upon the first day of Christ's resurrection, the Apostles received the grace of the Holy Ghost to remit sins and baptize, and to make men the sons of God, and to give them the Spirit of adoption."

Multa hic[1] *addenda ex aliis patribus, quorum L. non sunt ad manum.*

[This passage is supplied from the Barlow MS.] [That Holy Orders are given *by Imposition of hands;* and that *the delivery of the paten and the chalice* is not necessary, nor the words of '*Accipe potestatem sacrificandi pro vivis et mortuis.*']

1. Panormitanus[m], 2. sup. decret., de sacrament. non iterandis, cap. Presbyter. (His authority is held as good as the text.) "The delivery of the chalice and the paten is not of the substance of ordering Priests."

2. Innocent the pope says[n], that, " unless other forms had been afterward brought into the Church by canons, it had been enough for the ordainer to have said : ' Be thou a Priest,' or ' a Deacon ;' and the ordination had been good."

3. The great scholar and cardinal Hostiensis[o] saith as much, and to the same purpose.

---

[k] [al. Ep. cxx. q. ix.—S. Hier. op., ed. Vallars. Veronæ, 1734, tom. i. col. 828.—Primâ igitur die resurrectionis acceperunt Spiritus Sancti gratiam, quâ peccata remitterent, et baptizarent, et filios Dei facerent, et Spiritum adoptionis credentibus largirentur.]

[1] Many testimonies are here to be added, out of the ancient fathers, at more leisure.

[m] [See Nicolai de Tudeschis, Archiep. Panorm., Comm. super secund. par. in lib. i. Decretalium; ed. Lugd. 1586, tom. i. par. ii. fol. 51, A.—Quæro, qui actus interveniant in ordinatione Presbyteri ? Dic, quod multi: tenere manus super caput, dare illi calicem, dare patinam, ungere illius manus: quilibet actus habet suam solennitatem. Uno omisso, non propterea iterabuntur alii. Quidam tamen dicunt dationem calicis et patinæ non supplendam, quia hæc non sunt de substantiâ. Tamen tutius est suppleri, secundum In.]

[n] [Idem, ibid. fol. 51, B.—Quæro de formis ordinandi. Dicit In., quod invenitur in Epistolâ ad Titum, quod Apostoli manus imponebant ordinandis, et orationes fundebant super eos: nec alia forma invenitur. Unde dicit In., quod, nisi fuissent aliæ formæ postea statutæ, sufficeret quod ordinator diceret ordinando : ' Sis presbyter, vel diaconus, vel subdiaconus. Hodie vero formæ postea sunt per Ecclesiam inventæ, et statutæ, et de necessitate servandæ : adeo quod, si eis omissis fuerit aliquis ordinatus, suppleri debent, &c.]

[o] [See Petri Suavis Polani Hist. Conc. Trid., lib. vii. art. 6 ; ed. August. Trin. 1620, p. 481.—Visus est admodum ad rem apposite locutus Melchior Cornelius Lusitanus id dignum consideratione censens, quod est certissimum Apostolos in ordinationibus usos esse manuum impositione, adeo ut nulla unquam in Divinâ Scripturâ ordinatio sine hac ceremoniâ facta legatur : .... etiam celebres canonistas, Hosti-

4. Con. Carthaginens. 4$^{\text{tum q}}$ can. 5.—*Quomodo Presbyteri* [A°. 436. *ordinentur*[r]. "*Presbyter cum ordinatur, Episcopo eum bene-* Barl. MS.] *dicente,* [*et*] *manum super caput ejus tenente, etiam omnes Presbyteri . . . presentes manus suas junctâ manu Episcopi super caput ejus teneant.*"
Where Priests are appointed by that great council to be ordained with *imposition of hands* only, (without either chalice or paten mentioned,) as the Church of England observeth.

5. Salmeron the Jesuit, in S. John xx. 21, upon the words, [§ 5, is "Receive the Holy Ghost: whose," &c.—saith[s], that "in placed under the these words there was not only given to the Apostles and first thesis their successors a power to absolve penitents, but also to in the Barlow preach and to administer the Sacraments:" and that Christ MS.] "here by these words made His new Priests of the Gospel, though He designed them to offer the sacrifice before that." "Without the Holy Ghost, (who was not given before, because Christ was not glorified,) no Sacrament can be celebrated in the Church."

6. Bellarm. de Rom. Pont., l. i. c. 12. § Dices:—saith[t] he,

ensem, Joan. Andream, Abbatem, et alios, affirmare papam verbo solo presbyterum ordinare posse dicendo, ' Esto sacerdos;' quodque pluris est, Innocentium omnium canonistarum parentem universe asserere, nisi formulæ illæ recens adinventæ obstarent, abunde futurum, si ita diceret ordinator : ' Esto sacerdos,' aut verbis tantundem valentibus uteretur.]

q [See Conc. Carthag. iv. (ann. 398,) can. iii.—Labbe, tom. ii. col. 1200.]

r How priests are to be ordained. The priest is ordained by the bishop pronouncing the benediction over him and laying hands upon him, as is now used in the Church of England.

s [Salmeron. Comm. in Evang. lib. xi. tract. 18 ; ed. Col. Agr. 1604, tom. xi. p. 135.—Sicut ergo misit Me Pater, ut pacem facerem et annuntiarem, ita Ego mitto vos, ut pacem verbo annuntietis, illamque cum aliis intermediis sacramentis perficiatis. Ut ministros enim Evangelii pacis vos mitto. .... Daturque his verbis auctoritas prædicandi, et pretiosas Christi divitias dispensandi, hoc est, remissionem peccatorum, gratiam, et justitiam . . . . Sed, quia hæc potestas et gratia spiritualis est, et non potest hominibus competere, nisi ex dono Spiritus Sancti, ideo prius illis Spiritum Sanctum largitur in sensibili signo Spiritus, ipsi convenienti, scilicet inspiratione et insufflatione, de quâ ait textus: ' Et, cum hæc dixisset, insufflavit.' Dixerat supra Joannes: ' Nondum erat Spiritus datus, quia Jesus nondum erat glorificatus.' Ut primum igitur gloriam ex resurrectione est consecutus, mox cœpit Spiritum suis sensibiliter impertiri, copiosius largiturus, cum perfectam per ascensionem et sessionem ad Patris dexteram adeptus est gloriam.

' Hæc cum dixisset, insufflavit, et dixit eis: Accipite Spiritum Sanctum.' Ut olim sacerdotes nova ceremoniâ creati sunt, id est, lotione et unctione, ut in Exodo habetur, ita Christus insufflatione, hoc est, communicatione Sui Spiritus in flatu significati, ad facultatem remittendi peccata sacerdotes novos promovit, sicut in cœnâ ad offerendi sacrificii potestatem jam creaverat ac designaverat.]

t [Bellarmini Disputat., ut supr. tom. i. col. 661.—Dices, si non sunt apostolis datæ claves hoc loco, sed tantum promissæ, quo tandem loco sunt datæ ? Respondeo datas esse Joan. xx. 21. Nam Joan. xx., cum Dominus ait apostolis, ' Pax vobis: si-

that "by these words, 'Receive the Holy Ghost: whose sins,' &c., Christ conferred the powers of orders on His Apostles."

[Under the former thesis in the Barlow MS.] 7. Bishop Andrewes therefore might well say[u], as he doth in his sermon of the Power of Absolution, that they who were ordained Priests "are not ordained by any other words or verse than this, John xx. 21, 'Receive the Holy Ghost,' &c."; which is the form of ordination used by the Church of England, as it was by the old Church of God.

After this former paper, before any answer was returned to it, this second paper following[x] was sent to F. R. from the D.

SIR,   July 11th.

I shall shew you, that your opinion which you took upon you to maintain is no point either of catholic doctrine or of catholic practice; and to this end I shall make it clearly appear:

[Enlarged in another paper. [Marg. note in MS.]] 1. That the delivery of the paten and the chalice with this form of words, 'Take thou authority to offer sacrifice for the living and the dead,' is not essential in the ordination of a Priest, and that there was no example of it to be found in Scripture: and,

2. That it was not either the command or the custom of the ancient Church to use any such form: and,

3. That the present Roman Church doth not require it as simply necessary, but acknowledgeth orders to be valid without it.

1. In the Ritual or Sacramental of S. Gregory[y], who was Bishop of Rome above a thousand years since, and who set forth that book as well to shew what had been the orders

cut misit Me Pater, et Ego mitto vos;' tum eis potestatem seu clavem jurisdictionis attribuit: fecit enim his verbis eos quasi legatos, et nomine Suo gubernatores Ecclesiæ; verbis autem sequentibus, 'Accipite Spiritum Sanctum: quorum remiseritis peccata,' &c., dedit eisdem potestatem ordinis, ut supra diximus.]

[u] [See Serm. in S. Joh. xx. 22.— Lancel. Andr. XCVI. Sermons, ed. fol. Lond. 1641, p. 687.—By these words

they are given, ... were to them, and are to us, ... by these and no other words.]

[x] [This paper appears to have been sent, however, not in its present shape, but as altered by Bishop Cosin upon the receipt of F. P.'s first letter. See the enlarged paper, which presently follows.]

[y] [See Libr. Sacramentorum; ap. S. Greg. op., ed. Ben. Par. 1705, tom. iii. col. 1, et seq.]

and form of ordination (among other things) in the Roman Church before his time, as to deliver a pattern and precedent for that purpose to posterity, there is no mention at all of any such ceremony or form of words in the manner of ordaining a Priest.

2. Nor is there any such form in the manuscript Pontificals, or Sacramentals, of the Church of Rheims, written above eight hundred years since, nor in the book of Rodradus of the monastery of S. Peter's of Corby, written about the same time, nor in the old manuscript of S. Eligius there, written before that of Rodradus, and before the time of the emperor Charlemaine, nor in the book of the abbot Ratoldus there, which was written above seven hundred years ago, nor in the ancient manuscript Pontifical of England, which is kept and at this day to be seen in the library of Notre Dame church at Rouen. All which is averred and certified by Menardus [z] the Benedictine (who took the pains to look and search into them all) in his notes upon S. Gregory's Sacramentary.

[3.] Nor is any such direction given in the fourth council of Carthage[a], where all things that be material and requisite to ordination are particularly set down.

[4.] S. Gregory saith directly, that by these words, "Receive the Holy Ghost," &c., Christ ordained His apostles.

[5.] Nor did any of the ancient writers in the books of ecclesiastical offices ever make mention of any other words but

---

[z] [See Hugonis Menardi Observationes in Libr. Sacramentorum, not. 757.—S. Gregorii op., tom. iii. col. 504.—Tandem in Pontificali Romano sequitur traditio patenæ cum hostiâ superpositâ, et calicis cum vino et aquâ, sub hâc verborum formâ : ' Accipe potestatem offerre sacrificium Deo, tam pro vivis quam pro defunctis, in nomine Domini.' In Ordinibus MSS. sancti Germani a Pratis, et Tiliano, et in Ordine Romano, extat ejusmodi instrumentorum traditio cum suâ formâ, quæ tamen ibi pluraliter effeitur : 'Accipite potestatem,' &c. ; nec in eis ulla fit aquæ mentio. Sed hæc traditio cum suâ formâ deest in Sacramentariis excusis, ut in codicibus MSS. Remensi, Rodradi, sancti Eligii, et Ratoldi, atque etiam in Pontificali MS. quod putatur esse Anglicanum.]

[a] [Ibid.—Non habetur etiam in concilio Carthag. IV. toties citato, nec in concilio Toletano IV. can. 27 ; neque ulli antiqui patres mentionem aliquandm fecerunt : non sanctus Isidorus, non Amalarius, non Rabanus, non Constitutiones Apostolicæ, lib. viii. cap. 16, et seqq., non omnium antiquissimus Dionysius Magnus, qui de Sacris Ordinibus deditâ operâ et ex professo tractavere ; nihilque simile in Sacris Scripturis repereris : neque Christus in supremâ illâ cænâ, apostolos instituens sacerdotes, illis ejusmodi porrexit instrumenta ; nec tum tradidit eis panem et vinum, sed Corpus Suum et Sanguinem sub speciebus panis et vini.]

these, or of any such custom as the Roman Church now useth: not S. Isidore, not Amalarius, not Rabanus, not Dionysius, nor Clemens Romanus himself, who all wrote professedly and of purpose to set forth the rites and forms of the Church in conferring of holy orders.

[6.] Nor is there to this effect any thing in Scripture,— not at the institution of the blessed Sacrament in Christ's last Supper; where the doctors of the Roman Church will not say that He gave His apostles any bread and wine unconsecrate, as they now give their Priests at an ordination, nor that He said, "Take you authority to offer sacrifice for the quick and the dead," but "Do this in remembrance of Me;" which was spoken to these not as apostles only, but for all communicants besides, as is clear by S. Paul, 1 Cor. xi.

7. Hereunto may be added the custom of the Oriental[b] or Greek Church in all ages heretofore, and at this present time besides; where at the ordaining of their Priests, the Bishop useth no such form of delivering the paten and the chalice, or of saying any such words as he now annexed to that ceremony in the Church of Rome. Their manner of their ordination is to be seen in their Euchologion, which is every where extant. Nor did the Church of Rome for all this ever account or say, that their ordination was invalid; but at this day it permits the Greek Priests to say mass among them, and the Romans are not shy to be present at it, both at home and abroad, and to hear them, which they would never do if they held not the Greek Priests to be truly ordained, notwithstanding they had neither paten nor chalice given them with bread and wine into their hands, nor the words of offering sacrifice for the quick and the dead spoken to them when they were made Priests.

Again, in or rather after the council of Florence[c], (where

---

[b] [Ibid.—His consentit Ecclesia Orientalis, seu Græca, quæ ejusmodi instrumentorum traditione in presbyterorum ordinatione non utitur, ut palam est ex eorum Euchologio, quod infra sumus producturi: nec tamen Ecclesia Romana unquam eorum ordinationem improbavit, quæ permittit ut apud nos Græci presbyteri missas faciant, nobis eas audientibus, quemadmodum etiam in eorum regione facimus, illis celebrantibus: quod esset intolerabilis idolatria, si non essent vere ordinati.

[c] [Ibid.—Neque in concilio Florentino, in quo Græci cum Ecclesiâ Romanâ sunt reconciliati, unquam de eorum ordinationibus dubitatum est; neque in unione Armenorum, cum ipsis Armenis Eugenius IV. tradidit ritum Ecclesiæ Romanæ in ordinationibus observandum, pristinas eorum ordinationes irritavit.]

this rite was first brought into the canon by the Pope and enjoined to be used in the Roman Church,) it was not decreed to be an essential part of ordination, or that no priesthood was good and valid without it, but only added by the Pope as an accessory and necessary ceremony by his canon and injunction, which he thought fit (as some particular Bishops had done before) to be used in the giving of orders: for otherwise, had he held it to be essential and necessary of itself, he would never have been content to be reconciled to the Greeks, (as then they were for a while,) nor have admitted their Priests into the communion of the Roman Church, before they had been ordained anew and made true Priests, which those of the Roman party never required at their hands, nor so much as ever doubted of their ordination.

8. Therefore Pope Eugenius the Fourth, when he made an union with the Armenians, and gave them the form of ordination[d] used in the Church of Rome, to be observed among them,—he did not withal tell them to pronounce that their former ordinations were void for want of this new ceremony and form of words.

9. Nor did Pope Clement the Eighth, when he received the Bishops, Priests, and Deacons of Russia[e] into union and favour with the Roman Church, think it requisite that they should be re-ordained for want of the same ceremony and form of words in the first ordination which they had according to the manner of the Greeks; as without doubt he must and would have done, if he had for that cause thought their orders to be invalid and void.

10. After all this the council of Trent itself, which made

---

[d] Petr. Arcudius de Sacr. l. 6. [See Menandr. not. ad S. Greg. Sacram., ubi supr. col. 506.—Non est quod quis opponat bullam Eugenii IV., in quâ videtur materiam Diaconatus et Presbyteratus in traditione instrumentorum constituere, siquidem explicanda est de materiâ accessoriâ, vel de integrante, ut aliis placet. Nonnulli dicunt materias fuisse dilatatas. Si vero Pontifex nullam fecit mentionem impositionis manuum, id factum est, quia jam erat in usu apud Armenos, quibus peculiarem Ecclesiæ Romanæ ritum tradere volebat. Plura vide apud Petrum Arcudium, lib. vi. de sacramento ordinis, cujus opus Romæ approbatum est auctoritate Pauli V. Pontificis Maximi.—Conf. Pet. Arcud., lib. vi. de Sacram. Ord. cap. 5.—Lib. de Concordiâ Ecclesiæ occidentalis et orientalis in septem sacramentorum administratione; ed. Lut. Par. 1626, p. 442, et seq.]

[e] Ibid.—Neque Clemens VIII. Russorum episcopos, presbyteros, et Diaconos, qui ritum Græcorum servabant etiam in suis ordinationibus, cum eos in gratiam Ecclesiæ Romanæ recepit, iterum ordinari censuit. Itaque dicendum est materiam essentialem Diaconatus, Presbyteratus, et Episcopatus, in manus impositione sitam esse.]

many canons about the order of priesthood, made no canon at all about this particular ceremony, nor defined it to be necessary, nor declared any ordination to be invalid without it.

11. And clear it is by that council of Trent[f], that Priests be then ordained, when the Bishop imposeth hands upon them, saying, " Receive the Holy Ghost," &c., and not when the paten and chalice are given them with the words of sacrificing for the quick and the dead,—a thing which the council doth not so much as mention, as certainly they would have done, if they had thought it essential, as Card. Bellarmine[g] confesseth in his first book de Sacram. Ordin. c. ix.

12. But if Priests be ordained and made Priests when the Bishop saith to them, " Receive the Holy Ghost," &c., and imposeth hands upon them, as is rightly declared in the council of Trent, (ubi supra, and sess. xiii.[h] c. 3,) then must it of necessity follow, that, if they were made Priests before, (by the delivery of the paten with the unconsecrated host, and the chalice with wine also unconsecrated into their hands, and by the words of giving them power to sacrifice,) they are twice ordained. For in the present Roman Pontifical the Bishop, after he hath given them the paten and chalice, &c., layeth hands upon every one of their heads, and saith unto them, " Receive the Holy Ghost: whose sins thou dost remit," &c. Therefore, either are they not ordained by the first ceremony, or else there is a re-ordination by the second; and re-ordination was never yet admitted or approved by the Church, but utterly condemned in it.

13. We may hereunto add the judgment of many learned writers and doctors of the Roman Church; as of Pope Inno-

---

[f] Sess. xxiii. can. 4. [Labbe, tom. xiv. col. 864.—Si quis dixerit, per sacram ordinationem non dari Spiritum Sanctum, ac proinde frustra episcopos dicere, 'Accipe Spiritum Sanctum;' aut per eam non imprimi characterem; sed eum, qui sacerdos semel fuit, laicum rursus fieri posse: anathema sit.]

[g] [Bellarm. de Sacram. Ord., lib. i. cap. 9. § Ipsum.—Op. tom. iii. col. 1676. —Ipsum etiam Tridentinum concilium, (quod est observandum propter eos qui post concilium celebratum aliter sentiunt,) sess. xiv. cap. 3. De extremâ unctione, dicit, 'Ministrum extremæ unctionis esse episcopum, aut presby- terum rite ordinatum per manus impositionem;' et, sess. xxiii. can. 4. De sacram. ordinis, habet hæc verba: 'Si quis dixerit, . . . (ut supr. not. f.) anathema sit.' Ubi concilium declarat tunc ordinari presbyteros, et tunc dari illis gratiam Spiritus Sancti, cum eis dicitur, 'Accipite Spiritum Sanctum.' At, cum hoc dicitur, manus imponuntur, ut patet ex Pontificali, et Ecclesiæ consuetudine: ergo sentiebat concilium, illam impositionem manus esse de essentiâ.

[h] [See Sess. xiv. cap. 3. de Extremâ Unctione, as cited by Bellarmine, supr. not. g.—Labbe, tom. xiv. col. 822.]

cent the Third, Card. Hostiensis, Johannes Andreas, and Panormitan the famous Abbot; who knew well what they said, and have all declared[i], that this new ceremony of the paten and chalice is not of the substance or essence of ordination, and consequently that the order of priesthood is good and valid without it.

14. Of the same mind is Maldonate the Jesuit, the learned and public Professor of Divinity in the University of Paris, who[j], in his book of the Sacraments, (p. 229,) saith, that "in the ancient Church there was never any mention made of this tradition of the host and chalice;" that it is "not a matter of Catholic faith, nor expedient so to be taught;" that it is "not to be found in Scripture;" that the words of Christ to His apostles at His last Supper are "not words of ordination, but of communion;" and that "both the power over the mystical and the true Body of Christ is given rather by these words, 'Whose sins thou dost remit,' &c.," than by the delivering the host and the chalice, when a Priest is ordained; "because we read, that in the ancient Church both these powers were given only by imposition of hands:" as appears

---

[i] [See Petr. Suav., Hist. Conc. Trid., lib. vii. art. 6, ed. August. Trin. 1620, p. 481; and Nicol. de Tudeschis, Archiep. Panorm., Comm. in Decretal., lib. de Sacram. non iterand., cap. 3. Presbyter; ed. Lugd. 1586, tom. i. par. ii. fol. 51.—Conf. p. 256. supr., not. m.]

[j] [See Joan. Maldonat., lib. de Ordine, quæst. iii. art. De materiâ et formâ hujus sacramenti; ap. Disputat. de Septem Sacramentis, (ed. 4to. Lugd. 1614.) tom. ii. p. 229.—In Scripturâ, ubicunque fit mentio de ordinatione, declaratur per impositionem manuum. Et videtur mihi esse temerarium Scripturam deserere, et consectari chymeras, id est, rationales naturales. . . . . . .

Veterem Ecclesiam nunquam ordinasse sine impositione manuum, ex omnibus auctoribus antiquis perspicuum est. De traditione autem calicis et hostiæ, nulla est mentio apud illos. . . . .

Videtur nimis durum esse, ceremoniam quam nobis perspicue tradunt apostoli excludere a naturâ sacramenti, et inducere illam de quâ nulla mentio fit in Scripturâ. . . . .

Tertia propositio est, quod traditio calicis et hostiæ sit materia hujus sacramenti, non est fides Catholica, neque expedit ut pro fide doceatur, antequam Ecclesia declaret contrarium. Hæc propositio probatur: Primum, &c. . . . .

(p. 230.) Quinta propositio est: Posito hanc ceremoniam esse necessariam et vere materiam, non est certum, sed tantum probabile, Christum in Cœnâ, quando porrexit Corpus et Sanguinem Suum discipulis, hanc ceremoniam usurpasse. Quod non sit certum, perspicuum est ex illis verbis, "Accipite et manducate, et accipite et bibite;" quæ non sunt verba ordinationis, sed communionis. . . . . .

(p. 231.) Solent disputare scholastici, an potestas utraque detur simul per unam ceremoniam:—an vero illic cui impositæ sint manus, pronuntiatis illis verbis, "Quorum remiseris peccata," &c., sed non sit tradita materia, tantum possit administrare sacramentum pœnitentiæ, sed non Eucharistiæ. Respondeo, videri mihi probabilius dari simul utramque potestatem: quia in antiquâ Ecclesiâ utramque datam legimus per impositionem manuum.]

out of S. Austin de Bapt. contr. Donat. c. 1[b], and contra Epist. Parmen., l. ii. c. 13[c]; S. Ambrose de dign. Sacerd. c. 5[d], and in 1 Tim. c. 4[e]; Conc. Nic. I. c. ix.[f]; Antioch. c. 10[g]; Carthag. VI. c. 4 and 9[h]; Ancyr. c. 10[i]; and Innocent. I., Epist. 22 ad Episc. Maced. [§] 5[k].

15. To him agreeth the grave and learned Bishop Marianus Victorius[l] in his commentary upon the Epistle of Epiphanius, which he set forth together with those of S. Hierome, affirming that " ordination was given by prayer and imposition of hands, as it was now also the use of the Church;" and he wrote not long ago.

16. And the Divines of the University of Paris[m] have of late publicly defended as much, and set it forth for Catholic doctrine to the world; as in their Thes. 7º Junii 1633, out of Sirmondus, Antirrhetic. c. 8. ' That imposition of hands is sufficient for the validity of ordination;' 19. Jan. 1639. ' That, in the ordaining of ministers, imposition of hands is the essential rite, and that all other ceremonies [are] only for a fuller or greater solemnity;' 21. Jan. 1639. ' That imposition of hands in ordination is essential, and that the giving of books or vessels is but accessory.'

To these Menardus (who urgeth them) addeth his own[n]

---

[b] [See lib. i. cap. i. § 2.—S. Aug. op., ed. Ben. Par. 1694, tom. ix. col. 80.]

[c] [See § 28.—Ibid., col. 44.]

[d] [See § ult.—Op., ed. Ben. Par. 1690, tom. ii. Append. col. 363.]

[e] [At v. 14.—Ibid., col. 298.]

[f] [Labbe, tom. ii. col. 33.]

[g] [Ibid., col. 566.]

[h] [Scil. *Nicæni* Concilii capit. 4, et 9, in sexto apud Carthaginem concilio relect.— Ibid. ubi supr. col. 1595, 1596.]

[i] [Labbe, tom. i. col. 1460.—Compare the version of Isid. Mercator, col. 1473.]

[k] [See Concilia Regia, ed. Par. 1644, tom. iv. p. 46.—See also §§ 3, 4. p. 45.]

[l] [Menardus, super S. Greg. Sacram., ubi supr. col. 505, says: Multos alios prætermitto brevitatis causâ. Non tamen multus et nimius ero, si auctoritatem recentioris scriptoris viri gravissimi et doctissimi Mariani Victorii, episcopi Amerini, protulero, qui ad epistolam sancti Epiphanii, quæ extat inter epistolas sancti Hieronymi, tom. ii., sic ait ▶ " Ordinatio autem fiebat cum oratione, et manus impositione, quemadmodum nunc Ecclesia utitur."]

[m] [See Menard., ubi supr.—His accedit auctoritas Facultatis Theologicæ Pansiensis, ... in cujus Thesibus publicis hæc doctrina vulgo defenditur; ut in quâdam Thesi, 7 Junii, anno 1633, quam profert R. ac Doctissimus Pater Jacobus Sirmondus, cap. viii. Anterrhetici, cui inditum est: " Quibus ordinibus impositio est manuum, his solam sufficere ad valorem firmitatemque sacramenti." In thesibus Jacobi de Mont-rouge, ... die 19 Januarii, anno 1639, ... in octavâ positione hæc habentur: " In ordinatione ministrorum reperitur symbolum, seu ritus externus, scilicet manus impositio, quæ in episcopis, presbyteris, et diaconis, ut essentialis, designatur: cætera ad integritatem materiæ duntaxat spectant." In thesibus Renati Robeville, ... 21 Junii, eodem anno, ... in viii. positione hæc videre licet: " Impositio manuum essentialis materia, librorum aut vasorum porrectio accessoria;" &c.]

[n] [Ibid.—Hic igitur vides ordina-

sentence and conclusion, that " the tradition of the paten and the chalice, &c., in the ordaining of Priests, is not material;" alleging these reasons ensuing for it, besides many of the former: 1. "That if any such ceremony or form were essential, it is a thing not to be imagined, that the old councils and fathers would have omitted it in those passages which they wrote of purpose about the conferring of holy orders:" 2. "That the council of Carthage, though it made no Pontifical, yet it omitted nothing which essentially belonged to the ordaining of a Priest, no more than it did any thing which appertained to the lower orders; and that it might have as easily made mention of the paten and chalice, &c., (if they had been held requisite,) in giving of higher, as it did in giving of lower orders:" 3. "That the fifth canon of that council, concerning the ordaining of a sub-deacon, makes the case clear, where the empty paten and chalice are appointed to be given him, because he hath no imposition of hands: which implieth that, if imposition of hands had been given him, (as in the orders of Bishops, Priests, and Deacons, it is,)

tionem ad manuum impositionem impleri, et ad eamdem Spiritus Sancti gratiam conferri: ac proinde efficitur manuum impositionem non esse ordinationi accidentariam, sed esse solam dispositionem ad gratiam, ut quidam volunt. Præterea non est credibile, concilia et patres tantum de his quæ sunt ordinationi contingentia locutos fuisse, de his vero quæ sunt illi essentialia tacuisse, præsertim concilium Carthaginense IV., quod enucleatius omnia, quæ ad ordinum materiem spectant, describit.

Nec valet id, quod quidam respondent, concilium non omnia posuisse, quia librum pontificalem non scribebat. Nam, etsi concilium librum Pontificalem non scriberet, non erat tamen adeo difficile ac tædiosum traditionem instrumentorum in trium illorum ordinum hierarchicorum explanatione annotare; cum id unâ aut alterâ lineâ fieri potuisset, ut in inferioribus ordinibus factum fuerat. Præterea libri Sacramentorum, a nobis producti, erant libri Pontificales, quibus utebantur Pontifices in ordinum collatione: ergo in illis omnes essentiales materiæ assignantur: at nihil aliud continent, quam concilium Carthaginense IV. Igitur in ipso concilio omnes ordinum materiæ essentiales continentur. Cum autem concilium in hâc parte mire conveniat cum Sacrâ Scripturâ, aliis antiquis conciliis, patribus, ac libris sacramentorum, necessario concluditur illud, quoad materiæ essentialis assignationem, in tribus illis ordinibus nihil prætermisisse. Deinde, si concilium materias essentiales inferiorum ordinum tam diligenter assignavit, cur idem in aliis ordinibus, quæ sunt gravioris ponderis et momenti, non præstiterit? Si dicas ideo prætermissas fuisse, quia vulgares et notæ sunt, idem etiam de materiis inferiorum ordinum, quæ sunt æque vulgares ac notæ, dicendum erit.

Tandem hæc doctrina manifeste colligitur ex eodem concilio, can. 5; ubi agens de ordinatione subdiaconi sic ait: "Subdiaconus cum ordinatur, quia manus impositionem non accipit, patenam de manu episcopi accipiat vacuam, et calicem vacuam," &c. Si igitur traduntur instrumenta subdiacono, quia non ei manus imponuntur, recte sequitur, tribus illis superioribus ordinibus non esse necessariam instrumentorum traditionem, quia manus illis imponuntur; ac proinde nihil de materiâ illis essentiali a concilio fuisse prætermissum.]

the delivery of the paten and chalice might have been spared, (as in those three orders also it was at that time:)" 4. "And that the old Sacramentals (afore mentioned) were the Pontificals of those ages wherein they were written, and the forms which the Bishops then used in giving of orders, which cannot be supposed to want any of the essentials requisite thereunto: and, in them there being no such ceremony as the delivery of the paten and chalice, &c., to the priest, it must needs follow that no such thing was requisite or material to that order."

There be no writers before the schoolmen, that thought otherwise, or so much as made any question about it. And those among them who are for the new opinion so generally conclude with a *Videtur probabile,* that it seems but probable at the best; and therefore there is no necessity to hold it. The rest are altogether. . . . .

The rest of this is not yet found [o]; and that which is written thus far is not in the Bishop's own hand, but the copy is very fair. —[Note in Dr. Smith's copy.]

[COPY OF THE SECOND LETTER, AS REWRITTEN ON THE RECEIPT OF F. P.'S REPLY TO THE FIRST LETTER, AND SO SENT TO HIM.]

Salutem in Christo.

Sir,

I am told in a letter, which you wrote lately to a lady here at court, that we are to expect somewhat from you by the next post, which you intend to return as an answer to the paper you received from her at Paris. When that answer comes, we shall see, what it is that hath put your fatherhood into this fit of admiration, *et quid dignum tanto*—that you should "admire the man did let such a paper go out of his hands, wherein he hath not shewed either the sufficiency or the honesty which you conceived to be in him." If it be such kind of language, (which, by your good favour, sir, was but somewhat unseemly,) that we are to expect from you hereafter, I am to tell you beforehand, that it will neither

---

[o] [The conclusion of the letter which next follows, and which is the same letter in the extended form in which Cosin sent it to the Prior, will supply what is here wanting.]

satisfy the lady, nor any body else here among us, who shall chance to read what you intend to write to us; unless we be satisfied that you want good matter wherewith to maintain your new opinion, when you fly out into such bad terms (as these be) against them that oppose it; and withal forget that civility and urbanity of language, to which you pretended, when you were here amongst us. In the meanwhile I assure myself, that the paper which was given you (and written at your own desire) will be able to defend itself both for sufficiency and honesty, notwithstanding any thing that you have to say against it.

It was a paper (if you remember yourself well) written for your own satisfaction, when, discoursing upon the matter and form of ordination used in the Church of England, (which you affirmed to want both matter and form, that is, your paten and chalice, *cum suâ formâ verborum,* '*Accipe potestatem sacrificandi pro vivis et mortuis,*') you denied, that by imposition of the Bishop's hands, and by virtue of these words of our Saviour thereunto annexed, "Receive the Holy Ghost: whose sins thou dost remit, they are remitted," &c. holy orders were conferred; and therefore desired to have it shewed you in writing, that any of the ancient fathers were of another mind.

To this purpose, therefore, was that paper[1] drawn up for you, and as largely as the shortness of the time then allowed by your haste to go out of town would permit: wherein there were divers testimonies alleged, to let you see that both fathers and others were of our mind, and that Christ gave His Apostles the power of holy orders by the words that we use in our Church.

[1] [i. e. the first letter.]

S. John xx. 22.

Which [p] words (I shall be bold to tell you once again) had not your pontifical retained in making your Priests, it might well have been doubted, (for all your '*Accipe potestatem sacrificandi pro vivis et mortuis,*') whether you had any Priests at all among you, or no. But these words (as I said) have been retained in your Church as the only operative and essential words for the conferring of Priesthood; and so are your orders saved to you.

[p] [Compare Bishop Andrewes' Sermon on S. Joh. xx. 22; supr. citat. p. 254. not. ad lit. d.]

I had thought now we should not have had any further dispute about this matter. But, seeing you mean to make a business of it, and that the former paper hath not given you such satisfaction as you expected,—*en tibi discursum alterum et magis copiosum, magis nervosum*, to let you see, that we have both "sufficiency" and "honesty" enough to prove what is said for the defence of our Church in this particular, and to try what both your sufficiency and honesty hath to say against it.

I shall therefore shew you, that the opinion which you took upon you to maintain is no point either of Catholic doctrine, or of Catholic practice; and to this end I shall make it clearly appear:

1. That the tradition of the paten and the chalice, *cum suá formá verborum*, ('Take thou authority to offer sacrifice for the quick and the dead,') is not necessary, or essentially required, to the ordaining of a Priest, as you pretend it is:

2. That there is no such example, command, or custom, to be found either in the Holy Scripture, or in the ancient use of the Church, as you imagine there is:

3. That the Church of Rome itself, even since it added that ceremony to their pontifical, doth not exact it as belonging to the substance of ordination, but acknowledgeth the order of Priesthood to be good and valid without it, which you do not:

4. And therefore, that the form used in the Church of England is not defective in any thing which doth truly, substantially, and essentially belong to the conferring of that sacred order, as you say it is.

Of all which (*referendo singula singulis*) I shall render you this account.

1. And, if you please, we will begin with the Scripture: wherein you shall not be able to find any thing for your purpose. Not in *Cœna Domini*. 1. Neither for your matter of the paten and the chalice, which (if ever you come to be a Bishop) you must give to the Priests that you are to make, without any consecrated[q] host or wine in them at all. I trow Christ did not so. 2. Nor for your form of words, '*Accipe potestatem sacrificandi,*' &c. For Christ's '*Hoc facite,*' &c., will not

S. Luke xxii. 19, 20.

[q] Pontif. Rom. [See edit. Clem. VIII., Romæ, 1595, p. 67.]

reach so far, as that every one, who is hereby required to do this in remembrance of Him, should be thereby presently made a Priest. It is plain that the words were spoken by [1] our Saviour to His Apostles as they represented the whole Church (and not the Clergy only) that were afterwards to communicate [2] of His Blessed Sacrament, and that they relate *ad totum complexum*, to '*Accipite, edite,*' et '*Bibite ex hoc omnes:*' all which I trust are not for Priests alone to do, (unless you will take away the host also from other communicants, as you have done the chalice[r]:) repeated therefore by S. Paul, and applied to all them that were at Corinth, people and all[s], that, as often as they came together to celebrate the Lord's Supper, they should do it in commemoration of Him, or shew forth the Lord's death till He come. Which made the Jesuit Maldonate, and your own monk of S. Benet's order, Menardus, ingenuously[t] to confess, that these words of Christ to His Apostles at His last Supper were not words of ordination, but of communion [3], and that He delivered no host or chalice unconsecrate (as you do) in a ceremony, but His Body and Blood in a Sacrament.

[1] [" sacrificing,"—MS. Barl.]

[2] [" Conc. Trid., sess. xiii. c. 2." —MS. Barl.]

[3] [" when He said, 'Hoc facite.'"— MS. Barl.]

Then in the Apostles' times, and in their manner of giving of Holy Orders, you shall be able to find as little for you. Imposition of hands [u], (to which, as the Catholic Church in all ages hath taught us, the words now in use with us and you both, in the performance of that act, were always annexed,) they both used and required. But of your paten and chalice *cum formâ annexâ*, to offer sacrifice for quick and dead, there is not a word to be seen in all their writings or examples. And yet you say that no man can be made a Priest without them.

1 Cor. xi. 20.

1 Tim. iv. 14.

2. Next go we to the fathers. And, because they be not now all at hand, I trust you will take it upon Cardinal Bellarmine's [x]

---

[r] Conc. Const. sess. xiii. [Labbe, tom. xii. col. 100.]

[s] Conc. Trid. sess. xiii. cap. 2. [Labbe, tom. xiv. col. 805.] In Illius sumptione colere nos sui memoriam præcepit (Christus, &c.) ... ut id ipsum omnes diceremus, &c.—Ib. x. 26. [?].

[t] [" More ingenuously than you would do at our conference."—Barl. MS.]

[u] Estius in locum, [scil. 1 Tim. iv.

14.—Comment. in Epist., ed. Par. 1658, p. 797.—Notandum est, in hujusmodi scripturis a parte totum significari. Non enim solum manus imponebantur ordinando, verum etiam verba mystica proferebantur: (which *verba mystica* were ever held to be '*Accipe Spiritum Sanctum,*' &c.)]

[x] De R. P., l. i. c. 12. § His igitur. [Op., tom. i. col. 658.]

credit (as I said) for once, that, notwithstanding his own private opinion was, "*Apostolos non factos sacerdotes nisi in ult. Cœnâ,*" yet the common exposition of the fathers [y], S. Hilary, S. Jerome, S. Austin, Anselm, and others, understood the power of order to be promised in S. Matthew[1], and to be given in S. John[2] (after Christ was risen) by those very words, which we and you likewise use in our ordination of a Priest. For let me not be told that the fathers have understood the words of making Bishops only, or that Bellarmine [z] so understood them: for the practice of the Universal Church and your own Roman pontifical is against it, where you use those words at the ordination of your Priests. And, when you do so, I do not think your ordainer (or your Church rather by this office) intends to make them all Bishops, or to give them a power of conferring orders upon others: (this would make pretty well for the Presbyterian practice, with whom every Priest is as good as a Bishop:) but only to exercise that power of order, which by those words is given and conferred upon themselves, the order of Priesthood.

But, besides these fathers, S. Cyril of Alexandria[a] is plain, that our Lord did then ordain His Apostles; and S. Cyprian, that by these words after His resurrection they were "*Evangelicâ et Dominicâ ordinatione fundati,*" and had a power given them to be ministers of His holy Sacraments. Where, if any exception be taken against the authority of S. Cyprian[b] in that place, (who maintaining his error of rebaptization,) it will hurt us nothing at all: for his error was not, (nor was it ever objected against him, being in this Catholic and orthodox enough,) that the Priests of the Gospel were ordained

[margin: 1 ["Ch. xviii. 18."—MS. Barl.] 2 ["Ch. xx. 21."—MS. Barl.]]

[y] § Et quamvis. [Ibid.]
[z] Planum est, &c.... Apostolos factos esse Episcopos et Pastores post Resurrectionem.—Nam, Jo. xx., Dominus ait eis, 'Pax vobis: sicut misit Me Pater, et Ego mitto vos,' &c.: ... fecit enim his verbis eos quasi legatos et nomine suo gubernatores Ecclesiæ; verbis autem sequentibus, 'Accipite Spiritum Sanctum : Quorum,' &c.... dedit eis potestatem ordinis, ut supra diximus.—Bell. de R. P. l. i. [c.] 12. § His, et Dices; [ubi supr. coll. 658, 661.]
[a] S. Cyr. in Johan. [lib. xii. sect. super cap. xx. v. 22, 23.—S. Cyrilli Alex. op., ed. Lutetiæ 1638, tom. iv. p. 1096.—ὁ δὲ Κύριος ἡμῶν Ἰησοῦς ὁ Χριστὸς, εἰς ἀληθείας δύναμιν τὸ σχῆμα τοῦ νόμου μεταθεὶς, τοὺς τῶν θείων θυσιαστηρίων ἱερουργοὺς τελειοῖ δι' ἑαυτοῦ. καὶ γάρ ἐστιν αὐτὸς ὁ τῆς τελειώσεως κριός. τελειοῖ δὲ δι' ἁγιασμοῦ τοῦ κατὰ ἀλήθειαν τῆς ἰδίας φύσεως κοινωνοὺς διὰ τῆς τοῦ Πνεύματος μετουσίας ἀναδεικνὺς, καὶ μεταχαλκεύων τρόπον τινὰ τὴν ἀνθρώπου φύσιν εἰς τὴν ὑπὲρ ἄνθρωπον δύναμίν τε καὶ δόξαν.]
[b] Ep. 73.

and founded upon those words of our Saviour. But his error only was, (which toucheth not our case in hand,) that the Sacrament of Baptism was void, if any heretic had given it. So that these fathers are for us, and for our manner of ordaining Priests in the Church of England: not a word in them all of that which you require, to have the paten and the chalice given them with an express power to offer sacrifice for the quick and dead, or else to be no Priests at all.

There were others among the fathers and ancient writers of the Church, S. Clement, S. Denis, S. Isidore, besides Amalarius Fortunatus, and Rabanus Maurus, who wrote all professedly and of purpose to set forth the rites and forms of their Churches in conferring of holy orders. And in the fourth council of Carthage, in Afric, the manner and form of ordination are particularly set down. In all which there is not any mention of that new matter and form of yours, which you say is so requisite for the ordering of a Priest[c]. And truly, if it had been so necessary as you would make it, I marvel much that none of all those ancient fathers, writers, and councils, should hit upon it. For it is a thing (as one of your own order[1] acknowledgeth) not to be imagined, that, if such ceremony or form had been essential, they would in all those passages, which they wrote of purpose about such forms, have quite omitted that. But they are not for you. [1] Menardus.

3. No more is your own Roman Church[d]: wherein S. Gregory wrote his Sacramentary, or ritual, above a thousand years since; and there[e] shall you find the form of ordination used of old in the city and Church of Rome; but concerning the paten and the chalice (the delivery whereof to a Priest you say is so material and essential) you shall not find a word. S. Greg.

After his time there were many forms dispersed abroad in several other churches of the west, which were the pontificals of those ages wherein they were written, and the precedents which the Bishops followed in giving of orders. There is a manuscript pontifical in the Church of Rheims, written and The old MSS. Pontificals.

---

[c] ["You will find neither paten, nor chalice, nor sacrifice for the quick and the dead, in any of them all."—MS. Barl.]

[d] ["Neither old, nor new, some few private doctors excepted; nor the Greek."—MS. Barl.]

[e] [See lib. Sacram., Ord. qualiter in Rom. Eccl. Diaconi et Presbyteri ordinandi sunt.—S. Greg. op., tom. iii. col. 224.]

used above eight hundred years by-past in the time of Charles the Great: another in the monastery of S. Peter's, at Corbey, written and used about the same time: another there, which they call the manuscript of S. Eligius, more than eight hundred years old : besides another, which bears the name of the Abbot Ratoldus, who lived about an hundred years after. There is yet another, an ancient manuscript pontifical of England, which is kept at this day in the Church of Notre Dame, at Rouen. Menardus the Benedictine (whom I trow you will believe) took the pains to "go and search into them all." He saith, "there is not in any of them any one word to be seen either of your paten or your chalice, or your form of words, to offer sacrifice for the quick and dead." And, if somebody else (one of your own countrymen, though not of your own order) may find the like credit with you, (but whether he does or no,) there be divers Saxon manuscripts (the pontificals of those times) to be seen in England, gathered and preserved by Sir Robert Cotton in his famous library, wherein the form of ordaining Priests there is set down as ours is (and we follow our own forefathers in it) without any such ceremony as you think so necessary to their ordination. So that none of these old Churches are for you. And yet I hope, that neither you nor any of your new opinion will be so bold as to say, that they wanted priesthood among them in those days. But, if you confess their priesthood, you must confess ours also, notwithstanding the omission of your *traditio patenæ*, &c., *cum suâ formâ*.

The Greek Church.
4. Go we yet further to the Oriental or Greek Churches. I urge not their authority nor their custom, because you are fallen out with them, and regard them not. But, if their priesthood hath any allowance from the Pope and the Church of Rome, I trust you will regard that allowance at least, and then must you not condemn them, as you do us, for want of your new ceremony, which they have not (neither matter nor form) in their manner of ordination extant in their Euchologion. For at Rome and Venice they permit the Greek Priests to say mass among them; and the Romanists there are not so nice, but otherwhiles they can be present[f] at those

---

[f] Ecclesia Orientalis, seu Græca, ... hujusmodi instrumentorum traditione non utitur, &c. ... Nec tamen Ecclesia Romana unquam eorum ordi-

masses also; and, when they go abroad, they can hear them without scruple in the Eastern countries; which I believe they would never do, if the governors of the Church were of the same mind at Rome or at Venice, that you are now of at S. Malo[g], and were a while since at Paris; that is, if they held the Greeks to be no Priests for want of the paten and chalice with the words annexed. Pope Eugenius himself, the fourth of that name, when he made an union [h] with the Armenians, and gave them at that time the form of ordination which was then used in the Roman Church, to be thereafter observed among them, he did not presently pronounce and tell them (as you do us) that all their former ordinations were void for want of *traditio patenæ*, &c., *cum formâ*.

Nor did Pope Clement the Eighth[i] (when he received the clergy of Russia[l] into favour and unity with the Church of Rome) think it requisite, that they should be re-ordained; as without doubt he would have done, had he been of your hard opinion, that formerly they had no true Priests among them. For they were all ordained after the manner of the Greeks. [l ["Some of them." —MS. Barl.]]

Besides, in the council of Florence (where there was for a while a reconciliation made between the East and West churches) there was not any of the Roman party ever heard to make doubt, whether the Greek Priests had true orders, or no; but accounted them to be as good Priests as their own.

Nor did they in that council, but the Pope after the council was risen and gone, (by whom this new ceremony was first brought into the canon, for before it was free,) make any decree or declaration, that it was any essential part of ordination, or that no priesthood was good and valid without it, or that it should be so much as an accessory ceremony; howsoever by the Pope's instruction it was thought fit to be used.

After all this comes the council of Trent[k], whose authority

---

nationem improbavit, quæ permittit ut apud nos Græci presbyteri missas faciant, nobis eas audientibus; quemadmodum etiam in eorum regione facimus, illis celebrantibus.—Menardus, [ap. S. Greg. op., tom. iii. col. 504.]

[g] [Where was a monastery of English Benedictines.]

[h] P. Arcud. de Sacr. Ord., l. 6.—Cujus opus Romæ approbatum est auctoritate Pauli V. Pont. [See Menard. in Greg. lib. Sacram., ubi supr. col. 506.]

[i] [See the foregoing paper, § 9, p. 261, not. e.]

[k] Sess. xxiii. c. 4. [Labbe, tom. xiv. col. 864.]—Si quis dixerit, per sacram ordinationem non dari Spiritum Sanctum, ac proinde frustra Episcopos dicere, 'Accipe Spiritum Sanctum;' aut per eam non imprimi characterem, vel eum qui Sacerdos semel fuerit posse rursus fieri laicum; anathema sit.

(though you be in France) you will hardly decline; where to us it is clear, that in their judgment Priests be then made and ordained, when the Bishop saith, "Receive the Holy Ghost," &c., that is, when he imposeth hands upon them, as is appointed in the Pontifical, and not when he saith, '*Accipite potestatem sacrificandi,*' &c., that is, when he gives them the paten and the chalice, which the council doth not mention. And, if you should hold yourself to your own opinion still, I do not see how you can avoid a re-ordination[1], which you know to have ever been condemned and forbidden in the Church.

5. I urge you last of all with the judgment of many learned writers, who are famous among you: as,

Of Pope Innocent the Third, of Cardinal Hostiensis, of Joannes Andreas, and of Panormitan, who[m] knew all well what they said, and have all declared, that this your new ceremony of the paten and the chalice is "not of the substance or essence of ordination;" and consequently, that the order of priesthood is good and valid without it:

Of Maldonate, the Professor of Divinity in Paris, who in his book of the Sacraments (p. 229) will tell you[n], that "in the ancient Church there was never any mention made of this your tradition of the host and chalice:" that it is "not a matter of Catholic faith, nor expedient so to be taught[o]:" that "no such thing is to be found in Scripture," (as the matter and form of all sacraments ought to be:) that "the words of Christ to His Apostles at His last Supper are not words of ordination, but of communion;" and that "the power both over the mystical and the true Body of Christ is given rather by those words, 'Whose sins thou dost remit,' &c., and by the imposition of hands, than by the delivery of the host or[1] chalice:"—for which purpose he hath cited divers of the fathers, S. Austin, and S. Ambrose, the council of

1 ["and"— MS. Barl.]

---

[1] [In the Barlow MS. the following words occur: . . . . "or that your own priests be twice ordered. For, if your *matter and form* make them priests, (as you say they do,) and when that is past, if they be made priests by the Bishop's saying, 'Receive the Holy Ghost,' &c. (as the council of Trent acknowledgeth them to be,) then are they twice imprinted with the character of priesthood, which neither you nor I must allow."]

[m] [See the preceding paper, § 13, p. 263, not. i; also p. 256, not. m.]

[n] [Item, § 14, p. 263, not. j.]

[o] [" As you would have taught it that honourable person, whom you intended thereby to have withdrawn from our Church and Religion." — MS. Barl.]

Nice, Antioch, and Carthage, besides Pope Innocent in his Epistles:

Of Marianus Victorius, who, in his commentary upon the Epistle of Epiphanius[p] among those of S. Jerome, will tell you, that orders were given of old, (and are so still,) "by prayer and imposition of hands;" together with which imposition of hands the form of words [1] annexed and prescribed in your Pontifical, as well as in ours, was never omitted:

[1] [S. John xx. 22, 23.—MS. Barl.]

And, lastly, of the Divines now living in the University of Paris, who have oftentimes maintained and published it for good Catholic doctrine[q], that in the ordination of ministers imposition of hands is the essential rite, the tradition of your vessels and the usage of other ceremonies but accessory, or added for the more solemn performance of the action. And, if you had been pleased to make no more of it, all this labour might have been saved.

I will end, when I have only let you know, that there be no writers before some of the schoolmen, (who took delight to make a question of any thing, and *quieta movere*,) that thought otherwise of it; and that those among them, who chose rather to be of the new opinion, do generally conclude it with a *videtur probabile*, that it seems but probable at the best: so it is no dogmatical point of faith. And therefore we shall (with sufficiency and honesty enough) conclude it, that there is no necessity to hold it. For other school doctors there be, that are altogether against it: who (if need were, after so many witnesses,) might be produced in this case. *Sed Avidii Vari illud hic valeat: Aut hoc quod produxi testium satis est, aut nihil satis*[r].

But, if you have a mind to discourse this matter any further hereafter, I wish you would remember yourself, and refrain from any such terms as you have already put into your prologue, wherein I shall not follow you.

Yet, if your sufficiency lies that way, there be those to be

---

[p] [See Mariani Victorii schol. viii., in Epiphanii epist. ad Joan. Episc. Hierosol.; epist. lx. ap. S. Hieronymi op., ed. Par. 1602, tom. ii. col. 228.— Ordinatio autem fiebat cum oratione et manus impositione, quemadmodum nunc Ecclesia utitur. Sic septem Diaconos ... ab Apostolis in hunc modum ordinatione fuisse; &c.—See above, p. 264, not. l.]

[q] Sirmondi Antirrhet., c. 8.—Th. 7 Junii 1633; 19 Jan. 1639; 21 Jan. 1639. [See p. 264, not. m.]

[r] [Vid. Cic. de Finibus, lib. ii. c. 19.]

found, that will be as good at it as ever your fatherhood was. To whom I shall otherwise always profess my due respects, and shew myself to be, Sir,

your most assured
and humble servant,
J. C.

From the Court at S. Germains,
July 11, 1645.

Sir,

This inclosed (most of it) was prepared for you a fortnight since; but now (upon the occasion given by your letter) you have it with some advantage from

your servant,   J. C.

I desire the favour from you, that my most humble service and thanks may be presented to all the fathers of your monastery, especially to Father Francis, who hath been my benefactor with his two books of devotions. I wish I had the third, and another that he had *in voto, De necessario credendis.*

S. Germ. July 12.

A VIEW OF F. P.'S ANSWER TO THE FIRST PAPER

CONCERNING THE ORDINATION OF PRIESTS IN THE CHURCH OF ENGLAND.

I PROMISED in my second paper to justify the first, both for sufficiency and honesty, notwithstanding any thing that Father Paul had to say against it. That which he had to say being now come to my hands, I will, as near as I can, seriously answer all things of moment: with smaller matters I will deal as I think their quality doth require.

I. Of the Priest's power to consecrate, offer, and absolve: and wherein we differ or agree about it.

F. P.'s meaning here [a] is larger than his expression: for what he means by consecrating and offering our Lord's Body upon the Altar we are taught afterwards by his terms of transubstantiation and real sacrificing of Christ for the quick and dead.

There are two things wherein he would deceive the lady: 1. At first, when he says, that there is no difference betwixt us about them. For, first, though it be good Catholic doctrine that Priests receive power over the true Body of Christ, to consecrate and offer it upon the Altar in a true Catholic sense, that is, by consecrating the elements so that they may become sacramentally the Body and Blood of Christ to us, and by making these a commemoration of that Sacrifice which was but once offered up for us upon the Cross, yet in his sense (as afterwards he expresseth it) of transubstantiation and a real sacrificing of Christ again for the quick and the dead, that is, for the souls in purgatory, it is not so; nor will he be ever able to prove it.

A power to consecrate the Sacrament, and to make a memorial of the Sacrifice, we grant him: a power to tran-

---

[a] [See the beginning of F. P.'s letter, in the margin of § 2.

substantiate, and really to sacrifice Christ upon the Altar for the quick and the dead, we shall never grant him, that being a new doctrine which the Catholic Church never taught us.

2. Then, secondly, if his meaning be no larger than his expression, we differ about the restraint of this power, when he says, it is but a double power, and confines the one to consecrate and offer, and the other to absolving, &c.; as if a Priest had no more to do but to consecrate, offer, and absolve, &c., and there an end of their priesthood. Indeed many of their Priests do no more, whose employment only is to say a private mass and to hear confession. But our Priests have somewhat else to do, to dispense the holy mysteries in the Eucharist, to administer the sacrament of Baptism, to celebrate the rite of matrimony, to preach and to pray in the Church: for which purpose these words are added in our ordination, "And be thou a faithful dispenser," &c. If it be not so in theirs also, (unless '*Accipe Spiritum Sanctum*' help them,) they are more defective than, thanks be to God, we in our Church are.

F. P.—Madam, I must request you to observe, that according to the Catholic doctrine the Priests of the law of Grace receive a double power, the one over the true Body of our Lord, by consecrating and offering It upon the Altar, the other over His mystical Body, which is His Church, by absolving from sins, &c. And of this there is no difference betwixt the Doctor and us.

II. Of Christ's example pretended to be followed by the Church of Rome in giving of Orders.

He pretends here, that Christ made His disciples Priests at several times: whereunto I oppose all that hath been said before, and somewhat else that shall be added hereafter. In the mean while it will never be made clear, that the Church of Rome hath followed the example of Christ either by delivering bread and wine, or by saying, "Receive power to offer sacrifice for the quick and the dead." [1.] For, first, they say themselves, that Christ gave His disciples no bread and wine at all, but His Body and Blood under the species or accidents of bread and wine only; which they in their ordinations give not. 2. What Christ gave, He gave to be eaten and to be drunk by them that took it: these men give the paten and

F. P.—As our Saviour did give these two powers at two several times, (the power of consecrating and offering His Body at His last Supper, the power of remission of sins after His resurrection,) so the Church of Rome has ever given these two powers by several ceremonies; the first by d.d. bread and wine, and saying, "Receive power to sacrifice for the livng and the dead," which is the same with that of our Saviour, when, having consecrated, He said, "Do this," &c.; the second by imposition of hands, saying, "Receive the Holy Ghost: whose sins," &c.

the chalice with bread and wine in them, to be touched
only with their hands, and no more. 3. The disciples
in the last Supper represented the whole Church, and not
those only that were to receive orders. For then should
none but Priests communicate. 4. And therefore, "Do this
in remembrance of Me," was not certainly only intended
to them. *Benedixit, fregit, et dedit,* might be so; but
Accipite, comedite, et bibite, to all others besides. But,
5. Suppose these words to be spoken to His disciples alone,
in reference to the *Benedixit, fregit, et dedit,* that is, to the
consecration, fraction, and distribution of the holy Mysteries, yet what affinity or likeness have these words, "Do
this in remembrance of Me," with those which they now use
of taking power to offer sacrifice for the quick and the dead?
For, that Christ either offered any real sacrifice there, or
instituted any other than commemorative sacrifice of what
should be offered upon the Cross, is a mere invention of
some late Priests for the advancement of their own private
ends and benefit, but unknown to the ancient Catholic
fathers, to whom this father should do well to adhere both
in his judgment and practice. But, be-
cause I am called on for logic, I would
wish him to consider well of this argu-
ment, which proves strongly, that Christ neither gave any
such power of offering a real Christian Sacrifice in the
Eucharist, nor that He did then make any such Sacrifice
Himself. For, if He did, either that Sacrifice was propitiatory,
or it was not. If it were not, then in the Eucharist there
can be none such, because it was instituted according to His
own pattern, "Do this," &c., that is, as I have done: if it were,
then did Christ in His last Supper redeem the world; and, if
He redeemed the world, or became a propitiatory Sacrifice
for it, there, then must it needs follow, that His Sacrifice
upon the Cross was superfluous, and that S. Peter and S. John
both were out, when they said,—the one, 1 Pet. ii., "Christ
bare our sins on His Body upon the Cross,"—the other,
Apoc. v., "The Lamb, that was slain, and redeemed us by His
Blood;" yea, and your Church and all, "*Pascha nostrum immo-
latus est Christus: Ipse enim est verus Agnus, qui abstulit peccata mundi, et moriendo mortem destruxit:*"—which was at His

F. P.—But if the Doctor had pleased to use more of his logic, and less of his rhetoric, &c.

Death, and not at the Eucharist. So there is no example of Christ followed, if your Priests have a power (as truly they have none) given them to offer Christ's Body in the mass, as a real and propitiatory sacrifice to God the Father. Propitiatory, by applying Christ's propitiation, we shall grant him : but that will not serve his turn, nor ours neither, for a real and proper sacrificing of Christ, whereunto he pretends.

III. Of the pretended defect in the form of ordination used in the Church of England.

F. P.—The Church of England leaves out the former part, which touches the true Body of Christ, and only reserves the latter, touching the remission of sins, in the ordering their ministers.

The public profession and practice of the Church of England (wherein he seems to know but little) confutes him. It leaves out nothing that is requisite, either touching the true or the mystical Body of Christ. For this is our form, when the Bishop imposeth hands upon any that is to be ordained a Priest: "Receive the Holy Ghost : whose sins thou dost forgive, they are forgiven; and whose sins thou dost retain, they are retained: and be thou a faithful dispenser of the Word of God, and of His holy Sacraments: in the name of the Father, and of the Son, and of the Holy Ghost. Amen." Which is all that S. Paul required in a minister, 1 Cor. iv. 1, "Let a man this wise esteem us, as the ministers of Christ and dispensers of the mysteries of God." If we have all that S. Paul required, I trust we lack nothing. And certainly he that receives the Holy Ghost, to the end that he may be a faithful dispenser of God's holy Sacraments, receives all that power touching the true Body of Christ, whereof a Priest can be capable, that is, in the former Catholic sense, (for I must always put you in mind of that, because they take advantage of general words,) to make a consecration, oblation, and distribution of it; all which are comprehended under the name of dispensers. (For, as concerning their pretended power of really sacrificing the true Body of Christ for the quick and the dead, there was never yet Priest that had it, but Himself, nor shall ever have it to the world's end.) S. Paul requires no more. And, that the Church of England by the word 'dispensing' requires as much, (that they may not restrain it to distribution only,) I will produce him four several testimonies of her own public profession and authority, whereby (and not by private men's writings) the mind of the Church of England is ever best to be understood. 1. One out of the same form of ordaining Priests, in the Bishop's interrogation : " Will you give your faithful diligence always so to administer (that is, dispense) the holy Sacraments, as Christ hath commanded, and as this realm hath received the same ?" 2. Another in the canon of consecration, where the Priest professeth, that, " as God our heavenly Father did of His tender mercy give His only Son Jesus Christ to suffer death upon the Cross for our redemption, and as there He made (by His one oblation of Himself once offered) a full, perfect, and sufficient sacrifice, oblation, and satisfaction, for the sins of the whole world, so He did also institute it, and in His holy Gospel command it, that a perpetual memory of His precious Death and Sacrifice should be continued until His coming again ;" which memorial, together with the consecration, is there made by all the words and action that follow, all in a remembrance or commemoration of Christ's Sacrifice upon the Cross. 3. A third, where in that canon also the Priest prayeth, that God would "mercifully accept" this sacrifice of the Eucharist, that is, praise and thanksgiving, so that by those "merits and death of His Son," (that is, of His Sacrifice there represented and commemorated,) "and through faith in His Blood," (which was poured out and offered up upon the cross,) " both we and His whole Church may obtain remission of our sins and all other benefits of His passion :" (which is to make it by application a propitiatory sacrifice to us.) Besides, the Priest there presenteth to Almighty God (that which S. Austin[b] saith is the proper sacrifice of the Church in this action) " ourselves, our souls and our bodies, to be a reasonable, holy, and lively sacrifice unto Him; humbly beseeching Him," (as they do in the canon of the Roman Church, though there most an end they have no communicants when they do so,) " that all those which be partakers of this holy Communion," (that is, partakers of the eucharistical sacrifice,) " may be fulfilled with His grace and heavenly benediction :" " acknowledging also our unworthiness, through our manifold sins, to offer unto

[b] [S. Aug. de Civ. Dei, lib. x. c. 6. col. 243, F. Conf. ibid., c. 19, 20, col. —Op., ed. Ben. Par. 1689, tom. vii. 255, 256.]

Him any sacrifice, yet beseeching Him to accept that our bounden duty, not weighing our merits, but pardoning our offences." 4. Then, fourthly, in the Catechism, where the Church of England clearly professeth, that this Sacrament was ordained " for the continual memorial of the Sacrifice of Christ" upon the Cross. All this in the "dispensing" of the holy Sacrament: and all this I trust will amount to the power of offering sacrifice, that is, such a sacrifice as Christ and His Catholic Church hath taught us to make; though no such proper and real Sacrifice of Christ's Body, as some doctors among them imagined. As for our power and words of consecration, they are the same that they have, be they what they will: for they are not yet agreed by what special words it is done. So here is a power touching the true Body of Christ.

IV. Of the Real Presence of Christ's Body in the Sacrament of the Altar, and of the doctrine of transubstantiation.

F. P.—Whether it was because they did not believe any such power of sacrificing was left by Christ unto His Church, or that they did not admit of the Real Presence of our Saviour's Body in the Sacrament of the Altar; (since from the admission of that doctrine would follow all that, which to avoid as superfluous, they condemn in their thirty-nine Articles the doctrine of transubstantiation.)

It was well said here, 'such power:' for such a power of sacrificing as F. P. would teach us we do not believe; and, if we did, we should not be good Catholics. But, for the Real Presence of our Saviour's Body in the Sacrament, we believe it firmly. We teach all our people, that " the Body and Blood of Christ are verily and indeed taken and received by the faithful in the Lord's Supper." In our Articles for the Clergy we profess, that " the bread which we break is the partaking of the Body of Christ, and likewise the cup of blessing is a partaking of the Blood of Christ," and that " the Body of Christ is given, taken, and eaten, in the Lord's Supper." In our words of consecration we pronounce, that " this is His Body." In our words of distribution we say, that it is " the Body of our Lord Jesus Christ, which was given for thee." We believe He is there really, substantially, and truly, after an incomprehensible way of being, and not after a corporal or bodily manner of existence: we profess we know not how to explicate the manner, and therefore we admit not the manner of transubstantiation, which they would now obtrude upon us as a matter of no less faith, than that Christ was the Son of the living God, and incarnate of the Blessed Virgin. We know well, (and so do they too,) that Christ said, " This is My Body,"—*not*, that *after this manner* it was His Body:—we believe verily that it is so. But, that it is after this manner so, (that is to say, by annihilating and transubstantiating the bread into His Body,) or after any other manner, whether *in*, or *with*, or *under* the bread, we are not tied to believe at all. If we let the schools dispute it, (and it were far better they disputed it less,) we do not hold all their conclusions for articles of our faith, nor what either Innocent the Third, (who was the first author of the name and doctrine twelve hundred years after the Apostles,) or Pope Pius the Fourth, (who first imposed it upon the Church of Rome as an article of their creed more than fifteen hundred years after Christ,) have been pleased out of their plenary authority to command. That, which Durand[c] was wont to say, is no way displeasing to us: " *Verbum audimus, motum sentimus, modum nescimus, præsentiam credimus:*" "we hear the word, we feel the effect, we know not the manner, we believe the presence." We believe, I say, the Real Presence no less than they do: of the manner how, we dare not (as they do) so rashly define that, which we can never understand. Nor indeed are we curious to enquire into the manner, (it being an incomprehensible, great mystery, hidden from us,) no more than to enquire into the mystery of Baptism, how the Blood of Christ there washeth away our sins, no more than to enquire into the mystery of Christ's Incarnation, how the Divine and human nature are united together in one Person. We hold it a mystery, (and truly the Eucharist is a great mystery,) a Sacrament and a Sacrifice, of which "that which remains is to be consumed with fire," (as the ancient fathers[d] eloquently express themselves,) "that is, to be adored with faith, and not to be discussed with reason." Whereas they, taking upon them to declare and unfold the manner, do therein destroy the nature of a mystery, whose nature it is not to be declared, or the manner of it unfolded to us.

[Gen. xii. 10.]

---

[c] [See Neand. Synops. Chron., p. 203, as cited by Bp. Andrewes, Resp. ad Apol. Card. Bell., c. i. p. 11, quoted by Cosin, Hist. Trans., cap. ii. § 5, supr. p. 23.]

[d] [Compare Bp. Andrewes, ubi supra, from whom a great part of this section, so far as relates to transubstantiation, is borrowed.]

Whereof neither word nor thing was ever heard of in the ancient fathers[e]. From the doctrine therefore of the Real Presence, which the Church of England admits, follows not the doctrine of transubstantiation, which she justly rejects, as being founded neither upon Scripture nor antiquity, but repugnant to them both, and destructive of the nature of a Sacrament, having also given occasion to many superstitions which we could recount. For it is true, which your own Priests and Jesuits have acknowledged in their published writings among us, that neither the word of transubstantiation nor the thing intended by it, was ever heard of in the ancient fathers.

If this came in earnest from him, I am sorry to see him so transported without cause,—more sorry that his fit, as he says, should be so extreme as to make him speak and write he knows not what. In the mean while, thanks be to God, we believe, maintain, and enjoy Christ's sacramental Presence more purely than they do. We never withdrew ourselves from the obedience of His Church, and were never more in blindness than when we were (for a time) obedient to them, in many things that were contrary to the Word of God, the rules and canons of the Catholic Church, and the laws and statutes of our own kingdom.

F. P.—Or that in His providence it pleased God to deprive them of His sacramental Presence, who had withdrawn themselves from the obedience of His Church, and for that end gave them over to blindness of heart, I know not.

V. Suggestions to quit the Church of England.

Of the pretended defect or omission I said enough before. But, that there be any such in the Church of England, (unless they be in it, and are not of it,) who believe our Saviour hath left to His Priests any such power of real sacrificing His Body, &c., I am sure Dr. C. believes not; nor that there is any such power (which Christ never gave them) resident in the Church of Rome, nor that

F. P.—But so it is, that they omitted it. But, lest those of the Church of England who believe our Saviour left that power of consecrating and really offering His Body, &c., and distributing them to the faithful under the form of bread and wine, might be induced to join in communion with the Church of Rome, where undoubtedly that power is resident, and from which to the

---

[e] Discursus Modestus Jesuit. Angl., p. 13; et Wats. Quodl., 1. ii. art. 4. p. 31. [See Hist. Trans., cap. vi. §. 17, note f. at p. 112 of this vol.—The admission was extended to the subject in dispute, viz., *Ordination*:—" That a Priest is made by traditions of the chalice, paten, and host, into his hands, they (the Jesuits) say it is but a toy. They hold that the ancient fathers *rem transubstantiationis ne attigerunt*. These words are set down in the Discoverie, pag. 13, Quodlibet. ii. art. 4, p. 31."—See 'The Anatomie of Popish Tyrannie,' by Tho. Bell, book i., preamble 4, 8vo. Lond. 1603, p. 3.]

any such power is pretended by the Church of England, nor that any power there must of necessity be derived from the Church of Rome, or that for want of this pretended power they that live in communion with the Church of England are deprived of the greatest testimony of our Lord's love:—I am well assured likewise that he believes none of all these: trusting well by the grace of God, that none will be induced by these undue suggestions either to quit the Church of England, or to join in communion with the Church of Rome in these new fancies. And therefore, when F. P. says that Dr. C. pretends this power (the power of real sacrificing Christ's Body) to be really in our Priests, or ministers, (as he calls them,) and that it is given them by imposition of hands, &c., this being written without all truth or probability, it gives us over just cause to stand in some doubt, that he makes but little conscience how he useth his pen. And more shall not need to be said to him for answer of that paragraph.

Church of England (if such power be pretended by it) it must of necessity be derived, and to quit the Church of England, where, indeed, being no such power, they are deprived of the greatest of the testimonies of the love of our Lord, Dr. C. pretends that this power over the true Body of our Lord is really in their ministers, and that it is given them by the imposition of hands, and these words, "Receive the Holy Ghost: whose sins," &c.

VI. By what words Holy Orders are conferred, and whether a Priest be ordered at two several times.

In the next paragraph, where he acknowledgeth that holy orders are given by those words, "Receive the Holy Ghost: whose sins," &c., (which I said were the very operative words for the conferring of orders,) I will be bold to take him at his word. And then I shall not need to prove either the conferring of a power to sacrifice Christ's Body, which (in his sense) I must disclaim, and never undertook to do, or the power of consecrating and offering in the ancient sense of the Church, which I have proved already, or any other power of priesthood whatsoever. For, if holy orders be then given, of necessity will it follow, that those persons to whom they are given must be then made Priests; and, if they be made Priests, it is all that in this matter we look for, and as much as he can ask: unless he will have them made half-priests,

F. P.—All Catholics will admit, that by those words, "Receive the Holy Ghost: whose sins," &c., holy order, or the power of order, is given, &c.; and therefore I admit with the common opinion, that by those words holy orders are given, &c. But it is not sufficient, &c., that holy orders are given by these words, unless the Doctor can make it appear, that the power of consecrating and offering the Body of our Lord be given by them. This he undertook to prove, &c.

(that is, half at one time, and half at another, which were a strange kind of ordering;) or unless he will have them twice made Priests, and, when they be once ordered, to be ordered over again; and, if that be their custom, let them hear their doom in the canons of the Apostles: ' *Si quis Episcopus aut Presbyter*[f],' &c., " If any Bishop, Priest, or Deacon," (they had no more orders then,) " shall by any man be twice ordered, as well he that gave, as he that received such double orders, shall be both deposed." And therefore some schoolmen, to avoid the rock of re-ordination, and giving of orders by halves, (whereupon F. P. is not afraid to run, and split himself into two pieces,) chose rather to hold, that the whole power of orders was given to the Apostles at once in the last Supper. But it is a singular new opinion—that, and they were the first of all the world that held it. They might have saved themselves as well, (and better,) if they had kept them to the opinion and doctrine of former times, that the whole power was given by Christ after His resurrection. And so might F. P. too, with less improbability by far, than to hold, as he does, that the Apostles had one half of their priesthood given them at the last Supper, and the other half when Christ was risen. The Bishops of the Roman Church are not so long about it; nor do I believe that they give any orders at all, till they come to impose hands upon the Priest, and say, " Receive the Holy Ghost." If his opinion be otherwise, that Holy Orders are given by the first ceremony of delivering a chalice, &c., and Holy Orders again by the second ceremony of imposing hands, &c., let him look back upon the canon of the Apostles, and see how he likes it.

F. P.—Some few schoolmen hold, that the whole power was given to the Apostles in the last Supper, and that the other words after the resurrection did only explicate a part of that power, which they had received before: to which opinion, as less probable, I adhere not.

VII. Of the words of our Saviour at His last Supper, ' *Hoc facite*,' &c., " Do this in remembrance of Me."

F. P.—The Doctor says, that orders are not given by these words. From hence it follows, that he esteems the power of con-

Indeed true it is, the Doctor said that Holy Orders of Priests were not conferred by these words; and from hence let it in

---

[f] Can. 68.—Si quis Ep., Pr., aut Diaconus, secundam ab aliquo ordinationem susceperit, deponatur tam ipse, quam qui ordinavit. [See can. lxvii.—Labbe, tom. i. col. 40.—εἴ τις ἐπίσκοπος, ἢ πρεσβύτερος, ἢ διάκονος, δευτέραν χειροτονίαν δέξεται παρά τινος, καθαιρείσθω καὶ αὐτὸς, καὶ ὁ χειροτονήσας, κ.τ.λ.]

the name of God follow (for so he would have it) that he holds no such power of offering (that is, of real sacrificing) the Body of our Lord, as F. P. doth, to belong to Holy Orders: yet from hence it will not follow, but that he holds a power in the Priests (as the ancient Catholic fathers did) to consecrate and offer the Body of Christ (that is, to present it in a memorial sacrifice) to God the Father, and to distribute or divide that His true Body sacramentally unto others, who are thereby made members of His mystical Body; and all this by virtue of a commission, which (after the example of our Saviour) is given them for that purpose, when in the Name of the Blessed Trinity the Bishop lays his hands upon them, and confers upon them the order of priesthood with these words, "Receive the Holy Ghost," and those that follow: which commission I trow neither layman nor woman ever had, unless it be my Lady Abbess[g] that hath the power of spiritual jurisdiction given her, whereby she is enabled to excommunicate her subjects, (more than ever Queen Elizabeth had, or King James either,) which power though he must not mislike, yet by his leave I do.

secrating and offering the Body of our Lord not to belong to holy orders. For all, whom hitherto I have read, do hold that our blessed Saviour gave power to His Apostles to do that which He had done in His last Supper, by those words, "Do this," &c., whatsoever their belief was of that which was done in it.

F. P.—It follows by his doctrine, that, if holy orders were not given by the words of the last Supper, any layman or woman hath power to do the same, as much as he; which though I hold to be true, he does not.

But for the words of our Saviour at His last Supper, "Do this," &c., they were only '*verba præceptiva, non ordinativa*,' that is, words of command, and not words of conferring orders; or, as Maldonate[1] the Jesuit said, "words of communion, and not words of ordination." They concerned the institution of the Eucharist only, and not the institution of priesthood; though they might have relation as well to the duty of that office, (which was afterwards to be given by a special solemn act and commission for that purpose,) as to the duty of every one

[1] [See above, p. 263.]

[g] Steph. d' Alvin, de Abbat. potest. c. iii. [§] 11. [See Tractat. de Potestate Episcoporum, Abbatum, aliorumque Prælatorum, præsertim Regularium, necnon Abbatissarum, &c., auctore Stephano d' Alvin, Ord. Min., &c., ed. 8vo. Par. 1607. fol. 15. B.—Quis vero dubitat, aut denegat, hujusmodi laicos superiores habere tum jurisdictionem ecclesiasticam, spiritualem et temporalem, eamque talem, ut possint etiam absolutionem certorum casuum occurrentium certis reservare sibi subditis sacerdotibus; et contumaces excommunicare, et ab excommunicatione absolvere etiam per seipsos; cum excommunicatio directe ad clavem præsertim ordinis non pertineat, &c.]

besides that was afterwards to communicate of that Sacrament. For Christ's precept had reference to them both, and not (as F. P. imagines) to the Apostles only, or to a sacrificing Priest alone. And could our Saviour appoint and command His disciples to do nothing, that for the time to come might concern the office of priesthood, but presently by that very command he must confer the order of priesthood upon them. He sent them forth before this, and commanded them to preach the Gospel. Did that command make them Priests? or had it not a clear reference to a future time, when they should be delivered up to councils, and brought before governors and kings for His Name's sake; which was not fulfilled till He was risen from the dead. After this He gave them in charge to preach the Gospel, to baptize all nations, and to feed His sheep. Did that charge and command confer upon them the order of priesthood every time He gave it? If every command that relates to their office (as this did at the last Supper) shall give them the power of order, we shall have ordination upon ordination, three or four upon the neck of one another, and all at several times. He had best, therefore, pitch upon one solemn act and time for all: for Orders can be but once given.

S. Matt. x. 16.

VIII. Of the words of our Saviour after His resurrection, "Receive the Holy Ghost: whose sins ye do forgive," &c.

And that was the time, when, by a solemn act, our Lord gave His disciples their commission, and their power of order, to which in all His precepts concerning the several acts and offices of their function and ministry, (whereof that in the last Supper was one,) He had before designed them. I must here prove what I say, (for I cannot forget that He calls upon me for logic,) that by these words the Apostles had theirs, and we have our orders, and that, but for these words, it might be doubtful whether they of the Church of Rome have any orders at all, (which will both be done in one:) and therefore I will give him these reasons for it.

F. P.—He says, that holy orders are given by these words, and by no other. He likewise saith, that, if they of the Church of Rome had not in their ordination retained those words, "Receive the Holy Ghost: whose sins," &c., it might have been doubtful, for all their '*Accipe potestatem sacrificandi pro vivis et mortuis,*' whether they had any Priests, or no.

F. P.—But, if the Doctor had been pleased to use more of his logic, &c.

1. If the Apostles had not the power of order given them

by virtue of '*Hoc facite*,' &c., at the last Supper, then will it follow, by his own confession, that they had it by these words after the resurrection, and by no other; for there is not a third time assigned by him or by any body else for that purpose. And, that they had it not by '*Hoc facite*,' or that these words, " Do this in remembrance of Me," were no peculiar words of ordination, the reference that this precept had to all other communicants besides, (as S. Paul expressly declares it,) will sufficiently evince. For words of ordination must be peculiar words, applicable to none, and operative upon none, but those that are ordained by them. These were not so; and therefore are they no words of ordination: and, if they were none to them, they can be none to us, nor to them of the Roman Church neither.

2. Christ at His last Supper used no external rite of ordination, without which Orders were never given. For the Sacrament of His Body and Blood, which He gave them, belonged to the Eucharist; and therefore He gave (there) no ordination at all: but gave it after His resurrection, at what time (and no other) He used a solemn external rite for that purpose, which by the Apostles was changed into imposition of hands, and hath been used by the Church ever since.

3. If '*Hoc facite*,' &c., be not '*Hoc transubstantiate et realiter sacrificate tam pro vivis quam pro mortuis*,' that is, if these words at the Supper, " Do this in remembrance of Me," be not the same with these words in the Pontifical, or in F. P.'s writing at least, 'Transubstantiate and sacrifice this Body really for the quick and the dead, as you have seen Me do now before you,'—then was there none of F. P.'s power of order given by them, and, if none of that, none at all: for this is all he asks, and all he seeks for from them. But I have proved before, that Christ at His Supper did not sacrifice Himself, and therefore could not, by bidding them do as He did, order them to do that which He did not. I add now, to make the case yet more clear, that Christ, before His death, had not made His soul an offering for sin, because He had not shed His Blood for the remission of sins, which is the undivided and immediate effect of His death and passion, that was to follow this His last Supper, as is evident by the

very canon [h] of the mass, "*Hoc est calix Sanguinis Mei novi et æterni Testamenti,*" &c., "*qui pro vobis et pro multis effundetur in remissionem peccatorum.*" " This is the cup of My Blood of the new and everlasting Testament, which shall be shed for you and for many for the remission of sins ;" that is, not which you have seen Me offer up already in the Supper, but which shall be offered for you and for all the world upon the Cross. No real sacrifice, then, here at the institution of the Sacrament, and therefore no such power of order given there as he pretends to, which is as good with him (for now I argue *ad hominem*) as none at all.

4. Then, if not by these words, it will follow that by the other words, "*Recipe Spiritum Sanctum,*" &c., (and by no other,) was all the power of order given, [which] the Apostles had and have, and that either we or they of the Church of Rome have had ever since. For there are no other words left for us now, but these. And there have we a breath or grace of the Spirit given us, which goes into and runs through every act of our office and ministry, consecration, and oblation, and all. For by the power of God's Holy Spirit conferred upon us in holy orders is all done, that belongs to us to do.

5. I urge that place of Scripture (Acts xx. 28) where S. Paul saith to the Bishops and Priests at Ephesus, "*Spiritus Sanctus vos posuit,*" that " the Holy Ghost had put them into their office:" which 'putting into office' by Him will be found no where but here. And well might the disciples, both by those words that Christ spake to them at the last Supper, and by divers other before that time, have *jus ad rem*, a right and an office designed for them: but *jus in re, missio in possessionem*, that is, their investiture into that right, their livery and seizin given them, they had not till now ; nor were their acts to be made public and authentical, (as the acts of Priests ought to be,) till Christ had given them by His Spirit their commission and their *mitto vos* along with them.

6. And then, sixthly, that he may have one reason (besides what I gave him before) for the giving of these orders here with the power of remitting sins, in the institution of the holy Sacraments there is a power mentioned of

[h] [See Can. Missæ, ap. Missale Romanum, ed. Par. 1605, p. 144.]

the remission of sins: in Baptism, "Be baptized every one of you for the remission of sins;" and, "I believe one Baptism for the remission of sins:" and in the Eucharist, "This is My Blood of the New Testament for the remission of sins." And, if the Sacraments were ordained for the remission of sins, certainly the power to dispense those Sacraments, (which dispensing, as I said, is to do all that pertains to them, to the Sacrifice of the Body and Blood of Christ upon the Cross, and all there commemorated,) and the power to remit sins, go very naturally together, and are one included within another: though the Church of England, for a greater explication of that power, hath added in her public form of ordination:—
"And be thou a faithful dispenser of the Word of God, and of His holy Sacraments, in the Name of the Father," &c.

Acts ii. 38.
The Catholic Creed.
S. Matt. xxvi. 28.

7. Lastly, I prove it by his own sayings: 1. That Orders are given by these words, "Receive the Holy Ghost," &c. For, if this be, I tell him once again, that they cannot be given twice: therefore by these words, and by no other. 2. That, if the Church of Rome had omitted this form, (which he calls *partial*, but S. Jerome, as he shall see by and bye[1], calls *complete*,) it might be doubted that they would not have had power over the mystical Body to forgive sins, &c., that is, (by his own former confession,) would not have had holy orders. 3. That the benefit (or power) of remission of sins came from the Sacrifice of Christ's Body and Blood made upon the Cross, and that we cannot name the one, but we must of necessity include and have relation to the other. And, if that be true, there is no need of any other words, either to consecrate the Sacrament, or to commemorate the Sacrifice. 4. That, as S. Jerome said, upon the day of the resurrection, by those words, "Receive the Holy Ghost: whose sins," &c., the Apostles received the grace of the Holy Ghost to remit sins, to baptize, and to make men the sons of God, &c.; and that all this is granted. Put all these together, and *habemus confitentem reum*, and what need we any more witnesses? Yet more there are, which I shall produce hereafter.

F. P.—1. I admit with the common opinion, that by these words holy orders are given.
2. If they had [not] had that special [*partial?*] form of "whose sins," &c., it might be doubted, that they would not have had power over the mystical Body, &c.
3. I answer, that all this is true.
4. All this is granted.

[See p. 293.]

IX. Of the Holy Ghost's descent at Pentecost.

This paragraph (with some other that are in his answer) may be put among his extravagants. It was well for him he put an *if* to it: otherwise there is not any of his men, nor any of his women neither, (who shall chance here to read him,) but will marvel what he meant, to take such a leap for nothing from the Resurrection to Pentecost. There was at that feast one gift given among others, which was to speak wisely and to the purpose; whereof if he had been pleased to make use, we should not have been troubled with this observation and sense of that Scripture, whereunto the enthusiasts of former ages, and the anabaptists of ours, have wrested it. It was no part of the Holy Ghost's meaning, nor the Doctor's neither, to give way to this phrensy: for all God's Spirit is not the spirit of prophecy, nor every gift and grace of His Spirit the gift and grace of priesthood, which was not given at the Resurrection, as the tongues were at Pentecost, once for all, nor (as some other gifts are) to be made common to all Christians in general, but to be peculiar and proper to them that have the *mitto* and the spiritual grace of that function given them, (as the Apostles had,) to the world's end.

> F. P.—If the Doctor mean, that by the gifts of the Holy Ghost, upon whomsoever they are poured, all that power by him mentioned, and particularly that of disposing of the Flesh and Blood of our Lord, is conferred, he must needs grant, that all they upon whom the Holy Ghost descended at Pentecost, in so ample a manner receiving the gifts of it, were made Priests, both men and women, &c.

X. Of the judgment of the ancient fathers, that by these words, "Receive the Holy Ghost: whose sins," &c., holy orders were given.

> F. P.—I do not find any of the fathers, that say, the Apostles were made Priests by those words, &c.

I have cited him some fathers already, and in the former paper have made it clear, that the ancient Church knew no other rite, and used no other form but this. I trust F. P., when he hath read it, will have his senses and his judgment more awakened than to say, that they were all in a dream.

> F. P.—It is a mere dream.

The Greek fathers had no other name for giving of Orders, and making of Priests, but χειροτονία, laying on of hands, which was and ever hath been the only rite of ordination, (not your paten and chalice,)—ever, I say, since the

> F. P.—He might as well infer that imposition of hands only, without words, is sufficient to the ordering of Priests.

Apostles' times [k], since S. Paul (speaking of holy orders) said to Timothy, " Lay hands hastily on no man," and thought he had said enough to be understood: to which ceremony, being *instar elementi*, there never wanted a word by [? but] '*Accipe Spiritum Sanctum,*' &c., or the grace and gift of the Holy Ghost, sufficient for the dispensing of any holy mysteries, and the execution of any holy act belonging to that function. For which purpose let him read S. Paul again: " The gift that is in thee by imposition of hands:" I trow that the gift, which was thus in Timothy, was not the gift of absolving only, but a gift, grace, and power, to do all the acts of his ministry, a power to consecrate, as well as to absolve from sin. Then let him read his own Roman Pontifical, where, when the Bishop layeth his hands upon the Priest, he saith, " Receive the Holy Ghost: whose sins," &c. And let him read his author Bellarmine [l], who says it expressly, and twice for failing, that the grace in ordination is ever annexed or tied to the laying [on] of hands, that is, that they both go together, and are never parted. This, then, supposed and proved as it is, I will give him the testimony of more fathers for us yet. They are cited to his hands by his own author.

1 Tim. v. 22.

2 Tim. i. 6.

F. P.—I grant that by those words was and is given a spiritual power of forgiving sins, but not the power of consecrating, or sacrificing, &c.

S. Jerome [m], *in Esaiam:* " *Ordinatio non' solum ad imprecationem vocis, sed etiam ad impositionem impletur manuum:*" that "ordination is fully given" (no partial form as F. P. said before) " at the imposition of hands joined with prayer."

S. Austin [n], *lib. de Gest. cum Emerito, et alibi:* " *Manus impositione ordinari*" dicit " *sacerdotes; quod idem* [*omnes*] *veteres passim docent:*" says, that " by imposition of hands

---

[k] Acts xiv. 23. χειροτονοῦντες.—Ordinaverunt Presbyteros. Can. Apost. [See Canones Apostolorum, i., ii.—Labbe, tom. i. coll. 25, 26.—'Επίσκοπος χειροτονείσθω, Episcopus ordinetur; Πρεσβύτερος χειροτονείσθω, Presbyter ordinetur;—et passim.]

[l] Bell. de Sacr. Ord., lib. i. c. ii. [§ Quod autem.—Bell. op., tom. iii. col. 1662.]—Secundum Scripturas alligatur [alligata est] gratia manus impositioni in ordinatione.... (Et,) cum igitur gratia sit alligata ordinationi per impositionem manuum....

[m] [See Comment. in Esai. lviii. 10.—S. Hier. op., ed. Vallars. Veron. 1734, tom. iv. coll. 694, 695.—Conf. Bellarm. de Sacram. Ord., lib. i. cap. ix. § Ambrosius.—Op., tom. iii. col. 1677.]

[n] [See S. Aug. lib. de gestis cum Emerito Donat., § 11.—Op., ed. Ben. Par. 1689, tom. ix. col. 632.—Cæteri autem non aderant ordinationi ejus, quando ei manus imposita est.—The words, as they stand in the text, appear to be Bellarmine's own; for which see lib. de Sacr. Ord. ubi supr.]

Priests are ordained, as the ancient fathers teach in all parts of their writings."

And Simeon Metaphrastes [o], (who, though he be no great author with us, yet with him peradventure he is, the rather because he is with Bellarmine:) who in the life of S. John Chrysostom says, that, "when the Bishop of Antioch laid hands upon him, to create or make him a Priest, the Spirit of God came upon him," &c.

I add only S. Ambrose [p], *de dign. Sacerd.*, c. 5.—*Quando* "*homo imponit manus, Deus largitur gratiam. Sacerdos imponit supplicem dextram, sed Deus benedicit potenti dextra:*" that, "when the Bishop and Priests impose their hands in ordination, God also adds the grace and power by His own almighty Hand." For therefore was this rite ordained in giving of holy orders, that by *imposita et admota manus*, by lifting up and laying on of hands, we might know that we are designed to this function, and be certified from whence the power and grace of it (always annexed to it) doth proceed.

And this (with what I have said before of the mind and practice of the ancient Church) is enough and sufficient to shew to any reasonable man, that the fathers held and kept our form of ordination, and knew no other, acknowledging that what Priests they had were made and ordered by the like rite and form that we make ours, and had power of order given them thereby to perform all holy acts and dispense all holy mysteries belonging to that office. For it is most unreasonable to frame such words (as F. P. does) of consecrating by transubstantiating and sacrificing (by a real offering) the Body and Blood of Christ for the quick and the dead, which the fathers never heard of, nor held to be requisite for the making of a Priest;

F. P.—The power of sacrificing Christ's Body transubstantiated for the quick and the dead, I cannot discern from the Doctor's words, nor can the Doctor shew it.

[o] [See Bellarm. ubi supra.—For the precise words, see Vit. S. John Chrysost. a Sim. Metaphrast., ap. S. Joh. Chrys. op., ed. Par. 1588, tom. i. p. 61.—Cum ad Aram vero sacram accessisset, et ipse quidem, ut fas exigit, caput pontifici submisisset, ipsi autem ejus manus fuissent impositæ, miraculum quoddam hic quoque facit Deus, et ostendit eum qui initiabatur esse dignum, et ex Suâ sententiâ illum dignatum fuisse sacerdotio. Columba enim, et colore alba, et specie valde pulcra, templum superius circumvolans, illico descendit et insidet capiti ejus, qui ordinabatur. Supervacaneum esset omnino immorari in interpretandis iis quæ sunt manifesta. Cui enim non est manifestum, hoc esse signum Sancti Spiritus?]

[p] [Opus spurium, ap. S. Ambr. op., ed. Ben. Par. 1690, tom. ii. Append. col. 363.—Item, Bellarm., ubi supr.]

and then to bid us shew them out of their writings. He may look long enough before he will find any such thing there himself: but let him shew that the fathers say any such power so expressed belongs to the function of a Priest, and we will as soon shew that they say the same power is given by this form of words, "Receive the Holy Ghost," &c. He will never be able to shew the one; and, till he does so, it is a vain thing for him to cry out so often as he does, that we are not able to shew the other. We shew it not, because there is no need to shew it, because the fathers never required it, nor knew it; and it is a most unreasonable thing to ask it.

XI. Of the fathers' judgment cited in Bellarmine, and others, upon that place of S. John xx. "Whose sins," &c.

There were cited S. Hilary, S. Jerome, S. Austin, and S. Anselm, (as confessed by Bellarm. l. i. de P. R. c. 12.) to interpret these words in S. John, "Receive the Holy Ghost: whose sins," &c., a[s] conferring the power of order and jurisdiction: where F. P. imagines himself got into a triumphing chariot, and drives away with it somewhat too furiously. But I shall be bold to stop him in his career, and to take him down from his triumph besides. For do not those fathers (and more besides them that are here cited) expressly say, that those words and promise in S. Matth. xviii. were performed in S. John xx., and not before? And doth not Card. Bellarmine q confess in plain terms, that those fathers understood the place both of the power of order and the power of jurisdiction? I will make it apparent, to any that can but read their words, that it is both so and so.

F. P.—I should be sorry to say that the Doctor did not understand what he read in Bellarmine, and that he had wilfully corrupted that which he had understood. But, saying that the fathers there do interpret that place of John xx. of order and jurisdiction, whereas they only speak of that place of Matt. xviii. "Whatsoever you shall loose on earth," &c., which place is nothing to the Doctor's purpose, I leave it to your Ladyship's judgment, whether he minded well either what he read, or what he said, or no. And certainly it was a gross mistake.

For the fathers first. S. Anselm[r], upon the place of S. Matthew: "*Notandum est, quod hæc potestas clavium non solum Petro data est: sed, sicut Petrus unus pro omnibus respondit, sic in Petro omnibus hanc potestatem dedit, cum dictum est post passionem, Quorum remiseritis peccata,*" &c.; that is, "note, that this power of the keys was not given to S. Peter only: but, as he made the answer, one for all, so in him

q [See below, p. 298.]
r S. Anselm, in Matth. [cap. xvi.—Op., ed. Col. Agr. 1612, p. 74.]

Christ gave the power to them all, when He said to them after His passion, 'Whose sins you do remit,' " &c.; and that was in the twentieth of S. John, and no where else.

S. Theophylact[s] likewise upon that place: " *Omnibus Apostolis concessæ sunt claves. Quando? Cum dixit, ' Quorumcunque peccata remiseritis,' &c. Etenim cum dixit, 'Dabo,' futurum tempus signat, hoc est, post Resurrectionem ;*" that is, " the power of the keys was given to all the Apostles. And when were they given? When Christ said, "Whose sins ye remit," &c.: for, when He said, "I will give," He noted the time to come, that is, after the Resurrection."

Origen[t] also upon the place: " *An soli Petro dicitur a Christo, Tibi dabo claves? Sed apud Johannem, dans Spiritum Sanctum, Jesus discipulis suis dicit : ' Accipite Spiritum Sanctum,'* " &c., that is, " But did Christ say to S. Peter only, "I will give thee the keys?" Yea, in S. John He gave them to the Disciples, when He gave them the Spirit, saying, 'Receive the Holy Ghost,' " &c.

S. Cyprian, *de Unit. Eccl.*[u], speaking of the same place in S. Matth., refers it likewise to S. John : " *Apostolis omnibus post Resurrectionem æqualem*[1] *potestatem tribuit*" (*Christus.*) ... " *Hoc erant utique cæteri Apostoli, quod fuit Petrus, pari consortio præditi et honoris et potestatis :*" that is, " Christ after His Resurrection" (that was in the twentieth of S. John) "gave equal power to all His Apostles : for they were all endued with the like honour and power that S. Peter was."

S. Jerome against Jovinian[x] : " *At dices, super Petrum fundatur Ecclesia,*" &c., " *licet id ipsum in alio loco super omnes Apostolos fiat, et cuncti claves ... accipiant :*" " But you will say, that the Church was founded upon S. Peter," (that was the place of S. Matthew,) " yet was the very same thing done in another place" (that was in the twentieth of S. John) " upon all the Apostles, who all received the keys."

[1] ["parem."]

---

[s] S. Theoph. in Matth. [cap. xvi.— Op., ed. Lut. Par. 1631. p. 94.—εἰ γὰρ καὶ πρὸς Πέτρον μόνον εἴρηται τὸ, δώσω σοὶ, ἀλλὰ καὶ πᾶσι τοῖς ἀποστόλοις δέδοται. πότε; ὅτε εἶπεν, ἂν τινῶν ἀφῆτε τὰς ἁμαρτίας, ἀφίενται, καὶ γὰρ τὸ, δώσω, μελλόντα χρόνον σημαίνει, τουτέστι, τὸν μετὰ τὴν ἀνάστασιν.]

[t] Origen, Tract. i. in Matth. [See Comm. in S. Matth., tom. xii. § 11.— Op., ed. Ben. Par. 1740, tom. iii. p. 524, 525.—ἆρα δὲ τῷ Πέτρῳ μόνῳ δίδονται ὑπὸ τοῦ Κυρίου αἱ κλεῖδες, κ.τ.λ. ... ἐν δὲ τῷ κατὰ Ἰωάννην δοὺς Πνεῦμα Ἅγιον ὁ Σωτὴρ τοῖς μαθηταῖς, κ.τ.λ.]

[u] S. Cypr. de unit. Eccl. [§ Hoc eo. —Op., ed. Oxon. 1682, p. 107.]—Et Ep. 73. The words acknowledged, repeated afterwards by F. P. himself to this sense.

[x] S. Jeronym., l. i. contra Jovin. [§ 26.—S. Hier., op., ed. Vallars., Veronæ 1735, tom. ii. col. 279.]

S. Austin[y],—I have him not by me, (nor S. Hilary[z];) but the Pope[a] had (whose authority you will not distrust) when he said : " *Videndum est, quæ sint istæ claves.*" .... " *Has duas claves notat Angustinus*[b] *dari Jo. xx. ' Quorum peccata,' " &c.*, that is, " we are to look what these keys be," (the keys mentioned in S. Matthew,) "and S. Austin noteth these two keys," (that is, of Order and Jurisdiction, for there be no other,) " to be given in the twentieth of S. John, by these words, ' Whose sins,' " &c.

I omit Hugo Cardinalis[c], the Ordinary Gloss[d], Drachmarus[?], Scotus[e], as men of a later age, (though all, as you say, of your Church,) that might be produced to the very same purpose.

And now, whether F. P. hath spoken altogether so con-

---

[y] [See S. Aug. de Doctr. Christ., lib. i. § 17.—Op., tom. iii. par. i. col. 10.—See also Serm. ccxcv., in Natali Apost. Petri et Pauli i., § 2 ; tom. v. col. 1194.—Has enim claves non homo unus, sed unitas accepit Ecclesiæ .... Audite in alio loco quid Dominus dicat omnibus Apostolis Suis : ' Accipite Spiritum Sanctum,' &c. (Jo. xx. 22, 23.) .... Hoc ad claves pertinet, de quibus dictum est : ' Quæ solveritis in terrâ,' &c.—Conf. Serm. xcix. de verbis Evang. Luc. vii., c. 9, 10, col. 525 ; et Serm. cxlix. de verbis Act. x., c. 5, 6, col. 706 ; et lib. de Adversar. Leg. et Proph. c. xvii. § 36, tom. viii. col. 567 ; et Tractat. cxxi. § 4, in S. Joh. Evang. xx., tom. iii. par. ii. col. 808 ; et passim.]

[z] [See S. Hil. Pictav., de Trinit. lib. vi. § 37.—Op., ed. Ben. Par. 1693, col. 904.—Hæc fides regni cœlestis habet claves. Hæc fides quæ in terris solverit aut ligaverit, et ligata in cœlis sunt et soluta.... Qui (Petrus,) iteratâ a se dilectionis in Deum postulatæ professione, tentari se adhuc tanquam ambiguum et incertum tertiâ interrogatione congemuit ; per id quoque a Domino post tertiam tentationis pergationem infirmitatum, ' Pasce oves Meas' ter meritus audire : (S. Joh. xxi. 27.) qui, in cunctorum Apostolorum silentio, &c.... Hinc regno cœlorum habet claves ; hinc terrena ejus judicia, judicia cœlestia sunt.—Et, Comm. in Matt., cap. xvi. § 7, col. 690, 691.—O in nuncupatione novi nominis felix Ecclesiæ fundamentum, dignaque ædificatione illius petra, quæ infernas leges, et Tartari portas, et omnia mortis claustra dissolveret ! O beatus cœli janitor, cujus terrestre judicium præjudicata auctoritas sit in cœlo ; ut, quæ in terris aut ligata sint aut soluta, statuit ejusdem conditionem obtineant et in cœlo.—See also Comm. in cap. xviii. § 8, col. 700.—Conf. Bellarm. de R. P., lib. i. c. 12, §§ Alia, et Jam ad ; tom. i. coll. 658, 661.]

[a] Hadrianus Sextus Papa, in iv. Sent., de Clavibus, [§ Secundo ; ed. Rom. 1522, fol. 146.]

[b] [The precise words are : Has duas claves notat Aug., et post eum Glo. interlinearis, Jo. xx. Quorum remiseritis, i. (e.) quos dignos remissione judicaveritis, duabus clavibus potestatis et discretionis, remittuntur, &c. But there is no reference to S. Hil.]

[c] In Matth. [cap. xvi. §. Et tibi dabo claves, &c.—Hugonis Card. Postill., ed. Par. 1545, par. v. fol. 52, K.—Claves sunt potentia, et scientia discernendi, qua dignos recipere et indignos excludere debet a regno. Et idem habetur Joannis xx., c. Quorum remiseritis peccata, &c. Glossa duabus clavibus, scilicet discretionis et potestatis. Hæ sunt significatæ per claves ostiariorum templi, qui immundos abjiciebant.]

[d] [See Glos. Ordinar. in S. Joh. xx., ap. Bibl. Sacr., ed. Antv. 1617, tom. v. coll. 1315, 1316 ; et conf. Glos. Ord. in S. Matth. xvi., ibid. coll. 279, 280.]

[e] In iv. dist. 19. [See Joan. Duns Scot., Sent. lib. iv. dist. xix. q. 1 ; ed. Antv. 1620, tom. ii. p. 302, et seq. passim.]

siderately or no, as he should have done, in saying that the fathers' interpretation of this place in S. Matthew was nothing to that of S. John, in the name of God let the lady judge, or whom he will besides.

Then for Bellarmine, these be his own words[g]: "*Est ergo communis expositio Hilarii, Hieron., Anselmi, et aliorum, ... necnon Aug., tract. 22 et 49 in Johan., Dominum loqui de potestate clavium,*" &c. . . . . "*Et quamvis hic*" (Matthew xvi. 18.) "*tractari videatur præcipue de potestate jurisdictionis;*" . . . . . . (*et*) "*tamen Patres jam nominati locum hunc de utraque potestate, ordinis videlicet et jurisdictionis, exponunt. Et certe videtur ex ipso textu id posse deduci;*" &c. And § Dices[h]: "*Dices, Si non sunt Apostolis datæ claves hoc loco*" (*Matthæi,*) "*sed promissæ tantum, quo tandem loco sunt datæ? Respondeo datas esse Joh.* xx. 22," that is, "it is the common exposition thereof of S. Hilary, S. Jerome, S. Anselm, S. Austin upon John, and others, that Christ spake here in S. Matthew of the power of the keys. And howsoever the words may seem chiefly to concern the power of jurisdiction, yet the fathers here cited understand this place of the power of order and jurisdiction both; and truly as much may be deduced out of the text itself. But you will say, If the keys were not given, but promised only, to the Apostles in this place of S. Matthew, in what place then were they given? I answer that they were given in S. John xx. 22." Certainly there was a gross mistake some where; and, if these be Bellarmine's words, (as his words most certainly they are,) the Dr. hopeth that F. P. will be pleased to take back the mistake, and the grossness of it too, to himself.

For did the Dr. say, that either the fathers, or Bellarmine, or any man else, did ever understand the power of order and jurisdiction to be given and conferred in S. Matthew? Let him look again, and, if his sight be good, that he may be sure to read right, he will find that the Dr.'s words were (as in another place F. P. himself hath repeated them) neither

F. P.—But the other is worse, when he says, that the fathers there cited are confessed by Bellarmine to interpret the place there treated of to be understood to confer both the power of order and jurisdiction.

F. P.—For Bellarmine says indeed, that the place is understood by them of order and jurisdiction, but that they were not then, nor by the place (in S. Matth.) then handled, either of them conferred, but only promised. And I can less excuse this mistake by inadvertency, seeing that the Doctor had at first left out the word conferred,

[g] [See Bellarm. de Rom. Pont., lib. i. cap. xii. §§ Alia, et Et quamvis, tom. i. col. 658.]
[h] [Bell. ubi supr., col. 661.]

more nor less than these: "S. Hilary, S. Jerome, S. Augustine, &c., (as is confessed by Bellarmine, l. i. de P. R. c. 12,) interpreting those words, 'Receive the Holy Ghost: whose sins,' &c. (that is, the words in S. John) say, that they are to be understood to confer both the power of order and jurisdiction." Let him mark that they were conferred by the words in S. John. He did not say, conferred by the words in S. Matthew, but that the fathers and Bellarmine too interpreted the words in S. Matthew to be fulfilled and conferred in S. John, when Christ was as good as His promise and said, "Receive the Holy Ghost: whose sins," &c. The not discerning of which plain and clear expression was truly a great inadvertency in F. P., and hath created us a great deal more trouble than needed in this matter. But I will be content for once, that he numbers these his three mistakes and his four hasty censures among his ordinary and venial sins.

and afterwards interlined it. So there are two mistakes in this one allegation.

XII. Of the place in S. Cyprian's Ep. 73.

I foresaw what would be said to S. Cyprian, and therefore have in the former paper prevented this exception[i], that, though this was his error, to plead as he did against heretics' baptism, yet that was none, for which I cited him to say[j], that by those words of Christ after His resurrection, "Receive the Holy Ghost: whose sins," &c., the Apostles and Priests of the Church were "*Dominicâ et Evangelicâ ordinatione fundati,*" &c., that is, if we regard the force of his speech, that the ordination, which none but those that were first ordained [by] were to meddle with holy things that they had from Christ, was founded upon those words in His Gospel: that from them (for he cites no other) the Priests of the New Testament had what belonged to the right and power of their office; and that none, who had not this cer-

F. P.—S. Cyprian pretends in this Epistle to prove, that baptism given by heretics is not valid: for the proving whereof, &c.

---

[i] [See above pp. 270, 271; and p. 255, note l.]

[j] Et S. Cypr.—Post resurrectionem Christus ait discipulis suis, Accipite Spiritum Sanctum. Quorum peccata, &c. . . . . Unde intelligimus non nisi præpositis et in evangelica ac dominica ordinatione fundatis licere baptizare, aut remissionem peccatorum dare, &c.

. . . . Nec hoc sine Scripturæ auctoritate proponimus, ut dicamus certa et propria ordinatione hæc esse facienda, nec posse quenquam contra sacerdotes assumere ibi aliquid quod non sit sui juris ac potestatis. Nam Core, &c. [See Cypriani op., ed. Oxon. 1682, p. 201.]

tain and proper ordination, should usurp upon their right, as Korah, Dathan, and Abiram, did upon Aaron the Priest's office, in taking upon them to sacrifice, &c.

Out of which words to infer that the ministers which be out of the Church, that is, the Priests in the Church of England, (for that I believe is his meaning, and not to defend S. Cyprian's error,) can neither baptize, absolve, nor offer sacrifice, will be a harder matter than he is aware of, and therefore he shall do well to give it over. For they that cannot brook every novelty in the Church of Rome, (and the novelties of it only have we left,) are not presently out of the Catholic Church of Christ, which hath a far larger extent than the particular degenerated Church and faith of Rome hath, or ever had. And let his two instances here go for two of her novelties among many other: the one called a real transubstantiating and sacrificing of the Body of Christ again for the quick and the dead, and the other such an adherence to the chair at Rome[1], that whatsoever the Pope and his party shall be pleased to dictate to us, (though never so much against Scripture, and against the Faith and canons of the Catholic Church, we must upon pain of their[m] damnation be bound to receive from them, like Gospel and the articles of our Creed. For whatever his words are, (as if he intended no more by them than Christ and old S. Cyprian did by *super hanc petram*,) yet we know well enough what his meaning is by S. Peter's (new) chair at Rome, where[n] somebody

F. P.—Out of which words if the Doctor would infer, that the ministers (being out of the Church) can neither baptize, absolve, nor offer sacrifice, I can see how it might clearly be collected out of that place.

F. P.—From the communion of whose chair your Ladyship is separated.

F. P.—The power of sacrificing or consecrating the Body of our Lord, (understood in his former sense.)

F. P.—According to S. Cyprian, the Church of Christ was by Him built upon S. Peter.

---

[1] Conc. Const. [See Hist. Conc., passim; Labbe, tom. xii. col. 1, et seq.] —Later. i. ii. [See Conc. Lateran. iv. capit. i. De Fide Cathol., capit. ii. De errore Abbatis Joachim, et capit. iii. De Hæreticis; Labbe, tom. xi. col. 142, 144, 148.]—Et Conc. Trid. [Labbe, tom. xiv. col. 725, et seq.]—Et Bulla Pii IV. [Ibid. col. 944.]

[m] Bulla P. Pii. IV. super forma juramenti professionis fidei : " Extra quam nemo potest esse salvus." [Labbe, tom. xiv. col. 944, 946.]

[n] Greg. VII. in Conc. Rom. ann. 1076. [Labbe, tom. x. coll. 355—358.] —Sigeb. ad ann. 1088. [See Auberti Miræi Rerum toto orbe gestarum Chron., ed. Antv. 1608, p. 165.]— Et ann. 1074. [ibid., p. 159.]— Alex. VI. [See Pauli Jovii Hist. sui temporis, lib. i.—Op., ed. Basil. 1578, tom. i. p. 6, et seq. passim.]—Bulla Pii V. contra Reginam Angliæ, &c. [See Bullarium Romanum, ed. Romæ, 1638, tom. ii. p.229.]—Joh. XXII. contra Lud. Imp. [See Ludovici IV. Imp.

hath used of late to sit, that (if ye angered him) would let never a king in Christendom sit quiet in his throne, nor never a Bishop neither, which makes us suspect that S. Peter's chair is set aside, and another more majestical set up there in the room of it. To this new chair, Church, and faith, it is, that F. P. would recommend the lady, of whose constancy in the true Catholic Faith, and in the communion of the true Catholic religion professed by the Church of England, notwithstanding all his or any other man's suggestions to the contrary, by the grace of God, we are very confident.

F. P.—And only recommending to your Ladyship's observation, &c.

XIII. Of the place in S. Hierome, Epist. 150, ad Hedibiam:

Where S. Jerome saith, that, "upon the day of the Resurrection, by these words, 'Receive the Holy Ghost: whose sins you do forgive,' &c., the Apostles (and so their successors) received the grace of the Holy Ghost to remit sins, and to baptize, and to make men the sons of God," &c. And F. P. saith, that all this is granted; that is, (say we,) all the question. For, if our Priests have power by these words to remit our sins, to administer the Sacraments, and to make us the sons of God, what need we more? As for the power of sacrificing the transubstantiated Body of Christ (that being F. P.'s meaning) for the quick and dead, S. Jerome could not speak a word of it indeed, for he never knew or heard of it.

F. P.—I answer: All this is granted.

F. P.—But S. Jerome says not a word of their receiving power of consecrating or sacrificing the Body of Christ: (ut supra.)

XIV. The place in Panormitan.

Panormitan, in whom we find that the delivery of the chalice and paten is not of the substance of ordaining Priests, stands yet good, and is very certainly to the purpose; both because F. P. undertook at first to maintain that ceremony (as all those persons that heard him speak will witness) to be so materially essential and necessary, as that no such orders

F. P.—I have not the book. But, admitting it, it makes nothing for the Doctor's purpose, who undertook to prove, that by those words, "Receive the Holy Ghost, whose sins," &c., the power of sacrificing, &c., is given, (that is, of really sacrificing the

Bav. Ducis, contr. Joannis XXII. Papæ bullam Respons., ap. Rerum Germanicarum Scriptores, &c., ex biblioth. Marquardi Freheri, curante Struv., ed. Argentorati, 1717, tom. i. p. 655.]—Et alii.

Body of Christ, transubstantiated by consecration.) could be given without them, and because the Dr. never undertook to prove more, than that this ceremony with the form annexed (of taking power to offer sacrifice for the quick and the dead) was not so substantial and necessary as F. P. made them. But, if Panormitan said the one was not held to be of the substance of orders, it will follow that the other was not held to be so neither: for that ceremony and that form of words ever go together, and are never parted, as appears by the pontifical, and by every writer besides that is of F. P.'s new opinion.

XV. The place in Pope Innocent, and Cardinal Hostiensis.

The saying of Pope Innocent also, and Card. Hostiensis, was to the purpose: (Panormitan[n] recites the opinion of Pope Innocent, and P. P.[1] of Venice[o] the opinion of Hostiensis, and Andreas[p] both:) who were so far from believing and holding, as F. P. does, that the delivery of the paten and chalice, or that the words of giving authority to offer sacrifice for quick and dead, were essential and necessary, as that, had it not been for the canons of the Roman Church, they thought it would have been enough to make a Priest, for the Bishop only to have said, 'Be thou a Priest,' and no more. Nor was the place here brought by the Doctor to any other end, but to shew that in this matter neither Pope nor Cardinal were of F. P.'s religion. In the mean while, if they were of this mind, it does not presently follow, that the Dr. is of the same mind too, nor that any were ever ordered by this form first or last. So that here (as in many places besides) F. P. forgot his own logic: and in his next words that follow he forgot somewhat else,—I

F. P.—He doth not cite the places, nor do I find any such thing in the author named by him.

[1] *(Padre Paolo.)*

F. P.—But, saying, 'if other forms had not been afterwards brought into the Church by the canons,' he seems to insinuate by the authority of those authors, that at first they were ordered by only saying, 'Be thou a Priest.'

F. P.—And Innocent the Pope, in Instr. Arm. Conc. Fl., says, "Receive the power of sacrificing," &c., to be the form of making Priests.

---

[n] [Panormitan., Comm. super secund. par. in prim. libr. Decretalium, De sacram. non iterand., cap. iii. Presb., ed. Lugd. 1586, tom. i. par. ii. fol. 51, B.— See above, p. 256, note n.]

[o] [Petr. Suav., Hist. Conc. Trid., lib. vii. art. 6, ed. Aug. Trin. 1620, p. 481.— See above, p. 256, note o.]

[p] [See Joan. Andr. Comm. in prim. Decret., de Sacram. iterand. vel non, cap. iii. Presb.; ed. Venet. 1581, tom. i. fol. 173.]

will not say, his sufficiency or his honesty. But let him make good what he cites, here in margin, (and I can the less excuse his inadvertency, because he says he had Innocent by him,) that ever Innocent the Pope either gave any such Instruction to the Armenians, or was ever at the council in Florence, and said, that 'Receive the power of sacrificing,' &c., was the form of making Priests, and he shall without any more ado carry the cause: I will give him leave once more to mount his chariot, and to triumph the second time.

In the mean while, if he makes it not good, (as it is not possible he should, unless he can fetch Pope Innocent out of his grave 200 years after he was dead,) I hope he will be pleased to come down to us, who in this thing have Innocent the Pope altogether on our side: for these be his very words in his council of Lateran[q], concerning the Priest's power of consecrating the Sacrament, that "no man hath power to do it, unless he be a Priest, who is rightly ordained according to the keys of the Church, which Jesus Christ Himself gave to the Apostles and their successors." He gave them the keys by those words in S. John, "Receive the Holy Ghost: whose sins," &c., as hath been made clear before, and as neither Bellarmine, nor F. P., nor any body else will deny. Here then is a proof for him, (and out of such an authentic testimony, as he must not gainsay, the testimony of Pope Innocent, and the council of Lateran,) that by the power of the keys Priests have power, as well to consecrate the Sacrament, as to remit sins. For '*Accipe potestatem sacrificandi pro vivis et mortuis*' was not yet come in.

F. P.—Passim—I do not find by any good testimony, that the Apostles or any other were made Priests by these words, or had power by them to consecrate the blessed Sacrament.

XVI. The Canon of the fourth council of Carthage.

The fifth canon of this council was produced[r] to prove, that the delivery of the paten and the chalice, (which F. P. calls there a matter of such importance,) was not necessary or essential in the ordaining of Priests.

F. P.—I admire that he should bring such proofs for a matter of such importance.

It was a council worth the citing, this; for it was celebrated

[q] Can. i. [Labbe, tom. xi. col. 143.] —Hoc sacramentum nemo potest conficere, nisi sacerdos, [qui] fuerit rite ordinatus secundum claves Ecclesiæ, quas Ipse concessit Apostolis et eorum successoribus Jesus Christus.

[r] [See above, pp. 257, 265.]

no less than twelve hundred and nine years since, and by no fewer than two hundred and fourteen Bishops: nor must F. P. think to fillip it off so slightly as he does, or to out-face the authority of so many ancient Bishops and Fathers of the Church with casting up his eyes at it, and saying, he admires that such a proof should be brought against him.

To prove that the tradition of the paten and chalice *cum suâ formâ*, (which he calls here a matter of such importance,) was not necessary or essential to the ordaining of Priests, the third canon of the council was produced, the title whereof is, '*Qualiter Presbyteri ordinentur*,' that is, 'After what manner Priests are to be ordained:' and the words of the canon itself are, "*Presbyter cum ordinatur, Episcopo eum benedicente, manum super caput ejus tenente, etiam omnes Presbyteri qui præsentes sunt manus suas juxta manus Episcopi super caput illius teneant.*" "When a Priest is ordained, the Bishop pronouncing the blessing over him, and laying hands upon his head, all the Priests that be present shall likewise lay their hands upon his head, next the hands of the Bishop." Which is the same canon or rule that the Church of England useth, and hath put into our form of ordination at this day. So that, if the ancient Church in S. Austin's time (the time of the council of Carthage) had any Priests, we shall not need to doubt of ours. For the proof is clear, that other ordination, than we have now, had they none then, neither by paten, nor by chalice, nor by any such matter and words of importance, as he would bear the world in hand withal to be so essential and necessary. To elude the proof, therefore, brought from the authority of this canon, he would make us believe, contrary to his own knowledge, (unless he cast up his eyes so high with admiring that he could not see it,) that in this council there is no more mention of words, than of the paten and chalice, and that the fathers there did set down nothing else but the several forms only of imposition of hands according to several orders. For certainly here was either a mistake, or somewhat that was worse. Let him leave off his admiring a while, and set his eyes down upon the canon: he will find, that, besides imposition of hands,

F. P.—In that council there is no more mention of words, than of the paten and chalice. Only it sets down the several forms of imposition of hands according to several orders.

there is a benediction of the Bishop, and another of the Priest, '*uno super eum fundente benedictionem,*' and '*Episcopo eum benedicente,*' and again, '*Solus Episcopus qui eum benedicit;*' which cannot be done without words, and is a several act set down there to be performed in every several order, besides his several imposition of hands. What words those were is not there expressed, (F. P. should have said so,) but words they were howsoever, and his word is not to be taken, when he says there was none, or no more mention of words than of paten and chalice. Had it been '*tradente instrumenta,*' (and no particular instruments expressed,) as it is '*fundente benedictionem,*' (and no particular words expressed,) indeed the cases might have been somewhat alike; but here is '*benedictionem fundente,*' and '*benedicente Episcopo,*' and '*Episcopus benedicit,*' and never a word of paten or chalice at all: which makes F. P.'s '*no more*' to be *no less* than a ———, imposing upon the credulity, which he thought his cleanly conveyance of those words away should have met withal: but now he is met withal himself. For that there were any words, or benediction at all, is enough to detect his oversight; and what those words were, that always went (and do still) with imposition of hands,—his own Roman pontifical (which I hope he will not deny to have been the ancient and perpetual tradition of the Church) will be able to inform him, that they were no other, but " Receive the Holy Ghost: whose sins you do forgive," &c.

To infer therefore, as the Dr. did, that imposition of hands only, without either chalice or paten, was here appointed, will be better logic by far, than to plead, as F. P. doth, that a man might as well from this canon infer that imposition of hands only without using any words would be sufficient for the ordaining of Priests, which is such a piece of *non sequitur* logic, as we never learned yet in England, nor F. P. neither in all his logic lectures abroad; who, undertaking here to tell the truth, should not for his credit's sake first have left out *Benedicente eum Episcopo,* and then have told us that the council set down nothing but a bare 'imposition of hands only:' that word *only* (exclusive of

F. P.—For he might as well infer, that imposition of hands only without using any words is sufficient to the ordaining of Priests, because in the council there is no mention of words.

F. P.—The truth is, the council, &c., only sets down the several forms of imposition of hands: three Bishops to lay hands upon a Bishop, the Bishop and Presbytery upon a Priest, and the Bishop alone upon a Deacon.

words) is not the council's, but his own: exclusive of *paten* and *chalice*, it may be whose it will: for there is no mention of any such there.

Nor will it serve his turn to say, that the council did not compose a ritual, which was Cardinal Bellarmine's evasion, &c. For, though it did not compose a ritual, yet it made canons (twelve of them) whereby those rituals were to be regulated; and all the old rituals ᶠ (till their late addition of the paten and the chalice *cum suâ formâ* came in) were composed according to those canons. Nor is there in all antiquity any book to be found, which doth more clearly set forth all things that be material for the giving of orders, than these canons do. And, if the fathers of the council had held the tradition of the paten and the chalice to be as necessary and essential herein, as F. P. does, it had been no such hard matter for them to have added it, nor would it have been a thing over tedious to have set it down in a line or two, (or less,) which would have been sufficient for that purpose, as in the description of the rites belonging to the inferior orders there they did. Wherein having been so punctual and diligent to set forth whatsoever was material and essential for the giving of them, it is not to be imagined, that they would omit any thing which they thought material and essential to the giving of those higher orders,—orders that were of far more moment and excellency, than those lower were.

Nor, again, will it help him to say, that the council did therefore omit this rite of the paten and chalice in the ordaining of a Priest, because it was generally known: for by that reason the fifth canon ᵍ there would have also omitted it in the making of a subdeacon, which was as commonly known as any of the rest. But to him the paten and the chalice are appointed to be given, '*quia manus impositionem non accipit*,' i. [e.] "because he is to have no imposition of hands;" —which is clearly as much to say, as that those three higher orders, (whereof priesthood is one,) which have that imposition of hands, need not any paten or chalice to be given with them. And this concludes directly against him.

But, to make the matter yet more clear, I will produce

F. P.—The council did not compose a ritual, nor set down all that was of necessity or in use for the giving of orders.

ᶠ As I made it appear in the former discourse. [See pp. 259, 271, 272.]

ᵍ [See above, p. 265.]

the authority and practice of another council (the second council of Seville [h] in Spain) two hundred years after that of Carthage in Africa; where, following the prescript form of this canon we have now in hand, because a priest had received imposition of hands from his Bishop without the words of benediction, (which yet another Priest then gave him,) they deposed him, and declared him to be no Priest at all. Had it been *Episcopo benedicente,* as well as *manus imponente,* the man had not lost his orders for want of *traditio patenæ et calicis cum suâ verborum formâ,* (a matter unknown to them in those days:) which is a plain proof that no such thing was needful. And it is as plain by Gratian, who put the canons of the council of Carthage into the body of the ecclesiastical laws, that the Church knew no other, nor followed any other rule, for more than five hundred years after that council of Seville, nor shall F. P. ever find either his paten or his chalice, or his *forma verborum annexa,* enjoined either by Pope or Council before his Instruction to the Armenians came in, come it from whence it can: of which (if he hath any mind to it) I have more a great deal to say than I said before [i], when he ventured to cite so old an author for it as Pope Innocent the Third was, who had been low laid in his grave above two hundred years before. But enough of this canon, out of which and all that have been said about it, I may be bold to conclude, that imposition of hands is the only necessary and material rite in ordination, without the paten and the chalice.

XVII. The canons in the council of Trent. And truly, with no little disadvantage to his cause, might the council of Trent have been cited, whereof we have no need for ours. In the fourteenth session [j] it professeth and proposeth to the belief of all Christian people, and so to his, that Priests, who be "rightly ordained by the imposition of hands," are the Ministers, &c.; and in the fourth canon [k] (which relates to that

F. P.—He might with as much advantage have cited the council of Trent, &c.

---

[h] [Conc. Hispal. II., A.D. 619, cap. v.—Labbe, tom. v. col. 1665.—Episcopus .... fertur manum suam super eos tantum posuisse, et presbyter quidam illis, contra ecclesiasticum ordinem, benedictionem dedisse .... Decrevimus ut a gradu sacerdotalis vel Levitici ordinis, quem perverse adepti sunt, depositi, &c.]

[i] [See above, § xv. p. 303.—Conf. Scholast. Hist. Can. Script., num. clviii. vol. iii. p. 242.]

[j] Cap. iii. [de Sacram. extremæ unctionis; Labbe, tom. xiv. col. 822.—Sacerdotes rite ordinati per impositionem manuum. &c.]

[k] [Ubi supr., col. 826.]

passage) it will curse him, if he doth not acknowledge such Priests to be those which the Bishop hath ordained. Whereunto if he adds the fourth canon of the twenty-third session[1], which will likewise anathematize him, unless he believeth that the Holy Ghost is given when a Priest is ordained, and that then the character of priesthood is imprinted upon him, when the Bishop saith, "Receive the Holy Ghost," &c., he hath both the rite and the benediction, the matter and form of ordination used in the Church of England, manifestly acknowledged even by the council of Trent itself: wherein there is not a word, neither, concerning the delivery of the paten and the chalice, which F. P. holds to be so essential, that without them those that are made and ordained Priests are with him no Priests at all: as if he stood in no more awe of the anathema made out against him for it in the council, than some other people in the world do in many particulars besides.

As for that canon which he cites in the twenty-second session, can. ii.[m], if the council contradicts itself, (which is no news at Trent,) let him look to it: for we are not bound to maintain it, who never yet received it: though, in this canon, *instituisse Apostolos sacerdotes, et ordinasse ut ipsi, &c.*, doth not necessarily infer a present ordination, but may have reference to a future time, that is, to the time when the Spirit should be given them, and the character imprinted upon them, as we heard out of the council of Trent even now; before which character be imprinted, none can be a Priest. He had best, therefore, construe *instituisse sacerdotes, et ordinasse ut*, that Christ in His last Supper designed His Apostles to be Priests, and appointed them to do as He had done, &c.; unless he will have the council of Trent say, that the character of Priesthood was twice imprinted, once at the last Supper, when Christ said, "Do this," and once after His Resurrection, when He said, "Receive the Holy Ghost," &c., which would amount to a re-ordination; for where the character is certainly there is ordination properly so called, and no where else. And, for those

F. P.—Yet speaking of priesthood *ex professo* defines it, as a matter of faith, that the Apostles were made Priests at the last Supper by these words, "Do this," &c.

[1] [Ibid., col. 864.] [m] [Labbe, tom. xiv. col. 855.]

words also at the Supper, "Do this," &c., if F. P. will give the council leave to explain itself, I will turn him to another place[n] there, where they are made words of precept or ordinance, (as I have discoursed and proved before,) and not of proper ordination. But, if this will not help the council from crossing itself, (as many times it does,) let him, if he please, defend it better. For we have no need of it, but to oppose it both against itself, and against him.

[XVIII.] Of the place in Salmeron.

And the like I say of Salmeron, out of whose words upon the place in S. John, "Receive the Holy Ghost: whose sins,"&c., I was to prove, that which F. P. at first denied, that by those words the Apostles and Priests of the New Testament had power given them, as well to preach and administer the Sacraments, as to remit sins, and reconcile penitents; and so I did *totidem verbis:* for these be Salmeron's own words[o], as they were cited to him, though F. P. skips them over, and says nothing to them: '*Accipite Spiritum Sanctum: quorum peccata,*' &c.—*In his verbis, " non tantum illis datur potestas prædicandi et sacramenta administrandi, sed etiam peculiariter sacramentum instituitur reconciliationis" pœnitentium:* i. [e.] "Receive the Holy Ghost: whose sins," &c. By these words "there is not only given them power to preach, and to administer the sacraments, but peculiarly also the sacrament of reconciling penitents is ordained. And this was a clear proof against F. P., nor doth he defend himself from it; which is as much to say, as that he gives it. So that thus far the candour and sincerity of the man is clear enough. It was added, as a collection out of Salmeron, that Christ here, by these words, made His new Priests of the Gospel, whom He had designed before to offer sacrifice: where under the word *made* (by F. P.'s leave) there was no line drawn, nor under the word *designed* neither, (though he, when he comes to represent them over again to the Lady, hath with the sleight of his hand underlined them both, as if I had made them to be the very words of Salmeron.) He, that wants so much can-

---

[n] Cap. i.—Præcepit per verba hæc. [Labbe, ubi supr., col. 853.]

[o] [See Comm. in Evang., lib. xi. tract. 18, ed. Col. Agr., tom. xi. p. 136.—Nec tantum illis datur potestas prædicandi evangelium, ut sacramenta administrandi, sed etiam peculiariter sacramentum instituitur reconciliationis, in quo sacerdotes, præmissâ pœnitentiam agentium confessione, tanquam ministri Dei, absolvunt.]

dour and sincerity in others, should not have shewed so little of it here in himself. But, though they be not Salmeron's very words, yet must they be the sense and meaning of his discourse in that place, or else the words and sense of his discourse there will hardly (nay will never) hold together. Speaking of the words and ceremony that Christ used there by breathing upon His Apostles, &c., he compares the initiation or consecrating of the Priests in the Old Testament to the initiation or consecrating of the Priests in the New Testament, framing his comparison after this manner, and in these very words[p]: "*Ut olim sacerdotes nova ceremonia creati sunt, id est, lotione et unctione, ut in Exodo habetur, ita Christus in sufflatione, h. e. communicatione Sui Spiritus in flatu significati, ad facultatem remittendi peccata sacerdotes novos promovit:*" i. [e.] "As of old, in Exodus, the Priests were created by a new ceremony of washing and anointing," (I trow they were no Priests before,) "so Christ promoted new Priests by breathing upon them, that is, by communicating His Spirit to them, signified by that breath for the power of remitting sins." And, if Christ promoted His new Priests, as Moses created the old, by a new ceremony, I believe by the rules of logic (which F. P. called for) it will never be made good, that they were Priests before. *In comparatis quæ sunt ejusdem naturæ*, the reddition must answer the antecedent, or else the antecedent was not laid for the purpose, but might have been better let alone. Therefore F. P. may choose, whether he will make Salmeron speak quite from the purpose, or acknowledge the sense, the sequel, and the meaning of his words to be, that, as Moses, so Christ made His new Priests here by a new ceremony. For, if they were not made new, what does this comparison here? Besides, to translate *sacerdotes novos promovit*, that "He made new Priests," will be found to be as good construction as any F. P. hath made of it by his words of "advancing" and "exalting" them to a new power; where, by the way, I had thought that new power would not have been exalted by F. P. above the old, which he saith was given them before, when they were made Priests at the last Supper. And, though Salmeron's words be *ad facultatem remittendi peccata sacerdotes novos promovit*, i. [e.]

[p] [Salmeron, ubi supr., p. 135.—See above, p. 257, not. s.]

that " Christ promoted His new Priests to the power of remitting sins," yet it is not to the power of remitting sins only, nor was the breath of the Spirit communicated to them for nothing else, as F. P. imagines; nor did Salmeron say so, nay, he said directly the contrary[q]: *His verbis non tantum datur illis potestas reconciliationis pœnitentium, sed etiam potestas prædicandi et administrandi sacramenta:* " By these words was given them not only a power of remitting sins, or reconciling penitents, but also a power of preaching and administering the Sacraments." If a power of administering the Sacraments, (none excepted,) then a power to do that which Christ bade them do at the last Supper, to consecrate or offer and distribute the Eucharist. For they all belong to the administration of the blessed Sacrament. So that the words which follow[r] in Salmeron, " *sicut in cœnâ ad offerendi sacrificii potestatem jam creaverat et ordinaverat,*" unless they be taken, and rendered in a large sense, for designing and appointing the Apostles to that office, or for giving them *jus ad rem*, not in a strict and proper sense for giving them *jus in re*, or for *missio in possessionem rei*, as I declared before, I see not how they can in any other good sense possibly stand together with his former words, to make his whole discourse uniform and equal to itself. By the interpretation, therefore, that I gave of this passage in Salmeron, I did him more service than F. P. was aware of, or (as it should seem) was willing to let him receive. In the mean while, if it were otherwise, if Father Salmeron and F. P. were both of one mind, as they are not, (for he holds that, by those words of our Saviour in S. John, the Apostles had a power given them to preach and administer the Sacraments, which this Father will not acknowledge,) yet, being such young Fathers as they are, and in this particular so different from the old, what were Salmeron's opinion and forgetfulness of himself to us? For we regard him not, more than to produce him (as the Dr. did) *ex abundanti*, if any where he can be taken either contradicting himself, or any of his party, whereof F. P. is one. Who, as he began this paragraph with abusing the credulity of ladies, so he

F. P.—Thus to abuse your ladyship's credulity and confidence in him.

[q] [See the precise words, supr. citat., p. 308, not. m.]

[r] [Salm., ubi supr., p. 135.—See above, p. 257, not. s.]

is often putting that faculty of his into practice among them, and making them believe, (though by the grace of God they will have no confidence in him,) that the Romanists have no differences among themselves.

XIX. Of the place in Bellarmine.

And now we shall have somewhat to do with him: for the Father is fallen into a fit of exclamation again, and it is to be feared scarce knows well what he says. It will be worth the while, therefore, if we take a little pains with him, and endeavour to bring him out of this fit; that, if it be possible, he may learn to speak more peaceably to his neighbours. For *quid dignum tanto, aut quæ causa est talia fandi?* The words of Card. Bell., for his own better satisfaction, and not that we had any need of him, were cited out of his first book de R. P. c. 12. § Dices[s]; where he brings in one demanding this question of him: "If the power of the keys were only promised and not given to the Apostles in S. Matthew, in what place then were they given to them afterwards?" And his answer is, that "they were given in S. John; the key of jurisdiction by those words, 'As My Father sent Me, so send I you;' and the key of order by the words following, 'Receive the Holy Ghost: whose sins ye do remit,' &c." And, if these be not Bellarmine's words, and therefore, a man would think, Bellarmine's opinion too, (in this place at least, for of contradictions he is full enough,) let F. P. keep his fit upon him still, and cry out of impossibilities till he grows weary both of them and himself. But the words are plain, and there is no avoiding of them.

F. P.—Is it possible that a man should go thus against his own conscience and against the light of his own reason?

1. Not, first, by his contrary opinion in another place: for, to follow F. P. in his own vein, (though he forgot his rhetoric here, when he cries out, 'Good Mr. Dr.', and directs his discourse to a lady; yes, and follow him in it:) Good Father Prior, do not you know that it is no unusual thing with Card. Bell. to cross and contradict himself in his opinions? do not you know that King James in his Apology for the Oath of Allegiance had noted no less than eleven contradictions in him? and those in a very few passages of his controversies? But, whether you know it, or you know it not, I am sure this

[s] [Tom. i. col. 661.—See p. 257, note t.]

may go for a twelfth, which I noted to you before [t], and had seen it without the help of your direction in the very same page. For can there be a plainer contradiction than this, that the Apostles were not made Priests (that is, had no orders) but at the last Supper, and that they had orders (that is, were made Priests) after the Resurrection. *Were,* and *were not,* are such contradictions, as I believe all the logic and all the rhetoric too, that F. P. hath, will never be able to make them agree together. So that, though Bellarmine were of one opinion in the § *His igitur,* yet in the § *Dices, Si non,* (the next but one,) he was of another. And for this other it was, that I cited him against F. P.

2. Nor, secondly, by his *ut supra diximus:* for what was it that he said before [u], in his § *Respondeo de posteriore loco?* Was it, that, " by these words" in S. John, " all the power of the keys concerning order was not given?" Jurisdiction was a key too. Indeed, he says [x] the power of that key was not given by them, and more he says not, neither in *loco posteriori,* nor in *loco priori,* that is, neither first nor last. So that not all the power of both the keys, and yet all the power of one, of the key of order, may stand very well together, for aught that F. P. hath to say against it.

3. Nor, thirdly, by his words there, *ad remittenda peccata:* (for, if I take no notice of them, I know F. P. will fall into his fit again, as he did about Salmeron.) But, having answered that matter there [y], I think I shall not need to take any notice of it here, more than that the *tantum* is not joined with it, but *ordinum,* that is, it is not for remitting of sins only, but the power of order only; which sets Bellarmine at odds with F. P., who told us, a while since, that the power of jurisdiction also is required to the remission of sins. Such ill luck still hath he found with this word *only,* both where he met with it, and where he met it not.

F. P.—Though to the power of absolving from sins, besides that power of orders, there is required the power of jurisdiction.

4. Nor, lastly, by what he says in his first book de Ord. c. 9 [z], wherein, if Cardinal Bellarmine had said, that by the

---

[t] [See pp. 269, 270. notes x, z.]
[u] [Bellarm., ubi supr., tom. i. col. 657.—Certum est, non dari per illa verba omnem potestatem clavium, sed tantum potestatem ordinis ad remittenda peccata.]

[x] [See § Respondeo, ut supr.—Conf. § Dices, col. 661.]
[y] [See above, § xviii. p. 309.]
[z] [See Bellarm., de Sacram. Ord. cap. ix. § Tertio.—Op., tom. iii. col. 1677.]

consent of all men, (Fathers, and Councils, and all,) the Priests of the New Testament were not made, created, and ordained by those words in S. John, he should have manifestly contradicted himself in no less than six of his own sayings but a little before [a]: 1. That by the council of Trent itself (which he would have to be noted, too, for them that are of another mind) it is declared, that Priests be then ordained, when those words, "Receive the Holy Ghost," &c., are spoken to them, and imposition of hands given them: 2. That by the tradition and consent of all bishops, and all ancient councils, orders are then conferred, when hands are laid upon them; and, when hands are laid upon them, those words (only) are spoken to them, as appears out of the Pontifical and the custom of the Church: 3. That S. Chrysostom was then made and created a Priest, (out of Sim. Metaph.) 4. That they had then their full ordination, (out of S. Jerome:) 5. That they were then ordained Priests, (out of S. Austin, and the general doctrine of the Fathers;) and 6. That no man can believe it, —if so many Fathers and Councils (speaking professedly concerning the rites of ordination) had been of the other mind, the mind that F. P. is of, for the chalice and the paten, (with which his *Accipe potestatem sacrificandi* is ever joined,) that they would never have made any mention of it at all. So that his *omnium consensu* will prove to be no more, than the consent of those, (Soto, and others,) whom he had named before [b] to be at variance among themselves, whether the imposition of hands, or the tradition of the paten and the chalice, (with either of which their forms go together,) was the essential rite of ordination; and those were late men all: for none of the ancient (as he says himself) ever differed about it, but were all of our mind: *idem enim veteres passim docent*. From whence I shall be bold to conclude against F. P., that the Doctor was not the first that ever pretended to it. As for Bellarmine's own conclusion after all this, the truth is, he was puzzled what to say, seeing the stream of the Fathers went against the new opinion, and therefore he is fain to comply with them both, and conclude [c] for a re-ordination, that Priests are first ordained by chalice and paten, and *Accipe potestatem sacrificandi*, and then, that they are also

---

[a] [Ibid., §§ Ipsum, Denique, Ambrosius, Dicere; col. 1676, 1677.]
[b] [See § Altera; ibid. col. 1675.]
[c] [Ibid., § Ad tertium, col. 1678.]

(or again) ordained by *Accipe Spiritum Sanctum, &c.*, and imposition of hands. Yet he is not of F. P.'s mind for all that: for he does not say it is *necessario credendum* this, (as F. P. would make the Lady believe upon pain of damnation,) but he says[d] it is no more than "credible,"—an opinion, or a point which may be credible, at the most,—that Christ instituted any such rite of giving the paten and chalice to the Priests that are to be ordained, whereby the power of offering sacrifice might be signified. And by this time I trust the man is got out of his fit, will exclaim no more against sufficiency and honesty, against candour and sincerity, against conscience and the light of reason, but calm himself, and confess that Bellarmine was brought in an ill time for him.

Now, when he hath done with the Doctor, to be nibbling here at the honour of Bishop Andrewes, who said [e], (and knew always what he said, *si quis alius*,) that they who are ordained Priests are not ordained by any other words or verse than this, John xx. 23, "Receive the Holy Ghost: whose sins ye do remit," &c., and to tell him, that he should have the honour also to be the first author of that doctrine upon I know not what light condition, is such a slighting of him, as we here, who honour him more than F. P. doth his Card. Bell., cannot well endure. He was a man so eminent in learning and piety, of such extraordinary worth and note, so orthodox and Catholic, so exact in all his writings, and so free from all novelties, that it will be the Doctor's honour (and so would it be F. P.'s too) to carry his books after him, and to learn what he said and taught us, especially in such doctrines as this, which he received both from Scripture, and his predecessors, the Bishops and Fathers of the Catholic Church, by a never interrupted tradition, till the humour of setting up new practices and maintaining new doctrines, without warrant of Scriptures, Fathers, or reason, came in among the Roman party. And therefore F. P. should do well to rectify his opinion, and his conscience both, as well in this as in many other particulars; at least, to give over his practice and his endeavours for the subversion of ladies.

XX. The postscript letter to the Lady:

To whom he writes, as if he had thrown off his black hood,

[d] [Ibid., § Atque hinc, col. 1679.]   [e] [See above, p. 258, note u.]

and put on a fine new white ruff of rhetoric, or as if he meant to preach a sermon to her; but with such long-winded periods, and yet with short reaching arguments to the business intended, that he is like to lose all the cost and pains which he hath bestowed upon it. The first period, consisting of nine lines together, is somewhat pathetical, but too long to repeat at large.

That our Lord Jesus Christ left the blessed Sacrament to His Church, as a gift befitting His love and greatness, there is none that doubteth. That at His last Supper He declared Himself to be ordained a Priest for ever after the order of Melchisedec, is a question, and but an opinion at the best. That He there offered His precious Body and Blood to God the Father, under the forms of bread and wine, in a real proper Sacrifice, before He offered It upon the Cross, is a late invention, and a doctrine improbable. That He gave any such commission to His Apostles and their successors in the Priesthood, by His precept to do what He had done, is true in an ancient and Catholic, but not in a new Roman sense. That a greater gift than this He could not give, though it be true, yet it is not agreeable to his notes upon Salmeron, who said erewhiles, that the Apostles were exalted to the power of absolution above it. That this, his real sacrificing of Christ for the quick and the dead in purgatory, is the pure oblation spoken of by the prophet Malachi, or the daily sacrifice spoken of by the prophet Daniel, he will never prove. That the food spoken of by King David may by an allegory or resemblance be applied to the heavenly food, given us as an abridgment of all Christ's wonders in the blessed Sacrament, we will never gainsay; nor that this is the food of life, the banquet in which Christ is received, the memory of His passion renewed, the soul filled with grace, and a pledge of our eternal glory given us. For all this we believe and profess: and of all this (sacrament and sacrifice both) the Lady will never be content to be deprived, nor is there any question to be made of it.

It would be but *actum agere*, to go over the rest of this letter: there is nothing in it, which hath not been answered already.

I have proved all that he demanded, &c., in order: 1. That by imposition of hands Orders were given: 2. That with im_ position of hands a benediction was given; and, 3. That this benediction was the words which we now use.

And, though it be a thing much to be lamented, that such a cause as this, (which might have been so well defended by others, that had sufficiency and honesty enough to deal with F. P.,) hath fallen into the hands of one no better instructed by his diligent research into antiquity, than not to find any one that makes for it, (of which *sit liber judex*,) yet I will undertake to find one ancient author for him, if he will, and ten more to that one besides, who will tell him,—a man, that did mean to prove what he speaketh, would surely take the measure of his words shorter, specially when he says (and proves not one word of his saying to be true) that all agree, and that all (sacred text and all) are of his side. Of which over-reaching speech, and of other extravagancies in his language, if he hath yet taken up, (as I believe out of his better ingenuity he will, when he hath well examined the witnesses,) and hereupon shall not confess and acknowledge his oversight, but go on still to defend it, he must beware lest by such kind of defences he leave an opinion in the minds of others, that he is more desirous to maintain what he hath unadvisedly said, than careful to say nothing but that which may justly be maintained.

But the Lady, who, being not engaged to any faction, false doctrine, or heresy whatsoever, is undoubtedly within the bosom of the Catholic Church already, and whose education hath been in the true Faith and religion of the Catholic Church professed and honoured by us in the Church of England, will by the grace of God continue in that profession still, in which the sacred power and succession of Priesthood, together with all other parts of Christian religion necessary to the constitution and being of a Church, hath been derived from Christ and His Apostles, and from the Fathers and doctors that followed them in all ages heretofore.

And being so safe where she is, (in the service of Almighty God according to the public directions and established rules of that Church,) we trust well that she will not suffer herself hereafter to be any longer abused and wrought upon by those of the Roman party, who pretend their late doctrines and practices to be Catholic, which as the ancient never knew, so the present Catholic Church of Christ never received universally at this day; and among whom she cannot have the doctrine and the sacraments of Christ's Church in that integrity and purity wherein she desires to conserve her own conscience, but should be brought (which God forbid) to profess a certain new religion, (which religion, as far as it differs from ours, doth not make the Romanists themselves a Church,) wherein for her comfort, first, in their public service she should not understand a word, and have sometimes half a sacrament given her, and most times none at all, and then, for the better exercise of her charity and obedience, must renounce the Church of England, (a true, pure, and orthodox Church of Christ,) as she would do the synagogue of the devil, and damn all people for heretics, (king and country, father and mother, kindred and friends and all,) that will not turn with her for company, or fall off at least before they die. These, besides the belief of the invocation of saints, to be used with the same words wherewith we invocate Almighty God, the belief of the adoration of the images and relics of Christ, and the blessed Virgin, &c., to be done with the same worship wherewith they themselves are adored, the belief of purgatory fire, of private mass, of transubstantiated bread, of seven true and proper sacraments, neither more nor less, and of the Pope's power to excommunicate and depose princes [f]; and all these with one and the same faith that we believe one God and the Incarnation of our Saviour: —to these, I say, and many other new and strange devices in religion, it is, that F. P. would withdraw and [per]vert this Lady; from which that God would preserve both her and all good Christians besides, shall be and is the most hearty prayer of his

most devoted and humble servant,

J. C.

S. Germ. July 25, *in festo Sancti Jacobi Apostoli*, 1645.

[f] Conc. Lateran., can. iii. [Labbe, tom. xi. col. 148.]—Significetur hoc summo Pontifici; ut ipse vassallos ab ejus fidelitate denuntiet absolutos, et terram exponat Catholicis occupandum, qui eam exterminatis hæreticis sine ullâ contradictione possideant.

LETTERS ABOUT COMMUNICATING IN ONE KIND.

[The following letter from a Roman Catholic and a Lady, together with Bishop Cosin's Answer, is preserved in the Smith MSS. in the Bodleian Library, num. xl. p. 101, et seq.]

Madam,

Not only the Catholics do affirm, that it is enough to salvation to receive Christ's Body and Blood under one kind and form, but also Luther himself. Among other places your honour may see his book of the Babylonian captivity, folio 15, where [g] he says that we do not sin, when we receive only under one kind. And his reason is, because there is no commandment of God to receive Christ under both the forms. Furthermore, folio 98, he confesses [h] that in the Conference of Augsburg, which

[g] [See Luth., de Captiv. Babylon., § Prima ergo.—Op., ed. Jenæ, 1564, tom. ii. fol. 262, B.—Prima ergo captivitas hujus sacramenti est quoad ejus substantiam seu integritatem, quam nobis abstulit Romana tyrannis: *non quod peccent in Christum qui unâ specie utuntur,* cum Christus non præceperit ullâ uti, sed arbitrio cujuslibet reliquit, dicens, ' Quotiescunque hæc feceritis, in Mei memoriam facietis;' sed quod illi peccant qui, hoc arbitrio volentibus uti, prohibent utranque dari : culpa non est in laicis, sed sacerdotibus.—See also § Hactenus, fol. 259, B.—Hactenus ego stultus sensi pulcrum fore, si pro laicis utraque species sacramenti porrigenda statueretur concilio generali. Hanc sententiam frater plusquam doctissimus correcturus dicit, neque præceptum esse neque consultum, sive a Christo sive Apostolis, ut utraque species porrigatur laicis; ideoque Ecclesiæ relictum judicio, quid hic faciendum omittendumve sit, cui necesse sit obedire. Hæc ille. Rogas forte, quæ intemperiæ hominem agitent, aut contra quem scribat? cum ego non damnarim unius speciei usum, et Ecclesiæ judicio relinquerim utriusque usum statuendum : id quod ipse conatur asserere, eo ipso contra me pugnaturus, &c.—However, the whole strength of Luther's argument is on the other side. Concludo, itaque, (he says, fol. 262, B.,) negare utranque speciem laicis esse impium et tyrannicum, nec in manu angeli, nedum papæ, et concilii cujuscunque. Nec moror concilii Constantiense, cujus auctoritas si valet, cur non valet et Basiliense, quod contra statuit Bohemis licere utranque speciem suscipere, &c.]

[h] [This assertion is not made good by any thing, that can be found in the editions of Luther's *Latin* works. For conclusive evidence on the other side, see Respons. Theologorum Pontificiorum ad oblatam a Protestantibus Confessionem, art. De utraque specie, &c.; ap. Georgii Cœlestini Hist. Comit. Augustæ celebrat. an. 1530, ed. Francof. 1597, tom. iii. fol. 8, B.— Unde rejiciendum est, quod consuetudinem dandi unam speciem aiunt esse contra jus divinum.—Item, conf. *Lutheri* judicium de Articulis ad abusus spectantibus, § Primo, de utraque Sacramenti specie, &c.; ibid. fol. 37, B.—*In hoc articulo nihil adversariis concedere et largiri possumus,* cum hæc ordinatio divinitus ab ipso Christo instituta, &c. . . . Quod vero adversarii postulant, ut in nostris Ecclesiis doceamus, nec eos peccare aut mandato Dei adversari, qui unam tantum speciem vel porrigunt vel accipiunt,'id cur facere nequeamus, ex causis supra positis et indicatis satis liquet.]

was betwixt the Catholics and Protestants, it was agreed by both the parties, that it was sufficient to salvation to communicate under the accidents either of bread or wine. Your honour may also see his Sermon of the holy Sacrament, where[i] first he teaches, if the people demand to receive Christ under one form, that the Church is not obliged to give them Christ under both the forms: next he says, if the Church ordain us to communicate under one form only, that we should be content and obedient: lastly, he affirms that the Church hath power and authority to command the same. With Luther agrees Hospinian, a famous Lutheran, in his Sacramental History, part ii. folio 12[k]. Finally, John Calvin, in his Commentaries upon the 6th chapter of S. John[1], confesses that the Bohemians cannot conceive[1] the necessity of the cup by those words of the Lord, 'Except ye eat the Flesh of the Son of man, and drink His Blood, ye have no life in you.'

[1] [con-vince?]

[The foregoing letter is without either date or signature.]

[i] [Perhaps no *Latin* version of this Sermon has been published. The passages referred to are found in Hospinian, as produced in the following note.]

[k] [Hospinian's words (Hist. Sacram., ed. Tiguri 1602, par. ii. fol. 12, B.) are as follows: " Eadem varietas et inconstantia, et crebra tanquam tempestatum, sic sententiarum commutatio, in aliis quoque de Sacramento Eucharistiæ articulis apud Lutherum in suis scriptis invenitur. De communione sub una vel utraque specie, in Sermone de Sacramento, primo dicit, " non necesse esse utranque speciem dari, sed alteram tantum sufficere:" secundo, " satis esse, si populus alteram speciem solum petat :" tertio, " Ecclesiam potestatem habere unam tantum speciem instituendi, eaque populum contentum esse debere, si ab Ecclesiâ ordinetur:" quarto, " Sacerdotes in conspectu omnium utranque speciem sumere, eoque populo satisfieri." Quinto, " Mihi placeret," inquit, " si generale Concilium utranque speciem populo restitueret, non quod opus habeat utrâque, et unica non sufficiat, sed propter pleniorem significationem:" sexto, " neutrâ specie opus esse, sed tantum fide:" septimo, " utranque speciem non magis necessariam esse, quam immersionem in Baptismo:" octavo, " alteram speciem unam tantum sacramenti partem esse, ideoque non posse totam communionem sanctorum significare:" nono, " Christum pro omnibus fidelibus utranque speciem instituisse. Anno xx. scripsit declarationem in Sermonem de Eucharistia, ubi sic inter alia loquitur : " Non dixi, neque consului, nec est intentio mea, ut unus aut aliquot Episcopi propriâ auctoritate incipiant alicui utranque speciem porrigere, nisi ita institueretur ac præciperetur in aliquo generali concilio ;" &c. (Tom. i. *Germ*. fol. 211.)—There appears to be nothing in this place, from which it can be concluded, that Hospinian agreed with Luther in opinion.]

[1] [See Calvin's Comm. in S. Joh. vi. 53.—Op., ed. Amstel. 1667, tom. xi. pag. 65.— Nec vero recte Bohemi, quum hoc testimonio probarent usum calicis promiscuum debere omnibus esse.—Calvin however adds: " *Institutio* calicem omnibus una cum pane communem facit: mandat enim ut inde bibamus omnes.]

AN ANSWER TO THIS LETTER.

THERE be four several persons produced in this letter for the communion under one kind. And, whoever he was that penned it, he hath mistaken them all four: 1. the Catholics, 2. Luther, 3. Hospinian, and 4. Calvin.

1. The Catholics.

Quest.—" Not only the Catholics do affirm, that it is enough to salvation to receive Christ's Body and Blood under one kind and form."

Answ.—In this they are no Catholics, that affirm it. For the Catholic Church of Christ ever holds it necessary to follow Christ's institution, and to obey His precept: which precept they wilfully neglect and break, that do not only hold it sufficient to communicate under one kind, but have also made a law to punish others for heretics, (that is, to burn and damn them,) that hold it their duty to keep Christ's order, and to communicate under both. And this have the Roman Catholics done in their late council of Constance[m], and in their late synod of Trent[n]: wherein they have not only departed from their own ancient piety and practice, but likewise from the public and universal order of the whole Catholic Church of Christ for many ages before, and since, (themselves only excepted:) as may, if need be, be made evident by many and clear testimonies against them.

2. Luther.

Quest.—" But also Luther himself in his book of the Babylonian Captivity," in "the Conference of Augsburg," and in his " Sermon of the Holy Sacrament."

Answ.—First, This toucheth not us of the Church of England, (nor any protestant Church besides:) for, if Luther did at any time say so, or somewhat to that purpose, which is here alleged, yet, as we pin not any part of our faith and religion upon Luther's sleeve, so in this particular (and in

[m] [See Conc. Constantiens., sess. xiii.—Labbe, tom. xii. col. 100.]
[n] [Conc. Trid., sess. xxi. can. 1, 2, 3.—Ibid., tom. xiv. col. 847.]

all others) we are to follow Christ's sayings, and not his, where he followeth not Christ. And the truth is, we follow not either Luther or Calvin, no more than we do the Pope himself, or any of his followers, where either he or they have departed from the precept of Christ, or left the steps and practice of all the ancient fathers. And Luther for his part is very well content to have it so.

But, Secondly, To such manner of his sayings as be here in this letter drawn out of him, to make him speak for the pretended sufficiency and lawfulness of communicating under one kind, Luther hath already answered for himself, that such passages as these are to be found only in his first and more early writings, which he penned when it was yet scarce day with him. For, afterwards, being assisted with a greater light and knowledge of the truth than he had been before, he came to be of a clearer judgment, and another mind, in this, and in other matters besides, persisting in the profession and defence of them all his life long. Therefore, when the first tome of his works, (wherein among others they reprinted his book *De Captivitate Babylonica*,) was published to the world, he set his preface before it, and said° : " First of all, I beseech the pious reader, and I beseech him for our Lord Jesus Christ's sake, that he would peruse these my (first) writings with judgment and much commiseration of me; remembering that I was sometimes a monk and a most furious papist, so overwhelmed and drunk with the Pope's doctrines, when I first set upon this cause, that I was ready, if it had been in my power, to have put all men to death, that would any way gainsay them. . . . . So that you shall find in these my first books, how many things, and how great, I did then grant in my submission to the Pope, which in time following, and at present, I hold to be abominable, and abhor as the highest blasphemy. Thou wilt therefore (gentle reader) be

° [See Luth. op., ed. Jenæ, 1564, tom. i. prope init. — *Mart. Lutherus pio Lectori S.* — Sed ante omnia oro pium lectorem, et oro propter ipsum Dominum nostrum Jesum Christum, ut ista legat cum judicio, imo cum multâ miseratione. Et sciat me fuisse aliquando monachum, et papistam insanissimum, cum istam causam aggressus sum, ita ebrium, imo submersum in dogmatibus Papæ, ut paratissimus fuerim omnes, si potuissem, occidere, aut occidentibus cooperari et consentire, qui Papæ vel unâ syllabâ obedientiam detractarent. . . . . . Ita invenies, in istis meis scriptis prioribus, quam multa et magna humillime concesserim Papæ, quæ posterioribus, et istis temporibus, pro summâ blasphemiâ et abominatione habeo et execror. Dabis ergo hunc errorem, pie lector, vel (ut ipsi calumniantur) antilogiam, tempori et imperitiæ meæ; &c.]

pleased to impute this my error, or (as my adversaries call it) this my contradiction, to the time, and to the ignorance that then was in me."

For Luther was in no better condition, than other learned and pious men have used to be, who perceive not all truth at once, but professed himself (as S. Austin did) to be of their number, who learned to amend their errors with time, and study, and the blessing of God upon them.

And this error may be the rather borne with in him, because among others it was Cardinal Bellarmine's case, as well as his, to retract many things that he had said before: which was sometimes S. Peter's and S. Paul's case besides, (better men than either Luther or Bellarmine,) who said,— one of them, 'Of a truth he perceived now that which he did not perceive before,' (for he was in an error about it,)—and the other, 'That which he did and said against the truth at first, he did it ignorantly,' (and therefore hoped the sooner to be pardoned.) [Acts x. 34.] [1 Tim. i. 13.]

But there is another of Luther's prefaces, set before the 'Articles of Smalcald,' which he wrote to be exhibited to the intended council of Trent, whenever it should be called, or meet, after his death; wherein he takes notice of some men's alleging his own sayings against himself, (as this letter doth;) and thus he pleads against them, and answers[p] for himself: "I thought fit to publish these Articles, that they who shall outlive me may have a testimony of my faith and confession

[p] [See Articul. Smalcaldic., a Mart. Luth. script. ann. MDXXXVII., præf., § Cum autem; ap. Libr. Symbolic. Eccl. Evang., ed. 8vo. Johannis A. H. Tittmann, Lips. 1827, p. 230.—Ideo et nihilominus articulos hos in publicum emittere volui, ut si citius ex hac vitâ evocarer, quam concilium congregaretur, (quod ita eventurum esse omnino confido et spero, cum lucifugi isti nebulones nimium in protrahendo et impediendo concilio laborent,) ut, inquam, ii, qui post me vivent et remanebunt, testimonium et confessionem meam haberent, et proponere possent adjunctum confessioni quam antea publicavi, in quâ hactenus constanter permansi et permanebo deinceps per Dei gratiam. Quid enim dicam? Quomodo querelam instituam? Adhuc superstes sum, scribo, conciones habeo, et prælego publice et quotidie: et tamen virulenti homines, non tantum ex adversariis, sed etiam falsi fratres qui nobiscum se sentire aiunt, mea scripta et doctrinam meam simpliciter contra me adferre et allegare audent, me vivente, vidente, et audiente, etiamsi sciant me aliter docere; et volunt virus suum meo labore exornare, et miseros homines meo sub nomine decipere et seducere. Quid ergo, bone Deus, post obitum meum fiet? Deberem quidem ad omnia respondere, dum adhuc vivo. Sed, quæso, quomodo omnia diaboli ora obstruere solus possum, præsertim eorum (utpote venenatorum omnium) qui nec audire nec attendere volunt quid scribamus, sed in eo toti sunt, ut verba nostra etiam in minutissimis literis scelerate pervertant et depravent?—These articles have been also published in *German*, e Palatino codice MS. accurate edit. a Philip. Marheineke, 4to. Berolini, 1817; q. v. pp. 40, 41.]

agreeable to that which I have published heretofore; wherein as I have hitherto constantly persisted, so by the grace of God I purpose to do still for ever hereafter. For what shall I say? or how should I begin my complaint? I am yet alive, and I write books, I preach sermons, and read public lectures every day; and yet a sort of virulent-minded men, (adversaries and false brethren,) that say they are of my mind," (as the author of this letter doth for the communion under one kind,) "will dare to bring my own writings, and allege my own doctrine against me; though in the meanwhile they know well enough that I hold and teach the contrary; hereby covering over their poison with my sayings, and seducing simple persons with my name. If they do this, while I am now alive, and while I look on and hear it,—in the name of God, what will they do when I am dead? Truly, I should do well to answer them before I die: but how is it possible for me alone to stop all the mouths of the evil-speakers,—specially of those men that will neither hear nor mark what I say, but set themselves wholly to pervert my words, and wickedly to deprave them?"

For be it known unto the writer of this letter, and to all others that shall take advantage (as he doth) of Luther's first writings, when he was yet both in habit and in heart a Popish Friar, that first, in the same year wherein he set forth his book of the Babylonian Captivity, (which was in the year 1520, and but three years after he began to dispute and preach against the abuses of the Pope's pardons,) he wrote and published a book[q] for the communion to be given to the people under both kinds, wishing and desiring that it might be allowed them by a council[r]. For he raised his thoughts no higher about it at the beginning. But, when

---

[q] [There is no *Latin* version of this Treatise, which originally appeared in *German*.—Conf. Scheldul. Inhibitionis, sub nomine Episc. Misnens. edit., ap. Lutheri op., tom. i. fol. 460, B.—Cum itaque tractatulus quidam sive sermo in vulgari idiomate de sacratissimo Corporis Christi Sacramento, sub nomine et inscriptione Doctoris Martini Lutheri, contra novissimi sacri Lateranensis generalis concilii statuta, passim per civitatem et diœcesim nostras publice venalis exponatur, in quo inter cætera comperiuntur, 'Auctori illius pulcrum expediensque videri, quod Ecclesia per generale concilium statueret omnes utriusque status Christi fideles sub utraque specie, &c.]

[r] [In the year preceding, (i. e. 1519,) Luther had used the following words: "Ni ergo probent esse aliam significationem verbi, '*Bibere*,' &c., nos nostram sententiam retinebimus, quod omnibus ex calice illo bibendum, neque vel consuetudinem vel conciliorum decreta quicquid morabimur. Deus enim vetustior est quam ulla consuetudo, et auctoritas Dei omnia vincit concilia."—See Conc. iii. par. ii. de Sacram. Altaris; tom. i. fol. 329, B.]

once that book was opposed and forbidden by the Bishop of the diocese of Meissen to be read, he studied the matter more fully, and set forth another book[s], wherein he pleaded that the new council, which commanded one kind only, was repugnant to the old councils and practice of the Church of God; and that the pleasure and determination of such a council was but a light and a frivolous argument to be brought against others, who alleged for themselves Christ's own institution, and the public order of the Catholic Church from the Apostles' times downwards, for the communicating under both kinds.

In the year following, 1521, being called to the Diet of Worms by the Emperor Charles the Fifth, and there urged to revoke what he had said and written about rejecting the authority of councils in the Church, he gave his answer clearly after this manner[t]: "That he did not reject the authority of all, but of some councils only, and chiefly that of Constance; which he had great reason to do, because that council had rejected the authority of Christ, and condemned the true doctrine and order of His Church: for which cause he was ready rather to lose his life, than to depart from the manifest verity of the Word of God." Whereupon, (and even for this cause among others, that he had opposed the council of Constance for commanding the communion of the people under one kind,) he was proscribed, and banished the Emperor's dominions. But the Elector of Saxony protected him, and he got safe again to the University of Wittenberg.

[s] [See Luther's Respons. ad Schedulam Inhibitionis, sub nomine Episcopi Misnensis editam, super Sermone de Sacram. Euch., § Jam vero.—Op., tom. i. fol. 462, B.—Melior est obedientia quam victima. Ex quo pro admirandâ dialecticâ suâ concludunt novissimo concilio esse obediendum . . . . Si enim aliquando Bohemi hanc scripturam fortius contra nos torqueant, profitentes se obedire, et arguentes nos non obedire Evangelio, in quo utraque species a Christo instituitur et ecclesiastico usu durissime roboratur, &c. — See also præfat. ad Lectorem, fol. 460, B.— Quæ ego . . . . in auctoritatem concilii generalis reposui, deinde ea ipsa quoque sint de expresso textu sacri Evangelii et longo Ecclesiarum totius orbis usu receptissima, &c.]

[t] [See Acta D. Mart. Lutheri Wormatiæ habita, § Concil. Constantiens. —Op., tom. ii. fol. 415, A.—Deinde libere pronuntiat se non omnia concilia reprehendisse, sed tantum Constantiense, ob hoc potissimum, quod verbum Dei damnavit. Quod patet in articulo hoc Johannis Huss, ibi damnato, ' Ecclesia Christi est et universitas prædestinatorum.' Hunc articulum damnasse concilium Constantiense, certum est; et sic consequenter hunc articulum Fidei nostræ, ' Credo Ecclesiam Sanctam Catholicam.' Aiebat igitur se non recusare et vitam et sanguinem impendere, modo eo non detrudatur, ut cogatur apertum Dei Verbum revocare : nam in hoc defendendo oportere Deo magis quam hominibus obedire.]

From whence, in the next year, he wrote to the Churches in Bohemia, confirming them in their duty, and exhorting[u] them to continue their order, against all opposition, of giving the cup to the people.

And all this he did two years before he left off his Friar's habit, or altered the order of the mass.

Afterwards, in the year 1529, at the colloquy of Marpurg, with many other learned men, he subscribed this article[x]: "Concerning the Supper of the Lord, we believe and maintain, that, according to His institution, it ought to be given in both kinds."

The next year following, at the great Diet of Augsburg, where all the protestant Princes of Germany exhibited to the Emperor the Confession of their Churches, penned by Luther and Melancthon, and called the Augustan Confession, among other articles, this was one subscribed by them all[y]: "The Sacrament is delivered with us in both kinds to the people. For so our Lord commanded it, S. Matth. xxvi. 'Drink ye ALL of this.' .... And, lest any should cavil and say, that this precept was for Priests only, it is evident by S. Paul that it belonged to the whole Church, 1 Cor. xi. And so it continued for many ages, till of late it was altered by a new

[u] [See Luther's Epist. de Instituendis Ministris Ecclesiæ, ad Senatum Pragensem Bohemiæ, tom. ii. fol. 545, et seq.]

[x] [Luther's *Latin* Works contain no account of this colloquy. But see Hospinian's Hist. Sacram., ann. 1529, § Articuli, de quibus utrinque consensum est, art. xv.; par. ii. fol. 78, A.—Credimus et sentimus omnes de Cœnâ Domini nostri Jesu Christi, quod utraque specie juxta institutionem utendum sit; &c. — Conf. Seckendorf, Comment. Hist. de Lutheranismo, lib. ii. sect. 17, ed. Francof. 1692, p. 138.]

[y] [See Confess. Fidei, Carolo V. Imp. exibit. in Comitiis Augustæ, A.D. 1530, art. De utraque specie.— Op., tom. iv. fol. 198, B.—Laicis datur utraque species sacramenti in Cœnâ Domini; quia hic mos habet mandatum Domini, Matth. xxvi. 'Bibite ex hoc omnes:' ubi manifeste præcepit Christus de poculo, ut omnes bibant. Et, ne quis possit cavillari, quod hoc ad Sacerdotes tantum pertineant, Paulus ad Corinth. exemplum recitat, in quo apparet totam Ecclesiam utraque specie usam esse. Et diu mansit hic mos in Ecclesiâ; nec constat quando aut quo auctore mutatus sit. Cyprianus aliquot locis testatur populo Sanguinem datum esse. Idem testatur Hieronymus, qui ait, 'Sacerdotes Eucharistiæ ministrant, et Sanguinem Christi populis dividunt.' Immo Gelasius Papa mandat, ne dividatur Sacramentum, Dist. ii. de Consecratione, cap. Comperimus. Tantum consuetudo non ita vetus aliud habet. Constat autem quod consuetudo contra mandata Dei introducta non sit probanda: ut testantur canones, Dist. viii. cap. Veritate, cum sequentibus. Hæc vero consuetudo non solum contra Scripturam, sed etiam contra veteres canones et exemplum Ecclesiæ recepta est. Quare, si qui maluerunt utraque specie sacramenti uti, non fuerunt cogendi ut aliter facerent cum offensione conscientiæ. Et, quia divisio Sacramenti non convenit cum institutione Christi, solet apud nos omitti processio, quæ hactenus fieri solita est.]

custom, which, being brought in against the commandment of God, ought not (as the canons of the Church bear us witness) to be approved..... For it was a custom introduced, not only against the Scriptures, but likewise against the ancient laws and examples of the Catholics. . . . S. Cyprian saith to Pope Cornelius : ' How can we animate the people to shed their blood for Christ, if we shall deny them Christ's Blood? or how can we fit them for the cup of martyrdom, if we do not first admit them to the cup of our Lord, whereof it is their right to communicate in the Church.' And Gelasius saith : ' Let them take both or none; for the taking away of one part in the Sacrament is a very great sacrilege.' "

Quest.—And, whereas it is alleged, that, " in the Conference at Augsburg, it was agreed by both parties (the Roman Catholics and the Protestants) that it would be sufficient to communicate under the accidents either of Bread or Wine."

Answ.—This is so far from truth, that the records of that conference shew the contrary, and say[z], the parties agreed not at all about the matter of the Lord's Supper.

But, for a full and final declaration of Luther's judgment herein, he wrote the Articles of Smalcald in the year 1537, whereof the sixth is as followeth[a] : " Concerning the Sacrament of the Altar, we firmly hold, that in the Lord's Supper the bread and wine is the Body and Blood of Christ without transubstantiation; and that it is not to be given in one kind alone: for we need none of the sophistical learning to be taught, there is as much under one kind as under both, as the sophisters and the council of Constance would teach

---

[z] [See Luther's judgment, de Articulis ad abusus spectantibus, &c., as quoted out of Cœlestinus, p. 319, note h.—In hoc articulo nihil adversariis concedere et largiri possumus; &c.]

[a] [See Art. Smalcald., par. iii. art. vi. De Sacram. Altaris, ap. Libr. Symbolic., ed. Lips. 1827, p. 253. — De Sacramento Altaris sentimus panem et vinum in Cœna esse verum Corpus et Sanguinem Christi, et non tantum dari et sumi a piis, sed etiam ab impiis Christianis. Et non tantum unam speciem esse dandam. Non enim indigemus doxosophiâ istâ, quæ nos doceat sub unâ specie tantum esse quantum sub utraque, sicut sophistæ et concilium Constantiense docent. Etsi enim verum esse forte possit, quod sub unâ tantum sit quantum sub utraque, tamen una species non est tota ordinatio et institutio per Christum facta, tradita, et mandata. Imprimis vero damnamus et execramur in ₁nomine Domini omnes eos, qui non tantum utramque speciem omittunt, verum etiam tyrannice eam prohibent, damnant, et blasphemant, ut hæresin, et ita se ipsos supra et contra Christum Dominum et Deum nostrum extollunt, opponentes et præponentes se Christo, &c.—Conf. Articul., qui dicuntur Smalcaldic., e Palatino codice MS. Germanice edit., Berolini, 1817, p. 77.]

us: for, though it may peradventure be true that under one kind whole Christ is there, yet it is not true that under one kind the whole ordinance of Christ is there: which ordinance He made for both kinds. And, as He delivered it, so He commanded us to follow it. But above all we condemn, and in the name of our Lord we execrate, all those that do not only omit the giving of the cup, but do tyrannically also forbid it to be given, slandering and damning all others for heretics, that use it; and thereby both exalting themselves above Christ, and opposing their own power against His, who is Lord over us all."

In the profession of which truth Luther continued to his death.

All which is abundantly enough to free him from the erroneous and uncatholic doctrine, that this letter would put upon him. For, if at any time he said, that men did not sin in communicating under one kind, he did it either before he was sufficiently informed, (being then more than half a papist,) or he did it to excuse their simplicity and ignorance, that were violently led along with the evil custom of their times, before[b] there was any decree made at Constance against Christ's precept. But he did it not either to approve or to excuse[c] their unsufferable presumption and boldness, that forbid us by a law of their own making to keep the law and commandment of our Saviour, as the Romanists do at this day: and by that law hold, that they may accurse and burn us for damned heretics, if we hold it necessary to obey the

---

[b] [For the scruples of those of his own time, however, Luther appears to have had less consideration.—See Serm. iii. de Confessione et Sacramento Eucharistiæ, A.D. 1519, par. ii. de Sacram. Altaris, § Porro. — Op., tom. i. fol. 325, B.—Porro, adeo sæpe hæc a nobis tractata causa est, ut putem jam omnibus planum esse, quare utranque speciem sumi postulemus. Quod si qui adeo sunt rudes, aut etiam suâ infirmitate adeo delectantur, ut intelligere hæc nolint, illos sane nos non curamus; et multo satius quoque est, ut illi Sacramento prorsus abstineant. Malum enim argumentum est, tot annis audire Verbum Dei, et tamen perpetuo infirmum manere, et dicere quod non possit illa assequi; &c.]

[c] [See Luther's Apolog. Confess. Fid. August., § De utraque specie; tom. iv. fol. 252, B.—Fingamus sane liberum esse uti unâ parte aut ambabus: quomodo poterit prohibitio defendi? Quamquam Ecclesia non sumit sibi hanc libertatem, ut ex ordinationibus Christi faciat res indifferentes. Nos quidem Ecclesiam excusamus, quæ hanc injuriam pertulit, cum utraque pars ei contingere non posset: sed auctores, qui defendunt recte prohiberi usum integri Sacramenti, quique nunc non solum prohibent, sed etiam utentes integro Sacramento excommunicant et vi persequuntur, non excusamus.]

aw of Christ, or to follow the example both of His Apostles and the whole Catholic Church of God herein.

3. Hospinian.

Quest.—The letter saith, that "with Luther agrees Hospinian, a famous Lutheran."

Answ.—It is as true that Hospinian was of this mind, to agree with any man for the lawfulness of communicating under one kind, as that he was a Lutheran: for indeed neither of these two assertions are true[d].

4. Calvin.

Quest.—"Finally, John Calvin upon the sixth of S. John confesseth, that the Bohemians cannot convince the necessity of the cup by the words of the Lord, 'Except ye eat the Flesh of the Son of Man, and drink His Blood, ye have no life in you.'"

Answ.—First, It was Calvin's opinion, that this place of S. John was "not[e] to be understood of the Sacrament." But it was not his opinion, that the Bohemians had no Scripture for the necessity of the cup; for he says there, they have a better and a clearer place than this in the 26th of S. Matth., "where Christ's institution[f] makes the one kind as necessary as the other, commanding us ALL to drink of the cup."

2. Besides, Calvin there "confesseth[g], that this place of S. John hath nothing in it, but what had relation to the Sacrament, and was afterwards truly set forth in it:"—wherein

---

[d] [See Hospiniani *Tigurini* Hist. Sacram., par. ii. fol. 12, B, as cited p. 320, not. k.]

[e] [Comm. in S. Joh. vi. 54.—Op., tom. xi. p. 65.—Ex his verbis palam apparet, perperam de Cœnâ exponi totum hunc locum: nam, si verum esset, quicunque ad sacram Domini Mensam se ingerunt, Carnis et Sanguinis Ejus fieri participes, omnes similiter vitam referrent: scimus autem multis in exitium cedere. Et certe ineptum fuisset ac intempestivum de Cœnâ tunc disserere, quam nondum instituerat: ideo de perpetuâ fidei manducatione eum tractare certum est.]

[f] [Ibid., in v. 53.—Institutio calicem omnibus una cum pane communem facit; mandat enim ut inde bibamus omnes.]

[g] [Ibid., in v. 54.—Simul tamen fateor, nihil hic dici quod non in Cœnâ figuretur, ac vere præstetur fidelibus: adeoque sacram Cœnam Christus quasi hujus conscionis sigillum esse voluit.]

he did better than some of the Roman Catholic writers have done, (Cajetan[h], the cardinal, Jansenius[i], a bishop, and Tapper[k], Bellarmine's master,) who will not have that place so understood, or refer to the Sacrament at all. And their reason is, for that they would not help the Bohemians and the protestants to so strong and undeniable an argument: because, if Christ spake there of His Sacrament, it must of necessity follow, by an unavoidable consequence, that the receiving under both kinds is necessary to salvation.

3. But the truth is, that Calvin, in denying this place of S. John to be understood of the Sacrament, was more afraid than hurt. They (these Roman Catholics) were not so. And therefore we follow neither him nor them in it. For it is a peculiar and a private interpretation of their own, against the common and public known mind of all the ancient Fathers, who (without excepting any of them, that had occasion to treat of that place,) have understood it of the Sacrament. And the general consent of the Fathers in the interpretation of Scripture, for matters needful to be religiously believed

[h] [Thom. de Vio Cajetan., in S. John vi. 54.—Comment. in Script. Sacr., ed. Lugd. 1639, tom. iv. p. 333.—Tertius itaque sensus est de manducatione sacramentali, digne tamen.... Ita quod juxta hunc sensum necessarium est ad solutem non solum Sacramentum Baptismi, sed etiam Sacramentum Eucharistiæ sub utraque specie. Ex hoc sensu orta paulo ante est secta Bohemorum communicantium etiam infantes sub utraque specie. Huic sensui contrariatur Ecclesiæ consuetudo, &c.—Item, v. 55, p. 334.—Clare igitur apparet, quod non est ad literam sermo de manducare et bibere sacramentum Eucharistiæ, sed de manducare et bibere mortem Jesu.]

[i] [See Cornelii Jansenii Comm. in suam Concordiam Evangelicam, cap. lix. § Dixit ergo; ed Lugd. 1597, pp. 456, 457.— Secundo ergo in bonum manducare Carnem Domini, et bibere Ejus Sanguinem, est hæc sumere in Sacramento Eucharistiæ, in quo vere continetur Caro et Sanguis Ejus sub speciebus panis et vini;..... Sed aliâ ratione hæretici quidem student hunc locum ostendere intelligendum esse de manducatione sacramentali, aliâ ratione quidam Catholici. Bohemi enim ob illud contendunt, quia hinc volunt demonstrare Eucharistiam necessario sumendam esse sub utraque specie; &c...... Verum, quod non debeat locus iste intelligi secundum præcipuam Domini intentionem de manducatione sacramentali, primum ex eo apparet, quod prius dictum est, ex verbis Domini superioribus, omnino videri idem esse manducare Se, et credere in Se; secundo, ex eo quod, si de eâ intelligatur, sententiæ sequentes non erunt universaliter veræ: 'Qui manducat,' &c.—See also § Et panis, p. 455.]

[k] [See Ruard. Tapper, de Communione sub utraque specie, art. xv.—Op., Colon. Agrip. 1582, p. 220.—Et cap. Joan. vi. (Lutherus) dicit nec syllabam quidem de sacramento loqui, &c..... De quo postea sumus locuturi.... (p. 222.) Item Cyrillus, Chrysostomus, et doctores alii, cap. Joan. vi. de bibendo Sanguine Christi referunt ad sacram Eucharistiam. Non igitur dici potest jure Evangelico, quod pronuntiat Paulus Apostolus prohibitum esse laicis communicare sub specie vini, &c.... Oportet itaque hujus sententiæ commodum invenire sensum; &c.—Conf. p. 227.]

and held, is our rule to follow, prescribed us by the canons of our own Church of England.

4. By the confession therefore of those Roman Catholics, who are not herein of these Fathers' mind, it must unavoidably follow, that all the ancient Fathers were of our mind, and are of our religion, for the necessity of receiving one kind as well as the other. For they held it for a necessary and Catholic doctrine, and so do we, that, in the Sacrament, unless all persons (that are capable of it) do 'eat the Flesh of the Son of Man and drink His Blood,' (that is, unless they do their duty, and communicate under both kinds,) 'they have no life in them.' And so is this letter fully answered.

[Jo. Cosin.]

A PAPER[a] CONCERNING THE DIFFERENCES IN THE CHIEF POINTS OF RELIGION BETWIXT THE CHURCH OF ROME AND THE CHURCH OF ENGLAND, WRITTEN TO THE LATE COUNTESS OF PETERBOROUGH[b], BY DR. JOHN COSIN, AFTERWARDS LORD BISHOP OF DURHAM.

THE differences, in the chief points of religion, between the Roman Catholics and us of the Church of England; together with the agreements, which we for our parts profess, and are ready to embrace, if they for theirs were as ready to accord with us in the same.

THE DIFFERENCES.

WE that profess the Catholic Faith and Religion in the Church of England do not agree with the Roman Catholics in any thing whereunto they now endeavour to convert us. But we totally differ from them (as they do from the ancient Catholic Church) in these points:

1. That the Church of Rome is the mother and mistress of all other Churches in the world:

2. That the Pope of Rome is the vicar-general of Christ; or that he hath an universal jurisdiction over all Christians that shall be saved:

[a] [This paper was first printed in an octavo volume bearing the title, "Several Letters, which passed between Dr. George Hickes and a Popish Priest, upon occasion of a young gentleman's departing from the Church of England to that of Rome;" with an appendix of papers, &c., Lond. 1705.—Appendix, Paper iv.—In his preface, Hickes says this paper "was never before published. I printed it," he adds, "from the very copy, which Dr. John Cosin, afterwards Bishop of Durham, gave to the late Countess of Peterborough."—It has since been printed at the end of Bishop Bull's account of the Corruptions of the Church of Rome, &c., Lond. 1705.]

[b] [scil. Penelope, daughter of Barnabas, Earl of Thomond, and wife of Henry, second Earl of Peterborough, who distinguished himself in the civil wars of Charles I., and was engaged with the Earl of Holland, in 1648, in attempting to rescue the King from his imprisonment, &c. The Countess appears to have died in April, 1782, (i.e. three years before this paper was first published by Hickes.)—See Collins's Peerage of England, ed. Lond. 1812, vol. iii. p. 318.]

3. That either the synod of Trent was a general council, or that all the canons thereof are to be received as matters of Catholic Faith under pain of damnation:

4. That Christ hath instituted seven true and proper Sacraments in the New Testament, neither more nor less, all conferring grace, and all necessary to salvation:

5. That the Priests offer up our Saviour in the mass, as a real, proper, and propitiatory sacrifice for the quick and the dead; and that whosoever believes it not is eternally damned:

6. That, in the Sacrament of the Eucharist, the whole substance of bread is converted into the substance of Christ's Body, and the whole substance of wine into His Blood, so truly and properly, as that after consecration there is neither any bread nor wine remaining there; which they call transubstantiation, and impose upon all persons under pain of damnation to be believed:

7. That the communion under one kind is sufficient and lawful, (notwithstanding the institution of Christ under both;) and that whosoever believes or holds otherwise is damned:

8. That there is a purgatory after this life, wherein the souls of the dead are punished, and from whence they are fetched out by the prayers and offerings of the living; and that there is no salvation possibly to be had by any that will not believe as much:

9. That all the old saints departed, and all those dead men and women, whom the Pope hath of late canonized for saints, or shall hereafter do so, whosoever they be, are and ought to be invocated by the religious prayers and devotions of all persons; and that they who do not believe this as an article of their Catholic Faith cannot be saved:

10. That the relics of all these true or reputed saints ought to be religiously worshipped; and that whosoever holdeth the contrary is damned:

11. That the images of Christ, and the blessed Virgin, and of the other saints, ought not only to be had and retained, but likewise to be honoured and worshipped, according to the use and practices of the Roman Church; and that this is to be believed as of necessity to salvation:

12. That the power and use of indulgences, as they are

now practised in the Church of Rome, both for the living and the dead, is to be received and held of all, under pain of eternal perdition:

13. That all the ceremonies used by the Roman Church in the administration of the Sacraments, (such as are spittle and salt at Baptism, the five crosses upon the Altar and Sacrament of the Eucharist, the holding of that Sacrament over the Priest's head to be adored, the exposing of it in their churches to be worshipped by the people, the circumgestation and carrying of it abroad in procession upon their Corpus Christi day, and to their sick for the same, the oil and chrism in confirmation, the anointing of the ears, the eyes, and noses, the hands, and reins, of those that are ready to die, the giving of an empty chalice and paten to them that are to be ordained Priests, and many others of this nature now in use with them,) are of necessity to salvation, to be approved and admitted by all other churches:

14. That all the ecclesiastical observations and constitutions of the same Church, (such as are their laws of forbidding all Priests to marry, the appointing several orders of monks, friars, and nuns, in the Church, the service of God in an unknown tongue, the saying of a number of Ave-Marias by tale upon their chaplets, the sprinkling of themselves and the dead bodies with holy water, as operative and effectual to the remission of venial sins, the distinctions of meats to be held for true fasting, the religious consecration and incensing of images, the baptizing of bells, the dedicating of divers holidays for the immaculate conception and the bodily assumption of the blessed Virgin, and for Corpus Christi or transubstantiation of the Sacrament, the making of the Apocryphal books to be as canonical as any of the rest of the holy and undoubted Scriptures, the keeping of those Scriptures from the free use and reading of the people, the approving of their own Latin translation only, and divers other matters of the like nature,) are to be approved, held, and believed, as needful to salvation; and that whoever approves them not is out of the Catholic Church, and must be damned:

All which, in their several respects, we hold, some to be pernicious, some unnecessary, many false, and many fond, and none of them to be imposed upon any Church, or any

Christian, as the Roman Catholics do upon all Christians and all Churches whatsoever, for matters needful to be approved for eternal salvation.

OUR AGREEMENTS.

If the Roman Catholics would make the essence of their Church (as we do ours) to consist in these following points, we are at accord with them in the reception and believing of:

1. All the two and twenty canonical books of the Old Testament, and the twenty-seven of the New, as the only foundation and perfect rule of our faith:

2. All the apostolical and ancient Creeds, especially those which are commonly called the Apostles' Creed, the Nicene Creed, and the Creed of S. Athanasius; all which are clearly deduced out of the Scriptures:

3. All the Decrees of faith and doctrine set forth, as well in the first four general councils, as in all other councils, which those first four approved and confirmed, and in the fifth and sixth general councils besides, (than which we find no more to be general,) and in all the following councils that be thereunto agreeable, and in all the anathemas and condemnations given out by those councils against heretics, for the defence of the Catholic Faith:

4. The unanimous and general consent of the ancient Catholic Fathers and the universal Church of Christ in the interpretation of the Holy Scriptures, and the collection of all necessary matters of Faith from them during the first six hundred years, and downwards to our own days:

5. In acknowledgment of the Bishop of Rome, if he would rule and be ruled by the ancient canons of the Church, to be the Patriarch of the West, by right of ecclesiastical and imperial constitution, in such places where the kings and governors of those places had received him, and found it behooveful for them to make use of his jurisdiction, without any necessary dependence upon him by divine right:

6. In the reception and use of the two blessed Sacraments of our Saviour; in the confirmation of those persons that are to be strengthened in their Christian Faith, by prayer and

imposition of hands, according to the examples of the holy Apostles and ancient Bishops of the Catholic Church; in the public and solemn benediction of persons that are to be joined together in holy matrimony; in public or private absolution of penitent sinners; in the consecrating of Bishops, and the ordaining of Priests and Deacons, for the service of God in His Church by a lawful succession; and in visiting the sick, by praying for them, and administering the blessed Sacrament to them, together with a final absolution of them from their repented sins:

7. In commemorating at the Eucharist the Sacrifice of Christ's Body and Blood once truly offered for us:

8. In acknowledging His sacramental, spiritual, true, and real Presence there to the souls of all them that come faithfully and devoutly to receive Him according to His own institution in that holy Sacrament:

9. In giving thanks to God for them that are departed out of this life in the true Faith of Christ's Catholic Church; and in praying to God, that they may have a joyful resurrection, and a perfect consummation of bliss, both in their bodies and souls, in His eternal kingdom of glory:

10. In the historical and moderate use of painted and true stories, either for memory or ornament, where there is no danger to have them abused or worshipped with religious honour:

11. In the use of indulgences, or abating the rigour of the canons imposed upon offenders, according to their repentance, and their want of ability to undergo them:

12. In the administration of the two Sacraments, and other rites of the Church, with ceremonies of decency and order, according to the precept of the Apostle, and the free practice of the ancient Christians:

13. In observing such holy days, and times of fasting, as were in use in the first ages of the Church, or afterwards received upon just grounds, by public or lawful authority:

14. Finally, in the reception of all ecclesiastical constitutions and canons made for the ordering of our Church; or others which are not repugnant either to the Word of God, or the power of kings, or the laws established by right authority in any nation.

THE STATE OF US WHO ADHERE TO THE CHURCH OF ENGLAND[a].

THE ROMAN CATHOLICS:

1. Say and believe (as by the articles of their new creed they are bound to believe) that we are all damned, and accursed persons.

2. They call us heretics.

3. They excommunicate us, and abhor to join with us in any sacred action either of prayer or sacraments.

4. Not long since, they burned us (both alive and dead) at their stakes; and, where the edicts of princes restrain them not, they do so still, as by their own laws they have obliged themselves to do; which laws (if civil respects suspend them not for the time) they can put in execution at an hour's warning, when they please.

5. They will allow us no

THE REFORMED CHURCHES:

1. Say and believe (as we do) that we profess and believe whatsoever is necessary to salvation; and that it is an accursed belief which the Roman Catholics have of us.

2. These acknowledge us to be true Catholics.

3. They do most willingly receive us into their churches, and frequently repair to ours, joining with us both in prayers and sacraments.

4. These men, (whose predecessors were burned up and martyred, as ours have been,) being in such times of persecution received and harboured in our Churches, gave us the like relief in theirs, both in Germany and France; where, when at any time we come, they have obtained freedom for us from this kind of persecution, under which we might otherwise suffer and be in continual danger to lose our lives.

5. They allow us, not only

[a] [This paper is printed in the Appendix to Basire's "Dead Man's Real Speech."]

THE ROMAN CATHOLICS.

other burial of our dead, than the burial of a dog; accounting their churches and their churchyards to be polluted, if any of our people be there put into a grave; and whoever it is among them, (be it a son that shall bury his father, or a wife her husband, that die in our religion,) if they venture to make a grave there, and put the dead corpse either of a father, or a husband, or other the like into it, they are bound to scrape up that corpse again with their own fingers, and carry it away to be buried in a ditch, or a dunghill, or where else they can find room for it: prince or peasant are herein alike: if they be not Roman Catholics, they shall be used no better.

THE REFORMED CHURCHES.

to bury our dead among theirs in the churchyards which they have purchased and peculiarly set apart for that purpose, but they give us leave also to use our own Office and Order of Burial, (at least they hinder us not to do it, if the Roman Catholics permit it,) and to set up our monuments and inscriptions over the graves, hereby professing unity with us both alive and dead.

In all which regards we ought no less to acknowledge them, and to make no schism between our Churches and theirs, however we approve not some defects that may be seen among them.

This remains written by the Bishop's own hand when he was in France. [Note at the end of this paper in Basire.]

REGNI ANGLIÆ RELIGIO CATHOLICA,

Prifca, cafta, defœcata:

Omnibus Chriftianis Monarchis, Principibus, Ordinibus oftenfa.

Anno MDCLII.

Auctore JOHANNE COSINO[a], tunc temporis Ecclefiæ Cathedralis *Petroburgenfis* Decano, & poftea *Dunelmi* Epifcopo.

[a] [In Smithii MS. CX., Bibl. Bodleian. reposit., sub Regni Angliæ Relig. codicis initium, chartulâ scripta hæc legitur nota:
"Auctore Joanne Cosino, tunc temporis Decano Petroburgensi, postea Episcopo Dunelmensi, qui rogatu illustrissimi viri, D. Edvardi Hyde, Cancellarii Angliæ, et postea Comitis Clarendoniensis, hunc tractatulum Parisiis scripsit circa annum 1652.
Ex autographo, quod apud illustrissimum virum D. Henricum Comitem Clarendoniensem extat, exscripsi. T.S."]

REGNI

ANGLIÆ RELIGIO

CATHOLICA,

PRISCA, CASTA[a], DEFÆCATA.

CAPUT I.

PERPETUA RELIGIONIS NORMA[b].

PERPETUA nobis in Ecclesiâ Anglicanâ Religionis et Fidei nostræ norma hæc est:

Unus Canon, a Deo in duo Testamenta relatus.

In iis, enim, quæ aperte in S. Scripturâ posita sunt, continentur[1] illa omnia, quæ fidem spectant[2], moresque vivendi.

Post illa, Instrumenta nobis authentica sunt

Tria Symbola,

Quatuor priora Concilia,

Quinque sæcula, et Catholicorum Patrum per ea series ac consensus.

In his, enim, invenitur[3] et explicatur Fides illa prima Sanctis semel tradita, [c]prisca, casta, et defæcata, absque hominum corruptelis et assumentis novis.

Ea denique, quæ in sequioribus sæculis huic primæ non repugnat, Theologia.

1 ["inveniuntur." —ed. Wekett.]

2 ["continent."— Wek.]

3 ["continetur."— Wek.]

---

[a] [Conf. 'Regni Angliæ sub imperio Serenissimæ, Piæ, et Potentissimæ Reginæ Elizabethæ Relig. et Gubernat. Eccles.,' Lond. 1729, curâ et studiis Gulielmi Wekett; ubi deest hoc vocabulum.]

[b] [Hujus capituli in edit. Wek. est titulus: " Perpetua Religionis et Fidei nostræ Norma:" et incipit cap. i. his verbis: " Unus nobis canon a Deo in scripta relatus duo Testamenta. In iis enim," &c.]

[c] [Explicit hoc caput in ed. Gul. Wek. his quæ sequuntur verbis: ... "vera, catholica, absque Romanæ assumento novo."]

CAPUT II.

SACRA DEI SCRIPTURA.

Recipimus et amplectimur omnes Canonicas Scripturas, tum Veteris, tum Novi Testamenti.

Quas semper ante oculos habemus, ne vel humanâ fraude, vel insidiis dæmonum, ad errores et fabulas abduceremur.

In illis solis posse hominum animos acquiescere; in iis omnia, quæ sunt ad salutem necessaria, inveniri; eas esse fundamenta Prophetarum et Apostolorum, in quibus ædificata est Ecclesia Dei; normamque certissimam, ad quam omnis doctrina Ecclesiastica debeat revocari; et contra quam nec legem, nec traditionem, nec consuetudinem ullam[d] sequendam vel audiendam esse; profitemur et firmâ fide credimus.

CAPUT III.

ANTIQUA FIDEI SYMBOLA.

Ea Fides nostra et Doctrina est, quam complectitur
Symbolum Apostolicum,
Symbolum Nicænum,
Symbolum Constantinopolitanum,
Symbolum Athanasianum;
Confessio Ephesina, et
Confessio Chalcedonensis.

Quæ omnia firmissimis S. Scripturæ testimoniis comprobari possunt.

Ista autem Symbola non modo continent quæ credere Christianum hominem oportet, sed omnibus etiam eandem ὑποτύπωσιν ὑγιαινόντων λόγων præscribunt.

Novum igitur fidei Romanæ symbolum, quod nec in S. Scripturâ legitur, neque inde per ullam evidentem aut solidam consequentiam probari possit[e], quin[f] et ab eâ prorsus

---

[d] [Deest hæc vox in ed. Wek.]

[e] [In MS. Barl. hoc posteriori manu emendatum legitur vocabulum "potest."]

[f] [In editione Gulielmi Wekett, proxima quæ sequuntur verba sic leguntur: ... "totique antiquitati penitus erat incognitum, ut non a quovis exigendum docemus, ita a nobis prorsus rejicimus."]

alienum est, totique Antiquitati penitus incognitum, procul a nobis amandavimus.

Neque enim verum est, (imo a veritate et verbo Dei quam maxime abhorret[1],) fidem sive Tridentinam, sive Lateranam, esse Catholicam, aut extra nuperam professionis fidei formulam, a Papâ Pio IV. et Tridentinis excogitatam[2], neminem posse esse salvum.

[1] ["alienum est."—Wek.]

[2] [aut "extra hanc fidem."—Wek.]

CAPUT IV.

QUATUOR PRIMA CONCILIA.

MAGNAM in Ecclesiâ et saluberrimam Conciliorum auctoritatem esse dicimus, sed eorum, quæ a Catholicis, doctis, et piis viris celebrata sunt, quæque a sanâ et infallibili S. Scripturarum doctrinâ nullatenus recedere aut deviare perhibentur[3].

Qualia sunt vetera Concilia, quæ sancta et Universalis Ecclesia recepit[4], quatuor illa prima Œcumenica, et quæ ab illis approbata, quæque iis postea fuere consona. Ea enim omnia unice amplectimur, atque in tantum venerati sumus, quod[5] (quoad substantiam quidem dogmatum) etiam legum illis vim in publicis regni comitiis[g] conciliandam curavimus: adeo ut nemini apud nos liceat eis publice[6] contradicere.

Reliqua vero, quæ sequioribus sæculis a Pontificiis habita sunt Concilia, et vel contempto vel prætermisso verbo Dei celebrata, (quibusque illi maxime nunc nituntur,) nos missa facimus. Sicut enim Œcumenica ea non fuisse certo scimus[h], ita in multis non minimi momenti decretis, tum a doctrinâ Apostolorum, tum a regulis sanctorum Patrum, aberrâsse nimis manifestum est.

Porro, summum Concilii cujusvis Præsidem, alium quam Christum, quærere aut agnoscere, nefas ducimus. In Œcu-

[3] [Posteriori manu "reperiuntur."—Barl.MS.]

[4] [Post. man. "recipit."—MS.Barl.]

[5] [Post. man. "ut."—Barl.MS.]

[6] ["impune."—MS. Barl., et ed. Wek.]

[g] [Vid. 1 Eliz. c. i. § 36, et c. ii., et 13 Eliz. c. xii., &c.]

[h] [His quæ sequuntur verbis explicit hæc sententia in ed. Wek.... "scimus, neque aut doctrinam apostolorum, aut regulas sanctorum Patrum, secuta; ita illos in nomine Christi congregatos (qui jam tum Papæ facti sunt mancipia) haud facile credimus."]

menicis autem προστασίας papalis non usus magis quam jus olim penes Romanum fuit Pontificem, qui nec illis præfuit, nec interfuit, neque suâ unquam auctoritate ea indicendi aut cogendi potestatem habuit, uti ex antiquissimorum Conciliorum Actis, et Historiâ Ecclesiasticâ, vel cuivis non prorsus excæcato evidentissime liquet.

CAPUT V.

QUINQUE PRIORA PATRUM SECULA.

SCRIPTA sanctorum Patrum in mysteriis Fidei consentientium, (qualia multa recta et salubria nobis [per Dei gratiam[1]] reliquerunt,) tum ob sublimem illorum eruditionem et Spiritus Sancti gratiam, quâ præ cæteris eos imbutos esse constat[2], tum propter ipsorum pietatis ac veritatis testimonium, non solum atramento obsignatum, sed multorum quoque sanguine sancitum, merito magnam apud nos existimationem et auctoritatem habent.

Quo enim propius ab Apostolorum temporibus abfuerunt, tanto rectius veritatis doctrinam intellexisse, puriusque et incorruptius explicuisse creduntur, præsertim ubi unanimes sunt, et in rebus Fidei idem sentientes.

Idcirco, quia testantur imprimis universi de origine et auctoritate S. Scripturæ Canonicæ, plurimi etiam utilissimos[3] sacrorum librorum Commentarios scripserunt, hæreses suorum temporum strenue profligarunt, historiam[4] de Ecclesiâ Dei laudabili diligentiâ consignarunt, et nervosis sententiis studium pietatis inflammant[5], ad frequentem eorum lectionem (non sine prudentiâ tamen et judicio exercendam) nostros omnes in sacris ordinibus constitutos, literisque imbutos, sedulo adhortamur.

Quinetiam, ut toti simul orbi Christiano constaret, nos nullam in Angliâ vel religionem fovere, vel fidem profiteri, nisi quæ vere Catholica, et communi priscorum Patrum consensu recepta, atque ex S. Scripturis firmata fuerit, hujusmodi decretum, vere quidem aureum, in Ecclesiâ nostrâ

[1] [Barl. MS.]
[2] ["lique-at."— Wek.]
[3] ["uti-les."— Wek.]
[4] ["histo-riam Ec-clesiæ."— MS.Barl.]
[5] ["in-flamman-tes."— MS.Barl.]

ancitum est, ac una cum Articulis religionis promulgatum, A.D. MDLXXI., cap. de Concionatoribus[i].

"Imprimis videbunt, nequid unquam doceant, ... quod a populo religiose teneri et credi velint, nisi quod consentaneum sit doctrinæ Veteris ac Novi Testamenti, quodque ex illâ ipsâ doctrinâ Catholici Patres et veteris Ecclesiæ Episcopi collegerint[k]."

Nempe ita animati sumus, ut nec quidquam a quoquam credi cupimus, nisi de quo constet ex sacro Dei verbo in scriptis tradito, et quod consensu Apostolicæ primævæque antiquitatis probari possit.

Sacræ igitur Scripturæ ita Traditionem subjungimus, ut hæc illi semper subordinata sit, et per omnia congrua.

Quod enim Apostoli vivâ voce prædicarunt, hoc ipsum scriptis (quæ suâ naturâ doctrinæ rerumque memoriæ fideliter conservandæ maxime sunt idonea) posteris suis[1] tradiderunt. Et vicissim, quæ ad hunc modum ab illis tradita fuere, viri Apostolici veterisque Ecclesiæ Episcopi quotidie sermonibus et continuatâ prædicatione inculcabant, et praxi ipsa exprimebant; atque adeo sincerum Christianismum, et[2] quâ[3] doctrinam, et quâ[3] ritus, et quâ[3] mores, ad posteros propagarunt.

[1] [Hoc vocabulum deletum est in MS. Barl.]

[2] [Vox "et" deleta est.—MS. Barl.]

Traditiones autem, de quibus neque Apostoli neque Episcopi ab Apostolis instituti, horumque successores proximi ne quicquam testantur, nobis traditiones legitimæ non sunt: et quod illi neque docuerunt, neque cognoverunt, Apostolicum aut Catholicum censeri non debet.

[3] [pro "quâ" detur "quo ad."—MS. Barl.]

Antiquitatis consensus patescit e Symbolis potissimum, et Confessionibus, quas prisca Ecclesia unanimiter in Conciliis edidit, et ætas postera universim (quà late patet orbis Christianus) recepit. Quicquid autem non unus aut alter tantum, sed omnes pariter uno ore eodemque consensu, aperte, frequenter, perseveranter tenuisse et docuisse cognoverimus, id nobis quoque pro indubitato ratoque habetur. Quicquid vero, quamvis ille [antiquus, quamvis[4]] sanctus et doctus, (quamvis[5]) Episcopus, quamvis Confessor, aut Martyr, sibi extra Sacram Scripturam et consensum Ecclesiæ arrogaverit, posterisve tradiderit, quod ipse a Patribus et Christi Aposto-

[4] [MS. Barl.]

[5] [delet.—MS. Barl.]

---

[i] [Hic explicit cap. v. in edit. Wek.]
[k] [Vid. Libr. Quorundam Canonum Disciplinæ Ecclesiæ Anglicanæ, ann. 1571, pag. 19; ad calc. Artic. Fid. et Relig. A.D. 1562. ed. Lond. 1571.]

[¹ ["*receperit.*"—MS.Barl.]] lis non recepit¹, id inter proprias occultasque et privatas opiniones a communis, publicæ, ac catholicæ sive universalis, sententiæ auctoritate secretum esto ; cui equidem non sine magnæ arrogantiæ et temeritatis notâ quisquam derogaverit.

CAPUT VI.¹

HÆRESES REPUDIATÆ.

DOCTRINAM Catholicam, quam in Ecclesiâ Apostolicâ, in œcumenicis et veteribus Conciliis, viri Deo dilecti professi sunt, etiam et nos profitemur : quam rejecerunt, velut ab eâdem religione Catholicâ alienam, etiam et nos rejicimus : hæreses, quas illi damnârunt, et nos damnamus : earumque magistros pariter et discipulos universos detestamur : viz. Cerinthianos, Gnosticos, Montanistas, Novatianos, Arianos, Photinianos, Manichæos, Pelagianos, Donatistas¹, et eorum propagines, quibuscunque tandem nominibus appellentur.

Quin et si forte erumpant uspiam, ac sese vel blasphemos in Deum, vel seditiosos in Principem, Ecclesiam aut rempublicam, ostentent², eos tum legitimis censuris Ecclesiasticis, tum civilibus suppliciis, coërcendos esse omni, quâ possumus, diligentiâ curavimus.

[² ["*ostendant.*"—MS.Barl.]]

CAPUT VII.

NOVITATES REJECTÆ, SUPERSTITIONES DEPULSÆ, ET RELIGIONIS CORRUPTELÆ SANATÆᵐ.

QUÆ sive temporum vitio, sive hominum nostrorum incuriâ, sive Romanensium improbitate, in Ecclesiam³ nostram irrepserant, aut palam introductæ fuerant, intolerandæ penitus ineptiæ, doctrinæ novæ, et praxes peregrinæ, eæⁿ apud nos ex

[³ ["*religionem.*"—Wek.]]

---

¹ [Anabaptistas, Pneumatomachos, Nestorianos, Eutychianos, Marcionitas," addit editio Gulielmi Wekett.]

ᵐ [Hujus in ed. Wek. capitis titulus est : " Romulidarum novitates (quæ in Ecclesiam nostram irrepserant) depulsæ ;" &c.]

ⁿ [" eæ in melius mutatæ, et apud nos reformatæ sunt."—Wek.]

verbo Dei præscripto, in Synodo legitime congregatâ, publicisque regni comitiis°, jamdudum reformatæ sunt.

Nullaᴾ nobis Romana nunc fides non scripta, nulla novatorum quorumcunque religio. Vanas enim hominum traditiones, et nuper nata dogmata, (quæ testimonio, cum sacræ Scripturæ, tum piæ antiquitatis, omnino destituta sunt,) procul a nostris amandavimus, et in unâ Catholicâ veritate, religione, ac fide, primitus nobis traditâ acquievimus.

Coram pictâ, sculptâve, et vestibus ornatâ, similitudine nosmetipsos non incurvamus.

Id quod nescimus in reliquiis, adeoque in hostiis et imaginibus, nequaquam adoramus.

Eâ, quam non intelligit populus, linguâ sacra nostra non celebramus.

Illos, in quos non credimus, non invocamus.

Sacram Eucharistiam mediâ parte non mutilamus.

Romanam Ecclesiam, nec aliarum omnium Ecclesiarum, nec nostræ, matrem aut magistram esse agnoscimus.

Figmentum transubstantiationis, fumum purgatorii, fermentum meriti, iteratum Christi Sacrificium a quovis sacerdote pro vivis et defunctis quotidie offerendum, auctoritatem Romani Episcopi[1] in omnes omnium per universum Christianorum orbem Ecclesias, [ipso jure divino constitutam[2],] papalium conciliorum decreta, et synodi Tridentinæ anathemata, (quæ sub jacturâ æternæ salutis pro articulis fidei, extra quam nemo potest esse salvus, inauditâ a sæculis audaciâ, Papa Pius quartus[3] recipienda esse mandavit,) tanquamᑫ carcinomata et

[1] [" Romanæ sedis."— Wek.]
[2] [Sic in ed. Wek.]
[3] [" in Bulla super forma juramenti."— Wek.]

° [Vid. Acts of Uniformity, Preface to the Book of Common Prayer, &c.]

ᴾ [In editione Gul. Wekett, ex autographo Joannis Cosini alio publici juris factâ, castigatum sic legitur hujus sectionis aliud admodum argumentum: "Fidem ergo Romano-Catholicam a Fide nostrâ vere et pure Catholicâ, S. Scripturæ interminatione moniti, et auctoritate muniti, penitus resecavimus; idque fecimus non sine veteris Ecclesiæ multiplici suffragio.

Age, despondeant se Deo Romani novatores fide non scriptâ: certe Ecclesia Dei casta, prisca, et catholica, non erat ita desponsata. Adorent quod nesciunt in reliquiis suis, adeoque in hostiis et imaginibus suis; traditum hoc a monte Samariæ, at a monte Sionis nequaquam profectum. Quâ nesciunt populi linguâ orent, et sacra celebrent sine mente, sine fructu: nuncquid hæc unquam Sionis fuere Cantica? Invocent in quem non credunt, Sanctosque diligentius et frequentius adeant, quam Ipsum Christum: projiciant se atque incurvent coram pictâ, sculptâve, et vestibus ornatâ similitudine: Sion ad hæc omnia vestes suas scinderet. Eucharistiam mediâ parte mutilent: in cœnaculo Sionis integre illam institutam traditamque omnibus accepimus. Nova sibi cudant dogmata, figmentum transubstantiationis," &c.]

ᑫ [Leguntur in edit. Wek. verba hæc: "Non sunt hæc casta Christi et Ecclesiæ Suæ sponsalia; neque naturalis nitor, sed fucata et impura corporis Ecclesiastici pigmenta, seu potius carcinomata," &c.]

spongiosa religionis avitæ tubera, penitus ab Ecclesiæ nostræ corpore resecavimus; atque adeo sanitatem et nativam pulchritudinem eidem restituimus.

CAPUT VIII.

RELIGIO PRISCA, VERE CHRISTIANA, CATHOLICA, ET STABILITA [r].

AB avitâ patrum et antecessorum religione, qua Christianâ, qua Catholicâ, nullatenus recedimus; neque ab ullâ uspiam Ecclesiæ Catholicæ parte (in hâc ipsâ Religione et Fide adhuc permanente) secessionem aut scissuram [fecimus nec[1]] facimus.

[1] [Barl. MS.]

Eandem enim religionem, curam, cultumque Numinis Divini retinemus, qualem Ipse nobis Christus Verbo Suo, Apostoli eorumque vestigiis inhærentes Patres, exemplo suo et praxi commendârunt.

Disciplinam ecclesiasticam, quantum maxime potuimus, ad antiquioris Ecclesiæ mentem revocavimus, omnemque vitæ licentiam et morum dissolutionem, quâ par erat severitate, latis[2] legibus compescuimus.

[2] ["avitis." —Wek.]

Regni[3] statum eo quo accepimus loco, et supremam Principis majestatem regiam sine ullâ vel imminutione vel mutatione incolumem, conservavimus; externæ vero dominationis Romanæ (cui nec divino nec humano jure obstricti eramus) indebitam auctoritatem et jugum excussimus.

[3] ["Regnorum." —Wek.]

De omnibus denique Religionis Christianæ dogmatibus, quæ[4] tum ad pacem ecclesiasticam et civilem spectabant, tum ad salutem æternam erant necessaria, uno ore unoque spiritu,

[4] ["articulisque." —Wek.]

[r] [Incipit cap. viii. in ed. Wek. hisce verbis: "Reformatio et vera Religio stabilita.—Apud nos suscepta publice religio, cura, cultusque Numinis, qualem Ipse nobis Christus Verbo Suo, Apostoli, eorumque vestigiis inhærentes Patres exemplo suo et proxi commendarunt. Quod olim sæpe iidem sanctissimi Patres, majores nostri, quodque hoc ultimo sæculo viri undequaque doctissimi et pientissimi Augustanam Confessionem (a principibus Germaniæ, regnisque tum Sueviæ tum Daniæ, receptam) promulgantes, fratres nostri, fecerunt, nos itidem nationali cleri synodo, legitimo ordinum conventu, et confirmatione regiâ, Ecclesias nostras, veram iis religionem restituimus et feliciter vindicavimus.

Omnes antiquas nuperque natas hæreses, quas vel Sacra Scriptura, vel universalis Christi Ecclesia, vel vetera Concilia condemnarunt, procul a nobis amandavimus.

Disciplinam Ecclesiasticam, &c."]

cum aliis quibuscunque hominibus Deum Patrem Domini nostri Jesu Christi rite colentibus et invocantibus, firmiter convenimus.

Fundamentis salvis, diversitatem ut opinionum, ita quoque rituum et cæremoniarum, circa res juxta enatas et minus necessarias[1], in aliis Ecclesiis, quibus nobis præsidendum non est, amice, placide, et pacifice ferre possumus, atque adeo debemus.

Quinetiam reliquis ubicunque terrarum Ecclesiis Christiano nomine censis, et vere[2] Catholicam Religionem Fidemque profitentibus[3], si nos actu aliquando jungi prohibet sive distantia regionum, sive dissidia hominum, sive persecutio et dissipatio fidelium, sive aliud quodcunque obstaculum, semper tamen animo et affectu jungimur, (id quod de protestantium præsertim Ecclesiis intelligi cupimus,) reapse eum demonstrare parati, cum justâ aliquâ ratione demonstrandi occasio se obtulerit. Qualem ab illis vicissim animum et affectum nobis etiam demonstrandum instanter deposcimus.

Eis vero, qui male consulti nos iniquis odiis et conviciis insectantur, ignoscat Deus, et meliorem mentem inspiret.

Dandam enim nobis existimamus operam, quantam ex Dei gratiâ possumus, ut 'pacem sectemur cum omnibus, et sanctimoniam, sine quâ nemo videbit Dominum.'

Denique, exercemus nos 'ad conscientiam habendam sine offensâ apud Deum et homines.'

Atque hæc est summa nostri Christianismi.

Convicium, quod quandoque Lutherani sumus, quandoque etiam Calvinistæ, protritum jam est. Fuit Lutherus vir doctissimus, singularibus donis eximioque animi robore a Deo instructus, ut veritatem Evangelii, errorum tenebris passim fere in hisce occidentalibus Ecclesiis obstructam, in lucem apud suos exterosque multos clariorem revocaret. Infallibilis vero haud fuit, nec sine Verbo Dei et testimonio antiquitatis (cujus erat scientissimus) ipsi aliquid asserenti credimus. Habet et Calvinus laudes suas meritissimas: nemo tamen nostrûm eum pro magistro habet, aut in illius verba jurare (sicut in Pontificis effata quilibet papista) paratus est. Tanti ille apud nos est, quanti esse debet apud omnes, hoc est, quanti rationes quas in [re[4]] qualibet pro se affert, nec pluris. Quod si non magis Paparum dictatis decretisque addicti

[1] ["sive necessarias," sive periculosas," &c.—ed.
[2] ["veram."—Wek.]
[3] ["professis."—Wek.]
[4] [Wek.]

essent, qui nunc a nobis appellantur pontificii, quam nos vel Luthero, vel Calvino, vel cuicunque tandem mortalium, non essent, qui jam nunc sunt, atque merito a nostris audiunt.

Desinant igitur nobis tum Lutherum tum Calvinum exprobrare. Tam non[1] Lutherum vel Calvinum[2] sequimur, quam nec ipsum Papam, ubi hic vel illi a S. Scripturâ et veterum Patrum in Fide Catholicâ consentientium vestigiis discedunt[a].

Ex his omnibus manifestum est, novam in orbem aut Ecclesiam nostram Anglicanam religionem invectam non esse, nec ex principiis nostris invehi potuisse vel debuisse, quin et integram et illibatam mansisse; atque retentam esse eandem religionem Christianam ac Catholicam, qua[3] substantiam suam, quæ pridem fuerat, quæque sola nos et antecessores nostros in gremium Ecclesiæ introduxerat, salvosque reddere poterat. Abusus enim, corruptelæ, errores, et dogmata, quæ partim inscitia et temporum injuria, partim præposterus quorundam zelus, partim, et potissimum quidem, avaritia hominum et ambitio adjecerat, partes religionis non sunt, nec ad essentiam aut corpus Ecclesiæ magis pertinent, quam ad corpus hominis tubera et ulcera eidem accrescentia; quibus tandem sublatis, non in aliud mutatur corpus, sed idem ipsum manet quod antea fuit, pristinæ interim sanitati et pulchritudini suæ naturali restitutum.

Summa est: Quæ perspicuo et certo sacrarum Scripturarum, et his subjunctæ primorum sæculorum traditionis ecclesiasticæ, testimonio ac consensu comprobari poterant, apud nos steterunt inconcussa, reliquis suapte imbecillitate corruentibus, et a majoribus nostris diligenter eliminatis. Quod autem ad ritus et cæremonias attinet innoxias, eæ, quæ ad decorem[4] et ordinem maxime facere videbantur, retentæ nobis atque constitutæ sunt.

[1] [pro "Tam non" legitur "Nam" in MS. Barl.]

[2] [Hic legitur "non magis."— MS. Barl.]

[3] ["quoad."— MS. Barl.]

[4] ["decorum."— MS. Barl.]

[a] [Quod superest, usque hujus ad capitis finem, in editione Gulielmi Wekett non legitur: id, quod hic illic identidem obvenit.]

CAPUT IX.

ORDO ECCLESIASTICUS.

Quos omnis agnovit et venerata est antiquitas, rite ordinatos de Clero habemus Diaconos, Presbyteros, et, supra utrumque ordinem, Episcopos.

Presbyteros de mediâ plebe, nec in Clero positos, Apostolis et veteri Ecclesiæ inauditos, non novimus: non Diaconos sacris nunquam initiatos, annuos bimulosve, post munere exuendos: non mutilum Episcopis Clerum, quorum series nullo unquam tempore apud nos interrupta est, nec in eis consecrandis canon antiquus Apostolicus aut Nicænus violatus.

Ordinem enim amplectimur tuemurque vere Ecclesiasticum, et ab Apostolorum temporibus per totum Christianum orbem[t] receptum, quo nihil equidem, cum S. Scripturæ regulis et exemplis, tum Ecclesiæ et reipublicæ statui, magis consentaneum[u].

CAPUT X.[x]

CONSECRATIO ET MUNUS EPISCOPORUM.

Consecratio Episcoporum[1] (omni sublatâ superstitione) a tribus ad minimum Episcopis, ordine prius episcopali constitutis[2], per invocationem Spiritus Sancti et impositionem manuum [super caput genuflexi sacrandique Episcopi[3]] peragitur: præmissâ tamen tum solenni Liturgiâ, (quæ lectionum ac precum formula est eidem negotio congruenter aptata,) tum sacrâ concione de Pastoris in gregem munere et officio[4]; subsequente vero sacrâ Eucharistiâ ab omnibus Episcopis et Clero tum præsenti, frequentique gravissimorum hominum cœtu celebratâ.

[1] ["in Angliâ nostrâ."—Wek.]
[2] ["habitu episcopali indutis."—Wek.]
[3] [Wek.]
[4] ["de Pastoris munere, et in gregem officio."—MS.Barl.]

---

[t] [pro "per totum Christianum orbem," in ed. Wek. legitur, "qua late patet orbis Christianus."]
[u] ["quo nihil vel S. Scripturis, vel antiquis canonibus, vel Christianæ reipublicæ statui, (ubi quidem penes unum rerum summa,) magis consentaneum."—Wek.]
[x] [Hoc capitulum sub cap. ix. legitur in ed. Wek.]

Porro Episcoporum sive Pastorum munus apud nos non nudum tantum nomen, sed res est[y], Presbyteros et Diaconos ordinare, curatos Ecclesiarum instituere, Clerum et populum in rebus sacris dirigere, diligenter concionari, ignaros instruere, immorigeros punire, contumaces et graviter delinquentes excommunicare, hæreticos pertinaces condemnare, clericos inertes, facinorosos, et inobedientes ab officio et beneficio suspendere, deprivare, deponere, et pro delicti magnitudine degradare, universam diœcesin quolibet triennio visitare, in blasphemos, idololatras, sortilegos, schismaticos, simoniacos, ebriosos, incontinentes, adulteros, incestuosos, et id genus alios, si qui reperti fuerint, animadvertere, initiatos in fide confirmare, Ecclesias et loca sepulturæ dedicare, causas denique matrimoniales et testamentarias cognoscere, atque in omnibus, quæ jura spectant Ecclesiastica, quæque ad pietatem, justitiam, et sobrietatem pertinent, omni quo possunt nisu, officium suum præstare et adimplere.

CAPUT XI.[z]

ORDINATIO ET MUNUS PRESBYTERORUM.

[1] ["minister."— Wek.]
[2] ["episcopi."— Wek.]

PRESBYTERIALIS potestatis in Ecclesia propagandæ minister[1] inde ab Apostolorum temporibus semper fuit Episcopus[2]. Apud nos igitur, sacram antiquitatem, quantum possumus[a], per omnia sequentes, Presbyteri, postquam examinati atque ad tantum munus idonei reperti fuerint, ab uno Episcopo per invocationem Spiritus Sancti, impositionem manuum, sacri Codicis traditionem, et verborum Christi, "Accipe Spiritum Sanctum: quorum peccata," &c., prolationem, solenni more ordinantur, assistentibus eidem Episcopo in impositione manuum Presbyteris tum præsentibus.

[y] ["nec tam opes ab ipsis curantur, (quæ de iis putida aliorum fertur calumnia,) sed ad opus episcopale diligenter sunt attenti, tum concionando et ignaros instruendo, tum redarguendo et puniendo immorigeros, tum errantes reducendo, et confirmando infirmos, afflictos denique consolando, et subserviendo pauperibus; omnique quo possunt nisu officium suum præstant et adimplent."—Wekett.]

[z] [Hoc capitulum, subinde verbis et ordine diversum, sed non sensu, sub cap. ix. legitur in editione Gul. Wek.]

[a] ["Quare hodie in Ecclesiâ nostrâ, venerandam antiquitatem qua potest per dispares tempoium conditiones imitante, soli Episcopi creant Presbyteros."—Wek.]

Præmittitur vero Liturgia sacra, una cum Concione, et subsequitur Eucharistia.

Presbyterorum in Ecclesiâ nostrâ munus et officium est, populum illorum fidei curæque commissum, omni adhibitâ industriâ, ad veram Dei cognitionem et vitæ sanctimoniam perducere[b], diebus dominicis et festis Evangelium prædicare, preces matutinas et vesperas[1] quotidie recitare, sacris lectionibus diligenter attendere, sacramenta religiose et reverenter administrare[c], ægrotos visitare, afflictos consolari, pœnitentes absolvere[d], aliaque, quæ illis incumbunt, divina officia peragere, ad omnem denique sese sobrietatem et pietatem componere, decenti et clericali habitu incedere, moresque et vitam universam ad normam Sacrarum Scripturarum ac receptæ apud nos disciplinæ regulas instituere.

[1] ["vespertinas."—MS. Barl.]

CAPUT XII.

ORDINATIO ET MUNUS DIACONORUM.

Diaconi a solo Episcopo per impositionem manuum, et Nominis Divini invocationem, ad obeundum quod iis incumbit officium ordinantur.

Ad illos autem pertinet[f] sacras Scripturas et homilias publicâ auctoritate editas diligenter populo perlegere, in celebratione divinorum officiorum ac distributione sacramenti Cœnæ Dominicæ Presbyteris assistere, juniores in articulis Fidei et catechismo erudire, infantes baptizare in absentiâ Presbyteri, de conditione pauperum et ægrotantium[g] inquirere, aliquando etiam prædicare, si ad id muneris ab Episcopo censeantur idonei, denique omni studio sic vitam moresque suos ad regulas Christianæ religionis et ecclesiasticæ disciplinæ dirigere, ut, quantum in illis fuerit, salutaria aliis exempla semetipsos præbeant.

[b] ["in unitate Fidei et caritatis conjungere, erroribus Verbo Dei contrariis explosis, sanâ Doctrinâ enutrire et fovere."—Wek.]
[c] ["mundi curis et vanis illecebris valedicere."—Wek.]
[d] ["pauperibus subvenire, atque divites ad eleemosynas excitare."—Wek.]
[e] [Hoc capitulum sub cap. ix. legitur in ed. Wek.]
[f] ["in iis quæ sibi mandatæ fuerint Ecclesiis."—Wek.]
[g] ["in suâ parochiâ degentium."—Wek.]

[¹Locus vero et tempus, quibus Sacri Ordines conferuntur, sunt Ecclesia Cathedralis vel Parochialis ubi Episcopus commoratur, et dies Dominici immediate sequentes Jejunia quatuor Temporum, ad preces et jejunia in solennibus Ministrorum sacrorum ordinationibus antiquitus instituta, atque ea propter in Ecclesiâ Anglicanâ hodie continuata.

¹ [Hæc prolatæ sunt sectiones ex editione Gulielmi Wekett, cap. ix. § pænult., et cap. x.]

VISITATIO ECCLESIARUM.

Idem in spirituali Dei Domo, Ecclesiâ, quod in materiatis ædificiis usu venit: horum decidui parietes, nisi statuminentur; illius præcipua fulcra, (vitæ pietas, doctrinæ puritas,) nisi sacra tecta conservantur, in ruinam vergunt.

Atque hinc Ecclesiarum omnium apud nos visitationes natæ atque institutæ sunt.

Quas quidem ab ipsis Apostolis receptas pro præcipuis ecclesiasticæ disciplinæ nervis habemus.

His enim ab Archidiaconis (qui oculi Episcoporum dicuntur) annis singulis, ab ipsis vero Episcopis quolibet triennio, peractis diligenter inspectionibus, tum doctrinæ cœlestis sinceritas ab erroribus, et cultus externi puritas a superstitione, tum vitæ Christianæ integritas a crimine, totaque religio blasphemiâ et scandalo vindicantur.

Capita vero, de quibus Præsulibus nostris in eorum visitationibus inquirendum est, media item per quæ crimina omnia sunt exquirenda et corrigenda, subjectâ tabulâ VII.[h] describuntur.]

CAPUT XIII.[i]

LITURGIA.

In ordinatione Liturgiæ hoc inprimis observatum[2] est, quod per omnes hujus regni Ecclesias una jam et eadem divinarum lectionum, cantionum, et precum publicarum, forma habetur[3], cum antea plurimis retro annis alii Sarisburiensem, Ebora-

[2] ["laudabile et decorum."—Wek.]
[3] ["habeatur."—MS.Barl.]

[h] [Vid. *Ricardi* Cosini Politeiam, una cum *Joannis* Cosini Relig. Eccl. Angl. curâ Gul. Wek. editam.]
[i] [Cap. xi. in ed. Wek.]

censem, aut Lincolniensem, alii alios usus sequerentur: ex quo cum æmulationes pravæ, tum rixæ et contentiones, nimium sæpe inter ipsos oriebantur.

De multitudine otiosarum cæremoniarum, quibus Ecclesia nostra plus satis erat onerata, magnum numerum resecavimus.

Retinuimus[1] tamen, atque etiamnum colimus, non tantum ea quæ ab Apostolis scimus fuisse tradita, sed etiam alia quædam, quæ sine Ecclesiæ incommodo et religionis detrimento fieri posse videbantur: ea vero omnia, quæ cum sacris literis pugnabant, et sobriis hominibus indigna essent, merito repudiavimus.

Porro constitutum est, ut omnia eâ linguâ psallantur et legantur, quam nostri intelligunt, quæ[2] veteres universi sub utroque Testamento et precati sunt ipsi, et populum[3] precari docuerunt[k].

[1] ["Retinemus."—Wek.]

[2] ["prout."—MS. Barl.]

[3] ["populo."—MS. Barl.]

CAPUT XIV.

OFFICIUM MATUTINUM ET VESPERTINUM.

DIVINORUM officiorum celebratio, tam mane quam vespere, nobis[4] quotidiana est. In Ecclesiis Cathedralibus et Collegiatis consuevimus omnia voce sonorâ et cantu musico peragere, in parochialibus vero et capellis minoribus simplici tantum lectione ea recitare.

Presbyter, veste ecclesiasticâ indutus, incipit matutinas et vesperas a selectissimis S. Scripturarum Sententiis, quibus auditorum animi ad pœnitentiam et pietatis affectum excitantur[1].

Excipit illas gravis admodum ad populum Exhortatio, quâ monentur omnes errata sua coram Deo publice confiteri, ut absolutionem ab iisdem consequantur: simul invitantur ad agendas Deo gratias pro suis in nos maximis collatis beneficiis, ad debitas Ipsi[5] laudes in Psalmis et Hymnis[6] decantandas, ad auscultandum sacris Lectionibus ex Ipsius Verbo

[4] ["solennis, et."—Wek.]

[5] ["Ipsius."—Wek.]

[6] ["Canticis."—Wek.]

k [Paucis verbis, sensu tamen consentaneis, diversum legitur in ed. Wek. caput hoc; cui porro prima capitis xiv. sectio subjungitur.]

[1] ["quibus magnam excitandi in auditorum animis pios motus efficaciam inesse constat."—Wek.]

depromptis, atque ad ea piis precibus efflagitanda, quæ tum ad corporis tum ad animæ salutem sunt necessaria. Hæc enim summa est totius officii.

Sequitur Confessio ab omni populo humiliter genuflexo post Presbyterum recitata, atque Absolutio ab ipso tantum Presbytero generali verborum formâ et erecto corpore pronuntiata.

[1] ["His ita paratis peractisque."—Wek.] Deinde[1] sacrorum Minister altâ voce orditur Orationem Dominicam, quæ omnium officiorum, laudum, et precum subsequentium fundamentum est.

Post usitatos versiculos, "Domine, labia nostra aperias," &c., una cum responsis, et "Gloria Patri," &c., cantatur Alleluia, et Psalmus XCV. ad laudes Dei invitatorius, quem et alii sequuntur, singulis eo ordine et numero ita dispositis, ac per singulos dies distributis, ut infra mensis spatium totum Psalterium finiatur.

[2] ["sacræ,"—Wek.] Psalmos alternatim recitatos sequuntur Lectiones binæ[2], e Veteri Testamento prima, quam ad matutinas excipit hymnus, qui dicitur S. Ambrosii, "Te Deum laudamus," ad vesperas vero canticum B. Mariæ Virginis[3]; e Novo Testamento altera: post eam ad matutinas hymnus Zachariæ, ad vesperas canticum Simeonis.

[3] ["Magnificat anima mea Dominum."—Wek.]

Lectiones autem ita ordinatæ sunt, ut Testamentum Vetus singulis annis absolvatur, Novum vero ter in anno perlegendum sit.

At in dominicis et festis habentur Lectiones propriæ, et in festis majoribus Psalmi de mysterio celebrato prophetici.

[4] ["altâ voce."—MS. Barl., et Wek.]
[5] ["erecto corpore."—Wek.]

Deinde altis vocibus[4] et corporibus erectis[5] Symbolum Fidei Apostolicum ab omnibus recitatur; in quibusdam vero festis Symbolum quod dicitur S. Athanasii.

Postea genibus flexis dicuntur Preces et Responsa pro diverso hominum statu, una cum tribus Collectis, primâ de tempore secundum anni ordinem, alterâ pro pace, tertiâ pro gratiâ et Dei in omnibus nostris actionibus adjutorio atque moderamine[m].

[m] ["tertiâ pro gratiâ et adjutorio Dei, ut in omnibus nostris actionibus suo nos dirigat moderamine, et misericordiâ protegat."—Wek.]

CAPUT XV.

LITANIÆ.

DIEBUS dominicis, feriis quartis et sextis, atque aliis temporibus, cum ab Episcopo requisitum fuerit, post matutinas recitantur aut decantantur Litaniæ, ab omni invocatione hominum mortuorum defæcatæ, plurimisque piis petitionibus auctæ, quæ tandem precatione S. Chrysostomi, et verbis Apostoli votivis, terminantur.

CAPUT XVI.

OFFICIUM EUCHARISTIÆ.

SUMMA cum reverentiâ et religione celebratur apud nos Eucharistia, tam festis majoribus, quam singulis primis cujusque mensis anni dominicis. Quod si reperti fuerint, qui eandem sæpius postulaverint, et digne communicare potuerint, aliis etiam temporibus, dominicis, festis, et feriâ qualibet, celebrare licet, atque adeo oportet.

Servantur autem antiquitus usitatæ cæremoniæ, ordo lectionum, orationum series, vestitus ecclesiasticus, et alia similia, quæ vel ad ædificationem vel ad decorem[1] pertinent[2].

Fit initium ab Oratione Dominicâ, Collectâ pro puritate[3] mentium[4], et recitatione Præceptorum Dei, in fine cujusque præcepti misericordiâ ejus ab omni populo genuflexo imploratâ. Subjungitur Precatio pro Rege, utriusque scilicet tabulæ a Deo constituto custode.

Hanc precationem excipit Collecta de anni tempore, Collectam Epistola, Epistolam Evangelium, Evangelium vero Symbolum Fidei Nicæno-Constantinopolitanum.

Sequitur Homilia sive Concio sacra ad populum; atque initio concionis publicantur preces ab omnibus publice privatimque faciendæ: "primo, pro Ecclesiâ Christi Catholicâ per totum terrarum orbem disseminatâ, ut, qui nomen Domini confitentur, in verâ fide et caritate ad præscriptum S. Scripturæ consentiant universi: deinde, pro omnibus re-

[1] ["decorum."—MS.Barl.]
[2] ["pertinebant."—Wek.]
[3] ["purificatione cordium."—Wek.]
[4] ["mentis."—MS.Barl.]

gibus, principibus, ac gubernatoribus Christianis, ut inter se concordes vivant; pro Rege nostro, veræ Fidei defensore, et supremo subditorum suorum, tam in causis ecclesiasticis, quam sæcularibus, gubernatore post Deum unico[n], pro familiâ et consiliariis regiis; pro omnibus, qui sub illo magistratum gerunt[o]; pro regni nobilibus, episcopis, clero, et populo universo; ut eorum unusquisque officium suum præstent[1], veram religionem promoveant, et vitam pie, juste, sobrieque instituant[2]: denique, pro his qui sunt in angustiis aut infirmitatibus constituti, ut illis Deus succurrere dignetur. Nec vivi tantum Ei commendantur, sed gratiæ etiam aguntur pro iis, qui in Christo obdormiunt[3], et requiescunt in pace, laudabili imprimis Patriarcharum et Prophetarum numero, sanctissimo Apostolorum choro, candidato Martyrum exercitu, et pro aliis omnibus, qui Fidem Christi servarunt integram, ac religionem illibatam: simul oratur Deus, ut tam illis quam nobis propitius beatam a mortuis resurrectionem indulgeat, perfectamque absolutionem in die supremo, atque æternam in regni Sui gloriæ felicitatem, concedat." Clauditur autem ista precum et gratiarum actionis publicatio Oratione Dominicâ.

Habitâ demum et finitâ concione, (quæ partem aliquam vel Evangelii vel Epistolæ, vel alterius loci S. Scripturæ, et explicare et applicare solet,) dies festi atque jejunales, si qui sint proximâ septimanâ observandi, indicantur, atque una excitantur omnes, quibus est copia, ad elargiendam eleemosynam, quâ pauperum egestas sublevetur.

Subsequitur Offertorium (delectis et recitatis in hanc rem S. Scripturarum sententiis) quod supplet vicem veterum oblationum. De pane itidem et vino in Eucharistiâ consecrandis prospectum est, quæ super Altare sive Mensam Domini, decenti ornatu paratam, mundisque lineis coopertam, in patinâ et calice argenteis, ac plerunque deauratis, collocantur.

Peracto Offertorio, rursus oratur ad Altare Dei "pro statu Ecclesiæ Catholicæ in hoc sæculo militantis, pro Imperatoribus et Regibus, [pro ministris eorum, et potestatibus, pro

---

[1] ["præstet."—Wek.]
[2] ["instituat."—Wek.]
[3] ["obdormierunt."—Wek.]

[n] ["ut sub ipso (ipsâve) vitam degamus quietam cum omni pietate et honestate."—Wek.]

[o] ["ut justitiam administrent, nequitias puniant, et veram religionem promoveant."—Wek.]

statu sæculi[1]] pro rerum quiete, pro Episcopis et Clero, pro pauperibus et infirmis, atque insuper ut rata et accepta apud Deum sint oblata a nobis munera."

[1] [Wek. ed.]

Postea, qui nobiscum communicaturi non sunt, emittuntur foras: jubet etiam Sacrorum Minister, "nequis blasphemiæ, adulterii, odii, aut iræ flagrantis, alteriusve sibi criminis reus[2], nobiscum maneat, aut ad Mensam Dominicam audeat accedere, priusquam peccata sua dignâ pœnitentiâ defleverit et absolutionem[3] consecutus fuerit."

[2] ["conscius."—MS.Barl.]

Reliquos autem omnes adstantes monet, "ut, in quem finem sanctissimum hoc Sacramentum a Domino nostro institutum sit, in animos suos revocent, ut[4], passionis et mortis Christi memores, gratias humillime agant; ac denique, ut quilibet, qui juxta præceptum Apostoli seipsos probârunt, ita de pane illo edant, et de calice bibant, ut Christi simul Corpus manducare et Sanguinem haurire possint, ad animarum suarum spirituale, vivificum, et efficax nutrimentum, atque tandem sacrorum mysteriorum vere participes fiant."

[3] ["beneficium absolutionis."—Wek.]

[4] ["exhortatur, ut."—Wek.]

Finitâ Exhortatione, communicaturi chorum ingrediuntur, atque in genua procumbunt.

Sequitur Confessio et Absolutio, una cum sententiis aliquot consolatoriis e S. Scripturâ selectis.

Ad hunc modum paratis omnibus, Sacrorum Antistes orditur Præfationem communem[5], in Ecclesiâ universâ a primis usque sæculis usitatam, "de cordibus sursum habendis," et "gratiis Deo habendis, sicut dignum et justum est," &c.; cui in festis quibusdam solennioribus proprias etiam præfationes subnectit, atque has Hymno Trisagio claudit.

[5] ["sed antiquissimam, et."—Wek.]

Tum ad Altare genuflexus omnium nomine precatur, "ut sic Carnem Christi manducemus, Ejusque bibamus Sanguinem, ut corpora nostra per mundissimum Suum[6] Corpus purificentur, animæque nostræ pretioso Suo[6] Sanguine laventur."

[6] ["Illius."—MS.Barl.]

Deinde, sese erigens, per preces solennes institutionem Sacramenti et ipsa Christi instituentis verba continentes, panem in manus acceptum frangens, vinumque in calicem effundens, utrumque symbolum[7] benedicit, atque in Sacramentum Corporis et Sanguinis Christi consecrat.

[7] ["utrique symbolo."—MS.Barl.]

Absolutâ Benedictione, primo seipsum, flexis genibus, communicat, deinde reliquos (si qui adsint)[8] Ministros; postea

[8] ["sacrorum."—Wek.]

populum præsentem[1] : quibus omnibus et singulis utrumque sacrum porrigens, clarâ voce ait, "Corpus Domini nostri Jesu Christi custodiat corpus tuum et animam tuam in vitam æternam. Accipe, et manduca Sacramentum istud in commemoratione mortis Domini, et de Illo, [hoc est, Christo[2],] pasce teipsum in corde tuo cum fide et gratiarum actione." Similiter, "Sanguis Domini, qui pro te effusus est," &c. Ipsi autem interea dum accipiant, atque adeo usque ad finem totius sacræ celebrationis, in genua procumbentes, Christum, non Sacramentum, adorant.

Post Communionem recitatur ab omnibus Oratio Dominica.

Eam vero comitatur solennis Ecclesiæ Eucharistia sive Sacrificium Laudis[p], in commemorationem Sacrificii Christi propitiatorii semel in cruce peracti, Deo Opt. Max. oblatum.

Subjungitur Oblatio nostrarum omnium animarum et corporum in "hostiam vivam, sanctam, et rationalem," una cum oratione, "ut, rata hæc omnia atque accepta Deo habeantur, ita ut, per merita et mortem Filii Sui Jesu Christi, nos et universa Ejus Ecclesia, remissionem peccatorum cæteraque passionis Illius beneficia consecuti, cœlesti Suâ gratiâ et benedictione repleamur."

Deinde, dicitur aut canitur Hymnus, "Gloria in excelsis Deo," &c.: et postremo, post unam aut alteram Collectam, populus cum solenni Sacerdotis aut Episcopi (si præsens sit) benedictione dimittitur.

CAPUT XVII.[q]

BAPTISMUS.

SACRAMENTUM Baptismi dominicis festisque diebus, quum maxima populi frequentia confluxerit, tempore vel matutini vel vespertini Officii a Sacrorum Ministro, surpelliceo et stolâ induto[3], ad Baptisterium, non procul ab ingressu Ecclesiæ collocatum, administratur.

---

[1] ["universum."—Wek.]

[2] [MS. Barl.]

[3] ["superpelliceo indu:o."—Wek.]

[p] [" et gratiarum actionis a sacrorum Antistite, nomine omnium communicantium."—Wek.]

[q] [Cap. xiv. in ed. Wekett.]

Quod si tamen necessitas urgeat, nihil prohibet, quominus alio sive loco sive tempore, per eundem aut alium quemcunque Ministrum idoneum, infantes baptizentur.

In administratione vero hujus Sacramenti adhibentur preces et lectiones, eidem actioni congruentes. Subjiciuntur quæstiones et responsa "de abrenunciando diabolo, et omnibus ejus operibus, una cum mundi et carnis illecebris, atque de Fidei articulis credendis[1] in Symbolo Apostolico comprehensis." Infans in manus Ministri traditus, ab eo vel caute immersus vel aquâ tantum tinctus, in nomine Patris et Filii et Spiritus Sancti baptizatur, signo Crucis fronti illius impresso.

[1] ["credendo."—MS.Barl.]

Post gratiarum actionem[r] Patrimi a Ministro admonentur, ut eundem infantem (quamprimum ad ætatem pervenerit) in eâdem ipsâ Religione et Fide Christi, in quam baptizatus est, diligenter instruant, atque[s] instructum ad Episcopi confirmationem adduci curent.

CAPUT XVIII.

CONFIRMATIO.

CONFIRMATIO purâ tantum prece et manuum impositione, absque aliis ritibus nuper a superstitiosis hominibus inaniter excogitatis, ab Episcopo perficitur[t].

CAPUT XIX.

MATRIMONIUM.

SOLENNIZATIO matrimonii, quod S. Apostolus "in omnibus honorabile" esse pronuntiavit, more antiquo, (præmissis per tres dies Dominicos aut Festos promulgationibus,) cum[u] precibus et benedictionibus peragitur.

[r] ["ob collatam infanti Regenerationis gratiam, et Adoptionem."—Wek.]

[s] ["atque ad Episcopum in illâ ipsâ Fide, et Spiritus Sancti gratia, ab eo confirmandum adducant."—Wek.]

[t] ["ab Episcopis nostris ecclesiastico ornatu indutis solenniter in Ecclesiâ perficitur."—Wek.]

[u] [Quod superest in ed. Wek. legitur: .. "etiamnum apud nos hodie in Ecclesiis nostris instituta est."]

CAPUT XX.

VISITATIO INFIRMORUM.

QUANDO infirmi et moribundi visitantur, a Sacrorum Ministro adhibentur preces et exhortationes, huic Officio maxime congruæ. Recitantur articuli Symboli Apostolici: interrogatur infirmus, num illos omnes firmâ fide credat; num in eâdem fide et caritate cum omnibus moriturus sit; num testamentum condiderit; et an pauperum memor fuerit: denique, num de omnibus, quæ perpetraverit, peccatis seipsum pœnituerit; et spem suam unicam in Christi meritis collocaverit? Quod, si conscientiam in re quâlibet gravatam sentiat, monetur, ut de illâ privatam et specialem confessionem Deo[1] faciat. Finitâ vero Confessione, Presbyter[x] eum consolatur, et ab omnibus peccatis suis illum (vere pœnitentem) solenni verborum formâ absolvit, et tandem ultimo munit Viatico sacro.

[1] ["sacerdoti."— Wek.]

CAPUT XXI.

SEPULTURA MORTUORUM.

[OFFICIUM DENIQUE SEPULTURÆ AD HUNC MODUM ORDINATUR[2].]

[2] [Ed. Wek.]

ELATO corpori mortuo sacrorum Minister it obviam ad ingressum Cœmeterii, et euntibus, qui cum ipso sunt, Clericis aliisque ad sepulchrum, recitantur[y] primo sententiæ sacræ de mortalitate et miseriâ hominum; deinde de resurrectione et vitâ æternâ fidelium.

Dum cadaver terrâ injectâ operitur[z], " cum certâ spe resurrectionis ad felicitatem cœlestem," dicitur antiphona, " Audivi vocem de cœlo, Beati mortui, qui in Domino moriuntur, amodo requiescunt a laboribus suis."

Postea legitur xv. caput primæ Epistolæ ad Corinthios[3], " Christus resurrexit a mortuis, primitiæ dormientium," etc.

[3] ["Corinthianos." —Wek.]

---

[x] [" Sacerdos eum ab omnibus peccatis suis solenni verborum formâ absolvit," &c.—Wek.]

[y] ["istæ ab iis recitantur Antiphonæ: 'Ego sum Resurrectio,' &c."—Wek.]

[z] [" Sacerdos dicit, 'Cum Deo visum,' &c."—Wek.]

Finitâ Lectione, et omnibus genuflexis, dicitur Κύριε ἐλέη-τον, una cum Oratione Dominicâ et duabus Collectis, quibus cum gratiæ Deo aguntur pro felici defuncti fratris aut sororis exitu, tum preces fiunt, " ut et nos et idem frater noster, una cum omnibus aliis in verâ Fide et confessione Christi demortuis, perfectam consummationem et beatitudinem tam corporis quam animæ in cœlis consequamur."

Ex his autem sive votis sive precibus, sive gratiarum actionibus, quas pro mortuis juxta universalem antiquæ Ecclesiæ consuetudinem fundimus, Purgatorium, quod vocant, nullatenus imus stabilitum.

Noviter enim inventa, neque inter credenda nobis, neque agenda, ponimus.

[Hoc hujus tractatus loco, sicut a Gulielmo Wekett editus est, D. *Richardi* Cosini legendæ sunt "Tabulæ, sive Prima Lineamenta presentis Politeiæ Ecclesiasticæ Angliæ," A.D. 1589.]

APPENDIX.

CAPUT I.

DIES FESTI.

SACRATI Deo apud nos sunt,
Omnes totius anni dies Dominici [a] :
Dies festus Circumcisionis Christi :
Dies festus Epiphaniæ Ejusdem :
F. Purificationis B. Mariæ Virginis :
F. Annunciationis ejusdem :
F. Sancti Matthiæ Apostoli :
F. Sancti Marci Evangelistæ :
F. SS. Philippi et Jacobi minoris, Apostolorum :
F. Ascensionis Domini :
F. [1]S. Joannis Baptistæ :
F. S. Petri Apostoli :
F. S. Jacobi majoris, Apostoli :
F. S. Bartholomæi, Apostoli :
F. S. Matthæi, Apostoli et Evangelistæ :
F. S. Michaelis, et omnium Angelorum :
F. S. Lucæ Evangelistæ :
F. SS. Simonis, et Judæ Apostolorum :
F. Omnium Sanctorum :
F. S. Andreæ Apostoli :
F. S. Thomæ Apostoli :
F. Nativitatis Domini :
F. S. Stephani Protomartyris :
F. S. Joannis Apostoli et Evangelistæ :
F. SS. Innocentium :
Feria secunda et tertia post Pascha :
Feria secunda et tertia post Pentecostem : præter
Diem Conversionis S. Pauli [b], et

[1] ["Nativitatis," &c.—Wek.]

[a] ["Dominica Paschatis, Pentecostes, et Trinitatis, una cum reliquis omnibus," &c.—Wek.]

[b] [SS. Pauli et Barnabæ Dies Festi in Gulielmi Wekett editione non leguntur.]

Diem S. Barnabæ:
Quibus omnibus divinis officiis et rebus sacris attenti sumus.

CAPUT II.

DIES JEJUNIORUM.

VIGILIÆ, sive dies antecedentes
Dominicam Paschatis:
Dominicam Pentecostes:
Festum Nativitatis Domini:
Festum Ascensionis Ejusdem:
Festum Purificationis B. Mariæ Virginis:
Festum Annunciationis ejusdem:
Festa Apostolorum: (exceptis tantum diebus S. Joannis Evangelistæ, et SS. Philippi ac Jacobi minoris:) et
Festum Omnium Sanctorum: apud nos in operibus pietatis et exercitio jejunii transigendæ sunt.
In his enim sumptionem cibi ultra consuetam horam differre, et per integrum diem solâ frugali·cœnâ, aut saltem solo prandio, contenti esse jubemur.

CAPUT III.

DIES ABSTINENTIÆ.

TOTUM tempus Quadragesimæ:
Feria sexta et septima uniuscujusque hebdomadis[1]: (nisi in eas Festum Nativitatis Domini inciderit:)
Feria quarta, sexta, et septima, quatuor anni Temporum:
Tres dies Rogationum ante Ascensionem Domini:
Omnesque præfatæ Vigiliæ: tempora nobis sunt ad majorem sobrietatis, moderationis, ac temperantiæ exercitationem constituta.
Quibus (nisi nonnullorum corporis ratio evidenter et necessario aliud exegerit) a communi Carnium esu (vi legis etiam politicæ) abstinere oportet[c].
Interea tamen in mero ciborum delectu vel minimam religionis partem collocare nefas ducimus, nisi quatenus liberiorem gulam compescat.

[1] ["per totum annum."— Wek.]

[c] [Hæc et quæ hoc capite sequuntur verba, salvo quidem consentaneoque sensu, paululum in ed. Wek. mutata sunt.]

CAPUT IV.

ANGLIÆ DIVISIO IN SUAS PARTES ECCLESIASTICAS [d].

TOTUM Angliæ regnum ratione Ecclesiasticæ jurisdictionis in duas Archiepiscopales Provincias, Cantuariensem et Eboracensem, dividitur:

Utraque autem Provincia in suas Episcopales Diœceses:

Singulæ Diœceses, præsertim quæ majores sunt, in suos Archidiaconatus [e]:

Isti in Decanatus, qui Rurales sive regionales appellantur.

Atque hi quidem in suas Parochias dispescuntur.

Parochiæ vero per universum Regnum computatæ nonies mille sunt et amplius.

Sunt et Ecclesiæ Cathedrales XXVI., præter Collegiatas aliquot, et Hospitalia quamplurima.

CAPUT V.

CANTUARIENSIS PROVINCIÆ DIŒCESES SIVE EPISCOPATUS.

1. IPSA Diœcesis Cantuariensis:
2. Londinensis:
3. Wintoniensis:
4. Eliensis:
5. Wigorniensis:
6. Salisburiensis:
7. Lincolniensis:
8. Norwicensis:
9. Batho-Wellensis:
10. Herefordiensis:
11. Exoniensis:
12. Coventrio-Lichfeldensis:
13. Cicestrensis:

---

[d] ["ratione Ecclesiasticæ Jurisdictionis."—Wek.]

[e] ["quandoque quartam partem Diœcesis continentes."—Ed. Wek.; ubi explicit hoc caput his verbis: "Decanatus, quibus præficiuntur Rurales Decani, antiquis Archipresbyteris non multum dissimiles, et complectentes plerumque decem Parœcias, quas concilium Chalcedonense Regionales vocat: denique in Ecclesias Cathedrales, et Collegiatas, ac Hospitalia, dividuntur. Universum vero regnum complectitur Parœcias par varios Comitatus sparsas nonies mille, septingentas, et viginti quinque."]

14. Roffensis:
15. Glocestrensis:
16. Oxoniensis:
17. Petroburgensis:
18. Bristoliensis:
19. Menevensis:
20. Asaphensis:
21. Bangorensis:
22. Landavensis:

Quæ omnes Cantuariensi Metropolitano subditæ sunt.

CAPUT VI.

EBORACENSIS PROVINCIÆ DIŒCESES SIVE EPISCOPATUS.

1. IPSA Diœcesis Eboracensis:
2. Dunelmensis:
3. Carliolensis:
4. Cestrensis:
5. Sodorensis:

Quæ Metropolitano Eboracensi subjiciuntur [f].

CAPUT VII.

ECCLESIÆ CATHEDRALES.

IN his plura sunt membra:
1. Lectores Epistolæ et Evangelii:
2. Cantores Symphoniaci: [qui regiis Injunctionibus tenentur Hymnos in Dei Omnipotentis laudem canere, iis modulationibus ut ipsæ hymnorum sententiæ una intelligantur [1].] [1] [Ed. Wek.]
3. Presbyteri Subcanonici [2], qui, studio Sacrarum Scripturarum incumbentes, matutinas et vesperas quolibet die in choro celebrare tenentur [g]: [2] ["sive Vicarii Chorales."—Wek.]

---

[f] ["omnes."—Ed. Wek.; ubi addita sunt hæc quæ sequuntur verba:—" Et hæc utriusque Provinciæ in hoc amplissimo ac florentissimo Regno Angliæ divisio, tanquam basis est totius Ecclesiasticæ Jurisdictionis, quæ hodie sub serenissimo et potentissimo monarchâ Carolo exercetur."]

[g] ["frequenti S. Eucharistiæ administrationi servientes."—Wek.]

4. Presbyteri Canonici[h], seu Prebendarii, quorum alii sedem tantum habent in Choro, alii etiam suffragium ferunt in Capitulo; et statis suis vicibus omnes in Ecclesiâ concionantur.

5. His omnibus præest Decanus, qui verbum Dei sedulo prædicare, hospitalitatem exercere, et festis majoribus sacra celebrare, obstringitur.

CAPUT VIII.

SYNODI PROVINCIALES.

SYNODI apud nos eæ sunt legitimæ, quæ ex licentiâ et mandato Regis[1], ab Archiepiscopo indictæ, veris et genuinis suis [tum ad deliberandum, tum ad definiendum[2],] membris constant.

Vocantur ergo ad Synodos[3] Provinciales, tam episcopi, decani, et archidiaconi, quam bini presbyteri ex singulis diœcesibus, totidemque e cathedralibus ecclesiis [i] communibus suffragiis electi.

A quibus cum de religionis dogmatibus vel canonibus ecclesiasticis mature deliberatum et definitum aliquid fuerit, regiâ auctoritate et confirmatione accedente, censetur ratum[k], et ex statuto regni vim legis obtinet, modo nihil ibi definiatur, quod vel Sacræ Scripturæ vel juribus publicis contrarium sit.

CAPUT IX.

SECTÆ, REGNI ET RELIGIONIS HOSTES.

MAGNO[1] Ecclesiarum et Regnorum omnium detrimento enati olim sunt Anabaptistarum et Perduellium greges. E quorum reliquiis et

---

[1] ["ad nutum regium."—Wek.]
[2] [Ed. Wek.]
[3] ["sive Nationales, sive."—Wek.]

[h] [Explicit hoc cap. in ed. Wek. his verbis: "4. Canonici seu Prebendarii, quorum aliqui Residentiarii dicuntur, qui sedem habent in Choro, et suffragium ferunt in Capitulo, statisque suis vicibus concionantur: quibus etiam incumbit, ut hospitales sint, et non modo in Cathedrali Ecclesiâ cujus sunt Canonici, sed in aliis etiam ejusdem Diœcesis Ecclesiis, unde ipsi vel ipsorum Ecclesiæ aliquod vectigal seu annuos reditus percipiunt, Evangelium diligenter annuntient. 5. Subdecanus, Thesaurarius, Cancellarius, et Præcentor, qui etiam Residentiarii sunt. 6. Decanus, qui in his omnibus præest, qui verbum Dei sedulo prædicare, hospitalitatem exercere, et Festis solennioribus (si ad hoc peragendum præsens non fuerit Episcopus) capâ decenti amictus sacra celebrare obstringitur."]

[i] ["in his capitulorum, in illis parochorum."—Wek.]

[k] ["quemadmodum antiqui Imperatores S. Synodorum decreta legibus suis confirmaverunt."—Wek.]

[l] [Cap. ix. in ed. Wek. sic legitur: "Sunt quidem apud nos, præter Perduelles Papistas, Anabaptistarum etiam reliquiæ, Libertinorum quorundam

sectarum et seditiosorum hominum multitudo maxima non ita pridem apud nos in apertam rebellionem, cruentas cædes, barbara latrocinia, universæ religionis Christianæ contemptum, et (quod vel dictu horribile nimis est) in ipsum regicidium eruperunt. Sunt enim genus hominum, tum Divinis tum humanis legibus (inauditâ a seculis audaciâ atque infernali prorsus superbiâ et iniquitate) maxime repugnantium, qui, nisi principum ope tempestive supprimantur, omnia passim, qua late pateant Christianorum Regna et Ecclesiæ, brevi pessundabunt: quanquam satis jam ex religionis et reipublicæ nostræ constitutionibus orbis terrarum videt, nos quidem nec ipsos peperisse, nec aluisse, nec docuisse. Sed lolium facile nimis cum frumento nasci solet, et palea cum grano.

Interim, Aliud est quod docemus, aliud quod sustinemus; et, donec emendare valeamus, tolerare compellimur.

multitudo magna nimis, hominum genus seditiosum, tum Regiæ tum Ecclesiasticæ potestati invidentium, ac utriusque possessionibus inhiantium: qui, nisi legum ope, Principis auctoritate, et ministrorum suorum industriâ, tempestive supprimantur, omnia pessundabunt. Quamquam satis jam orbis terrarum videt, nos quidem nec illos peperisse, nec aluisse, nec docuisse. Sed lolium," &c.]

INDEX CAPITUM.

	PAG.
Cap. I. Perpetua Religionis Norma.	337
Cap. II. Sacra Dei Scriptura	ibid.
Cap. III. Antiqua Fidei Symbola.	338
Cap. IV. Quatuor prima Concilia.	339
Cap. V. Quinque priorum Patrum sæcula	340
Cap. VI. Hæreses repudiatæ	342
Cap. VII. Novitates rejectæ, superstitiones depulsæ, et religionis corruptelæ sanatæ	ibid.
Cap. VIII. Religio prisca, vere Christiana et stabilita	343
Cap. IX. Ordo Ecclesiasticus	346
Cap. X. Consecratio et munus Episcoporum	ibid.
Cap. XI. Ordinatio et munus Presbyterum.	347
Cap. XII. Ordinatio et munus Diaconorum	348
Cap. XIII. Liturgia sacra	ibid
Cap. XIV. Officium matutinum et vespertinum	349
Cap. XV. Litaniæ	351
Cap. XVI. Officium sanctæ Eucharistiæ	ibid.
Cap. XVII. Baptismus	354
Cap. XVIII. Confirmatio	355
Cap. XIX. Matrimonium	ibid.
Cap. XX. Visitatio infirmorum	356
Cap. XXI. Sepultura mortuorum	ibid.

IN APPENDICE.

Cap. I. Dies festi	358
Cap. II. Dies jejuniorum	359
Cap. III. Dies abstinentiæ.	ibid.
Cap. IV. Angliæ divisio in suas partes Ecclesiasticas	360
Cap. V. Cantuariensis provinciæ diœceses	ibid.
Cap. VI. Eboracensis provinciæ diœceses	361
Cap. VII. Ecclesiæ cathedrales	ibid.
Cap. VIII. Synodi provinciales	362
Cap. IX. Sectæ regni et religionis hostes	ibid.

TOUCHING THE SUPREMACY, AND HEAD OF THE CHURCH.

[The following Paper is preserved among the Harleian MSS. in the Brit. Mus., Num. 750, 15.—Plut. xxxvi. H. p. 290.]

DR. COSIN.

Mr. Robson and I discoursing of the canon-law, the question was put, from whom the power of excommunication proceeded. I answered, that we had our power thereof from Christ. And Mr. Pleasans interposing, that we had it from the king, and that he might excommunicate as well as we, this I said: That no man (who understood himself) had ever said so: that our Church disclaimeth it[a], and that it is a slander laid upon us by the papists[b]: that the exercise thereof was under the king, but the power of it only from Christ, and that by virtue of Holy Orders; and, lastly, that our kings had never taken any such power upon them. *Ecclesiæ caput.*

The second question (upon occasion of the former) being made by Mr. Pleasans, how the king, then, could be said to be 'Head of the Church,' I demanded of him, who it was that said it? and answered, that the laws said it not, that the canons said it not, that our best writers said it not, (at least, in that sense[c] wherein he urged it;) that Queen Elizabeth refused it[d], that our kings since her time[e] liked it not, that the Oath of Supremacy itself[f] expressed it not, that in my judgment it was unfit for us private men to set forth any other title of the king than what he himself or his state had ordained; that the style was the more misliked, (howsoever in

---

[a] [See Articles of Religion, agreed upon in Convocation, A.D. 1562; art. xxxvii. Of the Civil Magistrates.]

[b] [See 'An Admonition to simple men deceived by malicious,' annexed to Q. Elizabeth's Injunctions, A.D. 1559, ed. Lond. 1584.—See also the references at the end of this paper.]

[c] [Conf. 24 Hen. VIII. c. 12; 26 Hen. VIII. c. 1; and 35 Hen. VIII. cap. 3; 1 Eliz. c. 1. § 2; 5 Eliz. c. 1. § 14; &c.—Statutes at Large, ed. 4to. Lond. 1786, vol. ii. pp. 193, 350, 501, 525, &c.—See also Canons 1, 2, as agreed upon in Convocation, A.D. 1603; and the writers referred to at the end of this paper.]

[d] Anno i. Reg. Eliz. Statut. i. [item, 5 Eliz. c. i. § 14; item, 'Admonition,' cited above.—There is also a letter of Sir Francis Walsingham's in the Cabala, Lond. 1663, p. 407, in which he says, that the Oath of Supremacy "was altered by her Majesty (Q. Elizabeth) into a more grateful form, the harshness of the name and appellation of *Supreme Head* removed," &c.]

[e] [See 'Apology' of K. James I. p. 47. Lond. 1609.]

[f] [See 1 Eliz. c. 1, ubi supr.; also the Admonition annexed to the Injunctions, &c.]

a general sense it might be well enough interpreted,) because the pope's flatterers had given it unto him, and because it doth most properly belong unto Christ, who was the only Head of His Church precisely taken, which is but one Body itself, and so not capable of many heads: and, lastly, that they did but cause themselves either to be pitied or contemned whosoever did affirm, that we gave power of administering the Sacraments or excommunication unto princes themselves; whom nevertheless we acknowledged (and that this I would be as ready to maintain as any man) to be supreme governors both of Church and State[g]; and that by this power of supreme dominion they might command churchmen at any time to do their office, or punish them for their neglect of it. I added further to Mr. Robson, saying, that external co-action, indeed, whereby men were forced to obey the interdictions of the Church, was from the king: but the power of spiritual jurisdiction itself was from Christ, who had given it to His Apostles, and they to their successors in Ordination. This was the utmost of that I said; and I think I should have betrayed the truth, if I had said less: the whole company, or the best of them, often interposing and assenting to what I spoke, unless it were Mr. Pleasans and Geo. Walton, whose only difference from me then was, that the Acts of Parliament[h] styled the king "head of the Church;" whereupon we laid a wager of half a crown for a pair of gloves, all the whole company bearing witness thereof. But, as for any irreverent words of his majesty, my most gracious lord and sovereign, they yet did never, and never shall they, come either out of my mouth, or into my heart.

JO. COSIN.

De titulo supremi capitis Ecclesiæ, vide
Bp. Jewell's Defence of the Apology, p. 570; [Par.

[g] [See the first article of Subscription, in the 36th Canon, &c.]

[h] [See the Statutes cited above.—Cosin read this title, as claimed by Henry VIII., according to the tenor of the "Authentic Histories and Chronicles," referred to in the first cited of these Acts, and which set forth only the *constitutional* headship and supremacy justly belonging to the kings of England, and not that exorbitant authority in spiritual matters which was afterwards disclaimed by Q. Eliz. and K. James.—Conf. K. Edward the Confessor's statute de Regis Officio, as received by William the Conqueror, in Roger de Hoveden's Annals, ap. Rerum Angl. Scriptores, &c., ed. Francof. 1601, p. 604.]

VI. chap. ii. divis. 1, 2, 3; p. 569,—574.—Works, Lond. 1609.]

The view of the Pope's Bull, p. 14. [See 'A view of a seditious Bull, sent into England from Pius Quintus, bishop of Rome, 1569,' &c., in Jewell's Works.]

Anno i. Reg. Eliz. Stat. i. [Statutes at Large, ed. Lond. 1786, vol. ii. p. 501.—Conf. 5. Eliz. c. i. § 14, ubi supr. p. 525; item, Queen Elizabeth's Admonition annexed to the Injunctions of 1559, published in a Collection of Articles, Injunctions, Canons, &c., chiefly in the times of K. Edw. VI., Q. Elizabeth, K. James, and K. Charles I., ed. Lond. 1584, pp. 83, 84.]—Et Cambden. in ejus vitâ. [Vid. Annales Rerum Anglicarum et Hibernicarum, regnante Elizabethâ, ad ann. Salutis 1589, Gul. Camdeno auctore, sub ann. 1559, § Reginæ in ecclesiasticis auctoritas explicata; ed. Lond. 1625, p. 39,—Conf. pp. 5, 25, 26.]

Bp. Andrewes' Tortura Torti, p. 170, 338; [ed. 4to. Lond. 1609.—See also p. 380.]

Reynolds' Conference, cap. i. di. 2. p. 52. in 4to. [See 'The Summe of the Conference between John Rainoldes and John Hart, touching the Head and the Faith of the Church,' chap. x. Of the Prince's Supremacie, ed. 4to. Lond. 1609, p. 589.]

Burhill contra Becanum pro Torturâ Torti, cap. 10. per totum. [Vid. Roberti Burhilli contra Mart. Becani Controversiam Anglicanam, &c., Assert. pro jure regio, &c., cap. iv., ed. 8vo. Lond. 1613, p. 50, et seq.; item, cap. v., vi., passim.]

Bp. Barl., Ep. Lyncoln., contra Parsons, p. 207, et seqq. [Vid. 'An Answer to a Catholic Englishman (so by himself entituled) who, without a name, passed his censure upon the Apology made by the right high and mighty Prince James, by the grace of God King of Great Britain, France, and Ireland, &c., for the Oath of Allegiance, &c., by the Bp. of Lincoln,' (Dr. Will. Barlow,) paragr. iii. § 6, et seqq., ed. 4to. Lond. 1609, p. 204, et seqq.]

Politeiam Eccl. Angl. § 3. per totum. [Vid. *Richardi* Cosini Ecclesiæ Anglicanæ Polit., in Tabulis digest., ed. 4to. Oxoniæ 1624, cap. i. tab. i. A, B.—See these Tables as published by Wekett with the Relig. Regni Angliæ, tab. i. De supremâ potestate regiâ.]

Montague's Gagg, p. 68, 69; [ed. 4to. Lond. 1624.]

PAPERS CONCERNING THE COLLATION OF BISHOPS.

[The following Letters, and Form of Collation, are printed among Lord Clarendon's *State Papers*, ed. Oxford, 1786, tom. iii. append. p. ci., cii., ciii.—For the circumstances of the Church of England at this time, with respect to Her Episcopate, see the Preface to Hammond's Miscellaneous Theological Works, ed. Oxford, 1849, pp. xviii., xix.]

"SIR EDWARD HYDE TO DR. COSIN.

CONCERNING Dr. Duncon, ... The sum is : there are two, who are willing to come over to perform their parts ; and there are three, who are willing to perform all things there which are requisite : some persons are ready to receive the Order there, and others are capable of being persuaded to come over and take it here. There was some promise made to him of £200 per ann., which others hoped to improve to £600, but I do not hear that one penny is returned, nor who have undertaken to settle that province : in both cases, two things are held necessary to be done by the king, both under the Great Seal :—a collation of such persons whom he intends for Bishops, and a mandate to the rest to do their office ; and both these instruments to be kept on this side the sea, and intimation to be only sent thither. Common' and civil lawyers were agreed in the point : but the forms, (which is an essential part, and principally desired,) the good Doctor had not leisure to stay for ; but says he can send for them, which I have written to him to do, as I likewise desire you, and that they may be sent to me very perfect, that the clerk may have nothing to do but to transcribe them to a letter : for all secrecy is necessary. The king is resolved to despatch it one way or other this winter ; therefore I pray send me your advice, as particularly as you can, and tell me (as your friend) what part you will be content to act yourself.   Yours, &c.

Cologne, July 27, 1655."

"DR. COSIN TO SIR EDWARD HYDE.

SIR,

DR. DUNCON[a] tells me by his letters from Saumur, that he hath written twice to Mr. Barrow[b], both about the collation and the contribution. If he delays writing to you, it is because he hath no answer from him; who, together with Mr. Phil. Warwick[c], are the two only persons upon whom he relieth. The mandate I send you here enclosed, as I drew it up three weeks since, with all the cautions and supplements that the condition and necessity of these times required to be used and inserted into it. And some clauses there are in it, (as you will mark in perusing it,) that will be needful to put into the collation itself, which is here supposed to have been passed before. I have used Dr. Clare's name[d], and mentioned the bishopric of Chester, (where he is beneficed,) for form's sake only, which you may alter or let stand in the letters patent that are to be engrossed at his Majesty's

---

[a] [This was in all probability Dr. Eleazer Duncon, a deprived prebendary of Durham, who had retired to the continent, and was living at Paris in 1651. (See Evelyn's Diary, vol. i. p. 249.) He must not be confounded with another sequestered divine of his name who wrote the life of Lady Falkland. We have no record of his parentage, but from the mention of *Saumur* it seems probable that he was connected with, and possibly a son of Dr. Monk Duncan, a Scotch physician, who was a professor at Saumur, and died in 1640.—Dr. Duncon may be the same also with Dr. Duncom, mentioned by Cosin in a letter dated Paris, Aug. 28, 1659, and addressed to Sancroft at Geneva; in which he says, "Of Dr. Duncom's purpose to do anything, either about our ordination, or other subject, I never heard; and I give the less credit to that report, which you had of him, because I have not heretofore observed any inclination in him to bend his studies that way."]

[b] [Mr. Barrow is the same person with Dr. Isaac Barrow, and was much employed in conveying messages between the royalists during the usurpation. (See MSS. letters of Hammond to Sheldon in Brit. Mus.)]

[c] [Mr. Philip Warwick, afterwards Sir Philip Warwick, was one of the most faithful and constant attendants on the king, even to the last, but history loses sight of him altogether during the interval between the king's death and the restoration.]

[d] [Dr. Clare was one of "the Clergy who attended the English court in France at this time." He is mentioned by Evelyn, as having preached at Paris, in Sir Richard Browne's chapel, Nov. 12, 1651, "on Gen. xxviii. 20, 21, 22, upon Jacob's vow, which he appositely applied: it being the first Sunday his Majesty came to chapel after his escape."—See Evelyn's Memoirs, ed. Lond. 1819, vol. i. p. 258; also a note at the foot of p. 257, where, together with Dr. Clare, the names of several others are mentioned, as occasionally officiating in Sir R. Browne's chapel, viz. The Bishop of Galloway, Dr. Geo. Morley, Dr. Cosin, Dr. Stewart, Dr. Earle, Dr. Clare, D. Wolley, Mr. Crowder, Dr. Lloyd, Mr. Hamilton, Dr. Duncan.]

pleasure. My chief care was to give a reason, why the ordinary course of election by Dean and Chapter is not observed, and to save the Bishops, that shall be employed [in] the consecration of another, from any penalties of the laws which otherwise they might incur, and from the exceptions that may be taken against the validity of their act hereafter: which the king's power, and dispensation with those penal laws, will sufficiently silence: for after this manner they proceeded in the consecrating of new Bishops at the beginning of Queen Elizabeth's reign; and we cannot have a better pattern.

I know not who hath changed your mind, upon a private consultation that you have lately had about this affair[d]: but you were once resolved to hold constant to the course of England, and not to make Ireland our way to come thither. For who will, or who can with a good conscience, accept of a consecration to a bishopric there, where he never intends to come, or exercise the office of a Bishop? For I believe there will hardly be found any in England that be otherwise minded: which is a stronger and a more unanswerable objection, than any that can be pretended against the other way, which we have all this time attended and prosecuted according to the mandate that I here send to you. Truly, sir, should this new way through Ireland be taken, we shall not know how to avoid those objections against ourselves, which we have so often heretofore, and so justly, brought against some others. For what difference will there be between a man, that always intends to live in England, to be made a Bishop for Ireland, and one that never meant to live out of

[d] [Whosoever he was, that advised the consecration of the proposed new Bishops to *Irish* sees, so objectionable a step appears to have met with no countenance from the Prelates who were to consecrate them. The Bishop of Salisbury (Dr. Brian Duppa) seems to have thought it important that they should not even be *consecrated in foreign parts.* An early hint of this, to some unknown correspondent, is given in an interesting letter of his, dated Richm., Feb. 6, 1655, wherein he says: "You judge not amiss to think me full of troubled thoughts..... I know no one particular, that concerns our expiring Church more than the care of a succession, in which care you must necessarily have a part: and I shall with great earnestness expect, when I may have the possibility of seeing you *here;* for much depends upon you. I shall say no more, but join with you in your prayers for all that is, and ought to be, dear to us; and so remain

Your very affectionate true friend,
Br. Sar."

—See Tanner MSS. vol. 52, num. 105, al. 118.]

Paris, or some other place in France, to be made a Bishop of Corinth, or Chalcedon, among the Greeks. In our defence of the Apology for the Church of England[e], (which Bishop Jewell set forth for us,) we had great reason to say, that it was a void act, a mock, and a vanity, in the Pope, to make his Cardinals (as he doth still) Bishops of Jerusalem and Antioch, &c., at Rome: from whence as he intended not to send them, so was it not their purpose, that had the titles of those and other such bishoprics in the East countries, ever to repair to them. In the Council of Trent there was a Bishop of Armagh[f], and another of Worcester[g], consecrated at Rome upon the same score, which remains as an indelible blot and stain upon their names at this day. And shall not we also by this way of Ireland run into the same errors? I do therefore make it my humble and earnest suit, both to his majesty and to you, that the old and the safe way may be kept, which will justify itself, and preserve us free from those exceptions, that otherwise, I am afraid, we shall never be able to answer. For that purpose I have addressed this mandate to you; and I confess it would not a little grieve me to have lost my labour in it, and the expectation we have had to see the effect of it this long time together. The mandate is directed to all the Bishops of England and Ireland, or at least to four of them: for so many there must be, according to the statute, (25 H. VIII. c. 20[h],) to consecrate a Bishop, when there is no Archbishop in England.

I beseech God long and well to preserve you; which shall be the continual prayer of your most faithful and humble servant,

Paris, Nov. 5, 1655.   T. [J.] COSIN.

An original.

[e] [Part vi. § A Council General, ed. Lond. 1609, p. 625.]
[f] [This was Robertus Venantius Scotus.—See Pet. Suav., Hist. Conc. Trid., lib. ii. p. 109.]
[g] [Richard Pates.—See Cosin's Hist. Can. Script., num. cxciv., vol. iii. p. 277; et num. cxc., p. 274.—Conf. Jewell's Def. ubi supr.; item, Athen. Oxoniens., ed. Bliss, Lond. 1815, tom. ii. p. 794.]
[h] [§ 5.—Statutes at Large, ed. 4to. Lond. 1786, vol. ii. p. 182.]

FORM OF COLLATION.

CAROLUS Dei gratiâ Angliæ, Scotiæ, Franciæ, et Hiberniæ Rex, Fidei Defensor, &c., omnibus, ad quos hæ Literæ nostræ Patentes pervenerint, salutem in Domino.

Collatio Episcopatuum est jus regium, quo progenitores nostri Anglorum Reges ab exordio nascentis Ecclesiæ in suis regnis positi sunt. Sciatis igitur quod, cum in regno nostro Angliæ sedes episcopalis Cestrensis, per mortem Reverendi in Christo Patris, Johannis Bridgeman[i], ultimi Incumbentis et Episcopi ibidem, nuper vacaverit, Pastorisque solatio et curâ jam destituta sit; Decanus vero et Capitulum ejusdem Ecclesiæ Cathedralis, magnâ iniquitate temporum ac malorum hominum injuriâ impediti, nullam hodie id unum conveniendi potestatem habeant, ut Licentiâ nostrâ Regiâ muniti alium virum idoneum a nobis commendatum sibi in Episcopum et Pastorem eligant, pro more et formâ consuetis: Nos, ad cujus Patronatum dicta sedes pleno et regio jure pertinere dignoscitur, successioni episcopali et orthodoxæ religioni in câdem conservandæ sedulo prospicientes, dilectum nobis in Christo Andræam Clare, sacræ Theologiæ professorem, virumque tam doctrinâ quam probitate insignem, atque e Capellanis nostris Ordinariis unum, in Episcopum et Pastorem ejusdem Ecclesiæ nominandum, eligendum, et constituendum fore duximus; sicut ipsum per præsentes nominamus, constituimus, et pro electo haberi volumus, atque auctoritate nostrâ regiâ confirmamus.

Insuper de gratiâ nostrâ speciali, et ex certâ scientiâ ac motu nostris, dedimus et concessimus, ac per præsentes damus, concedimus, et conferimus, pro nobis, hæredibus, et successoribus nostris, prænominato Andreæ Clare, ob singularem dilectionem, quam penes illum gerimus, eundem integrum Episcopatum Cestrensem, unà cum omnibus et singulis suis Juribus, Prærogativis, Præeminentiis, Jurisdictionibus,

---

[i] [Dr. Bridgeman was father to Mr., afterwards Sir Orlando Bridgeman, one of the King's Commissioners in the Treaty at Uxbridge, &c. (See Clarendon's Hist., book vi., viii., tom. ii. pp. 111, 443, 453.) He had been chaplain to K. James, became Bishop of Chester in 1618, and died in the year 1652, aged 77 years.—See Fasti Oxonienses, vol. i. col. 286; and Athenæ, vol. iv. coll. 863, 864.—Conf. Walker's Sufferings of the Clergy, par. ii. p. 10.]

Redditibus, Proficiis, Domibus, Maneriis, Terris, Tenementis, Decimis, Pensionibus, Pertinentiis, et Dependentiis quibuscunque, in tam amplis, modo et formâ, prout cum tenuit, vel tenere debuit, Reverendus Pater Johannes Bridgeman prædictus. Atque, ut hæc Nominatio, Concessio, et Collatio nostra pleniorem sortiatur effectum, Licentiam præfato Andreæ facimus, ut a quatuor vel pluribus Episcopis infra regna nostra aut alibi constitutis, nobisque fidelibus, et verâ religione conjunctis, benedictionem et consecrationem suam in Ordinem Episcopalem, secundum formam et ritum Ecclesiæ Anglicanæ liberè accipiat.

In cujus rei testimonium hasce Literas nostras fieri fecimus Patentes, teste meipso,   die mensis anno Regni nostri sexto, annoque Domini nostri millesimo sexcentesimo quinquagesimo quinto."

ARTICLES OF ENQUIRY,

EXHIBITED TO THE NINTH PREBENDARY[k] OF THE CATHE-
DRAL CHURCH OF DURHAM IN THE THIRD EPISCOPAL
VISITATION OF THE RIGHT REVEREND FATHER IN GOD,
JOHN, LORD BISHOP OF DURHAM, ANNO DOMINI, 1668.

[These Articles are preserved among the Tanner manuscripts, in the Bodleian Library, vol. xcii. p. 6.]

1. IMPRIMIS, Whether are the monitions and injunctions duly observed, which at the conclusion of our two last visitations of this Church were given to the Dean and Chapter thereof under our episcopal seal? And are the same injunctions recorded in your Registry, and safely preserved in your Treasury, to the end that both Mr. Dean, and every one of the Chapter, and other members of this Church, (as far as they are concerned in them,) may take knowledge, and render a due account of them from time to time, when they shall be called thereunto respectively, as now they are?

2. Item, Do you know that either Mr. Dean, or any of the Prebendaries, Minor Canons, or other officers or ministers of this Church, have not duly observed the statutes and ordinances thereof, not altered by the laws of the land, as the same do respectively concern them?

3. Item, Is the Churchyard wall adjoining to the Palace-green finished in comely manner according to the order given for that purpose? and is the Churchyard wall made level, decently kept, and freed from beasts, and all other annoyances and disorders? And is Wakelm's partition-wall there taken away; or who opposeth it?

4. Item, Is the aisle on the north side of the Cathedral Church, tending to the Consistory, freed from rain? and is the Consistory itself freed from rain? And are the leads

[k] [scil. Sancroft.]

there in good repair? And is the consistorial seat made up as it ought to be?

5. Item, Is there any acknowledgment made in writing, or other satisfaction given by Mr. Dean and the Chapter, for the ground taken from the Bishop's Palace-green at the late new building of the Grammar School belonging to this Cathedral Church?

6. Item, Are the uncomely forms, and coarse mats, lately used in your Church at the administration of the Holy Communion for such persons as usually resort thither without the rails, taken away, and others more comely put in their place, and decently covered, as heretofore hath been accustomed? And are the partitions on each hand of these forms under the two arches of the Church next the said rails well framed in joiner's work, and there set up for the better keeping out of the wind and cold, which otherwise do many times molest and annoy the communicants?

7. Lastly, Do you know any thing else concerning the state or honour of this Church, or concerning any member belonging to it, fit to be declared and presented to us for the amendment thereof in this our visitation?

Hereunto you are to make your special and peculiar answer[1] (in writing under your hand sealed up) by virtue of your oaths taken at your admission and installation to your prebend in this Church.

July the 30th, 1668.   Jo. DURESME.

[After Sancroft's Answer to the foregoing Articles, the following Injunctions are found in the Tanner MSS. ubi supra.]

DIE JOVIS, VIZ. 27° DIE MENSIS AUGUSTI ANNO DOMINI 1668°, IN DOMO CAPITULARI ECCLESIÆ CATHEDRALIS DUNELMENSIS.

INJUNCTIONES et Monita quæ sequuntur tradita sunt Decano et Capitulo dictæ Ecclesiæ Cathedralis per Reveren-

---

[1] [This Sancroft excuses himself from doing, upon the plea of his non-residence.—See his Answer, which immediately follows these Articles of Enquiry, in the Tanner MSS.]

dum in Christo Patrem ac Dominum Johannem Episcopum Dunelmensem, qui dictæ Ecclesiæ Cathedralis suæ Visitationem [j] eodem die determinavit et finivit.

1. Imprimis, curent diligenter et sedulo, ut loca Minorum Canonicorum in hâc Ecclesiâ jam vacantia, quantocius fieri poterit, ad laudem Dei et solennem divinorum in Choro Ecclesiæ celebrationem suppleantur:

2. Secundo, ut opera bene ab iis inchoata, tam infra quam extra Ecclesiam, et nominatim cir[c]a Cœmiterium Septentrionale, perficiantur:

3. Ut locus in Occidentali parte Ecclesiæ, qui dicitur Galilæa, sive Consistorium, debite reparetur, et sartum tectum conservetur, ibidemque septum circa tumbam domini Thomæ Langley præclarissimi olim Episcopi Dunelmensis restituatur, et de eisdem lapidibus marmoreis, qui illinc ab iniquis hominibus non ita pridem sublati erant, fabricetur:

4. Ut locus, qui dicitur Thesaurarium, in Claustro, ab omni pulvere, aranearum telis, et aliis sordibus atque immunditiis purgetur; chartæque, et scripta ibidem posita, vel intra vel extra loculos suos in ordinem, classes, et titulos proprios, debito modo redigantur, atque in loculis propriis reponantur, et per scribam aliquem idoneum et eruditum registrentur:

5. Ut Canonici Majores, et eorum quilibet qui contra Statuta Ecclesiæ sese absentant, per Decanum et Capitulum quamprimum moneantur, ut nisi ad Ecclesiam accedant, atque debitam in eâdem residentiam observent, Quotidianis et Dividendis omnibus, quæ ad Ecclesiam sive alios Residentiarios pertinent, omnino careant: (qui enim emolumentum alicujus loci percipiunt, onera etiam ejusdem loci sentire et ferre debent [k] :)

6. Ut, quoties aliquis Præbendarius civitatem Dunelmensem ultra quindenam relicturus sit, non prius id faciat quam Decanum de rebus Ecclesiæ et Capitulis tenendis consuluit:

---

[j] [This was Cosin's "*last* personal Visitation of the Dean and Chapter."— See Basire's Dead Man's Real Speech, p. 45.]

[k] [Basire commends this fifth Injunction, as " grounded upon right reason;" and as inculcating a practice, which is " conformable to good conscience and equity: . . . . . for it is a rule in law, *Beneficium propter officium.*" —Ubi supr., p. 46.]

7. Ut Capitula, si quoquo modo fieri poterit, singulis quindenis secundum Statuta Ecclesiæ teneantur et celebrentur:

8. Ut nulli, nullæve, sive e familiâ Decani aut aliquorum Præbendariorum, vel aliorum quorumcunque, permittantur, vel cum victualium aut aliarum rerum oneribus, sarcinis, vel gestaminibus quibuscunque, per Ecclesiam transire, sed modis omnibus id facere impediantur, et, si necesse fuerit, ipsa etiam victualia, onera, sarcinæ, gestamina, iis auferantur, et ad prisonam mittantur inter pauperes ibidem distribuenda:

9. Ut portæ omnes infra septum Ecclesiæ diligenter unaquâque nocte ad horam nonam per janitorem Ecclesiæ occludantur; omnia vero portica quæcunque in domibus sive Decani sive Canonicorum majorum vel minorum immurentur, pro securitate omnium qui infra septum Ecclesiæ degunt et commorantur:

10. Postremo, ut Injunctiones et Monita nostra, quæ in primâ Visitatione hujus Ecclesiæ Decano et Capitulo sub sigillo nostro Episcopali tradita fuerunt, de tempore in tempus debite observentur.

QUERIES PUT BY THE BP. OF D. TO THE CLERGY OF HIS DIOCESE[1].

[This paper is preserved among the Smith manuscripts, in the Bodleian Library, vol. xxvii. num. 1.]

1. WHETHER or no a subject is bound in conscience to comply with the commands or reasonable intimations of the pleasure of his Prince in all cases, where he is not bound in conscience to the contrary?

2. Whether a man may not comply with his Prince in many things, which are very inexpedient, nay prejudicial to the *well-being* of his Church, (provided the *being* of it be secured,) if the King doth press thereunto, and we have no way to avoid the command, but by being disobedient to it?

3. Whether the reformed Church of England was not an established Church before the enacting of the penal laws? and whether a man may not with a good conscience consent to the abrogating them, rather than provoke the King, (on whose favour, next under God, we do depend,) since it may tend to the destruction of its being?

---

[1] [These queries were probably issued about the time when the "Declaration of Liberty of Conscience" was put forth, i.e. Mar. 16, 1672.]

LETTERS TO DR. RICHARD WATSON [m].

FIRST LETTER.

FOR MY VERY LOVING FRIEND, MR. WATSON, AT THE PRINCE'S
COURT, IN JERSEY.

SIR,

THE letter that Major Fontane brought from you was very welcome to me; the rather for that I had enquired after you of many, and could never hear of you before, since the dispersion [n] at Bristol. For, though I find your name now in the review of one of Dr. Clare's letters, yet, when I read that letter at first, I took it to have been Dr. Wadson, from whom I had (not long since) received a letter out of the West. But I am glad it is you, and that you have so fair a subsistence for the present under so good a lord [o]. What will become of us all for the future, our Lord above knows; to whose providence and goodness we must recommend ourselves.

You say right. Our Church is as much misunderstood and misconstrued here abroad, as it is misused and maligned at home; and I have had experience enough of both. The truth is, they are here so exceeding uncharitable, and somewhat worse, that I know not how any man, who understands himself, and makes a conscience of what he does, can enter into any communion with them in those doctrines and practices which they hold necessary to salvation, and wherein they make their essential note of difference, their religion,

---

[m] [For an account of Dr. Watson, who was chaplain to the Duke of York, see Fasti Oxonienses, vol. i. col. 519, and vol. ii. col. 263.]

[n] [About the middle of September, 1645.—See Clarendon's Hist. of Rebellion, B. ix., ed. Oxon. 1703, tom. ii. p. 532.]

[o] The Lord Hopton. [With whom he continued in voluntary exile, until his lordship's death.]

and their Church, to consist. And, that I may answer your demand in brief, (for they say you are all to come hither,) it is far less safe to join with these men, that alter the *credenda*, the vitals of religion, than with those that meddle only with the *agenda*, and rules of religion, if they meddle no farther. And, where it is not in our power to help it, there is no doubt but, in these things, God will accept the will for the deed, if that will (without our assent or approbation to the contrary) be preserved entire: though in the meanwhile we suffer a little for it, oppression must not make us leave our own Church. They of Geneva are to blame in many things, and defective in some: they shall never have my approbation of their doings, nor let them have yours. Yet I do not see, that they have set up any new articles of faith under pain of damnation to all the world, that will not receive them for such articles; and you know whose case that is. *Cætera cum veneris,* or (if you come not) in other letters, as you shall offer me occasion. In the meanwhile I will be glad to hear of your resolution still to be constant in the maintenance of the ancient Catholic Faith and government of the Church of Christ, which the Church of England hath professed and taught us, though now there be a cloud and storm upon it: as upon what Church hath there not been, more or less, in the several ages of the world?

If you know of any thing fit for me to hear concerning our old friends in England, you will do me a favour to impart it to

your assured loving friend,

S. Germ. Jun. 19, 1646. J. C.

SECOND LETTER.

FOR MY VERY GOOD AND WORTHY FRIEND, MR. RICHARD WATSON, CHAPLAIN TO MY LORD HOPTON, AT JERSEY.

SIR,

I MUST ask your pardon, that you hear no oftener from me by my own hand, (for by others, if they do me right, you have my frequent remembrances,) assuring you, that you are one of those friends, upon whom I have placed a most affectionate regard. But the more I affect you, the greater desires I have, that you would not entertain the least thought of starting from that profession of religion, wherein you were so well practised at home, though it be disgraced and persecuted there never so much. The time hath been, wherein good orthodox Christians have suffered more than we do, and continued firm and constant in their way: nor do I see any better way to recover our station again, than this. However, let it never be said, that, to revenge ourselves upon one enemy, we have any mind to comply with another,—you know whom I mean,—an enemy as bad, if not worse than those that are at home.

I would you held the same course at Jersey, and had the same toleration there, that we have at our Court, where we omit nothing that we were wont to practise in England, and are so far from leaving off the surplice at service, that we never preach any sermon without it [p]. And, in these our sermons, they of the Geneva fashion hear us, as well, and as often, as they of the Italian. I know not why Mr. Gatford [q] should speak so ill of Dr. Martin [r], and so well of me: for truly

[p] [See Evelyn's account of the ordination of Durell and Brevint, by the Bishop of Galloway, in Sir R. Browne's chapple at Paris, on Trinity Sunday, June 12, 1650.—Diary, ed. Lond. 1819, tom. i. p. 244.—"They were presented by the Dean (Cosin) in their *surplices* before the Altar;" &c.]

[q] [For some account of Mr. Lyonel Gatford, B.D., Rector of Dennington, sometime fellow of Jesus College, Cambridge, see Walker's Sufferings of the Clergy, par. ii. p. 255.]

[r] [Dr. Edward Martin had been domestic chaplain to Archbishop Laud, Master of S. John's College, Cambridge, and Dean of Ely, &c.—Having been deprived of his livings, he suffered much for the king's cause, and died in August, 1661.—See Fasti Oxon., vol. i. col. 400.]

I know no difference between Dr. Martin and myself, but that we agree in all things. That I should declare Mr. Gatford for a pattern of legal conformity to all England, (unless it were upon his profession, that he would observe all things which the Governors of our Church legally commanded,) I hope you do not believe more than I, nor that I had any hand in offering him the Mastership of Jesus College, when Dr. Sterne[s] was placed there: for at that time I was two hundred miles off, and had no thought of residing in the University, whither I was called by the King's command about half a year after.

The singing Psalms are not adjoined to our Bibles, or to our Liturgy, by any other authority than what the company of Stationers, for their own gain, have procured, either by their own private ordinances among themselves, or by some order from the privy council in Queen Elizabeth's time[t]: authority of the Convocation, or of Parliament, (such as our Liturgy had,) never had they any: only the Queen, by her letters patent to the stationers, gave leave to have them printed, and allowed them (did not command them) to be sung in churches or private houses by the people. When the Liturgy was set forth, and commanded to be used, these Psalms were not half of them composed: no Bishop ever enquired of their observance, nor did ever any Judge at an assize deliver them in his charge; which both the one and other had been bound to do, if they had been set forth by the same authority which the Liturgy was. Besides, you may observe that they are never printed with the Liturgy, or Bible, nor ever were: but only bound up, as the stationers please, together with it: otherwhiles that, by this means, their Psalms might vent the better, and they get the more gain. I know not what they talk of scandalizing weak consciences; but I am as sure as you are, that many passages in those Psalms have been scandalous enough. These things (when you have just occasion) you may assert for truth; but

---

[s] [Dr. Richard Sterne, who had been ejected from the Mastership of Jesus College, Cambridge, was (after the restoration) successively Bishop of Carlisle, and Archbishop of York. He died Jan. 18, 1688.—See Fasti Oxon., vol. i. col. 433, and vol. ii. col. 336.]

[t] [See Heylin's curious account of the Singing Psalms, as given by Watson in the *Deduction*, published together with these two Letters.]

you need not quote any other author than yourself, and every man's knowledge that hath not given up the ghost to the Geneva platforms. Of Mr. Crashaw[u], &c., I know too much: but I am more glad to hear you say, that you have no thought of following their ungracious and fond fancies. God ever preserve you and me in our old way of truth: from which no persecution shall ever drive us; as is the confidence and prayer for the continuance of that resolution of your most affectionate friend. [Jo. Cosin.]

[u] [Richard Crashaw, the poet, a fellow of Peterhouse, Cambr. Being thrown out of his fellowship for denying the Covenant, he changed his religion, and went beyond seas. At Paris he obtained letters of commendation to the Queen from Cowley, the poet; and afterwards, journeying into Italy, by virtue of these letters, he became secretary to a Cardinal, and at length one of the canons or chaplains of the rich church of our Lady at Loretto, where he died and was buried about 1650. He addressed his *Carmen Deo nostro*, &c., to the Countess of Denbeigh.—See Fasti Oxon., vol. ii. col. 45, and Watt's Bibl. Brit. sub nom.—Cosin seems to refer to persons who had left the English Church.]

ANSWER TO MR. FULLER'S CHARGE[x].

FULLER'S CHARGE ON COSIN, IN CHURCH HIST., LIB. II. FOL. 173.

Superstitions charged on Dr. Cosin.

DR. COSENS was soon after highly accused for superstition, and unjust proceedings against one Mr. Smart on this occasion. The Doctor is charged to have set up in the church of Durham a marble Altar with cherubins, which cost two thousand pounds, with all the appurtenances thereof, namely, a cope, with the Trinity, and God the Father in the figure of an old man, another with the crucifix and image of Christ, with a red beard and blue cap. Besides, he was accused for lighting two hundred wax candles about the Altar on Candlemas day, for forbidding any Psalms to be sung before or after sermon, though making an Anthem to be sung of the three kings of Colen, (by the names of) Gasper, Balthazar, and Melchior, and for procuring a consecrated knife only to cut the bread at the Communion.

Cruel usage of Mr. Smart.

35. Mr. Smart, a Prebendary of the Church, one of grave aspect and reverend presence, sharply inveighed in a sermon against these innovations, taking for his text: "I hate all those that hold superstitious vanities; but Thy law I love."

36. Hereupon he was kept prisoner four months by the High Commission of York, before any articles were exhibited against him, and five months before any Proctor was allowed him: hence was he carried

---

[x] [Dr. Peter Heylin, in the Appendix to whose 'Examen Historicum' Cosin's Answer to Fuller's charge is preserved, after taking notice of certain reports, by which it was pretended that the Church Historian had a review of his work in hand, "in which he was resolved to make some fair amends to truth, to correct the errors of his pen, and to make reparation to the injured Clergy," but which reports were "thought at last to have somewhat in them of design or artifice, to stave off the business" of his own Animadversions, adds: "The Reader notwithstanding will be no loser by this delay. For, first, it gave me leisure and opportunity of bestowing my second thought, &c. . . . . And, secondly, it brought into my hands the Apology of Dr. John Cosin, Dean of Peterborough, in answer to some passages of our present history, directed in the way of a Letter to one Mr. Warren, now deceased, with a desire to have them communicated to the author of some animadversions upon that History, which he was credibly informed (by what intelligence I know not) to be then in readiness. I shall therefore do him so much right, as to communicate his papers to the public view, first laying down Mr. Fuller's words, as they lie in his History, and then leaving Dr. Cosin to speak for himself;" &c.—Exam. Append., p. 282.]

to the High Commission at Lambeth, and after long trouble remanded to York, fined five hundred pounds, committed to prison, ordered to recant, and for neglect thereof fined again, excommunicated, degraded, and deprived, his damage (as brought in) amounting to many thousand pounds.

37. But now Mr. Rows[y] of the House of Commons, bringing up the charge to the Lords against Dr. Cosens, termed Mr. Smart the protomartyr of England in these latter days of persecution[z], and large reparation was allowed to him, though he lived not long after to enjoy them.

Now, though none can excuse and defend Dr. Cosens, his carriage herein, yet this must be reported to his due commendation. Some years after, getting over into France, he neither joined the Church of French Protestants at Charentown, nigh Paris, nor kept any communion with the Papists therein, but confined himself to the Church of English Protestants therein; where, by his pious living, constant praying, and preaching, he reduced some recusants to, and confirmed more doubters in, the protestant religion. Many were his encounters with Jesuits and Priests, defeating the suspicions of his foes, and exceeding the expectation of his friends, in the success of such disputes.

<small>Dr. Cosin's praise.</small>

COSIN'S ANSWER TO THE FOREGOING CHARGE.

Paris, April 6, 1658.

SIR,

I AM glad to hear from you of your safe arrival in England: and I am to thank both you and other of my friends, that intend to vindicate me from the injury done, no less to truth than to myself, by a passage in Mr. Fuller's History; which I believe he inserted there (as he doth many things besides) upon the false reports and informations of other men, that were loath to let an old malicious accusation die, as it might well enough have done, if he had not kept it up still alive, and recorded it to posterity: whereof he is so sensible already himself, that by his own letter directed to

<small>y [This was Mr. Francis Rouse, afterwards called to the Speaker's chair in Cromwell's first Parliament, ann. 1653.—Conf. Parliamentary History of Engl., 8vo. Lond. 1763, vol. xx. p. 182.]

z [Mr. Rouse's speech is recorded, together with the Articles against Cosin, in the Parl. Hist. Engl., vol. ix. p. 233—239.]</small>

me, (more than a year since,) he offered to make me amends in the next book he writes; but he hath not done it yet[a]. Having never been acquainted with him more than by his books, which have many petulant, light, and indiscreet passages in them, I know not how to trust him; and therefore, if the authors of the intended animadversions (which you mention) will be pleased to do me right, you may assure them there is nothing but truth in this ensuing relation.

Mr. Smart, who had been schoolmaster, and after became Prebendary of Durham, was an old man of a most froward, fierce, and unpeaceable spirit, &c. Upon a seditious sermon which he preached in that church, (where, contrary to his duty, he had neglected to preach for seven years together before,) he was first questioned at Durham; from whence he was called to the High Commission Court at London, and afterwards at his own desire remitted to the same court at York, where, being sentenced to recant, and refusing so to do with great scorn, he was at last, upon his obstinacy, degraded from his ecclesiastical function; and that sentence was not long after judicially confirmed by Judge Damport[b] at the public assizes in Durham, where he was by public sentence also at the common law put out of his prebend, and his benefices that he formerly held in that county.

Many years following he procured a large maintenance for himself and his family, to the sum of 400*l*. per annum, (more worth to him than his church-profits ever were,) out of the peculiar contributions at London, and elsewhere, gathered up for silenced ministers.

But, when the Parliament began in the year 1640, upon project and hope of getting more, he preferred a bill of complaint there against thirty several persons at the least, that is, against the High Commissioners at London, the same Commissioners and Prebends residentiary at York, the Dean and Chapter of Durham, with divers others, whereof I was but one, though he was pleased to set my name in the front of them all. From all these together he expected to recover and receive a greater sum of money: (for money was his

---

[a] [See p. 390, note x.]
[b] [Sir Humphrey *Davenport*, Lord Chief Baron, and one of the six Judges, against whom information was laid by the Commons in 1640, charging them with crimes of a high nature.—See Parl. Hist. Engl., tom. ix. pp. 89, 464.]

ANSWER TO MR. FULLER'S CHARGE.   393

project:) pretending that he had lost by them no less than thirty thousand pounds, (though he was never known to be worth one.)

After his bill of complaint was carried up by a gentleman of the House of Commons to the House of Lords[c], among the rest of those persons that were accused by him, (some for superstition, and some for persecution,) I put in my full answer[d] upon oath, and declared the truth of the whole matter: whereof Mr. Fuller taketh not any notice at all, and therein dealeth most unfaithfully both with me and the reader of his History: for that answer of mine is upon record among the rolls of Parliament, and was justified before the Lords, both by myself, and by the very witness[e] that Mr. Smart and his son-in-law produced there against me: whereupon his own lawyer (Mr. Glover[f]) openly at the bar of that honourable house forsook him, and told him plainly, that he was ashamed of his complaint, and could not in conscience plead for him any longer: Mr. Smart in the mean while crying out aloud, and beseeching their lordships to appoint him another lawyer, and to take care of his fourteen thousand pound damages, besides other demands that he had to make, which arose to a greater sum.

But after this (which was the fifth day of pleading between us) the case was heard no more concerning my particular, and many of the Lords said openly, that Mr. Smart had abused the House of Commons with a causeless complaint against me; whereupon my lord the Earl of Warwick was pleased to bring me an order of the Lords' House, whereby I had liberty granted me to return unto my places of charge in the University, or elsewhere, till they sent for me again, which they never did.

The answers, that I gave in upon oath, and justified before their lordships, were to this effect:—all contrary to Mr. Fuller's groundless reports:

1. That the Communion-Table in the church of Durham

[c] [See Journals of the House of Lords, Mar. 16, 1640, ed. Lond. (v. y.) tom. iv. p. 185.—See also, Jul. 14, 1641, p. 313; et passim.]
[d] [See Journals, May 24, 1641, ibid., p. 256.]
[e] [See Jun. 24, 1641, p. 284.]

[f] [Perhaps the same, who, in the year 1646, was named as one of the Council for the defence of the eleven Members against the charge of Colonel Scroop and other officers of the army.—See Whitelock's Memorials, ed. Lond. 1732, p. 258.]

(which, in the bill of complaint and Mr. Fuller's History, is said to be the marble Altar with cherubins) was not set up by me, but by the Dean and Chapter there (whereof Mr. Smart himself was one) many years before I became Prebendary of that church, or ever saw the country :

2. That, by the public accounts which are there registered, it did not appear to have cost above the tenth part of what is pretended, appurtenances and all :

3. That likewise the copes used in that church were brought in thither long before my time, and when Mr. Smart the complainant was Prebendary there; who also allowed his part (as I was ready to prove by the act-book) of the money that they cost : for they cost but little :

4. That, as I never approved the picture of the Trinity, or the image of God the Father in the figure of an old man, or otherwise to be made or placed any where at all, so I was well assured, that there were none such (nor to my knowledge or hearsay ever had been) put upon any cope that was ever used there among us : one there was, that had the story of the Passion embroidered upon it, but the cope that I used to wear, when at any time I attended the communion service, was of plain white satin only, without any embroidery upon it at all :

5. That what the bill of complaint called the image of Christ, with a blue cap, and a golden beard, (Mr. Fuller's History says it was red, and that it was set upon one of the copes,) was nothing else but the top of Bishop Hatfield's tomb, (set up in the church under a side arch there two hundred years before I was born,) being a little portraiture, not appearing to be above ten inches long, and hardly discernible to the eye, what figure it is: for it stands thirty foot from the ground :

6. That, by the local statutes of that church, (whereunto Mr. Smart was sworn, as well as myself,) the treasurer was to give order, that the provision should every year be made of a sufficient number of wax-lights for the service of the choir during all the winter time; which statute I observed, when I was chosen into that office, and had order from the Dean and Chapter by capitular act to do it : yet upon the communion-table they that used to light the candles (the

sacrists and the virgers) never set more than two fair candles, with a few small sizes near to them; which they put there of purpose that the people all about might have the better use of them for singing the psalms, and reading the lessons out of the Bibles: but two hundred was a greater number than they used all the church over, either upon Candlemas night, or any other; and that there were no more (sometimes many less) lighted at that time, than at the like festivals in Christmas holidays, when the people of the city came in greater company to the church, and therefore required a greater store of lights:

7. That I never forbad (nor any body else that I know) the singing of the (metre) Psalms in the church, which I used to sing daily there myself with other company at morning prayer. But upon Sundays and holidays in the choir, before the sermon, the Creed was sung, (and sung plainly for every one to understand,) as it is appointed in the communion-book; and, after the sermon, we sung a part of a psalm, or some other anthem taken out of the Scripture, and first signified to the people where they might find it:

8. That so far was I from making any anthem to be sung of the three kings of Colen, as that I made it, when I first saw it, to be torn in pieces; and I myself cut it out of the old song-books belonging to the choristers' school, with a penknife that lay by, at my very first coming to reside in that college. But sure I was, that no such anthem had been sung in the choir during all my time of attendance there, nor (for ought that any the eldest persons of the church and town could tell, or ever heard to the contrary,) for fifty or three score years before, and more:

9. That there was indeed an ordinary knife, I confess, provided and laid ready among other things belonging to the administration of the Communion, for the cutting of the bread, and divers other uses, in the church vestry; that, when the under officers there had any occasion to use a knife, they might not be put to go to seek one abroad: but, that it was ever consecrated, or so called, otherwise than as Mr. Smart and some of his followers had for their pleasure put that appellation upon it, I never heard, nor I believe any body else that lived there among us.

There were divers other articles of this nature in the bill of complaint, whereof Mr. Smart could not prove any one : to which I gave the like answers, as I did here to these: but Mr. Fuller's History makes no mention of them.

10. Touching Mr. Smart's sermon, I made answer, and submitted his censure to the prudent and religious consideration of the Lords, whether he was not justly condemned to be scandalous and seditious by his preaching thereof: and I represented many passages in it, disagreeable to the laws of God and His Church, and repugnant to the public statutes of Parliament.

11. For which after we had begun to question him in the High Commission Court at Durham, (where we endeavoured to reduce him to a better mind, and to an unity with the Church, against which he had so injuriously and intemperately disclaimed,) I had no further hand or meddling with the prosecution of this matter in other courts against him, more than that I wrote (at the special instance of Judge Yelverton[g]) a letter in his behalf to the Archbishop of York and the Commissioners there, which I procured the Dean and most of the Prebendaries of Durham to sign and subscribe with me, earnestly entreating for him, that, upon any due sense of his fault, he might be quietly sent back to us again, in hope that he would thereafter live in better peace and concord with us, (as he promised both Judge Yelverton and us to do,) than he had done before.

12. The cruel usage and imprisonment that he suffered, (whereof Mr. Fuller taketh special notice, and makes a marginal mark at it,) was, as I have been credibly assured, nothing else but a fair and gentle treatment of him in an officer's house at York, to whom he was committed for a while, and paid little for it. It is the historian's mistake here to say he was carried from York to Lambeth : for he was at his own request sent from Lambeth to York : the fine that was set upon him he never paid ; and, by his own wilful loss of his Church livings, he gained a larger maintenance, living

---

[g] [Sir Henry Yelverton, "one of the Judges of the Common Pleas, a very religious gentleman, and well read in the municipal laws," &c., died A.D. 1629.—See Echard's Hist. Engl., Book i. chap. 2. ann. 1629, ed. Lond. 1718, tom. ii. p. 90.]

at his ease and pleasure, by the contribution that he got as a suspended and silenced preacher; though the truth was, that, having had a prebend and a benefice many years together in the bishopric of Durham, and being always in health, he neglected preaching so much at them both, and elsewhere besides, that he was seldom noted to preach above two sermons in a year: who, though he demanded many thousand pounds at the Parliament, yet, by Mr. Fuller's leave, the Parliament gave him none, nor ordered either myself, nor any other that he impeached, ever to pay him a groat: only, upon Dr. Carr's[h] death, (who had been put into his prebend place,) he was sent by the Lords[i] to his vicarage and his prebend again, which he had little will to take, because he found but little profit in comparison of what he hoped to be had by them: in the meanwhile he took up divers great sums of money from some of his partizans in London, and made them believe that the Parliament would pay them all with advantage.

13. There is another marginal note in Mr. Fuller, referring, as he saith, to my due praise and commendation; whereof he makes one part to be, that I joined not with the French Protestants at Charenton, since I got over hither into France: but—I would that he and all the world should know it—I never refused to join with the Protestants, either here or any where else, in all things wherein they join with the Church of England. Many of them have been here at our church, and we have been at theirs. I have buried divers of our people at Charenton[k], and they permit us to make use of their peculiar and decent cemetery here in Paris for that purpose; which if they did not, we should be forced to bury our dead in a ditch. I have baptized many of their children at the request of their own ministers, with whom I have good acquaintance, and find them to be very deserving and learned

[h] [Dr. Thomas Carr appears to have become Prebendary of Durham in 1630. —See Walker's Sufferings of the Clergy, par. ii. ed. Lond. 1714, p. 20.

[See Journals of the House of Lords, Jul. 22, 1641, tom. iv. p. 325.]

[k] ["One signal instance of his constancy and courage for the Liturgy of the Church of England may not be omitted; that is, anno 1645, he did, with the consent of the ministers of the Reformed Church of Charenton, near Paris, solemnly in his priestly habit, with his surplice, and with the Office of Burial used in the Church of England, inter there the body of Sir William Carnaby, a noble and loyal knight, not without the troublesome contradiction and contention of the Romish curate there."—See Basire, p. 58.]

men, great lovers and honourers of our Church, notwithstanding the loss which she hath lately received in external matters, wherein we are agreed that the essence of true religion doth not consist. Many of their people, (and of the best sort and quality among them,) have frequented our public prayers with great reverence, and I have delivered the holy Communion to them according to our own order, which they observed religiously. I have married divers persons of good condition among them: and I have presented some of their scholars to be ordained Deacons and Priests here by our own Bishops, (whereof Monsieur de Tarenne's Chaplain[l] is one, and the Duke de la Force's Chaplain[m] another,) and the Church at Charenton approved of it: and I preached here publicly at their ordination. Besides, I have been (as often as I had spare time from attending our own congregation) to pray and sing psalms with them, and to hear both the weekly and the Sunday sermons, at Charenton, whither two of my children also (pensioned here in a protestant family at Paris) have daily repaired for that purpose, with the gentlewoman that governed them.

All which is abundantly[n] enough to let the world know, and see here, (as it doth,) what a vain and rash man Mr. Fuller is in his History: wherein he hath done injury to many more besides me, some dead, and some alive, who I hope will represent his unfaithfulness in his own country, both to himself and to others. I am only beholden to him for telling the truth of me in one particular, which is, that I have, by God's blessing, reduced some and preserved many

---

[l] [scil. Daniel Brevint, a native of Jersey, ordained by Thomas, Bishop of Galloway, on Trinity Sunday, June 12, 1650, in Sir Richard Browne's chapple, at Paris.—See Evelyn's Diary, tom. i. p. 244; and Wood's Athenæ Oxonienses, vol. iv. col. 426.]

[m] [Durel, also a native of Jersey, was ordained at the same time with Brevint, and under the same circumstances; and it is worthy of notice, that both were made Deacon and Priest on the same day; "in regard," as Evelyn explains, "to the necessity of the times, there being so few Bishops left in England, and consequently danger of a failure of both functions."—See Diary, ubi supra; item, p. 506.—Conf. Athen. Oxon., vol. iv. col. 87.]

[n] [Hyde appears to have considered that Cosin went further in this vindication of himself, than was necessary. In a letter, dated Brussels, June 27, 1659, addressed to Dr. John Barwick, Hyde says: "I pray tell me, whether my lord of Ely doth not think that my very good friend Dr. Cosin hath proceeded farther than he needed to have done upon any provocation Mr. Fuller could have given him."—See Life of Dr. John Barwick, English edition, 8vo. Lond. 1724, Append., Letter viii. p. 422.]

others from communicating with the Papists; defending° the truth of our own religion (as I have always done) wherever I am: and therein I pray God still to bless us, and preserve us all.

And now, out of all this which I have faithfully related, I trust that those, who intend their animadversions upon his History, will have enough to say and insert in their own style for the vindication of,

Sir,

Your affectionate and most humble Servant,

J. C.

You know Monsieur Dallé to be one of the greatest account and the best deserts amongst the reformed Churchmen in France: it will not be amiss to let you know upon this occasion, what he wrote to a scholar, a friend of his, and an University-man in Cambridge; for these were the words in his letter: "*Tuus Cosins, imo noster, (intercedit enim nobis cum illo suavis amicitia atque familiaritas,) mihi admodum probatur. Bestiæ sunt, et quidem fanatici, qui eum de Papismo suspectum habent, a quo vix reperias qui sit magis alienus, &c.*"

° [See an interesting account of Cosin's disputation with Mr. T. Keightly, and the Friar Coniers, held at Evelyn's lodgings, at Paris, about June 26, 1651, as recorded in an extract from a Diary, Paris, (said to be Evelyn's,) preserved among the Smith MSS. in the Bodl. Libr., xxiii. 7. p. 29.]

A LETTER

FROM DR. JOHN COSIN, AFTERWARDS BISHOP OF DURHAM, TO MR. CORDEL, WHO SCRUPLED TO COMMUNICATE WITH THE FRENCH PROTESTANTS UPON SOME OF THE MODERN PRETENCES.

[This letter, preceded by the following extract from Basire, was originally published by Dr. William Fleetwood, in the Appendix to the first part of his "Judgment of the Church of England in the case of Lay-Baptism, and of Dissenters' Baptism."—See 'A complete collection of his Sermons, Tracts, and Pieces of all kinds,' ed. Lond. 1737, pag. 538, et seq.]

Dr. ISAAC BASIRE, Archdeacon of Northumberland, in his Account of Bishop Cosin, (annexed to his Funeral Sermon,) in page 58, hath these words:

"This truth is confessed by somebody (otherwise a good man) who yet seems no great friend to our Bishop; but being convinced by the reality of these his actions, especially abroad, hath these words: 'This must be reported to the due commendation of Dr. Cosin, that, when he was in France, he neither joined with the Church of French Protestants at Charenton, nigh Paris, (Dr. Basire here inserts the word '*false*,') nor kept any communion with the Papists therein, but confined himself to the Church of old English Protestants therein, where, by his pious living, and constant praying and preaching, he reduced some recusants to, and confirmed more doubters in, the protestant religion. Many were his encounters with Jesuits and Priests, defeating the suspicions of his foes, and exceeding the expectation of his friends, in the success of such disputes.'—Church History, by Mr. Thomas Fuller, Cent. xvii. Book xi. sect. 38. p. 172. His many mistakes about Mr. Peter Smart's prosecutions (or rather persecutions) of our Bishop are confuted by the Bishop's own express letter to Mr. Waring[p] and Dr. Reeves[q], April 6,

[p] [Heylin says, Mr. *Warren:* but perhaps Robert Waring is meant, who was student of Ch. Ch. in 1630, and bore arms on the part of K. Charles I. within the garrison of Oxford. He was a friend of Bruno Ryves.—See Wood's Athenæ, ed. Bliss, vol. iii. coll. 453, 454.]

[q] [Unless Dr. Bruno *Ryves* be intended, whose name appears to have been sometimes confounded with that of *Reeves*, (See Athen. Oxon., vol. iii. col. 1111,) probably this may be the same person, who is mentioned as Mr. Richard Reeves by Cosin, in the postscript of his letter to Gunning, dated

1658. In which letter also our Bishop censures at large Mr. Fuller's calumny, wherein he affirms, that Dr. Cosin did not join with the French Protestants at Charenton; against which assertion the Doctor declares to all the world, that he never refused to join with the Protestants there, or anywhere else, in all things wherein they joined with the Church of England. And, that our Doctor was constant in this his judgment, may further appear by a former full letter of his from Paris, February 7, 1650, written to one Mr. Cordel, then at Blois, who seemed shy to communicate with the Protestants there upon this very scruple of their inorderly ordination, &c. as Dr. Cosin styled it; who there and then determined the question in the affirmative, for our communion with them, *salvo semper jure Ecclesiæ Anglicanæ.*"

I transcribe this whole passage, as well to certify the reader that such a letter was written by Dr. Cosin, as to let him see the occasion of it. The letter follows.

TO MR. CORDEL AT BLOIS.

Paris, Feb. 7, 1650.

I LIKE your moderation well, in giving so fair and calm an answer to Monsieur Testard's[r] motion for communicating in their Church: which truly (to speak my mind[s] freely to you) I would not wish any of ours absolutely to refuse, or determine to be unlawful, for fear of a greater scandal that may thereupon arise, than we can tell how to answer or excuse: especially if any of us should renounce it upon these two grounds which you allege for them, 1. that they have no Priests, 2. that they have no consecration of the elements.

I. For, as to the first, though we may safely say, and maintain it, that their ministers are not so duly and rightly

May 26, 1627, (1657.)]
[r] [M. P. Testard was the author of a book entitled 'Ειρηνικὸν, 8°. Blæsis, 1633; and also of an 'Apologie pour le sentiment des Evangeliques, touchant la justification, &c., contre la doctrine de l' Eglise Romaine et les nouveaux artifices de M. de la Milletiere, &c., 8°. Saumur, 1639.]

[s] [Cosin's judgment in this particular does not appear to have been met by the approbation of the more orthodox of the English Clergy. Perhaps Cosin himself may be thought to have had some misgivings on this subject.—See the last paragraph of his letter to Gunning, dated Paris, March 21, 1657, and the letter of May 6, 1657.]

ordained, as they should be, by those Prelates and Bishops of the Church, who, since the Apostles' time, have only had the ordinary power and authority to make and constitute a Priest, yet, that by reason of this defect there is a *total nullity* in their ordination, or that they be therefore no Priests or Ministers of the Church at all, because they are ordained by those only who are no more but Priests or Ministers among them, for my part, I would be loath to affirm and determine against them. And these are my reasons:

First, I conceive that the power of Ordination was restrained to Bishops, rather by *Apostolical practice*, and the perpetual custom and canons of the Church, than by any *absolute precept*, that either Christ or His Apostles gave about it. Nor can I yet meet with any convincing argument to set it upon a more high and divine institution. From which customs and laws of the universal Church, (therein following the example of the Apostles,) though I reckon it to be a great presumption and fault for any particular Church to recede, and may truly say that *fieri non oportuit*, (when the college of mere Presbyters shall ordain and make a Priest,) yet I cannot so peremptorily say that *factum non valet*, and pronounce the ordination to be utterly void. For as, in the case of *Baptism*, we take just exceptions against a layman, or a woman, that presumes to give it, and may as justly punish them by the censures of the Church wherein they live, for taking upon them to do that office, which was never committed unto them, yet, if once they have done it, we make not their act and administration of Baptism void, nor presume we to iterate the Sacrament after them,—so may it well be in the case of *Ordination*, and the ministers of the reformed congregations in France: who are liable to give an account, both to God and His Church in general, for taking upon them to exercise that power, which by the perpetual practice and laws of His Church they were never permitted to exercise, and may justly be faulted for it, both by the verdict of all others who are members of the Catholic Church, (as we are that adhere to the laws of it more strictly and peaceably than they do,) and by the censures of a lawful meeting or general council of that Church, which at any time shall come to have authority over them. And yet, all this while, the act which they do, though it be *disorderly* done, and the ordinations which they make, though they make them *unlawfully*, shall not be altogether null and invalid, no more than the act of baptizing before mentioned, or the act of consecrating or administering the Eucharist by a Priest that is suspended, and restrained from exercising his power and office in the Church. Therefore, if at any time a minister so ordained in these French Churches came to incorporate himself in ours, and to receive a public charge or cure of souls among us in the Church of England, (as I have known some of them to have so done of late, and can instance in many other before my time,) our Bishops did not re-ordain him before they admitted to his charge, as they would have done, if his former ordination here in France had been void. Nor did our laws require more of him, than to declare his public consent to the religion received amongst us, and to subscribe the articles established[t]. And I love not to be herein more wise, or harder, than our own Church is; which because it hath never publicly condemned and pronounced the ordinations of the other reformed Churches to be void, as it doth not those of the unreformed Churches neither among the Papists, (though I hear that the ministers here (see note A.) in France and Geneva use so to do, who will not admit a Papist Priest himself to exercise the office of a Minister among them, till they have re-ordained him,) for my part, as to that particular, I dare not take upon me to condemn, or determine a nullity of their own ordinations against them: though, in the interim, I take it to be utterly a fault among them, and a great presumption, deserving a great censure to be inflicted on them by such a power of the Church as may, by the grace of God, be at any time duly gathered together hereafter against them, as well for the amendment of many other disorders and defects in their Church, as for this particular *inorderly ordination* and defect of Episcopacy amongst them.

A. Monsieur Testard can tell you whether this be true or no; and, if it be true, I know not how they will be able to justify it.

[t] [See 13 Eliz. c. xii.—Statutes at large, ed. 4to. vol. ii. p. 586.]

Secondly, Besides that this their boldness, presumption, and novelty, (in setting up themselves, without any invincible necessity that they had so to do, against the Apostolical practice and perpetual order of God's Church till their days,) was always faulted and reserved for further censure in due time, which they have justly merited, there have been both learned and eminent men, (as well in former ages as in this, and even among the Roman Catholics as well as Protestants,) who have held and maintained it for good and passable divinity, that Presbyters have the intrinsical power of ordination *in actu primo*, though for the avoiding of schism, (as S. Hierome speaks [u],) and preserving order and discipline in the Church, they have been restrained ever since the first times, and still are, (but where they take a liberty to themselves that was never duly given them,) from exercising their power *in actu secundo ;* and therefore that, however their act of ordaining other presbyters shall be void according to the strictness of the canon, (in regard they were universally prohibited from executing that act, and breaking the order and discipline of the Church,) yet that the same act shall not be simply void in the nature of the thing, in regard that the intrinsical power remained, when the exercise of it was suspended, and taken from them. Of this opinion and judgment in old time were S. Hierome, and his followers, alleged by Gratian, dist. 93 [x]; and, of later times, the Master of the Sentences, lib. iv. dist. 24 [y]; Bonavent., ibid. 93, art. 2 [z]; with other schoolmen, as Aureol., ibid. art. 2 [a]; and Anton. de Rosellis, de Potest. Imper. et Papali, part iv. c. 18 [b]; and, in this latter age, not only Armachanus in Sum., ad quæst. Arm., 1. xi. c. 2, 3, &c., and c. 7 [c]; Alphons. a Castro, verb.

[u] [Epist. cxlvi. ad Evangelum, (sive epist. lxxxv. ad Evagr. Episc.)—Op., ed. Vallars., tom. i. col. 1076.—Quod autem postea unus electus est, qui cæteris præponeretur, in schismatis remedium factum est.—Conf. Gratiani Decretum, par. i. dist. xciii. cap. 124, infr. citat.]

[x] [Decretum, par. i. dist. xciii. cap. 124.—Corp. Jur. Can., ed. Par. 1612, col. 489.]

[y] [Vid. Petri Lombardi Sentent., lib. iv. distinct. xxiv. cap. 8, ed. Bas. 1513, fol. 185. B, 186. A.]

[z] [Vid. S. Bonaventuræ Sent., lib. iv. dist. xxiv. part. ii. art. ii. quæst. 3. p. 369.—Op., ed. Romæ, 1596, tom. v.]

[a] [Petri Aureoli Sent., lib. iv. dist. xxiv. art. ii. ed. Romæ, 1605, tom. ii. pp. 161—164.]

[b] [Antonii de Rosell. tract. de potestate Imperatoris et Papæ, par. iv. capit. 18; ap. Goldasti Monarch. Imper., ed. Francof. 1621, tom. i. pp. 471, 472.]

[c] [Vid. Richardi, seu Radulphi Fitzraufe, Archiepisc. Armachan., Sum. in Quæstionibus Armenorum, lib. xi. cap. 2, 3, ed. Par. 1511, fol. lxxxii. B, et seq.; item, cap. 7. fol. lxxxv.]

Episcopus[d]; Mich. Medina, de Sacr. Hom. Orig., lib. i. c. 5[e]; among the Roman Catholics : but likewise Cassander, in Consult. art. 14[f]; besides Melancthon[g], Clementias[h], Gerardus[i], and Calixtus, amongst the Protestants; and Bishop Jewel[k], (Def. p. ii. c. iii. d. 1, and c. ix. div. 1.) Dr. Field, Of the Church, lib. iii. c. 39[l]; Hooker, Eccles. Pol., lib. iii. § 3 ult.[m]; and Mason[n], among the divines of our own Church. All which authors are of so great credit with you and me, that, though we are not altogether of their mind, yet we would be loath to let the world see, that we contradict them all, and condemn their judgment openly; as needs we must, if we hold the contrary, and say that the ministers of the reformed French Churches, for want of episcopal ordination, have no order at all.

Thirdly, If upon this ground we renounce the French, we must for the very same reason renounce all the ministers of Germany besides, (for the superintendents, that make and ordain ministers there, have no new ordination beyond their own presbytery at all :) and then what will become of the Protestant party?

Fourthly, If the Church and kingdom of England have acknowledged them, (as they did in admitting of them, when they fled thither for refuge, and placing them by public authority in divers of the most eminent cities among us, without prohibiting to any of our people to go and communicate with them,) why should we, that are but private

[d] [Alph. a Castr. advers. Hæres., lib. vi. § Episcopus.—Op., ed. Par. 1571, coll. 371—380.]
[e] [Mich. Medin. De sacrorum hominum continentiâ, &c., ed. Venet. 1569, pp. 4, 5, 6.]
[f] [Cassand. in Consult., art. De Ordine Ecclesiastico.—Op., ed. Par. 1616, pp. 952, 953.]
[g] [Vid. Melancth. Apol. Confess., cap. De potestate Ecclesiasticâ, § Quæ sit potestas episcoporum, &c.—Op., Witteb. 1562, tom. i. fol. 119. B.—Conf. Comment. in 1 Cor. cap. iv. tom. iv. p. 220.]
[h] [Possibly Mart. *Chemnitius.* Vid. Exam. Conc. Trid. par. ii. cap. De Sacram. Ord., ed. Francof. 1574, p. 74 ; item, conf. par. iii. p. 145.]
[i] [Vid. Johan. Gerardi Confess. Cathol., in quâ Doctrina Catholica et Evangelica, quam Ecclesiæ Augustanæ Confessioni addictæ profitentur, ex Romano-Catholicorum scriptorum suffragiis confirmatur, lib. ii. par. ii. artic. vi. cap. 3, De Episcoporum et Presbyterorum discrimine; ed. Jenæ, 1636, tom. ii. pp. 28—44.]
[k] [Defence of the Apology of the Church of England, par. ii. chap. iii. divis. 1. § Orders, p. 99 ; chap. ix. div. 1. p. 202.—Works, ed. Lond. 1609. —See also chap. iii. div. 5. § Equality of Bishops, p. 85.]
[l] [Ed. Oxford, 1628, pp. 154—159.]
[m] [Vid. book iii. §§ 3, 11.—Works, ed. Lond. 1723, pp. 62, 63, 83, 84.]
[n] [Francis Mason's Vindication of the Church of England, &c., book i. chap. iii. §§ 7, 8 ; ed. (John Lindsay) Lond. 1728, pp. 19, 20.]

persons, utterly disclaim their communion in their own country?

Fifthly, S. Cyprian's[o] error, in re-baptizing heretics, was as scandalous to other Churches abroad, as the French error is in their ordaining of ministers here; and yet those other Churches abroad did not renounce communion with them: but Cornelius and his clergy could well agree with him and his followers, notwithstanding the difference between them in that particular; which is a fair pattern for ourselves, though they in the meanwhile be in the wrong, as S. Cyprian then was, (and so we may tell them, without disclaiming their communion,) and we in the right, as Cornelius then was.

Sixthly, Somewhat it is, that they do not absolutely disclaim Episcopacy, nor ever did; but say and hold, that their Presbyters are Bishops, especially the chief Presbyters that preside at their ordinations and their courts of jurisdiction. So that the true question between us and them is, not so much whether there ought to be Bishops in the Church or no, as whether their Presbyters be true Bishops: wherein I think they will have more to do, to defend themselves for want of *subordination,* than of *ordination* itself. For, where the clergy are any great multitude, order doth necessarily require that they be distinguished by degrees: and therefore, as they have ever been, so we hold (and, as I believe, we hold most truly) there ever ought to be, at least two sorts of ecclesiastical persons besides Deacons, the one subordinate to the other, as inferior ministers were to the Apostles at the beginning, and to the Bishops always since: which we find plainly set forth in the Scripture, and in all ecclesiastical records that followed after. Thus, by all that I have said in this first point, you see my mind; wherein I seek the ways of peace with others, without prejudice to the truth and right that we have among ourselves. And therefore, under that *protestation* (see note B.) which Monsieur Testard offers you a

B. Which was, not to recede in any wise from the doctrine and discipline of the Church of England; nor thereby to approve this discipline of the French Churches for a rule to others; or to join with them that renounce Episcopacy, and condemn the proceedings of our own Church, or the laws of our own kingdom.

[o] [Vid. Epist. lxxiii.—S. Cypr. op., ed. Oxon. 1682, p. 201.]

permission to make, and considering there is no prohibition of our Church against it, (as there is against our communicating with the Papists, and *that* well grounded upon the Scripture and Will of God,) I do not see, but that both you and others that are with you may, (either in case of necessity, when you cannot have the Sacrament among yourselves, or in regard of declaring your unity in professing the same religion, which you and they do,) go otherwhiles to communicate reverently with them of the French Church. Only I could wish, that, as you shall be admitted to your protestation *before* you do it, so you may be likewise admitted to receive that blessed Eucharist devoutly upon your knees, and have the words pronounced to you, *when* they deliver it, which even in Scotland they omit not, and which in effect the ministers here in France say before, both in their exhortation or declaration to the people, and in their prayers to God: "*Prenez, mangez les vivandes sacrees de nostre Seigneur Jesus Christ, qui nous veut vraiment faire participans de Son Corps et de Son Sang : le pain celeste pour vous repaistre et nourir a vie eternelle : la Communion de Jesus Christ nostre Seigneur livré pour nous a mort, et nous donne en viande et nouriture de vie eternelle ; en certaine foy que nous jouissons de Son Corps et de Son Sang voire de Luy tout entierement : Jesus Christ estant vray Dieu et vray homme, est veritablement le sainct pain celeste pour nous vivifier.*" Any of which sentences (being their own already) if you could obtain to be particularly said to you, when you receive the Sacrament in both kinds, it would be more agreeable to the institution and nature of that holy action and service, and more efficacious to the elevating of your devout souls at that instant time, than barely to pass by, and have nothing said to you, but what was generally said before in the declaration to all the people. Nor know I any reason, why they may not as well satisfy your desires in these two particulars, (without alleging the order of their Church against it,) as suffer you to make your *protestation,* which is no less against their order than the others are : though we hold not either of them so material, as that without them there may be no communion at all.

II. Now, as to the second point of consecrating the Sacrament, I shall need to say no more, but that, whether you take it after the way of the Greek Church [p] by prayers and invocations, or after the way of the Latin [q], by repeating the words of our Saviour in the institution of the Sacrament, it cannot be denied but that these French Churches have them both: as you may see in their public books appointed for that purpose, though disposed after another order than ours is. And if it be *idem*, though it be *idem alio modo*, it alters not the substance or nature of the thing itself. Which is as much as at the present I can say to both your demands: and which you may communicate to whom you please, (to Monsieur Testard and all, if you will,) but specially to my noble friend Sir Ralph Verney, whose servant I am, as I am likewise truly yours, J. C.

Monsieur Testard will do you and me a special favour, and he will do some good service in it besides to our King, to our Church, and to his own party, if at your instant request (which I pray make to him) he will be pleased (according to the protestation which he will permit you to subscribe) to give his direct answer to these two questions, which you may prepare ready for him in a fair paper, written alone by themselves: viz.

1. Whether the French Churches here reformed hold and urge such an absolute necessity of Presbytery, as that all other Churches are bound to receive and establish it among them?

2. Whether Episcopacy, or the government of Churches by Bishops, (especially being assisted by Presbyters, as ours are by their Deans and Chapters,) be not a lawful order and government in God's Church?

Sure I am, that not only the reformed Churches in Germany, both in their Confession of Augsburg [r], in their Apology for that Confession [s], cap. *De Ordine Ecclesiastico*, and cap. *De*

---

[p] [Vid. Miss. S. Joan. Chrysost. ap. Jacobi Goar Eucholog., ed. Lut. Par. 1647, p. 77; item, Miss. S. Basil., ibid. p. 166.]

[q] [See Can. Miss., form. Consecrat., ap. Missal. Roman.]

[r] [Vid. Confess. August., ann. 1530, art. xiv. De Ordine Ecclesiastico; item, cap. ult. De Potestate Ecclesiasticâ; ap. Melancth. op., ed. Witteb. 1562, tom. i. fol. 30. A, 36. B.]

[Vid. Apol. Confessionis, art. xiv., item, cap. De potest. Eccl., ubi supr., fol. 95. B, 96. A, 108. B, et seq.]

LETTER TO MR. CORDEL. 409

Potest. Ecclesiæ, their other Colloquies at Worms[t] and Ratisbon[t], and in divers of their books besides, but likewise Mr. Calvin (who subscribed to the Augustan Confession) in his book, *De necessitate Reformandæ Ecclesiæ, ad Sadoletum Cardinalem*[u], (his old friend,) and in his Epistles to Archbishop Cranmer[x] and Bishop Ridley, and in his Institutions, lib. iv. cap. iv. § 4, &c.[y], and with him Mr. Beza, too, in his book *De diversis grad. Ministerii,* cap. xxi. § 2, and cap. xviii.[z]— sure I am, (I say,) that all these acknowledge Episcopacy and the government by Bishops to be lawful; and therefore I doubt not but Monsieur Testard, and as many more ministers of the French Church as be near him, (but himself howsoever,) may well subscribe his hand and seal to both the questions propounded.

[t] [Vid. Articulos August. copiosius et explicacius declaratos Wormaciæ, &c., ann. 1540, art. xiv., et cap. ult.; ubi supr. fol. 41. A. B, 51. A, et seq. —Conf. Colloq. Wormaciens. ann. 1540, Acta, § De Ordine, et § De Ecclesiast. Gubernat., tom. iv. fol. 675. A. B, 679. A. B; item, Acta in Conventu Ratisbonens., art. xi. De Sacram. Ord., et art. xix. De Eccl. Hier. Ord.; ibid., fol. 712. B, 717. A, et seq.]

[u] [Calvini op., ed. Amstel. 1667, tom. viii. p. 37, et seq.]
[x] [See two letters from Calvin to Cranmer, Calvini op., tom. ix. p. 61.]
[y] [Ibid., p. 286, et seq.]
[z] [Vid. Bezæ Respons. ad Tractationem de Ministrorum Evangelii Gradibus ab Hadriano Saravia Belga editam, ed. 8°. (Genev.) 1592, pp. 125, 126, 109—111; item, cap. xxii. p. 127 —135.]

LETTERS TOUCHING THE SCHOLASTICAL HISTORY OF THE CANON OF HOLY SCRIPTURE.

PART OF A LETTER FROM MR. GUNNING TO DR. COSIN[c], ABOUT BOOKS CANONICAL AND APOCRYPHAL.

HONOURED SIR,

YOUR stationer, who takes care of the printing of your book, pressing me to prefix something by way of preface to your book, I thought good to send to you my reasons, why I think it best that rather you make the preface yourself, in your own name also. Now that you have changed your purpose and intent, to set your name (as it is indeed best to do) to the book openly in the title-page,—now, had I any thought of prefacing otherwise than as my Lord of Ely advised me, when he advised that the book were best to come forth without your name, or taking notice of it, (but I believe your contrary resolution will do you, and your book, and your stationer, more right,)——I had but this to say, which I am willing you may say for me or from me, if you please, and I am ready to acknowledge to all the world, that I, finding this controversy about the number of the books canonical to have been differently stated by Councils and Fathers, and to be no new debate, but, as Origen [says] (anno 226) in the second book against Celsus[d], that anon after the very beginning of

[c] [This portion of Bp. Gunning's letter is preserved among Bp. Barlow's MSS. in the Library of Queen's College, Oxford. The letters from Cosin which follow, and which evidently are replies to it, were found in the British Museum. It is printed here as a necessary introduction to them; as the letters cannot fail to be interesting, in connection with the history and argument of the Scholastical History of the Canon.]

[d] [Vid. lib. iii. contra Celsum, § 11.—Orig. op., ed. Ben. Par. 1733, tom. i. p. 453.—φησὶ δὲ καὶ ὅτι ἐν ἐφρόνουν πάντες· οὐδ' ἐν τούτῳ ὁρῶν, ὅτι ἀρχῆθεν περὶ τὴν ἐν τοῖς πεπιστευομένοις θείοις εἶναι βιβλίοις ἐκδοχὴν γεγόνασι

Christianity the believers were not of one accord in setting down what books of Holy Scripture were divine, (his words are: "*Ait (Celsus) etiam consensum fuisse inter omnes, ne hic quidem videns, quod mox ab initio non conveniebat inter credentes de delectu divinorum sacræ Scripturæ voluminum,*") —I wrote unto you about this question: and I acknowledge myself very much obliged for your very great and learned pains in your answer to me, which now is come into a just volume, and likely to see the light for others' information also. I also profess freely unto you, as I have otherwhere to all my friends, that I never read any tract touching this controversy betwixt the Romanists and the Protestants done with half that judgment, learning, pains, and diligence, that this is done with; few indeed ever before insisting upon the right way of enquiry, which only is, or can be, by historical disquisition of the universal tradition and testimony of the Church of God in all ages down to ours, (and the ancient primitive one especially concerning the same:) and I think no other author before you will pretend to have pursued this course in their tracts about it.

Whereas the work here to be done seemed to you rightly to be the well weighing the Roman article hereabout in the definition of the Council of Trent, and the Article of the Church of England hereabout, (viz. Art. vi., among our thirty-nine Articles,) I freely acknowledge to you, with all thankfulness, that you have satisfied me as to the overpowering of the Tridentine definition, that they have done that herein which can never be justified nor safely subscribed unto, whilst they determine, that all those books (the catalogue whereof they subjoin, including all those controverted books, or *Deutero-Canonicos*,) are to be received with equal affection of piety and reverence, and bid *Anathema* to all who shall not receive all those books entirely, in all the parts of them, as sacred and canonical, as they are in their vulgar Latin edition. But then, in the second place, as to your defence of the Article of the Church of England, and the judgment itself to be made of some of the controverted books, as

---

διαφωνίαι τῶν πιστευόντων.—The *Latin* in the text corresponds with the version of Erasmus, and also with that in Genebrard's edit., Par. 1604, tom. ii. p. 447.]

I have all along in my letters to you, so also now again I alike freely must profess to you, that I cannot consent to your way of stating that, and do not see reason in much of that you drive at in your book, and therefore must be an unfit person to prefix a preface to your learned book.

For there being two ways, whereby it may be rightly defended, that these controverted books are not applied (much less with equal authority) to establish, as by firm proof, any doctrine against contradictors or those that will be contentious, (I understand, where the doctrine is not found in other uncontroverted books,) either because they have not been all along alike confessedly and uncontrovertedly the Word of God, (though they may be notwithstanding, nay to some undoubtedly and certainly [are] the Word of God,—and thus Epiphanius useth the word *apocryphal*, speaking of the *Book of the Revelation*, the last book of the New Testament: his words are, (*Hæres.* xxvi., which is that of the Gnostics:) διὸ ἐν τοῖς ἀποκρύφοις ἀναγινώσκοντες, κ.τ.λ.[e]—" wherefore we reading in the apocryphal writings, I beheld a tree which bare twelve manner of fruits," &c., " and he said unto me, This is the tree of life," &c. Apoc. xxii.; and adds[f], ' We also here see that it is ἀπόκρυφον, or hidden from us,—the first original of these books, and we have nothing but translations of them, and therefore cannot dispute alike firmly out of them against contradictors, as others of those whose originals we have':—

In this sense our Church deservedly (as you and I agree) puts difference twixt those controverted books and the other, as to the firm establishing any doctrine out of them alone, except when we find such sayings of these books vouched often in the tradition and testimony of the ancient Fathers:

Thus it is easy to prove, that the books of Ecclus., Sap. of Sol., Tobit, Judith, Baruch, the Maccabees, first and second,

---

[e] Vid. Epiphanium, Hæres. xxvi. § 5. [Op., ed. Par. 1622,] tom. i. p. 86; et quæ ibi notavimus. Ibi enim Apocalypsin Johannis non citat. [This note has been added to the MS. by Bp. Barlow.—The words of Epiphanius are: διὸ καὶ ἐν ἀποκρύφοις ἀναγινώσκοντες, ὅτι εἶδον δένδρον φέρον δώδεκα καρποὺς τοῦ ἐνιαυτοῦ· καὶ εἰπέ μοι· τοῦτό ἐστι τὸ ξύλον τῆς ζωῆς· ὃ αὐτοὶ ἀλληγοροῦσιν εἰς τὴν κατὰ μῆνα γινομένην γυναικείαν ῥύσιν.]

[f] [The words which follow are not found in Epiphanius. They are perhaps the comment of some controversial author, upon whom Gunning relied for his previous quotation.]

have not alike testimony for their being received of the Church, whereof we have now only the Greek and Latin versions from them, though they were all at first written in Hebrew or Chaldee, as may be proved from S. Hierome's own confession, for most of them, and for the rest by authority equal to Jerome's:)

Or, secondly, that these books are to be held apocryphal and invalid for establishing any doctrine, because they were never indited by God's Spirit, but are mere human writings though they are excellent ones:—if this latter rightly seem to me to be your sense, I must then suspend my consent at present.

And here, first, I would enquire with you, which of these two senses of understanding our Article best agrees with the sense of our first reformers and those that made the Article: and next, whether their sense be agreeable to the sense of the best antiquity and universal tradition of the Church in all ages, and since the Apostles' times.

And as to the sense, first, of our reformers, and the authors of our Article, I again say (as heretofore I said unto you) that our sixth Article in King Edward the Sixth's time was wholly without that distinction of the books canonical and the others set down as not such. The Church was content *then* to say, in her sixth Article, these two things against the Romanists[g]: *The Holy Scripture contains all things necessary to salvation, so that whatsoever is not read therein (though it may be admitted as pious and profitable) nor may be proved thereby, is not to be required that it should be believed as an article of faith, or be thought requisite or necessary to salvation:*" 2ndly[h], that " *in the name of Holy Scripture,*" (to this enquiry of what contains articles of faith or things necessary to salvation,) " *they meant or understood those cano-*

---

[g] In the Articles of Ed. VI., made anno 1552, hoc est, 6°. Ed. VI., and printed at Lond. 1553, these words are in the 5th Article, not in the 6th, as here he tells us. [Barl.—The exact reading of this *fifth* of Edward's forty-two Articles is, " Holy Scripture containeth all things necessary to salvation; so that whatsoever is neither read therein, nor may be proved thereby, although it be sometime received of the faithful, as godly and profitable for an order and comeliness, yet no man ought to be constrained to believe it, as an article of faith, or repute it requisite to the necessity of salvation."]

[h] 2ndly. Not one word of this (which he saith is in the 6th Article) is in any Article of Ed. VI. [Barl.—Gunning appears to have made some confusion between the fifth Article of 1552, and the 6th of 1562.]

nical books of the Old and New Testament, of whose authority there was never any doubt in the Church."

Thus far they without any catalogue added. Now, when[1] *some seven years after* a catalogue was added, it is in reason to be presumed to have been a catalogue of what was last mentioned, viz. not simply of the canonical books, but of those canonical books of whose authority was never any doubt in the Church: for they found it a very happy thing that they could say (as indeed they might say most truly) that all articles of faith, and all things required as necessary unto salvation, are contained not only [in] the canonical Holy Scriptures, but (which is much more for our comfort and quiet) even in those canonical books of whose authority there was never doubt in the Church. For those, of which there had been considerable doubt by considerable parts of the Church for some time, could not be of equal or like authority (as the Tridentine definition will have it) for the determining of any point of faith with those of whose authority there was never any doubt in the Church, and of those latter the after subjoined catalogue seems to have been a fair and true catalogue.

But, on the other side, no man can with any colour believe now, that no other books are at all canonical, or truly and certainly to us God's Word, of whose authority there has been doubt in the Church. For then what shall become, some will say, of the book of Esther, but I will say, (as of Tobit, Judith, Baruch, Wisdom of Solomon, Ecclesiasticus, the additaments of Daniel, the history of Maccabees, so also) of the Apocalypse of S. John, the Epistles 2nd and 3rd of John, of James, Jude, the 2nd of Peter, the Epistle to the Hebrews, that I mention not now the last chapter of S. Mark from verse 9, the history of the woman taken in adultery, Jo. viii., with the last verse of the seventh chapter, the history of Christ's sweating as it were great drops of blood, Luke xxii. 41. Even whole Churches, and many of those very authors which you allege for your conclusion, have but too much doubted of many of those, which you (notwithstanding such doubting of theirs) do now firmly believe to be God's Word, as they are

---

[1] It was 10 years after. Ed. VI.'s Articles were made 1552, Elizabeth's anno 1562.—[Barl.]

nd ought to be acknowledged; and our very 6th Article saith, hat "all the books of the New Testament, as they are commonly received, we do receive and account them canonical." But it is impossible to imagine the authors of the Article ignorant of the doubt [that] had been of many of those books of the New Testament, then and now commonly received and by them there intended. Therefore the foregoing part of the same Article,—these words, "those books of the Old and New Testament of whose authority was never any doubt in the Church,"—were not meant as a description or definition of canonical books simply, (for then it would be apertly false,) but of such canonical books in which, (God be blessed,) being themselves uncontroverted, all controversies about matters of faith and things needful to salvation might be determined; for that the Article averred, that they were all contained therein.

And, in the next place, what before I advertised, that in the Bible put forth in English then in King Edward's time[k], I am sure in the Bishop's Bible[1] set forth anno 1585, in recension of all the books at the beginning, it is advertised, that the books apocryphal are two, viz., the 3rd and 4th of Esdras, (as they were and now are commonly reputed by the Church of Rome, and ours then therein not disagreeing:) and " Here endeth the book of the Prophet Baruch," is said at

[k] [In the Coverdale Bible, ed. 1535, no such recension is found. On the other hand, there is (near the beginning of the volume) a table of the ' Bokes of the whole Bible,' &c., without either Apocrypha or New Testament. Then, immediately before the book of Genesis, occurs another table, with the catalogues of the "*Apocrypha*" and of the New Testament following that of the Old. Again, the *Apocrypha*, in the body of the volume, is divided from the strictly *canonical* books by a separate title-page of its own, viz. "Apocrypha: the Books and Treatises, which among the Fathers of old are not reckoned to be of like authority;" &c. Then, after the catalogue, at the foot of this title-page to the Apocrypha, it is noted: " Unto these also belongeth Baruch, whom we have set among the Prophets, next unto Jeremy, because he was his scribe, and in his time."]

[1] [The recension, to which Gunning appears to allude, may be seen in the Bishop's Bible, ed. 1572, in a table which begins with the words: "The whole scripture of the Bible is divided into two Testaments," &c.; and in which the third and fourth books of Esdras only are *mentioned as Apocryphal*, thus,

"Esdras { 1. . . . .
2. . . . .
3. Whiche booke is Apocryphus, ...
4. Whiche booke is also Apochryphus," &c.

On the other hand, it is to be observed, that in the "Order of the Books of the Old Testament," which is given after the Preface of this Bible, the apocryphal books are recounted under the following title, "The fourth part of the Bible, called *Apocryphus*."—The books themselves are also printed, as a distinct part, with separate title-page, pagination, &c.]

the end of Baruch [m], not only calling Baruch a Prophet, but avouching that to be his book or prophecy: and, if it be λόγος προφητικὸς, 'tis then sure canonical, 2 Pet. i. 19. In the first Common Prayer of King Edward's time [n], in the Communion Service, under the title of "Sentences of Holy Scripture," there are two taken out of Tobit. In the Common Prayer-books ever since Lessons are taken out of those books for feasts of highest note sometimes, as Whit-Sunday [o], when all the people are supposed present, with setting aside those chapters of canonical Scripture which otherwise came then in order to be read.

Some of the Church prayers take their prefaces manifestly from out of those books, as that on Good Friday, "Merciful God, who hast made all men, and hatest nothing that Thou hast made," &c., and so also in the Collect for the first day of Lent: and in the Collect for the eleventh Sunday after Trinity, "God, who declarest Thy almighty power most chiefly in shewing mercy and pity," &c. But it is most evident by the Books of Homilies, which the thirty-fifth Article saith "contain a godly and wholesome doctrine, and necessary for these times:" but that could not be "godly doctrine, and necessary for these times," which should contradict the sixth Article put forth at the same time with that thirty-fifth Article.—Pag. 160 [p] of the edition 1623, second part of Sermon of Almsdeeds, in second page, "The Holy Ghost teacheth in sundry places of Scripture, Tob. iv., Ecclus. iii."—Pag. 7 [q], in the first part of the Sermon of the Misery of Man, pag. 1, "And we read that Judith, Esther, Job, Jeremy, with other holy men and women in the Old Testament, did use sackcloth," &c.;—*in marg.* Judith iv., ix.; Job xiii.; Jerem. xxv.

Page 48 [r], the first part of the Sermon of Swearing, *prope finem,* "And Almighty God by the wise man saith, That man that sweareth much shall be full of sin, and the

[m] [In the above edition of the Bishop's Bible, the words in full are, "The ende of the prophete Baruch, whiche is not in the canon of the Hebrue."—See fol. lxxiiii. of the "Volume of the bookes called Apocrypha," &c.]

[n] [See "The Booke of the Common Prayer," &c., Lond. 1549, fol. cxiii.— Then shall follow for the Offertory one or more of these Sentences of Holy Scripture, &c.]

[o] [In the Common Prayer-Books from A.D. 1604, after the Hampton Court Conference, till the Savoy Conference, the *first Lesson in the afternoon* for Whit-Sunday is Wisdom i.; but in Elizabeth's book, A.D. 1559, it is Deut. xviii. as now.—In Edward's Prayer-Books, there are no *first* Lessons given.]

[p] [See edit. Lond. 1846, p. 414.]
[q] [Ibid., p. 12.]
[r] [p. 75.]

scourge of God shall not depart from his house:"—*in marg.* Ecclus. xxiii.

Page 65[s], in the second part of the Sermon of the fear of death: "Now the holy Fathers of the Old Law, and all faithful and righteous men which departed before our Saviour Christ's ascension, did by death depart from trouble unto rest, from the hands of their enemies into the hands of God, from sorrows and sickness into joyful refreshings in Abraham's bosom, a place of all comfort and consolation, as the Scripture doth plainly by manifest words testify. The book of Wisdom saith, (*marg.* Wisdom iii.) that "the righteous men's souls be in the hands of God, and no torments shall touch them. They seemed in the eyes of foolish men to die, and their deaths were counted miserable, and their departing out of this world wretched: but they be in rest." And another place saith, (*marg.* Wisd. iv.) that "the righteous shall live for ever, and their work[1] is with the Lord, and their minds be[1] with God who is above all: therefore they shall receive a glorious kingdom and a beautiful crown at the Lord's hand." And in another place the same book saith, "The righteous though he be prevented with sudden death, .. he shall be there, where he shall be refreshed." Of Abraham's bosom Christ's words be so plain, that a Christian man need no more proof of it. Now then, if this were the state of the holy fathers and righteous men, before the coming of our Saviour, and before He was glorified, how much more then ought all we to have a stedfast faith, and a sure hope of this blessed state and condition after death, seeing that our Saviour now hath performed the whole work of our redemption, and is gloriously ascended up into heaven, to prepare our dwelling-place with Him."

[1] ["reward."]

Page 70[t], in the second part of the Sermon of Obedience, "Also in the book of Wisdom we may evidently learn, (*marg.* Wisd. vi.) that a king's power," &c., ... "that they should acknowledge themselves to have all their power and strength not from Rome, but immediately from God most highest."

Page 17[u] of the second tome, the first part of the Sermon against the peril of Idolatry: "The weakness, vileness and

---

[s] [par. iii. p. 103.] [t] [par. i. p. 111.] [u] [p. 188.—See also par. iii. p. 260.]

foolishness in device of images, whereby we have dishonoured Him," (God,) . . . " saith the Prophet Baruch." (Bar. vi.)

Page 87. pt. 3.[v] " The rude people specially, as the Scripture teacheth," (*marg.* Sap. xiii., xiv.) "are in danger of superstition and idolatry." Ibid., " The ignorant and gross people, 'like unto the horses and mules, in whom is no understanding,' whose peril and danger to fall on heaps of idolatry by occasion of images the Scripture specially foreshews and gives warning of " :—*marg.* Sap. xiii., xiv.

Page 108[x], in the Sermon against the Excess of Apparel: " Thus the noble and holy woman Queen Esther, and the holy woman Judith, be commended in Scripture for allowing[1] such vanities, which by constraint and great necessity, against their hearts' desire, they were compelled to wear for a time."

[1] [" abhorring."]

Page 156, 157[y], in the first part of the Sermon of Almsdeeds: " Such an one was Abraham," . . . " such an one was his kinsman Lot," . . . " such were the holy fathers Job and Tobit," &c.

Page 160, in the second part of the Sermon of Almsdeeds: " The same lesson doth the Holy Ghost also teach in sundry places of the Scripture, saying, (*marg.* Tobit iv.) ' Mercifulness and almsgiving purgeth from all sin, and delivereth from death, and suffereth not the soul to come into darkness;' " &c.

Page 281[z], in the first part of the Sermon against wilful Rebellion: " Will ye hear yet what the Prophet Baruch saith unto God's people in their captivity? (*marg.* Baruch i. 11.) ' Pray ye,' saith the Prophet, ' for the life of Nebuchadnezzar the king of Babylon, and for the life of Balthasar his son, that their days may be as the days of heaven;' " &c.

Desunt cætera.

---

[v] Pag. 57. pt. 3 [of] Sermon against the Peril of Idolatry. [See pp. 253, 260, 261.]
[x] [p. 334.]
[y] [p. 410.]
[z] [p. 596.]

LETTERS FROM DR. COSIN TO MR. GUNNING.
[ORIGINALS [a].]

Paris, March 21, 1657.

SIR,

IF you had not said, in the end of your last letter, that you intended by the post then next to come, or within a short time after, to send me two such other [b] sheets of your animadversions, as you have already begun to address unto me, I should have returned you an answer long before this. And still I expect what you have to say more, that one reply may serve for all.

In the meanwhile, if the stationer importuned and pressed you to prepare the book, I will assure you it was more than I gave him any directions to do, and more than he will acknowledge to have done himself. For, when he wrote to me about saying somewhat to the reader, I wished him only to ask, whether you intended to say any thing for that purpose or no, and added that, if you did not intend it, I would then say somewhat myself. And, because his answer was, that he thought you would do it, therefore did I altogether neglect it, as I should have done the printing of the book itself, (which for your sake I compiled,) if both in your own name, and many others' whom you highly valued, you had not so earnestly moved me to give my consent thereunto. In the preface that I have now made, I have made mention of you according to your merit, and said what I thought befitted me to do concerning the whole matter; which I ever apprehended (from the time of your first letter to me) to consist in answering what the defenders of the Council of Trent had to say against us, and our article, in this particular: and,

---

[a] [Thus in the Baker MS. in the Brit. Mus., where these letters are preserved.—See Collect. ad Acad. Cantab. spectant., Biblioth. Harl., num. 7033, (Plut. lxv. B.) fol. 174.]

[b] [That is, in continuation of what was contained in the foregoing letter from Gunning, to which this is a reply.]

when that was done, I thought all had been done: for I never knew of any other that excepted against the declaration of the Church of England; which, having so many adversaries already, needs not to have any new doubts against it raised up amongst ourselves. But there is so small a difference between your sense of the article and mine, that I scarce know yet, by all that you have written, where we disagree one from another. For, if you have had leisure to read the book through, you will find that both you and I are of one mind; as I shall further make it plain to you in the answer that I am about to send you more at large. And therefore he that hath told both me and others, that you differ from me, that you are not satisfied, that you have refused to preface or approve the book, that you have declared yourself to this purpose, not only once, twice, or thrice, (they be his own words,) but many times more, and at table in public before company, adding withal, that sundry false and supposititious authors[c] are cited in the book, (which I am sure is not so, having had care to note every author, that was but doubted of never so little,)—all this might have well been spared, and no such exceptions given out against the History, as I believe you never made. And, if you be unsatisfied in any thing, I beseech you tell it to me, that I may return you the best and the clearest answers I can, without expressing yourself to others, specially to such as are apt to take advantage and make ill use of it, perhaps both to your prejudice and mine. However, these pretended exceptions against the book were somewhat untimely reported just now, when it is ready to be published: and I desire that both the person who hath made the report, and all others, should know that you and I can agree well enough without any considerable difference between us, either in the sense of this article or any other. I have more to tell you in my next.

What paper that is, which is read and talked of among you (as mine) concerning the French ordinations, I know not: but some discourse[d] I made upon that subject, and their Church

---

[c] [This was the argument by which the *Jesuits* attempted to damage Cosin's book.—See Labbe's "Censura Tabulæ Chronologicæ, quam Jo. Cosin subjecit Historiæ Scholasticæ de Apocryphis," printed in the second part of his book *De Scriptoribus Ecclesiasticis*, 8vo. Par. 1660, p. 811—817.]

[d] [See Letter to Cordel, p. 401.]

and Sacraments here, about seven years since, which then gave abundant satisfaction to somebody, who now seems not altogether so well to like it, I cannot tell upon what score. If a perfect copy of my writing (which is long) be among you, I fear not the censure of any moderate and learned man whatsoever; and, if the Presbyterians think to get any advantage by it, they will much deceive themselves. It was written against the rash assertion of some forward persons here, that said absolutely[e], there was neither any Minister, nor any Sacrament, nor any Church, in France amongst the French reformed; of which mind neither myself nor any other honest man must ever be. This is enough for the present, till you hear further from,

Sir, your very affectionate and most
humble Servant,
J. C.

I had the 25, for which you would of yourself return my due acknowledgment for me, as I do now to you.

(Superscribed:) For my honoured Friend, Mr. Gunning.

TO MR. PETER GUNNING, AT LONDON.

SIR,

I LOVE not to have a letter from any of my friends lay too long upon my hands, and therefore, though you were pleased to say in the close of your last, that you intended to add two sheets more of animadversions upon my book, (the expectation whereof made me all this while delay my answer,) yet, because they are not yet come, I thought it would not be amiss to give this return unto what you have written already.

And, in the first place, I am to thank you, both for your

---

[e] [See what Basire says, in defence of Cosin's view of this matter, in his *Dead Man's Real Speech*, pp. 63, 64.]

acceptance of my pains and diligence in compiling the book, and for the great expressions that you make now to me, (as you have been often pleased to do likewise unto many others,) of the worth and value that you set upon the book itself, which being an historical disquisition of the canon now contested between the present Church of Rome and ours, concerning the indubitate books of Scripture, you give me leave to tell the world, that in your judgment, as it is the only way to try the truth between us, so it is a work more exactly and usefully penned for that purpose, than any you have read of that kind before[f], professing freely that herein you are fully satisfied, and that the Trent canon (which can never be justified) is clearly overthrown by it; our own article, and the universal tradition of the Church, being made good against all that the Romanists have to say for themselves, or to plead against us.

And, when this was done, I made full account that I had nothing else to do for the justifying of our article from any other opposition or scruple that might be made about it. For I pray give me leave to put you in mind, that this was all the doubt which you made to me in your first letters, whether the Roman party or ours had the better and clearer tradition of the Church in numbering the canonical books of Scripture, which you thought S. Augustine and the council of Carthage had determined on their side, S. Hierome, Ruffin, and the council of Laodicea, on ours.

From hence I took occasion to search higher, and to look into the records of antiquity, that we might the better see how this matter had gone before S. Augustine's time, who being so tenacious of ecclesiastical tradition in all other matters, we had no reason to think that he would vary from it in this. And indeed, unless we shall make him to contradict both himself and all the fathers that were before him, besides all those that followed after him, he can be no witness for the new Roman canon[g]. The subsequent testimonies are so abundant, and so evident for us, that I know not what can be said against them. And herein if you fully agree with me, (as you profess to do,) I trust the scruples that seem still to re-

[f] [See Gunning's Letter, p. 411.]
[g] [See Schol. Hist., num. lxxix., lxxx., lxxxi., vol. iii. pp. 124—142.]

main with you concerning some lesser matters, and the right understanding of our own article in the distinction there set forth between canonical and doubtful books of Scripture, will the sooner be satisfied.

1. But, first, I shall take notice of your place in Origen, which is not (as you quote it) in his second, but in his third book against Celsus[h], nor doth it speak of any more difference among the first Christians concerning their belief and reception of Divine Scriptures, than there was among the same believers concerning the resurrection of the dead, if it were then already passed, the day of judgment, if it were then near at hand, and the Jewish ceremonies, if they were of necessity still to be continued in the Church of the Gentiles: all which Origen sums up in those words of S. Paul, where he taxeth some particular and vain persons with making shipwreck of the true Faith (as Hymenæus and Alexander did) by giving heed to fables and other matters that engender strife. The dissension, therefore, that was raised in those first times about some books of Scripture, whether they were to be received or not, and firmly believed to be divine, proceeded not (in Origen's sense) from any doubt that the Apostles, or the true believers, then had of them, but only from some such persons among those believers, as those were that either questioned the resurrection of the dead, or urged the necessity of the Jewish ceremonies: which we must not call a debate or common scruple of the Church, but the altercations and wranglings of certain particular men in the Church: for Origen meant no more. Among those men, that had been then converted to the Christian Faith ἀρχῆθεν, *mox ab initio*, the Samaritans were a part, (Act. viii.;) and of the Sa-

---

[h] [Vid. Orig. contr. Cels., lib. iii. § 11.—Op., ed. Ben. Par. 1733, tom. i. p. 453.—φησὶ δὲ καὶ ὅτι ἐν ἐφρόνουν πάντες· οὐδ' ἐν τούτῳ ὁρῶν, ὅτι ἀρχῆθεν περὶ τὴν ἐν τοῖς πεπιστευομένοις θείοις εἶναι βιβλίοις ἐκδοχὴν γεγόνασι διαφωνίαι τῶν πιστευόντων. ἔτι γοῦν τῶν ἀποστόλων τοῦ Ἰησοῦ διδασκόντων τὰ ἐκείνου μαθήματα, ζήτησις οὐκ ὀλίγη, πρὸς ἀλλήλους γεγένηται παρὰ τοῖς ἀπὸ Ἰουδαίων πιστεύουσι περὶ τῶν ἐξ ἐθνῶν ἐπερχομένων τῷ λόγῳ, πότερον δεῖ τὰ Ἰουδαϊκὰ αὐτοὺς τηρεῖν ἔθη, ἢ τὸ περὶ καθαρῶν καὶ ἀκαθάρτων βρωμάτων βάρος ἀφαιρεῖν, ὡς οὐκ ἐπεῖγον, ἀπὸ τῶν τὰ πάτρια καταλιπόντων ἐν τοῖς ἔθνεσι καὶ πιστευόντων τῷ Ἰησοῦ. ἀλλὰ καὶ ἐν ταῖς Παύλου ἐπιστολαῖς, γενομένου ἐν τῷ χρόνῳ τῶν Ἰησοῦν ἑωρακότων, εὑρίσκεται λεγόμενά τινα, ὡς ζητηθέντων τινῶν περὶ ἀναστάσεως, καὶ περὶ τοῦ ἤδη αὐτὴν γεγονέναι· καὶ περὶ ἡμέρας Κυρίου, πότερον ἐνέστηκεν, ἢ μή. ἀλλὰ καὶ τὸ, ἐκτρεπόμενος τὰς βεβήλους κενοφωνίας, καὶ ἀντιθέσεις τῆς ψευδωνύμου γνώσεως· ἥν τινες ἐπαγγελλόμενοι, περὶ τὴν πίστιν ἐναυάγησαν· δηλωτικόν ἐστιν, ὅτι ἀπ' ἀρχῆς γεγόνασί τινες παρεκδοχαί, οὐδέπω (ὡς οἴεται Κέλσος) πολλῶν τῶν πιστευόντων γεγενημένων.]

maritans Origen had said before, (lib. i. *versus finem*[i],) that they acknowledged no more of the Bible to be Divine Scripture, than the five books of Moses only. Peradventure these men, or at least some of them, retained their error, and contended with the Apostles concerning the rest of the Scriptures, (the writings of the Prophets,) as well as the converted Pharisees did theirs, and dissented from them concerning circumcision, (Acts xv.;) which is enough to make good all that Origen said against Celsus, either of the one matter or of the other, without imagining a debate or dissension to have been then made among the first Christians about the apocryphal books, whereof Origen maketh no mention at all, but where he rejects them from the canon, as I have more at large declared in that paragraph [k] of the History that belongs to his testimony. This, which I have said and added here, is to let you see that the conclusion which you made to yourself out of Origen was not well grounded, when (as you say) you collected from his words against Celsus, that this debate about the apocryphal books was so early a controversy in the Church, as that it began anon after the beginning of Christianity [l], and was differently stated by the ancient Fathers.

2. Nor are you any whit better grounded for what you bring out of Epiphanius for his use of the word apocryphal, and applying it to the Revelation of S. John. For he does not so; nor can it ever be proved that he called that book an apocryphal writing, as you conceive he did in his Gnostic heresy, (that is, *Hær.* 26[m],) where his διὸ καὶ ἐν ἀποκρύφοις ἀναγινώσκοντες is spoken not of himself and the Church, as you render it, "wherefore *we* reading in the apocryphal writings, I beheld a tree," &c., (viz. Revel. cap. xxii.,) but of the Gnostic heretics, that had their apocryphal books to themselves, wherein they mixed truth and falsehood together for the better advantage and defence of their own wicked and shameless actions. He had said before of them, (ibid. § 1.[n])

[i] [See lib. i. § 49. p. 365.—κἂν οἱ μόνου δὲ Μωσέως παραδεχόμενοι τὰς βίβλους Σαμαρεῖς ἢ Σαδδουκαῖοι φάσκωσιν ἐκείνοις πεπροφητεῦσθαι τὸν Χριστόν.]
[k] [See num. xlix. vol. iii. pp. 37—41.]
[l] [See Gunning's Letter, p. 410, et seq.]
[m] [See Gunning's Letter, p. 412.]
[n] [S. Epiph. adv. Gnosticos, Hær. xxvi. § 1.—Op., ed. Par. 1622, tom. i. p. 82,—οὗτοι δὲ οἱ τούτῳ τῷ Νικολάῳ συνεζευγμένοι, πάλιν ἀπ' αὐτοῦ, ὡς ἀπὸ οὐρίου ᾠοῦ ὄφεως σκορπίοι, ἢ ἐξ ἀσπίδων γεγεννημένοι, τινὰ ἡμῖν παρεισφέρουσι κενοφωνίας ὀνόματα, καὶ βίβλους πλάττουσι, Νωρίαν τινὰ βίβλον καλοῦντες, καὶ ἐξ ὑπονοίας Ἑλληνικῆς δεισιδαιμονίας μεταποιοῦντες τὴν παρ' αὐτοῖς τοῖς

οὗτοι δὲ ... τινὰ ἡμῖν, κ.τ.λ. *Isti autem .... quædam nobis inaniter sonantia librosque commenti sunt, ... atque ex superstitiosis gentilium opinionibus conformatis ad institutum suum, nugis illis ac fabulis, veritati mendacium admiscent.* And again: (§ 2.°) φέρουσι δὲ ἡμῖν, κ.τ.λ. *Afferunt nobis ex tam admirabili Prophetâ turpem narrationem, ... nec illos pudet, &c. Sunt et ex iis nonnulli, qui adulterinum quoddam poema venditant, quod opus Perfectionis Evangelium inscribunt .... Alii Evangelium Evæ sine ullo pudore jactitant ....* (§ 3.ᵖ) *Stolidis testimoniis ac visis nituntur ... Ita enim inquiunt: In arduo monte constiteram, cum ecce video procerum hominem, &c. Hæc igitur atque his similia commenti Gnostici a veritate exciderunt ...* (§ 4.ᵠ) *Quæ apud istos fiunt, turpe est et dicere, ... Quoties mulier menstruos fluxus patitur, fœdissimum illum sanguinem collectum una omnes absorbent: atque hic est, inquiunt, Sanguis Christi. ...* Then, (§ 5.ʳ) *Propterea in Apocryphis legunt:* (which is the place you cite:) *Vidi arborem duodecim fructus quotannis ferentem: et dixit mihi, Hoc est lignum vitæ. Id ipsum de menstruis mulierum profluviis interpretantur.* And all this I have quoted at large, that you may see at one view, how all these heretical, adulterous, apocryphal writings, (whereof the Gnostics made such use for the maintaining of their own bestial impieties amongst themselves,) follow one another in order, and belong only to the same sect, which Epiphanius and the Church of God abhorred: so far any of them from being Divine Scriptures then, or afterwards received into the Bible, (as the Revela-

---

"Ελλησι μυθώδη ῥαψῳδίαν καὶ φαντασίαν, οὕτω τὸ ψεῦδος τῇ ἀληθείᾳ παραπλέκουσι.]

° [Ibid., p. 83.—φέρουσι δὲ ἡμῖν ἐκ τούτου τοῦ θαυμασιωτάτου Προφήτου διήγησιν αἰσχρὰν, ὅπως φθοριμαίοις σώμασι πλησιάσαι πεισθῶμεν, καὶ τῆς ἄνωθεν ἐλπίδος ἐκπέσωμεν, οὐκ αἰσχυνόμενοι αὐτοῖς τοῖς ῥήμασι τὰ τῆς πορνείας διηγεῖσθαι πάλιν ἐρωτικὰ τῆς Κύπριδος ποιητεύματα. ἄλλοι δὲ ἐξ αὐτῶν πάλιν ἐπίπλαστον εἰσάγουσιν ἀγώνιμόν τι ποίημα, ᾧ ποιητεύματι ἐπέθεντο ὄνομα, Εὐαγγέλιον τελειώσεως τοῦτο φάσκοντες. καὶ ἀληθῶς οὐκ Εὐαγγέλιον τοῦτο, ἀλλὰ πένθους τελείωσις. πᾶσα γὰρ ἡ τοῦ θανάτου τελείωσις ἐν τῇ τοιαύτῃ ὑποσπορᾷ τοῦ διαβόλου ἐμφέρεται. ἄλλοι δὲ οὐκ αἰσχύνονται λέγοντες Εὐαγγέλιον Εὔας. εἰς ὄνομα γὰρ αὐτῆς, κ.τ.λ.]

ᵖ [Ibid., p. 84.—Ὁρμοῦνται δὲ ἀπὸ μωρῶν μαρτυριῶν, καὶ ὀπτασιῶν, ἐν ᾧ Εὐαγγελίῳ ἐπαγγέλλονται. φάσκουσι γὰρ οὕτως· ὅτι ἔστην ἐπὶ ὄρους ὑψηλοῦ, καὶ εἶδον ἄνθρωπον μακρόν, κ.τ.λ. ... ταῦτά τοι καὶ τὰ τοιαῦτα εἰσηγούμενοι οἱ ἀμφὶ τὴν γνῶσιν συνεζευγμένοι τῇ τοῦ Νικολάου αἱρέσει, τῆς ἀληθείας ἐκπεπτώκασιν, κ.τ.λ.]

ᵠ [Ibid., p. 86.—κατὰ τὸν ἅγιον ἀπόστολον, ὅτι τὰ παρ' αὐτοῖς γινόμενα αἰσχρόν ἐστι καὶ λέγειν. ..... ὡσαύτως δὲ καὶ τὸ ἀπὸ τῆς γυναικὸς, ὅταν γένηται αὐτὴν γενέσθαι ἐν ῥύσει τοῦ αἵματος, τὸ καταμηνίον συναχθὲν αὐτῇ αἷμα τῆς ἀκαθαρσίας, ὡσαύτως λαβόντες κοινῇ ἐσθίουσι, καὶ τοῦτό, φασιν, ἐστὶ τὸ αἷμα τοῦ Χριστοῦ.]

ʳ [See this passage cited in Gunning's Letter, p. 412.]

tion of S. John always was,) that they are here in this place branded altogether with the name of vain, idle, superstitious, and lying fables. Nor will you find the words, that they read out of their Apocrypha, to be recorded in the twenty-second of the Apocalypse. For in our Apocalypse[1] we read of a river :—*Ostendit mihi Angelus fluvium (purum) aquæ vitæ, splendidum tanquam chrystallum, procedentem de sede Dei et Agni, . . . et ex utrâque parte fluminis lignum vitæ, afferens fructus duodecim per menses singulos, et folia ligni ad sanitatem gentium.* Here is a river clear as crystal, and on either side of it a tree of life, that bare twelve manner of fruits every month. But in the Gnostics' Apocrypha they read of a tree only, that bear twelve fruits in a year, which by an insolent and wicked profanation of S. John's words, applying them to their own shameless purpose, they called the tree of life. And how can any argument be drawn from hence, that therefore Epiphanius accounted the Revelation to be an apocryphal book ?—who indeed was so far from any such imagination, that he doth not only expressly number it among the divine books of the New Testament, (*Hær.* 48, § 10[s],) ἐν τῇ καινῇ Διαθήκῃ ὁ ἅγιος Ἰωάννης ἐν τῇ ἀποκαλύψει, κ.τ.λ., calling it the Revelation of Christ, (ibid.) τάδε ἀπεκάλυψε Κύριος, a sincere doctrine of truth [t], a book of Prophecy certainly proceeding from the Holy Ghost, (*Hær.* 51, § 32, 33[u],) [λόγου προφητικοῦ ὄντος,] ἐκ Πνεύματος Ἁγίου κατὰ ἀλήθειαν, but says likewise that S. John the Apostle and Evangelist wrote it, and that the author both of his Gospel and Epistles, and of his Apocalypse, was one and the same person, (ibid. § 34[x],) τὰ τοῦ ἁγίου ἀποστόλου βιβλία, φημὶ δὲ Ἰωάννου τό τε Εὐαγγέλιον καὶ τὴν ἀποκάλυψιν, τάχα δὲ καὶ τὰς Ἐπιστολάς· συνᾴδουσι γὰρ καὶ αὐταὶ τῷ Εὐαγγελίῳ καὶ τῇ Ἀποκαλύψει. After the reading of all this, I believe you will not say again[y], that "Epiphanius held the Revelation to be apocryphal, or a book that had not been all along confessedly and uncontrovertedly the Word of God, though to some men it may be undoubtedly and certainly so now." For, nei-

[1] [Apoc. xxii. 1, 2.]

[s] [Op., tom. i. p. 411.]
[t] [οὐκ αἰδοῦνται δὲ πάλιν οἱ τοιοῦτοι κατὰ τῶν ὑπὸ τοῦ ἁγίου Ἰωάννου εἰρημένων ἐξοπλίζομενοι, νομίζοντες μή πη ἄρα δύνανται τὴν ἀλήθειαν ἀνατρέπειν.
—Hær. li. § 32.]
[u] [pp. 454—456.]
[x] [ubi supr.]
[y] [See page 412.]

ther in Epiphanius's time, nor before, nor after, since it was first written, was it ever otherwise held and believed to be by the Church, though some few particular men may now and then have had a pick against it, to raise scruples about it, where none need to be.

3. As little reason is there to doubt of "the Epistles of S. James and S. Jude, the second Epistle of S. Peter, or the Epistle of S. Paul to the Hebrews, besides those parts," (which you say you will not mention,) "of the last chapter of S. Mark, of the eighth chapter of S. John, and of the twenty-second in S. Luke:" as little reason, I say, hath any man to doubt of these, as of the Apocalypse, and the two last Epistles of S. John, whether they all be (and so have always been in the Church) confessedly and undoubtedly the Word of God, and the canonical parts of Divine Scripture. For, though some private persons have been otherwhiles of another mind, yet it can never be proved (and I have already said as much in the ninth paragraph of the Scholastical History[z]) that either any entire Church, or any considerable parts of a Church, any national or provincial council, any synods of the Bishop and his clergy, or any multitude of men in their public confessions, have ever made any question or doubt of them at all, (as of the apocryphal books in the Old Testament they have done confessedly and universally,) but received them with reverence and constancy of belief, as all the Churches in Christendom do still at this day. I know what hath been said against the Apocalypse, and the Epistle to the Hebrews; but it hath been heretofore at all times counted a heresy to reject them, or to call the canonical authority of them into question: whereof I take notice in the sixty-second and seventy-third paragraphs of the History[a], which if you please to read and weigh without prejudice, together with the citations that are there brought out of antiquity, as well to confirm the reasons that I give for the universal and undoubted reception of these books, as to answer the objections made against them, I doubt not but you will be satisfied, and be of my mind (which is the mind of the Church of England) for their perpetual and undoubted authority. The same or the like answers may be brought for the defence of S. James,

[z] [See vol. iii. p. 7.]   [a] [See vol. iii. pp. 73, 74, 75, 101, 102.]

S. Jude, and S. Peter's Epistle, together with the rest before named. For, when our Article of the Church of England saith of these, (and other canonical books there numbered,) "never was there any doubt in the Church," as this doth not hinder nor deny but that both some perverse heretics, and other some critical, curious, and bold men (yet herein inconsiderable) might either doubt of them, or reject them by themselves, so neither doth their doubting and rejecting them hinder and deny, but that the great body of the Church itself never doubted of them, but always received and maintained them, as certain divine and canonical Scriptures. What are four or five men, (make them four or five times as many more,)—what are these, that started up now and then, to the universal consent of the whole body of the Church besides in all ages? *Paucorum ἀβλεψία perperam adscribitur Ecclesiæ:* and I do not think there can be a greater number named (the ancient heretics excepted) for sixteen ages together, that jointly or severally have opposed or scrupled the canonical authority of these books. But, as I said, let them be more, let them be as many as there were among the Jews: may it not truly be affirmed, that the Hagiographa and the Prophets were all such canonical books, whereof there was never any doubt in the Church, (of the Old, or of the New Testament,) notwithstanding that the Sadducees were so supercilious as to call them all in question, and to hold none confessedly and undoubtedly (by all parties) canonical, but the five books of Moses only? This was their case in the Old Testament, and it is alike in the New; where, though some few men have been pleased to make no lesser scruples concerning the books of Job, Ecclesiastes, and the Canticles, than other some[b] have done concerning those particles of the Gospels and the Epistles afore-named, yet I believe you will give us leave to say, that of the one sort there was never any doubt in the Church: and why then may we not say as much of the other? For the contradictors and scruplers of these latter sort of books in Eusebius, or S. Hierome, (who yet rather scrupled the authors' names, than the books themselves,) were a company of inconsiderable men: and from their time to ours we never heard of more

[b] [See Schol. Hist., num. ix. p. 7; num. lxxiv. p. 113, 114.]

than of Cajetan[c], and Erasmus[d], together with two or three Lutherans[e], (varying herein from the public consent of their own Churches,) that lessened the canonical and undoubted authority of them. *De quibus etiam, an ita vere senserint, ampliandum est.*

4. And therefore we must not be of their mind (to whom you seem to incline) that say, on the other side, "no man can with any colour believe those books only to be canonical, or truly and certainly to us God's Word, of whose authority there hath been no doubt in the Church." For the Church of England receiveth no other into that number; nor was ever any other Church of other mind and belief, till the Church of Rome made themselves a new creed in the Council of Trent.

5. Again, we must for the same reason altogether dissent from them that say, (as you likewise seem to do,) that "there hath been the same doubt made in the Church of the Apocalypse, together with the Epistles of S. John, S. James, S. Jude, S. Peter, and the Epistle of S. Paul to the Hebrews, besides some parts of the Gospels, which there hath been made of Tobit, Judith, Baruch, Wisdom, Ecclesiasticus, additaments to Daniel, and the Maccabees." For (to return your own words the other way) no man can with any colour believe it; seeing it is most apparent, that these latter books have always had either an universal contradiction, or at least an universal doubt and uncertainty about them: the other not so, but only a few private scruples of them, which the body of the Church never regarded.

6. I know not how to give any assent to what you say, when you say: "It is so easy to prove, that these books which we call apocryphal, (and whereof we have now only the Greek and Latin translations, with other versions out of them,) were at first written in Hebrew or Chaldee." For,

---

[c] [Vid. Thom. de Vio Cajetani Comm. in Epist. ad Hebr., cap. i. v. 1.—Op. Theol., ed. Lugd. 1639, tom. v. p. 329; item, Comm. in Ep. S. Jacobi, c. i. v. 1, p. 362; item, præf. in 2 S. Petr., p. 381; item, præf. in 2 Ep. S. Joh. fol. 398, B; item, in Ep. Judæ, v. 1. fol. 399, B.—Conf. Bellarm., De Verbo Dei, lib. i. cap. xviii. tom. i. col. 69.]

[d] [Vid. Erasmi Annotat. in Ep. ad Hebr., not. 18.—Op., ed. Lugd. Batav. 1705, tom. vi. coll. 1023, 1024; item, in Ep. S. Jacobi, not. 30, col. 1038; in 2 S. Petr. not. 22, col.1068; in 3 S. Joh. not. 9, col. 1088; in Ep. Judæ, not. 16, col. 1090; in Apoc. not. 3, coll. 1123—1126.—Conf. Bellarm., cap. xix. col. 77.—Vid. etiam, cap. xvii. coll. 61, 63.]

[e] [Vid. Lutheri Enarrat. in Ep. Judæ.—Op., ed. Witeb. 1554, tom. v. fol. 500, B.—Conf. Bellarm., cap. xvii. col. 61; cap. xix. col. 75;—item, cap. x. col. 38, 41.]

whereas you add, that "this may be proved from S. Hierome's own confession for most of them, and for the rest by authority equal to S. Hierome," I confess, that I could never yet meet either with any such confession of his [f], or with any such authority of others. Indeed Bellarmine [g], and they that trust to him, seem to say as much; but they say this, and many things besides, which neither they nor any of them will ever be able to prove. All that we find in S. Hierome [h] is no more, than that he found the first book of the Maccabees in Hebrew extant in his time, as he did likewise the book of Ecclesiasticus [i] in the same language, together with Tobit [j] and Judith [k] in Chaldee. Of all the other apocryphal books he found none rendered into these tongues. And it is more credible, that they were all originally written in Greek, "*cujus stylum et eloquentiam plerumque redolent*[l];" and out of which as those Hebrew or Syriac and Chaldee copies seem to have been but versions in after times, so they were rare, and but in very few men's hands to be found in S. Hierome's time, being now in our time wholly lost, which is no less than a prescription against them, (for Munster's Hebrew edition of Tobit [m] was but new,) that they were never received into the canon of the Bible. Sure I am the prologue of Ecclesiasticus [n] itself is against you in this particular: for he confesseth, that he wrote his book in a language different from that wherein his grandfather had written before him, "desiring to be read with favour, and craving pardon for some words, that might not peradventure have been so well expressed by him in a strange language;" *deficiunt enim verba Hebraica, cum ad alteram linguam translata fuerint.* And that *altera lingua* was no other than the *Greek*, the tongue that they spake in Egypt, when Ptolemy Euergetes was their king. Of Baruch both S. Hierome [o] and Epiphanius [p] say, that

[f] [Vid. Schol. Hist., num. lxx., lxxi., lxxii., lxxiii., vol. iii. p. 90—112; item, num. xxv. p. 18.]
[g] [Vid. lib. i. cap. vii. coll. 26, 27.—?.]
[h] [Vid. S. Hier. in Prolog. Galeat., sive Præf. in libr. Reg.—Op., ed. Vallars. 1734, tom. ix. col. 454.]
[i] [Vid. Prol. in libr. Salom., tom. ix. col. 1293.]
[j] [Vid. Epist. ad Chrom. et Heliod., sive Præf. in Tobiam, tom. x. col. 1, 2.]
[k] [Vid. Præf. in Judith, tom. x. col. 21.]
[l] [Vid. Præf. in libr. Salom., tom. ix. col. 1293, quoted below.]
[m] [Lib. Tobiæ Hebr., cum versione et annott. Seb. Munsteri, ad calc. op. Grammat. Munsteri, Basil. 1542.]
[n] [Vid. "The Prologue of the Wisdom of Jesus the Son of Sirach," as it stands before the book of Ecclus.]
[o] [Vid. Præf. in Jerem., tom. ix. col. 783.]
[p] [Vid. Hæres. viii. lib. i.—Op., tom. i. p. 19.]

"the Hebrews never had it." Of Wisdom, "*nusquam apud Hebræos est, quin et ipse stylus Græcam eloquentiam redolet, et nonnulli scriptorum veterum hunc esse Judæi Philonis affirmant.*" (S. Hier. præf. in Proverb. Salomonis[q].) Of the additions to Daniel (in his preface to that book[r]) he telleth us expressly: "*Daniel, apud Hebræos, nec Susannæ habet Historiam, nec Hymnum trium puerorum, nec Belis Draconisque fabulas.*" And of the second book of the Maccabees you confess as much yourself, as he doth in his Prologo Galeato[s].

7. By all this, which hath been already said, you may perceive the uncertainty and weakness of those grounds, whereupon you stood, to build all the rest of your discourse that followeth, as well concerning the controverted books themselves, as the right understanding both of the ancient Fathers and the article of the Church of England about them:

8. Wherein you say, "you agree thus far with me; that, first, those controverted books are not applied at all (much less with equal authority) to establish, as by firm proof, any doctrine that is not found in other uncontroverted books of Holy Scripture: secondly, that in this sense our Church doth deservedly put a difference between the one sort and the other." And thus far indeed I do fully agree with you: but then, for the two reasons that you bring, and for the exception that you make, and add at the end of your saying, I confess I cannot agree with you at all.

9. Your first reason is, "because some of those books have not been all along alike confessedly and uncontrovertedly the Word of God, though notwithstanding they may be now to some undoubtedly and certainly so." And you instance in the Apocalypse, with other like books of the New Testament, which you conceive to have been as much doubted of and questioned in the Church as Tobit and Judith, with the other like books of the Old. But herein I have made it clear before[t], how much you are mistaken: and therefore I can by no means assent to you in this reason.

10. Your second is, "because we have not now the originals of those questioned books in the Old Testament, which makes us unable to dispute alike firmly out of their translations

---

[q] [tom. ix. col. 1293.]
[r] [tom. ix. col. 1361.]
[s] [tom. ix. col. 455.]
[t] [Vid. supr., p. 424—427.]

against contradictors, as we do out of those whose originals we have." But here likewise your ground failed you, as I have said already. I add now, that, though the originals of those controverted books had been written in Hebrew or Chaldee, (as you thought they were,) yet that would not be enough to make them canonical books of Holy Scripture; to which there is somewhat else required, as I have at large declared in the second paragraph [u] of the History, and elsewhere; being still confident, that not any one of those five marks and characters, whereby the undoubted authority of infallible Scripture is to be known from the nature and condition of all other books, can belong unto them. Here therefore I am forced to dissent from you again.

11. But, when you make your exception to what you granted before, and say, that "no doctrine can be firmly established out of the sayings of these controverted books alone, (which is not found in the other uncontroverted books of Scripture,) except where we find such sayings of these books vouched often in the tradition and testimony of the ancient Fathers,"—herein you must give me leave to depart from your opinion upon a double score. For, first, I do not believe that you will find any such sayings, vouched by the constant tradition and testimony of antiquity, for the firm establishing of any such doctrine in the Church. And, secondly, if there might be any such matter found, as certainly there is not, (which we maintain against the late Romanists, and all the other novellers,) yet would not this be sufficient to make good your exception. For be they Fathers, or be they Angels from heaven, that ground not themselves upon the undoubted Word of God already delivered to us, we are not to receive their doctrine, as firmly established, or necessary for us to believe: which, after the prescript of the Apostle, the Church of England hath publicly declared, in *aureo illo canone*, (and we have all subscribed to it,) set as a corollary to my whole book [v]: "*Ne quid unquam doceatur, &c., nisi quod consentaneum sit doctrinæ V. et N. Testamenti, quodque ex illâ ipsâ doctrinâ Catholici Patres et Veteres Episcopi colligerint.*" If they builded not their doctrine upon that foundation, (as undoubtedly they do, where

[u] [See vol. iii. p. 4.]   [v] [See Schol. Hist., p. 286.]

they consent together,) their ground would fail them, and we should not be bound to keep ourselves to it.

12. Nor will it serve the turn to say, that the Church of England understood here the books of the Old Testament, as they were set forth and printed in the Bible of King Edward's time, and in the time of his father before him. For, first, the Church of England did not in those times differ from all the Churches in Christendom which (notwithstanding their common Bible) constantly kept up the distinction between the canonical and apocryphal books thereof, as to the firm establishing of any necessary point of faith or doctrine by them. And, secondly, when that distinction began to be left off, and taken away by the new canon made at Trent, the Article of the Church of England declared against it, and continued the same distinction still, which together with S. Hierome and other doctors of the Church, both at home and abroad, she had always done before.

13. And now I come to look upon your enquiry into the sense of the Article itself, which you think I have somewhat mistaken, and stretched it further than ever the reformers of the Church of England (the composers of that Article) intended it. For, when you have agreed with me in your former sense, (wherein, for the reasons that I gave above, I cannot altogether agree with you,) you add moreover, and say, that "these books may therefore be held to be apocryphal, and invalid for the establishing of any doctrine by them, because they never were indited by God's Spirit, but are mere human writings, though very excellent ones." And you subjoin: "If this be my sense, as to you it seems to be, that you must then suspend your consent at present:" where you did not amiss to put an "if" to it. For truly, if this had been my sense barely, as you set it down, I confess I should then have mistaken both the article and myself.

14. But, first, I do *not* deny the controverted books to be canonical, undoubted, and infallible Scriptures, *only* upon that score, because they can establish no true or wholesome doctrine, but because they can establish no necessary doctrine or point of faith to be firmly and universally believed upon their own only authority alone, (suppose it be some one or more points of faith and doctrine now in controversy between

the Church of Rome and us,) which the confessed and undoubted books of Scripture will do by your own former confession. Secondly, I do not say, that the writers of those controverted books had not the Spirit of God to assist them at all, but that the Church was never assured they were immediately inspired to write canonical Scriptures: for certainly it was God's Holy Spirit, that otherwise guided and directed them to write so many heavenly rules of sound and good doctrine as they did, to set forth so great a number of religious examples for us to follow in the exercise of piety, magnanimity, constancy, chastity, courage, and patience, together with other the like virtues,—matters so agreeable and consonant to the undoubted Scriptures of God, that no other writings of men are acknowledged by us to have had either the like portion of divine light and God's Holy Spirit in them, (eminent [w] above all others of that kind,) or the like degree of honour given them by God's Church; which is more than any writings after the Scriptures have had besides. Thirdly, for this cause I do not call them mere human writings, (as you conceive I do,) but mixed, and qualified with the terms of ecclesiastical, sacred, and divine writings. (Num. 77.[x]) I distinguish them likewise from those books that are merely apocryphal; (num. 60.[y]) and such as were disallowed and not permitted to be publicly used, or any part of them to be read in the Church. Moreover, I acknowledge them to be canonical, (if that term be largely, and not strictly understood,) in divers respects: (1.) In regard of the good and religious use that may be made of them for the more ample direction and instruction of the people in a pious and regular course of life, to which purpose we bind them up with our Bibles, and read many lessons out of them in the public Liturgy, (in which sense the Council of Carthage[z] took them, when it gave them that appellation:) (2.) Or, as they are to be preferred before all other ecclesiastical books, (in which sense S. Augustine[a] took them:) (3.) And, as they are opposed to supposititious, rejected, and apocryphal writings, properly so called, (in which sense both S. Augustine, and

[w] Hist., num. lxxxi. p. 105. [See vol. iii. p. 135.]
[x] [vol. iii. p. 119, et seq.]
[y] [pp. 69—71.]
[z] [See Schol. Hist., n. lxxxii. vol. iii. p. 143. note f.]
[a] [Ibid., n. lxxxi. p. 131. not. z, &c.]

the Council, and divers other of the Fathers, took them.) All these ways, I allow, they may be called canonical, as you may find in many places of my History, and especially in the end of the eighty-first[b], and not far from the beginning of the eighty-second[c] paragraph. Only in this one regard I deny them to be strictly and properly so called, because they want the five characters of indubitate and canonical books of Scripture, mentioned (as I said before) in my second[d] paragraph, which you are to take all along with you, or else you miss the sense of my whole book. And, if you miss that, it is no great marvel you should conceive and imagine that I have missed the sense of our Article.

15. Yet you urge against me the difference, which you have apprehended herein between my sense and the sense of our first reformers, as you say (twice) " you have heretofore done all along, in your letters addressed unto me for that purpose, and said, what you repeat now again, that you cannot consent to my way of stating the matter, and so not to very much of that which I drive at in my book."

16. Where you will permit me to put you in mind, and to tell you, that, after you had first invited me and set me upon the work, (which you did by two very earnest and most friendly letters,) and when I had, with all the pains and care that either my industry or my skill could use, endeavoured to content and give you satisfaction, by sending you the book in a fair and full order finished as it was, after this I never received more than one letter from you about it, (before now,) wherein you were so far from saying what you do in this last, that, besides your very kind acceptance of the book, expressed in many affectionate terms, you were pleased to return me more abundant thanks for it, both from yourself and others, than I could any way deserve: you told me, that "you had put it into the hands of many learned men, both Bishops and Priests, who were well able to judge of it, and that it was truly approved by all that read it." Of my lord of Ely[e] you said, that "he had read it over twice, and very highly approved of it;" (that was your expression again :) " with whose judgment my lord of Rochester[f] was satisfied." And for yourself

[b] [p. 142.]   [c] [p. 146.]   [d] [p. 4.]
[e] [Matth. Wren.]   [f] [Joh. Warner.]

you added, that "you had not only discerned the work to be most accurate, but that I had insisted also on the only right way and method of deciding the point,—that the pains I had taken would not be for your benefit alone, (so you were pleased then to say,) but, as you trusted, for the benefit of the Church of God,—that you had not hitherto met with any thing so fully written, in defence of our Church's catalogue of canonical books,—and that upon these terms (with many more) you had professedly recommended it to all others who received it from you to read and peruse it. Only upon better leisure, and more mature consideration, you found that you had some exceptions to make:" whereof yet you named but one alone, concerning the book of Baruch, set forth (as you conceived) both by the Council of Laodicea, Athanasius, and S. Cyril, and by the English Bible in the time of King Edward, among the number of canonical books of Scripture. Other mention than this you made not of our first reformers at all, nor said you more concerning the proceedings or judgment of our Church herein, than that "our Bible so continued till the second reprinting of it after Calvin had dealt with the Protector." But to this exception I returned you a large, and (as I thought) a satisfactory answer: for you were silent upon it, and said nothing to it, all the space of twenty-one months together, during which time you committed the book to the press. And now, after all this, when it was ready to come forth, I confess it did a little trouble me to receive an unexpected letter from you, wherein, though you freely acknowledge that I have "satisfied you as to the overthrowing of the Tridentine canon, yet, for the Article of the Church of England, and the judgment itself to be made about some of the controverted books," you say that you must "now again alike freely profess, as you have heretofore done all along in your letters to me," (I had but one letter from you, and what you professed in it may be seen before,) "that you cannot consent to my way of stating the matter, and so not to very much of that, which I drive at in my book." Truly, had you said as much before, I profess alike freely to you, that for your sake I would never have given my consent to have had the book published, at least, not till you had been better satisfied, for whose sake it was at first compiled.

16. [*bis.*] Yet since it is come thus far, I must endeavour now to satisfy you as far as I can.

17. And, first, let not that trouble you, (which you say you alleged heretofore, but truly I never heard of it from you till now,) that "our sixth Article in King Edward's time was wholly without this distinction between the canonical books of the Bible, and the others now set down as not such." For, in King Edward's days, (during all whose reign the new canon made at Trent was not yet confirmed and published,) there was no great need of any such distinguishing article; nor was the Church of England, (which with all other Churches had from time to time well known and preserved that distinction by prefixing S. Hierome's Prologues before their Bibles,) so early troubled about it, or disquieted with any open opposition against it. But when, in Queen Mary's days, the canons of the new council house came roaring over from Trent, and in the beginning of Queen Elizabeth's reign made so great a noise in England that men began there to be afraid of them, lest they might do some hurt, it was time then for the reformers, and composers of our Articles, to take special notice of it, and carefully to keep up (against the new canon of Trent) the old distinction between the canonical books of Scripture, and those that were not truly such, according to S. Hierome's Prologues, together with the general received tradition of the Church, in all times before, about them.

18. To which purpose there is, in effect, as much said (though the particular catalogue of each sort of these books be not specified) even in King Edward's Article. For there is a plain distinction also made there, by your own confession, first, between those things (or points of doctrine) that may be admitted as pious and profitable for good order and manners, and those that are to be required of any man as articles of faith, and necessary to salvation: then, secondly, between those books of whose authority there hath been doubt made from time to time, and those of whose authority there was never any doubt in the Church[g]: which distinction can refer to no other books, than such as are of either kind

[g] [These words are not found in the Article of Edw. VI.—See Gunning's Letter, p. 413, note h.]

named in S. Hierome's Prologue set before the Bible, and afterwards particularly declared and specified in the two several catalogues which the reviewers of that Article added in the time of Queen Elizabeth.

19. I say again, let not this trouble you. For there was no more done in this Article, than in some other besides; as in the twenty-fifth, not only the specifying of the two Sacraments that were ordained by Christ, but the excluding also of the other five by name from being any true Sacraments of the Gospel. In King Edward's time we were content to use S. Augustine's general words[h], and say: *"Dominus noster Jesus Christus sacramentis numero paucissimis,* &c., . . . *societatem novi populi colligavit, sicuti est Bapt. et Cœna Domini."* But, when the Council at Trent had determined that number, (under the pain of *anathema* and damnation to the gainsayers,) that it was neither more nor less than seven, the Church of England in Queen Elizabeth's time thought it requisite to speak more expressly, and to declare no less against this canon of new Sacraments, than it did against the other of new canonical Scriptures. More instances might be given, but there is no need of them.

20. That the catalogue of canonical books named and numbered in the Article was intended a catalogue of such books, not simply, (if you take the word canonical, as you do, for "those books of Scripture, which contain all articles of Faith, or things necessary to salvation, and of which, or whose authority, was never any doubt in the Church,") is not so well said: otherwise, if you take the word canonical in a large sense, as I often grant in my own book that it may be taken, for those books of Scripture which contain rules or examples of good life, and of whose authority there hath been ever a very considerable doubt in the Church, then indeed your saying is very true, and I have nothing to fault in it. For, as you observe very well, "Our reformers found it a very

---

[h] [S. Augustine's words are: "Primo itaque tenere te volo, quod est hujus disputationis caput, Dominum nostrum Jesum Christum, sicut Ipse in Evangelio loquitur, leni jugo Suo nos subdidisse, et sarcinæ levi: unde Sacramentis numero paucissimis, observatione facillimis, significatione præstantissimis, societatem novi populi colligavit, sicuti est Baptismus Trinitatis nomine consecratus, Communicatio Corporis et Sanguinis Ipsius, et si quid aliud in Scripturis canonicis commendatur;" &c.—Vid. S. Aug. ad Inquisit. Januarii, lib. i. epist. liv. § 1.—Op., tom. ii. col. 124.—Conf. lib. de Verâ Religione, cap. xvii. § 33. tom. i. col. 758.]

happy thing, that they could say truly (as they might indeed most truly) that all Articles of Faith, and all things required as necessary to salvation, are contained not only in the canonical Holy Scriptures, but (which is much more for our comfort and quiet) even in those canonical books, of whose authority was never any doubt in the Church. For those, of which there had been considerable doubt," (you say, by considerable parts of the Church for some time : I say, by all parts of the Church in all times :) " could not be of equal or like authority, (as the Tridentine definition would have it,) for the determining of any point of the Faith, with those of whose authority there was never any doubt in the Church. And of these latter the after subjoined catalogue did" not only " *seem,*" (which is too lessening and doubtful a word,) but was most evidently " a fair and true catalogue." Thus far, (that is, if you please to let your words be thus qualified,) we agree.

21. But in your next section, when you say, on the other side, " No man can with any colour believe now, that no other books are at all canonical," (taking canonical strictly for books that contain matters of faith necessary to salvation,) " or truly and certainly to us God's Word, of whose authority there hath been doubt in the Church," among which you number not only "Tobit, Judith, Baruch, Wisdom, Ecclesiasticus, the additaments to Daniel, and the first of Maccabees," (you omit the 2nd, and the rest of Esther,) but likewise "the Apocalypse of S. John, his 2nd and 3rd Epistles, together with the Epistles of S. James and S. Jude, the 2nd of S. Peter, and the Epistle (of S. Paul) to the Hebrews, besides some parts of the Gospels :"—in this we agree not, and I have given you my reasons for my necessary dissent from you before.

22. I am likewise as far from agreeing to you, when you say : " It is impossible to imagine the composers of our Article ignorant of the doubt, which had been, of many of those books in the New Testament then and now commonly received, and that these books" (which you named out of the New Testament before) " were by them intended to be the books, of whose authority the Church had doubted." For, if they had either known that doubt, or intended those books,

they would surely have put them into a catalogue by themselves, (as they did the other of the Old Testament,) and not have "counted them all to be canonical," as expressly as they do, referring the term canonical here to what they had said of it before, that is, to "those books, both of the Old and New Testament," (for certainly the Article did not intend to deceive us with a reserved or double sense,) "of whose authority was never any doubt in the Church:" which is so far from being "apertly false," that it is most assuredly true: for, as I said before, three or four private men (or a greater company than these) that have now and then, out of their particular fancy and curiosity, scrupled those books of the New Testament, (as some have done other canonical books of the Old,) will not make up the body of the Church, which always received and embraced them, notwithstanding those scruples of a few self-conceited persons.

23. And now I have nothing else to consider, in all your papers behind, but the arguments which you bring for the defence of the doubtful (and therefore, say I, uncanonical) books of the Old Testament, out of the Bible, the Service Book, and the Homilies.

24. First, you direct me to King Edward's and the Bishop's Bible, where, 'in the recension of all the books at the beginning,' you say[i], (and I believe you upon your word, for I have not these Bibles here by me,) that "the books Apocryphal are noted to be two, (the third and fourth of Esdras,) as they were then and now are commonly reputed by the Church of Rome." This,—as it may well be, if the notion of apocryphal writings be taken more properly for those books, that were of less credit in the Church, than either Wisdom, or Ecclesiasticus, or the rest of that class, that were in those days termed *ecclesiastical* Scriptures: yet will not the calling of these two 'apocryphal books' be a sufficient proof, that therefore all the other, sorted into the second catalogue of our Article in Q. Elizabeth's time, were to King Edward's Reformers, or to the Church of Rome then, equally canonical with those undoubted books, which are set forth there in the first catalogue. And this is all that I drive at throughout the whole discourse of my book; wherein I wonder the more,

[i] [See Gunning's Letter, p. 415.]

why you should say that you cannot agree with me. For, if the several editions of the Bible, or the tables of recension set before them, be so prevalent an argument with you, I can tell you of a Bible[j], (which I have seen with mine own eyes,) printed here in France ten years before King Edward's was printed in England, wherein not only the third and fourth of Esdras, but all the rest that we now print after them, as appendants to the Old Testament, are, in the recension of all the books at the beginning, set down with the title of Apocrypha over them all, and in that notion distinguished from the canonical books by name and special advertisement. Now add hereunto, that our present Article of the Church of England numbereth Tobit, Judith, Wisdom, &c., in the same class, and in the same notion, with the third and fourth of Esdras, (which you confess both King Edward's Reformers, and the Church of Rome, then and now acknowledge to be apocryphal,) and your own argument will of force return strongly against you.

25. I have answered your objection concerning Baruch, the prophet, in my paper sent you heretofore. It may trouble you the less, because he is so styled even in that class of our Article, which distinguisheth him from the undoubted and canonical books of Scripture. Nor will S. Peter's place help you: (you cite 2 Pet. i. 19.) who, when he spake of a sure prophecy[k], never intended, we may be sure, any uncertain or doubtful book of the Bible. I will say more: when S. Jude cited Enoch's prophecy by name, (Jud. v. 14, 15,) there is no question to be made, but it was a true and sure prophecy, and that it had a certain event: yet will not this serve their turn, who shall say, that therefore the prophet Enoch was numbered before among the canonical books of Scripture: so far is Baruch off from being "surely canonical," as you would have him to be.

26. In the first Common Prayer-book of King Edward VI., you say[l], that, among other sentences of Holy Scrip-

---

[j] [See Schol. Hist., num. clxxvii. vol. iii. p. 262; and, besides the Bibles there noticed, see Bibl. Sacr. juxta Vulg., &c., ex officinâ Sim. Colinæi, Par. 1541.—But Cosin evidently refers to some yet earlier edition.]

[k] [In the MS. the words, "and that it had a certain event," were originally here inserted, but they have been subsequently erased by a pen, as having been copied by mistake apparently from the place below.]

[l] [See Gunning's Letter, p. 416.]

ture read at the Communion or Offertory, there be two taken out of Tobit. You may say as much of ours, that is now in use, (for there they be both,) but you will gain nothing to your purpose, either from the one book, or the other. For under the name of Holy Scriptures is a great deal more comprehended, than the canonical books of Scripture, to which they are otherwhiles restrained, when we speak [ex]pressly and distinctly, as our Church doth in her Article. And, though she doth not always so in her Common Prayer-book, and Homilies, yet therein she doth no more, than many of the Fathers and ancient Churches have done before her, as I have often declared in several passages of my historical discourse about them.

27. In the Common Prayer-books ever since, you observe, that "Lessons are taken out of those controverted books of Scripture." And so are they likewise in the first book of K. Edward[m], where you might have observed the same order appointed for such lessons from the 5th day of October to the 28th day of November, among which there is "a feast of high note, when all the people are supposed to be present[n]." And at this feast the lessons, "which otherwise came then in order to be read, are set aside for the time," as they were afterwards at some other 'higher feasts of the year.' But this will not make those lessons to be canonical Scriptures (properly so called) either now or then. It is enough, that they tend both to instruct the people with good rules and holy examples of life, and to illustrate the sacred mysteries of our Religion. And we are ever to remember that saying, whereof we are put in mind and forewarned in the Preface to all these Books of Common Prayer, that, "as there be left out many things in them, whereof some be untrue, some uncertain, &c., so there is nothing ordained to be read, but the very pure Word of God, the Holy Scriptures, or that which is evidently grounded upon the same:" which will also serve for an answer to what you observe of "the Collects upon Good-Friday, the First Day of Lent, and the Eleventh Sunday after Trinity:" though all the words, which I can find parallel to what are used there, be in Wisdom xi. 24, where we read only, "and abhorrest nothing that Thou hast made."

[m] [A.D. 1549.]   [n] [See Gunning's Letter, p. 416.]

28. But I pray you bring the opinion that you have of Baruch to these Common Prayer-books, and see how well it agrees with them, (either the first, or the last,) before we leave them. You were, and are still, of the mind, (for aught I perceive,) that Baruch is not only a true part of canonical Scripture, but counted to be one book with the Prophecy and Lamentations of Jeremiah: for which purpose you avouched some of the ancient Fathers, and would have me believe, that the Reformers in K. Edward's days, at least they that then composed the first Liturgy, were of no other different opinion from you: as indeed I am, and must be still. For besides the answers that I have given to your objections out of those Fathers, I ask now, why those first Reformers (if they had been of your mind) did not appoint in their calendar Baruch to be read° immediately after the Lamentations, as they did the Lamentations next after the Prophecy of Jeremiah, but kept both the one and the other in their proper and distinct order? And this I desire you to note only the rather, because you think that this first Common Prayer-book and the Bible in K. Edward's time are both for you.

29. As for the Homilies, (whereinto you have made so diligent a search for this purpose,) I can see no more evidence in them, than what I have found, and taken notice of already, in my book, out of the like popular sayings used by the ancient Fathers, concerning many other writings of less credit in the Church than these controverted books of the Scripture ever were. And the answers, that I have made in sundry places to the one, may well serve and suffice for the other. For, if those very Fathers, who otherwhiles (when they speak precisely and strictly of Divine and undoubted Scripture) did not acknowledge, but reject, those questioned and doubtful books out of the canon and supreme authority of Scripture universally received in the Church, and yet notwithstanding did otherwhiles (when they spake in a popular and large sense) call the same books "Holy and Divine Scriptures, the Sacred Word of God, and writings of prophetical and wise men inspired by the Holy Ghost," (some of which

° [In Edward's Prayer-Books Baruch is appointed to be read at the end of the Apocryphal books, in November.]

appellations they give to other writings of lower note than these,)—if, I say, those Fathers may have such an interpretation put upon either of their sayings, as that they shall not be made to contradict one another, nor to be uncapable of a distinct sense,—why may not our thirty-fifth Article have the like interpretation given to it, and be kept from contradicting the sixth? The Homilies are popular Sermons, and though it be very true, that they contain and set forth in general "a godly and wholesome doctrine, necessary both for those times," wherein they were made, and for these times of ours besides, yet will not that necessity go so far, as to make every particular word, and every popular or free expression in those Homilies, to be the strict and determinate doctrine of the Church, whereunto all men are tied to subscribe, and hold them every one, no less than the Articles themselves: for then you and I, and all others of our profession, shall be bound to believe and teach, as the determinate doctrine of our Church, that Nebuchadnezzar was "a beast, and went upon four legs[p]," that "S. Ambrose excommunicated Theodosius the Emperor[q]," and that, being so excommunicate or given over to the Devil, he was "to be shunned and avoided by all good men:" which words I presume you would rather excuse, as popular declamations, and excesses of speech, than admit them for the positive and necessary doctrines of the Church of England. And yet, notwithstanding these words, we are all bound to subscribe to the general aim and doctrine of those Homilies, wherein they are found, that it was and is behoveful for the times.

30. But, that it was behoveful and necessary either for those times or these, to believe that Tobit and Baruch, or any other of the controverted books, (which be there called Holy Scriptures,) are in every respect no less the Word of God, than Moses and the prophets are, is more than either the Homilies, or the composers of our thirty-fifth Article, (who declared the contrary before in the sixth,) can be conceived to intend. For this hath neither evidence of truth, nor proof sufficient to give it warrant. And therefore their common and popular expressions of those books may with

[p] [Homily on the Passion, par. ii., ed. Lond. 1846, p. 452.]
[q] [Homily on the right use of the Church, par. ii., pp. 176, 177.]

far more conveniency be qualified, and ask that indulgence which an ordinary courtesy will easily grant them, than challenge that assent which our reason cannot yield them.

31. That which they say "in the second part of the Sermon of Almsdeeds[r], where they cite Tobit, and the Son of Sirach," is by way of accumulation and enlargement to what they had cited before of Christ's own words out of S. Luke; to which purpose they afterwards explain themselves, when in the next page to yours[s] they say: "The meaning then of these sayings in the Scriptures, and other holy writings, *Almsdeeds*," &c.

32. In the second[1] part of the Sermon of Obedience, these [1 ["first."]] words which you cite, as referring to Wisdom vi., "Learn here by the infallible and undeceivable Word of God, that kings," &c., may as fitly refer to Proverbs viii., which they cited immediately before, and to Deut. xxxii., and Rom. xiii., which they cite immediately after. Take them *cumulativè*, as in the third part of the Sermon against the Peril of Idolatry the like saying is taken, where four places of Scripture (and one of them is Baruch) are noted in the margin to make it good: or take them *separatim*, in regard of the matter and subject whereof they treat, which is the same with that in the Proverbs, and stands verified by other canonical Scriptures; and then no doubt we may be bold to affirm of Wisdom vi., that which with much confidence preachers will aver of many their own sayings in their sermons, "Let us learn here by the infallible and undeceivable Word of God, that kings," &c. For upon the infallible Word of God those words are certainly grounded.

33. In the first part of the Sermon of Swearing, Almighty God saith no more by the Wise man there, than he may and useth often to speak by other wise and holy preachers in His Church.

34. To your citing of the Prophet Baruch I have answered enough before.

35. All the rest of their sayings, which you have observed, are either (as I said) accumulations to other places of the canonical books, or ambiguously and largely termed the Scriptures and the eternal Word of God.

[r] [See Gunning's Letter, p. 416.]   [s] [p. 416.]

36. And thus, Sir, you see it is very possible (and, for the many forcible reasons given in my book, very requisite) to reconcile our two Articles together, which is very easy to be done by interpreting the thirty-fifth Article in this more mitigated sense.

37. But, whether this sense, or the other, be more agreeable to the sense of antiquity and universal tradition, (notwithstanding all that I have said of it in every age,) you think is still to be enquired. By which inquisition, if any thing shall be found wherein I have departed from the ancient Fathers, and the common voice of the Church, (as I am yet confident that I have not,) I will promise you to let the world hear me say: *Quod feci, infectum esto; et indictum, quod dixi.*

In the mean while, how highly soever you shall with words of truth seek to extol the credit of Baruch, or Wisdom, or any other of those Ecclesiastical books, you will not herein offend me at all. I seek not to derogate from any thing which such holy writings can justly challenge; but my desire is, to uphold the due estimation and the peculiar glory of the undoubted and canonical Scriptures by universal tradition delivered to the Church, from which they do surely derogate more than they ought, that shall impart the same glory to any other sacred writings whatsoever: which is the sum of my whole book, and the mind of, Sir,

Your most affectionate Friend
and Servant,
J. C.

From Paris,
April 4, 1657.

[Copied from the original in Dr. Cosin's own hand.]
Some time in my hands, till I parted with it to my honourable friend [White[t]] Lord Bp. of Peterborough[u].

---

[t] [White Kennet.] [u] [This note stands in the MS. bracketed as above.—ED.]

FOR MR. GUNNING.

May 6, 1657.

Sir,

I HAVE lately received a letter from London, (and I think it came from one that has since sat at the same table whereof we spake before,) that gives me thanks for the book, and calls it an excellent vindication of our Article, but tells me withal, that there be many persons not unlearned who think the whole question to be no fit matter for any great contest: which is no more than I looked for from the very first time that you set me about it. And yet, if they had waded as far as you and I have done in it, I believe they would be of another mind: for, by your leave, it is *Illustris Quæstio*, and no man ought to be so indifferent in it, as to suffer himself and all the reformed and ancient Churches to be accursed, as they are by the Roman party, without being less sensible of it than we have been. But hereby you see the guise and censure of some men in the world, who are more forward to vent than to study what they say: which seems to tend to nothing else but this, that all the care and pains, which you and I have taken about this matter, might well have been spared. Howsoever, if you repent not of it, no more do I: *qui nolui te hæc igno[ra]re*, and am, Sir,

Your most affectionate Friend and Humble Servant,

J. C.

Of late I have been so very ill at ease, that for 12 days together I had no use of my eyes[v], and am not yet well recovered.

[v] [See the extract from Cosin's letter to Sancroft, p. 242, note b.—See also a previous letter to Sancroft, dated from Paris, June 26, 1659, (Harl. MS. 3783, 103;) in which Cosin excuses his writing badly, on the ground that a cataract was forming in his reading eye, he having "never had but one eye for that purpose."]

TO MR. GUNNING.

May 26, 1627, [1657.]
SIR,

I HAVE yours of May 11th, together with what you sent inclosed; for which I return (as I am most obliged to do) all due and hearty acknowledgment, both to yourself, and to them that are so constantly mindful of me.

At other men's words (whereof you take notice) I shall not be troubled, and truly I gave little credit to them: for I know how to discern a molehill from a mountain.

But for the letter, which you say was shewed to you, (and I pray tell me from whom, though it be but a line or two, for then I shall be able to judge of it, whether it were a true copy or a false,) I am very loath, that there should be the least difference of judgment in that matter between us. Nor, by the words that you express of it, do I perceive that you dissent from me at all. For you shall not find, (if the copy of the letter be true and entire,) that I ever said [x] Presbyters had any power of rightful Ordination in the judgment of antiquity: nay, you shall find the contrary, and that I greatly blame them, saying, they will never be able to answer it, for presuming to take a power upon them, which was never given or committed to them; and that nothing but a case of necessity, (reserving their wonted desire of Bishops, where they are by no means to be had or permitted,) can excuse them. I know it is the interest of the Pope and the Jesuits, with other of the like faction, to cry down the *jus divinum* of Episcopacy; and, as I never was, so by the grace of God I shall never be, of that faction. But the question only is, whether there be such an absolute necessity and precept in that *Jus Divinum* in all places, and at all times, as, where it cannot be put in practice, there, in such a case of necessity, the ordination of a Presbyter by a college of Presbyters,

---

[x] [See Letter to Cordel, p. 401, et seq.]

(though altogether against the ancient and apostolical canons, for which they are to answer,) shall be utterly void and invalid to all effects whatsoever, (as you know who hold our administration to be, when a lawful Presbyter cannot be had or found to perform it,)—whether, in such a case, if you were a Bishop, you would ordain the Presbyter again[y], or no; which was never yet done in the Church of England, but in Mr. Dury's case[z] alone, and that upon his own earnest [desire,] and pretence of conscience, though, all the world saw, he looked another way:—whether the Church of England hath ever determined the French and German ordinations by Presbyters or superintendents to be null and vain? and hath not rather admitted them, and employed them at several times in public administrations of the Sacraments, and other divine offices among us?—yea, whether there was not a law made (13 Eliz.[a]) to allow such an ordination, then questioned by some persons, whereof I could tell you a long story out of our records in the church of Durham, which I have heretofore diligently perused? I could tell you another of Bishop Overall's[b] judgment herein, who was as great a patron of antiquity and the Church of England, as any Bishop or Priest that ever lived in it; and was wont to say, 'Though we are not to lessen the *jus divinum* of Episcopacy, where it is established, and may be had, yet we must take heed that we do not, for want of Episcopacy, where it cannot be had, cry down and destroy all the Reformed Churches abroad, both in Germany, France, and other places, and say they have neither ministers nor sacraments, but all is void and

---

[y] [This point was decided in 1661. In Ireland Abp. Bramhall, and the Bishops, ordained such persons under an hypothetical form. (Conf. Kennett, Chron., ed. Lond. 1728, tom. i. pp. 440, 441.) The Bishops for Scotland were first ordained Deacons and Priests absolutely; and by the *Act of Uniformity* (13 and 14 Car. II., cap. iv. § 14) it was enacted, "that no person shall be capable of any benefice, or presume to consecrate and administer the holy Sacrament of the Lord's Supper, before . . . . . he be ordained a Priest by Episcopal ordination, on pain of forfeiting for every offence one hundred pounds."]

[z] [John Dury, or Durie, a divine of Scotland, who laboured to unite the Lutherans with the Calvinists.—See Watt's Bibl. Brit., sub nom.]

[a] [cap. xii.—Stat. at Large.—Bp. Cosin refers to the case of Whittingham, Dean of Durham.—See Birch's Life of Tillotson, pp. 186, 187, where is given the substance of a letter of Cosin's on the same subject as the letter here printed; and where also his statements respecting this Act are corrected.—See Strype's Annals, book ii. ch. 11. vol. ii. (part 2.) pp. 519, et seq.]

[b] [See the extract from the letter in Birch, p. 185, referred to in the last note, and in which Bp. Overall's words are given. The party, whose ordination was in question, was Dr. Delaune.]

null that they do.' This is all the letter drives at, and at nothing else: which truly I cannot apprehend, how it either hurts the *jus divinum* of Episcopacy, or excuseth their voluntary and transcendent impiety, that have endeavoured to destroy it in the Church of England, contrary to the laws of God, and His universal Church, the Mother of us all. I shall trouble you no more at this present: but I shall be willing and desirous to receive a line or two from you, both to know who shewed you the pretended letter, and to have your sense of what is here written by,

     Sir,
      Your most assured friend, and
         humble servant,
           J. C.

Mr. Richard Reeves at this time missed of his rate, which hath been higher this last fortnight than ordinary: and if he had set his bill at usance, and not at three days' sight, his sum would have [been] 32 French livres more than it was.

For my honoured friend, Mr. P. Gunning.

LETTER TO DR. COLLINS CONCERNING THE SABBATH [c].

[This letter has been printed in the Bibliotheca Literaria, num. V. paper iv., ed. Lond. 1722, p. 33, et seq.]

REVEREND SIR,

I HAVE now got a little leisure (and but now) for this rescript *De Sabbato*, or *De Die Dominico*. Such as it is, I submit it to you.

1. For the *perpetual Morality* of the Sabbath, there is no question but the old heretics were out, and that the new English puritans are so too. The keeping of that particular day was not moral, nor by precept binding any other men but the Jews, nor them further than Christ's time.

2. But then, secondly, whether one day of seven at the least do not still remain immutably to be kept (I do not say by all men, and by virtue of the law of nature, but) by us, that have knowledge of God's will and example before, and by virtue of the rules of reason and religion,—that we Christians ought not to think a less time will be exacted of us, than was of the Jews?—this is the question.

And, if S. Chrysostom and the other worthies (whom you name) were for the affirmative part, that one day of seven is due at least, (as of that mind they were,) I believe they grounded themselves upon these rules of religion and reason, and not that they held the privy, simple, moral law of nature did dictate to all men any such precise and set time to be kept. Truly I am tender of their credit, more than of any other men's, and for their sakes (besides the good piety and religion that is in it) we think that assertion would be still

---

[c] [A full account of the opinions and controversies of the time, on this subject, will be found in Bp. Francis White's 'Treatise on the Sabbath-Day,' ed. 2, Lond. 1635.]

held up to be probable, at least not so exploded, and contemned so confidently, as by some men it is. For my part, I will not stand in it; but this I will surely stand in,—and I have good authors to hold by,—*Unus e septem, si non sit moralis, tamen maxime Naturæ, Rationi, et Religioni consentaneus est.* I dare go no further, especially since you are scarce willing I should go so far. You see what power and authority you have over me.

3. But now, in the third place, for our *Dominicus Dies*, as it is established and settled by a new law: I will crave leave to be of the same mind I was, that it is *immutable*, till they that are of another mind, (among whom I do not yet account *you* to be one,) and say it may be transferred to any other day of the week, shall answer the authorities that are found, both in the Scriptures and in the Fathers, better than they do. For, first, I trow it will be granted, that, if this day be of *divine* institution, no *human* authority hath power to alter it. *Si Divino Jure constitutus sit, nullá potest humaná auctoritate abrogari vel mutari.* The schoolmen confess as much: and Canus [d], in the place by you designed, as much as they, *Novæ Legis præcepta Ecclesia solvere non potest*; and in another place more plainly, (lib. iii. c. 5 [e]:) *Ex traditionum quippe vinculo, quas a Christo acceptas Apostoli fidelibus servandas reliquere, Ecclesia fideles eximere non potest, nec illas contrariá aliquá consuetudine abolere.* Here be two things to prove: I. Divine Institution: II. Apostolical Tradition.

1. And, that it is of *divine institution*, (as that I must think so, at least till I have better learned,) I have these places both from Scripture and Fathers to prove it, many whereof are not yet touched by them who have declared their minds another way for the mutability of the Lord's Day.

[§ 1.] I begin with the Scriptures, and first with that of S. Paul: "The sabbath was a figure and shadow of somewhat to come," (Col. ii. 17;) which is applied by S. Austin to *Dies*

---

[d] [De Loc. Theol., lib. ii. cap. xviii. § Ad quartum.—Op., ed. 8°. Col. Agr. 1605, p. 129.—The precise words of Canus are: "Inter hæc autem Scripturæ mandata non leve discrimen est; quod priora illa a Domino Apostolis tradita, ut propria sunt Legis Novæ præcepta, ita ea Ecclesia nec solvere nec remittere ulli potest, sicut ne legem Naturæ quidem."]

[e] [Ibid., p. 162.]

Dominicus, ut quod Judæi in figurâ, nos in veritate celebremus, (Serm. 251, de Temp. [f];) and by Leo the Great [g], *Dies sabbati, dum mutatur in Dominicum, impletur.* The fulfilling of the typical sabbath is the very changing of it (as it was changed) into the Lord's Day.

[§] 2. Then, that of the Psalmist is a pregnant testimony, (Ps. cxviii. 22, 23, 24 :) *Lapidem quem reprobaverunt,* &c. *A Domino factum est istud,* &c., and, *Hæc est Dies quam fecit Dominus,* &c.: which place is a prophecy of the Lord's Day, and by the general consent of the Fathers so understood. "There is not one of the Fathers," (saith he, whose sayings and readings too we may trust for this,—it is my lord of Winton [h],) "that interprets these words otherwise." And yet *nos habemus firmiorem sermonem,* S. Peter's own words, and S. Peter's own testimony, (Acts iv. 11 :) *Hic est Lapis qui, a vobis ædificantibus reprobatus,* (that was upon *Good Friday,) factus est in Caput anguli,* (upon the day of *Christ's Resurrection.*) Neither will this be restrained to *Easter-Day* only, the anniversary, but hath always been extended to the *weekly* revolution, the observation and making of every *Dies Dominicus* to be kept holy. For, (1.) The Church in her public liturgies made always this psalm a proper psalm for every *Sunday,* never to be omitted *in Die Dominico. Ecclesia semper cantat in Die Dominico, et merito,* (saith Jacobus de Graffiis, in his Aur. Decis. [par. i.] l. ii. c. 34, n. 4[i] :) *'Hæc est Dies, quam fecit Dominus.'* So that it was for these *words'* sake, that the whole psalm was sung, and for the *day's* sake, that these words were sung *every Sunday :* a plain case, how the Church understood and applied these words. (2.) Then they that go about to prove and establish the great Feast of *Easter,*—they do it upon this ground, (among others,) because every Lord's Day hath testimony in Scripture, (in *this* Scripture;) asking the question, which they suppose nobody will deny, what a thing it were, that all the *Sundays* in the year should by

---

[f] [sive Serm. cclxxx., de Dominicâ, &c., § 2.—Op., tom. v. Append., col. 467.]

[g] [Passages expressing this view are found in S. Leo, Serm. lxiii. c. 5, col. 245 ; Serm. lxvi. c. 2, col. 256 ; Serm. lxix. c. 2, col. 268.—S. Leon. op., ed. Venet. 1753.]

[h] [Vid. Bp. Andrewes, Sermonon Ps. cxviii. 22, preached before his Majesty at Whitehall, on Easter Day, ed. Lond. 1611, p. 2.—Andrewes' words are, "There is not one of the Fathers, *that I have read,* but interpret it of Easter Day."]

[i] [Ed. Taurini, 1597, p. 192, B.]

virtue of this Scripture be kept, (as by virtue of it they are,) and not *Easter-Day* as well, which is the archetype of them all.

§ 3. Besides, somewhat it is that we read in the Prophet Esay, (lviii. 13 :) *Sabbatum Meum delicatum et gloriosum*, &c.; which the Council, which is called *Concilium Forojuliense*, under Adrian the first, applieth[j] to the Lord's Day. *Dixit Sabbatum Meum, non vestrum. Si de illo Sabbato diceret, quod Judæi celebrant, quod est ultimum in hebdomadá, ... diceret tantum Sabbatum, et nequaquam adderet delicatum et Meum: sed, quia differentiam voluit facere inter illud, et istud quod est Dominica Dies, ideo addidit Meum, ... atque ideo cum omni reverentiá est a nobis honorandum et colendum.* So did the Church understand that place of Esay about 840 years since. The Council was held in Charlemagne's time.

§ 4. By the Canon Law, (tit. ix. de Feriis, c. Licet[k],) it would seem, men were of the same mind then, that this Day was founded in Scripture. *Et Veteris et Novi Testamenti pagina septimum diem ad requiem deputavit.* (*Ubi Glossa:*) *Ponit Divinum præceptum, et septimam diem pro primâ.*

§ 5. But I trow the Fathers make it clear.

Ignatius, who lived with the Apostles, and knew well what their mind was, in his Ep. ad Magnes.[1]: *Dominicum Diem omnis Christi amans festum celebret, Diem Resurrectionis regalem, quem expectans propheta dicebat, In finem, pro octavâ.*

Justin Martyr, in his second apology, p. 10, pro Christianis[m]: *Die qui Solis dicitur, omnium qui in oppidis vel ruri degunt in unum Conventus fit,* &c. And, a little after[n], (which

---

[j] [Vid. cap. xlii., ap. Labbe, tom. vii. col. 1008.]

[k] [Vid. Decretal., lib. ii. tit. ix. cap. iii., ed. Lut. Par. 1561, col. 648.—Licet tam veteris quam novi testamenti pagina septimum diem ad humanam quietem specialiter deputaverit, &c.— *Gloss.*: Et primo ponit Divinum præceptum . . . . Vetus testamentum ad literam præcipiebat Sabbatum custodiri: novum vero spiritualiter illud servat primam diem pro septimâ celebrando, &c.]

[l] [S. Ignat. epist. ad Magnesianos, § 9; ap. Patr. Apostol., ed. Cotelerii, Amstel. 1724, tom. ii. p. 57.—καὶ μετὰ τὸ σαββατίσαι, ἑορταζέτω πᾶς φιλόχριστος τὴν κυριακήν, τὴν ἀναστάσιμον, τὴν βασιλίδα, τὴν ὕπατον πασῶν τῶν ἡμερῶν· ἣν περιμένων ὁ προφήτης ἔλεγεν· εἰς τὸ τέλος, ὑπὲρ τῆς ὀγδόης· ἐν ᾗ καὶ ἡ ζωὴ, κ.τ.λ.]

[m] [S. Justini Mart. Apol. i. § 67.— Op., ed. Par. 1742, p. 83.—καὶ τῇ τοῦ ἡλίου λεγομένῃ ἡμέρᾳ πάντων κατὰ πόλεις ἢ ἀγροὺς μενόντων ἐπὶ τὸ αὐτὸ συνέλευσις γίνεται, καὶ τὰ ἀπομνημονεύματα τῶν ἀποστόλων, κ.τ.λ.]

[n] [Ibid., p. 84.—τὴν δὲ τοῦ ἡλίου ἡμέραν κοινῇ πάντες τὴν συνέλευσιν ποιούμεθα· ἐπειδὴ πρώτη ἐστὶν ἡμέρα, ἐν ᾗ ὁ Θεὸς, τὸ σκότος καὶ τὴν ὕλην τρέψας, κόσμον ἐποίησε, καὶ Ἰησοῦς Χριστὸς ὁ ἡμέτερος Σωτὴρ τῇ αὐτῇ

is the place I pitch on:) *Solis autem Die communiter omnes conventum agimus, quando quidem hic est Dies quo Jesus Christus, Servator noster, a mortuis resurrexit. Postridie autem Diei Saturni, qui scilicet Dies Solis est, Apostolos et Discipulos suos, quibus tum se conspicuum præbuit, hæc docuit,* &c. Where, I trow, *hæc docuit* is as much as Christ's precept.

S. Athanasius, in his book De Sabbato et Circumcis.º: ὥπερ ἐνετείλατο φυλάττειν, &c. "*As* it was commanded, that the Sabbath day should be observed," οὕτως τὴν κυριακὴν τιμῶμεν, &c. "*so* we celebrate the Lord's Day." This *as* and *so* will extend the *latter* to a precept, as well as the *former*. So I conceive his meaning to be the rather, for that, in his Hom. de Sementeᴾ, he says again: *Dominus Christus transtulit Sabbatum in Diem Dominicum.*

Eusebius, in his third book of the Life of Constant., c. 17ᑫ: "We have received this Feast of our Saviour;" and again, "which our Saviour delivered unto us." And therefore it is, that S. Gregory Nazianzen calls it "God's own day," Hom. i. in Pasch.ʳ; where what was said of [the] *anniversary* was understood by the Church of the *weekly* revolution also of that day, as I have noted before.

S. Augustin, Serm. 136ˢ: '*Hæc est Dies, quam fecit Dominus.*'... *Hæc dies, quæ appellatur* OCTAVA, *unde et in quibusdam Psalmorum titulis superscribitur,* 'PRO OCTAVA.' And again, Serm. 141ᵗ, which is not doubted to be S. Austin's own: *Hujus rei signum erat circumcisio octavo die (imperata, in quâ) significabatur expoliatio carnalis vitæ octavo die per Christi Resurrectionem.* Et Serm. 15ᵘ, *de verbis Christi.*—*Quare ergo octavo*

ἡμέρᾳ ἐκ νεκρῶν ἀνέστη. τῇ γὰρ πρὸ τῆς κρονικῆς ἐσταύρωσαν αὐτὸν· καὶ τῇ μετὰ τὴν κρονικὴν, ἥτις ἐστὶν ἡλίου ἡμέρα, φανεὶς τοῖς ἀποστόλοις αὐτοῦ καὶ μαθηταῖς, ἐδίδαξε ταῦτα, ἅπερ εἰς ἐπίσκεψιν καὶ ὑμῖν ἀνεδώκαμεν.]

º [§ 4.—S. Athan. op., ed. Ben. Par. 1698, tom. i. p. 57.—ὥσπερ οὖν ἐνετείλατο φυλάττειν πρότερον τοῦ σαββάτου τὴν ἡμέραν, μνήμην οὖσαν τοῦ τέλους τῶν προτέρων, οὕτως τὴν κυριακὴν τιμῶμεν, μνήμην οὖσαν ἀρχῆς δευτέρας ἀνακτίσεως.]

ᴾ [§ 1; ibid. p. 60.—μετέθηκε δὲ ὁ Κύριος τὴν τοῦ σαββάτου ἡμέραν εἰς κυριακήν.]

ᑫ [cap. xviii. De consensu in celebratione festi Paschalis, &c.; ad calc.

Hist. Eccl., ed. Cantab. 1720, pp. 587, 588.—εἰλήφαμεν γὰρ παρὰ τοῦ Σωτῆρος ὁδὸν ἑτέραν.... μίαν γὰρ ἑορτὴν τὴν τῆς ἡμετέρας ἐλευθερίας ἡμέραν, τουτέστι τὴν τοῦ ἁγιωτάτου πάθους, ὁ ἡμέτερος παρέδωκε Σωτήρ, κ. τ. λ.]

ʳ [S. Greg. Theol., Orat. i. (al. xli.) § i.—Op., ed. Par.1778, tom. i. p. 4.—ὡς τάχα γε κρείττων αὕτη καὶ τιμιωτέρα Θεῷ τῆς ἑτέρας ταχύτητος.—?]

ˢ [al. clix., De Pasch. i.—Op., tom. v. Append. col. 282.]

ᵗ [al. ccxxxi., De diebus Paschalibus ii.; tom. v. col. 978.]

ᵘ [al. clxix. De verbis *Apostoli*, Philip. iii., 'Nos enim sumus circumcisio,' &c.; tom. v. col. 809.]

die? Quia . . . resuscitatio Domini promisit nobis æternum diem, et consecravit nobis Dominicum diem. Which is the same that he wrote in his 119 Ep. ad Jan.[v]: (*Dies in hebdomadarum recursibus octavus*) *resurrectione Domini declaratus est, et ex eo cœpit habere festivitatem suam.* He had said before, this day had been prefigured by circumcision; (which he repeats, lib. ii. contra Pelag. de peccato orig.[w];) and now he says, it was in truth declared to be this *Dies Dominicus*[x]. Circumcision and the Sabbath were both of one nature, both figures; and, as S. Austin[y] says the *one*, so Leo[z] says the *other*, and S. Athanasius[a] that *both* were fulfilled by the Lord's Day.

Isidore is the next, (if I do not weary you,) lib. i. de Div. Off. c. 24[b]: where, after he hath repeated many of S. Austin's words, he addeth: *Apparet hunc diem etiam in Scripturis Sanctis esse solennem.*

And the same words are repeated by Rab. Maur., l. ii. de Inst. Cler. c. 42[c], if his authority be aught.

But, if his be not, Rupertus' writings have been with most men of great account and authority. I will end this first part, for *Divine* institution, with him. He, in his l. vii. de Div. Off. c. 19[d], saith plainly, that our Saviour Christ Himself dedicated and sanctified the Lord's Day, as the Church now observes, as God dedicated and sanctified the Sabbath, which the Jews have kept before; though now, after a different way from the day of the Jews, this day of the Christians is to be kept. His words are: *Quanto præponderet primæ Sabbati sanctificatio, quæ nobis est data, sanctificationi illi, quâ Judæis Sabbatum sanctificatum*[1] *est, ex comparatione causarum vel temporum utriusque sanctificationis advertere licet. Diversis enim ex causis, longeque imparibus, et Sabbatum Creator noster benedixit, et Primam sabbati idem Ipse Salvator noster dedicavit.*

[1] ["dedicatum."]

[v] [Ep. lv. Ad inquisitiones Januarii, § 23; tom. ii. col. 136.]
[w] [cap. xxxi., sive sect. 36; tom. x. col. 269.—Dies enim octavus est in hebdomadarum recursibus Dies Dominicus, quo resurrexit Dominus: et petra erat Christus, unde circumcisionis cultellus petrinus; et caro præputii, corpus peccati.]
[x] ["Dies tamen Dominicus non Judæis, sed Christianis, resurrectione Domini declaratus est," &c.; ubi supr. not. v.]
[y] [Ubi supr. not. t.]
[z] [Ubi supr. p. 453, not. g.]
[a] [Ubi supr. not. o.]
[b] [Op., ed. Par. 1601, p. 588.]
[c] [Op., ed. Col. Agrip. 1626, tom. vi. p. 26.]
[d] [Op., ed. Col. Agr. 1602, tom. ii. p. 678.]

And these are enough for the first part, to prove that, whatever the late writers think, the ancient Fathers made account, that this day was of *Divine* Institution, and, consequently, that it was not alterable by the Church.

II. Follows now the second part, to prove it, at least, of *Apostolical* Institution. And this second point (if it may be proved) will strengthen the first. For what the Apostles ordained by Christ's authority may be well said to be done and ordained by Christ Himself. If therefore the ancient Church held it to be an Apostolical institution, I know no reason but we should now hold it to be so still, and by virtue thereof hold it likewise, as before, to be immutable.

In the Apostolical Constitutions[e] there is mention made of it, as of a matter established in the Church before they were written.

And S. Basil, de Spiritu Sancto[f], (which book though other men question, yet I suppose to be of old and good authority,) numbers the observation of the Lord's Day among other precepts, that were delivered to the Christian Church by the Apostles. So doth S. Austin[g], or whoever it was that collected and made the 251 Serm. de Temp. out of his works: *Dominicum diem Apostoli et Apostolici viri religiosâ solennitate habendum sanxerunt. . . . Et ideo sancti Doctores Ecclesiæ decreverunt omnem gloriam Judaici Sabbatismi in illum transferre, ut quod ipsi in figurâ, nos celebremus in veritate.* And Isychius, in Levitic., lib. ii. c. 9[h]: *Dies qui appellatur Dominicus, in quo oportebat modis omnibus Apostolos agere Mystica et Sacra; nam et nos, illorum sequentes traditionem, Dominicum Diem Divinis Conventibus sequestramus.*

But that, which will be sure to make it the Apostles' Constitution, is indeed S. Augustin's known rule, lib. iv. de Bapt. contra Donat., c. 24[i]. "If the whole Church observe any thing, not having been ordained by any general Council, we are certainly to believe it came from the Apostles, and

---

[e] [Vid. Constit. Apost., lib. ii. cap. 47; ap. Cotelerii Patr. Apost., tom. i. p. 257.—Vid. etiam lib. v. cap. 19, p. 327; item, lib. vii. cap. 30, p. 375.]

[f] [Vid. cap. xxvii. § 66.—Op., ed. Ben. Par. 1730, tom. iii. p. 56.]

[g] [al. Serm. cclxxx., § 2.—Op., tom. v. Append. col. 467.]

[h] [ap. Bibl. Patr. Max., tom. xii. p. 87.]

[i] [§ 31; tom. ix. col. 140.—Quod universa tenet Ecclesia, nec conciliis institutum, sed semper retentum est, non nisi auctoritate apostolicâ traditum rectissime creditur.]

none else." And the Lord's Day (as Eusebius in Vit. Const. ubi supra[k]) hath the whole Church observed, even from the very first day of Christ's Resurrection; nor was it ever instituted by any general Council: therefore an Apostolical Ordinance it is.

Now, (as Canus[l] well distinguisheth,) though there were some Apostolical institutions that were temporal, and made for certain persons and places only, to continue no longer than the necessity of some emergent causes required, and were not therefore extended either to all persons or to all times to come, yet this of observing the Lord's Day was none of that kind: for it was presently spread over the whole universal Church. All men observed it, as a common Law imposed upon them by sacred and divine authority, and from the first day of the Resurrection to this very time the observance of it hath continued in all ages. This therefore must needs be numbered, not among these *Instituta Apostolica*, which Mel. Canus, (l. iii. c. 5[m],) calls *temporaria tantum præcepta, quorum ratio brevis et ad tempus fuit;* but among those rather, that there he styles *sempiterna, quæ causam habuere sempiternam, ut in Ecclesiá servarentur.* His instance is *in aquá permiscendá Calici;* but mine may be with far better reason *in die Dominico,* which hath been so universally kept (and is, I trow, so to be still) without interruption.

One thing there is, that works strongly upon me: the ancient Martyrs died for the defence and observance of this day. In their examinations, *Dominicum servasti?* was the usual question propounded to them for their trial: and *Christianus sum, illum Diem intermittere non possum,* was ever their answer.

In process of time, some men's devotion this way (among many others) began to slack, and the precepts of the Apostles were not so much regarded as the advancement of the Pope's authority was in the world.

Then came in the Schoolmen, who, of all writers that I find, were the first that began, some to dispute, and some plainly to deny, this day to be of apostolical institution. Their aim was, of all likelihood, to set up the Pope's power:

[k] [Vid. p. 455, not. q.]
[l] [De Locis Theolog., lib. iii. cap. 5.
—Op., Col. Agr., 1605, p. 162.]
[m] [Ibid.]

for to him only they say it belongeth either to change or abrogate the day; which yet I believe they would not have said, had they diligently read and considered all the places of the Scriptures and the Fathers before mentioned.

From them our new writers have taken it: only, instead of the Pope's power, they give power to every particular Church to change the day as they see cause; though, by their good leave, what the Universal Church institutes (were it no more) no particular Church can abrogate. But *liberty, liberty*, it was, that in these latter days was so much sought after. Neither yet were all the new writers, nor all the schoolmen, of this opinion. There are among them, that be of another mind.

Among the schoolmen, Angelus, in his Summ., in c. *Feriæ*[n]; and Sylvester, in his Summ., c. *Dominica*[o]; where he says besides, that it was the general tenet of all, the common opinion, that "the Lord's Day was of Divine Institution." To them I may add Panormitan, the great canonist, whose writings used to be urged with as great force and authority as the text of the law itself. His conclusion was, in tit. ix. de Feriis[p]: *Dies Dominicus non est Ecclesiastici, sed Divini Juris.*

And for late writers, (take we in Chemnitius[q], and all,) I think my Lord of Winchester[r] and Mr. Hooker's[s] judgment as good as any of theirs.

Their distinction, that it is *absolutè* but not *practicè* in the power of the Church to change or abrogate this day,

---

[n] [Vid. Summ. Angelic. de Casibus Conscientiæ, &c., ed. Argent. 1513, fol. cx., A. 2.]

[o] [Vid. Summæ Sylvestrinæ par. i. c. Dominica, ed. Antv. 1581, p. 238.—Si vero sunt juris divini, in eis consuetudo locum non habet, ut dies Dominicus, ut communiter tenetur, &c. . . . Dico consuetudinem non habere locum in his quæ sunt de jure divino, ut hic: unde, sicut ecclesiastica lex, ita et Ecclesiastica consuetudo, variare potest tempus diei Dominicæ, quod ex lege positivâ et non divinâ dependet, ut dictum est, dummodo sustinetur xxiv. horis, quod est juris divini.—At the beginning of the chapter, Sylv. Prier. says: Dominica dicta est a Domino; . . . . succedens Sabbato non di-vinâ, sed ecclesiasticâ constitutione. Quod fieri potuit, quia præceptum de sanctificatione Sabbati, in quantum erat morale, ut scilicet aliquod tempus daretur Creatori, mutari non potuit, secus in quantum erat ceremoniale, &c.]

[p] [These words are not found; but vid. Nicolai de Tudeschis Lectur., par. i. tit. de Feriis, cap. Licet tam, ed. Lugd. 1524, tom. ii. fol. 139, A.—No. primo, . . . Diem Dominicum feriatum lege divinâ, item lege canonicâ, et lege civili.]

[q] [Vid. Exam. Decret. Conc. Trid., par. iv. cap. de Festis, ed. Genev. 1634, p. 811.]

[r] [Vid. supr. p. 453. not. h.]

[s] [Eccl. Pol., book v. c. 70. § 8, 9; ed. Keble.]

(which conceit they had from Suarez[t],) prevails not yet with me: for this distinction they might have applied as well to the Jews' Sabbath; which, for aught that was intrinsically in the nature of that day, they might have changed to another, had not God's external precept been upon them, as also we might change ours, but that Christ and His Apostles' precept is upon us to the contrary. For, excluding and abstracting the Divine positive law, there was not in the Sabbath, there was not in the Lord's Day, any more real holiness than in any other. Therefore say I, the Divine Law and the Apostles having settled and established this Day in all Churches, we have no more power to alter it than the Jews had to alter their Sabbath. So now I trust, my conclusion may stand, being confirmed by so many reasons and such a cloud of witnesses: *Dies Dominicus non est mutabilis.*

Neither will all this make any thing for the *Puritan*; for all this, that I have said and hold, makes not the Lord's Day a Jewish Sabbath. This I say against them.

1. The observance of the *Sunday* in every week is not commanded us by the fourth commandment, as they say it is.

2. Nor is our *Sunday* to be observed according to the rule of the fourth commandment, as they say it is.

3. Nor hath it the qualities and conditions of the *Sabbath* annexed to it, as they say it hath.

We believe, and my Lord of Ely[u] in his late books saith as much, that the holy Apostles ordained the *Sunday* to be a *weekly* holy-day: for else it could not possibly have been so suddenly, so universally, dispersed and observed as it was, nor continued without interruption so long. But then we believe withal, that they abrogated the Sabbath, and the ceremonies thereunto belonging, and proper to the Jews *as Jews*.

---

[t] [Francisc. Suarez, op. de Virtute et Statu Religionis, lib. ii. cap. iv. § 9; ed. Lugd. 1609, p. 164.—Ad argumenta vero de immutabilitate hujus præcepti per consuetudinem vel legem humanam respondetur, simpliciter loquendo, et quasi de potentiâ absolutâ Ecclesiæ seu Pontificum, tale præceptum mutabile esse, ut argumentum probat, tamen practicè ac moraliter dici posse aliquo modo immutabile, licet ecclesiasticum sit.]

[u] [Dr. Francis White, in his work, entitled 'A Treatise of the Sabbath Day,' Observation iii. concerning the Lord's Day, ed. Lond. 1635, p. 211, 212.

This answers their '*Filius Hominis* is the Lord of the Sabbath:' and Christ was Lord of it, too, because He had power to change it. But every man was not such a lord of it, to use it then as he listed, or to change it into what day he pleased; no, not their whole Church: nor is any man such a lord of the *Sunday* now; though a greater lord he is of it, than the Jews were of their Sabbath, because it hath not such precise observances annexed unto it as that had.

You seem to rank *Dies Dominicus* among other *ceremonies;* and so let it be: but let it be a ceremony instituted by Christ and His Apostles withal, and then there is not any power in the Church to take it away.

And, as for the *penetrabile telum*, NULLUM NUMERALE EST MORALE, I believe it to be true: but yet it smites not my assertion. For I make not the Lord's Day, or the eighth day, or the seventh day either of old, *moral of itself*, of which that rule is understood, but *moral by Christ's constitution only*, which hath power to appoint any day.

Thus I have shewed you my mind at large, which perhaps I should not have done so largely neither, but for your *Gliscit animus promissum videre rescriptum*. Such as it is, again I submit it unto you, desiring that I may with your approbation continue still in this mind, till you, and such as you are, shall be pleased to shew me a more excellent way.

Vale (Domine!) in Christo Domino.

Your assured friend and servant,

JO. COSIN.

E Colleg. Sancti Petri scripsi ipso
Die Dominico, Jan. 24, 1635.

LETTER TO MR. WOOD.

[This Letter is preserved among the Cosin manuscript papers in Bp. Cosin's Library at Durham, vol. vii. num. 18; where it is described as being "From a MS. of Dr. Cosin's own writing in the possession of Sir George Wheeler."]

SIR,

I AM still where I was. The Church never had a custom to fast upon Sundays, neither Greek nor Latin. I honour my Lord Morton, but he[v] saith nothing against it. The difference[w] between the Roman and Greek Church was about the custom of fasting upon the *Saturdays*, and the words of the VIth council (*in Sabbatis Quadragesimæ*[x]) meant no more. The Greeks were so far from fasting upon the Sundays[y], that *in honorem Resurrectionis* (as you say your books quote it) they would not fast upon the Evens neither, that is, upon the Saturdays before Easter and Pentecost. The Latin Church,— *in memoriam Luctus Apostolorum,*—they would fast upon the Saturday: for upon Saturday was their Luctus, when Christ was taken from them, and laid in His grave. So you see the reason of both Churches for fasting, and not fasting, upon Saturdays: (there was the same difference between Milan and Rome in S. Ambrose his days[z], who followed the custom of the Greeks:) but all this is nothing to a *Sunday* fast, concerning which this saying of Tertullian[a] was the general rule of all Churches: "*Jejunare Die Dominico nefas ducimus.*"

---

[v] [See 'Catholike Appeale for Protestants,' lib. ii. cap. xxiv. sect. i. § 3, p. 303.]

[w] [See Bingham's Antiquities, &c., Book XIII. chap. ix. § 3.—Works, Lond. 1726, tom. i. p. 637.—In the *Latin* Churches, excepting *Milan*, (Saturday) was kept as a *Fast;* but in all the *Greek* Churches as a *Festival.*]

[x] [Vid. Conc. Quinisext. in Trullo, can. lii., lv., lvi.—Harduini Concilia, ed. par. 1714, tom. iii. col. 1682.]

[y] [See Bingham, p. 638.]

[z] [Conf. S. Aug., Ep. xxxvi. ad Casulanum, refellens Urbici . . . dissertationem pro Sabbati jejunio, &c.— Op., tom. ii. col. 68, et seq.]

[a] [Lib. de Coronâ, § iii., ed. Rigalt., Lut. Par. 1664, p. 102.]

And it was but within this last age, that *Dies Sabbati* became Latin for *Sunday*. So, desiring you to be hereby satisfied, and wishing you heartily well, I rest

Your very loving friend,

JO. COSIN.

Southwell Palace,
Aug. 26, 1632.

To Mr. Wood of Wadburgh, in Nottinghamshire.

LETTER TO HYDE[b].

DR. COSINS TO THE LORD CHANCELLOR HYDE.

MY LORD,

.... When the Bishop of Salisbury returns his answer, I hope it will be to the king's and your lordship's full satisfaction. It is hard that Dr. Earles should be put to attend alone; but whose fault that is, I do not understand: we have been told here, that, besides others, Mr. Flood was sent for on purpose to assist him. I humbly thank your lordship for renewing your promises of the care that shall be taken for my own subsistence, whereof Lord Jermyn taketh no care at all; but the allowance, which he desired the king would make out of some monies that he would here find for his majesty, had no relation to me, but to the rent of a house only that he intended to take for the performance of our prayers, near to the palace royal, wherein we should have the protection of the Queen, if it might cost her no other expense: for they hold it here a mortal sin to give one penny towards the maintenance of such heretics as Dr. Cosin is. And in the mean while Dr. Goffe[c] is newly brought to be a chaplain in this house; and hath his pension augmented, and all by the means of Lord Jermyn. It was expected that Cromwell's death would have wrought a great change, both in England and Flanders, before now: but people say that the rebels are courted both by France and Spain.

The Duchess of Richmond hath been sick in her chamber a whole month together, and I have gone daily hence fifteen days to attend her there: she promiseth to be firm in religion, for which purpose I wish the king would now and then

---

[b] [Printed in Lord Clarendon's *State Papers*, ed. Oxford, 1786, tom. iii. p. 418.]

[c] [Dr. Goffe, who had been chaplain to Colonel Goring, was "now turned Roman and Father Confessor to the Queen Mother."—See Evelyn's Memoirs, vol. i. p. 12, 360; also two letters from Evelyn to Dr. Pierce, vol. ii. p. 134,—137.]

put a line in his majesty's letters to her; for she is, and will be, more affected with what his majesty writes to her, than what all the doctors of the world can say besides. The Earl of Lichfield is at Blois, maintained there by her, who hath but little left of her own: he is under no tuition at present, unless Mr. Givin, one of our late apostates, be again sent to him, as I hope he shall not be. Lord Inchiquin[d] went, a month since, with the Lady Dysart, whose great servant he is, towards Dieppe, and is not yet returned: his son is here, and, if anything may be had by it, we shall shortly have him a papist; for his mother can no longer keep him . . . . . It is a sad thing to say, but here in the French Court they wear mourning apparel for Cromwell, yea, the King of France and all do it; and Lockhart (for whom your lordship may be pleased to put 301 in the cypher) is shortly expected to come hither, and to be treated as before. I shall weary your lordship with decyphering so many words, and therefore I will take leave, and say no more than that I am,

My Lord,

Yours, &c.

Paris, Oct. 18, 1658.
(*An Original.*)

[d] [Basire (p. 67) mentions, among Cosin's unprinted papers, " An Answer to a paper delivered by a Popish Bishop to the Lord Inquiquin."—This tractate, however, is lost.]

ACCOUNT OF CONFERENCE WITH THE ARCHBISHOP OF TRAPEZOND.

THE FOLLOWING ACCOUNT WAS TRANSCRIBED FROM A PAPER FOUND IN BISHOP COSIN'S LIBRARY, IN THE CASTLE AT DURHAM, WRITTEN AND SIGNED BY HIMSELF.

[The original MS. of this paper is now bound up in an interleaved folio Book of Common Prayer, A.D. 1619, in the same Library, containing notes by Bp. Cosin. It is inserted (accidentally, as it would seem,) in the Psalms, at Psalm 59, the xith day of the month. It has been printed by Nichols in his Additional Notes on the Book of Common Prayer, at the end.]

It is true, that, when I sojourned lately in Paris, I contracted an acquaintance with the venerable prelate Cyril, Archbishop of Trapezond, who came often to visit me in my lodgings at the Louvre, and the Palais Royal, and had frequent conference with me concerning the condition and professed religion of the Greek, Romish, and English Churches: in which conferences his constant assertion was, that the rules of faith and religion professed in the Greek Church were the Holy Scriptures of God, and the first six general Councils, together with the canonical epistles and approved writings of the ancient Catholic Fathers and Bishops in those times : that the later councils and writers, in the Latin or Roman Church, had many novelties in them, both in matters of faith and government, which the Greek Church would not receive; and that the confession of Faith, the liturgy, and the government, established in the Church of England, (which, upon several demands by him made, I represented most truly and faithfully to him,) were consonant to the orthodox and Catholic religion of the old Greek Fathers, with whom it was both his duty and mine, and all others' belonging to our Churches, therein to retain communion and unity together. And, it being further demanded by me, what divine service they usually had in the Greek

Church at the celebration and administration of the Holy Communion, he answered, that upon Sundays, or the Lord's days, they used S. Basil's liturgy, and upon the week-days S. Chrysostom's, which they of the Roman Church call their masses. And true it is, that I heard him say S. Chrysostom's liturgy in a private chapel at the Louvre, whereunto he was for that purpose by some honourable persons invited, to say it before her majesty the Queen of England, and divers of her attendants there, that they might see the manner of it: to the hearing of this liturgy (which they term a Greek mass) his highness the Duke of York was also invited, who was pleased to send and consult me about it, whether he might be present at it or no; and, when I had told him that it was much differing from the Roman mass, and that there was a private closet adjoining to the chapel, where he might hear and see what was done, without giving any offence, or being seen at it himself, he commanded me to wait upon him there, and to declare unto him the several passages of that liturgy, which I did, having S. Chrysostom's liturgy in my hand, and shewing him, as the Archbishop proceeded in the recital of it, the differences between it and the Roman mass; whereof one was, that in this Greek liturgy the Archbishop called out to all, that were present in the chapel, to come forth and communicate, though none of them so did, but his deacon or minister only, who there attended him, and to whom he gave the Sacrament (after he had communicated himself) in both kinds; neither of which rites (being both essential to the Holy Communion) are usually observed among the Romanists. He told me also, when I conducted[e] him to the chamber of an honourable person who was desirous to see him, after the liturgy was ended, that, had his auditors understood him as well as the common Greeks did in his own country, it would not have been said, as now it was, in an unknown language to them: which is another difference from the Roman mass, in regard of the vulgar people that cannot understand it.

True likewise it is, that here I propounded divers questions to him, (as at many other times I did, when he was pleased to

[e] [So printed with Cosin's Notes on the Prayer-Book at the end of Nicholls, but the original MS. is, "met him in," &c.]

come and visit me in my own lodging,) concerning the Pope's supremacy, universal obedience to the Church of Rome, transubstantiation, invocation of saints, purgatory and prayer for the dead : but, that he said anything (as the epistler or author[f] of the *Fiat Lux* said he did) to justify the Romish or Tridentine new and additional articles of faith, in all these particulars, is so far from truth, as that on the contrary he expressed himself, in all my conferences with him, to be otherwise minded, and would not acknowledge either the bishop of Rome's superiority and jurisdiction over all other Churches, as it is now claimed by him, or that the Church of Rome was the mother and mistress of the Greek Churches, or that they held either transubstantiation or invocation of saints to be an article of their Faith, or that they prayed for the dead, otherwise than in reference to their peaceable rest in the state of death and their happy resurrection to eternal life, constantly denying the late invented Roman purgatory, and always professing himself to have been heretofore, and still to continue, a disciple and follower of Cyrillus, the late Archbishop of Constantinople[g], who made and consecrated him a Bishop, and whose confession of faith is extant[h], agreeable to the reformed Churches : for which his adversaries, (some great zealots among the Jesuits, pretending other matters that they had against him,) never left their prosecution of him, till they got him strangled by the command of the Vizier, and thrown into the sea.

This is the conference, and this is the story that I had in Paris from Cyril Archbishop of Trapezond.

JO. DURESME.

[f] ["Fiat Lux, or A General Conduct to a right understanding in the great combustions and broils about Religion here in England, betwixt Papist and Protestant, Presbyterian and Independent," by John Vincent Cane, a Franciscan Friar, 8°. n. p. 1661.]

[g] [For an account of Cyril Lucar, see J. M. Neale's 'History of the Holy Eastern Church,' B. vi. sect. vii. tom. ii. p. 356, et seq.]

[h] [Vid. Cyrilli *Lucar*. Confess. Christ. Fid., Gr. Lat., ed. 4to. Genev. 1633.]

ACCOUNT OF CONFERENCE BETWEEN SPALATO AND BISHOP OVERALL[1]:

Excerpt. ex Schedis MSS. D. THOMÆ SMITHI.

COLLECTANEA DE COSINO.

IN the convocation, 1661, Bishop Cosin presented to the President a book of articles of enquiry to be used in the visitation of every Bishop[k]. This first referred to a Committee.

In the same session the President and Bishop consulted about a public form of consecrating churches and chapels, and which was committed to the sole care of Bishop Cosin[l].

He had a great part in the conference between the Bishops and Episcopal divines, and the Presbyterian ministers at the Savoy.

E Schedis MSS. COSINI.

Born in Norwich, 30 Nov. 1595 : eldest son of his parents.

At his being thirteen years of age, his father died, and left him several houses, which he gave up to his mother, reserving only £20 yearly for his maintenance at Cambridge.

At fourteen years of age sent to Cambridge, 1610, and admitted scholar in Gonvil and Caius College, 25 March 1610. Eighteen years old, in the year 1614, Bachelor of Arts.

About two years after, (1616,) invited by Bishop Andrewes, (then of Ely,) and Bishop Overall, (Bishop of Lichfield), to come to London, to take care of their libraries. By the persuasion of his tutor he chose to live with Bishop Overall,

---

[1] [This paper is preserved in Gutch's Collectanea Curiosa, vol. ii. num. iv. p. 18, et seq.]

[k] [Conf. Wilkins' Concil., ed. Lond. 1737, tom. iv. p. 566.]

[l] [The form prepared by Cosin was committed to four Bishops, viz. Robert Bishop of Oxford, Humphrey Bishop of Sarum, Robert Bishop of Lincoln, and John Bishop of Coventry and Lichfield, for revision; but it is now lost. —Vid. Cardwell's Synodal., p. 677.— Conf. Wilkins' Concilia, tom. iv. p. 566; item, conf. Abp. Wake's MSS. Miscel. 42, 43.]

then Bishop of Lichfield, who gave him not only the keeping of his library, but made him his secretary, and committed to him the care of his episcopal seal.

The divines sent to the synod of Dort, nominated and selected by George Abbot, Archbishop of Canterbury, and Sir Dudley Carleton, then Secretary of State, both zealous followers and maintainers of the doctrine of Calvin in the points of predestination and reprobation.

Four scholarships in Caius College appropriated to the city of Norwich, into one of which he was chosen.

By keeping Bishop Overall's library, he began to learn, "*quanta pars eruditionis erat bonos nosse auctores:*" (which was the saying of Joseph Scaliger:) in the knowledge of which he would instruct him.

A. Spalato came into England in 1616, being desirous to live under the protection of King James, having before been recommended by Padre Paolo. By King James's bounty and care he was safely conveyed through Germany into England, and lodged in Lambeth palace : Abbot thinking fit to retire to Croydon, till either Bishop Andrewes or Bishop Overall had conferred with him.

The king sent Bishop Overall to him, who took in his company his secretary, and commanded him to be near him the same morning Spalato arrived, to hear what passed between them.

After dinner, some other being present, the discourse began about the state of the Church of England; of which Overall having given a large account, Spalato received great satisfaction, and made his protestation, that he came into England then to live with us in the union and profession of that Catholic religion, which was so much obstructed in his own country, that he could not with safety and peace of conscience live there any longer. Then he added what satisfaction he had received from the monitory preface of King James to all the Estates and Churches of Christendom[m]; wherein the true ancient Faith and Religion of the Catholic Church is set forth, and no heterodoxies or novelties

[m] [Vid. Apology for the Oath of Allegiance, ed. 4º. Lond. 1609; item, K. James' Works, ed. fol. Lond. 1616, p. 287, et seq.]

maintained; to the defence of which Faith, and service of which Church, as he had already a long time applied his studies, and wrote ten books *De Republicâ Ecclesiasticâ*, so, by the favour of God, and King James, he was now come into England to review and publish them[n], together with the History of the Council of Trent [o], which he had brought with him from Padre Paolo of Venice, who delivered it into his hands; by whom he was chiefly persuaded and encouraged to have recourse to the King and the Church of England, being the best founded for the profession of true Catholic doctrine, and the freest from error and novelties of any Church in all places besides.

Then they descended to the particular points of doctrine, and abusive practices, &c.; in all which the Archbishop agreed with the Bishop, and said, that they were all, either the fond opinions and bold practices of private men, or the ungrounded conceits and conclusions of the schoolmen, or the papal decrees of Innocent III., Eugenius IV., and other Popes who succeeded them, but no determinations or decrees of the Catholic Church [p].

He[q] wrote a compendious history of his own life in English, to which he put this Latin title: *Vitæ meæ ab initio,* i. e. *ab anno* 1595, *usque ad præsentem annum* 1665, *brevis enarratio;* of which I have seen a small fragment: the rest lost. The English title in another paper is this: "A brief and true enarration of the whole course of my life, set forth in the annals thereof from the year 1595 to this present year 16—."

He wrote also *Selecta Bibliotheca Historicorum, tam Ecclesiasticorum, quam Secularium,* now in the hands of Mr. H———[r].

---

[n] [Published in Lond., par. i. 1617, par. ii. 1620.]
[o] [Published in London, 1619.]
[p] [For a further account of Ant. de Dominis, Abp. of Spalato, see *Hist. Trans.*, cap. ii. § 7, supr. pp. 27, 28.]
[q] [i. e. Cosin.]
[r] Carolus Hattonus, Armiger.—T. Smithi Præfat. ad Vitas quorundam erudiss. et illust. Virorum, p. viii. [ed. 1707.]

LETTER TO BISHOP MORTON[r].

MY VERY REVEREND AND HONOURED GOOD LORD,

I HAVE often presented my service to your lordship by others, and now I have an occasion offered me to present both my suit and service to you by myself. Many times I meet here with those that are the masters of popish novelties, and the professed enemies of our truly catholic and protestant religion; and many controversies I have had with them, but especially with those limitors that come creeping into our pale, and hunt for proselytes, whereof they have not (God be thanked) been able for these four years' space to get one, unless it were a poor footman, (whom they trapped with a female French bait too,) and have lost some others of more considerable quality, whom they had lured into their nets before.

Among others I met, not long since, with one of their Fathers (as they call them) of the Oratory, who, being weary himself, fetched in a couple of subsidiary Sorbonists, that would take upon them to be somebody. But, when all the old Fathers and Councils failed them for the maintenance of their new inventions, (whereof their *transubstantiation*, their necessity of *auricular confession*, and the jurisdiction of their *universal Father the Pope*, were then in agitation between us,) they betook themselves to their twelve hundred new fathers, the authority of the council of Lateran, (where they say so many were gathered together) under Pope Innocent the third, a council that they use to magnify above all the councils of the world that were ever before it. Among other just exceptions, therefore, that I took against that council, and the pretended Patriarchs of the Eastern Churches

[r] [This letter is printed out of the Birch collection of manuscripts in the Brit. Mus., num. 4155, vol. lxviii. p. 273.—It was first published in 1730, in "*The Present State of the Republic of Letters*," vol. vi. art. iii., having been communicated by Des Maizeaux, in connexion with the *Memorial against the Council of Lateran*, which next follows.—The two copies of this letter correspond, except in one or two minute points.]

who were said to have been present there, and to have come thither at the *Pope's* call, I told them, out of Platina[s], and others, their own writers, that, whatever their Binius, or their Vatican, or their Surius, or their Crab, hath printed and published to the world, yet the most probable truth was, 1. That there were no decrees or canons passed *conciliariter*, and made by the authority of that council at all: and, 2. That the pretended canons, (which those later editions of the Councils have obtruded upon the world,) are nothing else but the papal decrees of Pope Innocent himself, collected out of their Canon Law, and first set forth by P. Crab, and Cochlæus, (a man not greatly to be trusted,) whom the other publishers of the Councils have since followed.

This answer seeming new and strange to them, that (as great knowers as they boast themselves to be) never heard of any such matter before, gave them occasion to search into those books which I alleged to them for that purpose. And among others I quoted them, for the first part of my answer, Matth. Paris in his *Historiâ Minori*, as he is alleged by Matth. Parker, Archbishop of Canterbury, in his *Antiquit. Ecclesiæ Britannicæ*[t]; and, for the second part, I cited them the edition of those canons as they are printed and made a part of Pope Innocent the third's own works[u], and Cochlæus's epistle besides, printed before the Lateran Council in the edition that P. Crab[x] first made of it, as I found it cited to my hand by a note that I had some time past taken thereof out of your lordship's excellent and learned book, "The Protestant's Appeale[y]."

At the first of these citations they stick, because Matth. Paris's *Minor Historia* was never yet printed, and here it is not to be seen in MS. But the second they utterly deny;

---

[s] [De vitis Pont. Rom., c. Innoc. III., ed. Lovan. 1572, p. 165.]

[t] In vitâ Steph. Langton, [Matth. *Parker*, Antiquit.] p. 158, lin. 46. edit. Hanov. 1605. [The Minor History of Matth. Paris is still in MS. only.]

[u] [Vid. "Sacri concilii generalis Lateranensis, sub D. Innocentio pontifice maximo hujus nominis III. celebrati, anno Domini 1215, Decreta ab eodem D. Innocentio conscripta, et in eum qui sequitur ordinem digesta;" ap. Innocent. op., ed. Colon. 1575, tom. i. p. 461, et seq.]

[x] [Vid. Crab. Concilia, ed. Colon. 1538, tom. ii. fol. clix.—The passage of Cochlæus' Epistle here referred to by Cosin is, most of it, put before the Lateran canons, in the form of an admonition to the reader, in P. Innocent's own works, ubi supr. p. 460.]

[y] Page 486, in the margin, at the letter i, of the 'Catholike Appeale for Protestants,' &c., printed at London, 1609, fol., by Thomas Morton, [lib. iv. cap. x. sect. 2.]

and confident they say they are, that there is no such epistle of Cochlæus to be found in Crab's edition of the Councils: for declaration whereof they produce his edition at Cologne, *ex officinâ Johannis Quintel, Anno Domini* 1551, in three volumes, where indeed there is no such epistle extant that I can find. But I suspect some fraud in that edition: for Crab (as some other notes of mine tell me) had set forth the Councils before, ann. 1538[y]; and like it is, they were so ashamed of Cochlæus his epistle in his first edition, that they left it out in the second. But that first edition I cannot here, by any means or search, meet withal. I have therefore two requests to make unto your lordship. 1. The one, concerning this your own citation of Cochlæus's epistle out of Crab, that you would be pleased to employ Mr. Barwick[z], or some other at your command, to make a search for the book, (which I make no question will be easily found out in some of the libraries at London[a],) and to inform me certainly, in what edition of Crab that epistle of Cochlæus is to be seen. And because, when that is done, I make a question whether I shall be ever able to find the book here or no, (for I think they make riddance of it as fast as they can, that their later editions of the Councils may only stand in view,) I shall make it my further suit to your lordship, that, when you have found out the book, you would cause the passage[b], (which you have cited in your Appeal,) to be transcribed, and attested under their hands that have seen and read it in Crab. And, when I have it so attested, I shall be able to stop the Sorbonists' mouths with it, that in the meanwhile think themselves safe and free in this particular, and clamour (as their use[c] is) against our false citations. 2. The other is, concerning the passage in Matth. Paris, as it is quoted by Matth. Parker, that your lordship would likewise be pleased to let a search be made for that *Minor Historia*, which (as I have been heretofore informed)

---

[y] ["An. 1598," *perperam* legitur, in ed. Des Maizeaux.]

[z] [Dr. *John* Barwick afterwards preached Bp. Morton's funeral Sermon, which he published with his Life of Morton, 4°. Lond. 1660.]

[a] [There is a copy of this first edition in the Brit. Mus., in which Cochlæus' Epistle is found.—See also above, p. 473, note x.]

[b] ["Title-page," ed. Des Maiz.]

[c] [Conf. *Hist. Trans.*, cap. vii. § 20, supr. p. 127, not. k.]

is to be seen in the king's library at S. James's, where Mr. Patrick Young (one that delights in antiquities, and whom I have always very much esteemed) will be ready to serve your lordship's desires in that behalf, and permit any that you will send to him to transcribe that passage (it is not above eight lines in Archbishop Parker) out of the manuscript. And I desire to have that also attested, that they may be forced to give the more credit here to it, when it comes.

And herein your lordship will do me a singular favour, the acknowledgment whereof I shall add to many others that I have used to receive from you heretofore.

I shall but trouble your lordship with a few lines more, and make an end. Oftentimes have I heard it from my Lord Overall, (when I had the happiness to live with that rare and excellent man,) that, when he was prolocutor of the Convocation-house, Anno Domini 1606, there was a certain book, (made, as I remember, by Archbishop Bancroft, or by some other at his appointment,) then proposed and read before [all[1]] the clergy, who formally gave their *pla-cets* to it, to have it published and printed in the name of the whole synod. It was a book (if my memory fail me not) asserting the just authority of the King's supremacy in causes ecclesiastical, and setting forth the unjust authority claimed and usurped by the Bishop of Rome over Kings, and all other Bishops of the world. I think there be few living now, besides your lordship, that were members of that Convocation; and I would gladly receive your lordship's knowledge of that book,—by whom it was penned? how far it passed in the synod? and what became of it at last[d]?

[1] [ed. Des. Maiz.]

My notes tell me, that, in the end of your former citation concerning the pretended council of Lateran, (which in your index[e] also to that appeal you called *no Council,*) you added this exception to it, that no other council of Lateran can be

---

[d] This Book has been since printed under the title of Bishop Overall's Convocation Book; and made a great noise after the Revolution, especially upon occasion of Dr. Sherlock, afterwards Dean of S. Paul's, appealing so often to it in his case of Allegiance due to Sovereign powers, and his several defences of it, for the change of his notions as to the lawfulness of taking the oaths to the government under King William and Queen Mary, &c. [Editor's note in the *Present State of the Republic of Letters.*—It has been printed again for the Angl. Cath. Library, Oxford, 1844.]

[e] [See *Table,* at the end, under the word *Council.*]

produced, whereunto those words, (viz. *in concilio Lateranensi hoc prohibitum,—hoc definitum est,*) can have reference; and truly, if that could be made good, it were the only best argument against it. For what can be more absurd and unlikely, than that a council then sitting should quote itself for matters passed and decreed before that time? But Bellarmine, in his book *De Scriptoribus Ecclesiasticis*, at his Observat. of Innocent III.[f], and Binius[g] in his margin at this council, refer all such-like passages and citations to a former Lateran council under Alexander the third, where they are to be found; and whereof I desire your lordship's judgment.

And thus your lordship may perceive, while the world is busy about other matters at home, what my employments and studies are abroad, being in love with nothing so much as the truth and purity of the protestant religion, which was wont to be professed in the Church of England, and there maintained against all the enemies of it, by such champions as your lordship is, and I trust will be so still. For which end God send peace there, and your lordship yet a longer life: which is the prayer of a banished man, but one that, being extremely desirous to return to you and receive your benediction, is

Your lordship's most faithful and humble servant,

JO. COSIN.

S. Germ., Aug. 8, 1648.

My Lady the Countess of Denbigh and I use to speak often together of your lordship. She bids me present her service to you.

[f] [Op., ed. Col. Agr. 1617, tom. vii. col. 155.]

[g] [Vid. Binii Concilia, Conc. Lateran. sub *Innocent. III.*, Innocentii epist., pp. 796, 797; item, cap. xi. p. 810, cap. xxix. p. 813, cap. xxxiii. p. 814, cap. xlvi. p. 816, cap. lxi. p. 820; et conf. Conc. Later. sub *Alexandro III.*, cap. iv. p. 658, cap. xviii. p. 660, cap. xiii. ibid., cap. viii. p. 658, cap. ix. p. 659. —Conf. Letter to Blondell, p. 482.— " Cui tamen obstat, quod apud Caranzam legimus, ... *fuisse in hoc concilio*," &c.]

A MEMORIAL OF DR. COSINS, FORMERLY BISHOP OF DURHAM[h],

AGAINST WHAT THE ROMANISTS CALL THE GREAT GENERAL COUNCIL OF LATERAN, UNDER INNOCENTIUS THE THIRD, SAID TO BE *MAXIMUM ET CELEBERRIMUM CONCILIUM*, A.D. 1215.

I. *Maximum:* For the number of eight hundred Priors and Abbots[i] (who had no voices in councils but by privilege from the Pope) was as great again as the number of the Bishops.

Celeberrimum: For it was every where famous for this one thing of special note in it, that so many men met together to no purpose: met, but did nothing. Therefore, of this so great and so famous a council, these be the words of Platina (who was the Pope's own Secretary) *in vitâ Innocentii III.*[k]: "*Venere multa tum quidem in consultationem, nec decerni tamen quicquam aperte potuit, quod et Pisani et Genuenses maritimo, et Cisalpini terrestri, bello inter se certarent. Eo itaque proficiscens, tollendæ discordiæ causâ, Pontifex Perusii moritur.*" And to the same purpose are the words of Matth. Paris, (*in Historiâ minori*[l],) who lived in the same time when this Council was called together : "*Concilium illud generale, quod more papali grandia primâ fronte præ se tulit, in risum et scomma desiit, quo Archiepiscopos, Episcopos, Abbates, Decanos, Archidiaconos, omnesque ad id concilium accedentes,* . . . *ludificatus est.*" (For, after the Pope was gone to appease the tumults between the Genuenses and them of Pisa, there was nothing done.) *Et, "cum nihil geri in tanto negotio cernerent, redeundi ad sua cupidi, veniam sigillatim petierunt. Quibus Papa non concessit, antequam sibi grandem pecuniam promisissent: quam a mercatoribus Romanis prius accipere*

---

[h] [Originally published, together with the preceding letter to Bishop Morton, in the *Present State of the Republic of Letters*, July 1730, art. iv.; vol. vi. p. 65, et seq.]

[i] [Vid. notas in Conc. Lat., ap. Binii Concil., tom. vii. par. ii. p. 824.]

[k] [De vitis Pont. Max., ed. Lovan. 1572, p. 165.]

[l] [Vid. Letter to Bp. Morton, supr. p. 473, note t.]

mutuo, Papæque solvere, coacti sunt, (ante) quam discedere Româ potuissent. Papa jam acceptâ pecuniâ quæstuosum [hoc] concilium dissolvit gratis, totusque Clerus abiit tristis."

II. There be many things besides, which may make us justly to suspect the authority of this pretended great council. For, first, before Cochlæus put it forth, it was never extant: and it was but lately, neither, that he put it forth, in the year 1538. Three years before, when Merlin put forth the Councils, there was no such council, that he met withal, to set out: it is not in his edition. But Cochlæus, (a man not so well to be trusted, and who feigned many things in writing Luther's life,) tells us, that he had the decrees of this council out of an ancient book[m]: but, where he got that book, or who first compiled it, or of what authority it was, he tells us nothing at all. It is most likely that ancient book was no other, but the book of the Pope's Decretals; where those things, that are said by him to be decreed in this council, are here and there scattered in several places. Those scatterings (I believe) did Cochlæus or some other collect together, and made up one body of them, in manner and form of a council. But so ill-favoured a form hath he given it, that it often betrayeth itself not to be genuine and taken out of any authentic copy.

III. For, secondly, who will believe, who can persuade himself, that this council of Lateran should *cite the Council of Lateran* in the decrees and canons which were there compiled? that is, that it should cite *itself*, as a council not now sitting[n], but passed and held a long time (or some time at least) before it? The style of other councils useth to be, '*Hæc sancta synodus decernit*,' or '*Placuit huic sanctæ synodo*,' as a session now in being, when they make their decree. But this council of Lateran speaks of itself, as of some other Lateran council, which then was at that time sitting, (*fuit*, and *noscitur fuisse*,) as of some decrees made before, six several times together, once in the eleventh chapter[o], twice

---

[m] [" Mitto itaque decreta Conc. Lateranensis olim ex antiquo descripta codice, quæ pro suâ et celebritate et utilitate sunt 5. libris Decretal. Juris Canon. maximâ ex parte sparsim inserta."—Præf. Conc. Later., ed. Crab., Colon. 1538, tom. ii. fol. clix.]

[n] [Observe the doubt, however, which Cosin acknowledges in his letter to Morton, supr. p. 476.]

[o] [Vid. Letter to Morton, supr. p. 476, not. g.]

in the twenty-ninth[p], three times more in the thirty-third[q], forty-sixth[r], and sixty-first[s] chapters:—"*In Lateranensi concilio piâ fuit institutione provisum;*" "*De multâ providentiâ fuit in Lateranensi concilio prohibitum:*" "*Devolvatur collatio secundum statutum Lateranensis concilii;*" et, "*In Lateranensi concilio noscitur fuisse prohibitum.*" Will any man think these be the words of the council of Lateran itself?

IV. Therefore, thirdly, Cochlæus is fain to excuse the matter by a conjecture, (in his preface[t] to this council set forth by Crab,) that these decrees were collected and brought into this form, wherein he presents them, by Pope Innocentius himself, some while after the council was done. He cites three[u] chapters of the council to that purpose, (three of those six that are named before,) and says: "The reader will easily deprehend as much." But what reader will like it well, that the decrees of a council should be written some while after the council is ended? It was always the use of councils to write their own decrees, and to sign them too, before they went away. And Innocent the Pope was not so weak a scribe, as to make the synod itself speak after such a manner: "*In Lateranensi concilio noscitur fuisse prohibitum;*" or "*Fiat hoc, secundum quod provisum est in Lateranensi concilio,*" &c.: which certainly is not the style of the same council concerning itself. Innocent the third knew well enough what belonged to it.

V. We had best therefore believe Platina[x]: "*Non est decretum ibi quicquam:*" "*non potuit ibi decerni quicquam.*" "*Improbavit (Innocentius ipse) Abbatis Joachim libellum;*" "*damnavit (ipse) Almericum.*" He says, it was not the council of Lateran, that made any decrees to condemn them; but that Pope Innocent condemned them himself. And we may well conclude, that both these and other things, *de quibus nihil decerni potuit in concilio*, were by the Pope set down in his own decretals; out of which he took those canons, whoever he was, that compiled them into the form of a council.

[p] [Vid. Letter to Morton, supr. p. 476. not. g.]
[q] [Ibid.]
[r] [Ibid.]
[s] [Ibid.]
[t] [Veruntamen ab ipso Papâ Innocentio in hanc redacta sunt formam aliquanto post celebratum concilium: id, quod cordatus lector facile deprehendet ex capitulis quibusdam, præsertim ex xxix., ex xxxiii., ex lxi.—Crab., ed. 1538, tom. ii. fol. clix.]
[u] [29, 33, and 61.]
[x] [De vitis Pont. Rom., p. 165.]

VI. For the third canon of this council[y] (concerning the excommunication of temporal Princes, and the Pope's power to free their subjects from all obedience to them, and to give away their kingdoms,) is indeed one of the Extravagants, cap. 13, De hæreticis[z], that is, Pope Innocent's own decree, and not the council's of Lateran, *ubi nihil decerni potuit*. So in the seventy-first canon[a], concerning the recovery of the Holy Land from the Saracens, (for which this council was chiefly called, and met together,) the compiler hath made the words to run in a Pope's style, and not in the style of a Council: "*Ad liberandam terram sanctam de manibus impiorum, . . . sacro concilio approbante, definimus,*" &c. Neither in the council was there any such decree made, as both Cardinal Bellarmine (against King James's Apology[b]) and Eudæmon Cydonius (in his *Parall. Torti et Tortor.*[c]) do confess out of Platina. He therefore that made these two decrees, of absolving subjects from obedience to their princes, and of recovering the land of promise from the Saracens, may well be thought to have made that decree also of transubstantiation, which hath made such a noise in the world, and for which this council is so often quoted under the name of "*Maximum omnium, Generale, et Celeberrimum Concilium.*"

VII. But, as it should seem, he that first composed it, and styled it so, or afterwards set it forth, and entitled it a general council, had not his lesson perfect. For, between the seventh and the eighth general council, I trow there cannot another General Council intervene, as this notwithstanding is made to do, if it were so great and so general as they say it is. They count the second of Nice[d] for the seventh general, which was held in the year 787; and the council of Florence, (held in the year 1439[e],) for the eighth general, as is there, in the last session of it, expressly set down[f]: "*Finis*

---

[y] [Binii Concil., tom. vii. par. ii. p. 807.]

[z] [Vid. Greg. IX. Decretal., lib. v. tit. vii. cap. xiii.—Corp. Jur. Can., ed. Par. 1612, tom. ii. col. 1540, et seq.]

[a] [Binii Concil., tom. vii. par. ii. p. 822.]

[b] [Resp. ad Apol.—Op., tom. vii. col. 666.]

[c] [Vid. cap. iv., ed. Col. Agr. 1611, pp. 180, 181.]

[d] [Binii Concil., tom. vi. p. 1.]

[e] ["1449," *perperam* legitur in ed. Des Maiz.]

[f] [These words do not occur in the editions of the Councils by Binius, Labbe, or Harduinus; but in the edition of Surius, (Col. Agr. 1567, tom. iv. p. 469,) and in the Vatican edition of Sixtus V., (Venet. 1585, ap. Dominic. Nicolin., tom. iv. p. 896,) at the end of the *Conclusio* "Generalis VIII.

octavi concilii generalis factus est, 21 *Julii*," &c. So that, unless they will make two eighth general councils, this of Lateran could be none.

VIII. Besides, if it were a general council, how came it to pass, that the canons of it were never generally received?—as amongst us, in the Church and kingdom of England, they were not; and as without doubt they would have been, had the council in those days been accounted general, and the decrees of it under that style and title sent abroad into the world. But with us in England, ever since that time, and contrary to the forty-sixth[g] pretended canon of it, subsidies have been paid to the King *inconsulto Pontifice;* and, against the forty-first[h] canon, with us *currit præscriptio*, though oftentimes *ex bonâ fide ortum non habeat*. And yet again, contrary to the third[i] canon there, with us *Clericorum bona, qui de hæresi convicti sunt*,—they go not to the use of the Church, but are always brought into the King's excheque.

IX. Lastly, I believe no good story can be shewed, to confirm the pretended title of this council, that the Patriarchs of Jerusalem and of Constantinople were present at it, and seventy Metropolitans besides: though that will not make it general, neither, for want of the two other Patriarchs of Antioch and Alexandria, who are not mentioned to have been among them. Howsoever, *Nihil ibi actum quod quidem constet;* and so was it neither any General Council, nor properly indeed so much as any council at all.

Synodi sess. ult. Florentiæ," occur the words: "Finis *Generalis Octavæ synodi Florentinæ.*"]
[g] [Binii Concil., ed. Par. 1636, tom. vii. par. ii. p. 816.]
[h] [Ibid.]
[i] [Ibid., p. 807.]

LETTER TO BLONDELL.

[The rough draught of this Letter, in Cosin's own hand, is preserved in Bishop Cosin's Library at Durham; *scil.* MS. 40 of vol. vii., containing "Letters, Latin, English, and French."]

OPTIME ET LITERATISSIME VIR,

QUÆ meis nuper responsa quæsitis retulisti, ea tam mihi fuerunt grata, quam quæ solent esse cuivis gratissima. Sunt enim per omnia plane ad mentem meam dilucide explicata, optimisque rationibus confirmata, atque ad detegendas papistarum fraudes et imposturas, quibus homines rerum ecclesiasticarum imperiti ludificantur, maxime idonea. Attamen subest adhuc mihi scrupulus de Papâ Innocentio, et de formulâ canonum qui ab ipso in hoc suo Lateranensi concilio propositi et recitati esse dicuntur: censeo enim cum Episcopo nostro Cicestriensi contra Tortum, (p. 213[e],) non tam vappam aut inertem fuisse Innocentium, ut synodum de scipsâ loquentem induceret, tanquam de aliâ aliquâ synodo peregrinâ, idque sex minimum locis :—" In Lateranensi concilio piâ fuit institutione provisum :"—" In hoc Lateranensi concilio fuit prohibitum :"—" In Lateranensi concilio noscitur fuisse prohibitum," &c.; quæ omnia de præterito, magis quam jam sedente, concilio dicta esse videntur. An ergo cum Cochlæo[f] per Episcopum ibidem citato sentiendum, " ab ipso Papâ Innocentio hæc decreta in formam hanc redacta fuisse aliquanto post celebratum concilium : id, quod cordatus (inquit) lector facile deprehendet ex capitulis quibusdam," &c.; an dicendum potius, hujusmodi sex decreta (uti quidam pontificii, nescio quâ fide, perhibent) ex canonibus concilii Lateranensis sub Papâ Alexandro tertio[g] desumpta fuisse, atque eodem referenda; cui tamen obstat quod apud Caranzam legimus, in Sum. Conc., (Conc. Lat. c. 29, De multâ provid.[h]) " fuisse in *hoc*," non in *alio*, "concilio prohibitum," &c. ;—ob inopiam

[e] [Andr., Tortur. Torti, ed. Lond. 1609.]
[f] In præfat. Later. Concil. secundum Crab. [Vid. Memorial, § iv. supr. p. 479, not. t.]
[g] [Vid. Letter to Morton, p. 476, not. g.—Item, Memorial, § iii. supr. p. 498, not. n.]
[h] [ed. Ludg. 1587, fol. 426, A.]

librorum (quâ vel maxime discrutior) non mihi satis compertum, quid in hac re statuendum sit, quare operam ego tuam (doctissime et humanissime Blondelle) atque judicium exposco.

Utinam vero indicares mihi paginam, ubi verba Matthæi Parisiensis ex historiâ suâ minori a te prolata[i] inveniri poterint : atque etiam quibus auctoribus aut firmamentis nixus neminem affirmas ex orientalibus oriundum (unum si excipiam Alexandrinæ Ecclesiæ diaconum) huic concilio interfuisse, et quomodo tandem factum sit, ut ex omnibus orientalibus Alexandrinus Patriarcha sese Innocentio Papæ submiserit, cujus unius auctoritate conc. indictum et convocatum est.   Vult in Domino tibi addictissimus,

JOH. COSINUS.

Clarissimo doctissimoque viro, D.
Davidi Blondello, Parisiis.
S. Ger. Aug. 8. 1646.

[i] [Apparently in a private letter, as the citation from Matt. Par. is not found in any of Blondell's published works.]

LETTER TO MERIC CASAUBON.

[Ex MSS. Burneian., Brit. Mus.; num. 363, vol. i. p. 161.]

COSINUS SUO CASAUBONO S. D.

ONERASTI verecundiam meam (optime et amantissime Casaubone) quod secundo scripseras, priusquam ego primis tuis responsum dederam. Siccine vero officia nondum compensata prævenire soleas? Dispeream, ni vel otio tuo, vel oris ubertati invideo, qui tantâ molestationum turbâ undequaque opprimor, ut vix vacat aures scalpere,—ex tantâ sermonis penuriâ laboro, ut, si maxime fuisset otium, poterat me cultissimus tuus et sponte fluens stylus a scribendo deterrere. Desuetudo loquendi pene me elinguem reddidit, usus te copiosum fecit; et merito nobis Anglis vitio vertitur, quod raro admodum aut sermonem aut calamum nostrum exerceamus: verum non potiar quod formido, ut silentium nostrum tertiam quoque a te epistolam exprimeret. Nescio quomodo evenit, sed, ex quo ædes nostras et urbem reliqueris, meus non fui, atque adeo nec tuus esse potui. Literas tuas D. Lindsellio[k] tradidi eo ipso quo acceperim momento. Salutem remittit plurimam, literas nullas; nec illi vacat: communis ei mecum causa est molestiarum moles, quam nobis comitia[l] ista crearunt: proinde securum te esse jubet de amore suo absque officiosis istis epistolis.

Interim de rebus tuis magis sollicitus est dominus noster Episcopus Dunelmensis[m], quam ut magnâ aut multâ sollicitatione egeat. Novit ille opportuna et mollia fandi tempora, nec quicquam prætermittet pro oblatâ occasione, quod in commodum tuum cessurum esse arbitratus fuerit. Libellus tuus[n] a me patriâ donatus linguâ nondum typis mandatur:

---

[k] [Dr. Augustin Lindsell, editor of Theophylacti Comm. in S. Pauli Epist., (vid. ed. Lond. 1636.) He became Dean of Lichfield in 1628, Bishop of Peterborough in 1632, and Bishop of Hereford in 1633.—Fasti Oxonienses, vol. i. col. 360; and Watt's Bibl. Brit., sub nom.]

[l] [A parliament was called to assemble, Feb. 12, 1623, 4.]

[m] [Dr. Richard Neile, whose domestic chaplain Cosin was at this time.]

[n] [The work referred to appears to be Meric Casaubon's *Vindicatio Patris*, &c.—See Wood's Athenæ, s. n. Casaubon (Meric) vol. iii. col. 936; and conf. Bayle's Dictionary, ed. Lond. 1736, p. 125, note c.—The history of this matter is as follows. A book was supposititiously published in the year

cupit enim Episcopus, ut simul imprimatur cum alterâ illâ Tervallii versione Gallicâ°, quæ cum duabus novis epistolis, unâ Principi, aliâ reformatis Galliæ Ecclesiis inscribendâ, hoc est, cum omnibus suis paramentis, proditura est. Ego vero nudam libri versionem tui nominis splendore satis ornatam omissurus sum, ni forte illud appendicis loco adjecero, quod nuper mihi videre contigit, librum illum Gallicum P, (quid

1624, under the following title: "The Original of Idolatries; a true, sincere, and exact description of all such sacred signs, sacrifices, and sacraments, as have been instituted and ordained of God since Adam; with the true source and lively anatomy of the sacrifice of the mass: first faithfully gathered out of sundry Greek and Latin authors, as also out of divers learned fathers, by that famous and learned *Isaac Casaubon*, and by him published in French for the good of God's Church: and now translated into English for the benefit of this monarchy, by Abraham Darcie, London; printed by authority for Nathaniel Butler, anno Dom. 1624." This book was dedicated to the Prince Charles, (afterwards King Charles I.) and presented to King James, and all the Lords of the Council, under the authority of *Isaac* Casaubon's name, when he had been dead about ten years. The fraud gave occasion for Meric Casaubon's *Vindicatio Patris;* which was soon after, by the king's command, "*translated into French and English;*" as Mer. Casaubon himself informs us, (in his treatise "Of the Necessity of Reformation," &c., Lond. 1664, p. 159.) Describing the 'Original of Idolatries,' he there says, (at p. 157,) "The chief end and object of the book, I found, was to prove that the *Mass*, a word of great extent and antiquity, which made the authors of the Augustan Confession, subscribed by Calvin, say, *Falso accusantur Ecclesiæ nostræ, quod missam aboleant: retinetur enim missa apud nos, et summâ reverentiâ celebratur:*) or rather indeed the whole liturgy, ancient and late, and every part of it, was derived from the ancient heathens, Numa Pompilius, and I know not whom; some part also taken out of the Alcoran: which to prove, his authors for the most are some late collectors of Roman antiquities, as Blondus, Alexander ab Alexandro, and the like; who say no such thing: but, from what they say of the Romans, he makes his inferences and applications, as he list himself, more like the dreams of a distempered man, than the words of a man endowed with ordinary sense and reason." By and by, Casaubon informs us, (p. 159,) "a French book, the original of the English translation," was produced, when, (he says) it was "found out, that an old title-page had been by art and cunning transformed, the years altered, and the name of *Isaac Casaubon* inserted, and thus the world for mere gain and lucre (for I do not believe, that there was any further mystery in it at the first,) shamefully abused. Other editions, or copies, of the same book were found, and shewed to the king, yea, translations of it, that had been made, when my father was yet scarce born." "For all this," (he presently adds,) "some years after, the same book, or English translation, was again (we may guess by whose procurement) reprinted," (at *Amsterdam?*) 1630.]

° [There are copies of both the French and the English translation of the *Vindicatio* in the Brit. Mus., as well as of the original Latin, all published in 4to., London, A.D. 1624. In the Latin and English editions a dedicatory epistle to *Prince Charles* is found, written by Mer. Casaubon himself. This, in the *English* version, is preceded by another dedicatory epistle, written also by Casaubon, "To the most high and potent monarch, *James*, by the grace of God, king of Great Britain, France, and Ireland, defender of the Faith," &c. The *French* version contains the *latter* of these *only*, i. e. Casaubon's dedicatory epistle "Au Roy." Before this, however, is placed a dedicatory epistle of the *translator's own*, addressed to Prince Charles, and signed "L. L. D. T. P. A." There is no epistle addressed to the *French Protestant Churches*, nor any *appendix*, published with these versions.]

P [That is, "The Original of Idolatries," the work of which an English translation was sent out under Isaac Casaubon's name.]

librum dico? profluvium illud Lemanicum e turbidis Catharorum et Novatianorum fontibus eductum,) impressum fuisse (absque loci alicujus aut typographi nomine) anno 1561, tertio scilicet, ni fallor, ante natum Casaubonum, de quâ re sat erit monuisse lectorem. O rumorem audacem, qui egregii illius de visibilitate operis promulgatorem[q] in carcerem conjecit! Immo securus vivit, et domi sibi plaudit, quod librum tam venalem nactus aliquando fuisset. Illi interim carcerem timere poterunt, qui contra vel hiscere ausi fuerint. Censura de lucubratione tuâ a quibusdam lata sane eos decet, quos lacus Genevensis inebriavit. Verum quis non ex animo doleat, ad eas nunc augustias redactam esse rem Christianam, ut antiquitatis esse assertorem contra profanas novatorum opiniones piaculum sit nullo pretio redimendum? Quod si Cæsaris animum nobis non despondisset Deus, jamdiu de veteris Ecclesiæ facie et nobis omnibus actum fuisset. Quin videre videor periculum—sed reprimo me. Illud tamen impatienter addo, transfigurasse se Satanam in Angelum lucis, et sub nescio cujus pietatis fuco grassari in publicam concordiam, quam unice amat Deus, quamque ego ardentissimis semper votis ab Eo, qui Autor pacis et concordiæ est, exposcam. Tu fac rem prope animum, quam frementibus Puritanis dotes tuæ pollicentur. Vale. Et ad carissimum Carolum Lemerayer defer amores meos. Quod si rescribas, forsan majorem mihi scribendi facultatem exemplum tuum adferat, quam hactenus proprium meum ingenium concesserit. Iterum vale, et me ama[r].

Lond., ex æde Dunelmensi, Martii 4°. 1623.

[q] [See Meric Casaub., 'Of the Necessity of Reformation,' pp. 158, 159.—Certain it is, that some were put to it to make their peace, whom the king apprehended accessories by their neglect, or the neglect of those whom they trusted; and suddenly after Nathaniel Butler, the bookseller, and Abraham Darcy, the translator, were committed. This Darcy was a man of very bad life generally, &c. . . . Upon this, the noise was all London over, (and I suppose it went further,) that the popish Bishops at the court, by their calumnies and misrepresentation, had set on the king against a godly book, and some godly men by whose means it had been published. I am very sure, that liberal supplies of money were sent from some that were very near the king to the translator, whilst he was in prison: who, (some others having, at last, with much importunity mitigated the king to his enlargement,) thereby, instead of punishment, made a benefit of his imprisonment.]

[r] [No signature; but the letter written in Cosin's hand.]

LETTER TO GROTIUS.

[Preserved at p. 659 of the *folio* edition of the collection of Remonstrant Letters, entitled "Præstantium ac Eruditorum Virorum Epistolæ Ecclesiasticæ et Theologicæ," Amstel. 1684, Ep. cccxcv.]

HUGONI GROTIO JOANNES COSIN S. P.

ILLUSTRISSIME VIR,

Satis me dominatio tua noverit, si semel reverendissimum illum Præsulem Overalium, nunc cælo receptum, nomina- De Epi-
vero: cui ego, ex quo ad episcopale munus revocatus fue- scopo
Overallo,
rat, usque ad excessum, secretarii loco^p inserviendi felici- ejus obitu,
tatem habui. Infelicissimo nuper fato ereptus est nobis, &c.
peculiariter autem mihi, non minus quam tibi, domine clarissime, incomparabilis Præsul: quod sane crudo adhuc dolore et anxietate commemoro. Heu quantum ævi nostri Catharis et Jesuitis gaudium! quantâ vero tristitiâ piis omnibus et bonis! Tibi autem, domine, peculiariter ereptum dico, quia supra exteros omnes carissimus ejus in te erat affectus et amor insolitus: quæ res nulli melius quam mihi nota fuit. Sæpe eum privatâ apud me conquestione infortunium tuum, simul et reipublicæ vestræ, deflentem audivi, quod inter eos viveres, qui te et tuum pacis ac veritatis Christianæ studium æstimare satis nescirent, homines partium studio nimis abrepti. Sane quamprimum gravem illam incumbere reipublicæ vestræ procellam, atque in tuam præcipue dominationem inter alios vim suam effundere intellexerit, statim solitudini se dedit, quo eam tecum communem haberet, et postea non levem ob acerbitatem fati tui mœrorem quotidie expressit. Mox in gravem incidit morbum, atque ei tandem lethalem; et nescio equidem, an magnam illius ægritudinis causam dicerem inusitatum illum dolorem, quem ex molestiarum tuarum, quæ cum vitæ periculo conjunctæ essent, auditu contraxerat. Sæpissime autem ardentes ad Deum preces et vota pro tuâ præstantiâ effundens, tandem quievit in Domino, qui sæculum istud malum tanti boni possessione indignum judicavit. Moriens vero secretissimæ fidei et curæ meæ missum ad eum

^p [See Conference with Spalato, supr. p. 470.]

a te librum[q], illum quem '*De imperio summarum potestatum circa sacra*' inscripseras, commisit; simul imperans, ut, si quando benignus Deus te a solitudine illâ et periculis imminentibus liberaret, eum ad dominationem tuam quam secretissime et tutissime mittendum curarem. Tandem beavit nos, quam avide expectabamus, fama, liberatum te scilicet ab ingratâ illâ custodiâ, et non sine divinâ providentiâ Lutetiam evasisse[r]. Ego, dum literas tibi mittendas meditabar, et de fidissimo nuntio sollicitus eram, ecce a Reverendissimo Patre Domino Wintoniensi Episcopo[s] audivi missum huc a te intimum et fidelissimum amicum, ut per eum liber ille ad dominationem tuam rediret. Gratulabar illico opportunitatem tam feliciter oblatam, et statim ad illustrissimum Præsulem librum tuum una cum hisce literis tibi tradendum mittebam. Præstantiam tuam oro, et per intimum illud in defuncti mei domini erga te affectum, perque omnia te sacra obtestor, ut perpetuum istud ingenii et doctrinæ tuæ monumentum publici juris quamprimum facias, (quod sane mortuus p. m. Præsul præcipue habuit in votis, quæ tibi etiam nota esse voluit;) et liber, quem privatum et manuscriptum mitto, rursus ad me novâ formâ redeat in commune bonum et nominis tui celebritatem excusus. Rogo insuper dominationem tuam, et obnixe precor, ut me per literas certiorem facias de libri istius salvo ad manus tuas adventu: quod cum intellexero, liberavi animam meam et fidem in eum finem præstitam. Semper autem vestigia defuncti domini premens, animum tuæ dignitatis impensissime studiosum retinebo, Deumque immortalem quotidie venerabor, ut pristinam tuam felicitatem perfectam esse velit, et majorem tanquam soli e nubibus erumpenti splendorem et gloriam ad reipublicæ et Ecclesiæ commodum, bonorum omnium gaudium, concederet. Vale, clarissime domine, et vel mortui Patroni gratiâ me alias ignotum ama. Virtutum tuarum cultor, et dominationi tuæ deditissimus,

J. COSIN.

Cantab. e Collegio de Gonevile et Cajus, Junii 20, 1621.

[q] [Published in 8°. Par. 1647; and again, 'cum notis Dav. Blondelli,' 8°. Par. 1648; also, inter Op. Theol. Hugonis Grotii, ed. Amstel. 1679, tom. iii. p. 201, et seq.]

[r] [Grotius' remarkable escape occurred March 22, 1621: he arrived at Paris, April 5th, in the same year.]

[s] [L. Andrewes.]

BISHOP COZENS'S ARGUMENT,

PROVING THAT

ADULTERY WORKS A DISSOLUTION OF THE MARRIAGE:

BEING THE SUBSTANCE OF SEVERAL OF BISHOP COZENS'S SPEECHES IN THE HOUSE OF LORDS, UPON THE DEBATE OF THE LORD ROSS'S CASE[t]:

TAKEN FROM ORIGINAL PAPERS WRIT IN THE BISHOP'S OWN HAND.

THE question is indefinitely to be spoken of, whether a man being divorced from his wife, who hath committed adultery, and is convicted of it, may marry himself to another wife or no, during the life of her which is divorced.

The place in S. Matthew the 5th, repeated again S. Matthew the 19th, has great perspicuity. If it be not lawful for any man to put away his wife and marry again, except it be in the case of fornication, (for the displacing the words by putting the exception before the marriage cannot alter the

---

[t] [It has been thought best to print this paper, as found in a pamphlet bearing the above title, but without either place or date.—See Parliamentary History of England, 1669, 70, Mar. 28, vol. iv. p. 447.—Conf. the following entry and note in Evelyn's Diary, ed. Lond. 1819, i. p. 425.—" 1670, Mar. 22. I went to Westminster, where in the House of Lords I saw his majesty sit on his throne, but without his robes, all the peers sitting with their hats on; the business of the day being the divorce of my lord Rosse. Such an occasion and sight had not been seen in England since the time of Hen. VIII.*

* " When there was a project, 1669, for getting a divorce for the king, to facilitate it, there was brought into the House of Lords a bill for dissolving the marriage of Lord Rosse, on account of adultery, and to give him leave to marry again. This bill, after great debates, passed by the plurality of only two votes, and that by the great industry of the Lord's friends, as well as the Duke's enemies, who carried it on chiefly in hopes it might be a precedent, and inducement for the king to enter the more easily into their late proposals; nor were they a little encouraged therein, when they saw the king countenance and drive on the bill in Lord Rosse's favour. Of eighteen Bishops that were in the House, only two voted for the bill, of which one voted through age, and one was reputed a Socinian." These in a note are said to be Dr. Cosin, Bishop of Durham, and Dr. Wilkins, Bishop of Chester.—To these Bishop Reynolds is added, in the Parliamentary History, ubi supr.]

sense,) then, *a contrario*, it must of necessity follow, that, if the wife be put away for fornication, the husband by the tenor of Christ's words is left free to marry again; which freedom is not allowed the adulteress herself, nor to any man else that shall marry her.

S. Mark and S. Luke have been opposed to S. Matthew; and it has been said that Christ's words in S. Matthew did not properly belong to Christ's disciples, or the Christian Church, as the words in S. Mark and S. Luke, which are absolute, do; which is a saying that neither I, nor, I think, nobody else ever heard of before : for Christ's Sermon in the Mount was spoken to His disciples, and especially belonged to Christians.

It is clear they are spoken to His disciples ; for He says to them, that they are the salt of the earth, and the light of the world, and that they are blessed when they suffer persecution for His Name's sake, which no man will say or apply to the Jews.

It is true that, in the 19th chapter of S. Matthew, Christ answers the Scribes and Pharisees who came to tempt Him with their question, whether it was lawful for a man to put away his wife for any cause, as they said Moses had permitted them to do. But the answer that Christ gave them, that it was not lawful, but only in the case of adultery, for men to put away their wives and to marry another, was a rule which concerned all Christians to observe for ever after, and for that reason was recorded by S. Matthew.

The words in S. Mark and S. Luke are not to be taken absolutely, but to be supplied and understood by his words in S. Matthew, as in many other cases is clear; viz. the thief upon the cross, Baptism in the Name of the Father, Son, and Holy Ghost, &c.; whereof many instances may be brought, as the destruction of Nineveh, &c.

But, for Christ's words, the exception confirms the rule, and infers a concession, that, in the case of fornication, the putting away one wife and marrying another is allowed. It is alike with divers other his exceptions, which are found in Scripture : for brevity I will instance in this one, (viz.) "Except ye repent, ye shall all likewise perish." Upon which text if I or any Bishop else were to preach, I believe we should not discharge our duty, unless we should tell the people, that, if by the Grace of God they did repent, they should not perish.

The exception here, εἰ μὴ, *nisi*, unless, is parallel with 1 Kings iii. 18. "None were in the house, except we twain:" they two therefore were, others were not.

Such exceptions, proceeding from natural equity, are tacitly implied in laws, though pronounced in general terms.

But, as to the exception here, the words are not capable of any other sense than as I have observed; for, except that restraint be referred to marrying again, the sense would run thus, 'Whoever puts away his wife commits adultery:' which stands not with truth or reason, since it is not the dismission that is adulterous, but the marriage of another. It is, therefore, the plain drift of our Saviour to teach the Pharisee, that the marriage of a second wife after a dismission of a former, upon any other cause except for fornication, is no less than adultery; thereby inferring, that, upon a just dismission for fornication, a second marriage cannot be branded with adultery.

Besides, the Pharisee's question, "Is it lawful for a man to put away his wife for every cause?" was not without a plain implication of liberty to marry another; which our Saviour well knowing, gives a full answer, as well to what he meant, as what he said: which had not been perfectly satisfactory, if He had only determined that one part concerning dismission, and not the other concerning marriage: which clause if two Evangelists express not, yet it must be fetched necessarily from the third, since it is a sure and irrefragable rule, that all four Evangelists make up one perfect Gospel.

The Rheimists and college of Douay[a] urge for the popish doctrine, Rom. vii. 2: "The woman which hath an husband is bound by the law to her husband as long as he liveth." But,

1. This place is to be expounded by Christ's words.
2. S. Paul hath no occasion here to speak of divorce,

---

[a] [Vid. Annot. in S. Matth. xix. 9.—'The New Testament of Jesus Christ faithfully translated into English, &c., with arguments of books and chapters, annotations, and other helps, &c., . . . by the English College then resident at Rheims, set forth the second time by the same College now returned to Douay,' ed. Antv. 1630, p. 55.—Conf. not. marg. in Rom. vii. 2; ibid., p. 397.]

but of marriage whole and sound, as it stands by God's ordinance.

3. He speaks of a woman who is under an husband: so is not she that is divorced from him.

4. S. Paul useth this to his purpose of the law being dead, to which we are not bound.

Nor is their doctrine more favoured by 1 Cor. vii. 10. "Let not the woman depart," as being in her choice whether she would depart or not. But in the case of fornication she was to depart, or rather be put away, whether she would or not.

The bond of the marriage is to be inquired into, what it properly is. Being a conjugal promise, solemnly made between a man and his wife, that each of them will live together, according to God's holy ordinance, notwithstanding poverty or infirmity, or such other things as may happen during their lives, separation from bed and board, which is part of their promise so to live together, doth plainly break that part of the bond, whereby they are tied to live together both as to bed and to board. The distinction betwixt bed and board and the bond is new, never mentioned in the Scripture, and unknown in the ancient Church, devised only by the canonists and the schoolmen in the Latin Church (for the Greek Church knows it not) to serve the Pope's turn the better, till he got it established in the council of Trent[b]; at which time, and never before, he laid his *anathema* upon all them that were of another mind, forbidding all men to marry, and not to make any use of Christ's concession.

Bed and board, or cohabitation, belong to the essence and substance of matrimony; which made Erasmus[c] and Bishop Hall[d] say, that the distinction of those two from the bond is merely chimerical, and fancy.

The promise of constancy and mutual forbearance, if it hinders divorce as to the bond, hinders it also as to bed and board; because the same bed and the same table were promised in the marriage contract: but the promise does not

[b] [Conc. Trid. sess. xxiv. De sacramento Matrimonii, can. vii.—Labbe, tom. xiv. col. 875.]

[c] [Vid. Comm. in 1 Cor. vii. 42.—Desid. Erasmi op., ed. Lugd. Batav. 1705, tom. vi. col. 697.—Nam, quod nos interpretamur divortium, quum dirimitur domestica consuetudo, manente conjugii vinculo, quis unquam veterum, vel theologorum, vel jureconsultorum, appellavit divortium?]

[d] [Cases of Conscience, Decade iv. case 3.—Works, ed. 1837, vol. vii. p. 473.]

ARGUMENT ON THE DISSOLUTION OF MARRIAGE.   493

extend even to tolerating adultery, or malicious desertion, which according to God's ordinance dissolves the marriage.

Our Saviour speaks of divorces instituted by the Mosaical law; but they were no other than divorces from the bond.

The form of the bill of divorce among the Jews[e] was this: "Be expelled from me, and free for any body else." To give the bill of divorce is from the Hebrew root ברה, which is to break or cut off the marriage. With this agree the ancient Canons, Councils, and Fathers of the Church.

Concil. Neocæsar.[f], *et Elib.*[g], forbid the retaining an adulterous wife. *Concil. Eliber.*[h], *Aurelian.*[i], *et Arelatens.*[k], give liberty in such case to marry again. Clemens' Constitutions[l], Tertullian[m], S. Basil[n] in his canons, approved by a General Council, are for marrying again. *Concil. Venet.*[o]—If

---

[e] [Conf. Hammond, Of Divorces, sect. 27.—Works, ed. Lond. 1674, tom. i. p. 453.]

[f] [Vid. can. viii.—Labbe, tom. i. col. 1481.—γυνή τινος μοιχευθεῖσα λαϊκοῦ ὄντος, ἐὰν ἐλεγχθῇ φανερῶς, ὁ τοιοῦτος εἰς ὑπηρεσίαν ἐλθεῖν οὐ δύναται. ἐὰν δὲ καὶ μετὰ τὴν χειροτονίαν μοιχευθῇ, ὀφείλει ἀπολῦσαι αὐτήν. ἐὰν δὲ συζῇ, οὐ δύναται ἔχεσθαι τῆς ἐγχειρισθείσης αὐτῷ ὑπηρεσίας.]

[g] [Vid. can. lxv.—Ibid., tom. i. col. 977.—Si cujus clerici uxor fuerit moechata, et scierit eam maritus suus moechari, et non eam statim projecerit nec in fine accipiat communionem, &c.—Item, can. lxx. col. 978.—Si, cum conscientiâ mariti, uxor fuerit moechata, placuit nec in fine dandam esse communionem: si vero eam reliquerit, post decem annos accipiat communionem.]

[h] [Vid. can. x., ibid. col. 971.—Si ea, quam catechumenus reliquit, duxerit maritum, potest ad fontem lavacri admitti. Hoc et circa feminas catechumenas erit observandum. Quod si fuerit fidelis, quæ ducitur ab eo qui uxorem inculpatam reliquit, et cum scierit illum habere uxorem, quam sine causâ reliquit, placuit huic nec in fine(m [*om.*]) dandam esse communionem.—Conf. can. viii., col. 971.—Item feminæ quæ, nullâ præcedente causâ, reliquerint viros suos, et se copulaverint alteris, nec in fine accipiant communionem.]

[i] [Vid. Conc. Aurel. I., can. xiii.—Labbe, tom. iv. col. 1407.—Si se cuicunque mulier duplici conjugio presbyteri vel diaconi relicta conjunxerit, aut castigati separentur, aut certe, si in criminum intentione perstiterint, pari excommunione plectantur.—In this, as in notes h and k, there appears to be some mistake. It is possible that Cosin's argument in citing these Councils may have been misconceived by the editor of the pamphlet.]

[k] [Vid. can. x.—Labbe, tom. i. col. 1428.—De his, qui conjuges suas in adulterio deprehendunt, et iidem sunt adolescentes fideles, et prohibentur nubere, placuit ut in quantum possit consilium eis detur, ne, viventibus uxoribus suis, licet adulteris, alias accipiant.]

[l] [Constit. Apost., lib. vi. cap. xvii.—Patres Apost., ed. Coteler., Amstel. 1724, tom. i. p. 350.]

[m] [Tertull. adv. Marcion., lib. iv. cap. xxxiv.—Op., ed. Rigalt. Lut. Par. 1664, pp. 449, 450.—Illicite dimissam pro indimissâ ducens, adulter est. Manet enim matrimonium quod non rite direptum est. Manente matrimonio, nubere adulterium est. Ita, si conditionaliter prohibuit dimittere uxorem, non in totum prohibuit; et quod non prohibuit in totum, permisit alias, ubi causa cessat ob quam prohibuit. . . . Habet itaque et Christum assertorem justitia divortii.—Conf. etiam lib. de Monogamiâ, cap. ix. p. 530.]

[n] [S. Basil., Ep. clxxxviii., ad Amphiloch. de Canonibus i., can. ix.—Op., ed. Ben. Par. 1730, tom. iii. p. 273; item, Ep. cxcix., ad Amphil. de Can. ii., can. 37, 48, pp. 295, 297.]

[o] [Conc. Venet. can. ii.—Labbe, tom.

they marry in any other case than fornication, they are to be excommunicated, and not otherwise. *Concil. Wormat.*[p] gives liberty to the innocent party to marry after divorce. *Concil. Lateran.*[q] gives leave for the innocent party after a year to marry again.

Concil. Lateran.[r]—If any one take another wife while a suit is depending, and afterwards there be a divorce between him and the first, he may remain with the second.

Lactantius[s], S. Hierome[t], and Epiphanius[u], are for allowance of marriage after divorce. Chrysostom, Hom. xix. 1 Cor. vii.[x], says, that "the marriage is dissolved by adultery; and that the husband, after he hath put her away, is no longer her husband."

Theophylact on S. Luke xvi.[y] says, that S. Luke must be interpreted by S. Matthew. S. Hilary[z] is for marrying again,

---

[p] [Conc. Wormat. sub Hadriano Papâ II., can. xxxiii.—Labbe, tom. viii. col. 952.—Item, can. lxiii., col. 956.]

[q] [Vid. Conc. Lateran. III. sub Alexandro Papâ III., append. par. ult. cap. xlvi.—Labbe, tom. x. col. 1727.— *Item ex concilio habito apud Wormatiam, cap.* 4.—Mulieres vero, cum separatæ fuerint pro hâc vel aliâ licitâ causâ a propriis viris, ... post expletum annum accipiant alium virum, si voluerint: similiter et vir uxorem.]

[r] [Conc. Lateran. III., Append. cap. xxi.—Labbe, tom. x. col. 1579.— Quia villicum et mulierem quam superinduxerat, pendente lite prioris uxoris, invicem asseris consentire, ... nos auctoritate præsentium tuæ solicitudini respondemus, quod ... in maritali copulâ poterunt remanere.]

[s] [Lactant. Firmian. Institut. Divin., lib. vi. De vero cultu, cap. 23.— Op., ed. Basil. 1563, p. 377.—Addantur illa, ... adulterum esse, qui marito dimissam duxerit, et eum qui, præter crimen adulterii, uxorem dimiserit, ut alteram ducat.]

[t] [S. Hier. Comm. in S. Matth. xix. 9. (lib. iii.)—Op., ed. Vallars. tom. vii. p. 146.—Ubiquumque est igitur fornicatio, et fornicationis suspicio, libere uxor dimittitur. Et, quia poterat accidere, ut aliquis calumniam faceret innocenti, et, ob secundam copulam nuptiarum, veteri crimen impingeret, sic priorem dimittere jubetur uxorem, ut secundam, primâ vivente, non habeat.—?]

[u] [Epiphanii Hær. lix. § 4.—Op., ed. Par. 1622. tom. i. p. 497.—ὁ δὲ μὴ δυνηθεὶς τῇ μιᾷ ἀρχεσθῆναι τελευτησάσῃ, ἕνεκέν τινος προφάσεως, πορνείας, ἢ μοιχείας, ἢ κακῆς αἰτίας χωρισμοῦ γενομένου, συναφθέντα δευτέρᾳ γυναικὶ, ἢ γυνὴ δευτέρῳ ἀνδρὶ, οὐκ αἰτιᾶται ὁ θεῖος λόγος, οὐδὲ ἀπὸ τῆς Ἐκκλησίας καὶ τῆς ζωῆς ἀποκηρύττει, ἀλλὰ διαβαστάζει διὰ τὸ ἀσθενὲς, οὐκ ἵνα δύο γυναῖκας ἐπὶ τὸ αὐτὸ σχῇ ἔτι περιούσης τῆς μιᾶς, ἀλλ', ἀπὸ μιᾶς ἀποσχεθεὶς, δευτέρᾳ, εἰ τύχοιεν, νόμῳ συναφθῆναι, κ.τ.λ.]

[x] [S. Joh. Chrysost., Hom. xix. in illud: "Mulier alligata est legi," &c., de libello repudii, § 3.—Op., ed. Ben., tom. iii. p. 207.—οὐδὲ ἐκείνου, οὔτε αὐτοῦ, δικαίως ἄν τις τὴν τοιαύτην προσείποι. ἡ γὰρ μοιχαλὶς οὐδενός ἐστι γυνή. καὶ γὰρ τὰς πρὸς ἐκεῖνον συνθήκας ἐπάτησε, κ.τ.λ.]

[y] [Theophylacti, Archiep. Belgar., Comm. in S. Luc. Evang. cap. xvi., ed. Lut. Par. 1631, p. 457.—καιρὸς γὰρ ἦν τῆς τοιαύτης νομοθεσίας τότε· νυνὶ δὲ ἄλλης τελειοτέρας διδασκαλίας δεῖ· διὸ καὶ φημὶ, πᾶς ὁ ἀπολύων τὴν γυναῖκα αὐτοῦ παρεκτὸς λόγου πορνείας δηλαδὴ, καὶ γαμῶν ἑτέραν, μοιχεύει, κ.τ.λ. (Matt. xix.)]

[z] [S. Hilar., Pictav. Episc., Comm.

as Dr. Fulk[a] saith on S. Matthew v. The Eastern Bishops, in the council of Florence[b], are for marrying again. Justin Martyr[c] speaks of a Christian woman's giving a bill of divorce to a dissolute husband, without finding any fault with it. S. Ambrose[d] says, " a man may marry again, if he put away an adulterous wife." Theodoret[e] said of a wife, who violated the laws of marriage: "Therefore (the Lord) requires the bond or tie of marriage to be dissolved."

All the Greek Church[f] to this day allow it. Erasmus[g], Cajetan[h], and other papists, the civil law[i], and the laws of the Emperor[k], are clear for it: and the constitutions of our

in S. Matth. v. 31; cap. iv. § 22.—Op., ed. Ben. Par. 1693, col. 627.—Dictum est autem, Quicunque dimiserit uxorem suam, det illi repudium, &c. ... Cum lex libertatem dandi repudii ex libelli auctoritate tribuisset, nunc marito fides Evangelica non solum voluntatem pacis indixit, verum etiam reatum coactæ in adulteriam uxoris imposuit, si alii ex discessionis necessitate nubenda sit: nullam aliam causam desinendi a conjugio præscribens, quam quæ virum prostitutæ uxoris societate pollueret.]

[a] [Vid. ' The Text of the New Testament of Jesus Christ, translated out of the vulgar Latin by the Seminarie at Rhemes, &c.; whereunto is added the translation out of the original Greeke, commonly used in the Church of England, &c.;' by W. Fulke, D.D., ed. Lond. 1633, page 17.—Annot. in S. Matt. v. 33.—The knot of marriage is broken, &c. ... Of marrying after divorce, S. Augustin ... is doubtful: ... but S. Hilary maketh no question, but that through adultery the marriage ceaseth, and is dissolved.]

[b] [Definit. Conc. Florent. erga fin., Latinorum quæst. ' Et quare conjugia dirimitis,' &c.—Labbe, tom. xiii. col. 523, et seq.—Item, § Præsules ita responderunt, col. 527, 528.—τὰ συνοικέσια ἡμῶν οὐκ ἀλόγως χωρίσονται.]

[c] [S. Justini Martyris Apol. ii. § 2. —Op., ed. Par. 1742, p. 89.]

[d] [Comm. in 1 Cor. vii. 11.—S. Ambr. op., ed. Ben. Par. 1690, tom. ii. Append. col. 133.—Viro licet ducere uxorem, si dimiserit uxorem peccantem.]

[e] [Serm. ix. de Legibus, prope finem. —Op., ed. Lut. Par. 1642, tom. iv. p. 620.—εἰ δὲ τοῦ γάμου παραλύσοι τοὺς νόμους, καὶ πρὸς ἕτερον ἴδοι, τηνικαῦτα λύειν κελεύει τὴν ζεύγλην.]

[f] [Vid. supr., not b.]

[g] [Comm. in 1 Cor. vii. 42.—Erasmi op., ed. Lugd. Batav. 1705, tom. vi. col. 699, 700.—Atqui primum Evangelium non vetat iterare matrimonium, ubi jure dimiseris uxorem. De Pauli verbis mox loquemur. ..... Liquet Paulum hic non exclusisse divortium, quod ipsa Lex palam indulget, cujus adducit testimonium, &c.]

[h] [Thom. de Vio Cajetan. in Matt. xix. 9.—Comment. in S. Scripturis, ed. Lugd. 1639, tom. iv. p. 86.—Quid autem sit de dimittente uxorem fornicariam, et aliam ducente, textus iste nihil dicit. ... Si instes, illud diversum nihil aliud esse nisi quod propter fornicationem dimittens uxorem et aliam ducens non mœchatur, respondeo sic sonare textum secundum planum literæ sensum : sed, quoniam non audeo opponere me contra torrentem doctorum, et judiciorum ecclesiasticorum, ideo dixi textum nihil disponere de dimittente fornicariam. Intelligo igitur, ex hac Domini Jesu Christi lege, licitum esse Christiano dimittere uxorem ob fornicationem carnalem ipsius uxoris, et posse ducere aliam uxorem, salvâ semper Ecclesiæ definitione, quæ hactenus non apparet, &c.]

[i] [Vid. Digest., lib. xxiv. tit. ii. c. 1.— Corpus Juris Civilis, ed. Colon. Allobr. 1624, col. 770.—Dirimitur matrimonium divortio, morte, captivitate, vel alia contingente servitute utrius eorum. —Item, Codicis Justiniani lib. v. tit. xvii. c. 8, § 3; ed. Colon. Allobr. 1624, col. 457.—Vir quoque pari fine claudetur, nec licebit ei sine causis apertius designatis propriam repudiare jugalem: nec ullo modo expellat nisi adulteram, vel venificam, &c.]

[k] [Codicis Theodosiani lib. iii. tit.

own Church of England in the time of Henry VIII.[l], Edward VI.[m], and Queen Elizabeth[n].

The practice of the English Church. In the Stat. 1 Jac. c. 11[o], against second marriages, divorces are excepted; and in Canon 107[p] it is provided, they shall not marry again: but it is not said such marriages are void, only the caution is forfeited: neither doth the canon speak of such separations, wherein the bond itself is broken, as it is by fornication.

Even the canon law[q] allows marrying again, in case a woman seek her husband's life, and in case of a bondwoman. Gratian[r] says, in the case of adultery lawful marriages ought not to be denied. In the case of an incurable leprosy, it was the advice of S. Gregory[s] to Austin the monk, that he, that could not contain, should rather marry. Bellarmine[t] owns, that the bond of the marriage of infidels is dissolvable; but the marriage of the faithful, and of infidels, is of the same nature: and Justinian[u], a jesuit, confesses, that it is simply lawful for the innocent party to marry again.

---

xvi., ed. Lugd. 1566. pp. 55, 56.—Item, Papiani lib. Respons. tit. xxiii., ibid. p. 701.]

[l] [Vid. Reform. Leg. Eccles. ex auctoritate Hen. VIII. et Ed. VI., tit. De Adulteris et Divortiis, cap. 5; ed. Lond. 1641, p. 49.—Conf. 25 Hen. VIII. cap. xix. §1, 2.]

[m] [Vid. 3 and 4 Edw. VI. cap. xi.]

[n] [Vid. Capit. sive Const. Eccles., per Archiepiscopos, Episcopos, et reliquum Clerum Cantuariensis Provinciæ, in Synodo inchoatâ Londini xxv. die mensis Oct. ann. Dom. 1597, Eliz. xxxix., congregatos, promulg.—Bp. Sparrow's Collection of Articles, &c., Lond. 1675, p. 251.]

[o] [2 (vulgo 1) Jacobi I. cap. xi. 'An Act to restrain all persons from marriage, until their former wives and former husbands be dead,' § iii.—Provided also, and be it enacted by the authority aforesaid, that this act, nor any thing herein contained, shall extend to any person or persons, that are or shall be at the time of such marriage divorced by any sentence had or hereafter to be had in the Ecclesiastical Court; &c.]

[p] [A.D. 1603.]

[q] [Gratiani Decretum, par. ii. caus. xxxi. quæst. i. c. 6.—Corp. Jur. Can., ed. Par. 1612, tom. i. col. 1721.—Si qua mulier in mortem mariti sui cum aliis conciliata sit, &c., . . . vir potest (ut nobis videtur) ipsam uxorem dimittere, et, si voluerit, aliam ducere.—Item, caus. xxx. q. ii. c. 4, col. 1693.]

[r] [Vid. Decret., par. ii. caus. xxxii. q. vii. c. 19; ubi supr. col. 1788.—Conf. cap. 10. col. 1784.]

[s] [There is manifestly some error in this reference. Perhaps in this, as in one or two other places, (see p. 492, notes h, i, k,) Cosin's meaning may not have been clearly understood by the party who prepared this paper for the press.]

[t] [Bellarm. de Rom. Pont., lib. v. cap. vii. § Denique.—Op., ed. Ingolst. 1601, tom. i. col. 1085.]

[u] [Benedicti Justiniani in Rom. vii., § 2.—B. Pauli Apostoli Epist. Explanat., ed. Lugd. 1612, tom. i. p. 196, 197.—*Nam quæ sub viro est*, &c., art. iii.—Præterea (quod magis mirandum est) Græcorum consuetudo, quæ etiam nunc in lege Evangelicâ propter fœminæ adulterium ita divortium probat, ut innocenti fas esse putetur secundum inire connubium, *quod quidem simpliciter licere* plerique canones apud Burcardum indicare videntur; idque olim existimare visus est Pollentius, adversus quem scribit Augustinus, et, quod vix credi potest, non ita pridem duo non ignobiles theologi affirmarunt.]

And the Roman doctors[x] allow a dissolution of the bond of marriage, if the parties should, after consummation[y], transfer themselves into a friary or nunnery.

The canons[z], which in the case of adultery prohibit marrying in the lifetime of the guilty person, are contrary to two acts of parliament, made 25 H. VIII.[a] and 3 and 4 Ed. VI.[b], wherein no canons are allowed that be any way repugnant to the laws of God, or the Scripture, the king's prerogative royal, and the statutes of this land. Thirty-two persons were to review the Canon Law[c], in which review, drawn up by Archbishop Cranmer, the innocent person is permitted to marry again, according to Christ's law and concession.

We have examples of such marriages in H. IV. of France[d], H. VIII. of England[e], Lord Mountjoy[f], Lord Rich, Bishop Thornborough[h], and divers others. And it is observable, that, in the case of the Marquis of Northampton[i], 5 Ed. VI., who had been divorced for his lady's adultery, and married another before any Act of Parliament made concerning it, an act which passed afterwards (only two spiritual and two temporal lords dissenting) declares, he had been at liberty by the laws of God to marry, and did lawfully marry another; where the act manifestly supposes, that whatever had obtained for law till that time was void, as being contrary to God's law.

The most considerable men of the reformed Churches,

---

[x] [Vid. infr. p. 501, note b.]
[y] [Vid. Conc. Later. III. cap. iii.—Labbe, tom. x. col. 1569.—Conf. cap. i. ibid.]
[z] [Decret. par. ii. caus. xxxii. q. i. c. 2.—Causâ fornicationis vir dimittat uxorem, non tamen alteram ducat.—col. 1733.—Sic priorem dimittere jubetur uxorem, ut secundam primâ vivente *non* habeat.]
[a] [25 Hen. VIII. cap. xix., § 1 and 2.—Statutes at Large.]
[b] [3 and 4 Edw. VI. cap. xi.]
[c] Ref. Leg. Eccles., tit. De Adulteriis et Divortiis, [cap. v. ed. Lond. 1641, p. 49.]
[d] '[Vid. "Memoirs of Henry the Great," Lond. 1824, chap. ii., iii., vol. i. pp. 72, &c.; item, chap. xvi., xvii., vol. ii. pp. 282, 363, &c.]
[e] [Vid. Hume's Hist. Engl.—Conf. Lingard, Hist. Engl., vol. iv. p. 117, et seq.]
[f] [Vid. Life of Abp. Laud, by Le Bas, chap. i. pp. 10, 11.—Conf. Rapin's Hist. Engl., book xix., A.D. 1628, ed. Lond. 1743, tom. ii. p. 278, note 2.]
[h] [Dr. John Thornborough, Bp. of Limerick in 1593, translated to Bristol in 1603, and to Worcester in 1616.—See the account of him in Wood's Athen. Oxon., vol. iii. col. 5; where there is a note on his second marriage, taken out of Sir J. Harrington's 'Brief View of the State of the Church of England.']
[i] [See an account of this case in Ayliffe's Parergon Juris Canonici Anglicani, tit. Of Divorce, &c.; ed. Lond. 1726, pp. 226, 227.—Conf. Journals of the House of Lords, ann. 1551, Mar. 7, 8, 9; vol. i. pp. 408, 409.]

both at home and abroad, are of this opinion. Grotius[k] quotes Tertullian, in whose time it was lawful for the innocent party to marry.

Lancelot, Inst. Jur. Can.[l], acknowledges that divorce is a dissolution of the marriage.

Selden[m], who is not likely to contradict the laws of this kingdom, maintaineth, that marriage after divorce is to be allowed: and, in that particular, Dr. Hammond[n] doth not contradict him, but is clearly for it.

The opinion of Amesius[o] deserves to be set down at large. "Marriage," says he, "cannot be dissolved by men at their pleasure, and for that reason, as it is considered simply and absolutely, it is rightly said to be indissolvable, ... because marriage is not only a civil, but a divine conjunction, ...

---

[k] [Grotii Comm. in S. Matt. v. 32.—Op., Theol., ed. Amst. 1679, tom. ii. p. 54.—Quam sententiam ex bonitate peculiari magis ortam quam ex communi receptâque lege, tum ex aliis, tum ex Tertulliano apparet, qui non uno loco ostendit solitos suo tempore ad matrimonium alterum admitti sui ob adulterium uxorem dimisissent.]

[l] [De Divortiis, lib. ii. tit. xvi., ed. Colon. 1609, p. 426.]

[m] [Uxor Hebraica, seu De Nuptiis et Divortiis, cap. xxxiii.—Op., ed. Lond. 1726, coll. 858, 859.]

[n] [Of Divorces, sect. 28, 33, 37.—Hammond's Works, ed. Lond. 1674, tom. i. pp. 453, 455, 456.]

[o] [Gulielm. Ames., de Conscientiâ et ejus jure vel casibus, lib. v. cap. 38, De matrimonii dissolutione, ed. Amst. 1630, pp. 265, 266.—

Quæst. 1. An et quomodo matrimonium possit dissolvi?

I. R. 1. Matrimonium non potest ab hominibus ex suo arbitrio dissolvi: et illâ ratione, simpliciter et absolute consideratum, recte dicitur insolubile. *Matt.* xix. 9; *Rom.* vii. 1.

II. Hoc autem habet matrimonium, sive consummatum, sive ratum, supra alios contractus, non tantum ex institutione Christi, sed ex jure naturæ. *Matt.* i. 9. *Ab initio non fuit sic.* Ratio est, quia matrimonium non tantum est civilis, sed etiam divina conjunctio, cujus Institutor et Ordinator est Deus Ipse. *Matt.* xix. *Quod Deus conjunxit.* Et illius etiam est naturæ, ut sine gravi detrimento utriusque partis non possit dissolvi.

III. 2. Non ita tamen insolubile est matrimonium, quin possit ex causâ quam Deus Ipse approbat ut justam dissolvi. Insolubilitas enim illa non instituta fuit in pœnam, sed in solatium innocentium, et admittit exceptionem, in quâ Deus conjungere cessat. *Matt.* xix. 6, 9.

IV. 3. Nulla justa causa divortii faciendi in Scripturis probatur, præter adulterium, et similes impuritates nefandas, quibus fit ut duo non maneant una caro, sed divisa, et sic fides conjugii directe violatur. *Matt.* v. 32, *et* xix. 9.

V. 4. Hinc, 1. Matrimonii confirmati dissolvendi justa causa non est morbus contagiosus, quamvis conversationem conjugalem possit impedire, &c. . . . .

Quæst. 2. An adulterium admissum solummodo usum, vel etiam vinculum ipsum, matrimonii solvat?

IX. R. 1. Vinculum ipsum solvi patet. 1. Quia essentia ipsa contractus directe violatur. Contractu autem cessante, vinculum contractu nixum necessario cessat. 2. Alienum est ab omni ratione, ut omnia officia matrimonialia in perpetuum tollantur, et vinculum tamen vel obligatio ad illa officia continuetur.

X. 3. Verba Domini, *Matt.* v. 32, *et* xix. 9, nullam habent distinctionem aut limitationem dimissionis, sed dimissionem in adulterii causâ simpliciter et absolute probant:—probant igitur non dimissionem partialem, aut secundum quid, a mensâ et toro, sed totalem.]

and is also of that nature, that it cannot be dissolved without detriment to either party: yet it is not so indissolvable, but it may be dissolved for a cause which God approves as just; for the indissolvability was not instituted for a punishment, but for the comfort of innocent persons, and it admits an exception wherein God ceases to conjoin..... By adultery two are made not to remain one flesh.... Hence it is, that a contagious disease is not a cause of dissolving marriage..... By adultery the very essence of the contract is directly violated; but, the contract ceasing, the bond depending on the contract necessarily ceases. It is against all reason, that all matrimonial duties should be for ever taken away, yet the bond or obligation to those duties should continue. The words of our Lord, Matt. v. 32, and xix. 9, have no distinction or limitation of the putting away, but simply and absolutely approve of putting away: therefore they approve of a putting away, not partial, or to a particular purpose, from bed and board, but total."

None are against the reformed divines, but Dr. Howson[p], Mr. Bunny[q], and Dr. Prideaux[r].

Dr. Howson was a professed adversary to Dr. Raynolds, who was a great maintainer of the Church of England against all the points of popery, and particularly in this.

Dr. Taylor[s], Bishop Hall[t], Dr. Fulk[u], are for second marriages; no authors against them but the council of Trent[x], and those of the Church of Rome, whose credit is only saved by those of our Church who agree with them.

---

[p] [Joannis Howsoni lib. cui titulus est, 'Uxore Dimissâ propter Fornicationem, aliam non licet superinducere.' (Tertia Thesis Theol., &c.) ed. Oxon. 1606, p. 35, (al. p. 59 edit. 1602, Oxon., *in marg.*)—Necesse est, ut matrimonium . . . . . individuâ vitæ societate conjungat, adeo ut, quamvis propter adulterium possimus uxores dimittere, nequaquam tamen valeamus ad secundas nuptias, tanquam ad novas voluptates et delicias, transire.—(Et passim.)]

[q] [Edm. Bunny, "Of Divorce for Adultery, and Marrying again: that there is no sufficient warrant so to do;" sect. 34, Conclusion, ed. Oxford, 1610, p. 168.—But as touching the main, if now we gather the chiefest and principal points together, of all that hitherto hath been said, what have we (to speak of) but only the opinion of divers of the learned that way inclining? For the truth of the matter, or any certainty whereon to ground, what have we else, &c.]

[r] [Vid. *Johan*. Prid., Manuduct. ad Theol. Polemic. loc. xix. De Matrimonio, act. 10, 11, 13, et q. 9, 10; ed. 8°. Oxon. 1657, pp. 176, 177, 179, 182.]

[s] [Vid. Ductor. Dubitant., lib. i. cap. v. r. 15, n. 6; ed. Lond. 1660, tom. i. p. 195.]

[t] [Conf. supr., p. 492, note d.]

[u] [Vid. supr., p. 495, not. a.]

[x] [Vid. p. 492, note b.]

Upon the difference of explication between S. Ambrose [y], Origen [z], and S. Austin [a], a new kind of divorce has been thought of, from bed and board; but this divorce, or name of a divorce, was unknown to the Jews and ancient Christians.

I said so much before, at the first and second reading of this bill, that I was in good hopes to have had no further occasion given me of answering any objections against it now; but, seeing divers new arguments have been studied and framed against it since that time, I shall now endeavour to satisfy and clear them all.

1. The first argument against it is, that the separation from bed and board doth not dissolve the bond of marriage. To which I must reply, as I did before, that this is a distinction without a difference, newly invented by the canonists and schoolmen, and never heard of either in the Old or New Testament, nor in the times of the ancient Fathers, who accounted the separation from bed and board to be the dissolution of the bond itself.

2. That first institution of marriage, that they may be one flesh, is by adultery dissolved, when the adulteress makes herself one flesh with another man, and thereby dissolves the first bond of her marriage.

3. The objection, that, if the bond be dissolved, and afterwards if the man or woman be reconciled, they must be married over again, is no necessary consequence, no more than it is in a person baptized, who may break his covenant, and renounce his Baptism, and yet upon true repentance be received into God's favour by virtue of the first covenant, without any new Baptism. Suppose a witch, who they say makes a compact with the devil to renounce her Baptism, should afterwards, by the grace of God, seriously and truly repent herself of the wickedness: I do not believe that any

---

[y] [Vid. p. 495, note d.]
[z] [Origenis Comm. in Matth. xix.—Op., ed. Ben. Par. 1740, tom. iii. p. 647.—ἤδη δὲ παρὰ γεγραμμένα καὶ τίνες τῶν ἡγουμένων τῆς ἐκκλησίας ἐπέτρεψάν τινα, ὥστε ζῶντος τοῦ ἀνδρὸς γαμεῖσθαι γυναῖκα, κ.τ.λ.]
[a] [Vid. S. Aug. de Conjugiis Adulterinis, lib. ii. cap. v. (§ 6.)—Op., tom. vi. col. 407.—Unde, si vult dimittere adulteram, non ducat alteram, ne quod in illâ culpat ipse committat.—Item, de Nuptiis et Concupiscentiâ, lib. i. cap. x. (§ 11.) col. 286.—Ita manet inter viventes quiddam conjugale, quod nec separatio, nec cum altero copulatio, possit auferre.]

body would take upon him to baptize her again; and, if a Priest should renounce his Orders, and turn Turk, and yet afterwards repent him, and return into the Church, he need not be re-ordained a second time. The case will be the same in marriage.

4. I said heretofore, that the Roman doctors allowed this dissolution of the bond, when the man and wife, even after the consummation of marriage, would transfer themselves into a friary or a nunnery; but, because it hath been since doubted, that no authority can be shewed for this particular, I shall here shew it out of the old constitutions of the Church of England[b]:

" And, in the case of religion, that is the true understanding, that, to wit, either of them betaking themselves to religion before carnal knowledge, the bond of the marriage be dissolved; . . . . . but, if both enter into religion and make solemn profession, then such marriage is dissolved, even as to the bond."

5. It hath also been said, that, if the bill pass, it will pass against the Church of England: which I confess I do not understand: for the Church of England is within the kingdom of England; and, if the laws of this kingdom be for the bill, and have declared it by the assent of the king, lords, and commons, as, in the case of the Marquis of Northampton, was heretofore declared in the time of King Edward VI., that by the laws of God the innocent party was at liberty to marry again, certainly the spiritual lords, as well as the temporal, and commons, are bound to admit it; and I know not why they should be called the Church of England, that join with the council of Trent, and plead so much to uphold it, rather than others, that join with all the reformed Churches, and plead against that canon of the Church of Rome, which hath laid an *anathema* upon us, if we do not agree with them.

---

[b] Prov. Will. Lindewode, sive Cons. Angl., fol. 94, ver. Nullatenus separentur. [Vid. lib. iii. tit. iii. De Clericis Conjugatis, not. g. ad can. Richardi; ed. Oxon. 1679, p. 128.—Et in casu religionis iste est verus intellectus, ut scilicet eorum altero ad Religionem convolante, ante carnalem copulam, solvatur vinculum matrimonii . . . . . Sed, si ambo ingrediantur Religionem, professione solenni emissâ, tunc etiam quoad vinculum solvitur hujusmodi matrimonium.]

As to the supposed inconveniences that will follow upon marrying again,

1. More inconveniences will follow, if they be forbidden to marry again.

2. The father would be in an uncertainty of the children, if he should retain the adulteress.

3. There would be danger of poisoning or killing one another, if no second marriage were allowed.

4. Where the parties should consent to new marriages for their own lusts, the magistrates have power to overrule such practices.

5. If they be kept altogether by divorce from marrying, it would occasion the innocent party to sin.

FORM OF PRAYER FOR THE FIRST WEDNESDAY OF EVERY MONTH DURING THE PLAGUE.

[Found among the Durham MSS., in a volume entitled "Bishop Cosin's Letters, 1664, 1665," at num. 67.]

MORNING PRAYER.

For He is the Lord our God : and we are the people of His pasture, and sheep of His hands.

Let us repent and turn from our wickedness : and our sins shall be forgiven us.

We acknowledge indeed that our punishments are less than our deserving : but yet of Thy mercy, O Lord, correct us to amendment, and plague us not to our destruction.

But Thy hand is not shortened, that Thou canst not help: neither is Thy goodness abated, that Thou wilt not hear.

For Thou art the only Lord, who woundest and dost heal again : Thou killest and revivest, bringest even to hell, and bringest back again.

Thou savest our lives from destruction : and crownest us with mercy and loving kindness.

They called upon Thee, and were holpen : they put their trust in Thee, and were not confounded.

For many troubles are come about us : our sins have taken such hold upon us, that we are not able to look up.

Hide not Thy face from us in time of trouble : incline Thine ear to us when we call : O hear us, and that right soon.

For we do not present our supplications before Thee, trusting in our own righteousness, but in Thy manifold and great mercies.

So we [that] are Thy people and sheep of Thy pasture, shall give Thee thanks for ever, and will alway be shewing forth Thy praise from generation to generation.

Psalms the 6th, the 32nd, the 38th, and 39th.

EVENING PRAYER.

FOR He is the Lord our God : and we are the people of His pasture, and the sheep of His hands.

Let us repent and turn from our wickedness : and our sins shall be forgiven us.

We acknowledge indeed that our punishments are less than our deservings : but yet of Thy mercy, O Lord, correct us to amendment, and plague us not to our destruction.

But Thy hand is not shortened, that Thou canst not help : neither is Thy goodness [abated,] that Thou wilt not hear.

For Thou art the only Lord, who woundest and dost heal again : Thou killest and revivest, bringing even to hell, and bringest back again.

Thou savest our life from destruction : and crownest us with mercy and loving kindness.

They called upon Thee, and were holpen : they put their trust in Thee, and were not confounded.

For many troubles are come about us : our sins have taken such hold upon us, that we are not able to look up.

Hide not Thy face from us in time of our trouble : incline Thine ears to us, when we call : O, hear us, and that right soon.

For we do not present our supplications before Thee, trusting in our own righteousness; but in Thy manifold and great mercies.

So we, that are Thy people, and sheep of Thy pasture, shall give Thee thanks for ever : and will always be shewing forth Thy praise from generation to generation.

Psalms 90th, the 91st, and the 130th.

ARTICLES OF INQUIRY,

CONCERNING

MATTERS ECCLESIASTICAL,

EXHIBITED

TO THE MINISTERS, CHURCH WARDENS, AND SIDEMEN OF EVERY
PARISH WITHIN THE DIOCESE OF DURHAM;

IN THE

FIRST EPISCOPAL VISITATION OF THE RIGHT REVEREND FATHER IN GOD, JOHN
BY DIVINE PROVIDENCE LORD BISHOP OF DURHAM:

IN THE SECOND YEAR OF HIS CONSECRATION, ANNO DOM. MDCLXII.

THE OATH TO BE GIVEN UNTO THE CHURCHWARDENS AND
SIDEMEN OF EVERY PARISH.

"You shall swear to inquire with the best diligence that you may, and
to make a true answer unto every article of this book now given you
in charge, presenting every person of your parish that hath done any
offence, or omitted any duty therein mentioned. And this you shall
do without any favour, or hatred, or fear of displeasure : So help you
God, and the contents of His holy Gospel."

ARTICLES OF VISITATION AND INQUIRY,

EXHIBITED TO THE CHURCHWARDENS AND SIDEMEN OF EVERY PARISH IN THE DIOCESE OF DURHAM, ANNO MDCLXII.

TITUL. I.

CONCERNING THE FABRIC, REPAIRING, KEEPING CLEAN, AND FURNISHING OF CHURCHES AND CHAPELS.

1. Is there in your parish a Church or Chapel with a tower or steeple adjoined to it, and a Chancel at the east, all well and fairly built, duly kept and maintained, for the honour of God, and for the performance of religious duties?

2. Are the roofs thereof well leaded or slated without? well ceiled within? the windows well glazed? the walls well plastered? the tables of the ten Commandments and other sentences of Scripture well placed? the floors well paved? the seats well framed? and all things so decently ordered, as may well beseem the house of God?

3. How many bells are there in the tower or steeple of your Church or Chapel? have any of them, that formerly belonged to it, or any lead of the roofs of the Church or Chancel, been embezzled and sold away? and, if any such thing hath been done, who did it? and who consented to it? and what was the value of the thing so sold or embezzled?

4. Is there a Font of marble, or other stone, decently wrought and covered, set up at the lower part of your Church, for the administration of the Sacrament of Baptism? Is there a partition between your Church and your Chancel, a comely fair Table there, placed at the upper part of it, for the administration of the Sacrament of the Lord's Supper? Are there two fair and large coverings for it, one of silk-stuff or fine cloth, another of fine linen, with a plate

or paten and a cup or chalice of silver, and two fair flagons of pewter or purer metal, belonging to it? Have none of all these things been purloined, destroyed, or made away, by any person whom you can name? and, if they have been taken away, are they again restored, or other such provided in their place?

5. Have you in your Church, or in your Chancel, a convenient seat erected for your Minister, wherein to read the daily Morning and Evening Service, a desk whereat to say the Litany in the midst of the Church, according to the injunctions set forth in the time of Queen Elizabeth, and a pulpit for sermons with a comely cloth before it? Are you provided of a Bible in the largest volume, and of the last approved translation, and in what year was it printed? Have you two books of Common Prayer set forth by public authority, and are they both also of the largest volume, one for the Minister, and another for the Clerk, to use at the celebration of all divine offices? Have you likewise a book of the Sermons, or Homilies, that were set forth in the time of King Edward VI., and in the reign of Queen Elizabeth, together with the works of Bishop Jewell in defence of the Church of England, which King James commanded to be had in all Churches, and a book of the Constitutions or Canons Ecclesiastical, the books or forms of Divine Service for the fifth of November, the thirtieth of January, and the twenty-ninth of May, and a table of marriages prohibited by the law of God?

6. Have you a large and decent Surplice (one or more) for the Minister to wear at all times of his public ministration in the Church, and another for the Clerk, if he hath heretofore been accustomed to wear it, when he assisteth the Minister? Are not either of their Surplices now grown old and torn? and what are they at this time worth? or, if new have been lately bought, how much did they cost by the yard?

7. Have you, in your vestry, a hood or tippet for the Minister to wear over his Surplice, if he be a graduate? a book of parchment, wherein to register the christenings, marriages, and burials, of your parish? another book of paper, wherein to record the licences of strange Ministers, that are admitted

at any time to preach in your Church or Chapel? and a third book, wherein to write down the accounts of the Church-wardens, and to keep an inventory of all things provided, and belonging to your Church? Have you a strong chest, with locks and keys, wherein to keep all these books, and other furniture for Divine Services, in safe custody? And, lastly, have you a box, wherein to put and keep alms for the poor, and a bier with a black herse-cloth for the burial of the dead?

TITUL. II.

CONCERNING THE CHURCHYARD, PARSONAGE-HOUSE, ALMSHOUSE, GLEBE AND TITHES.

1. Is your Churchyard well and sufficiently fenced? Is it decently kept, without sufferance of any beasts to enter in and annoy it? Hath any person encroached upon it, or made a new door into it out of their own habitation or ground about it?

2. Is the house of your Parson, Vicar, or Curate, well built and kept up (with all out-houses thereunto belonging) in good and sufficient repair?

3. Have you a true note or terrier of all the glebe lands, gardens, orchards, tenements, and portions of tithes, appertaining to your parsonage or vicarage? Is it kept in your vestry, and a copy of it delivered into the Bishop's registry?

4. Is there any alms-house, hospital, or free-school, in your parish? Who was the founder, or is now the patron thereof?

TITUL. III.

CONCERNING MINISTERS, PREACHERS, AND LECTURERS.

1. Is your Minister, Parson, or Vicar, a Deacon or a Priest, ordained by a Bishop according to the laws of the Church of England?

2. Was he, without any simoniacal compact, promise, or payment, freely presented, instituted, and inducted into his benefice? and did he within two months after his induction publicly read in your Church upon some Sunday or Holiday, in the time of Divine Service, and in the audience of his parishioners, all the thirty-nine Articles of Religion set forth and established in the Church of England by authority? And did he then profess and publish his assent unto them all, subscribing his name thereunto in the presence of the Churchwardens, and other persons of your parish, who can bear witness of the same? do you not know, or have you not heard, that, in his reading or pretending to read these thirty-nine Articles of Religion, he omitted or skipped over some one or more of them? what Article was it, or what part thereof, that he left unread?

3. Doth he use any other words or form, than what is prescribed in the book of Common Prayer, in the public reading of the daily Morning and Evening Service, and in the Litany, which is to be added to the Morning Service upon Sundays, Wednesdays, and Fridays, weekly, and at all other times when it is appointed by the Bishop; as likewise at the reading of the Communion Service, and the administration of the two Sacraments, (Baptism, and the Lord's Supper,) at the celebration of matrimony, churching of women after child-birth, burying the dead, and pronouncing God's commination against impenitent sinners? And doth he all these without omission, addition, or alteration of any of them, using all the rites and ceremonies appointed in that book?

4. Doth he always, at the reading or celebrating any Divine Office in your Church or Chapel, constantly wear the Surplice, and other his ecclesiastical habit according to his degree? And doth he never omit it?

5. Doth he diligently instruct the youth of your parish in their Catechism, and visit the sick, as he is directed for the performance of both those offices in the book of Common Prayer?

6. Doth he bid and observe the holidays and fasting days, as they occur from time to time in the whole year?

7. Is he a graduate in either of the Universities of this realm, and to what degree hath he been there admitted?

8. Hath he been licensed by the Bishop, or by one of those Universities, to preach? And doth he constantly preach in your Church or Chapel, or (when he is hindered by sickness, or some other urgent cause,) doth he procure a sermon to be preached by a discreet, able, and approved substitute, every Sunday, besides the anniversary days of Christ's Nativity and His Passion, at the least? And, if there be no such sermon preached, doth he, his substitute, or Curate, read one of the Sermons or Homilies appointed by public authority for such several times and occasions?

9. Doth he, or his Curate, observe the three Rogation days before the feast of our Lord's Ascension, saying the Litany, the ciii. and the civ. Psalm, with the Churchwardens and others that accompany him, in the perambulation of your parish? and, when the perambulation is ended, doth he go into the Church with them, and read unto them one of the Sermons set forth and appointed for that purpose?

10. Doth he or his substitute use any other form of prayer before his Sermon or Homily, but what he is directed and enjoined to do by the constitutions of the Church?

11. Doth he preach unfeigned faith, and obedience to God's holy Commandments, submission and loyalty to the king and his laws, together with true Christian piety and charity among the people? and hath he not at any time (to your own knowledge, or as you have been told by others that do know it,) preached any false, heretical, seditious, or schismatical doctrine, in his sermons, whereby the people may be led into any sect or faction against the peace and unity of the Church?

12. Is there any lecture preached in your parish? Is he who preacheth it (one or more) allowed so to do by the Bishop? Doth he, before his lecture, read the Public Service of the Church appointed for that day by the book of Common Prayer? At the reading thereof doth he wear a Surplice? When he lectureth, doth he use the ecclesiastical habit appointed for all Ministers of the Church? Doth he administer the Sacraments of Baptism and the Lord's Supper twice in the year at least, according to the prescript form of the public liturgy? And, lastly, doth he, before the preaching of his lecture, constantly observe the form of prayer which is en-

joined him in the fifty-fifth canon of the Ecclesiastical Constitutions?

13. Doth your Minister endeavour to reclaim all popish recusants, and other sectaries, (if there be any such inhabiting within your parish,) to the unity, obedience, and true religion, established in the Church of England? Doth he prepare and present the youth of your parish to be confirmed by the Bishop? Doth he admit any of them to the Holy Communion, or to be contracted in marriage, or to be Godfather or Godmother in the administration of Baptism, before they can give an account of their faith and religion according to the questions and answers contained in the Church Catechism? Hath he admitted any woman to her thanksgiving after child-birth, before she hath done her penance, if her child was born or begotten out of lawful matrimony? Doth he presume to marry any persons in private houses, or such as, being under the age of twenty-one years, have not the consent of their parents, or without the banns first published on three several Sundays or Holidays in your Church, or at any other hours than between 8 and 12 in the forenoon, unless he hath a licence or dispensation to the contrary?

14. Hath your Parson or Vicar any other ecclesiastical benefice, prebend, or dignity? Doth he reside upon his living among you, or how long in the year is he absent from it? Hath he a Curate to assist him in his ministry, and what stipend doth he allow him? Is that Curate an able, learned, and discreet person, admitted by the Bishop to serve in your Church or Chapel? and doth he serve in any other Church but yours?

15. Is your Parson, Vicar, Curate, or Lecturer, a man studious of innocency and sanctity in his life? of a sober, chaste, unblameable, and religious conversation? Doth he refrain the company of ungodly and vicious persons, such especially as be excommunicated for their disobedience, or pravity, and looseness of life? Is he noted to be a frequenter of taverns or ale-houses? to be an ordinary gamester, or hunter, or a common swearer, or intemperate drinker? a riotous or disorderly person in any kind whatsoever? Doth he wear his hair of a moderate and comely length? Is his apparel grave and decent, in fashion and in colour such as is

enjoined him by the Canons of the Church? Doth he not employ himself in any mechanical trade or servile labour, unbefitting his sacred office and ministry? And is there any other in your parish, who, having been heretofore ordained a Deacon or Minister, hath relinquished the exercise of his Holy Orders, and now, in the course of his life, beareth himself as one of the Laity, and not as a Minister of God and the Church?

16. Doth your Minister or Curate wilfully refuse or delay the time to baptize any infant that is in danger of death? and, if the child be baptized in private, and doth afterward recover, is it brought into the Church, and the Baptism of it there certified to the congregation, according to the form prescribed in the book of Common Prayer, and the administration of the Sacraments? Is there any child past his infancy, or other person of more years, through your Minister's default, yet remaining unbaptized among you? And doth he, in the administration of that Sacrament, admit any parent to be Godfather or Godmother to their own children?

17. Doth he, in the presence of your Churchwardens, write and record in your register-book the names of all persons baptized, married, and buried, within your parish from time to time, together with the names of their parents? and doth he subscribe his own, and the Churchwardens' or Overseers' names, to every page of that book, yearly transmitting the copy of those christenings, marriages, and burials, so subscribed, into the Bishop's registry.

TITUL. IV.

CONCERNING THE PARISHIONERS.

1. Is there in your parish any person, who is commonly known or reputed to be an heretic or schismatic? any papist, presbyterian, familist, anabaptist, independent, quaker, or other sectary, that refuses to come unto the public assemblies, prayers, or services of the Church, or that makes pro-

fession of any other religion, than what is established in the Church of England? and, if there be any such, what are their names?

2. Is there any person in your parish, who by common fame, report, or vehement suspicion, hath committed adultery, fornication, or incest, or any receiver and harbourer of such incontinent lewd persons in their houses? Are there any common drunkards within your parish, any that be usual swearers, or blasphemers of God's Name, or any that are noted to be railers, unclean and filthy talkers, or any sowers of sedition, faction, and discord, amongst their neighbours?

3. Do any of your parish employ themselves upon the Sundays, or Holidays, in their bodily and ordinary labour? or do they permit their servants so to do? Are any shops kept open, or wares sold? or do any vintners, inn-keepers, or other victuallers, and sellers of beer or ale, suffer any persons to tipple or game in their houses upon those days?

4. Doth every person inhabiting or sojourning within your parish duly resort unto your Church, or Chapel, upon every Sunday and Holiday appointed for Divine Service? Do they then, and there, abide quietly, with reverence, order, and decency, during all the whole time of Common Prayer, preaching, or other service of God there used? And are there any among you, that come only to the preaching, and not to the Common Prayers of the Church?

5. Doth every person at his entrance into the Church reverently uncover his head, and so continue all the time of Divine Service and Sermon, until his departure thence? Do they all reverently kneel at the Prayers, and stand up when the Creed is said, and when the Gospel is read, making due reverence when the Name of our Lord *Jesus* is mentioned? Do they join with the Clerk of the Church in answering at the Psalms, Hymns, and other parts of the service, as is appointed for them?

6. Are there any in your parish, that refuse to send their infant children unto the Sacrament of Christian Baptism in your Church, there to be baptized publicly, unless in case of urgent necessity and danger, when the child may be baptized at home by your own lawful Minister, after the form

and rites appointed in the Liturgy? Or do they send their children to be baptized in any other parishes, or after any other form, or by any other Minister abroad? Or do they keep them unbaptized any longer time, after they be born, than the Church alloweth in the rules prescribed for the administration of that Sacrament? And are there any infants or more aged children in your parish, that be yet unbaptized?

7. Doth every householder in your parish cause their children and servants duly to learn their Catechism, and to give an account thereof unto your Minister, as he shall require it of them, openly in the Church upon Sundays and Holidays, as in the book of Common Prayer is appointed? And, when they are well instructed in that Catechism, are they sent or brought to the Bishop, at fit and convenient times, to be confirmed?

8. Is there any person in your parish, who, being sixteen years of age, and well instructed in religion, doth not frequently receive the Sacrament of the Lord's Supper, or at least three times in the year, of which Easter is always to be one? Do they leave their common seats, and draw near to the Communion Table, when they are to receive the Sacrament, all decently behaving themselves, and humbly kneeling upon their knees in honour of our blessed Saviour, whose precious Death and Passion is then set forth and remembered by the Church?

9. Doth any in your parish refuse to receive that holy Sacrament from the hands of your own Minister, or repair for it to other parishes and Ministers abroad? Or are there any strangers, not being of your parish, that forsake their own Churches, and usually repair to yours for it?

10. Have you any among you, that be denounced or declared excommunicate for any disobedience or crime committed by them? How long have they been so excommunicated? And do any others of your parish keep society with them, before they be reconciled to God and the Church?

11. Are there any living in your parish, who have been unlawfully married, contrary to the laws of God? or any, that being lawfully separated, and divorced, have been mar-

ried again, the former husband or wife still living? or any, that, being lawfully married, and not separated or divorced by course of law, do yet live asunder, and cohabit not·together?

12. Are there any married women in your parish, who refuse, after their safe delivery from the peril of child-birth, to come and make their public thanksgiving to God in your Church, as they are required to do by the book of Common Prayer? And, when they come so to do, do they come decently veiled, and make their offerings according to custom?

13. Are there any belonging to your parish, who refuse to pay their duty for Easter offerings to your Minister? or any that refuse to contribute, and pay the rate assessed upon them, for the repair of your Church or Chapel, and for the providing of such books, furniture, and ornaments, as be requisite for the performance of all Divine Offices there?

14. Do any refuse to bury their dead according to the rites of the Church of England? And are there any wills or testaments of persons dead in your parish, that be yet unproved before lawful authority? or any goods administered without a due grant from the ordinary? Did any dying in your parish, or elsewhere, leave any legacy to your Church or Chapel, or to the use of poor and needy persons among you, or to any other pious and charitable purposes? What were those legacies, and how have they been bestowed?

15. Is there any hospital, almshouse, or free-school, founded in your parish? And is the same well governed and used, according to the foundation and ordinances thereof?

16. Do you know, or have you heard, of any patron or other person in your parish, having the presentation or gift of any ecclesiastical benefice, who hath made gain thereof by presenting a Clerk or Minister to it upon any bargain, either for money, or pension, or lease, reserve of tithes or glebe, or any part thereof, or upon other simoniacal compact whatsoever?

17. Is there no strife and contention among any of your parish for their pews or seats in your Church? And whether have they erected any pews in your Chancel, or elsewhere in

the body of your Church or Chapel, without leave and licence from the ordinary?

18. Know you any person or persons, that have presumed to brawl, fight, or strike one another, in your Church, or in your Churchyard? And, if any such be, what are their names?

TITUL. V.

CONCERNING PARISH CLERKS AND SEXTONS.

1. Have you, belonging to your Church or Chapelry, a parish Clerk aged twenty-one years at the least? Is he of honest life and conversation? and sufficient or able to perform his duty in reading, writing, and singing? Is he chosen by your Minister, and doth he duly attend him in all divine services at the Church? Doth he wear a gown, when he so attendeth, and a surplice over it, if heretofore the custom hath been such among you? Are his wages duly paid unto him, or who withholdeth the same from him?

2. Doth he, or your sexton, (if there be any such appointed in your parish,) diligently look to the doors of your Church, that they be locked and opened at due time? And doth he keep your Church or Chapel clean from noisome dust, cobwebs, litter, straw, or any other annoyance? Doth he toll or ring the bells at the due accustomed hours before the beginning of divine service, morning and evening, that the people may be warned to come unto the Church? And, when any person is passing out of this life, doth he, upon notice given him thereof, go and toll a bell, as hath been accustomed, that the neighbours may thereby be warned to recommend the dying person to the grace and favour of God?

TITUL. VI.

CONCERNING CURATES, SCHOOLMASTERS, PHYSICIANS, CHIRURGEONS, AND MIDWIVES.

1. Is there any Curate or Minister employed under the Parson or Vicar of your parish? Is he admitted and licensed to serve in that office by the Bishop of the diocese? Doth he demean himself soberly, gravely, and religiously, in his place? Doth he instruct the youth of your parish in the Catechism appointed them? Is he diligent in visiting sick persons, examining them in their Christian Faith, exhorting them to works of charity, if they be able to do them, to make restitution where they have done any wrong, to remit all injuries that they have received, and to ask forgiveness of God, and all others whom they have offended?

2. Doth any man in your parish practise physic, or chirurgery, or any woman the office of a midwife, without approbation and lawful licence of the ordinary?

3. Doth any man keep a public or private school in your parish, but such as be allowed thereunto by the Bishop or his Chancellor? Doth he teach his scholars the Catechism of Religion set forth by authority? Doth he cause them upon Sundays and Holidays orderly to repair to your Church or Chapel, and see that they behave themselves there quietly and humbly during the time of divine service and sermon?

TITUL. VII.

CONCERNING CHURCHWARDENS AND SIDEMEN.

1. ARE the Churchwardens of your parish yearly and duly chosen by the joint consent of your Minister and parishioners, or one of them by your Minister, and the other by the parishioners?

2. Have the former and last Churchwardens given up their due accounts to the parish, and delivered up to the

succeeding Churchwardens the moneys remaining in their hands, together with all other things belonging to your Church or Chapel, by bill indented?

3. Do you, the Churchwardens and Sidemen, take diligent care, and see who of your parishioners be absent from the divine service, and sermon in your Church or Chapel upon Sundays and Holidays? And, if you find any to have absented themselves without a sufficient cause, do you, by warrant from some of the justices of peace, levy of them (by way of distress upon their goods) the sum of twelve pence for every such day of their absence, according to the Act of Parliament in that case provided? And do you distribute the several sums so levied among the poor of your parish, according to the law?

4. Do you note them that come late to Church, after divine service is begun, or depart before it is ended? Do you suffer none to stand idle, or talk together, in the Church porch, during the time of prayers, preaching, or other sacred offices?

5. Do you suffer no misbehaviour or disorder to be done by men, women, or servants, or children, in your Church or Chapel? Are you careful, that none of them sit, lean, or lay their hats, upon the Communion Table? Do you permit no minstrels, no morris-dancers, no dogs, hawks, or hounds, to be brought or come into your Church, but set your Sexton to keep them out, that the Congregation, and the Minister performing divine service, or preaching his sermon, may not be disturbed by them?

6. Do you, against the time of every Holy Communion appointed in your Church or Chapel, provide a sufficient quantity of fine white bread, and of good wine, according to the advice and direction given you by your Minister, for the number of Communicants?

7. Do you cause all Preachers (coming from other places to make sermons in your Church or Chapel) to subscribe their names, the same day they preach, in a book provided for that purpose?

8. Have you (the Churchwardens and Sidemen now sworn to give in a true answer unto all these articles of enquiry in all their several titles) had a sufficient time to

draw up your presentments, and therein consulted or entreated your Minister for his faithful assistance?

For know you assuredly, that, as the true discharging of your office is the chief means whereby public disorders, sins, and offences in your parish, may be reformed and punished, so, if you wilfully refuse to present such crimes and faults, as either you know to have been committed, or otherwise have heard of them by public fame,—that, in such cases, the Bishop and his officers are to proceed against you in their ecclesiastical courts, as in cases of wilful omission and perjury.

Joh. Dunelm.

ULTIMUM TESTAMENTUM JOANNIS COSINI, EPISCOPI DUNELMENSIS, ITA INCIPIT[o].

ADJUTORIUM NOSTRUM IN NOMINE DOMINI, QUI FECIT CŒLUM ET TERRAM.

IN nomine et honore ejusdem Domini Dei nostri, Patris, et Filii, et Spiritus Sancti, summæ ac individuæ Trinitatis. Amen.

QUONIAM statutum est omnibus semel mori, et corpus uniuscujusque dissolutum iri, tempus vero dissolutionis meæ cum incertum sit, de quâ tamen quasi in propinquo esset, assiduâ animi meditatione sollicitus, et frequenti corporis infirmitate pulsatus, subinde cogito: ego Johannes Cosinus, humilis Ecclesiæ Dei administer, et modo, permissione Altissimi, Episcopus Dunelmensis, non ponens spem meam in præsenti hac vitâ, sed ad alteram (quæ futura est) in cœlis æternam, ex divinâ tandem misericordiâ adipiscendam semper anhelans, et humiliter orans pro salute animæ meæ, ut per merita Jesu Christi, Filii Dei vivi, et Redemptoris ac Mediatoris nostri unici, omnia mea mihi remittantur delicta, hoc testamentum, continens ultimam voluntatem meam, sanâ mente et puro corde condo, ordino, et facio, in hac formâ quæ sequitur.

Ante omnia, Domino nostro Deo Omnipotenti gratias ago quas possum maximas, quod me ex fidelibus et bonis parentibus in hanc vitam nasci, atque in Ecclesiâ Suâ, per sanctum Baptismi lavacrum ab Ipso institutum, ad vitam æternam renasci, voluerit, meque a juventute meâ in doctrinâ sanâ erudiverit, et sanctorum suorum participem effecerit, fidemque non fictam vel mortuam, sed veram et vivam in animo meo impresserit, una cum adjunctâ spe firmâ fore posthac ut perducar ad vitam sempiternam. Quæ quidem Fides in eo consistit, ut adoremus et veneremur Deum, in Eumque credamus, et in quem misit Filium Ejus dilectissimum, Verbum æternum

---

[o] [Fidei hanc novissimam Cosini confessionem publici fecit juris Basirius. Denuo autem sub Vitæ Cosini finem, scriptore D. Thomâ Smitho, edita est.]

ante secula genitum, Jesum Christum Dominum nostrum, qui propter nos nostramque salutem, ex beatissimâ Virgine Mariâ, superveniente in eam Spiritu Sancto, carnem in sæculo sumpsit, et homo factus est; deinde natus, passus, crucifixus, mortuus ac sepultus, et, postquam ad inferos descendisset, ex sepulchro Suo resurrexit, et, captivam ducens captivitatem, adscendit in cœlos, ubi ad dexteram Dei Patris sedet, et regnat in æternum : inde, vero, Spiritum Sanctum (in quem pariter nobis credendum est) misit, a Patre Filioque procedentem, per quem largissime dona distribuit hominibus, et Ecclesiam Suam Catholicam in Communione Sanctorum, in divinis Sacramentis, in verâ Fide, in doctrinâ sanâ ac moribus Christianis, instituit; una cum remissione peccatorum piis omnibus, et dignos in eadem Ecclesiâ pœnitentiæ fructus proferentibus, impertiendâ: quibus etiam, quum in supremo sæculi die de cœlis rediturus, ut mortuos resuscitet, et omnes judicet, collaturus est æternam beatitudinem; reliquis vero infidelibus, aut qui secundum carnem vixerint, et converti sive pœnitentiam agere nolentibus, æternum supplicium irrogaturus. In hac Fide, quæ totius Sacræ Scripturæ summa est, et absolutissimum compendium, sanctis semel traditâ, et ab apostolis eorumque successoribus propagatâ, atque ad nos usque derivatâ, vivere me profiteor, et, ut in eâ ad ultimum vitæ spiritum constanter ac sine hæsitatione perseverem et moriar, assiduis quantum possum precibus a Deo contendo; unitatem interea colens, et servans vinculum pacis ac caritatis, cum omnibus ubique Christianis, qui inter tanta Ecclesiæ mala, distractiones, et calamitates, (quibus equidem non possum non illachrymari,) hanc Fidem integre admittunt, nullamque ejus partem in dubium vocant. Spero etiam, (quæ est Dei, Christique, $\Theta\epsilon\alpha\nu\theta\rho\omega\pi o\nu$, Servatoris nostri, benignitas,) omnes eos, qui hæc a Deo revelante tradita simpliciter nobiscum crediderint, et pie vixerint, in magno illo Die Domini salvos fore, etiamsi singulorum rationem reddere, vel modum exponere, vel quæstiones circa ea exortas solvere, vel, dum forte satagunt, hallucinationes aliquot effugere, et penitus ab errore immunes esse, nequiverint.

Sed quascunque olim hæreses et quæcunque etiam schismata, quibuscunque tandem nominibus appellentur, prisca et universalis sive Catholica Christi Ecclesia unanimi consensu rejecit et condemnavit, ego pariter condemno et rejicio; una cum omnibus earundem hæresium fautoribus hodiernis, sectariis, et fanaticis, qui spiritu malo acti mentiuntur sese Spiritu Dei afflari. Horum omnium, inquam, hæreses, et schismata, ego quoque Ecclesiæ nostræ Anglicanæ, imo Catholicæ, symbolis, synodis, et confessionibus addictissimus, pariter improbo, constanterque rejicio, atque repudio. In quorum numero pono non tantum segreges anabaptistas, et eorum sequaces (proh dolor!) nimium multos, sed etiam novos nostrates independentes et presbyterianos, genus hominum malitiæ, inobedientiæ, et seditionis spiritu abreptum, qui, inauditâ a seculis audaciâ et perfidiâ, tanta nuper perpetrarunt facinora, in contemptum et opprobrium omnis religionis et Fidei Christianæ, quanta quidem non sine horrore dici aut commemorari queant. Quinetiam a corruptelis et ineptis nuperque natis sive papisticis (quas vocant) superstitionibus, doctrinis, et assumentis novis, in avitam ac primævam laudatissimæ olim tam orthodoxæ et Catholicæ Ecclesiæ religionem ac Fidem, jamdudum contra Sacram Scripturam veterumque Patrum regulas ac mores, introductis, me prorsus jam alienum esse, atque adeo a juventute meâ semper fuisse, sancte et animitus adsevero.

Ubicunque vero terrarum Ecclesiæ, Christiano nomine censæ, veram, priscam, et Catholicam religionem Fidemque profitentur, et[1] Deum, Patrem, Filium, et Spiritum Sanctum, uno ore et mente invocant ac colunt, eis, si me uspiam actu jam nunc jungi prohibet vel distantia regionum, vel dissidia hominum, vel aliud quodcunque obstaculum, semper tamen animo, mente, et affectu, conjungor ac coalesco; id quod de protestantibus præsertim, et bene reformatis Ecclesiis, intelligi volo: fundamentis enim salvis, diversitatem, ut opinionum, ita quoque rituum, circa res juxta adnatas et minus necessarias, nec universali veteris Ecclesiæ praxi repugnantes in aliis Ecclesiis (quibus nobis præsidendum non est) amice, placide, et pacifice, ferre possumus, atque adeo perferre debemus. Eis vero omnibus, qui male consulti quoquo modo me iniquis calumniis insectati sunt, vel adhuc insectari non desinunt, ego quidem ignosco, et Deum serio precor, ut Ipse quoque ignoscere et meliorem eis mentem inspirare velit. Operam interim et mihi, et aliis omnibus fratribus, præsertim

[1] ["ut," ed. Basir.]

Episcopis, et Ministris Ecclesiæ Dei, quantum ex Illius gratiâ possumus, dandum et conferendam esse existimo, ut tandem sopiantur, vel saltem minuantur, religionis dissidia, atque ut 'pacem sectemur cum omnibus, et sanctimoniam.' Quod ut fiat quam ocyssime, faxit Deus 'pacis Auctor et Amator concordiæ.' Cujus immensam misericordiam oro et obtestor, ut me in peccatis et iniquitatibus conceptum ab omni humanæ infirmitatis labe et corruptelâ repurget, dignumque ex indigno per magnam clementiam Suam faciat, mihique passionem et immensa merita dilectissimi Sui Filii Domini nostri, Jesu Christi, ad delictorum meorum omnium expiationem applicet: ut, quum novissima vitæ hora non improvisa venerit, ab Angelis Suis in sinum Abrahæ raptus, et in societate sanctorum et electorum Suorum collocatus, æternâ felicitate perfruar.

Hæc præfatus, quæ ad religionem et animæ meæ statum ac salutem spectant, quæque Latino sermone a me dictata atque exarata sunt, reliqua, quæ ad sepulturam corporis et bonorum meorum temporalium dispositionem attinent, sermone patrio perscribi faciam, ac perorabo.

Vid. *I will,* &c.

THE LAST WILL OF J. COSIN, LORD BISHOP OF DURHAM[p].

OUR HELP IS IN THE NAME OF THE LORD, WHO MADE HEAVEN AND EARTH.

IN the Name and honour of the same Lord our God, the Father, and the Son, and the Holy Ghost, the most high and undivided Trinity.

FORASMUCH as it is appointed for all men once to die, and that every man's body shall be dissolved, but the time of my dissolution is uncertain; of which notwithstanding, as if it were nigh at hand, being mindful in my daily meditations, and shaken with the frequent infirmities of my body, I ever and anon think thereof:

I, John Cosin, an humble minister in the Church of God, and by the permission of the most High now Bishop of Durham, not putting my hope in this present life, but ever aspiring to that other (which is to come) eternal in the heavens, and which by the mercy of God ere long I hope to obtain, and humbly praying, for the salvation of my own soul, that through the merits of Jesus Christ, the Son of the living God, our only Redeemer and Mediator, all mine offences be forgiven me, being of a sound mind, out of a sincere heart, do make, ordain, and constitute this testament, containing my last will, in this form as followeth.

First of all, I heartily thank our Lord God Almighty, that He hath vouchsafed me to be born in this life of faithful and virtuous parents; and that it hath pleased Him that I should be regenerate (and born anew in His Church) unto life eternal by the holy laver of Baptism, which He hath instituted; and that He hath instructed me from my youth in sound doctrine, and hath made me partaker of His saints; that He hath imprinted in my mind a faith not feigned nor dead, but true and living, together with a firm confidence, that hereafter I shall be brought unto eternal life; which Faith doubtless consists in this:—that we adore and worship one God, and believe in Him, and in Him

[p] [This translation of the foregoing Confession of Faith follows it, as here given, in Basire's *Dead Man's Real Speech*, Append., p. 119, &c.]

whom He hath sent, His most beloved Son, the Eternal Word, begotten before all ages, Jesus Christ our Lord: Who for us and for our salvation took flesh of the most blessed Virgin Mary (the Holy Ghost overshading her) in this life, and was made man, afterward was born, suffered, was crucified, dead and buried, and, after He had descended into hell, rose again from His grave, and, leading captivity captive, ascended into heaven, where, sitting at the right hand of God, He reigneth for ever; but sent from thence the Holy Ghost (in Whom we ought equally to believe) proceeding from the Father and the Son, by Whom He most bountifully gave gifts unto men, and founded His Catholic Church in the communion of saints, in the divine Sacraments, in true Faith, sound doctrine, and Christian manners, together with the remission of sins, to be conferred on all the godly, and that in the same Church bring forth fruits meet for repentance; to whom also, when in the last day of the world He shall come from heaven to raise the dead and judge all, He will give eternal happiness; but to the rest, that are infidels, or that have lived according to the flesh, and would not repent or be converted, He will inflict eternal punishment. In this Faith, which is the summary and most absolute abridgement of all the Holy Scripture, 'once delivered to the saints,' and which the Apostles and their successors have spread abroad and derived down even to us, I profess myself to live, and that I may persevere in it constantly without doubting, unto my last breath, is my daily prayer; in the meantime seeking after unity by preserving the bond of peace and love with all Christians everywhere, who, among the great evils, distractions, and calamities of the Church, (which truly I cannot but heartily bewail,) entirely receive this Faith, and call no one part of it in question. I hope also, through the goodness of God, and Christ, God and man, our Saviour, that all they, that have together with us sincerely believed these things that are revealed and delivered from God, and have lived a godly life, shall be saved in the great Day of the Lord: (who[1]) although they are not able to give an account, or explain the manner of every of them, nor resolve the questions raised about them, and though perhaps, when they endeavour it, they cannot avoid some mistakes, and be altogether free from error.

But whatsoever heresies or schisms heretofore, by what names soever they be called, the ancient Catholic and universal Church of Christ with an unanimous consent hath rejected and condemned, I do in like manner condemn and reject; together with all the modern fautors of the same heresies, sectaries and fanatics, who, being carried on with an evil spirit, do falsely give out they are inspired of God:—the heresies and schisms, I say, of all these, I also, as most

marginalia: Jude, verse 3. / [1] [om.]

addicted to the symbols, synods, and confessions of the Church of England, or rather the Catholic Church, do constantly renounce, condemn, and reject. Among whom I rank not only the separatists, the anabaptists, and their followers, (alas) too too many, but also the new independents and presbyterians of our country, a kind of men hurried away with the spirit of malice, disobedience, and sedition, who by a disloyal attempt (the like whereof was never heard since the world began) have of late committed so many great and execrable crimes, to the contempt and despite of religion and the Christian Faith: which, how great they were, without horror cannot be spoken or mentioned.

Moreover I do profess, with holy asseveration and from my very heart, that I am now, and have ever been from my youth, altogether free and averse from the corruptions and impertinent new-fangled or papistical (so commonly called) superstitions and doctrines, and new superadditions to the ancient and primitive religion and Faith of the most commended, so orthodox, and Catholic Church, long since introduced, contrary to the Holy Scripture and the rules and customs of the ancient Fathers.

But in what part of the world soever any Churches are extant, bearing the name of Christ, and professing the true Catholic Faith and religion, worshipping and calling upon God, the Father, the Son, and the Holy Ghost, with one heart and voice, if any where I be now hindered actually to be joined with them, either by distance of countries, or variance amongst men, or by any other let whatsoever, yet always in my mind and affection I join and unite with them; which I desire to be chiefly understood of protestants, and the best reformed Churches: for, where the foundations are safe, we may allow, and therefore most friendly, quietly, and peaceably suffer, in those Churches where we have not authority, a diversity, as of opinion, so of ceremonies, about things which do but adhere to the foundations, and are neither necessary or repugnant to the practice of the universal Church. As for all them, who through evil counsel have any way inveighed against, or calumniated me, and even yet do not forbear their invectives, I freely pardon them, and earnestly pray to God, that He also would be pleased to forgive them, and inspire them with a better mind. In the meanwhile I take it to be my duty, and of all my brethren, especially the Bishops and Ministers of the Church of God, to do our utmost endeavours, according to the measure of grace which is given to every one of us, that at last an end may be put to the differences of religion, or at least that they may be lessened, and that we may 'follow peace with all men, and holiness;' which, that it may be accomplished very speedily, God 'the Author of peace and concord' grant: whose infinite mercy I humbly beseech, that He would cleanse me, who was conceived in sin and iniquity, from every spot and corruption of human frailty; and that through His great clemency He would make me, who am unworthy, to become worthy, and that He would apply to me the passion and infinite merits of His most beloved Son, Jesus Christ our Lord, to the expiating of all mine offences; that at the last hour of my life, which I daily look for, I may be carried by His holy Angels into Abraham's bosom, and, being placed in the fellowship of His saints and elect, may fully enjoy eternal felicity.

Having now declared what belongs to my religion, and the state and salvation of my soul, which I have now delivered here in Latin, the rest, that belongs to my burial, and the disposal of my temporal estate, I shall cause to be written in my native language, and so conclude.

Durham, Jan. 18, 1672.

Vera copia, examinata per me,
WILLIAM STAGG, Not. Publicum.

www.ingramcontent.com/pod-product-compliance
Lightning Source LLC
Chambersburg PA
CBHW071133300426
44113CB00009B/963